LANGENSCHEIDTS
UNIVERSAL-WÖRTERBUCH

GRIECHISCH

GRIECHISCH-DEUTSCH
DEUTSCH-GRIECHISCH

Herausgegeben von der
Langenscheidt-Redaktion

LANGENSCHEIDT
BERLIN · MÜNCHEN · WIEN
ZÜRICH · NEW YORK

Bearbeitet von Prof. Dr. Günther S. Henrich
und Dr. Kiriaki Chrissomalli-Henrich

Inhaltsverzeichnis

Περιεχόμενα–

*Ergänzende Hinweise, für die wir jederzeit dankbar sind, bitten wir zu richten an:
Langenscheidt-Verlag, Postfach 40 11 20, 80711 München*

Als Marken geschützte Wörter werden in diesem Wörterbuch in der Regel durch das Zeichen (TM) kenntlich gemacht. Das Fehlen eines solchen Hinweises begründet jedoch nicht die Annahme, eine nicht gekennzeichnete Ware oder eine Dienstleistung sei frei.

Auflage: 15. 14. 13. 12. 11. | letzte Zahlen
Jahr: 06 05 04 03 02 | maßgeblich

Druck: Druckhaus Langenscheidt, Berlin-Schöneberg
Printed in Germany
ISBN 3-468-18212-0

Abkürzungen – Συντομογραφίες

A Akkusativ, αιτιατική
a. auch, και, επίσης
Adj. Adjektiv, επίθετο
Adv. Adverb, επίρρημα
Anat. Anatomie, ανατομία
Aor. Aorist, αόριστος
Arch. Architektur, αρχιτεκτονική
Astr. Astronomie, αστρονομία
Bgb. Bergbau, μεταλλουργία
Bot. Botanik, βοτανική
cj. Konjunktion, σύνδεσμος
D Dativ, δοτική
Elektr. Elektrizität, ηλεκτρισμός
e-e eine, μία
e-n einen, έναν
e-r einer, μιας
e-s eines, ενός
Esb. Eisenbahn, σιδηρόδρομος
etw. etwas, κάτι
f weiblich, θηλυκό
fam. familiär, κοινώς
fig. figürlich, μεταφορικά
Flgw. Flugwesen, αεροπορία
Fot. Fotografie, φωτογραφία
G Genitiv, γενική
Geogr. Geographie, γεωγραφία
Gr. Grammatik, γραμματική
Hdl. Handel, εμπόριο
iron. ironisch, ειρωνικά
j-m jemandem, σε κάποιον
j-n jemanden, κάποιον
jur. Jura, νομική
Konj. Konjunktiv, υποτακτική
m männlich, αρσενικό
Mar. Marine, ναυτικό
Math. Mathematik, μαθηματική
Med. Medizin, ιατρική
Mil. Militär, στρατός
Mus. Musik, μουσική
n sächlich, ουδέτερο
N Nominativ, ονομαστική
od. oder, ή
pl. Mehrzahl, πληθυντικός
Pol. Politik, πολιτική
prp. Präposition, πρόθεση
Rel. Religion, θρησκεία
s. siehe, βλέπε
Su. Substantiv, ουσιαστικό
Tech. Technik, τεχνική
Tel. Telefon, τηλέφωνο
Thea. Theater, θέατρο
Typ. Typographie, τυπογραφία
u. und, και
unpers. unpersönlich, απρόσωπα
v. von, από
v/p. passive Verbform, ρήμα παθητικό
Zo. Zoologie, ζωολογία

Hinweise für die Benutzung

1. Die Tilde (~) ersetzt entweder das ganze Stichwort oder den vor dem senkrechten Strich (|) stehenden Teil davon, z. B. **Tag** *m* **(η)μέρα; *guten ~!*** (= guten Tag!) **καλημέρα (σας)!; ~ebuch** *n* (= Tagebuch) **ημερολόγιο.**
Die Tilde mit Kreis (♀) weist darauf hin, daß sich die Schreibung des Anfangsbuchstabens des Stichwortes ändert (groß in klein oder umgekehrt), z. B. **Knall** *m* **κρότος; ♀en** (= knallen) **βροντώ.**
2. Die Aussprache der neugriechischen Wörter ist in eckigen Klammern angegeben.
3. Genusangabe im Wörterverzeichnis. Wenn nicht anders vermerkt, ist **-ς** [-s] immer maskulin; **-α, -η** [-a, -i] immer feminin; **-ο(ν), -ι** [-o(n), -i] immer neutral.
4. Abweichende Plural- bzw. Genitivformen stehen in runden Klammern nach dem Substantiv, z. B. **λύση (-εις)** bzw. **ισχύς (-ύος).**
5. Adjektive, die im Wörterverzeichnis durch eine 2 gekennzeichnet sind, haben im Nominativ nur zwei Endungen, und zwar für das Maskulinum und Femininum **-ης** bzw. **-ων** und für das Neutrum **-ες** bzw. **-ον**.
6. Verben, die im Präsens die Endungen **-ώ, -άς, -ά (ει), -ούμε, -άτε, -ούν** haben, werden durch **(-άς)** bezeichnet.
7. Das neugriechische Vokabular gehört zum Teil der Volkssprache, zum Teil der früheren Amtssprache an. Bei solchen Begriffen, die sowohl in der Volkssprache als auch in der Amtssprache ein entsprechendes Wort haben, steht im deutsch-neugriechischen Teil das volkstümliche Wort an erster Stelle, z. B. **Wein** *m* **κρασί, οίνος.**

Die Aussprache des Griechischen

Das griechische Alphabet

Griechische Buchstaben		Name der Buchstaben	Lautzeichen	Ausspracheerklärung
Α	α	['alfa]	[a]	kurzes **a** wie in **A**kademie
Β	β	['vita]	[v]	wie **w** in **w**er
Γ	γ	['ɣama]	[ɣ]	vor [a, o, u] u. Konsonant wie **g** in berlinisch Wa**g**en; es klingt wie ein Zäpfchen-r ohne Rollen
			[j]	vor [e, i] wie **j** in **j**a
Δ	δ	['ðelta]	[ð]	wie stimmhaftes **th** in englisch **th**at
Ε	ε	['epsilon]	[e]	kurzes, offenes **e** wie in f**e**st
Ζ	ζ	['zita]	[z]	stimmhaftes **s** wie in Ro**s**e
Η	η	['ita]	[i]	kurz und geschlossen wie **i** in M**i**nute
Θ	θ	['θita]	[θ]	wie stimmloses **th** in englisch **th**ing
Ι	ι	['jota]	[i, j]	unbetont vor Vokal oft wie **j** in **j**a, sonst *s.* **η**
Κ	κ	['kapa]	[k]	**k** ohne Behauchung wie in französisch **c**oup
Λ	λ	['lamða]	[l]	**l** wie im Deutschen
Μ	μ	[mi]	[m]	**m** wie im Deutschen
Ν	ν	[ni]	[n]	**n** wie im Deutschen

Ξ	**ξ**	[ksi]	[ks]	wie **x** in He**x**e
Ο	**ο**	['omikron]	[o]	kurzes offenes **o** wie in **o**ft
Π	**π**	[pi]	[p]	**p** ohne Behauchung wie in französisch **p**ère
Ρ	**ρ**	[ro]	[r]	Zungenspitzen-r wie im Italienischen
Σ	**σ, ς**	['siɣma]	[s]	stimmloses **s** wie in Wa**ss**er oder **ß** in Stra**ß**e
			[z]	vor stimmhaften Konsonanten wie **s** in Ro**s**e
Τ	**τ**	[taf]	[t]	**t** ohne Behauchung wie französisch **t**oute
Υ	**υ**	['ipsilon]	[i]	*s.* **ι**
Φ	**φ**	[fi]	[f]	**f** wie im Deutschen
Χ	**χ**	[çi]	[ç]	vor [e, i] wie **ch** in i**ch**
			[x]	vor [a, o, u] u. Konsonant wie **ch** in Da**ch**
Ψ	**ψ**	[psi]	[ps]	wie **ps** in **Ps**alm
Ω	**ω**	[o'meɣa]	[o]	*s.* **o**

Buchstabenverbindungen

αι	[e]	**ναι** [ne] *ja*
αυ	[av]	vor Vokal od. stimmhaftem Konsonanten: **παύω** ['pavo] *aufhören*; **αυλή** [a'vli] *Hof*
	[af]	vor stimmlosem Konsonanten: **αυτός** [a'ftos] *dieser*
ει	[i]	**είμαι** ['ime] *ich bin*
	[j]	unbetont zwischen Konsonant und Vokal: **δουλειά** [ðu'lja] *Arbeit*
ευ	[ev]	vor Vokal od. stimmhaftem Konsonanten: **γυρεύω** [ji'revo] *suchen*; **γεύμα** ['jevma] *Mittagessen*
	[ef]	vor stimmlosem Konsonanten: **εύκολος** ['efkolos] *leicht*
οι	[i]	**τοίχος** ['tixos] *Wand*
ου	[u]	**πού** [pu] *wo?*
γγ	[ŋg]	wie ŋg in Ta**ng**o: **αγγούρι** [aŋ'guri] *Gurke*

γκ	[ŋg]	*s.* γγ: **άγκυρα** ['aŋgira] *Anker*
μπ	[b]	am Wortanfang: **μπαίνω** ['beno] *eintreten*
	[mb]	im Wortinnern: **κουμπί** [ku'mbi] *Knopf*
ντ	[d]	am Wortanfang: **ντουλάπι** [du'lapi] *Schrank*
	[nd]	im Wortinnern: **δόντι** ['ðondi] *Zahn*
τζ	[dz]	**τζάκι** ['dzaki] *Kamin*
τσ	[ts]	**τσάι** ['tsai] *Tee*

Merke

η, ι, υ, ει, οι lauten wie [i]
ο, ω lauten wie [o]; **ε, αι** wie [e]

Erläuterung der Lautschrift

[']	steht **vor** der Silbe, die den Ton trägt
[b], [d], [f], [g], [j], [l], [m], [n]	lauten wie im Deutschen
[a]	kurzes mittleres **a** wie in **A**k**a**demie
[ç]	wie **ch** in i**ch**
[ð]	wie stimmhaftes **th** in englisch **th**at
[dz]	enge Verbindung zwischen stimmhaftem **d** in **d**a und stimmhaftem **s** in **S**onne
[e]	kurzes offenes **e** wie in **E**cke
[ɣ]	wie **g** in Wa**g**en in dialektaler Berliner Aussprache, ähnlich dem deutschen Zäpfchen-r, jedoch ohne Schwingung
[i]	kurzes geschlossenes **i**, etwa wie in M**i**nute
[k]	ein **k** ohne Behauchung wie in französisch **c**oup. Man vermeide das im Deutschen dem **k** folgende h, der Grieche kennt diesen kh-Laut nicht.
[ŋ]	wie **ng** in si**ng**en
[o]	kurzes offenes **o** wie in L**o**tto, **o**ffen
[p]	wie **p** in französisch **p**ère, d. h. ohne Behauchung
[r]	Zungenspitzen-**r** wie im Italienischen oder Russischen
[s]	stimmloses **s** wie **ss** in Wa**ss**er oder **ß** in schlie**ß**en
[t]	wie **t** in französisch **t**ante, unbehaucht wie [k] und [p]
[ts]	wie deutsch **z** oder **tz** in **Z**ahl oder Mü**tz**e

[θ] wie das stimmlose **th** in englisch **th**ing. Man spreche mit der Zunge zwischen den vorderen Zahnreihen einen stimmlosen s-Laut.
[u] geschlossenes **u**, etwa wie in **U**niversität
[v] wie **w** in **W**asser
[x] wie **ch** in no**ch**, au**ch**
[z] wie stimmhaftes **s** in **S**onne, lei**s**e

Εξήγηση της γερμανικής προφοράς για τον Έλληνα

Στα γερμανικά προφέρονται οι λέξεις γενικά όπως γράφονται. Εξαιρέσεις αποτελούν οι δίφθογγοι **ei** = **άι**, λ.χ. eilen = άιλεν· **eu** = **όι**, λ.χ. Eule = όιλε· **äu** = **όι**, λ.χ. Bäume = μπόιμε· **ie** = **ι**, λ.χ. die = ντι.

Τα φωνήεντα **a**, **o** και **u** μετατρέπονται κάποτε σε **ä (ae)**, **ö (oe)** και **ü (ue)**. Το **ä** μοιάζει στην προφορά με το **αι**, λ.χ. ähnlich = αίνλιχ. Τα **ö** και **ü** δεν υπάρχουν στα ελληνικά. Το **ö** αποδίδεται συνήθως με το **αι**, λ.χ. Goethe = Γκαίτε, το **ü** προφέρεται όπως το γαλλικό **u** στη λέξη duper και το **ö** όπως το γαλλικό **eu.**

Το **ch** προφέρεται όπως το χ στην ελληνική λέξη όχι μετά τα e, i, ä, ö, ü, λ.χ. echt = εχτ, ή μετά από σύμφωνο, λ.χ. durch = ντουρχ, όπως το χ στο χάος μετά τα a, o, u, λ.χ. achten = άχτεν.

Το **h** δεν προφέρεται μπροστά από το άτονο e, λ.χ. sehen = ζέεν, ή μπροστά από σύμφωνο, λ.χ. Draht = ντρατ.
Το **sch** δεν υπάρχει στα νεοελληνικά. Προφέρεται όπως το γαλλικό **ch** και το αγγλικό **sh**.

Griechisch-Deutsches Wörterverzeichnis

A

α- (**αν-**) un-, nicht ..., ohne ..., -los; in-, a-
αβαθής [ava'θis] 2 untief, seicht
αβαρία (See-)Schaden *m*; Zugeständnis *n*
α|βασάνιστος ungeprüft; unüberlegt; **~βάσιμος** unbegründet; **~βάσταχτος** unerträglich
άβατος unzugänglich
αββάς [a'vas] (**-άδες**) Abt *m*
α|βέβαιος [-veos] unsicher; **~βεβαιότητα** Ungewißheit *f*; **~βεβαίωτος** [-ve-'veotos] unbestätigt
αβίαστος ungezwungen
αβλάβεια Unschädlichkeit *f*
αβλαβής 2 unschädlich; unbeschädigt
αβλεψία Flüchtigkeit *f*; Versehen *n*; ***εξ ~ς*** aus Versehen
αβοήθητος [-'iθitos] hilflos
άβολος unbequem
άβουλος willenlos; unentschlossen
άβραστος ungekocht, roh
αβροχία [-'çia] Dürre *f*
άβροχος [-xos] trocken
άβυσσος *f* Abgrund *m*, Tiefe *f*
αγαθ|ός gut(mütig); naiv; **~ότητα** Gutmütigkeit *f*; Naivität *f*
αγάλια *Adv.* sachte, leise; **~ ~** ganz leise; allmählich
αγαλλ|ίαση (**-εις**) Jubel *m*, Freudentaumel *m*
άγαλμα *n* Statue *f*
άγαμος ledig, unverheiratet
αγαν|άκτηση (**-εις**) Ärger *m*, Entrüstung *f*; **~ακτώ** sich ärgern (**με**/über *A*)
αγάπη Liebe *f*
αγαπη|τικιά Geliebte *f*; **~τικός** Geliebte(r); **~τός** lieb, teuer
αγαπίζω (sich) versöhnen
αγαπ|ώ (**-άς**) lieben; (gern) mögen; ***τι ~άτε;*** was wünschen Sie?
αγγαρ|εία [aŋga'ria] Zwangsarbeit *f*; Schufterei *f*; **~εύω** [-'evo] zwingen; beauftragen
αγγείο [aŋ'gio] Gefäß *n*
αγγελ|ία Meldung *f*; Annonce *f*; **~ιοφόρος** Bote *m*
άγγελος Engel *m*
αγγίζω berühren
αγγίνα Angina *f*
Αγγλ|ία England *n*; **~ίδα** Engländerin *f*; **Ձικός** englisch
Άγγλος Engländer *m*
αγγούρι [aŋ'guri] Gurke *f*; ***τουρσί ~*** saure Gurke *f*
αγγουροσαλάτα Gurkensalat *m*

αγελάδα [aje'laða] Kuh *f*
αγέλαστος mürrisch
αγέλη [a'jeli] Herde *f*
αγέμιστος leer; *Mil.* ungeladen
αγένεια [a'jenia] Gemeinheit *f*; Unhöflichkeit *f*
αγενής 2 unhöflich; gemein
αγέραστος jung geblieben
αγέρωχος [-rox-] arrogant
άγευστος ['ajef-] nüchtern, fade; geschmacklos
αγιάζω [aj(i)'azo] weihen; heiligen; heilig werden
αγιάτρευτος [a'jatreftos] unheilbar; *fig.* unverbesserlich
αγίνωτος [a'jinot-] unreif
άγιος ['aj(i)os] heilig
αγκάθι [aŋ'gaθi] Dorn *m*
αγκαθωτός [-θot-] dornig, stachelig
αγκαλά obgleich
αγκαλιά Schoß *m*; Umarmung *f*
αγκαλιάζω umarmen
αγκί|δα, ~θα Splitter *m*; Stachel *m*
αγκινάρα Artischocke *f*
αγκίστρι Angelhaken *m*
αγκομαχώ [-'xo] keuchen
αγκύλ|η [aŋ'gili] kleine(r) Haken *m*; *Gr.* eckige Klammer *f*; **~ος** krumm; **~ωμα** *n* Stich *m*
αγκυλώνω stechen; *fig.* verletzen
άγκυρα ['aŋgira] Anker *m*
αγκυροβολώ ankern
αγκώνας Ellenbogen *m*
άγλυκος ungesüßt
αγναντεύω [-'ndevo] erblicken, überblicken
αγνάντι(ο) Aussichtspunkt *m*, Aussichtsturm *m*
άγνοια ['aɣnia] Unwissenheit *f*
αγνοούμενος vermißt
αγνός keusch; *Butt*er *usw.*: rein
αγν|οώ nichts wissen von *D*; **~ωμονώ** [-omo'no] undankbar sein; **~ωμοσύνη** [-omo'sini] Undankbarkeit *f*; **~ώμων** [-'omon] 2 undankbar; **~ώριστος** unerkennbar
άγνωστος unbekannt
άγονος unfruchtbar; steril
αγορ|ά Markt(halle *f*) *m*; Kauf *m*; **~άζω** kaufen (**από**/bei *D*); **~αστής** Käufer *m*
αγόρευση (-εις) [a'ɣorefsi] Ansprache *f*, Plädoyer *n*
αγορεύω [-'evo] e-e Ansprache halten; plädieren
αγόρι Junge *m*
άγουρος unreif
αγράμματος ungebildet
αγραμματοσύνη [-to'sini] Unbildung *f*
αγρι|άγκαθο [aɣri'aŋgaθo] Distel *f*; **~εύομαι** sich fürchten; **~εύω** [-'evo] wütend werden (**με**/über *A*)
αγριο|βότανο (Heil-)Kraut *n*; **~γούρουνο** [-'ɣuruno] Wildschwein *n*; **~ράπανο** Meerrettich *m*

άγριος wild; *fig.* böse
αγριότοπος Wildnis *f*
αγρ|οικία Bauernhaus *n*; **~οίκος** [-'ikos] **(-α)** grob, rauh; **~όκτημα** *n* Gehöft *n*; **~ονόμος** Landwirt *m*, Agronom *m*; **~ός** Acker *m*; **~ότης** Bauer *m*; **~οτικός** landwirtschaftlich; **~οτόσπιτο** Bauernhaus *n*
αγρυπνία [aɣripn-] Schlaflosigkeit *f*; Wachsamkeit *f*; Nachtmesse *f*
άγρυπνος schlaflos; wachsam
αγρυπνώ (-άς) wachen
αγύμναστος [a'jim-] ungeübt
αγυρτ|εία [ajirt-] Schwindel *m*; **~εύω** [-'evo] schwindeln; vagabundieren
αγύρτης Schwindler *m*; Scharlatan *m*
αγχόνη [aŋ'xoni] Galgen *m*
άγχος ['aŋxos] *n* (Todes-)Angst *f*; Streß *m*
αγωγή [-'ji] Erziehung *f*; *jur.* Klage *f*; *Med.* Therapie *f*
αγώ(γ)ι Fahrt *f*; Fracht *f*
αγωγός *Tech.* Leiter *m*, Leitung *f*
αγώνας Kampf *m*; Wettkampf *m*; **~ *τάξεων*** Klassenkampf *m*
αγων|ία [aɣon-] Besorgnis *f*; Todeskampf *m*; **~ίζομαι** kämpfen
αγώνισμα *n* Wettkampf *m*; Wettbewerb *m*
αγων|ιστής Wettkämpfer *m*; **~ιώ (-άς)** Angst haben; sich anstrengen
αδαμάντινος diamanten
άδεια ['aðia] Genehmigung *f*; Urlaub *m*; **~ *εισαγωγής*** [isaɣo'jis] Einfuhrgenehmigung *f*; **~ *οδηγήσεως*** [oði'jiseos] Führerschein *m*; **~ *παραμονής*** Aufenthaltsgenehmigung *f*
αδειάζω [að'jazo] leeren; Zeit haben
αδέκαστος unbestechlich
αδελφή Schwester *f*
αδέλφια *n/pl.* Geschwister *pl.*
αδελφός Bruder *m*
αδένας Drüse *f*
αδέξιος (-ια) ungeschickt
αδερφ- *s.* **αδελφ-**
αδέ|σμευτος [-zmeft-] ungebunden, frei; **~σποτος** herrenlos; zweifelhaft
αδήλωτος [a'ðilot-] *Hdl.* nicht deklariert
αδημον|ία Unruhe *f*; Ungeduld *f*; **~ώ** ungeduldig sein
Αδης Hades *m*, Unterwelt *f*
αδηφάγος (-α) unersättlich
αδιάβα|στος ungelesen; *Schüler*: unvorbereitet; **~τος** unpassierbar
αδιαβίβαστος *Brief*: unzustellbar
αδιάβροχο [-xo] Regenmantel *m*; **~ς** wasserdicht
αδι|αθεσία Unpäßlichkeit *f*; **~άθετος** unwohl; **~αθετώ** unpäßlich sein

αδιαίρετος [aði'eret-] unteilbar
αδιάκοπος pausenlos
αδιακρισία Taktlosigkeit *f*
αδιάκριτος indiskret; taktlos
αδιακρίτως (*G*) ohne Unterschied *G*
αδιά|λειπτος [-lipt-] ununterbrochen; **~λεχτος** unsortiert; **~λλακτος** unversöhnlich; **~λυτος** unlöslich
αδι|αντροπιά [-andro'pja] Unverschämtheit *f*; **~άντροπος** unverschämt
αδι|άρρηκτος [-rikt-] unverbrüchlich; **~άσειστος** [-'asist-] unerschütterlich; **~άσπαστος** unzerbrechlich; unzertrennlich; **~ατάρακτος** ungetrübt; **~αφανής** 2 undurchsichtig; **~αφιλονίκητος** unbestreitbar
αδι|αφορία Gleichgültigkeit *f*; **~άφορος** gleichgültig; **~αφορώ (για)** gleichgültig sein; sich nicht kümmern um *A*
αδιέξοδο Sackgasse *f*; **~ς** ausweglos
αδικαιολόγητος ungerechtfertigt
αδικία Ungerechtigkeit *f*
άδικο Unrecht *n*; **~ς** ungerecht; vergeblich
αδικώ ungerecht behandeln
αδι|όρατος undurchsichtig; **~όρθωτος** unverbesserlich
αδίσταχτος entschlossen
αδόκιμος nicht anerkannt
άδοξος ruhmlos
αδούλευτος [a'ðuleft-] unbearbeitet
αδραν|ής 2 untätig; träge; **~ώ** untätig sein
αδρός reichlich; grob
αδυν|αμία Schwäche *f*; **~ατίζω** abnehmen; **~άτισμα** *n* Abmagerung *f*
αδύνατος schwach; mager; unmöglich
άδυτο Allerheiligste(s) *n*
αείμνηστος [a'imnist-] unvergeßlich
αεραντλία [aerandl-] Luftpumpe *f*
αέρας Luft *f*; Wind *m*
αεργία [aer'jia] Untätigkeit *f*; Arbeitslosigkeit *f*
άεργος [-γos] untätig; arbeitslos
αερίζω kühlen; (aus)lüften
αέριο Gas *n*
αερι|ούχος (-α) [aeri'ux-] kohlensäurehaltig; **~όφως** [-'ofos] **(-φωτος)** *n* Leuchtgas *n*; **~σμός** Lüftung *f*; **~ώδης** [-'oðis] 2 gasförmig; **~ωθούμενο** [-o'θu-] Düsenflugzeug *n*
αερο|δρόμιο Flugplatz *m*; **~θάλαμος** *Auto*: Schlauch *m*
αερόλιθος Meteorit *m*
αερολιμένας Flughafen *m*
αερο|πλάνο Flugzeug *n*; **~πλανοφόρο** Flugzeugträger *m*; **~πορία** Flugwe-

sen *n*; Luftwaffe *f*; **~πορικώς** [-'kos] mit Luftpost; **~πόρος** Flieger *m*
αερόστατο Ballon *m*
αερ|οστεγής [aeroste'jis] 2 luftdicht; **~όστρωμα** *n* Luftmatratze *f*; **~όσφυρα** Preßlufthammer *m*; **~όψυκτος** [-'opsikt-] luftgekühlt
αετός Adler *m*
αέτωμα [a'etoma] *n* Giebel *m* (an Tempeln)
αζημίωτος [azi'miot-] unbeschädigt, ohne Verlust
άζυμος ['azim-] ungesäuert
άζωτο ['azoto] Stickstoff *m*
αηδ|ία Ekel *m*; **~ιάζω** verabscheuen (**με**/*A*), sich ekeln (vor *D*); **~ιαστικός** ekelhaft
αηδόνι Nachtigall *f*
αθάνατος unsterblich
αθεΐα [aθe'ia] Atheismus *m*
άθελα *Adv.* unfreiwillig; unabsichtlich
αθέλητος widerwillig
αθέμιτος illegal
αθεράπευτος [-peftos] unheilbar
αθετώ *Wort* brechen
Αθήν|α [a'θina], **~αι** [-e] *f/pl.* Athen *n*
Αθηναί|α Athenerin *f*; **~ος** Athener *m*
άθικτος unberührt, intakt
αθλ|ητής [aθli'tis] Sportler *m*; **~ητικός** sportlich; ***~ητικός σύλλογος*** Sportverein *m*; **~ητισμός** Leichtathletik *f*; Sport *m*; **~ήτρια** Sportlerin *f*
άθλιος (**-α**) elend
αθλιότητα Elend *n*
άθλο Prämie *f*, Preis *m*
αθόρυβος [-riv-] geräuschlos
αθροίζω [a'θrizo] (an)sammeln; addieren
άθροισμα *n* Ansammlung *f*; Summe *f*
αθυμία Niedergeschlagenheit *f*
άθυμος niedergeschlagen
αθυρ|οστομία [aθiro-] Frechheit *f*; **~όστομος** frech (mit Worten)
αθώος [a'θoos] (**-α**) unschuldig
αθω|ότητα Unschuld *f*; **~ώνω** [-'ono] freisprechen
αι [e] *f/pl.* die
Αιγαίο [e'jeo] (**πέλαγος**) *n* Ägäis *f*, Ägäisches Meer *n*
αίγλη ['eɣli] Glanz *m*, Ruhm *m*
Αίγυπτος ['ejiptos] *f* Ägypten *n*
αιδέσιμος ehrwürdig
Αιδεσιμότατε (*Anrede*) Hochwürden
αιθάλη [e'θali] Ruß *m*
αίθουσα ['eθusa] Saal *m*
αίθριος (**-α**) heiter
αίμα ['ema] *n* Blut *n*
αιματ|ηρός [ematir-] blutig; **~οδότης** Blutspender *m*; **~οκύλισμα** *n* Blutbad *n*
αιμάτωμα *n* Bluterguß *m*
αιμοβόρος (**-α**) blutrünstig
αιμο|μιξία Blutschande *f*;

~ρραγία [-raj-] Blutung *f*; ***~ρραγία της μύτης*** [- tiz 'mitis] Nasenbluten *n*; **~ρροΐδες** [-ro'iðes] *f*/*pl*. Hämorrhoiden *pl*.; **~σηψία** Blutvergiftung *f*; **~στατικό (φάρμακο)** blutstillendes Mittel *n*; **~σφαίριο** Blutkörperchen *n*
αίνιγμα ['eniγma] *n* Rätsel *n*
αινιγματικός rätselhaft
αίνος ['enos] Lobrede *f*
άιντε! ['aide] los!
αίρεση (-εις) Sekte *f*; Ketzerei *f*
αιρετικός ketzerisch; *Su*. Ketzer *m*; Sektierer *m*
αίρω ['ero] *jur*. aufheben
αισθάνομαι [e'sθanome] (sich) fühlen; ***δεν ~ καλά*** ich fühle mich nicht wohl
αίσθημα ['esθima] *n* Gefühl *n*
αισθηματικός sentimental
αίσθηση (-εις) Sinn *m*, Gefühl *n*
αισθη|σιακός sinnlich; **~τική** Ästhetik *f*; **~τικός** ästhetisch; *Su*. *f* Kosmetikerin *f*; **~τός** wahrnehmbar
αισι|οδοξία [esioðo'ksia] Optimismus *m*; **~όδοξος** optimistisch
αίσιος ['esios] **(-α)** günstig
αίσχος ['esx-] *n* Schande *f*
αισχρ|ογραφία Pornographie *f*; **~οκερδής** Spekulant *m*; **~ός** schändlich
αισχύνη [e'sçini] Scham *f*, Schande *f*
αίτη|μα ['eti-] *n* Forderung *f*; **~ση (-εις)** Antrag *m*; ***υποβάλλω ~ση*** e-n Antrag stellen
αιτία [e'tia] Ursache *f*, Grund *m*; ***εξ ~ς*** wegen
αίτιο ['etio] Motiv *n*
αιτιολογ|ία [etio-] Begründung *f*; **~ώ** begründen
αίτιος (-α) schuld (*G*/ an *D*)
αιτώ [e'to] ersuchen; sich bewerben (um *A*); **~ν (-ούντος)** *m* Antragsteller *m*; Bewerber *m*
αίφνης ['efnis] *Adv*. plötzlich
αιφνιδ|ιάζω [efnið-] überraschen; **~ιασμός** Überraschung *f*; Überfall *m*; **~ιαστικός** überraschend
αιχ|μαλωσία [ex-] Gefangenschaft *f*; **~μαλωτίζω** gefangennehmen; **~μάλωτος** gefangen; *Su*. Gefangene(r)
αιώ|νας [e'onas] Jahrhundert *n*; **~νιος (-α)** ewig
αιωνιότητα Ewigkeit *f*
ακαδημ|αϊκός [-ðimaik-] akademisch; **~ία** Akademie *f*
ακαθ|άριστος ungereinigt; *Hdl*. brutto; **~αρσία** Schmutz *m*
ακάθαρτος schmutzig
ακακία Akazie *f*
άκακος arglos, gutmütig
ακαλλιέργητος (*Land*) unbestellt; *fig*. ungebildet
άκαμπτος spröde; steif

ακανθώδης 2 dornig; *fig.* heikel
ακανόνιστος unregelmäßig
άκαρδος herzlos
ακαριαίος [-i'eos] (**-α**) augenblicklich
άκαρπος unfruchtbar, nutzlos
ακατ|άβλητος unverwüstlich; *Hdl.* offen; **~άδεχτος** hochmütig; **~άληπτος** unverständlich; **~άλληλος** ungeeignet (**για**/ für *A*); **~αλόγιστος** [-a'lojist-] unberechenbar; *jur.* unzurechnungsfähig; **~ανόητος** unverständlich; **~άστατος** unordentlich; unbeständig; **~οίκητος** [-'ikit-] unbewohnt; **~όρθωτος** nicht machbar, unausführbar
άκαυστος ['akafst-] feuerfest
ακέραιος (**-αια**) ganz, heil; redlich, integer
άκεφος schlecht gelaunt
ακίνδυνος ungefährlich
ακινησία Bewegungslosigkeit *f*
ακίνητο Grundstück *n*; Immobilien *pl.*; **~ς** unbeweglich
ακινητώ stillstehen; anhalten
άκληρος kinderlos
άκλιτος undeklinierbar
ακλόνητος unerschütterlich
ακμ|άζω blühen; **~αίος** [-'meos] (**-α**) rüstig; **~ή** Höhepunkt *m*; Blüte *f*
ακοή [ako'i] Gehör *n*
ακοίμητος wach
ακοινώνητος ungesellig
ακολουθία [-luθ-] Gefolge *n*; *Rel.* Messe *f*
ακόλουθος folgend; *Su.* Attaché *m*
ακολουθώ [-u'θo] (be)folgen
ακόμ|α, ~η noch
ακομμάτιστος parteilos
ακομπανι|αμέντο *Mus.* Begleitung *f*; **~άρω** begleiten
ακονίζω schleifen; anspitzen
ακόντιο Speer *m*
άκου! hör mal!; na, so etwas!
ακουμπώ (**-άς**) sich (an-) lehnen, stützen
ακούραστος unermüdlich
άκουσμα *n* Gerücht *n*
ακουστικ|ή [aku-] Akustik *f*; **~ό** *Tel.* Hörer *m*; **~ός** akustisch
ακούω [a'kuo] hören; gehorchen
άκρη Ende *n*; Spitze *f*
ακριβ|αίνω [-'veno] teurer werden; *Preis* heraufsetzen; **~ής** 2 genau; exakt; **~ός** teuer; lieb; **~ώς** *Adv.* genau; pünktlich
ακρίδα Heuschrecke *f*
ακρισία Unvernunft *f*
άκριτος unvernünftig
ακροατ|ήριο Zuhörerschaft *f*; **~ής** Zuhörer *m*

ακρο|βάτης [-'vatis] Akrobat *m*; **~γιάλι** [-'jali], **~γιαλιά** [-ja'lja] Küste *f*; Strand *m*
ακρόπολη **(-εις)** Zitadelle *f*; Akropolis *f*
ακροποταμιά Flußufer *n*
άκρος **(-α)** höchste(r), letzte(r), äußerste(r)
ακρότητα Extrem *n*, Äußerste(s)
ακρωτ|ήρι Kap *n*; **~ηριάζω** [akrotiri'azo] verstümmeln; amputieren
ακτή Küste *f*
ακτίνα Strahl *m*; Radius *m*; Speiche *f*
ακτινο|γραφία Röntgenaufnahme *f*; **~θεραπεία** [-'pia] Bestrahlung *f*; **~σκόπηση** **(-εις)** Durchleuchtung *f*; **~σκοπώ** [-'po] durchleuchten
ακτο|πλοΐα Küstenschifffahrt *f*; **~φυλακή** Wasserschutzpolizei *f*
άκυρος ungültig
ακυρώνω [aki'rono] widerrufen, aufheben
ακύρωση **(-εις)** Aufhebung *f*; Ungültigkeitserklärung *f*
ακώλυτος [a'kolit-] ungehindert, frei
αλαζ|όνας Arrogante(r) *m*; **~ονεύομαι** [oo'nevome] angeben; **~ονικός** eingebildet, arrogant
αλάθ|ευτος [a'laθeft-], **~ητος** unfehlbar
αλαλάζω jubeln
άλαλος stumm; sprachlos
αλανι|άζω sich herumtreiben; **~άρης** **(-α, -ικο)** obdachlos
αλάργα *Adv.* weit entfernt (**από**/ von)
αλαργεύω [-'jevo] (sich) entfernen
άλας ['alas] **(-ατος)** *n*, **αλάτι** Salz *n*
αλατίζω salzen
αλατισμένος gesalzen
αλέθω [-θo] mahlen
αλείφω [a'lifo] bestreichen
αλεξ|ικέραυνο [-ravno] Blitzableiter *m*; **~ίπτωτο** Fallschirm *m*
αλεπού [-'pu] **(-ούδες)** *f* Fuchs *m*
αλεύρι [a'levri] Mehl *n*
αλευρώνω [alev'rono] panieren
αλήθεια [a'liθja] Wahrheit *f*; **~**; tatsächlich?
αληθ|εύω [-'θevo] wahr sein; sich bewahrheiten; **~ινός** wahr
αλησμόνητος unvergeßlich
αλήτης Landstreicher *m*
αλιεία Fischfang *m*
αλίμονο wehe!
αλιφασκιά Salbei *f*, *m*
αλκο|όλ *n* Alkohol *m*; **~ολικός** alkoholisch; *Su.* Alkoholiker *m*
αλλά aber, sondern
αλλαγή [-'ji] Änderung *f*; Wechsel *m*; Ablösung *f*
αλλάζω wechseln; (sich)

ändern; ~ *σπίτι* umziehen
αλλαντικά *n/pl.* Wurstwaren *f/pl.*
αλλαξιά Wäschegarnitur *f*
αλλεργία Allergie *f*
αλληλ- wechselseitig
αλληλ|εγγύη [alileŋ'gii] Solidarität *f*; **~ένδετος** gemeinsam; **~ογραφία** Korrespondenz *f*; **~ογραφώ** korrespondieren; **~οδιαδόχως** [-xos] *Adv.* nacheinander
αλλιώς *Adv.* anders; sonst
αλλιώτικος andersartig
αλλοδαπός Ausländer *m*
άλλοθι Alibi *n*
άλλ|ος (ein) anderer; **~οτε** früher; später
αλλού [a'lu] woanders(hin)
άλλωστε übrigens
άλμα ['alma] *n* Sprung *m*; ~ ***εις μήκος, εις ύψος, επί κοντώ*** Weitsprung *m*, Hochsprung *m*, Stabhochsprung *m*
άλογο Pferd *n*
αλοιφή [ali'fi] Salbe *f*
αλουμίνιο Aluminium *n*
αλύπητος unbarmherzig
αλυσίδα Kette *f*; ~ ***συναρμολογήσεως*** Fließband *n*
αλφα|βήτα [-'vita] Alphabet *n*; **~βητικός** alphabetisch
αλφάδι Wasserwaage *f*
αλωνίζω [alo'nizo] (ver-) dreschen
άμα (*D*) bei *D*; sobald, wenn
αμάθεια Unbildung *f*
άμαθος unerfahren
άμαξα Wagen *m*; Waggon *m*
αμαξάκι Kinderwagen *m*
αμαξοστοιχία [-sti'çia] Zug *m*; ~ ***ταχεία, κοινή, έκτακτη*** Schnell-, Personen-, Sonderzug *m*
αμάξωμα *n* Karosserie *f*
αμαρταίνω sündigen
αμάρτημα *n* Sünde *f*
αμαρτωλός sündig; *Su.* Sünder *m*
άμβωνας [-von-] Kanzel *f*
αμείβω [a'mivo] belohnen
αμελής 2 nachlässig; fahrlässig
άμεμπτος tadellos
αμερικ|ανικός amerikanisch; **≈ανός** Amerikaner *m*; **≈ή** Amerika *n*
αμερόληπτος unparteiisch
άμεσος unmittelbar, direkt
αμέσως sofort, gleich
αμεταβίβαστος nicht übertragbar
αμετά|βλητος [-vlit-] unveränderlich; **~κλητος** [-klitos] unwiderruflich
αμέτρητος zahllos
αμηχανία [amixa-] Verlegenheit *f*
αμίλητος stumm, schweigsam
αμμ|οκονία Mörtel *m*; **~όλιθος** *f* Sandstein *m*; **~όλοφος** Düne *f*
άμμος *f*, *m* Sand *m*
αμμουδιά Sand(strand) *m*
αμμώδης [a'moðis] 2 sandig

αμμωνία [amo'nia] Ammoniak *n*; Salmiakgeist *m*
αμνησία Gedächtnisschwund *m*
αμνηστ|εία [amnist-] Amnestie *f*; **~εύω** [-'evo] amnestieren
αμοιβ|αίος [ami'veos] **(-α)** gegenseitig; **~ή** Belohnung *f*
αμόλυβδος bleifrei
αμορτισέρ *n* Stoßdämpfer *m*
άμορφος formlos
αμόρφωτος ungebildet
αμπαλλ|άζ [amba'laz] *n* Verpackung *f*; **~άρω** verpacken
αμπέλι [am'beli] Weinberg *m*
αμπελουργός [-lur'γos] Winzer *m*
αμπέρ *n* Ampere *n*
άμπωτη ['amboti] Ebbe *f*
άμυαλος unklug
αμυγδαλίτιδα Mandelentzündung *f*
αμύγδαλο Mandel *f*
άμυλο Stärkemehl *n*
άμυνα Verteidigung *f*
αμύνομαι (sich) verteidigen
αμυχή [ami'çi] Schramme *f*
αμφιβάλλω zweifeln (**για**/ an *D*)
αμφίβιο Amphibie *f*
αμφιβολία Zweifel *m*
αμφίβολος zweifelhaft
αμφιθέατρο Amphitheater *n*
αμφισβητώ [-zvi'to] bezweifeln; *jur.* anfechten
αν wenn; ob; **~ *και*** obwohl
ανά je
ανα|βάλλω verschieben; **~βολέας** Steigbügel *m*; **~βολή** Vertagung *f*; Verschiebung *f*, Aufschub *m*; **~βροχιά** Dürre *f*
ανάβω [-vo] anzünden; reizen
αναγγέλλω mitteilen
αναγέννηση Wiedergeburt *f*; Renaissance *f*
αναγκ|άζω [anaŋg-] zwingen; **~αίος** [-'eos] nötig; **~αστικός** Not-; ***~αστική προσγείωση*** ***(-εις)*** [-'jiosi] Notlandung *f*
ανάγκη [a'naŋgi] Not(lage) *f*; ***εν ~*** im Notfall
ανάγλυφο [-γlifo] Relief *n*
ανα|γνωρίζω [-γno'rizo] anerkennen (**για**/ als); **~γνώριση (-εις)** Anerkennung *f*; **~γνωρισμένος** anerkannt
ανάγνωση Lesen *n*
αναγνώστης [-'γnostis] Leser *m*
ανα|δεξιμιός Patenkind *n*; **~δεύω** [-'ðevo] aufrühren; **~δημιουργία** [-ðimiur'jia] Neugestaltung *f*; **~διοργανώνω** [-ðiorγa'nono] reorganisieren; **~διπλασιασμός** Verdopplung *f*; Reduplikation *f*; **~δρομικός** rückwirkend; **~δύομαι** [-'ðiome] auftauchen; **~ζήτηση (-εις)** [-'zitisi] Suchen *n*; Erforschung *f*;

~ζητώ (-άς) [-zi'to] suchen; **~ζωπύρωση** Kräftigung *f*; **~θεματίζω** verfluchen; **~θέτω** [-'θeto] beauftragen; **~θεώρηση (-εις)** [-θe'orisi] Überprüfung *f*; Revision *f*; **~θεωρώ** [-θeo'ro] überprüfen

αναίδεια [a'ne-] Unverschämtheit *f*

αναιμία [ane-] Blutarmut *f*

αναιρώ [ane'ro] widerlegen; widerrufen

αναισθη|σία [anesθi-] Gefühllosigkeit *f*; **~τοποίηση (-εις)** [-to'piisi] Betäubung *f*, Narkose *f*

αναίσθητος [a'nesθit-] bewußtlos; gefühllos

ανακαιν|ίζω [-kje'nizo] renovieren, erneuern; **~ισμός** Renovierung *f*

ανα|καλύπτω [-'lipto] entdecken; **~κάλυψη (-εις)** [-'kalipsi] Entdeckung *f*; **~καλώ** [-'lo] widerrufen; rückgängig machen; **~κατεύομαι** [-'tevome] sich einmischen; **~κατεύω** [-'tevo] mischen; durcheinanderbringen; *j-n* verwickeln (**σε**/in *A*); **~κάτωμα** *n* Durcheinander *n*; Vermischung *f*

ανακεφαλ|αιώνω [-le'ono] zusammenfassen; **~αίωση (-εις)** Zusammenfassung *f*, Überblick *m*

ανακήρυξη (-εις) [-'kiriksi] Aufruf *m*

ανα|κοινώνω [-ki'nono] bekanntmachen; **~κοίνωση (-εις)** Bekanntmachung *f*, Mitteilung *f*

ανα|κολουθία [-lu'θia] Inkonsequenz *f*; **~κοπή** *jur.* Einspruch *m*; **~κουφίζω** [-ku'fizo] Linderung verschaffen; **~κούφιση (-εις)** Erleichterung *f*; **~κράζω** aufschreien; **~κρίβεια** [-'krivia] Ungenauigkeit *f*; **~κρίνω** verhören

ανάκριση (-εις) *jur.* Untersuchung *f*; Verhör *n*

ανακριτής Untersuchungsrichter *m*

ανάκτηση Wiedererlangung *f*

ανάκτορο Palast *m*

ανα|κτώ (-άς) wiedererlangen; **~κύπτω** auftauchen; **~κωχή** [-ko'çi] Waffenstillstand *m*; **~λαμβάνω** übernehmen; sich erholen

ανάλατος ungesalzen; fade

ανάλαφρος leicht

αναλγησία [analji-] Gefühlskälte *f*

ανάλγητος schmerzlos; gefühllos

αναλ|ήθεια [-'liθia] Unwahrheit *f*; **~ηθής** 2 unwahr

Ανάληψη Himmelfahrt *f*

αναλογ|ία [-'jia] Ähnlichkeit *f*; Analogie *f*; Verhältnis *n*; **~ίζομαι** bedenken; **~ικός** proportional

ανάλογο Anteil *m*; **~ς** entsprechend (**προς, με**/ *D*)

αναλόγως entsprechend
ανάλυση **(-εις)** Auflösung *f*; Analyse *f*
αναλύω [-'lio] auflösen; analysieren
αναλφάβητος Analphabet *m*
ανάμεσα zwischen; unter (*D*, *A*); ~ ***σ' άλλα*** unter anderem
αναμεταξύ zwischen; unter (*D*, *A*); ***στο*** ~ inzwischen
ανάμνηση **(-εις)** Erinnerung *f*
αναμον|ή Erwartung *f*; ***αίθουσα*** **~ής** Wartesaal *m*
ανα|μορφώνω umgestalten, reformieren; **~μόρφωση** **(-εις)** Reform *f*
αν|αμφίβολος unzweifelhaft; **~αμφισβήτητος** [-'zvititos] unbestritten
ανανδρία Feigheit *f*
ανανεώνω erneuern
αναπάντ|εχος [-ndexos] unerwartet; **~ητος** unbeantwortet
αναπαύομαι [-'pavo-] sich erholen; ausruhen
ανάπαυση Erholung *f*
αναπαυτικός [-paft-] bequem
ανα|παύω [-'pavo] beruhigen; ausruhen lassen; **~πηδώ** **(-άς)** [-pi'ðo] aufspringen; **~πηρία** Gebrechlichkeit *f*; Invalidität *f*
ανάπηρος körperbehindert, schwerverletzt
αναπληρώνω ersetzen
ανα|πνέω (ein)atmen; **~πνοή** Atmung *f*
ανάποδα *Adv.* verkehrt herum
ανα|ποφάσιστος unentschlossen; **~πόφευκτος** [-'pofefktos] unvermeidlich; **~πτήρας** Feuerzeug *n*
ανάπτυξη **(-εις)** [-ptiksi] Entwicklung *f*; *Hdl.* Ausweitung *f*
αναπτύσσω [-'ptiso] (sich) entwickeln
ανάρμοστος unpassend; ungehörig
αναρ|χία [-'çia] Anarchie *f*; Unordnung *f*; **~χικός** anarchistisch; *Su.* Anarchist *m*
αναρωτιέμαι sich fragen
ανάσα Atem *m*
ανασαίνω atmen, aufatmen
ανασκαφή Ausgrabung *f*
ανάσκελα *Adv.* auf dem Rücken
ανασκευάζω [-skje'vazo] widerlegen
ανασκουμπώνω aufkrempeln
ανάσταση **(-εις)** Auferstehung *f*
αναστατώνω verwirren, aufregen
αναστεν|αγμός Seufzer *m*; **~άζω** seufzen
ανάστηλώνω wiederaufrichten
ανάστημα *n* Wuchs *m*; Figur *f*
ανα|στολή *Hdl.* Einstellung *f*; *jur.* Aufschub *m*; **~συγ-**

κρότηση (**-εις**) [-siŋ'grotisi] Neuordnung *f*; **~σφάλιστος** unversichert; **~σχηματίζω** [-sçimat-] *Pol.* umbilden; **~ταραχή** Aufruhr *m*; **~τέλλω** aufgehen; **~τίμηση** (**-εις**) Preiserhöhung *f*; **~τιμώ** (**-άς**) den Preis erhöhen; **~τινάζω** sprengen

ανατολ|ή Osten *m*; Orient *m*; **~ή** Anatolien *n*; ***Εγγύς*** (***Άπω***) ***~ή*** Naher (Ferner) Osten *m*; **~ικός** östlich; **~ίτικος** orientalisch

ανα|τομία Anatomie *f*; **~τρέπω** (um)stürzen; rückgängig machen; *j-n* absetzen; **~τρέφω** erziehen; **~τριχιάζω** schaudern; **~τροπή** Umsturz *m*; **~τροφή** Erziehung *f*; Bildung *f*; **~φέρομαι** sich wenden (**σε**/ an *A*); sich beziehen (**σε**/ auf *A*); **~φερόμενος** erwähnt; *Su.* Antragsteller *m*; **~φέρω** erwähnen; melden; **~φλεκτήρας** Zünder *m*; Zündkerze *f*

ανάφλεξη (**-εις**) Entzündung *f*; *Auto*: Zündung *f*

αναφορ|ά Bezugnahme *f*; **~ικός** bezüglich; relativ; ***~ικά με*** (*A*) mit Bezug auf *A*

αναχρονισ|μός Anachronismus *m*; **~τικός** unzeitgemäß; unmodern

αναχώρηση (**-εις**) [-'xorisi] Abfahrt *f*; Abreise *f*

αναχωρ|ητήριο Klause *f*; **~ητής** Einsiedler *m*; **~ώ** abfahren, abreisen (**για** *A*/ nach)

αναψυκτικό [-psikt-] Erfrischung *f*

ανδραδέλφη Schwägerin *f*

ανδράδελφος Schwager *m*

άνδρας Mann *m*

ανδρ|εία Tapferkeit *f*; **~είος** (**-α**) tapfer; **~ικός** männlich

ανε- *s.* **ανα-**

αν|εβάζω hinaufbringen; erhöhen; **~εβαίνω** [-'veno] (hinauf)steigen; **~έβασμα** *n* Aufstieg *m*; Besteigung *f*; **~εβοκατεβαίνω** *Preis*: schwanken; **~εγείρω** [-'jiro] errichten

ανέγερση (**-εις**) [-jersi] Errichtung *f*; Aufbau *m*

ανειδίκευτος [ani'ðikjeft-] *Arbeiter*: ungelernt

ανειλικρ|ίνεια [-'krinia] Unaufrichtigkeit *f*; **~ινής** 2 unaufrichtig

ανέκαθεν schon immer

ανεκ|διήγητος [-ði'ijitos] unbeschreiblich; **~δοτικός** anekdotisch

ανέκ|δοτο Anekdote *f*; **~κλητος** unwiderruflich

ανεκ|παίδευτος [-'peðeftos] un(aus)gebildet; **~πλήρωτος** unerfüllt; **~ποίητος** [-'piitos] unverkäuflich; **~τέλεστος** unausführbar; **~τικός** tolerant; **~τίμητος** unschätzbar; **~τός** erträglich

ανέκφραστος unsäglich; ausdruckslos
ανελκυστήρας Fahrstuhl *m*
ανέλπιστος unerwartet
ανεμ|ίζω lüften; flattern; **~ιστήρας** Ventilator *m*; **~οβλογιά** [-ovlo'ja] Windpocken *f/pl.*; **~όμυλος** Windmühle *f*; **~όπτερο** Segelflugzeug *n*
άνεμος Wind *m*
αν|ένδοτος unnachgiebig; **~ενόχλητος** ungestört
ανεξ|αρτησία Unabhängigkeit *f*; **~άρτητος** unabhängig; **~έλεγκτος** [-'eleŋktos] unkontrolliert; **~ερεύνητος** [-e'revnitos] unerforscht; **~ήγητος** [-'ijitos] unerklärlich; **~ιθρησκεία** religiöse Toleranz; **~ίτηλος** unauslöschlich; echt
αν|έξοδος kostenlos; **~εξόφλητος** unbezahlt
ανεπ|αίσθητος [-'esθitos] unerheblich; unmerklich; **~αίσχυντος** [-'esçindos] schamlos; **~ανόρθωτος** nicht wiedergutzumachend; *Adv.* endgültig, Dauer-; **~άρκεια** Unzulänglichkeit *f*; **~αρκής** 2 unzulänglich; knapp
ανέπαφος unberührt
ανεπ|ηρέαστος unbeeinflußt; *Tech.* widerstandsfähig; **~ίβλεπτος** unbeaufsichtigt; **~ιθύμητος** [-i'θimitos] unerwünscht; **~ίληπτος** tadellos; **~ίπλωτος** unmöbliert; **~ίσημος** inoffiziell; **~ιστημονικός** unwissenschaftlich; **~ιτήδευτος** [-i'tiðeftos] ungezwungen; **~ιτυχής** [-iti'çis] 2 erfolglos; **~ιφύλακτος** vorbehaltlos
ανεπτυγμένος entwickelt
ανεργία [-'jia] Arbeitslosigkeit *f*
άνεργος arbeitslos
ανέρχομαι [-xome] (empor)steigen
άνε|ση (**-εις**) Bequemlichkeit *f*; **~τος** bequem; komfortabel
άνευ ['anef] (*G*) ohne *A*
αν|εύθυνος [a'nefθin-] unverantwortlich; **~ευλαβής** [anevla'vis] 2 respektlos; **~εύρετος** [a'nev-] unauffindbar, nicht zu bekommen; **~ευρίσκω** [-'vrisko] wiederfinden; **~έφελος** wolkenlos; **~έφικτος** unerreichbar; undurchführbar
ανέχ|εια Mittellosigkeit *f*, Not *f*; **~ομαι** [-xome] dulden, zulassen
ανεψι|ά Nichte *f*; **~ός** Neffe *m*
ανήθικος [a'niθi-] unsittlich, unmoralisch
ανήκω (an)gehören
αν|ήλικος minderjährig; **~ήμπορος** unpäßlich
αν|ησυχία Unruhe *f*; **~ήσυχος** unruhig; besorgt;

~ησυχώ [-'xo] (sich) beunruhigen; beunruhigt sein; **~ήφορος** Steigung *f*
ανθεκτικός widerstandsfähig
ανθίζω blühen
ανθο|γυάλι [-'jali] Vase *f*; **~δέσμη** Blumenstrauß *m*; **~δοχείο** [-'çio] Blumenvase *f*; **~πωλείο** [-po'lio] Blumenladen *m*; **~πώλης** Blumenhändler *m*
άνθος *n* Blüte *f*; Blume *f*; *fig.* Elite *f*
άνθρακας Kohle *f*
ανθρακ|ικός kohlensauer; **~ικό οξύ** Kohlensäure *f*; **~ωρυχείο** [-ori'çio] Bergwerk *n*; **~ωρύχος** [-o'rixos] Bergmann *m*
ανθρώπινος menschlich
ανθρωπισμός Menschlichkeit *f*; Humanismus *m*
ανθρωπολογία Anthropologie *f*
άνθρωπος Mensch *m*
ανθρωπότητα Menschheit *f*
ανθυγιεινός [-θiji'nos] gesundheitsschädlich; unhygienisch
ανθυπολοχαγός Leutnant *m*
αν|ικανοποίητος [-'piitos] unbefriedigt; **~ίκανος** unfähig; untauglich; **~ικανότητα** Unfähigkeit *f*, Impotenz *f*; **~ίκητος** unbesiegt
ανισόρροπος labil; unausgeglichen
άνισος ungleich; uneben
αν|ίσχυρος machtlos; ungültig; **~ίσως (και)** falls; **~ίχνευση (-εις)** [-'ixnefsi] Ermittlung *f*; **~ιχνεύω** [-ix'nevo] nachforschen
ανιψι|ά, ~ός *s.* **ανε-**
άνοδος *f* Aufgang *m*; Ansteigen *n*
αν|οησία [-oi'sia] Unsinn *m*; Dummheit *f*; **~όητος** unvernünftig; dumm
άνοιγμα ['aniɣma] *n* Öffnung *f*; Eröffnung *f*
ανοίγω (er)öffnen; *Radio* anstellen; *Licht* anmachen; anzünden
ανοικο|δόμηση (-εις) Wiederaufbau *m*; **~δομώ** wiederaufbauen; **~νόμητος** unordentlich
άνοιξη ['aniksi] Frühling *m*
ανοιχτός offen, geöffnet
ανομ|βρία Trockenheit *f*; **~ία** Ungesetzlichkeit *f*
αν|όμοιος (-α) unähnlich; **~ομοιότητα** [-omi'otita] Ungleichheit *f*
άνομος ungesetzlich
ανοξείδωτος [-'ksiðotos] rostfrei, nicht rostend
αν|όργανος anorganisch; **~ορεξία** Appetitlosigkeit *f*; **~ορθογραφία** Rechtschreibfehler *m*; **~ορθώνω** ordnen; **~οσία** Immunität *f*
άνοστος, ανούσιος (-α) fade; unschmackhaft
ανοχή Duldung *f*
ανταγων|ίζομαι wett-

eifern; *Hdl.* konkurrieren (können) mit; **~ισμός** Wettbewerb *m*, Konkurrenz *f*; **~ιστής** Konkurrent *m*
αντ|αλλαγή [-'ji] Austausch *m*; **~άλλαγμα** *n* Gegenleistung *f*; **~αλλακτικά** *n/pl.* Ersatzteile *n/pl.*; **~αλλάσσω** austauschen, umtauschen
αντάμα zusammen
αντ|αμείβω [-'mivo] entschädigen; **~αμοιβή** [-ami'vi] Honorar *n*; Entschädigung *f*; **~αμώνω** (sich) treffen; **~άμωση:** ***καλή ~άμωση*** auf Wiedersehen!; **~ανάκλαση (-εις)** Widerspiegelung *f*; **~ανακλώ (-άς)** reflektieren
ανταπ|αίτηση (-εις) [-'petisi] Gegenforderung *f*; **~αντώ (-άς)** wieder entgegnen; **~οδίδω** vergelten; *Besuch* erwidern; **~όδοση (-εις)** Vergeltung *f*; **~οκρίνομαι** entsprechen; **~όκριση (-εις)** Antwort *f*; Beitrag *m* eines Korrespondenten; *Esb.* Anschluß *m*; **~οκριτής** Korrespondent *m*
αντ|άρα Krach *m*; Nebel *m*; **~αριάζω** Krach machen; **~αρκτικός** antarktisch; **~αρσία** Aufstand *m*; **~άρτης** Aufständischer, Partisan *m*; **~ασφάλεια** [-a'sfalia] Rückversicherung *f*; **~αύγεια** [-'avja] Widerschein *m*; **~εκδίκηση (-εις)** Gegenforderung *f*; Revanche *f*; **~ενεργώ** sich wenden (**κατά** *G*/ gegen *A*)
αντέν(ν)α Antenne *f*; Rahe *f*
αντεπανάσταση (-εις) Gegenrevolution *f*
αντ|επεξέρχομαι entgegentreten; **~επίθεση (-εις)** Gegenangriff *m*; **~εραστής** Nebenbuhler *m*
αντέχω standhalten; ertragen
αντηχώ nachhallen, widerhallen
αντι (για) (an)statt *G*; ***~ να*** anstatt daß, anstatt zu
αντι- (ent)gegen, anti-
αντι|γραφή Abschrift *f*; **~γράφω** abschreiben; **~δημοκρατικός** undemokratisch
αντίδι Endivie *f*
αντ|ιδικία *jur.* Rechtsstreit *m*; **~ίδικος** Prozeßgegner *m*; **~ίδραση (-εις)** Reaktion *f*; **~ιδραστικός** reaktionär; **~ιδρώ (-άς)** reagieren (**σε**/ auf *A*); **~ίδωρο** Hostie *f*; **~ιεμετικό** [-iemet-] Mittel *n* gegen Luftkrankheit *usw.*; **~ιζηλία** Rivalität *f*; **~ίζηλος** Rivale *m*; **~ίθεση (-εις)** Gegensatz *m*; **~ίθετος** entgegengesetzt; **~ιθέτως** im Gegenteil
αντι|καθιστώ (-άς) ersetzen; vertreten; **~καταβολή:** ***επί ~καταβολή*** gegen Nachnahme; **~κατά-**

στασ**η** (-εις) Ersatz *m*; Vertretung *f*; **~καταστάτης** Stellvertreter *m*
αντι|κειμενικός objektiv; **~κείμενο** Objekt *n*, Gegenstand *m*; **~κλειδί** Nachschlüssel *m*; **~κοινωνικός** [-kinon-] unsozial; **~κρούω** [-'kruo] zurückweisen
άντικρυ, αντίκρυ (*G*) gegenüber *D*
αντικρ|ύζω erblicken; begegnen; gegenüberliegen; **~υνός** gegenüberliegend
αντ|ίκρυσμα *n* Begegnung *f*; *Hdl.* Deckung *f*; **~ίκτυπος** Widerhall *m*; Rückwirkung *f*; **~ικυκλώνας** Hoch(druckgebiet) *n*; **~ιλαμβάνομαι** begreifen; **~ιλέγω** widersprechen (**σε**/*D*); **~ίληψη** (-εις) Auffassung *f*; Wahrnehmung *f*; **~ιλογία** [-ilo'jia] Widerspruch *m*; Streit *m*; **~ιμάχομαι** bekämpfen; hassen; **~ίμαχος** Gegner *m*
αντι|μετωπίζω entgegentreten *D*; *Probleme* angehen; stehen vor *D*; **~μιλώ** widersprechen; **~νομία** Widerspruch *m*
αντίο [a'dio] auf Wiedersehen!
αντι|οξειδωτικό [andioksiðot-] Rostschutzmittel *n*; **~πάθεια** [-'paθia] Abneigung *f*; **~παθητικός** unsympathisch; unangenehm
αντίπαλος Gegner *m*
αντι|παραβάλλω vergleichen; **~παραβολή** Vergleich *m*; **~παράσταση** (-εις) Gegenüberstellung *f*; **~παρέρχομαι** übergehen; entgehen; **~παροχή** [-'çi] Gegenleistung *f*; **~πειθαρχικός** [-piθarç-] undiszipliniert
αντίπερα jenseits, gegenüber
αντι|περισπασμός Ablenkung *f*; **~πηκτικό** Blutverdünnungsmittel *n*
αντίποινα *n*/*pl.* Vergeltungsmaßnahmen *f*/*pl.*
αντι|πολιτεύομαι [-'tevome] opponieren; **~πολίτευση** [-tefsi] Opposition *f*
αντίπραξη (-εις) Gegenwirkung *f*; Konkurrenz *f*
αντι|προσωπεία [-so'pia] Vertretung *f*; **~προσωπεύω** [-'pevo] vertreten; **~πρόσωπος** Vertreter *m*, Abgeordneter; **~πρόταση** (-εις) Gegenvorschlag *m*; **~πυρετικό** Fiebermittel *n*
αντίρρηση (-εις) Einwand *m*
αντίσκηνο Zelt *n*; Plane *f*
αντ|ίσταση (-εις) Widerstand *m*; **~ιστέκομαι** Widerstand leisten; **~ίστοιχος** [-'istixos] entsprechend; **~ιστρέφω** umkehren; wenden; **~ίστροφος** umgekehrt; **~ισυλληπτικό χάπι** Antibabypille *f*; **~ισυνταγματικός** verfas-

sungswidrig; **~ίτιμο** Gegenwert *m*; **~ίτυπο** (Druck-) Exemplar *n*; **~ίφαση (-εις)** Widerspruch *m*; **~ιφάσκω** sich widersprechen; **~ιφατικός** widerspruchsvoll; **~ίχειρας** [-'içir-] Daumen *m*; **~ιψυκτικό** Frostschutzmittel *n*

αντλ|ία Pumpe *f*; **~ία αέρος** Luftpumpe *f*; **~ώ** pumpen; schöpfen

αντοχή [-'çi] Widerstandsfähigkeit *f*, Widerstandskraft *f*

άντρας Mann *m*

άντρο Höhle *f*

αντρόγυνο Ehepaar *n*

αντωνυμία Pronomen *n*

ανυδρία Wassermangel *m*

αν|υπακοή [-ko'i] Ungehorsam *m*; **~ύπαντρος** unverheiratet; **~ύπαρκτος** nicht bestehend; **~υπέρβλητος** unüberwindlich; **~υπολόγιστος** unberechenbar; unermeßlich; **~υπομονησία** Ungeduld *f*; **~υπόμονος** ungeduldig; **~ύποπτος** unverdächtig; **~υπόστατος** grundlos; **~υπόφορος** unerträglich

ανυψώνω [-i'psono] hochheben; erhöhen

άνω oben; nach oben; oberhalb; über

αν|ώγι [-'oji] Obergeschoß *n*; **~ώδυνος** schmerzlos; **~ωμαλία** Anomalie *f*; **~ώμαλος** unregelmäßig; **~ώνυμος** anonym; **~ώριμος** unreif; **~ώτατος** oberst-; **~ώτερος** höher-; besser-; **~ώφελος** unnütz; *Adv.* vergebens

αξενία Ungastlichkeit *f*

άξενος ungastlich

αξεπέραστος unüberwindlich

αξέχαστος unvergeßlich

αξία Wert *m*; Würde *f*

αξι|αγάπητος liebenswert; **~έπαινος** lobenswert

αξίζω wert sein; fähig sein

αξίνα Hacke *f*; Axt *f*

αξιοθέατος [aksio-] sehenswert; *Su. n/pl.* Sehenswürdigkeiten *f/pl.*

αξιόλογος erwähnenswert; bedeutend

αξιο|λύπητος bedauernswert; **~μίμητος** nachahmenswert; **~μνημόνευτος** [-mni'moneftos] denkwürdig; **~παρατήρητος** bemerkenswert; **~περίεργος** sonderbar, merkwürdig; **~πιστία** Glaubwürdigkeit *f*

αξιό|πιστος zuverlässig; **~ποινος** strafbar

αξιο|πρέπεια Würde *f*; **~πρεπής** 2 würdig; anständig

άξιος (-α) fähig, verdienstvoll

αξιοσύνη Tüchtigkeit *f*

αξιότιμος (sehr) geehrte(r)

αξίωμα [a'ksioma] *n* Amt *n*, Posten *m*

αξι|ωματικός maßgeblich;

Su. m Offizier *m*; **~ώνομαι** *v/p.* es ist mir vergönnt; **~ώνω** fordern
αξίωση (-εις) Anspruch *m*
άξονας Achse *f*; Welle *f*; **~ *καρντάν*** [kar'dan] Kardanwelle *f*
αξύριστος [a'ksir-] unrasiert
άοπλος unbewaffnet
αόρ|ατος unsichtbar; **~ιστος** unbestimmt; *Su. m* Aorist *m*
άοσμος geruchlos
άουτ *Sport*: aus
απ' *s.* **από**
απαγγελία Vortrag *m*; **~ *κατηγορίας*** Anklageschrift *f*; **~ *αποφάσεως*** Urteilsverkündung *f*
απαγγέλλω vortragen
απαγόρευση (-εις) [-refsi] Verbot *n*
απαγορεύ|ω [-'revo] verbieten; ***~εται*** (es ist) verboten
απ|άγω entführen; **~αγωγή** [-'ji] Entführung *f*
απαθής 2 apathisch
απαίδευτος [a'peðeft-] ungebildet
απαισιόδοξος [apesi-'oðoks-] pessimistisch; *Su. m* Pessimist *m*
απαίσιος widerwärtig; scheußlich
απαίτηση (-εις) Forderung *f*
απαιτ|ητικός anspruchsvoll; **~ώ** verlangen
απ|αλλαγή Befreiung *f*; Erlassen *n*; **~αλλακτικό βούλευμα** ['vulevma] Freispruch *m*; **~αλλάσσω** befreien; freisprechen
απαλλοτρ|ιώνω enteignen; **~ίωση (-εις)** Enteignung *f*
απαλ|ός zart, weich; **~ότητα** Zartheit *f*
απ|άνεμος windstill; **~άνθρωπος** unmenschlich; **~αντέχω** [-xo] erwarten; **~άντηση (-εις)** Antwort *f*; **~άντρευτος** [-'andreftos] unverheiratet; **~αντώ (-άς)** antworten; begegnen
άπαξ einmal; ***εφ' ~*** auf einmal; ***το εφ' ~*** Abfindung(ssumme) *f*
απαξ|ιώ [apaksi'o] verschmähen; **~ίωση** Geringschätzung *f*
απαρ|άβατος unverletzlich; **~άδεκτος** unannehmbar; **~αίτητος** [-'etitos] unerläßlich; **~άλλαχτος** unverändert; **~ατήρητος** unbemerkt; **~ηγόρητος** untröstlich
απαριθμώ aufzählen
απάρνηση (-εις) Verleugnung *f*
απαρνιέμαι [-'njeme] verleugnen
άπα|ς (-σα, -ν) ganz, *pl.* alle; ***τα ~ντα*** sämtliche Werke *n/pl.*
απασχ|όληση (-εις) Be-

schäftigung *f*; **~ολώ** beschäftigen
απατεώνας Betrüger *m*
απάτη Betrug *m*
απατηλός (be)trügerisch
απάτητος unzugänglich
άπατος grundlos
άπατρις (-ιδος) staatenlos
απατ|ώ (-άς) (be)trügen; **~ώμαι** [-'ome] sich irren
άπαυστος ['apafstos] unaufhörlich
άπαχος [-x-] mager, fettarm
απε- *s.* **απο-**
απειθ|άρχητος undiszipliniert; **~αρχώ** sich auflehnen, trotzen
απείθεια [a'piθia] Ungehorsam *m*
απεικονίζω darstellen
απειλ|ή [api'li] Drohung *f*; **~ώ** (be)drohen
απείραχτος unberührt, unbehelligt
απειρία [api'ria] Unerfahrenheit *f*; Unendlichkeit *f*; Unzahl *f*
άπειρος unerfahren; unendlich; unzählig
απέλαση (-εις) Ausweisung *f*
απελ|αύνω [ape'lavno] ausweisen; **~ευθερώνω** [-efθe'rono] freilassen; befreien; **~ευθέρωση (-εις)** [-e'fθerosi] Freilassung *f*; Befreiung *f*; **~πίζω** zur Verzweiflung bringen; **~πισία** Verzweiflung *f*; **~πισμένος** verzweifelt
απέναντι gegenüber
απεναντίας im Gegenteil
απέξω από außerhalb *G*
απέρ|αντος unendlich; endlos; **~αστος** unpassierbar
απεργ|ία [-'jia] Streik *m*; **~ός** Streikende(r); **~οσπάστης** Streikbrecher *m*; **~ώ** streiken
απερ|ίγραπτος unbeschreiblich; **~ιόριστος** unbeschränkt; **~ιποίητος** ungepflegt; **~ίσκεπτος** unbesonnen; **~ίσπαστος** nicht abgelenkt, konzentriert
απέριττος einfach, schlicht
απευθύνω [ape'fθino] adressieren, richten (**σε**/ an *A*)
απ|εχθάνομαι verabscheuen; **~έχω (από**, *G*) sich fernhalten (von); sich enthalten (*G*); **~ήχηση (-εις)** Echo *n*
απίδι Birne *f*
απίθανος unwahrscheinlich
απιθώνω hinstellen
απίστευτος [-steftos] unglaublich
απιστία Treulosigkeit *f*
άπιστος untreu
απιστώ untreu sein
απλανής 2 unbeweglich; Fix-
απλήρωτος unbezahlt
απληστία Habgier *f*
άπληστος unersättlich
απλο|ϊκός [aploik-] naiv; **~ϊκότητα** Naivität *f*;

~ποίηση (-εις) [-'piisi] Vereinfachung *f*; **~ποιώ** [-pi'o] vereinfachen; *Bruch* kürzen

απλ|ός einfach; **~οχέρης** [-ç-] **(-α, -ικο)** freigebig; **~όχωρος** [-xor-] geräumig

απλυσιά Unsauberkeit *f*

άπλυτος ungewaschen; *Su. n/pl.* schmutzige Wäsche *f*

απλ|ωμένος ausgebreitet; **~ώνω** ausbreiten

άπνοος atemlos; leblos

από (*A*) aus *D*; von *D*; durch *A*; seit *D*; je; als (*beim Komparativ*)

απο|βάθρα Bahnsteig *m*; Landungsbrücke *f*; **~βάλλω** ablegen; wegwerfen; **~βιβάζω** *Mar. Waren* löschen; **~βιώνω** ableben; **~βλέπω** streben **(σε/** nach *D*); bezwecken

απόβλητα *n/pl.* (Industrie-)Abfall *m*

απο|βολή Fehlgeburt *f*; **~βουτυρωμένο γάλα** *n* entrahmte Milch *f*; **~βράζω** (ab)kochen; **~γειώνομαι** starten; **~γείωση (-εις)** [-'jiosi] Abflug *m*

απ|όγε(υ)μα [-je(v)ma] *n* Nachmittag *m*; **~ογε(υ)ματινός** Nachmittags-; **~ογίνομαι** werden; hinfällig werden; **~όγνωση** Hoffnungslosigkeit *f*; **~ογοήτευση (-εις)** [-'itefsi] Enttäuschung *f*; **~ογοητεύω** [-i'tevo] enttäuschen; **~όγονος** Nachkomme *m*, Abkömmling *m*

απο|γραφή Bestandsaufnahme *f*; Musterung *f*; **~γράφω** registrieren; **~γυμνώνω** [-jim-] entkleiden; ausrauben

απόδειξη (-εις) [-ðiksi] Beweis *m*; Bescheinigung *f*; Quittung *f*

απο|δείχνω [-'ðixno] beweisen; **~δεκατίζω** dezimieren; **~δέκτης** Empfänger *m*; **~δέχομαι** annehmen; **~δίδω** zurückgeben; leisten; **~διώχνω** [-'ðjoxno] vertreiben; **~δοκιμάζω** mißbilligen; **~δοκιμασία** Mißbilligung *f*

απόδοση (-εις) Erwiderung *f*; Rückerstattung *f*; Wiedergabe *f*; Leistung *f*

απο|δοτικός produktiv; **~δοτικότητα** Produktivität *f*; **~δοχή** [-'çi] Annahme *f*; *pl.* Gehalt *n*; Einnahmen *f/pl.*

απόδραση (-εις) Flucht *f*, Ausbruch *m*

απο|ζημιώνω [-zimi'ono] entschädigen; **~ζημίωση (-εις)** [-'iosi] Entschädigung *f*; Schadenersatz *m*

απόθεμα *n* Vorrat *m*, Reserve *f*

απο|θέτω (nieder)legen; (hin)setzen; **~θηκεύω** [-θi'kjevo] lagern; **~θήκη** Lager(haus) *n*

απ|οίκηση (-εις) [a'piki-]

Übersiedlung *f*; Ansiedlung *f*; **~οικία** Kolonie *f*
άποικος Siedler *m*
αποικώ sich ansiedeln
απο|κάθαρση (-εις) Reinigung *f*; **~καθιστώ (-άς)** wiederherstellen; rehabilitieren; **~καλύπτω** enthüllen; entlarven; **~κά(μ)νω** erschöpft sein; **~κατάσταση (-εις)** Wiederherstellung *f*; Rehabilitierung *f*; **~κάτω** drunter; ***~κάτω από*** unter (*D*, *A*); **~κεί** [-'ki] von dort; dorthin
απόκεντρος abgelegen
απο|κεντρώνω dezentralisieren; **~κεφαλίζω** köpfen; **~κεφαλιστής** Scharfrichter *m*; **~κλεισμός** Blockade *f*; Boykott *m*; Ausschluß *m*; **~κλειστικός** exklusiv; **~κλείω** ausschließen; isolieren; **~κληρώνω** enterben; **~κλίνω** (sich) neigen; **~κόβω** abschneiden; **~κοιμιέμαι** [-ki'mjeme] einschlafen; **~κομίζω** mitnehmen
απόκομμα *n* Ausschnitt *m*; Kupon *m*
απο|κοπή Abschneiden *n*; **~κοτ(τ)ώ (-άς)** riskieren; **~κούμπι** [-'kumbi] Stütze *f*
Απόκριες *f/pl.* Karneval *m*; Fasching *m*
απο|κρίνομαι antworten; **~κρούω** [-'kruo] zurückweisen; **~κρυπτογραφώ** entziffern
απόκρυφος verborgen; geheim
απο|κτώ (-άς) erwerben; *Kind* bekommen; **~λαμβάνω** genießen; gewinnen
απόλαυση Genuß *m*
απο|λεσθέντα *n/pl.* Fundsachen *f/pl.*; **~λήγω** enden; **~λίτιστος** unzivilisiert
Απόλλων (-ωνος) *m* Apollo *m*
απολογ|ία [-'jia] Verteidigung *f*; **~ούμαι** [-'γume] sich verteidigen
απολυμ|αίνω [-'meno] desinfizieren; **~αντικό** Desinfektionsmittel *n*
απόλυση (-εις) Freilassung *f*; Entlassung *f*
απολυταρχία Absolutismus *m*
απολυτήρ|ιο Reifezeugnis *n*; Entlassungsschein *m*; ***~ιες εξετάσεις*** Abitur *n*
απόλυτος absolut, unbeschränkt
απο|λυτρώνω erlösen; **~λύω** [-'lio] freilassen; entlassen; **~μακραίνω**, **~μακρύνω** entfernen; **~μάκρυνση** Entfernen *n*; **~μεινάρι** Rest *m*; **~μένω** übrigbleiben; **~μίμηση (-εις)** Nachahmung *f*; **~μιμούμαι** [-mi'mume] nachahmen; **~μνημονεύματα** [-'nevmata] *n/pl.* Memoiren *pl.*; **~μνημονεύω** auswendig lernen; **~μονώνω** isolieren; **~μόνωση**

(-εις) Isolierung *f*; **~μονωτήριο** Einzelzelle *f*
απομυζώ [-mi'zo] **(-άς)** (auf)saugen
απο|νέμω verleihen; **~νήρευτος** naiv, arglos; **~νομή** Verleihung *f*
απονωρίς früh, beizeiten
απο|ξενώνω entfremden; **~ξένωση** Entfremdung *f*; **~ξηραίνω** [-ksi'reno] (aus-) trocknen; **~παίρνω** anschnauzen
αποπάνω (von) oben; **~ από** über *A*, *D*; oberhalb *G*
απόπειρα Versuch *m*; Attentat *n*
απο|πειρώμαι [-pi'rome] versuchen; **~περατώνω** vollenden
αποπίσω hinterher; von hinten; **~ από** hinter *D*, *A*
απο|πλάνηση **(-εις)** Verführung *f*; **~πλανώ** irreführen; verführen; **~πληξία** Schlaganfall *m*; **~πληρώνω** die Schulden bezahlen; **~πνέω** (*Duft*) verbreiten; **~ποιούμαι** [-pi'ume] ablehnen; **~πυρηνικοποιημένος** kernwaffenfrei
απορία Zweifel *m*
άπορος unbemittelt
απορρέω hervorgehen, resultieren
απόρρητος geheim; vertraulich; *Su.* *n* Geheimnis *n*
απόρριμμα *n* Müll *m*, Abfall *m*
απορρίπτω wegwerfen
απόρροια Folge *f*
απο|ρροφώ **(-άς)** absorbieren; **~ρρυπαντικό** Waschmittel *n*
απορώ sich wundern **(με/** über *A*)
απο|σβήνω *Feuer* löschen; **~σείω** [-'sio] abschütteln; **~σιωπώ** **(-άς)** verschweigen; **~σκευές** [-skje'ves] *f/pl.* Gepäck *n*; Ausrüstung *f*; **~σκιρτώ** **(-άς)** überwechseln; **~σκοπώ** bezwecken; **~σμητικό** Desodorant *n*
απόσμασμα *n* Abschnitt *m*; *Mil.* Abteilung *f*
αποσπώ **(-άς)** trennen
απόσταγμα *n* Essenz *f*
αποστάζω destillieren
απόσταση **(-εις)** Entfernung *f*; Zeitraum *m*
απο|στασία Aufstand *m*; **~στάτης** Rebell *m*; **~στειρώνω** [-sti'rono] keimfrei machen; sterilisieren; **~στέλλω** (ver)senden
απόστημα *n* Abszeß *m*
απο|στολέας Absender *m*; Spediteur *m*; **~στολή** Absendung *f*; Mission *f*; Expedition *f*
απόστολος Apostel *m*
απο|στρατικοποιώ [-pi'o] entmilitarisieren; **~στρέφω** abwenden; **~στροφή** Abneigung *f*; **~συνθέτω** zerlegen; auflösen; **~σύρω** zurückziehen; *Geld* abheben; **~ταμιεύω** sparen, zurücklegen; **~τείνομαι** [-'ti-

nome] sich wenden (σε/ an *A*); ~τέλεσμα *n* Ergebnis *n*; ~τελώ bilden; ausmachen; *v/p.* (~τελούμαι) bestehen (από/ aus *D*)
αποτεφρώνω einäschern
απο|τινάζω abschütteln; ~τολμώ (-άς) wagen
απότομος steil; plötzlich
απο|τραβιέμαι [-'vjeme] sich zurückziehen; ~τρέπω verhüten; abraten; ~τριχωτικό Enthaarungsmittel *n*; ~τυγχάνω [-tiŋ'xano] scheitern; ~τύπωμα *n* Abdruck *m*; ~τυφλώνω (ver)blenden; ~τυφλωτικός blendend, grell; ~τυχημένος mißlungen; ~τυχία Mißerfolg *m*
απουσ|ία [apu'sia] Abwesenheit *f*; ~ιάζω fehlen
απόφαση (-εις) Urteil *n*; Beschluß *m*
απο|φασίζω sich entschließen; beschließen; ~φασιστικός entschlossen; entscheidend; ~φεύγω [-'fevγo] (ver)meiden; ~φορά Gestank *m*
απόφραξη (-εις) Verstopfung *f*
αποχαιρετ|ίζω [-çeret-] (sich) verabschieden; ~ισμός Abschied *m*; ~ώ (-άς) (sich) verabschieden
απο|χή Verzicht *m*; Enthaltung *f*; ~χωρητήριο Abort *m*; ~χωρίζω trennen
απόψε heute abend
άποψη (-εις) Ansicht *f*, Meinung *f*
απόψυξη Auftauen *n*
άπραγος unerfahren
απραξία Untätigkeit *f*; Flaute *f*
απρέπεια Unanständigkeit *f*
Απρίλ|ης, ~ιος April *m*
απρο|βλεψία Unvorsichtigkeit *f*; ~ετοίμαστος unvorbereitet
απρόθυμος widerwillig
απροκατάληπτος unvoreingenommen
απρόκοπος Faulpelz *m*
απρο|νοησία Unbesonnenheit *f*; ~σδόκητος unverhofft
απρόσεκτος (-χτ-) unaufmerksam
απροσεξία Unaufmerksamkeit *f*; Versehen *n*
απρόσ|κλητος ungeladen; ~κοπτος glatt; reibungslos
απρο|στάτευτος [-teftos] schutzlos; ~σχεδίαστος improvisiert
απρόσωπος unpersönlich
απρο|φύλακτος (-χτ-) unbewacht; ~χώρητο [-'xorito] Ausweglosigkeit *f*; Sackgasse *f*
άπταιστος fehlerlos
απτόητος unerschrocken
απύρ|ετος fieberfrei; ~ηνος kernlos
άπω *Adv.* fern; früh
απωθώ zurückstoßen; zurückweisen

απώλεια [a'polia] Verlust *m*
απών (**-ούσα, -όν**) abwesend
απώ|τατος äußerst-; **~τερος** weiter, ferner; später
άρα somit, demnach
Αραβας Araber *m*
αραβικός arabisch
αραβόσιτος Mais *m*
άραγε ob (...wohl)
αράδα Reihe *f*; Linie *f*; Zeile *f*; ***με την ~*** der Reihe nach
αραδιάζω ordnen; aufzählen
αράζω vor Anker gehen
αράθυμος reizbar
αραι|ός [are'os] (**-ά**) dünn; selten; **~ώνω** verdünnen; sich lichten
αρακάς Erbse *f*
αράπ|ης Neger *m*; **~ισσα** Negerin *f*
αράχνη [-xni] Spinne *f*
αργά *Adv*. langsam; lange; spät; ***~ ή γρήγορα*** früher oder später
αργαλειός [-a'ljos] Webstuhl *m*
αργία arbeitsfreier Tag *m*
άργιλ(λ)ος *f* Ton(erde *f*) *m*
αργο|κίνητος langsam, schwerfällig; **Ωναύτες** [-'naftes] *m/pl*. Argonauten *pl*.; **~πορία** Langsamkeit *f*; Verspätung *f*
αργός untätig; langsam
αργόσχολος Müßiggänger *m*
άργυρος Silber *n*
αργυρός silbern
αργώ nicht arbeiten; *Geschäft*: geschlossen bleiben; sich verspäten
αρδευτικ|ός [-ðeft-] Bewässerungs-; ***~ά έργα*** *n/pl*. Bewässerungsanlage *f*
αρδεύω [-'ðevo] bewässern
άρδην völlig
αρεστός angenehm; erfreulich
αρέσ|ω gefallen; ***μου ~ει*** es gefällt mir; es schmeckt mir
αρετή Tugend *f*; Vorzug *m*
αρετσίνωτο ungeharzter Wein *m*
αρθρίτιδα Gelenkentzündung *f*
άρθρο Artikel *m*; Paragraph *m*
αριά *Adv*. selten; ***~ και πού*** ab und zu
αρίδα *scherzhaft*: (langes) Bein *n*
αριθμητικ|ή Rechnen *n*; Arithmetik *f*; **~ό** Zahlwort *n*
αριθμο|λόγιο Rechenschieber *m*; **~μηχανή** Rechenmaschine *f*
αριθμός Zahl *f*; Nummer *f*; *Schuhe*: Größe *f*; ***ενικός ~*** Singular *m*; ***πληθυντικός ~*** Plural *m*
αριθμώ zählen; numerieren
αριστερ|ά links; ***από ~ά*** von links; **~ός** link-; **~όχειρας** Linkshänder(in *f*) *m*
αριστ|εύω [-'evo] sich auszeichnen; **~οκρατικός** aristokratisch, adlig

άριστος ausgezeichnet, (der) beste
αριστ|οτεχνικός meisterhaft; **~ούργημα** [-'urjima] *n* Meisterwerk *n*
αρκ|εί (es ist) genug; **~ετά** ziemlich; **~ετός** genügend
αρκούδα Bär *m*
Αρκτ|ική Arktis *f*; **≈ικός** arktisch, nördlich
άρκτος *f* Bär *m*; ***Μεγάλη*** **(*Μικρή*)** ≈ *Astr.* Großer (Kleiner) Bär *m*
αρκώ genügen
άρμα *n* (Kampf-)Wagen *m*; ***~ μάχης*** Panzer *m*
αρμαθιά Bündel *n*
αρμάρι Schrank *m*
αρματώνω bewaffnen; ausrüsten
αρμενίζω segeln
άρμενο Segelboot *n*
αρμ|όδιος **(-α)** zuständig; **~οδιότητα** Zuständigkeit *f*; Kompetenz *f*; **~όζω** sich gehören; **~ονία** Harmonie *f*; **~ονικός** harmonisch; **~ός** Fuge *f*; Gelenk *n*
αρμυρός salzig, gesalzen
άρνηση **(-εις)** Ablehnung *f*; ***~ διαταγής*** Befehlsverweigerung *f*
αρνητικ|ό *Fot.* Negativ *n*; **~ός** negativ
αρνί Lamm *n*; ***~ ψητό*** Hammelbraten *m*
αρνιέμαι [-'njeme] **(-ούμαι)** verneinen; ablehnen; (ab)leugnen
άροτρο Pflug *m*
άρπα Harfe *f*
αρπάγη Haken *m*; Harpune *f*
αρπ|αγή Raub *m*; **~άζω** rauben; (er)greifen; *Essen:* anbrennen; **~ακτικός** raubgierig; Raub-
αρπαχτά *Adv.* flüchtig
αρραβ|ώνας Verlobungsring *m*; **~ώνες** *pl.* Verlobung *f*
αρραβων|ιάζομαι sich verloben; **~ιασμένος** verlobt; **~ιαστικιά (-κός)** Verlobte(r *m*) *f*
άρραφτος ungenäht
αρρωσταίνω erkranken; krank machen
αρρ|ώστημα *n* Erkrankung *f*; **~ώστια** Krankheit *f*; **~ωστιάρικος** kränklich
άρρωστος krank; erkrankt (**από**/ an *D*)
αρσενικός männlich; *Su.* *n* Maskulinum *n*
αρτηρ|ία [artir-] Arterie *f*; **~ιοσκλήρωση** Arterienverkalkung *f*
άρτιος **(-α)** unversehrt; *Zahl*: gerade
αρτο|ποιός [-pi'os] Bäcker *m*; **~πωλείο** [-po'lio] Bäkkerei *f*
άρτος Brot *n*; Hostie *f*
άρτυμα *n* Gewürz *n*
αρτύνω würzen
αρχαϊκός archaisch; altertümlich
αρχαιο|λογία [arçeo-] Archäologie *f*; **~λόγος** Ar-

chäologe *m*; **~πωλείο** Antiquitätenhandlung *f*; Antiquariat *n*
αρχαίος antik; alt; *Su. n/pl.* Altertümer *n/pl.*
αρχαιότητα Altertum *n*
αρχ|άριος Anfänger *m*; **~έγονος** ursprünglich; **~είο** Archiv *n*; **~ειοθήκη** Aktenschrank *m*; **~έτυπο** Original *n*; Muster *n*
αρχ|ή [ar'çi] Anfang *m*; Prinzip *n*; *pl.* Behörde *f*; ***κάνω ~ή*** beginnen; ***στις ~ές*** (zu) Anfang; ***απ' ~ής*** von Anfang an; ***κατ' ~ήν*** im Prinzip
αρχ|ηγείο [arçi'jio] Hauptquartier *n*; Zentrale *f*; **~ηγία** [-i'jia] Kommando *n*; Führung *f*; **~ηγός** [-i'γos] Chef *m*, Befehlshaber *m*; **~ήτερα** früher
αρχι- ur-, Haupt-, Ober-, Erz-
αρχίατρος Chefarzt *m*
αρχι|επίσκοπος [arçi-] Erzbischof *m*; **~εργάτης** Vorarbeiter *m*; Polier *m*
αρχίζω [ar'çizo] anfangen
αρχι|καμαρότος Chefsteward *m*; **~κός** ursprünglich; **~μουσικός** Kapellmeister *m*; **~στράτηγος** Oberbefehlshaber *m*; **~συντάκτης** Chefredakteur *m*; **~τέκτονας** Architekt *m*; **~τεκτονική** Architektur *f*
άρχοντας vornehmer Herr *m*; Reiche(r)
αρχοντικός [arx-] vornehm
άρωμα *n* Parfüm *n*; Duft *m*; Aroma *n*
αρωματ|ίζω parfümieren; **~οπωλείο** [-opo'lio] Parfümerie *f*
ας *Aufforderungspartikel + Konj.*: ***~ έρθει*** soll er doch kommen!; ***~ είναι*** sei es; meinetwegen
ασανσέρ *n* Fahrstuhl *m*
ασάφεια [a'safia] Unklarheit *f*
ασβέστης Kalk *m*
ασβεστ|οκονίαμα *n* Mörtel *m*; **~όλιθος** Kalkstein *m*
ασβεστώνω kalken
άσε! laß!; *s.* **αφήνω**
ασέλγεια [-jia] Unzucht *f*
ασήμ|αντος unbedeutend; **~ι** Silber *n*
ασηπτικός [asipt-] aseptisch
ασθ|ένεια [a'sθenia] Krankheit *f*; **~ενής** 2 krank; **~ενώ** ein Leiden haben
άσθμα ['asθma] *n* Asthma *n*
ασθμαίνω keuchen
Ασία Asien *n*
ασιτία Hungern *n*
άσκηση **(-εις)** Übung *f*; Training *n*; *pl.* Manöver *n*
ασκητικός asketisch
ασκί Schlauch *m*
άσκοπος zwecklos
ασκούμενος Praktikant *m*; Referendar *m*
ασκώ üben; trainieren
άσοφος unwissend

ασπασμός Umarmung *f*, Kuß *m*
άσπαστος unzerbrechlich
ασπιρίνη Aspirin *n*
άσπιτος obdachlos
ασπλαχνία [-'xnia] Unbarmherzigkeit *f*
άσπλαχνος unbarmherzig
ασπρ|άδι (του αυγού) Eiweiß *n*; **~ίζω** bleichen; weißen; bleich werden
ασπρο|κίτρινος fahl; **~κόκκινος** rosa; **~λούλουδο** [-'luluðo] Gänseblümchen *n*; **~μάλλης (-α, -ικο)** weißhaarig
ασπρόρουχα [-ruxa] *n/pl.* Unterwäsche *f*
άσπρος weiß
άσ(σ)ος As *n*
αστάθεια Unbeständigkeit *f*
αστακός Languste *f*; Hummer *m*
άστατος unbeständig, labil
άστε! laßt!; *s.* **αφήνω**
αστ|ειεύομαι [asti'evome] scherzen; necken; **~είος (-εία)** witzig; *Su. n* Witz *m*; ***στα ~εία*** im Scherz
αστέρι Stern *m*; *fig.* Star *m*
αστερ|ισμός Sternbild *n*; **~οειδής** [-oi'ðis] 2 sternförmig; *Su. n/pl.* Seesterne *m/pl.*; **~οσκοπείο** Sternwarte *f*
αστήριχτος ungestützt; unbegründet
αστικός städtisch; bürgerlich; *Su. n* (Stadt-)Bus *m*
άστοργος lieblos
αστός Bürger *m*
αστ|οχασιά Unüberlegtheit *f*; **~όχαστος** unüberlegt
άστοχος unüberlegt
αστράγαλος Knöchel *m*
αστρακιά Scharlach *m*
αστραπ|ή Blitz *m*; **~οβολώ (-άς)** blitzen; strahlen (**από**/vor *D*); **~όβροντο** Blitz und Donner *m*
αστράφτω blitzen, strahlen
άστρο Stern *m*
αστρο|λογία Astrologie *f*; **~λόγος** Astrologe *m*
αστρο|ναύτης [-'naftis] Astronaut *m*; **~ναυτική** Weltraumfahrt *f*
αστρονομία Astronomie *f*
άστρωτος *Bett*: ungemacht; *Tisch*: ungedeckt; *Straße*: ungepflastert; *Arbeit*: ungeregelt
άστυ (-εως) *n* Stadt *f*
αστυ|νομία Polizei *f*; **~νομικός** polizeilich; *Su. m* Polizist *m*; ***~νομικό τμήμα*** Polizeirevier *n*; **~φιλία** Landflucht *f*; **~φύλακας** Polizist *m*
ασυγκίνητος ungerührt
ασυγκράτητος unbeherrscht
ασύγκριτος unvergleichlich
ασυγχώρητος [asiŋ'xorit-] unverzeihlich
ασυλία Immunität *f*; Unverletzlichkeit *f*

ασυλ|λογισιά Unbesonnenheit *f*; **~λόγιστος** unbesonnen
άσυλο Asyl *n*; Zuflucht *f*
ασυμ|βίβαστος unvereinbar; **~μάζευτος** [-'mazeftos] unordentlich
ασύμμετρος unsymmetrisch; *Zahl*: irrational
ασυμ|πάθιστος unsympathisch; **~πλήρωτος** unvollendet; **~φιλίωτος** unversöhnlich
ασύμφωνος verschiedenartig, unvereinbar
ασυν|αγώνιστος konkurrenzlos; **~άρτητος** zusammenhanglos; **~ειδησία** [-iði'sia] Gewissenlosigkeit *f*; **~είδητος** gewissenlos; unbewußt; **~έπεια** [-'epia] Inkonsequenz *f*; **~επής** 2 inkonsequent, unzuverlässig
ασύνετος unvernünftig
ασυνήθιστος ungewöhnlich
ασύντακτος ungeordnet
ασυρματιστής Funker *m*
ασύρματος drahtlos; *Su. m* Funk *m*
ασύστ|ατος unbegründet; **~ολος** unverfroren
ασφάλεια Sicherheit *f*; Sicherung *f*; Versicherung *f*; Garantie *f*; **~ ζωής** [zo'is] Lebensversicherung *f*; **~ ατυχημάτων** Unfallversicherung *f*
ασφαλ|ής 2 sicher; **~ίζω** (ver)sichern
ασφάλιση (**-εις**) Sicherung *f*; Versicherung *f*
ασφαλισ|μένος versichert; **~τική εταιρεία** Versicherungsgesellschaft *f*; **~τικός** Sicherungs-
άσφαλτος *f* Asphalt *m*
ασφράγιστος unversiegelt
ασφυ|κτιώ (**-άς**) ersticken; **~ξία** Ersticken *n*
άσχετος beziehungslos
ασχημία [asçim-] Häßlichkeit *f*
άσχημος häßlich; *Benehmen*: schlecht
ασχολ|ία Beschäftigung *f*; **~ίαστος** kommentarlos; **~ούμαι** [-'ume] sich beschäftigen
ασωτεύω [aso'tevo] verschwenden
άσωτος haltlos, verschwenderisch
αταίριαστος unpassend
άτακτος (**-χτ-**) ungeordnet; *Puls*: unregelmäßig; *Kind*: ungezogen
αταξία Unordnung *f*; Unart *f*
αταραξία Gelassenheit *f*
ατάραχος ruhig; gelassen
ατελείωτος unendlich
ατελώνιστος unverzollt
ατενίζω unverwandt ansehen
άτεχνος kunstlos; unbegabt
ατιμάζω entehren
ατιμία Schandtat *f*
ατιμώρητος straflos
ατιμωτικός entehrend

ατλαντικός atlantisch; **ο** ≈ **(ωκεανός)** Atlantik *m*
ατμ|άμαξα Lokomotive *f*; **~ολέβητας** Dampfkessel *m*; **~ομηχανή** Dampfmaschine *f*; **~όπλοιο** Dampfer *m*; **~ός** Dampf *m*; **~όσφαιρα** Atmosphäre *f*; **~οσφαιρική πίεση** Luftdruck *m*
άτοκος zinslos
άτολμος schüchtern
ατομικός¹ persönlich
ατομικ|ός² Atom-; **~ή** ***βόμβα*** Atombombe *f*; **~ή** ***ενέργεια*** Atomenergie *f*
άτομο Person *f*; Individuum *n*; Atom *n*
ατονία Mattigkeit *f*
άτονος matt; *Gr.* unbetont
άτοπος unangebracht
ατού *n* Trumpf *m*; Chance *f*
ατρόμητος furchtlos, tapfer
ατροφικός abgemagert
ατσάλι Stahl *m*
άτσαλος schlampig
Ατσίγγανος Zigeuner *m*
άτυπος formlos
ατύχημα *n* Unfall *m*; Unglück *n*; **~** ***εργασίας*** Betriebsunfall *m*
ατυχία Unglück *n*
άτυχος glücklos
ατυχώ Unglück haben
αυγή [a'vji] Morgen *m*; Beginn *m*
αυγ|ό [a'vγo] Ei *n*; ***σφιχτό, μελάτο*** **~ό** hart-, weichgekochtes Ei *n*; ***κλούβιο*** **~ό** faules Ei *n*; **~ά** ***μάτια*** Spiegeleier *n/pl.*; ***κόκκινα*** **~ά** Ostereier *n/pl.*
αυγ|οειδής [-oi'ðis] 2 eiförmig; **~οθήκη** Eierbecher *m*; **~ότσοφλο** Eierschale *f*
Αύγουστος ['avγustos] August *m*
αυθ|άδεια [a'fθaðia] Frechheit *f*; **~αδιάζω** frech sein (werden); **~άδικος** frech; **~αιρεσία** Willkür(akt *m*) *f*; **~αίρετος** eigenmächtig
αυθεντ|ία Autorität *f*; **~ικός** authentisch; echt
αυθόρμητος spontan
αυλ|αία [a'vlea] Vorhang *m*; **~άκι** Rinne *f*; Furche *f*; **~ή** Hof *m*; **~όγυρος** Hofmauer *f*
αυνανισμός Onanie *f*
αυξάνω [afks-] erhöhen; wachsen
αύξηση (-εις) Erhöhung *f*; Wachstum *n*; **~** ***μισθών*** Lohnerhöhung *f*
αϋπνία [aipn-] Schlaflosigkeit *f*
άυπνος schlaflos; wach
αύρα ['avra] Brise *f*
αύριο morgen
αυστηρ|ός streng; drastisch; **~ότητα** Strenge *f*
Αυστρ|αλία [afstr-] Australien *n*; **~ία** Österreich *n*; **≈ιακός** österreichisch; *Su. m* Österreicher *m*
αυτ- selbst-
αυτ|άρκεια [aft-] Selbstversorgung *f*; **~άρκης** 2

autark; **~αρχικός** autoritär; herrisch; **~εξούσιος (-ια)** selbständig; **~εξυπηρέτηση** Selbstbedienung *f*
αυτί [a'fti] Ohr *n*
αυτο|άμυνα Notwehr *f*; **~βιογραφία** Autobiographie *f*
αυτόγραφο Autogramm *n*
αυτο|διάθεση [afto-] Selbstbestimmung *f*; **~δίδακτος** Autodidakt *m*; **~διδασκαλία** Selbstunterricht *m*; **~διοίκηση** [-ði'iki-si] Selbstverwaltung *f*
αυτοκινητ|άμαξα Triebwagen *m*; **~ιστής** Autofahrer *m*; Rennfahrer *m*; **~οδρομία** Autorennen *n*; **~όδρομος** Autobahn *f*, Autostraße *f*
αυτο|κίνητο Auto *n*, Kraftwagen *m*; **~κράτορας** Kaiser *m*; **~κριτική** Selbstkritik *f*; **~κτονία** Selbstmord *m*; **~κτονώ** Selbstmord begehen; **~λεξεί** *Adv.* wörtlich
αυτ|οματοποίηση (-εις) [aftomato'piisi] Automation *f*; **~όματος** automatisch; *Su. n* Automat *m*
αυτο|νόητος selbstverständlich; **~νομία** Autonomie *f*
αυτόνομος unabhängig; autonom
αυτοπεποίθηση [-'piθisi] Selbstvertrauen *n*
αυτόπονος Ohrenschmerzen *m/pl.*
αυτοπροσώπως persönlich
αυτόπτης Augenzeuge *m*
αυτ|ός, ~ή, ~ό er, sie, es; diese(r, -s)
αυτο|σκοπός Selbstzweck *m*; **~στιγμεί** [-sti'γmi] *Adv.* augenblicklich; **~σχεδιάζω** improvisieren
αυτού [a'ftu] sein, ihr; sein; dort; hier(hin)
αυτουργός Täter *m*
αυτόχειρας Selbstmörder *m*
αυχένας [af'çenas] Nacken *m*
αφ' *s.* **από**
αφ|άγωτος nüchtern; **~αίμαξη (-εις)** Aderlaß *m*; Erpressung *f*; **~αίρεση (-εις)** Wegnahme *f*; Subtraktion *f*; **~αιρώ** wegnehmen; subtrahieren
αφαν|ίζω vernichten; **~ισμός** Ruin *m*; Verderben *n*
αφάνταστος unvorstellbar
αφεθ- *s.* **αφήνω**
αφέλεια [a'felia] Naivität *f*
αφελής 2 naiv
αφέντης (-άδες) Herr *m*; Besitzer *m*
αφεντιά Vornehmheit *f*
αφεντικό Chef *m*
άφεση Vergebung *f*; Erlaß *m* (von Sünden)
αφετηρία Ausgangspunkt *m*; Startlinie *f*
αφή Tastsinn *m*

αφηγούμαι [afi'ɣume] schildern, erzählen
αφήνω [a'fino] (los)lassen; verlassen; hinterlassen; überlassen; **~ *στη μέση*** liegenlassen
αφηρημένος zerstreut; abstrakt
άφθαρτος unzerstörbar
αφθονία Überfluß *m*
άφθονος reichlich
αφθώδης πυρετός Maul- u. Klauenseuche *f*
αφ|ιδρωτικός schweißtreibend; **~ιερώνω** widmen; weihen; **~ιέρωση (-εις)** Widmung *f*
αφιλ|οκερδής 2 uneigennützig; **~όξενος** ungastlich; **~ότιμος** tückisch; *Su. m iron.* Kerl *m*
άφιξη (-εις) Ankunft *f*
αφιόνι Opium *n*
αφίσα Plakat *n*
αφοβία Furchtlosigkeit *f*
άφοβος furchtlos
αφομοίωση (-εις) [-'miosi] Assimilation *f*
αφοπλ|ίζω entwaffnen; abrüsten; **~ισμός** Entwaffnung *f*; Abrüstung *f*
αφορ|ίζω exkommunizieren; **~μή** Anlaß *m* (**για**/zu *D*); **~ολόγητος** steuerfrei; **~ώ (-άς)** sich beziehen (auf *A*)
αφοσίωση [-'siosi] Hingabe *f*
αφότου seit(dem)
αφού nachdem; weil, da
αφράτος zart, weich
αφρίζω schäumen
αφρικαν|ικός afrikanisch; **≗ός** Afrikaner *m*
Αφρική Afrika *n*
αφρόγαλα Sahne *f*
Αφροδίτη Venus *f*
αφροντισιά Sorglosigkeit *f*
αφρόντιστος unbekümmert; vernachlässigt
αφρός Schaum *m*
αφρούρητος unbewacht
αφτ- *s.* **απτ-, αφθ-, αυτ-**
άφταστος unerreichbar
αφτείαστος ['aftja-] unfertig
αφύσικος unnatürlich
άφωνος stumm; stimmlos
αφώτιστος unbeleuchtet
αχάλαστος [ax-] unzerstört; unzerstörbar
αχαλίνωτος zügellos
αχαρακτήριστος unbeschreiblich; empörend
αχαριστία Undank(barkeit *f*) *m*
αχάριστος undankbar
αχηβάδα Muschel *f*
αχθοφόρος [ax-] Gepäckträger *m*
αχιν(ι)ός [aç-] Seeigel *m*
αχλ|άδι [ax-] Birne *f*; **~αδιά** Birnbaum *m*
άχνη Hauch *m*; Staub *m*
αχν|ίζω dampfen; dämpfen; **~ός** Dampf *m*; Dunst *m*; *Adj.* bleich
αχόρταγος unersättlich
αχούρι Stall *m*

αχρ|είος (**-α**) gemein; **~ειότητα** Gemeinheit *f*
αχρέωτος schuldenfrei
αχρηστεύω unbrauchbar machen
άχρηστος unbrauchbar
αχρονολόγητος undatiert
άχρονος zeitlos
αχρωμάτιστος farblos; parteilos
άχυρο ['açiro] Stroh *n*
αχυρόστρωμα *n* Strohsack *m*
αχυρώνας Scheune *f*
αχώ|νευτος [a'xoneft-] unverdaulich; unausstehlich; **~ριστος** unzertrennlich
αψέντι [aps-] Wermut *m*
άψητος ungekocht; nicht (durch)gebraten; unreif
αψίδα Bogen *m*
αψιθυμία Jähzorn *m*
άψογος einwandfrei
αψύς jähzornig; scharf, beißend
άψυχος entseelt; zaghaft

Β

βάγια ['vaja] Amme *f*
βαγκον|-λί [vagon'li] *n* Schlafwagen *m*; **~ρεστοράν** *n* Speisewagen *m*
βαγόνι Waggon *m*; Eisenbahnwagen *m*
βαδίζω gehen, marschieren
βάδισμα *n* Gang *m*; Schritt *m*
βάζο Vase *f*; Dose *f*
βάζω setzen, stellen, legen; *Hut* aufsetzen; *Kleider* anziehen; **~ *μέσα*** einsperren
βαθαίνω vertiefen; tiefer werden
βαθμ|ηδόν *Adv.*, **~ιαίος** allmählich
βαθ|μίδα Stufe *f*; Rang *m*, Grad *m*; *Geogr.* Schicht *f*; **~μολογώ** zensieren; *Mil.* befördern; werten; **~μός** Grad *m*; Zensur *f*; *Sport*: Punkt *m*
βάθος (**-ους**) *n* Grund *m*; Tiefe *f*; Hintergrund *m*
βαθουλ|ός [vaθul-] vertieft; **~ώνω** [-'ono] leicht aushöhlen
βάθρο Sockel *m*; Untersatz *m*
βαθ|ύνω [va'θino] (sich) vertiefen; **~ύπεδο** Tiefebene *f*; **~ύς** tief
βακτηρίδιο Bakterie *f*
βαλαν|ίδι Eichel *f*; **~ιδιά** Eiche *f*
βαλάντιο Geldbörse *f*
βαλβίδα Ventil *n*
βαλεριάνα Baldrian *m*
βαλθ- *s.* **βάζω**
βαλίτσα Koffer *m*
Βαλκάνια *n/pl.* Balkan *m*
βαλς *n* Walzer *m*
βάλτος Sumpf *m*
βαμβάκι Baumwolle *f*; Watte *f*
βάναυσος ['vanafsos] grob
βανίλια Vanille *f*

βαπόρι Dampfer *m*
βαπτ- *s.* **βαφτ-**
βαραίνω [-'reno] drücken; schwer (lästig) sein; sich verschlechtern
βάρβαρος barbarisch; *Su. m* Barbar *m*
βάρδ|α Achtung!, Vorsicht!; **~ια** Wache *f*; *Arbeit*: Schicht *f*
βαρέλι Faß *n*
βαρεμάρα Langeweile *f*
βαρήκοος schwerhörig
βαριέμαι [-'jeme] sich langweilen; genug haben, satt haben; keine Lust haben
βαριετέ *n* Varieté *n*
βάρκα Boot *n*, Kahn *m*
βαρόμετρο Barometer *n*
βάρος *n* Gewicht *n*; Last *f*
βαρ|υακούω [-ja'kuo] schwer hören; **~ύαυλος** [-'iavlos] Fagott *n*; **~ύς** schwer; plump; *Kaffee*: stark; **~ύτητα** Schwere *f*; Schwerkraft *f*; **~ύτονος** Bariton *m*; **~ώ (-άς)** schlagen; prügeln
βασανίζω quälen; foltern
βάσανο Qual *f*; Folter *f*
βάση (-εις) Basis *f*; Grundlage *f*; *Mil.* Base *f*
βασίζ|ομαι sich stützen (**σε**/ auf *A*); **~ω** gründen auf (*A*)
βασίλειο Königreich *n*
βασιλ|εύω [-'levo] herrschen; **~ιάς** König *m*; **~ικός** königlich
βάσιμος stichhaltig; zuverlässig
βαστώ (sich zurück)halten; *Buch* führen; dauern
βατ *n* Watt *n*
βάτα (Schulter-)Watte *f*
βατόμουρο Brombeere *f*
βάτραχος Frosch *m*
Βαυαρός [vavar-] Bayer *m*
βαφή Färben *n*
βαφτίζω taufen
βάφτισμα *n* Taufe *f*
βάφω färben, anmalen; schminken
βγ- *s.* **βγαίνω**
βγάζω (heraus)ziehen; *Kleider, Schuhe* ausziehen; *Geld* verdienen; herausbringen; ***τα ~ πέρα*** damit fertig werden; ***~ φωτογραφίες*** Fotos machen
βγαίνω ['vjeno] hinausgehen; abgehen; *Zeitung*: herauskommen; *Foto* gelingen, (*gut*) werden
βγαλ- *s.* **βγάζω**
βγήκ- *s.* **βγαίνω**
βδέλλα Blutegel *m*
βέβαιος ['veveos] sicher, gewiß
βεβαι|ότητα Sicherheit *f*; **~ώνω** versichern; bescheinigen
βεβαίωση (-εις) Versicherung *f*; Bescheinigung *f*
βεβηλώνω entweihen
βεβήλωση (-εις) Schändung *f*
βελάζω blöken
βελέντζα Wolldecke *f*
βέλο Schleier *m*

βελόνα (Näh-)Nadel *f*; ~ ***πλεξίματος*** Stricknadel *f*
βελονάκι Häkelnadel *f*
βελον|ιά (Nadel-)Stich *m*; **~ιάζω** heften
βέλος *n* Pfeil *m*
βελούδο Samt *m*
βελτ|ιώνω verbessern; **~ίωση (-εις)** Besserung *f*
Βενετία Venedig *n*
βενζ|ινάδικο Tankstelle *f*; **~ινάκατος** Motorboot *n*; **~ίνη** Benzin *n*
βεντάγια [ven'daja] Fächer *m*
βεράντα Veranda *f*
βερβερίτσα Eichhörnchen *n*
βέργα Gerte *f*, Rute *f*
βερεσέ *Adv.* auf Kredit; **~ς** Kredit *m*
βερίκοκο Aprikose *f*
βερνίκι Lack *m*, Firnis *m*
βερνικώνω lackieren
βέρος (-α) richtig; echt
βέτο Veto *n*
βήμα ['vima] *n* Schritt *m*; Tribüne *f*; ***ιερό*** ~ Altar *m*
βήχας ['vixas] Husten *m*
βήχω ['vixo] husten
βία Gewalt *f*; Eile *f*; ***ανωτέρα*** ~ höhere Gewalt *f*; ***δια της*** **~ς** mit Gewalt
βιάζ|ομαι ['vjazome] sich beeilen; **~ω** [vi'azo] zwingen; vergewaltigen
βίαιος ['vieos] gewaltsam
βιαστικός [vja-] eilig; ***είμαι*** ['ime] ~ es eilig haben
βιασύνη Eile *f*
βιβλιάριο καταθέσεων Sparbuch *n*
βιβλίο [vi'vlio] Buch *n*
βιβλιο|γραφία [vivl-] Bibliographie *f*; **~θήκη** [-'θiki] Bibliothek *f*; ***δανειστική ~θήκη*** Leihbücherei *f*; **~κρισία** Rezension *f*; **~πωλείο** [-po'lio] Buchhandlung *f*; **~πώλης** Buchhändler *m*
Βίβλος *f* Bibel *f*
βίδα Schraube *f*
βιδ|ολόγος Schraubenzieher *m*; **~ώνω** anschrauben
βίζα Visum *n*
βίντσι Winde *f*
βιογραφία Biographie *f*
βιόλα Veilchen *n*
βιολί Geige *f*
βιολογία Biologie *f*
βιομηχαν|ία Industrie *f*; **~ικός** industriell; **~οποιώ** [-pi'o] industrialisieren
βίος Leben *n*
βιος [vjos] *n* Vermögen *n*
βιοτεχνία (Kunst-)Gewerbe *n*
βιταμίνη Vitamin *n*
βιτρίνα Schaufenster *n*
βλαβερ|ός schädlich; **~ότητα** Schädlichkeit *f*
βλάβη Schaden *m*; ~ ***ελαστικού*** Reifenpanne *f*
βλάκας Dummkopf *m*
βλακεία Dummheit *f*
βλαστ|αίνω sprießen; **~άρι, ~ός** Sproß *m*, Trieb *m*
βλαστ|ήμια Gotteslästе-

rung *f*; Fluch *m*; **~ημώ (-άς)** verfluchen
βλάφτ|ω beschädigen; schaden; ***δε ~ει*** das schadet nichts
βλέμμα *n* Blick *m*
βλέννα Schleim *m*
βλενν|ομεμβράνη Schleimhaut *f*; **~όρροια** Tripper *m*; **~ώδης** 2 schleimig
βλέπ|ω (an)sehen; untersuchen; aufpassen; ***~ε (βλ.)*** siehe (s.)
βλεφαρίδα Wimper *f*
βλέφαρο Lid *n*
βλογιά [vlo'ja] Pocken *f/pl.*
βόδι Rind *n*
βοή [vo'i] Getöse *n*
βοήθ|εια Hilfe *f*; **~ημα** *n* Unterstützung *f*
βοηθ|ητικός hilfreich; Hilfs-; **~ός** *m, f* Assistent(in *f*) *m*; Helfer *m*; Gehilfe *m*; **~ώ (-άς)** helfen
βόθρος Senkgrube *f*
βολάν *n* Lenkrad *n*
βολβός Knolle *f*
βολεύω [-'levo] passen; erledigen; unterbringen
βόλι Gewehrkugel *f*
βολικός bequem; gelegen; verträglich
βόλλεϋ-μπωλ *n* Volleyball *m*
βολτ *n* Volt *n*
βόλτα Spaziergang *m*; Umdrehung *f*
βόμβα Bombe *f*; (Preßluft-)Flasche *f*; ***~ υδρογόνου*** Wasserstoffbombe *f*
βομβαρδίζω bombardieren
βορά Beute *f*; Fraß *m*
βόρβορος Schmutz *m*; Schlamm *m*
βορει|νός nördlich; **~οανατολικός** nordöstlich; **~οδυτικός** nordwestlich
βόρειος (-α) nördlich, Nord-; ***~ πόλος*** Nordpol *m*
βοριάς Nordwind *m*
βορράς Norden *m*
βοσκ|ή Futter *n*; Weide *f*; **~ός** Hirt *m*
βόσκω weiden
βοτάνι Kraut *n*, (Heil-)Pflanze *f*
βοτανικ|ή Botanik *f*; **~ός** botanisch; ***~ός κήπος*** botanischer Garten *m*
βουβ|αίνομαι [vu'venome] verstummen; **~άλι** Büffel *m*; **~αμάρα** Sprachlosigkeit *f*; **~ός** stumm, sprachlos
βουδισμός Buddhismus *m*
βούκινο (Wald-)Horn *n*
βούλα Stempel *m*; Siegel *n*
βούλευμα ['vulevma] *n* Beschluß *m*
βουλευ|τήριο [vulef-] Parlament *n*; **~τής** Abgeordneter
βουλή Wille *m*, Wunsch *m*; Beschluß *m*
Βουλή Parlament *n*
βούληση (-εις) Wille *m*, Wunsch *m*
βούλιαγμα *n* Einsturz *m*

βουλιάζω versenken; sinken; einstürzen
βουλώνω verstopfen; (ver)siegeln; *Zahn* plombieren; ***βούλωσε*** ... ist verstopft
βουν|ό Berg *m*; **~οσειρά** Gebirge *n*; **~ώδης** 2 gebirgig
βούρτσα Bürste *f*
βουρτσίζω (ab)bürsten
βουτ|ηχτής Taucher *m*; **~ιά** Kopfsprung *m*
βούτυρο Butter *f*
βουτυρόγαλα *n* Buttermilch *f*
βουτώ (**-άς**) (ein)tauchen
βραβείο Preis *m*, Prämie *f*
βράβευση (**-εις**) [-vefsi] Preisvergabe *f*
βραβεύω [-'vevo] Preis erteilen, prämieren
βραδινός abendlich, Abend-
βράδυ *n* Abend *m*; *Adv.* abends
βραδ|ύνω verlangsamen, hinauszögern; **~ύς** langsam
βράζω kochen; gären
βρακί Schlüpfer *m*; Unterhose *f*
βράσιμο (**-ατος**) Kochen *n*
βρασ|μός Kochen *n*; Aufregung *f*; **~τός** gekocht
βραχ|ιόλι Armband *n*; **~ίωνας** Arm *m*; **~νάδα** [-'xnaða] Heiserkeit *f*; **~νός** heiser, rauh
βράχος Fels *m*; Klippe *f*
βραχυκύκλωμα *n* Kurzschluß *m*
βράχυνση (**-εις**) (Ab-)Kürzung *f*
βραχ|ύνω [-'çino] (ver)kürzen; **~υπρόθεσμος** kurzfristig; **~ύς** kurz; **~ύτητα** Kürze *f*
βραχώδης [-'xoðis] 2 felsig
βρε *fam.* he!; Mensch!
βρε(γ)μένος naß
βρεθ- *s.* **βρίσκω**
βρετικά *n/pl.* Finderlohn *m*
βρέχ|ω [-xo] naß machen; befeuchten; ***~ει*** [-çi] es regnet
βρήκα *s.* **βρίσκω**
βρίζα Roggen *m*
βριζόψωμο Roggenbrot *n*, Schwarzbrot *n*
βρίζω ausschimpfen, beleidigen
βρισιά Beleidigung *f*
βρίσκω finden; (an)treffen
βρογχίτιδα Bronchitis *f*
βροντ|ή Donner *m*; **~ώ** (**-άς**) dröhnen; laut klopfen; ***~άει*** es donnert
βροχ|ερός regnerisch; **~ή** Regen *m*; **~όνερο** Regenwasser *n*
βρόχος Schlinge *f*
βρύο Moos *n*
βρύση Quelle *f*; (Wasser-)Hahn *m*
βρυχιέμαι brüllen
βρώμα Gestank *m*; Schmutz *m*
βρωμερός stinkend; schmutzig
βρώμη Hafer *m*

βρωμ|ιά Dreck *m*; Schweinerei *f*; **~ιάρης (-α, -ικο)** schmutzig, dreckig; *Su.* Schmutzfink *m*; Schlampe *f*; **~ίζω** (sich) schmutzig machen
βρώμικος schmutzig
βρωμώ (-άς) stinken
βυζ|αίνω [vi'zeno] stillen; säugen; saugen; **~ανιάρικο** Säugling *m*
βυζ|αντινός byzantinisch; *Su. m* Byzantiner *m*; **Ձάντιο** Byzanz *n*
βυζί Brust *f*; Euter *n*
βυθ|ίζω versenken; tauchen; **~οκόρος** Bagger *m*; **~ός** Boden *m*, Grund *m*; Tiefe *f*
βυρσοδεψώ gerben
βυσσινάδα Kirschsaft *m*
βύσσινο Sauerkirsche *f*
βυτίο Wasserfaß *n*
βωβ- *s.* **βουβ-**
βώλος Erdklumpen *m*; Murmel *f*
βωμός Altar *m*
βώτριδα Motte *f*

Γ

γαβάθα Napf *m*
γάζα Gaze *f*, Verbandstoff *m*
γάιδαρος, γαϊδούρι [ɣaið-] Esel *m*; Rüpel *m*
γαϊδουράγκαθο Distel *f*
γαϊτάνι Schnur *f*
γάλα (-τος) *n* Milch *f*; **~** ***σκόνη*** Milchpulver *n*; **~** ***συμπυκνωμένο*** Kondensmilch *f*
γαλάζιος (himmel)blau
γαλακτο|κομείο Molkerei *f*; **~πωλείο** [-po'lio] Milchgeschäft *n*
γαλανός blau; blauäugig
γαλαρία Stollen *m*; *Thea.* oberste(r) Rang
γαλ|ηνεύω [-'nevo] (sich) beruhigen; **~ήνη** Seelenruhe *f*; Gelassenheit *f*; Windstille *f*; **~ήνιος** ruhig; **~ιφιά** Schmeichelei *f*
Γαλλ|ία Frankreich *n*; **Ձικός** französisch
Γάλλος Franzose *m*
γαλοπούλα Truthahn *m*
γαλότσα Überschuh *m*
γάμος Heirat *f*, Hochzeit *f*; Ehe *f*; **~** ***πολιτικός*** standesamtliche Trauung *f*; **~** ***θρησκευτικός*** kirchliche Trauung *f*
γάμπα Wade *f*
γαμπρός Bräutigam *m*; Schwiegersohn *m*; Schwager *m*
γάντι Handschuh *m*
γαργαλ|άω (-άς), ~εύω kitzeln; reizen
γαργάρα Gurgeln *n*
γάργαρος plätscherndes Wasser *n*
γαρίδα Krabbe *f*; Garnele *f*
γαρν|ίρω garnieren; **~ιτούρα** Garnitur *f*; Beilage *f*
γαρύφαλο Nelke *f*

γαστ|ρίτιδα Gastritis *f*; **~ρονομία** Gastronomie *f*
γάτα Katze *f*
γαυγίζω [ɣa'vjizo] bellen
γαύγισμα *n* Bellen *n*
γδέρνω abhäuten
γδύνω ausziehen
γδυτός nackt, entblößt
γεγονός [je-] *n* Ereignis *n*
γεια [ja] *s.* **υγεία; ~** ***σου*** ['jasu], **~** ***σας*** guten Tag!, bravo!; tschüß, hallo; ***έχετε ~*** leben Sie wohl!; ***με ~*** gratuliere!
γειτνίαση (-εις) Nachbarschaft *f*
γείτονας Nachbar *m*
γειτονεύω benachbart sein; angrenzen
γειτον|ιά Stadtviertel *n*; Nachbarschaft *f*; **~ικός** benachbart
γειτόνισσα Nachbarin *f*
γειώνω [ji'ono] erden
γέλασμα ['je-] *n* Täuschung *f*; Betrug *m*
γελασ|μένος betrogen; **~τός** lachend
γέλιο Lachen *n*; Gelächter *n*
γελοιο|γραφία Karikatur *f*; **~γράφος** Karikaturist *m*; **~γραφώ** karikieren; **~ποιώ** [-pi'o] lächerlich machen
γελ|οίος [je'lios] **(-α)** lächerlich; **~οιότητα** Lächerlichkeit *f*; **~ώ (-άς)** lachen; betrügen; **~ωτοποιός** [-pi'os] Clown *m*
γεμ|άτος voll; vollschlank; **~ίζω** (sich) füllen
γέμιση Füllung *f*
Γενάρης Januar *m*
γεν|εαλογικό δένδρο Stammbaum *m*; **~έθλια** *n/pl.* Geburtstag *m*
γένεση Genesis *f*; Erschaffung *f*
γενετ|ή: *εκ ~ής* von Geburt an; **~ικός** genetisch; Geschlechts-
Γενεύη [je'nevi] Genf *n*
γένια ['jenja] *n/pl.* Bart *m*
γενιά Stamm *m*; Generation *f*
γενίκευση (-εις) [je'nikefsi] Verallgemeinerung *f*
γενικ|εύω [-'kjevo] verallgemeinern; **~ή** Genitiv *m*; **~ός** allgemein; Haupt-; **~ότητα** Allgemeinheit *f*
γέννα ['jena] Geburt *f*, Entbindung *f*
γενναιόδωρος [jene'oðoros] freigebig
γενναίος tapfer
γενναιότητα Tapferkeit *f*
γέννηση (-εις) ['jenisi] Geburt *f*, Entstehung *f*
γενν|ιέμαι [je'njeme] geboren werden; **~ώ (-άς)** gebären; *Eier* legen
γένος *n* Nation *f*; *Gr.* Geschlecht *n*; Abstammung *f*; ***η κυρία Κ., το ~ ...*** Frau K., geborene ...
γεράκι Falke *m*
γερανός Kran *m*
Γερμαν|ία [jerma'nia] Deutschland *n*; **~ίδα** Deut-

sche *f*; **⁓ικός** deutsch; **⁓ός** Deutscher *m*
γέρνω ['jerno] sich neigen; kippen
γερνώ (**-άς**) altern
γέρος Greis *m*
γερός gesund; dauerhaft
γερουσία Senat *m*
γεύμα ['jevma] *n* Mittagessen *n*
γευματίζω zu Mittag essen
γεύομαι ['jevome] kosten, probieren
γεύση ['jefsi] Geschmack *m*
γέφυρα ['jef-] Brücke *f*
γεφ|ύρωμα *n* Überbrückung *f*; **⁓υρώνω** überbrücken
γεωγραφ|ία [jeo-] Geographie *f*; **⁓ικός** geographisch
γεωλογία Geologie *f*
γεωμετρία Geometrie *f*
γεωπόνος Agrarwissenschaftler *m*
γεωργός Landwirt *m*; Bauer *m*
γη [ji] Erde *f*
γήπεδο Sportplatz *m*
γηροκομείο Altersheim *n*
για [ja] wegen; für; nach; **⁓ *να*** damit; um ... zu; **⁓ *πού*** wohin?
γιαγιά [ja'ja] Großmutter *f*
γιακάς (**-άδες**) Kragen *m*
γιαλός Strand *m*
γιαούρτ|η, **⁓ι** [ja'urti] Joghurt *m*
γιαπί [ja'pi] Bau *m*
γιατί warum, weshalb; weil, da
γιάτραινα ['jatrena] Ärztin *f*; Frau *f* e-s Arztes
γιατρ|ειά Heilung *f*; **⁓εύω** [-'evo] heilen; **⁓ικό** Heilmittel *n*; **⁓ός** Arzt *m*
γίγαντας ['ji-] Riese *m*
γιγάντειος (**-α**) riesig
γίδα ['jiða] Ziege *f*
γιλέκο Weste *f*
γινάτι Trotz *m*; Groll *m*
γίν|ομαι ['jinome] werden; stattfinden; ***τι ⁓εται εδώ;*** was ist hier los?; ***τι ⁓εσαι;*** wie geht's dir?; ***⁓εται γνωστό*** es wird bekanntgegeben
γιορτ|άζω [jort-] feiern; **⁓ή** Feier *f*
γιος [jos] Sohn *m*
γιοτ [jot] *n* Jacht *f*
γιούχα! ['juxa] pfui!
γιρλάντα Girlande *f*
γκάζι ['gazi] Gas(hebel *m*) *n*
γκαζιέρα Gaskocher *m*; Spirituskocher *m*
γκαζόζα Brauselimonade *f*
γκαράζ *n* Garage *f*
γκαρσόν(ι) *n* Kellner *m*
γκιουβέτσι Tontopf *m*; *Art* Hammelfleisch *n* mit Spaghetti
γκρεμίζω umreißen, stürzen
γκρίζος grau
γ(κ)ρινιά|ζω nörgeln; **⁓ρης** (**-α, -ικο**) mürrisch; quengelig
γλάρος Möwe *f*
γλάστρα Blumentopf *m*
γλείφω ['ɣlifo] (ab)lecken

γλέντι Feier *f*
γλεντώ (-άς) feiern
γλιστ|ερός schlüpfrig, glatt; **~ρώ (-άς)** (aus)rutschen
γλοιώδης [ɣli'o-] 2 klebrig
γλυκ|άδα Süße *f*; Milde *f*; **~αίνω** süßen; mildern; **~ό** Süßigkeit *f*; Kuchen *m*; **~όζη** Traubenzucker *m*; **~όξινος** süßsauer; **~ός (-ιά)** süß; lieblich
γλύπτης Bildhauer *m*
γλυπτική Bildhauerei *f*
γλυπτό Skulptur *f*
γλυτώνω (sich) retten
γλώσσα Zunge *f*; Sprache *f*; (*Fisch*) Seezunge *f*
γνέθω spinnen
γνέφω zuwinken
γνήσιος (-α) echt
γνώμη Meinung *f*; Ansicht *f*; ***κοινή ~*** öffentliche Meinung *f*
γνωμ|ικό Motto *n*; **~οδότης** Gutachter *m*; **~οδότηση (-εις)** Gutachten *n*; **~οδοτώ** begutachten
γνωρ|ίζω (er)kennen; bekanntgeben; **~ιμία** Bekanntschaft *f*
γνώρισμα *n* Merkmal *n*
γνώση (-εις) ['ɣnosi] Kenntnis *f*
γνωστικός besonnen
γνωστ|οποίηση (-εις) [-o'piisi] Bekanntmachung *f*; **~οποιώ** [-opi'o] bekanntgeben; **~ός** bekannt; *Su.* Bekannte(r)
γόβες *n/pl.* Pumps *pl.*
γογγύζω [ɣoŋ'gizo] stöhnen
γοητευτικός [ɣoitefti'kos] charmant
γοητεύω [-'tevo] bezaubern
γομάρι Lasttier *n*
γονατίζω niederknien; zähmen
γόνατο Knie *n*
γόνδολα Gondel *f*
γον|είς [-'is] *m/pl.* Eltern *pl.*; **~ικός** elterlich; **~ιμοποίηση (-εις)** [-'piisi] Befruchtung *f*; **~ιμοποιώ** [-pi'o] befruchten; **~ιμότητα** Fruchtbarkeit *f*
γόνος Sprößling *m*
γονυκλισία Kniebeuge *f*
γοργός flink
γού|βα ['ɣuva] Höhle *f*; **~λα** Kehle *f*
γούνα Pelz *m*
γουναράς Kürschner *m*; Pelzhändler *m*
γουργουρίζω [ɣurɣu'rizo] knurren
γούρνα Bassin *n*; Tränke *f*
γουρούνι Schwein *n*
γουρουνόπουλο Ferkel *n*
γουστάρω Appetit haben auf *A*; mögen
γουστερίτσα Eidechse *f*
γούστο Geschmack *m*
γοφός Hüfte *f*
γράμμα *n* Buchstabe *m*; Brief *m*; Schreiben *n*; ***τα ~τα*** Bildung *f*, Kenntnisse *f/pl.*
γραμμάριο Gramm *n*
γραμματ|έας *m*, *f* Sekretär(in *f*) *m*; **~εία** Sekretariat

n; **~ική** Grammatik *f*; **~ικός** grammatisch
γραμμάτιο Schuldschein *m*; ***έντοκο*** **~** Wertpapier *n*, Schuldverschreibung *f*; ***τραπεζικό*** **~** Banknote *f*
γραμματ|ισμένος gebildet; **~οκιβώτιο** Briefkasten *m*; **~ολογία** Literatur(geschichte) *f*; **~όσημο** Briefmarke *f* (**των** .../ zu ...)
γραμμένος geschrieben
γραμμ|ή Linie *f*; Strecke *f*; Zeile *f*; **~ικός** linear
γρανίτης Granit *m*
γραπτός schriftlich
γράσο Schmiermittel *n*
γρατσουνίζω kratzen
γραφείο Schreibtisch *m*; Büro *n*; Amt *n*; **~** ***απολεσθέντων αντικειμένων*** Fundbüro *n*; **~** ***ευρέσεως εργασίας*** Arbeitsamt *n*; **~** ***πληροφοριών*** Auskunftsbüro *n*; **~** ***ταξιδίων*** Reisebüro *n*
γραφειοκρατ|ία Bürokratie *f*; **~ικός** bürokratisch
γραφ|ή Schrift *f*; **~ικός** malerisch; Schrift-; graphisch; **~ομηχανή** [-mix-] Schreibmaschine *f*
γράφ|ω schreiben; ***~ει*** steht (geschrieben) auf
γράψιμο (**-ατος**) Schreiben *n*
γρήγορος schnell
γριά alte Frau *f*
γρίππη Grippe *f*
γρίφος Bilderrätsel *n*
γρο(ν)θοκ|όπημα *n* Schlägerei *f*; **~οπιέμαι** [-o'pjeme] sich prügeln
γυάλα ['jala] Karaffe *f*
γυαλ|άδα Glanz *m*; **~άδικο** Glaserei *f*; **~ί** Glas *n*; **~ιά** *n*/*pl*. Brille *f*; **~ίζω** polieren; glänzen
γυάλινος gläsern
γυαλόχαρτο Sandpapier *n*
γυλιός [ji'ljos] Tornister *m*
γυμνάζω [jimn-] ausbilden, trainieren; dressieren; üben (*A*)
γυμνάσιο Gymnasium *n*; Oberschule *f*; *pl*. *Mil*. Manöver *n*
γυμναστ|ήριο Turnhalle *f*; **~ής** Turnlehrer *m*; **~ική** Turnen *n*; Gymnastik *f*; **~ικός** gymnastisch
γύμνια Nacktheit *f*
γυμν|οπόδης (**-α**, **-ικο**) barfuß; **~ός** nackt; kahl; **~ώνω** entkleiden
γυναίκα [ji'neka] Frau *f*
γυναικ|είος weiblich; **~ολόγος** Frauenarzt *m*; **~ωνίτης** (*Kirche*) Frauenempore *f*
γυρεύω [ji'revo] suchen
γυρίζω drehen; wenden; sich herumtreiben; **~** ***φιλμ*** verfilmen
γύρισμα *n* Dreharbeiten *f*/*pl*.; Biegung *f*
γυρισ|μός Rückkehr *f*; **~τή σκάλα** Wendeltreppe *f*
γύρος Kreislauf *m*; (*Speise*) Gyros *n*; Rand *m*; Saum *m*;

Rundgang *m*; Rundfahrt *f*; **~ του κόσμου** Weltreise *f*
γύρω ['jiro] ringsherum
γύφτ|ισσα Zigeunerin *f*; **~ος** Zigeuner *m*
γύψ|ινος ['jips-] Gips-; **~ος** Gips *m*
γυψώνω (ver)gipsen
γων|ία [ɣon-] Winkel *m*; **~iά** Ecke *f*; (Brot-)Kanten *m*; **~ιακός** Eck-; winklig; **~ιόμετρο** Winkelmesser *m*

Δ

δα doch; ja; genau; ***όχι ~*** nicht doch
δαγκάνω beißen
δάγκωμα ['ðaŋgo-] *n* Biß *m*
δαίμονας ['ðe-] Dämon *m*
δαιμονικός dämonisch; teuflisch
δαιμόνιο Dämon *m*, böse(r) Geist *m*; Genie *n*
δάκρυ *n* Träne *f*
δακρύζω tränen
δακτυ- *s.* **δαχτυ-**
δακτύλιος Ring *m*; Öse *f*; **~ *εμβόλου*** Kolbenring *m*
δακτυλο|γραφία Maschineschreiben *n*; **~γραφικός** maschinegeschrieben; **~γράφος** Stenotypist(in *f*) *m*; **~γραφώ** maschineschreiben
δαμάζω zähmen
δαμαλ|ίζω impfen; **~ισμός** Pockenschutzimpfung *f*
δαμάσκηνο Pflaume *f*
δαμαστής Dompteur *m*
δαν|είζω [-'izo] leihen; **~εικά** *n/pl.* Schulden *f/pl.*; **~εικός** geliehen
δάνειο Anleihe *f*; Kredit *m*
Δανία Dänemark *n*
δαντέλα Spitze *f*
δαπάν|η Ausgabe *f*; Kosten *pl.*; Aufwand *m*; ***~η χρόνου*** Zeitaufwand *m*; ***~αις*** [-es] (*G*) auf Kosten *G*
δαπαν|ηρός kostspielig; **~ώ (-άς)** ausgeben (**σε**/ für *A*); verbrauchen
δάπεδο Fußboden *m*
δασκ|άλα Lehrerin *f*; **~αλεύω** [-a'levo] belehren
δάσκαλος (Volksschul-) Lehrer *m*
δασμός Zoll *m*, Abgabe *f*
δασονόμος Förster *m*
δάσος *n* Wald *m*; ***παρθένο ~*** Urwald *m*
δάφνη Lorbeer(baum) *m*
δαχτυλ|ήθρα Fingerhut *m*; **~ιά** Fingerabdruck *m*; **~ιδένιος (-α)** ringförmig; **~ίδι** Ring *m*
δάχτυλο Finger *m*; Zeh *m*; ***μεσαίο ~*** Mittelfinger *m*; ***παράμεσο ~*** Ringfinger *m*; ***μικρό ~*** kleine(r) Finger *m*
δε 1. *s.* **δεν**; 2. aber
δε|δικασμένο rechtskräftige Entscheidung *f*; **~δομένο** Tatsache *f*; Beleg *m*
δείγμα ['ðiɣ-] *n* Muster *n*

δείκτης (Uhr-)Zeiger *m*; Zeigefinger *m*
δειλ|ία [ðil-] Ängstlichkeit *f*; Feigheit *f*; **~ιάζω** ängstlich (feige) sein; **~ός** ängstlich; feige
δεινός [ðin-] furchtbar; heftig; tüchtig
δείπνο ['ðip-] Abendessen *n*; Abendmahl *n*
δειπνώ zu Abend essen
δεισιδαιμονία Aberglaube *m*
δείχ|νω ['ðixno] zeigen; aussehen, wirken; **~της** *s.* **δείκτης**
δέκα zehn
δεκα|εννέα neunzehn; **~έξι** sechzehn; **~εφτά** siebzehn; **~ήμερο** 10 Tage; **~οχτώ** achtzehn; **~πέντε** fünfzehn; **~τέσσερις** *m*, *f* (*n* **-ρα**) vierzehn
δέκατ|ος zehnte(r); **~ο** *Adv.* zehntens; *Su. n* Zehntel *n*
δεκατρείς *m*, *f* (*n* **-τρία**) dreizehn
Δεκέμβριος Dezember *m*
δεκοχτώ achtzehn
δέκτης Empfänger *m*
δεκτ|ικός empfänglich (*G*/für *A*); **~ός** annehmbar; angenommen
δελεαστικός verlockend
δελτάριο: ***ταξυδρομικό ~*** Postkarte *f*
δελτίο Karte *f*; Zettel *m*; Bericht *m*; ***~ ταυτότητος*** Personalausweis *m*; ***μετεωρολογικό ~*** Wetterbericht *m*
δελφίνι Delphin *m*
Δελφοί [-'fi] *m/pl.* Delphi *n*
δέμα *n* Paket *n*; Bündel *n*
δε(ν) nicht
δέν|δρο, **~τρο** Baum *m*
δένω (an)binden, verbinden; schnüren; fesseln
δεξαμεν|ή Zisterne *f*; (Benzin-)Tank *m*; **~όπλοιο** Tanker *m*
δεξι|ά (nach) rechts; *fig.* günstig; **~ός** rechte(r)
δέρμα *n* Haut *f*; Fell *n*; Leder *n*
δερμάτινος ledern
δέρνω schlagen
δες *s.* **βλέπω**
δέσιμο (Zusammen-)Binden *n*
δεσμ|ά *n/pl.* Fesseln *f/pl.*; **~εύω** [-'evo] binden, verpflichten
δέσμη Bündel *n*
δέσμιος (**-ια**) gebunden, gefesselt
δεσμός Bindung *f*, Band *n*; (Liebes-)Verhältnis *n*
δεσπόζω (be)herrschen
δεσποινί|δα, **~ς** *f* Fräulein *n*
δεσπότης Despot *m*; Bischof *m*
δεσποτικός despotisch
Δευτέρα [ðeft-] Montag *m*
δευτερόλεπτο Sekunde *f*
δεύτερος zweite(r); zweitrangig
δέχομαι annehmen; empfangen; zu sprechen sein; akzeptieren

δη [ði]: ***και ~*** und zwar
δήθεν ['ðiθen] angeblich
δηλαδή **(δηλ.)** das heißt (d.h.), nämlich
δηλητ|ηριάζω [ðil-] vergiften; **~ηρίαση (-εις)** Vergiftung *f*; **~ήριο** Gift *n*
Δήλος ['ðilos] *f* Delos *n*
δηλώνω erklären; *j-n* anmelden; (*Zoll*) deklarieren
δήλωση (-εις) Erklärung *f*; Anzeige *f*
δηλωτικό Schiffsmanifest *n*
δημαγωγικός demagogisch
δημαρχείο [-'çio] Rathaus *n*
δήμαρχος [-xos] Bürgermeister *m*
δήμευση (-εις) ['ðimefsi] Beschlagnahme *f*
δημεύω [-'mevo] beschlagnahmen
δημιουργ|ία [ðimiur'jia] Schöpfung *f*; **~ός** [-'γos] Schöpfer *m*; **~ώ** [-'γo] (er)schaffen
δημοκράτης Demokrat *m*
δημοκρατ|ία Demokratie *f*; Republik *f*; **~ικός** demokratisch; republikanisch
δημοπρασία Versteigerung *f*
δήμος Gemeinde *f*
δημοσ|ίευση (-εις) [-'iefsi] Veröffentlichung *f*; **~ιεύω** [-'evo] veröffentlichen
δημόσιο Staat *m*
δημοσιογράφος Journalist *m*
δημόσιος (-α) öffentlich
δημοτικ|ή Volkssprache *f*; **~ό** Volksschule *f*; **~ός** Volks-; volkstümlich
δημο|φιλής 2 beliebt; **~ψήφισμα** *n* Volksabstimmung *f*
δια [ði'a] (*G*) (hin)durch; über *A*; mit *D*; (*A*) wegen *G*; für *A*, zu *D*
δια|βάζω [ðja-] (vor)lesen; lernen; **~βαίνω** [-'veno] vorübergehen; überschreiten; **~βάλλω** verleumden
διάβαση (-εις) Übergang *m*
δια|βατήριο (Reise-)Paß *m*; **~βάτης** Passant *m*, Fußgänger *m*; **~βατικός** vorübergehend; **~βατός** passierbar; **~βηκ** *s.* **διαβαίνω**
διάβημα *n* Schritt *m*
δια|βήτης Zirkel *m*; Zuckerkrankheit *f*; **~βόητος** [-'voitos] berüchtigt; **~βολή** Verleumdung *f*; **~βολιά** Unfug *m*
διάβολο|ς ['ðjavo-] Teufel *m*; ***στο ~!*** zum Teufel!
διαβρωτικός ätzend
διάγγελμα *n* Proklamation *f*
διάγνωση (-εις) Diagnose *f*
διάγραμμα *n* Entwurf *m*; Diagramm *n*
δια|γράφομαι sich abzeichnen; **~γράφω** (durch-)streichen; **~γωγή** [-γo'ji] Betragen *n*; Führung *f*; **~γωνίζομαι** wetteifern; **~γώνιος (-α)** diagonal; **~γωνισμός** Wettbewerb

m; Prüfungsarbeit *f*; **~δέχομαι** folgen (auf *A*); **~δήλωση** (**-εις**) Kundgebung *f*, Demonstration *f*; **~δηλωτής** Demonstrant *m*; **~δίδω** *Gerücht* verbreiten; **~δικασία** Verfahren *n*; **~δοχή** [-'çi] Folge *f*; Nachfolge *f*; **~δοχικός** aufeinanderfolgend; *Adv.* hintereinander
διάδοχος *m*/*f* Nachfolger(in *f*) *m*
διαδρομή Strecke *f*; Fahrt *f*
διάδρομος Korridor *m*; *Flgw.* Piste *f*
διάζευξη (**-εις**) [ði'azefksi] Trennung *f*
διαζύγιο [-'zijio] (Ehe-)Scheidung *f*
διάζωμα *n* Fries *m*
διάθεση (**-εις**) Verfügung *f*; Lust *f* (**δια** *A*/ zu *D*)
διαθέσιμος verfügbar
διαθέτω anordnen; *Geld* anlegen (**σε**/ in *D*); zur Verfügung stellen
διαθήκη [-'θiki] Testament *n*; ***Παλαιά*** (***Καινή***) **~** Altes (Neues) Testament
διαίρεση (**-εις**) [ði'er-] Teilung *f*; Division *f*
διαιρ|ετός teilbar; **~ώ** teilen; dividieren
διαισθάνομαι [ðie'sθa-] ahnen
διαίσθηση (**-εις**) (Vor-)Ahnung *f*
δίαιτα ['ðieta] Diät *f*; ***κάνω*** **~** Diät halten
διαιτη|σία Schiedsspruch *m*; **~τής** Schiedsrichter *m*; **~τικός** Diät-
διακανονισμός Regelung *f*
διακε|κομμένος unterbrochen; **~κριμένος** vornehm; hervorragend
δια|κήρυξη (**-εις**) [-'kiriksi] Aufruf *m*; Verkündigung *f*; **~κηρύττω** [-ki'rito] verkünden; **~κινδυνεύω** [-ði-'nevo] riskieren; **~κλαδίζομαι** sich teilen; **~κλάδωση** (**-εις**) Abzweigung *f*
διακομιδή Überführung *f*
δια|κοπή Unterbrechung *f*; Pause *f*; Abbruch *m*; *pl.* Ferien *pl.*; **~κόπτης** *Elektr.* Schalter *m*; *Auto*: Unterbrecher *m*; **~κόπτω** unterbrechen; abbrechen
διακ|όσιοι [-'kosji] zweihundert; **~οσιοστός** [-osj-ost-] zweihundertste(r)
δια|κόσμηση (**-εις**) Verzierung *f*; Dekoration *f*; **~κοσμητικός** dekorativ; **~κοσμώ** (aus)schmücken; dekorieren; **~κρίνω** unterscheiden; erkennen
διάκριση (**-εις**) Unterscheidung *f*; Diskriminierung *f*
διακριτικ|ός unterscheidend; unaufdringlich; **~ό** ***βαθμού*** Rangabzeichen *n*
δια|λεγμένος ausgesucht; **~λέγω** auswählen, aussuchen
διάλειμμα *n* Pause *f*; ***κατά***

διαλείμματα hin und wieder
διάλειψη (-εις) Aussetzen *n*; Schwund *m*
διαλεκτικ|ή Dialektik *f*; **~ός** dialektisch, dialektal
διάλεκτος [ði'a-] Mundart *f*
διάλεξη (-εις) Vortrag *m*; *κάνω ~* Vortrag halten
διαλογή [-'ji] Auswahl *f*
διάλογος Dialog *m*
διάλυση (-εις) Lösung *f*; Auflösung *f*; Zerfall *m*; Abbau *m*
δια|λυτός löslich; **~λύω** [-'lio] (auf)lösen; abbauen
διαμάντι Diamant *m*
διαμαρτ|υρία Protest *m*, Einspruch *m*; **~ύρομαι** protestieren (**κατά** *G*/ gegen *A*); **~υρόμενος** Protestant *m*
δια|μένω sich aufhalten; **~μέρισμα** *n* (Etagen-) Wohnung *f*; *Schrank*: Fach *n*; Abteil *n*
διάμεσος Zwischen-; *Su.* Vermittler *m*
διαμετα|κόμιση (-εις) Transit *m*; **~κομιστικός** Transit-
διαμέτρημα *n* Kaliber *n*
διάμετρος *f* Durchmesser *m*
διαμονή Aufenthalt *m*; Aufenthaltsort *m*
διανέμω verteilen; zuteilen; *Post* austragen
διάνοια [ði'ania] Geist *m*, Verstand *m*
διανοίγω [-'niɣo] öffnen; durchbrechen
διανομ|έας Verteiler *m*; Briefträger *m*; **~ή** Verteilung *f*; Zustellung *f*
διανυκτ|έρευση (-εις) [-refsi] Übernachtung *f*; **~ερεύω** [-'evo] übernachten; Nachtdienst haben
διαπασών *f* Oktave *f*; Stimmgabel *f*; *στη ~* in voller Lautstärke
δια|περαστικός durchdringend; **~περνώ** durchdringen
διαπιστ|ευτήρια [-e'ftir-] *n/pl.* Beglaubigungsschreiben *n*; **~ώνω** feststellen; nachweisen
διάπλους *m* Überfahrt *f*
διαπραγμ|ατεύομαι [-a'tevome] behandeln; verhandeln (*A*/ über *A*); **~άτευση** (-εις) [-'atefsi] Verhandlung *f*; Behandlung *f*
διαπύηση (-εις) [-'piisi] Vereiterung *f*
διάρκεια Dauer *f*
διαρκ|ώ (an)dauern; **~ώς** *Adv.* dauernd, ständig
διαρρ|έω durchströmen; auslaufen; **~ήκτης** [-'iktis] Einbrecher *m*
διάρρ|ηξη (-εις) Einbruch *m*; Abbruch *m*; **~οια** [-ia] Durchfall *m*
διασαφηνίζω erläutern
διάσειση (-εις) (Gehirn-) Erschütterung *f*
διασείω [-'sio] erschüttern
διάσημος berühmt

διασκεδάζω zerstreuen; (sich) unterhalten
διασκέδασ|η (-εις) Zerstreuung *f*; Unterhaltung *f*; *καλή ~η!* viel Vergnügen!
διασκεδαστικός unterhaltsam
διασκευή Bearbeitung *f*
διάσκεψη (-εις) Konferenz *f*, Tagung *f*; ~ *κορυφής* Gipfelkonferenz *f*
διάσπαση (-εις) Spaltung *f*
διάσταση Dimension *f*; Zwietracht *f*
διασταυρών|ομαι [-sta'vronome] sich kreuzen; **~ω** kreuzen
διασταύρωση (-εις) Kreuzung *f*
διάστημα *n* Entfernung *f*; Weltraum *m*
διαστημόπλοιο [-plio] Raumschiff *n*
διάστικτος tätowiert
διαστολή Ausdehnung *f*
δια|στρεβλώνω verdrehen; entstellen; **~στροφή** Entstellung *f*; Perversion *f*; **~σχίζω** [-'çizo] durchschreiten; durchqueren
διασώζω retten
διαταγή [-'ji] Befehl *m*; Order *f*
διάταγμα *n* Verordnung *f*
διατάζω befehlen
διάταξη (-εις) Anordnung *f*; (Tages-)Ordnung *f*
δια|τάραξη (-εις) Störung *f*; **~ταράσσω** stören; **~τήρηση** (-εις) Erhaltung *f*; Unterhalt *m*; Aufrechterhaltung *f*; **~τηρώ** [-ti'ro] erhalten
διατί weil; warum
δια|τίμηση (-εις) Tarif *m*; **~τομή** Querschnitt *m*; **~τρέφω** ernähren; **~τρέχω** [-xo] durch'laufen; durchmachen
διάτρητος durchbohrt
διατριβή Abhandlung *f*; *διδακτορική* ~ Dissertation *f*
δια|τροφή Ernährung *f*, Unterhalt *m*, Verpflegung *f*; **~τρυπώ** (-άς) [-tri'po] durchbohren; **~τύπωση** (-εις) Formulierung *f*; Formalität *f*
δι|αύγεια [-'avjia] Klarheit *f*; **~αυγής** [-a'vjis] 2 klar
δια|φαίνομαι [-'fenome] durchschimmern; sichtbar werden; **~φάνεια** Durchsichtigkeit *f*; **~φανής** 2 durchsichtig; **~φεντεύω** [-'ndevo] beschützen; **~φέρω** sich unterscheiden; **~φημίζω** werben; **~φήμιση** (-εις) Werbung *f*; Anzeige *f*; **~φθορά** Verdorbenheit *f*
διαφορ|ά Unterschied *m*; Streitigkeit *f*; **~ετικά** *Adv.* sonst; anders; **~ετικός** verschieden
διάφορο ['ðja-] Nutzen *m*; **~ς** verschieden
διάφραγμα *n* Zwischenwand *f*; *Fot.* Blende *f*; *Med.* Zwerchfell *n*

δια|φυγή Entkommen *n*; Flucht *f*; **~φυλάγω** bewahren; **~φωνία** Uneinigkeit *f*; Meinungsverschiedenheit *f*; **~φωνώ** nicht einverstanden sein (**με**/ mit *D*); **~φωτίζω** aufklären (über *A*); **~φώτιση** Aufklärung *f*; **~φωτισμός** (*Epoche*) Aufklärung *f*; **~χαράσσω** festsetzen; festlegen; **~χειρίζομαι** verwalten, leiten; **~χειριστής** Verwalter *m*; **~χωρίζω** [-xor-] trennen; **~ψεύδω** [-'psevðo] dementieren
διάψευση (**-εις**) [-psefsi] Dementi *n*
διγαμία Bigamie *f*
δίγλωσσος zweisprachig
δίδαγμα *n* Lehre *f*
διδακτικός Lehr-
διδάκτωρ (**-ορος**) *m* Doktor *m*
δι|δασκαλία Unterricht *m*; **~δασκαλικός** Lehrer-; **~δασκάλισσα** Lehrerin *f*; **~δάσκαλος** Lehrer *m*; **~δάσκω** lehren, unterrichten
δίδυμος ['ðiðimos] Zwilling *m*
δίδω *s.* **δίνω**
διε|γείρω [ðie'jiro] erregen; anregen; **~γερτικό** [-jert-] Anregungsmittel *n*; **~ζευγμένος** [-zevɣ-] geschieden
διεθνής [ðje'θnis] 2 international
διεθρεψ- *s.* **διατρέφω**
διεκ|περαιώνω [-re'ono] erledigen; abfertigen; **~περαίωση** (**-εις**) Erledigung *f*; Expedition *f*; Geschäftsstelle *f*
διενειμ-, **διενεμηθ-** *s.* **διανέμω**
διεξάγω (durch)führen
διέξοδος *f* Ausweg *m*
διερεύνηση (**-εις**) [ðie'revni-] Erforschung *f*
διερευνώ (**-άς**) [-rev'no] durchsuchen; erforschen
διερμην|έας Dolmetscher *m*; **~εύω** [-'evo] dolmetschen
διεστραμμένος pervers
διευθ|έτηση (**-εις**) [ðiefθ-] Arrangement *n*; Bereinigung *f*; **~ετώ** (an)ordnen; einrichten
διεύθυνση (**-εις**) Direktion *f*; Anschrift *f*
διευθ|υντής Direktor *m*; Dirigent *m*; **~ύνω** leiten; adressieren; dirigieren
διευ|κόλυνση (**-εις**) Erleichterung *f*; **~κολύνω** erleichtern; aushelfen; **~ρύνω** erweitern
διεφθαρμένος verdorben; korrupt
διήγημα [ði'ijima] *n* Erzählung *f*; Novelle *f*
διηγούμαι [-i'ɣume] erzählen
διηπειρωτικός interkontinental
δίκαιο ['ðikjeo] Recht *n*; ***διεθνές*** **~** Völkerrecht *n*; ***έχω*** **~** recht haben

δικαιολογ|ημένα *Adv.* mit Recht; **~ία** Rechtfertigung *f*; **~ώ** rechtfertigen, begründen
δίκαιος gerecht; *Adv.* mit Recht
δικαιοσύνη Gerechtigkeit *f*; Justiz *f*
δικαίωμα *n* Recht *n*, Anspruch *m* (**σε**/ auf *A*)
δικαι|ωματικά, **-ώς** von Rechts wegen; **~ώνω** recht geben
δικάσιμος *f* Gerichtstermin *m*
δικαστ|ήριο Gericht *n*; **~ής** Richter *m*; **~ικός** gerichtlich; Gerichts-; ***~ική οδός*** Rechtsweg *m*; ***~ικός κλητήρας*** Gerichtsvollzieher *m*
δίκη Prozeß *m*
δικηγόρος Rechtsanwalt *m*
δίκιο Recht *n*
δικ|ός eigen; ***~ός μου*** mein; ***οι ~οί μου*** meine Angehörigen *pl.*
δικτάτορας Diktator *m*
δικτατορ|ία Diktatur *f*; **~ικός** diktatorisch
δίκτυο Netz *n*
δίνη Strudel *m*
δίνω geben; verleihen; *Prüfung* ablegen; *Gewinn* abwerfen; ***~ προσοχή*** achtgeben; ***~ ραντεβού*** sich verabreden; ***~ σημεία ζωής*** ein Lebenszeichen geben
διόδια *n/pl.* Autobahngebühr *f*
δίοδος *f* Durchgang *m*
διοίκηση (**-εις**) Verwaltung *f*
διοικώ [ðii'ko] verwalten
διόλου [ði'olu] gar nicht, keineswegs
δι|οργανώνω organisieren; **~ορθώνω** reparieren; **~ορίζω** ernennen; *j-n* anstellen; **~ορισμός** Ernennung *f*; Einstellung *f*
δίπλα¹ Falte *f*
δίπλα² *Adv.* nebenan; ***~ σε*** neben; bei *D*
διπλά *Adv.* doppelt
διπλανός benachbart, Neben-
διπλασιάζω verdoppeln
διπλάσιος doppelt
διπλ|ότυπο...

διπλ|όγραφο Duplikat *n*; **~ός** doppelt, zweifach, Doppel-; **~ότυπο** Quittung(sabschnitt *m*) *f*; **εις ~ούν** in zweifacher Ausfertigung
δίπλωμα *n* Diplom *n*; Zeugnis *n*
διπλωμάτης Diplomat *m*
διπλωματ|ικός diplomatisch; **~ούχος** diplomiert
διπλώνω falten, zusammenlegen
δισεκατομμύριο Milliarde *f*
δισκίο Tablette *f*
δισκοθήκη [-'θiki] Diskothek *f*
δίσκος Scheibe *f*; Tablett *n*; Schallplatte *f*; Diskus *m*
δισταγμός Zögern *n*
διστάζω zögern
διστακτικός zögernd

διυλ|ίζω [ðiil-] filtern; **~ιστήριο** Raffinerie *f*
διφθερίτις *f* Diphtherie *f*
διφορούμενος zweideutig
διχάζω spalten
διχ|ογνωμία Meinungsverschiedenheit *f*; **~όνοια** Zwietracht *f*; **~οτομώ** halbieren
δίχτυ *n* Netz *n*
δίχως ohne *A*; **~ *να*** ohne zu
δίψα Durst *m*
διψ|ασμένος durstig; **~ώ (-άς)** Durst haben
διωγμός [ðjoɣ-] Verfolgung *f*; Vertreibung *f*
διώκτης [ði'ok-] Verfolger *m*
διώξιμο ['ðjo-] Entlassung *f*; Wegschicken *n*
διώρυγα Kanal *m*
διώχνω vertreiben
δόγμα *n* Lehre *f*; Grundsatz *m*
δοθ- *s.* **δίνω**
δοκάρι Balken *m*
δοκιμ|άζω (aus)probieren; anprobieren; auf die Probe stellen; versuchen (**να**/ zu); *v/p.* (**~άζομαι**) leiden (**από**/ unter *D*); **~ασία** (Aufnahme-)Prüfung *f*; **~ασμένος** erprobt; **~αστικός** Versuchs-; Probe-; **~ή** Prüfung *f*; Probe *f*; Anprobe *f*; Versuch *m*; ***κάνω ~ή*** versuchen (**να**/ zu)
δόκιμος erfahren; anerkannt; *Su. m* (Offiziers-)Anwärter *m*
δοκός *f* Balken *m*
δόλιος[1] **(-ία)** ['ðoli-] böswillig
δόλιος[2] ['ðolj-] arm, ärmst-
δολλάριο Dollar *m*
δόλος List *f*
δολο|φονία Mord *m*; **~φόνος** Mörder *m*; **~φονώ** ermorden
δόλωμα *n* Köder *m*
δόντι ['ðondi] Zahn *m*
δόξα Ruhm *m*
δοξάζω verherrlichen
δοξασμένος berühmt
δορυφόρος Satellit *m*
δόσ|η (-εις) Ration *f*; Dosis *f*; Teilzahlung *f*; ***με ~εις*** in Raten
δοσο|ληψία Geschäft *n*; *pl.* Beziehungen *f/pl.*; **~λογία** Dosierung *f*
δούλα Sklavin *f*, Dienerin *f*
δουλεία Sklaverei *f*
δουλειά [ðu'lja] Arbeit *f*; Angelegenheit *f*; Beruf *m*; Geschäft *n*; **~ *του σπιτιού*** Hausarbeit *f*; ***έχω ~*** ich habe zu tun
δούλεμα *n* Bearbeitung *f*; Pflege *f*; Necken *n*
δουλέμπορος Sklavenhändler *m*
δουλεύω [ðu'levo] arbeiten; funktionieren; *j-m* dienen; *etw.* bearbeiten; necken
δούλος Sklave *m*
δοχείο Gefäß *n*
δράκος Drache *m*; Menschenfresser *m*
δράμα *n* Schauspiel *n*

δραματ|ικός dramatisch; **~ολόγιο** Spielplan *m*; **~οποιώ** dramatisieren
δραπετεύω [-'tevo] entfliehen
δράση **(-εις)** Tätigkeit *f*; Wirkung *f*
δραστ|ήριος **(-α)** tatkräftig; **~ηριότητα** Rührigkeit *f*; Tatkraft *f*
δράστης Täter *m*
δραστικός drastisch, wirksam
δραχμή Drachme *f*
δρεπ|άνι Sense *f*; Sichel *f*; **~ανίζω** (ab)mähen
δρέπω pflücken
δριμ|ύς scharf, herb; rauh; **~ύτητα** Schärfe *f*
δρομ|έας Läufer *m*; **~ολόγιο** Kursbuch *n*; Fahrplan *m*; Reiseroute *f*; **~ολογούμαι** [-'ɣume] (fahrplanmäßig) verkehren
δρόμο|ς Weg *m*; Straße *f*; Gang *m*; Lauf *m*; Rennen *n*; Verlauf *m*; **~ς 100 μέτρων** Hundertmeterlauf *m*; **~ς βάδην** Gehen *n*; **~ς μετ' εμποδίων** Hürdenlauf *m*; **~!** weg hier!; **στο ~** unterwegs
δροσ|ερός frisch; kühl; **~ιά** Tau *m*; Kühle *f*; **~ίζομαι** sich abkühlen; sich erfrischen; **~ίζω** kühlen; erfrischen
δρόσισμα *n* Abkühlung *f*
δροσοπάχνη Reif *m*
δρυμός Eichenwald *m*
δρυς **(-υός)** *f* Eiche *f*
δρω **(-ας)** wirken
δυάρα Pasch *m*
δυάρι Zweizimmerwohnung *f*
δυνάμει (*G*) kraft *G*
δύναμη **(-εις)** Kraft *f*, Macht *f*; ***μεγάλη ~*** Großmacht *f*
δυναμικ|ός dynamisch; kraftvoll; **~ότητα** Kraft *f*; Leistungsfähigkeit *f*
δυναμ|ίτιδα Dynamit *n*; **~ό** Dynamo *m*, Lichtmaschine *f*
δυνάμωμα *n* Kräftigung *f*; Genesung *f*
δυναμώνω kräftigen; stärken
δυναστεία Dynastie *f*
δυνατ|ά *Adv.* laut; tüchtig; **~ό** machbar; ***κατά το ~ό*** nach Möglichkeit; ***όσο το ~ό συντομώτερα*** möglichst bald; **~ός** kräftig; mächtig; möglich; **~ότητα** Möglichkeit *f*
δύο ['ðio], **δυο** [ðjo] zwei; *Su.* Zwei *f*; ***δυο-δυο*** zu zweien; ***και οι δυο (μας)*** (wir) beide; ***ένας απ' τους δυο*** einer von beiden
δυόσμος Minze *f*
δυσ|αναλογία Mißverhältnis *n*; **~αναπλήρωτος** unersetzlich; **~αρέσκεια** Unzufriedenheit *f*; **~αρεστημένος** unzufrieden; **~άρεστος** unangenehm; **~αρμονία** Unstimmigkeit *f*
δύσβατος unwegsam

δυσεντερία Ruhr *f*
δύση (**-εις**) Westen *m*; (Sonnen-)Untergang *m*; Niedergang *m*
δυσθυμία [ðisθim-] Niedergeschlagenheit *f*
δύσθυμος niedergeschlagen
δυσθυμώ niedergeschlagen sein
δύσκαμπτος unbiegsam
δυσ|κίνητος schwerfällig; **~κοιλιότητα** [-kili'ot-] Verstopfung *f*
δύσκολα *Adv.* schwer
δυσκολ|εύω [-'evo] erschweren; **~ία** Schwierigkeit *f*
δύσκολος schwierig; schwer
δυσμενής 2 ungünstig
δύσμορφος unförmig
δυσ|νόητος unverständlich; **~οσμία** üble(r) Geruch *m*; **~πεψία** Verdauungsstörung *f*; **~πιστία** Mißtrauen *n*
δύσ|πιστος mißtrauisch; **~πνοια** Atembeschwerden *f/pl.*; **~τροπος** eigensinnig
δυστροπώ störrisch sein
δυσ|τύχημα [-'tiçima] *n* Unglücksfall *m*; Unfall *m*; **~τυχία** Unglück *n*; Not *f*; **~τυχισμένος** unglücklich; **~τυχώ** [-ti'xo] unglücklich sein; Not leiden; **~τυχώς** leider, unglücklicherweise
δυσ|φήμηση (**-εις**) Diffamierung *f*; **~φημώ** [-fi'mo] verleumden; **~φορώ** verdrießlich sein (**για** *A*/ wegen *G*)
δύτης ['ðitis] Taucher *m*
δυτικός westlich, West-
δύω ['ðio] untergehen
δώδεκα ['ðo-] zwölf
δωδεκαδάκτυλο Zwölffingerdarm *m*
δωδέκατος zwölfte(r); *Su.* *n* Zwölftel *n*
δωμάτιο Zimmer *n*
δωρεά Geschenk *n*; Spende *f*; Stiftung *f*; **~ν** umsonst, gratis
δωρίζω verehren; schenken
δωροδοκ|ία Bestechung *f*; **~ώ** bestechen
δώρο Geschenk *n*; Prämie *f*; Zugabe *f*
δώσ|ε! ['ðose] gib!; **~τε!** gebt!, *s.* **δίνω**

Ε

εάν [e'an] wenn; *s.* **αν**
εαυτός [eaft-] (**μου**) ich (selbst)
έβαλ- *s.* **βάζω**
εβδομ|άδα [evðom-] Woche *f*; **~αδιαίος** [-aði'eos] (**-αία**) wöchentlich; **~ήκοντα** siebzig; **~ηκοστός** siebzigste(r); **~ήντα** siebzig
έβδομος siebente(r)
εβλαβ-, εβλαφθ-, εβλαψ- *s.* **βλάπτω**

εβραϊκός hebräisch
Εβραίος Jude *m*
εβραχ- *s.* **βρέχω**
έγγαμος verheiratet
έγγειος φόρος Grundsteuer *f*
εγγίζω *s.* **αγγίζω**
εγγονή Enkelin *f*
εγγόνι Enkelkind *n*
εγγονός Enkel *m*
εγγράμματος gebildet
εγγραφή Eintragung *f*; Buchung *f*; Immatrikulation *f*; Anmeldung *f*; (Schallplatten-)Aufnahme *f*
έγγραφο Dokument *n*; **~ς** schriftlich
εγγράφω eintragen; buchen; immatrikulieren; aufnehmen; **~ς** *Adv.* schriftlich
εγγύηση (-εις) [eŋ'giisi] Garantie *f*; Kaution *f*
εγγυητ|ήριο [eŋgiit-] Garantieschein *m*; **~ής** Bürge *m*; **~ικός** Garantie-
εγγύ|ς (*D*) in der Nähe *G*; **~ *Ανατολή*** Nahe(r) Osten *m*
εγγυώμαι [eŋgi'ome] garantieren; bürgen (**για**/ für *A*)
εγείρω [e'jiro] erheben; errichten
έγερση Errichtung *f*; Aufstehen *n*; Erregung *f*
εγκαθ|ίδρυση (-εις) [eŋgaθ-] Gründung *f*; **~ιδρύω** gründen; **~ίζω** *Tech.* (ein-)setzen, anbringen; **~ίσταμαι** sich niederlassen; **~ιστώ** *j-n* unterbringen; installieren; einbauen; *jur.* einsetzen
εγκαίνια [eŋ'gjenia] *n/pl.* Einweihung *f*; Eröffnung *f*
εγκαινιάζω einweihen; eröffnen
έγκαιρος rechtzeitig
εγκαίρως *Adv.* rechtzeitig
εγκ|άρδιος (-α) herzlich; **~αρδιώνω** ermutigen (**σε**/ zu *D*)
εγκατ|αλείπω [-a'lipo] verlassen; aufgeben; **~άλειψη** (-εις) Preisgabe *f*; **~α(λε)λειμμένος** verlassen; **~άσταση** (-εις) Anlage *f*; Gründung *f*; Werk *n*
εγκατεστημένος ansässig
εγκατεστησ- *Aor. v.* **εγκαθιστώ**
έγκαυμα ['eŋgavma] *n* Verbrennung *f*; Sonnenbrand *m*
εγκέφαλος Gehirn *n*; ***ηλεκτρονικός ~*** Elektronengehirn *n*; Computer *m*
εγκλειστος eingeschlossen; *Adv.* in der Anlage
εγκλείω (ein)schließen
έγκλημα *n* Verbrechen *n*
εγκληματ|ίας [eŋglim-] Verbrecher *m*; **~ικός** verbrecherisch; **~ικότητα** Kriminalität *f*; **~ώ** ein Verbrechen begehen
εγκλιματίζομαι sich akklimatisieren
εγκοπή Einschnitt *m*; ***σκοπευτική ~*** Kimme *f*
εγκόσμιος (-α) weltlich, irdisch

εγκρ|άτεια Enthaltsamkeit *f*; **~ατής** 2 enthaltsam
εγκρίνω genehmigen
έγκρι|ση (**-εις**) Genehmigung *f*; **~τος** angesehen
εγκύκλιος *f* Rundschreiben *n*
εγκυμοσύνη Schwangerschaft *f*
έγκυος (**-α**) schwanger
έννοια Sorge *f*
εγχείρηση (**-εις**) [eŋ'çirisi] Operation *f*
εγχειρίζω operieren
εγχύνω [eŋ'çino] eingießen; einspritzen
εγχώριος [eŋ'xo-] (**-α**) einheimisch
εγώ [e'ɣo] ich
εγωιστικός [eɣoist-] egoistisch
έδαφος *n* Boden *m*
εδειξ- *s.* **δείχνω**
εδειρ- *s.* **δέρνω**
εδεσ- *s.* **δένω**
εδοθ- *s.* **δίνω**
έδρα Sitz *m*; Residenz *f*; Lehrstuhl *m*; Gesäß *n*
εδραιώνω [-e'ono] sichern; befestigen
εδρεύω [-'revo] stationiert sein; seinen Sitz haben; *Anat.* sitzen
εδώ [e'ðo] hier; ***απ'*** **~** von hier; **~** ***και*** (*Zeit*) seit, vor *D*
εδωκ- *s.* **δίνω**
εδωσ- *s.* **δίνω**
εζησ- *s.* **ζω**
έθιμο Sitte *f*, Brauch *m*
εθνικ|οποίηση (**-εις**) [-o'piisi] Verstaatlichung *f*; **~ός** national; ***~ή οδός*** Autobahn *f*; ***~ό πάρκο*** Naturschutzgebiet *n*; **~ότητα** Nationalität *f*
έθνος *n* Nation *f*
εθρεψ- *s.* **τρέφω**
ειδ- *s.* **βλέπω**
είδηση (**-εις**) Nachricht *f*, Meldung *f*
ειδ|ικευμένος [iðikjevm-] spezialisiert; **~ικεύω** ausbilden; spezialisieren (**σε**/ auf *A*); **~ικός** besondere(r); *Su. m* Spezialist *m*; *Adv.* besonders, speziell; **~ικότητα** Spezialität *f*; **~οποίηση** (**-εις**) Mitteilung *f*; **~οποιώ** [-opi'o] benachrichtigen
είδος *n* Art *f*; *Hdl.* Artikel *m*
ειδυλλιακός [iðilia'kos] idyllisch
είδωλο ['iðolo] Idol *n*
εικ|άζω [ik-] vermuten; **~ασία** Vermutung *f*
εικόνα Bild *n*; Illustration *f*; Ikone *f*
εικονίζω abbilden; darstellen
εικονο|γραφημένος illustriert; **~γραφία** Illustration *f*; **~γραφώ** illustrieren
είκοσι ['ikosi] zwanzig
εικοστός zwanzigste(r)
ειλικρ|ίνεια Aufrichtigkeit *f*; **~ινής** 2 aufrichtig
είμαι ['ime] sein; sich befinden
είναι ['ine] (er, sie, es) ist; sie sind; **~** ***να*** sollen; müssen; ***ας*** **~** meinetwegen!

ειπ- *s.* **λέγω**
ειρ|ήνη [i'rini] Frieden *m*; **~ηνικός** friedlich; **~ηνιστικός** pazifistisch; **~ηνοδίκης** Amtsrichter *m*
ειρκτή [ir'kti] Zuchthaus *n*
ειρων|εία [iro'nia] Ironie *f*; **~ικός** ironisch
εις [is] (*A*) *Dativbezeichnung*: **~ *τον φίλον*** dem Freund; in, an, auf *A*, *D*; zu *D*; *a.* **σε, σ'**
εισαγγελ|έας [isaŋgje'leas] Staatsanwalt *m*; **~ία** Staatsanwaltschaft *f*
εισάγω einführen; importieren; *j-n* vorstellen
εισαγωγή [isaɣo'ji] Einführung *f*; Import *m*; Einleitung *f*; Ouvertüre *f*
εισ|βάλλω eindringen; **~βολή** Invasion *f*; **~έρχομαι** eintreten
εισηγαγ- *s.* **εισάγω**
εισ|ήγηση (**-εις**) [i'sijisi] Bericht *m*; Anregung *f*; Antrag *m*; **~ηγούμαι** [-i'ɣume] berichten über *A*; anregen; beantragen; **~ηχθ-** *s.* **εισάγω**
εισιτήριο Eintrittskarte *f*; Fahrkarte *f*; ***διαρκές*** **~** Zeitkarte *f*; **~ *επιστροφής*** Rückfahrkarte *f*; **~ *μετ' επιστροφής*** Hin- und Rückfahrkarte *f*
εισόδημα *n* Einkommen *n*
είσοδος *f* Eingang *m*
εισ|όρμηση (**-εις**) Überfall *m*; **~ορμώ** (**-άς**) eindringen; **~πνέω** einatmen; **~πράκτορας** Schaffner *m*
είσπραξη (**-εις**) Einnahme *f*
εισ|πράττω (ein)kassieren; **~ρέω** (hinein)fließen; **~ροή** Hineinfließen *n*
είστε ['iste] ihr seid; Sie sind; ***πώς*** **~;** wie geht es Ihnen?
εισ|φέρω beitragen (**σε**/ zu *D*); **~φορά** Beitrag *m*
είτε ... είτε ['ite] entweder ... oder
είχα ['ixa] ich hatte
εκ (*vor Vokal* **εξ**) *G* aus, von *D*; seit *D*
εκάστοτε jedesmal
εκατ|ομμύριο Million *f*; **~ομμυριούχος** Millionär *m*; **~ό(ν)** hundert; ***τοις*** **~όν** Prozent *n*; **~οστόμετρο** Zentimeter *m*; **~οστός** hundertste(r); *Su. n* Prozent *n*; Hundertstel *n*; Zentimeter *m*
εκαυσ-, έκαψ- *s.* **καίω**
έκβαση (**-εις**) Ergebnis *n*
εκ|βιάζω zwingen; erpressen; **~βιασμός** Nötigung *f*; Erpressung *f*; **~βιαστής** Erpresser *m*; **~βιομηχανίζω** industrialisieren; **~βολή** Mündung *f*; **~γυμνάζω** trainieren; **~δηλώνω** [-ði'lono] offenbaren; äußern; **~δήλωση** (**-εις**) Veranstaltung *f*; **~δίδω** herausgeben; *Paß* ausstellen; ausliefern; erlassen; **~δίκηση** (**-εις**) Rache *f*; **~δικιέμαι, ~δικούμαι** [-'kume] (sich)

rächen; **~διώκω** [-ði'oko] vertreiben; ausweisen; **~δίωξη (-εις)** Ausweisung *f*; Vertreibung *f*; **~δορά** Hautabschürfung *f*
έκδοση (-εις) Ausgabe *f*; Herausgabe *f*
εκδοτικ|ή τράπεζα Notenbank *f*; **~ός οίκος** Verlag *m*
εκδρομ|έας Ausflügler *m*; **~ή** Ausflug *m*
εκεί [e'ki] dort
εκείνος jener; er
έκζεμα *n* Ekzem *n*
έκθεση (-εις) Ausstellung *f*; Aufsatz *m*; Protokoll *n*
εκθέτ|ης Aussteller *m*; **~ω** ausstellen; berichten
εκ|καθάριση (-εις) Liquidation *f*; Säuberung *f*; **~κενώνω** leeren; räumen; **~κένωση (-εις)** Leerung *f*; Räumung *f*; Entladung *f*; **~κίνηση (-εις)** Start *m*; **~κινώ** aufbrechen, starten
έκκληση (-εις) Aufruf *m*, Appell *m*
εκκλησ|ία Kirche *f*; **~ιαστικός** kirchlich; geistlich
εκ|κρίνω ausscheiden; **~λέγω** (aus)wählen; **~λεκτικός** wählerisch; Wahl-; **~λεκτός** auserwählt, ausgesucht
εκληθ- *s.* **καλώ**
εκλογ|έας Wähler *m*; **~ή** [-'ji] Wahl *f*; Auswahl *f*; **~ικός** Wahl-
εκμετ|αλλεύομαι [-'levome] ausbeuten; **~άλλευση** [-'alefsi] Ausbeutung *f*
εκνευρίζω [-nev-] nervös machen
εκούσιος (-α) freiwillig
εκ|παίδευση [-'peðefsi] Erziehung *f*; Ausbildung *f*; **~παιδευτήριο** Institut *n*; **~παιδευτικός** erzieherisch; *Su. m* Pädagoge *m*; **~παιδεύω** [-pe'ðevo] erziehen; ausbilden; **~πέμπω** (aus)senden
έκπλη|κτος überrascht; **~ξη (-εις)** Überraschung *f*
εκ|πληρώνω [-pli'rono] erfüllen; *Amt* ausüben; **~πλήρωση (-εις)** Erfüllung *f*; Ausübung *f*; **~πλήττω** überraschen; **~πνέω** ausatmen; *Hdl.* ablaufen; **~ποιώ** [-pi'o] veräußern; **~πολιτισμός** Zivilisierung *f*; **~πομπή** Sendung *f*; (Aus-)Strahlung *f*; **~πονώ** ausarbeiten; **~πορθώ** erobern; **~προσωπώ** vertreten
έκπτωση (-εις) Rabatt *m*; Ermäßigung *f*; Degradierung *f*; *pl.* Ausverkauf *m*
εκ|ρήγνυμαι [e'kriynime] explodieren; *Feuer*: ausbrechen; **~ρηκτικός** explosiv
έκρηξη (-εις) Explosion *f*; Ausbruch *m*
εκ|ροή [-ro'i] Ausfluß *m*; **~σκαφέας** Bagger *m*; **~στατικός** verzückt;

~στρατεία Feldzug *m*, Expedition *f*
έκτακτος außerordentlich
εκτάριο Hektar *m*
έκταση (-εις) Strecke *f*; Fläche *f*; Ausdehnung *f*; Umfang *m*
εκ|τέλεση (-εις) Ausführung *f*; Vortrag *m*; Darbietung *f*; Hinrichtung *f*; **~τελώ** ausführen; erfüllen; exekutieren; **~τελωνίζω** verzollen; **~τίμηση (-εις)** Achtung *f*; Bewertung *f*; **~τιμώ (-άς)** (ein)schätzen
έκτο Sechstel *n*; **~ν** sechstens
εκ|τόξευση (-εις) Abschuß *m*; **~τοξεύω** abschießen; **~τοπίζω** deportieren; **~τόπιση (-εις)** Deportation *f*
έκτος sechste(r)
εκτός (*G*) außer *D*, außerhalb *G*; **~ *τούτου*** außerdem
έκτοτε seitdem
εκτροχ|ιάζομαι entgleisen; **~ιασμός** Entgleisung *f*
έκτρω|μα *n* Mißgeburt *f*; **~ση (-εις)** Abtreibung *f*
εκ|τυπώνω [-ti'pono] (ab-)drucken; **~φορτώνω** entladen; **~φράζω** ausdrücken
έκφραση (-εις) Ausdruck *m*
εκφραστικός ausdrucksvoll
εκφυλ|ίζομαι entarten; **~ισμός** Entartung *f*
έκφυλος degeneriert; pervers
εκ|φώνηση (-εις) [ek'fonisi] Verlesung *f*; **~φωνητής** Ansager *m*; **~φωνώ** aufrufen; **~χύλισμα** *n* Extrakt *m*; **~χύνω** [-'çino] (ver)gießen
ελ- *s.* **έρχομαι**
ελαβ- *s.* **λαμβάνω**
ελαία [e'lea] Ölbaum *m*
ελαι|ογραφία Ölgemälde *n*; **~όδενδρο** Olivenbaum *m*; **~όλαδο** Olivenöl *n*
έλαιο(ν) ['eleo(n)] Öl *n*
ελαι|όχρωμα *n* Ölfarbe *f*; **~ώδης** 2 ölig; Öl-; **~ώνας** Olivenhain *m*
ελαστικ|ό(ν) Gummi *m*; Gummireifen *m*; **~ός** elastisch; **~ή *ταινία*** Gummiband *n*; **~ός *σωλήνας*** Gummischlauch *m*
ελάτε! kommt!, los!
έλατο Tanne *f*
ελάττωμα *n* Fehler *m*; Mangel *m*
ελαττ|ωματικός mangelhaft; defekt; **~ώνω** verringern; *Hdl.* herabsetzen; lindern
ελάττωση (-εις) Ermäßigung *f*
ελάφι Hirsch *m*
ελαφρ|όμυαλος leichtsinnig; **~όπετρα** Bimsstein *m*; **~ός** leicht; *Kaffee*: schwach; **~ότητα** Leichtigkeit *f*; **~ύς** *s.* **ελαφρός**; **~ώνω** erleichtern; befreien
ελάχιστος gering; mindest-, minimal

Ελβετ|ία [elvet-] Schweiz *f*; **2ικός** Schweizer-, schweizerisch; **~ός** Schweizer *m*
ελεγκτής [eleŋk-] Kontrolleur *m*
έλεγχος Kontrolle *f*; Revision *f*; Schulzeugnis *n*
ελέγχω [e'leŋxo] kontrollieren; prüfen, kritisieren
ελεειν|ός [elein-] elend, jämmerlich; **~ότητα** Elend *n*
ελεημοσύνη [eleim-] Almosen *n*
ελευθερία [elefθ-] Freiheit *f*; **~ κινήσεως** Freizügigkeit *f*
ελεύθερος frei (*G*/ von *D*); ledig
ελευθερ|οτυπία Pressefreiheit *f*; **~οφροσύνη** Liberalismus *m*; **~όφρων** (**-ον**) 2 liberal; **~ώνω** befreien
ελέφαντας Elefant *m*
ελεφαντοστό Elfenbein *n*
ελεχθ- *s.* **λέγω**
εληφθ- *s.* **λαμβάνω**
ελθ- *s.* **έρχομαι**
ελιά Olive *f*; Ölbaum *m*; Muttermal *n*
έλικα Propeller *m*; Spirale *f*
ελικόπτερο Hubschrauber *m*
έλκηθρο Schlitten *m*
έλκος *n* Geschwür *n*; **~ στομάχου** Magengeschwür *n*
ελκυστικότητα Anziehungskraft *f*
έλκω (an)ziehen
Ελλ|άδα, ~άς (**-άδος**) *f* Griechenland *n*
έλλειμμα *n* Defizit *n*
ελλειπτικός elliptisch
ελλείψει (*G*) mangels *G*
έλλειψη (**-εις**) Mangel *m* (*G*/ an *D*); Abwesenheit *f*; Ellipse *f*
Έλλην ['elin] (**-ος**) *m*, **~ας** Grieche *m*
Ελληνίδα Griechin *f*
ελλην|ικός griechisch; **η ~ική** Griechisch *n*; **~ικά** griechisch; **~ιστικός** hellenistisch
Ελλήσποντος Hellespont *m*, Dardanellen *pl.*
έλξη (**-εις**) Gravitation *f*
ελονοσία Malaria *f*
έλος *n* Sumpf *m*
ελπ|ίδα Hoffnung *f*; **~ίζω** (er)hoffen
ελώδης 2 sumpfig
εμαγιέ [-'je] *n* emailliert
εμάς [e'mas] uns
εμβαδό(ν) (Grund-)Fläche *f*
εμβάζω überweisen
εμβαθύνω vertiefen
έμβασμα *n* Überweisung *f*
εμβατήριο Marsch *m*
έμβλημα ['emvlima] *n* Emblem *n*; Abzeichen *n*; Warenmarke *f*
εμβολ|ή Embolie *f*; **~ιάζω** impfen (**εναντίον** *G*/ gegen *A*); pfropfen; **~ιασμός** Impfung *f*
έμβολο Kolben *m*
εμειν- *s.* **μένω**
εμείς [e'mis] wir

εμετικό Brechmittel *n*
έμ|μηνα ['emina] *n/pl.* Menstruation *f*; **~μονος** hartnäckig; beständig
εμ|παθής 2 leidenschaftlich; **~παίζω** [-'bezo] verspotten
εμπειρ|ία [embir-] Erfahrung *f*; **~ογνώμονας** Sachverständige(r)
έμπειρος erfahren (**σε**/ in *D*)
εμπιστ|εύομαι [-'evome] anvertrauen; sich verlassen (**σε**/ auf *A*); **~ευτικός** [-eft-] vertraulich
έμπιστος zuverlässig
εμπιστοσύνη Vertrauen *n*
έμπλαστρο Pflaster *n*
εμπλοκή Verwicklung *f*, Versagen *n*
εμπλουτίζω anreichern
έμπνευση (**-εις**) [-bnefsi] Inspiration *f*
εμ|πνέω anregen; **~ποδίζω** (ver)hindern; stören; **~πόδιο** Hindernis *n*
εμπόρευμα [-revma] *n* Ware *f*
εμπορ|εύομαι [-'evome] handeln mit *D*; **~ικό** Geschäft *n*, Boutique *f*; **~ικός** Handels-; ***~ικός οίκος*** Warenhaus *n*
εμπόριο Handel *m*
εμπορο|μεσίτης Makler *m*; **~πανήγυρη** (**-εις**) [-pa'nijiri] Messe *f*
έμπορος Kaufmann *m*; Händler *m*
εμποροϋπάλληλος [-boroi'palil-] kaufmännischer Angestellter *m*; Verkäufer *m*
εμπρησ|μός Brandstiftung *f*; **~τής** Brandstifter *m*; **~τικός** Brand-; *fig.* zündend
εμπρός vorn; vorher; vorwärts; herein!; hallo!; ***~ σε*** vor (*D*/ *A*); (*Zeit*) vor *D*; im Vergleich zu *D*; angesichts *G*
έμπυο Eiter *m*
εμ|φανίζομαι erscheinen; **~φανίζω** *Fot.* entwickeln; **~φάνιση** (**-εις**) Erscheinung *f*; *Fot.* Entwicklung *f*; **~φαντικός** nachdrücklich
έμφραγμα *n* Stöpsel *m*; Plombe *f*; ***καρδιακό ~*** Herzinfarkt *m*
εμφύλιος πόλεμος Bürgerkrieg *m*
έμφυτος angeboren; *Su.* *n* Instinkt *m*
εμψυχώνω ermuntern
εν (*D*) in *D*
εν|αγόμενος Beklagte(r); **~άγω** verklagen; **~αλλαγή** Abwechseln *n*; **~αλλάξ** *Adv.* abwechselnd; **~αλλασσόμενο ρεύμα** Wechselstrom *m*; **~αλλάσσω** (ab)wechseln
ενάντια (**σε**) zuwider; gegen *A*
εναντίον Gegenteil *n*; (*G*) gegen *A*; entgegen *D*; ***το ~*** im Gegenteil
ενάντιος (**-ια**) widrig
εναντιώνομαι sich widersetzen

εναπ|όθεση Hinterlegung *f*; **~οθέτω** hinterlegen; **~οθηκεύω** [-oθi'kjevo] lagern; speichern
ενάριθμος numeriert
εναρκτήριος (**-ια**) Anfangs-
έναρξη (**-εις**) Beginn *m*
ένας (**μια, ένα**) ein(e); **~-~** einer nach dem anderen
έναστρος gestirnt
ενασχολώ (sich) beschäftigen
ενατενίζω anstarren
ένατος neunte(r)
ένδειξη (**-εις**) Anzeichen *n*, Hinweis *m*
ένδεκα elf
ενδέκατο|ν elftens; **~ς** elfte(r)
εν|δέχεται möglicherweise; **~δεχόμενο** Möglichkeit *f*; ***για κάθε ~δεχόμενο*** für alle Fälle
ενδια|φέρομαι sich interessieren; **~φερόμενος** interessiert (**για** *A*/ an *D*); **~φέρον** (**-οντος**) Interesse *n*; **~φέρω** interessieren; **~φέρων** (**-ουσα, -ον**) interessant
ενδίδω nachgeben
ένδοξος berühmt, ruhmvoll
ενδοφλεβικός intravenös
ενδοχώρα Hinterland *n*
εν|δυμασία Kleidung *f*; **~δύματα** *n/pl. Thea.* Kostüme *n/pl.*
ενδυν|αμώνω verstärken; **~άμωση** Verstärkung *f*
ενέδρα Hinterhalt *m*, Falle *f*
ένεκ|α, ~εν (*G*) wegen *G*
ενεν|ηκοστός neunzigste(r); **~ήντα** neunzig
εν|έργεια [e'nerjia] Energie *f*; Wirkung *f*; Tätigkeit *f*; **~εργητικό** Guthaben *n*, Haben *n*; **~εργητικός** energisch, tatkräftig; *Gr.* aktiv; **~εργητικότητα** Aktivität *f*; **~εργός** aktiv; **~εργώ** durchführen; sich bemühen; funktionieren
ένεση (**-εις**) Injektion *f*, Spritze *f*; ***κάνω ~*** e-e Spritze geben
Ενετ|ία Venedig *n*; **~ός** Venezianer *m*
ενεχυριάζω verpfänden
ενέχυρο Pfand *n*
ενεχυροδανειστήριο Pfandhaus *n*
ενήλικος mündig, volljährig
ενήμερος informiert
ενθάρρυνση Ermutigung *f*
ενθαρρ|υντικός ermutigend; **~ύνω** ermutigen
ενθουσι|άζω begeistern; **~ασμένος** begeistert (**με**/ von *D*); **~ασμός** Begeisterung *f*; **~αστικός, ~ώδης** 2 begeisternd
ενθύμιο Andenken *n*
ενιαίος [eni'eos] (**-α**) einheitlich
ενικός Singular *m*
ενίοτε zuweilen, manchmal
ενίσχυση Unterstützung *f*, Verstärkung *f*

ενισ|χυτής Verstärker *m*; **~χύω** [-'çio] vergrößern; verstärken
εννέα neun
εννεακόσιοι [-sii] neunhundert
εννιά [e'nja] neun
έννοια ['enia] Begriff *m*; Bedeutung *f*; ['enja] Sorge *f*; **~ *σου, σας*** keine Sorge!
εννο|ώ meinen; merken; darauf bestehen; bedeuten; **~*είται*** [-'ite] selbstverständlich
ενοικ|ιάζω [enik-] (ver)mieten; **~*ιάζεται δωμάτιο*** Zimmer zu vermieten; **~ίαση (-εις)** Mieten *n*; Vermietung *f*; **~ιαστήριο** Mietvertrag *m*; **~ιαστής** Mieter *m*
ενοίκιο Miete *f*
ένοικος Bewohner *m*
ενοικώ wohnen, leben
ένοπλ|ος bewaffnet; **~*ες δυνάμεις*** Streitkräfte *f/pl.*
ενοποιώ [-pi'o] vereinigen; vereinheitlichen
ένορκος vereidigt; *Su.* Geschworene(r)
ενόσω solange (wie)
ενότητα Einheit *f*
εν|οχή Schuld *f*; **~όχληση (-εις)** Störung *f*; Belästigung *f*; **~οχλητικός** aufdringlich, lästig; **~οχλώ** stören; belästigen; *Schuhe*: drücken
ένοχος schuldig
ένσημος gestempelt; *Su. n* Stempelmarke *f*
ένστικτο Instinkt *m*
ενσφράγιστος versiegelt
ενσωμάτωση Integration *f*
ένταλμα ['endal-] *n* (Zahlungs-)Anweisung *f*; (Haft-)Befehl *m*
εντάξει in Ordnung
ένταξη Aufnahme *f*
ένταση (-εις) Spannung *f*; Steigerung *f*; Stromstärke *f*; (Laut-)Stärke *f*
εντατικός intensiv
έντεκα elf
εντελώς *Adv.* völlig
έντερο Darm *m*; ***τυφλό* ~** Blinddarm *m*
εντευκτήριο [endef'ktir-] Treffpunkt *m*; Versammlungsraum *m*
εντολ|έας Auftraggeber *m*; **~ή** Auftrag *m*; Postanweisung *f*; Vollmacht *f*; Gebot *n*; ***κατ' ~ήν*** im Auftrag; **~οδόχος** Bevollmächtigte(r)
έντομο Insekt *n*
εντομοκτόνο Insektenmittel *n*
έντονος stark; kräftig; heftig; nachdrücklich
εν|τοπίζω lokalisieren; **~τόπιος (-α)** einheimisch
εντός (*G*) in *D*; innerhalb *G*; *Adv.* (dr)innen; **~ *ολίγου*** in Kürze
εντόσθια [-'dosθia] *n/pl.* Eingeweide *n/pl.*
εντούτοις [-'dutis] indessen; dennoch
εντριβή Einreibung *f*

έντυπο Formular *n*; Drucksache *f*
εν|τυπώνω einprägen; **~τύπωση (-εις)** Eindruck *m*; **~τυπωσιακός** eindrucksvoll
ενυδρείο Aquarium *n*
ενώ während; obwohl
ενώνω verbinden; vereinigen
ενώπιον (*G*) vor *D*, in Gegenwart von *D*
ενωρ|ίς *Adv.* früh; **~ίτερα** früher; ***το ~ίτερο(ν)*** frühestens
ένωση (-εις) Verbindung *f*; Vereinigung *f*; Union *f*
εξ *s.* **εκ**
εξαγγελία Verkündigung *f*
εξαγορά Freikaufen *n*
εξαγριώνω wild machen
εξάγω ausführen; exportieren
εξαγωγ|ή [-ɣo'ji] Export *m*; Herausnahme *f*; **~ικός** Ausfuhr-
εξ|αδέλφη Kusine *f*; **~άδελφος** Vetter *m*
εξαερισμός Lüftung *f*
εξαίρεση (-εις) Ausnahme *f*; ***κατ' ~*** ausnahmsweise
εξαίρετος ausgezeichnet
εξαιτίας (*G*) wegen *G*; ***~ που*** weil
εξακολουθώ [-lu'θo] fortsetzen
εξακόσιοι [-'kosii] sechshundert
εξακρ|ιβώνω [-'vono] feststellen; **~ίβωση (-εις)** Feststellung *f*; Nachprüfung *f*
εξαλείφω [-'lifo] (aus)löschen; verwischen; ausradieren
έξαλλος außer sich (**από**/ vor *D*)
εξάμηνο Semester *n*; Halbjahr *n*
εξαναγκάζω nötigen
εξάνθημα *n* (Haut-)Ausschlag *m*
εξάντας Sextant *m*
εξ|άντληση Erschöpfung *f*; **~αντλώ** erschöpfen; **~άπαντος** *Adv.* bestimmt, unbedingt; **~απατώ** betrügen; **~απλώνω** (sich) ausbreiten; **~αργυρώνω** [-arji'rono] *Scheck* einlösen; **~αρτήματα** *n/pl.* Zubehör *n*; **~αρτώμαι** [-'tome] abhängen (**από**/ von *D*)
εξ|άσκηση Ausübung *f*; **~ασκώ** ausüben; **~ασφαλίζω** sichern; **~ασφάλιση** Sicherung *f*; **~ατμίζω** verdunsten; **~άτμιση (-εις)** Verdunstung *f*; Auspuff *m*
εξαφανίζω verschwinden lassen
έξαφνα *Adv.* plötzlich
εξέγερση (-εις) Aufstand *m*
εξέδρα Tribüne *f*; *Thea.* Rang *m*; Landungsbrücke *f*
εξέλιξη (-εις) Entwicklung *f*
εξεπίτηδες absichtlich
εξε|ρεύνηση (-εις) [-'revnisi] Erforschung *f*; **~ρευνητής** Forscher *m*; **~ρευνώ (-άς)** erforschen

εξ|ετάζω untersuchen; verhören; prüfen; **~έταση (-εις)** Untersuchung *f*; Verhör *n*; Prüfung *f*
εξευτελισμός Erniedrigung *f*
εξέχ|ω hervorragen; **~ων (-ουσα, -ον)** prominent
έξη (-εις) Angewohnheit *f*
εξ|ήγηση (-εις) [-'ijisi] Erklärung *f*, Erläuterung *f*; **~ηγώ** [-'ɣo] erklären; deuten
εξ|ηκοστός sechzigste(r); **~ήντα** sechzig
εξής [e'ksis] *Adv.* folgend; ***στο ~*** künftig
εξηχθ- *s.* **εξάγω**
έξι sechs
εξίσου ebenso; gleichermaßen
εξιστόρηση (-εις) Schilderung *f*
εξ|ισώνω ausgleichen; angleichen; **~ίσωση (-εις)** Ausgleich *m*; Gleichung *f*; **~ιτήριο** Entlassungsschein *m*; **~όγκωμα** [-'oŋgoma] *n* Beule *f*, Schwellung *f*; **~ογκώνω** anschwellen; übertreiben
έξοδ|ο Ausgabe *f*; **~ος** *f* Verlassen *n*; Ausgang *m*; Austritt *m*; ***~ος κινδύνου*** Notausgang *m*
εξοικ|ειώνω [eksiki'ono] vertraut machen **(με, σε/** mit *D*); **~ονομώ** ersparen
εξ|ολοθρεύω [-'θrevo] vernichten; ausrotten; **~ομολόγηση (-εις)** Geständnis *n*; Beichte *f*
εξόν: *~ από* außer *D*; ***~ αν*** wenn nicht; ***~ που*** außer daß, außer wenn
εξ|οπλίζω ausrüsten; **~οπλισμός** (Aus-)Rüstung *f*
εξοργίζω erzürnen
εξορ|ία Verbannung *f*; **~ίζω** verbannen; **~κίζω** beschwören
εξ|όρμηση (-εις) Aufbruch *m*; **~ουθενώνω** erschöpfen
εξουσ|ία Macht *f*; Gewalt *f*; Behörde *f*; **~ιάζω** (be)herrschen; **~ιαστής** Machthaber *m*; **~ιοδότηση (-εις)** Vollmacht *f*; **~ιοδοτώ** bevollmächtigen
εξοφλώ begleichen; einlösen
εξοχή Vorsprung *m*; Erhöhung *f*; Kurort *m*; ***στην ~*** auf dem Lande; ***κατ' ~ν*** vor allem
εξοχικ|ός ländlich, Land-; ***~ό κέντρο*** Gartenlokal *n*
έξοχος hervorragend, ausgezeichnet
εξυπηρ|έτηση (-εις) Nützlichkeit *f*; Gefälligkeit *f*; Dienst *m*; ***~έτηση πελατών*** Kundendienst *m*; **~ετικός** nützlich; gefällig; **~ετώ** nützen; gefällig sein
εξυπνάδα Intelligenz *f*
έξυπνος intelligent
έξω hinaus; draußen; im Ausland; (*G*) außerhalb *G*; ~

από außerhalb *G*; außer *D*; draußen vor *D*; **απ'** ~ auswendig
εξώγαμος außerehelich
εξώθυρα Haustür *f*
εξω|θώ provozieren; hinausjagen; **~κοινοβουλευτικός** [-kinovuleft-] außerparlamentarisch; **~λέμβιος (-α)** Außenbord-
εξ|ώπορτα Haustür *f*; **~ωραΐζω** [-ora'izo] verschönern; **~ωραϊσμός** Verschönerung *f*; Modernisierung *f*; **~ώστης** Balkon *m*; Galerie *f*, Rang *m*
εξωτερ|ίκευση (-εις) Äußerung *f*; **~ικεύω** [-i'kjevo] äußern; **~ικό** Ausland *n*; Äußere(s); **~ικός** außer-; auswärtig; Außen-; äußerlich
εξωτικός exotisch
εορτ|ασμός Feier *f*; **~ή** Feier *f*, Fest *n*; Feiertag *m*
επ' *s.* **επί**
επάγγελμα *n* Beruf *m*
επαγγελματ|ίας freiberuflich Tätige(r); **~ικός** beruflich; Berufs-
επαγρυπνώ (-άς) wachen
έπαινος Lob *n*; Anerkennung *f*
επαινώ [epe'no] loben; anerkennen
επαισθητός [epesθit-] fühlbar
επ|αίτης Bettler *m*; **~αιτώ** [-e'to] betteln
επαλήθευση (-εις) Verifizierung *f*
επαν|αλαμβάνω wiederholen; **~άληψη (-εις)** Wiederholung *f*; Wiederaufnahme *f*; **~άσταση (-εις)** Revolution *f*; **~αστατώ** sich erheben (**κατά** *G*/ gegen *A*)
επαναφέρω wiederbringen
επαν|έρχομαι wiederkommen; **~ορθώνω** instandsetzen; wiedergutmachen; **~όρθωση (-εις)** Wiedergutmachung *f*
επάνω (nach) oben; **από** ~ von oben; ~ **από** über *D*, *A*; ~ **που** gerade als
επανωφόρι Mantel *m*
επάργυρος versilbert
επαρχ|ία Provinz *f*; **~ιακός** provinziell
επαφή Berührung *f*; Kontakt *m*
επείγ|ων (-ουσα, επείγον) dringend; **~ον** Eilbrief!
επειδή [epi'ði] weil, da
επεισόδιο Episode *f*; Zwischenfall *m*
έπειτα dann, darauf
επ|εμβαίνω [-'veno] eingreifen; sich einmischen; **~έμβαση (-εις)** Eingreifen *n*; Einmischung *f*; **~ενδύω** investieren
επέρσι *Adv.* voriges Jahr
επερ|ώτηση (-εις) Anfrage *f*; **~ωτώ (-άς)** anfragen
έπεσ- *s.* **πέφτω**
επέτειος *f* Jahrestag *m*

επηρε|άζω beeinflussen; **~ασμός** Beeinflussung *f*
επήρεια Einfluß *m*
επηρμένος eingebildet
επί (*G*) während *G*; zur Zeit *G*, unter *D*; (*D*) anläßlich *G*; wegen *G*; (*A*) auf *A*; *Adv. Math.* mal
επι|βάλλω erzwingen; auferlegen; verhängen; **~βάρυνση (-εις)** Belastung *f*; **~βαρύνω** belasten; **~βάτης** Passagier *m*; **~βατικός** Passagier-; Personen-; **~βλέπω** beaufsichtigen
επίβλεψη Beaufsichtigung *f*
επιβραβεύω [-vra'vevo] belohnen
επίγειος [e'pijios] **(-α)** irdisch
επι|γονατίδα Kniescheibe *f*; **~γραφή** Überschrift *f*; Inschrift *f*; **~δεικνύω** [-ði'knio] zur Schau stellen
επίδειξη (-εις) Vorführung *f*; **~ μόδας** Modenschau *f*
επι|δένω *Med.* verbinden; **~δέξιος (-α)** geschickt; **~δεξιότητα** Geschicklichkeit *f*
επίδεσμος *Med.* Verband *m*
επιδημία Seuche *f*
επι|διορθώνω reparieren; **~διόρθωση (-εις)** Reparatur *f*; **~διώκω** [-ði'oko] anstreben; **~δίωξη (-εις)** Streben *n*; **~δοκιμάζω** billigen; **~δοκιμασία** Billigung *f*; Beifall *m*
επίδομα *n* Beihilfe *f*; **~ ανεργίας** Arbeitslosenunterstützung *f*
επιδόρπιο Nachtisch *m*
επίδραση (-εις) (Ein-)Wirkung *f*
επι|δρώ (-άς) wirken (**σε**/auf *A*); **~είκεια** [-'ikia] Nachsicht *f*; Milde *f*; **~εικής** 2 nachsichtig
επίζηλος beneidenswert
επιζώ überleben
επί|θεμα *n Med.* Umschlag *m*; **~θεση (-εις)** Angriff *m*; **~θετο** Familienname *m*; Adjektiv *n*
επι|θεώρηση (-εις) Besichtigung *f*; Inspektion *f*; Revue *f*; **~θεωρητής** Inspektor *m*; **~θεωρώ** beaufsichtigen; inspizieren; **~θυμία** Wunsch *m*; Sehnsucht *f*; **~θυμώ** [-θi'mo] wünschen; sich sehnen nach (*D*)
επίκαιρ|ο [-kjero] Aktualität *f*; *pl.* Wochenschau *f*; **~ος** aktuell
επίκειται [-kite] (es) steht bevor
επι|κίνδυνος gefährlich; **~κοινωνώ** [-kino'no] sich in Verbindung setzen; **~κολλώ (-άς)** aufkleben; **~κρίνω** kritisieren; **~λέγω** hinzufügen; *Tel.* wählen; (aus)wählen; **~λεκτικότητα** Trennschärfe *f*; **~ληπτικός** [-lipt-] epileptisch; **~λογή** [-'ji] Auswahl *f*
επίλογος Nachwort *n*

επι|μέλεια Fleiß *m*; **~μελής** 2 fleißig; sorgfältig; **~μελητής** Assistent *m*; wissenschaftlicher Mitarbeiter *m*; **~μελούμαι** [-'lume] sich kümmern um; **~μένω** bestehen (**σε**/ auf *D*); **~μήκης** 2 länglich; **~μονή** Beharrlichkeit *f*
επίμονος beharrlich
επι|νοητικός erfinderisch; **~ορκία** Meineid *m*
επίπεδ|ο Fläche *f*; Niveau *n*; ***βιοτικό*** **~ο** Lebensstandard *m*; **~ος** flach; eben
επιπλέ|ον darüber hinaus; **~ω** schwimmen
επι|πλήττω [-'plito] zurechtweisen; **~πλοκή** Komplikation *f*
έπιπλα *n/pl*. Möbel *pl*.
επι|πλοπωλείο [-po'lio] Möbelgeschäft *n*; **~πλωμένος** möbliert; **~πλώνω** möblieren
επίπλωση (**-εις**) Einrichtung *f*
επιπόλαιος oberflächlich
επίπονος mühsam
επιπρόσθετος zusätzlich
επίρρημα *n* Adverb *n*
επιρροή [-ro'i] Einfluß *m*
επίσημος offiziell; amtlich
επίσης *Adv*. ebenfalls, gleichfalls, auch
επι|σκέπτης Besucher *m*; **~σκέπτομαι** besuchen; **~σκευάζω** [-skje'vazo] reparieren; **~σκευή** Reparatur *f*
επίσκεψη (**-εις**) Besuch *m*
επισκιάζω beschatten
επίσκοπος Bischof *m*
επι|στατώ beaufsichtigen; **~στήμη** [-'stimi] Wissenschaft *f*; **~στήμονας** Wissenschaftler *m*; **~στημονικός** wissenschaftlich
επιστολ|ή Brief *m*; Schreiben *n*; ***συστημένη*** **~ή** Einschreibebrief *m*; **~ογραφία** Korrespondenz *f*; **~ογράφος** *m*, *f* Korrespondent(in *f*) *m*; **~ογραφώ** korrespondieren
επι|στρέφω zurücksenden; zurückerstatten; zurückkommen; **~στροφή** Rücksendung *f*; Rückkehr *f*
επιταγή [-'ji] Zahlungsbefehl *m*; ***ταχυδρομική*** **~** Postanweisung *f*; ***τραπεζική*** **~** Scheck *m*
επι|τάχυνση Beschleunigung *f*; **~ταχύνω** [-ta'çino] beschleunigen; **~τελείο** (Mitarbeiter-)Stab *m*; Gremium *n*; ***γενικό*** ***~τελείο*** Generalstab *m*; **~τήδειος** [-'tiðios] (**-α**) geschickt, gewandt
επίτηδες *Adv*. absichtlich; eigens, extra
επι|τήρηση Überwachung *f*; **~τηρητής** Aufseher *m*; **~τηρώ** [-ti'ro] beaufsichtigen; **~τίθεμαι** angreifen (**κατά** *G*/ *A*); **~τιθέμενος** Angreifer *m*; **~τιμώ** (**-άς**) tadeln; **~τρέπω** erlauben;

~τροπή Kommission *f*
επίτροπος Bevollmächtigter; Vormund *m*; Kommissar *m*
επι|τυχαίνω [epiti'çeno] treffen; Erfolg haben; gelingen; **~τυχημένος** [-tiçi-] erfolgreich; gelungen; **~τυχία** Erfolg *m*; gute Ausführung *f*
επιφάνεια [-'fania] Oberfläche *f*; **~ *θαλάσσης*** Meeresspiegel *m*
επι|φανειακός oberflächlich; **~φανής** 2 angesehen; **~φορτίζω** beauftragen; **~φυλακή** Alarmbereitschaft *f*; **~φυλακτικός** zurückhaltend; **~φύλαξη** (**-εις**) Zurückhaltung *f*; Vorbehalt *m*; **~φυλάσσομαι** sich vorbehalten; **~φυλλίδα** Feuilleton *n*; **~φώνημα** *n* Ausruf *m*; **~χείρημα** [-'çirima] *n* Argument *n*
επιχειρηματ|ίας Unternehmer *m*; **~ολογία** Argumentation *f*
επι|χείρηση (**-εις**) Unternehmen *n*; Betrieb *m*; **~χειρώ** [-çi'ro] unternehmen; **~χορήγημα** [-xo'rijima] *n* Zuschuß *m*; Zulage *f*; **~χορηγώ** [-'ɣo] subventionieren; bezuschussen
επίχρυσος vergoldet
επιχωματώνω zuschütten
εποικοδομητικός [epi-] konstruktiv
επ|όμενος folgend-; später-; nächst-; **~ομένως** folglich
επόπτης Aufseher *m*
εποχ|ή [-'çi] Zeitalter *n*; Epoche *f*; Jahreszeit *f*; Zeit *f*; **~ή *λουτρών*** Badesaison *f*; **~ιακός** Saison-
επτ- *s.* **εφτ-**
Επτάνησος *f* Ionische Inseln *f/pl.*
επ|ωάζω [epo'azo] (aus-) brüten; **~ωνυμία** Firmenname *m*; Beiname *m*; **~ώνυμο** Familienname *m*
επωφελούμαι [-'lume] *G* (Gelegenheit) benutzen
έρανος Spendensammlung *f*, Spende *f*
ερασι|τέχνης Amateur *m*; **~τεχνικός** Amateur-; Laien-
εραστής Liebhaber *m*
εργ|άζομαι arbeiten; funktionieren; **~αζόμενος** berufstätig; *Su.* Werktätige(r); **~αλείο** Werkzeug *n*; **~ασία** Arbeit *f*; Geschäft *n*; **~άσιμος** Arbeits-; Werk-; **~αστήριο** Werkstatt *f*; Atelier *n*; Laboratorium *n*; **~άτης** Arbeiter *m*; **~ατιά** Arbeiterschaft *f*; **~ατικός** arbeitsam, fleißig; **~άτρια** Arbeiterin *f*
εργένης [er'jenis] Junggeselle *m*
έργο Arbeit *f*; Werk *n*; Aufgabe *f*; *Thea.* Stück *n*; Film *m*

εργο|δηγός Werkmeister *m*, Vorarbeiter *m*; **~δότης** Arbeitgeber *m*; **~λαβία** Unternehmen *n*; Auftrag *m*; **~λάβος** Bauunternehmer *m*
εργοστάσιο Fabrik *f*, Werk *n*; ***ηλεκτρικό ~*** Kraftwerk *n*; ***~ παραγωγής φωταερίου*** Gaswerk *n*
εργόχειρο Handarbeit *f*
ερεθ|ίζω reizen; **~ισμός** Reizung *f*; **~ιστικός** aufreizend
ερείπιο [e'ripio] Ruine *f*, *pl. a.* Trümmer *pl.*
ερειπώνω zerstören
έρευνα ['erevna] Untersuchung *f*; Forschung *f*; ***σωματική ~*** Leibesvisitation *f*; ***κατ' οίκον ~*** Haussuchung *f*
ερευν|ητής Erforscher *m*; *Fot.* Sucher *m*; **~ώ (-άς)** untersuchen; erforschen
ερημ|ιά Einöde *f*; Einsamkeit *f*; **~ικός** einsam, verlassen
έρημος unbewohnt, öde; verlassen; *Su. f* Wüste *f*
ερ|ημώνω verwüsten; **~ήμωση** *f* Verwüstung *f*
ερθ- *s.* **έρχομαι**
ερμηνεία Interpretation *f*, Übersetzung *f*
ερμηνεύω [-mi'nevo] erläutern, interpretieren
έρπω kriechen
ερυθρός (-ά) rot; *Su. f* Röteln *pl.*; ♀ ***Σταυρός*** Rote(s) Kreuz *n*
έρχομαι kommen; reichen (**ως**/ bis zu *D*); passen; ***~ δεύτερος*** zweiter werden; ***~ στον εαυτό μου*** zu sich kommen
ερχ|όμενος kommend, nächst-; **~ομός** Ankunft *f*
έρ|ως (-ωτος), ~ωτας *m* Liebe *f*
ερωτ|ευμένος [erotev-] verliebt (**με**/ in *A*); **~εύομαι** [-'evome] sich verlieben
ερωτηματολόγιο Fragebogen *m*
ερώτηση (-εις) Frage *f*
ερωτ|ικός Liebes-; erotisch; **~οτροπία** Flirt *m*; **~οτροπώ** flirten
ερωτώ (-άς) fragen
εσάς euch
εσένα dich
έσοδο Einnahme *f*
εσοχή Vertiefung *f*
εσπέρα Abend *m*
Εσπερία Westen *m*, Abendland *n*
εσπερινός abendlich; *Su. m* Abendmesse *f*
εστ|ία Herd *m*; Brennpunkt *m*; Kochplatte *f*; **~ιατόριο** Restaurant *n*; Speisesaal *m*
εστραμμένος, εστραφ- *s.* **στρέφω**
εσύ [e'si] du
εσφαλμένος falsch
εσχάρα Grill *m*; Gepäcknetz *n*
έσχατος letzte(r); äußer-

ste(r); ***εσχάτη προδοσία*** Hochverrat *m*
εσω- innen; inner-
εσώκλειστος beigefügt
εσωκλείω [eso'klio] beifügen
εσώρουχα *n/pl.* Unterwäsche *f*
εσωτερικός innere(r)-; *Su. n* Inland *n*
εταζέρα Konsole *f*
εταιρεία [ete'ria] Verband *m*; Gesellschaft *f*; ***ανώνυμος*** ~ Aktiengesellschaft *f*
ετερο- anders-
ετήσιος (**-α**) jährlich
ετοιμ|άζω [etim-] vorbereiten; **~ασία** Vorbereitung *f*; **~όλογος** schlagfertig; **~όρροπος** baufällig
έτοιμος bereit, fertig
έτος *n* Jahr *n*
έτσι so; umsonst; ~ ***κ'*** ~ einigermaßen; sowieso
ευαγγ|ελικός [evaŋg-] evangelisch; **~έλιο** Evangelium *n*
ευ|αισθησία [evesθi'sia] Empfindlichkeit *f*; **~αίσθητος** empfindlich (**σε**/ gegen *A*)
Εύβοια ['evia] Euböa *n*
ευ|γένεια [e'vjenia] Höflichkeit *f*; **~γενής** 2 höflich; liebenswürdig; ***~γενές μέταλλο*** Edelmetall *n*; **~γενικός** *s.* **ευγενής**; **~γνωμονώ** [evɣnomo'no] dankbar sein; **~γνωμοσύνη** [-'sini] Dankbarkeit *f*; **~γνώμων** (**-ον**) 2 dankbar; **~δαιμονία** [evðem-] Glückseligkeit *f*; **~διάθετος** gut gelaunt; **~διάκριτος** gut erkennbar; **~εργεσία** Wohltätigkeit *f*; Wohltat *f*; **~εργετικός** wohltätig
ευθεία [e'fθia] Gerade *f*; ***κατ' ~ν*** geradeaus, direkt
εύθραυστος ['efθrafstos] zerbrechlich
ευθυμία [efθim-] Fröhlichkeit *f*
εύθυμος fröhlich, heiter
ευθυμώ [efθi'mo] sich amüsieren
ευθύν|η [e'fθini] Verantwortung *f*; Risiko *n*; Haftung *f*; **~ομαι** verantwortlich sein, haften (**για**/ für)
ευθύς [e'fθis] (**-εία**) gerade; direkt; redlich; *Adv.* sofort
ευκαιρία [efkjer-] Gelegenheit *f*; ***επ'*** ~ *G* bei Gelegenheit *G*
εύκαιρος günstig; unbeschäftigt; leer
ευ|καιρώ Zeit haben; **~κάλυπτος** Eukalyptus *m*
εύκαμπτος ['ef-] biegsam
ευκοίλιος [e'fkilios] (**-α**) gute Verdauung habend
εύκολος leicht; umgänglich
ευκολύνω erleichtern; *j-m* aushelfen
ευ|λάβεια Frömmigkeit *f*; **~λαβικός** fromm; **~λογία** Segen *m*; **~λογιά** Pocken *pl.*
εύλογος verständlich
ευλογώ segnen, preisen

ευμένεια Gunst *f*
ευμετάβλητος [evmet-] veränderlich, unbeständig
ευνόητος verständlich
εύνοια ['evnia] Gunst *f*
ευ|νοϊκός günstig; **~νοούμενος** begünstigt; **~νοώ** begünstigen
ευ|παθής [ef-] 2 empfindlich; anfällig; **~πείθεια** [-'piθia] Gehorsam *m*; **~πειθής** 2 gehorsam
εύ|πιστος leichtgläubig; **~πορος** wohlhabend
ευπρέπεια Anstand *m*
εύ|ρεση ['ev-] Erfindung *f*; Auffindung *f*; **~ρημα** *n* Fund *m*; Einfall *m*; Pointe *f*
ευρ|ύνω [e'vrino] erweitern, verbreitern; **~ύς** breit; weit; **~ύτητα** Breite *f*; Weite *f*; Umfang *m*; **~ύχωρος** geräumig
ευρώ [ev'ro] *n*; *nicht deklinierbar* Euro *m*; **εκατό ευρώ** hundert Euro
ευρωπαϊκός [evro-] europäisch
Ευρώπη [e'vropi] Europa *n*
ευρωτσέκ [evro-] *n* Euroscheck *m*
εύσαρκος ['ef-] korpulent
ευσυν|ειδησία [efsiniðis-] Gewissenhaftigkeit *f*; **~είδητος** gewissenhaft
ευτυχ|ία [efti'çia] Glück *n*; **~ισμένος** [-çiz-] glücklich; **~ώς** [-'xos] *Adv.* zum Glück
εύφλεκτος feuergefährlich
ευφορία [efo'ria] Fruchtbarkeit *f*
εύφορος fruchtbar
ευ|φράδεια Redegewandtheit *f*; **~φροσύνη** Frohsinn *m*
ευφυ|ής [efi'is] 2 begabt; geistreich; **~ία** Begabung *f*; Intelligenz *f*
ευχαρ|ιστημένος [efxar-] zufrieden; **~ιστήριο** Danksagung *f*; **~ίστηση** Vergnügen *n*; ***με ~ίστηση*** mit Vergnügen, gern; **~ιστία** Dank *m*
ευχάριστος angenehm
ευχαρ|ιστώ danken; erfreuen; ***~ιστώ (πολύ)*** danke (sehr)!; **~ίστως** gern
ευχέρεια [ef'çer-] Leichtigkeit *f*
ευχή [e'fçi] Wunsch *m*
εύχομαι ['efxome] wünschen
εύχρηστος ['efxristos] handlich, praktisch; gebräuchlich
ευ|ωδία Duft *m*; **~ωδιάζω** duften
εφαγ- *s.* **τρώγω**
εφάμιλλος gleichwertig
εφάπαξ (auf) einmal, pauschal; *Su. n* Abfindung *f*
εφάπτομαι berühren
εφαρμ|ογή [-'ji] Anwendung *f*; **~όζω** anwenden; anpassen; **~όσιμος** anwendbar
εφεδρεία Reserve *f*
εφεξής von nun an, in Zukunft

έφεση *jur*. Berufung *f*; Neigung *f* (**για**/ zu *D*)
εφ|έτος *Adv*. in diesem Jahr; **~εύρεση (-εις)** [-'evr-] Erfindung *f*; **~ευρέτης** Erfinder *m*; **~ευρίσκω** erfinden
εφηβεία [-i'via] Pubertät *f*
εφημερ|ίδα [efi-] Zeitung *f*; **~ιδοπώλης** [-'polis] Zeitungshändler *m*
εφ|ιάλτης Alptraum *m*; **~ιαλτικός** bedrückend, quälend; **~οδιάζω** versorgen; **~οδιασμός** Versorgung *f*; **~όδιο** Vorrat *m*; Proviant *m*; Mittel *n*
εφορεία Ausschuß *m*; Behörde *f*; (***οικονομική***) **~** Finanzamt *n*
εφορμώ (-άς) (be)stürmen
εφόσον solange wie; vorausgesetzt daß
εφτ|ά sieben; **~ακόσ(ι)οι** siebenhundert
εχ|εμύθεια [eçe'miθia] Verschwiegenheit *f*; **~έμυθος** verschwiegen, diskret
εχθές [e'xθes] gestern
έχθρα Feindschaft *f*, Haß *m*
εχθρ|εύομαι [ex'θrevome] hassen, verabscheuen; **~ικός** feindlich; **~ός** Feind *m*
έχιδνα ['eç-] Kreuzotter *f*
έχ|ω ['exo] haben; kosten; ***~ω να*** müssen; *j-n* halten (**για**/für *A*); ***~ει*** ['eçi] es gibt
εψές gestern (abend)
έως ['eos] (*G*, *A*) bis zu *D*, bis *A*; fast, ungefähr; **~ *όπου*** (***να***) bis

Z

ζαγάρι Jagdhund *m*
ζακέτα Jackett *n*
ζαλ|άδα, ζάλη Schwindel(gefühl *n*) *m*; **~ίζομαι** schwindlig, übel werden; **~ισμένος** schwindlig
ζαμπόν(ι) Schinken *m*
ζάρι Würfel *m*
ζαρκάδι Reh *n*
ζαρ|ωματιά Falte *f*; Runzel *f*; **~ώνω** (zer)knittern; sich verkriechen
ζαφείρι Saphir *m*
ζάχαρη Zucker *m*
ζαχαρ|ιέρα Zuckerdose *f*; **~ίνη** Süßstoff *m*; **~οκάλαμο** Zuckerrohr *n*; **~οπλαστείο** Konditorei *f*; **~ώνω** (ver)zuckern; *fig*. flirten; **~ωτό** Süßigkeit *f*, Bonbon *n*; **~ωτός** Zucker-; zuckersüß
ζέβρα Zebra *n*
ζελατίν|α, ~η Gelatine *f*
ζελέ *n* Gelee *n*
ζεματ|ίζω (ab)brühen; verbrühen; kochen; **~ιστός** abgebrüht; kochend heiß
ζενίθ *n* Zenit *m*
ζερβ|ά links; **~ός** linke(r)
ζέρσεϋ *n* Jersey *m*
ζεστ|ά *Adv*. warm, behaglich; **~αίνομαι** warm werden; **~αίνω** [-'eno] (er-)

wärmen; warm machen
ζέστη Wärme *f*, Hitze *f*; ***κάνει ~*** es ist heiß
ζεστ|ός heiß, warm; *fig.* feurig; **~ούτσικος** lauwarm
ζευγ|άρι [zevɣ-] Paar *n*; Gespann *n*; **~αρίζω** pflügen; **~αρώνω** zusammenbringen; sich paaren; **~αρωτά** paarweise, zu zweien; **~αρωτός** gepaart; **~άς** Bauer *m*
ζεύγος *n* (Ehe-)Paar *n*
Ζεύς [zefs] (**Διός**) *m* Zeus *m*
ζεύω ['zevo] anspannen
ζήλεια ['zilja] Neid *m*; Eifersucht *f*
ζηλεύω [zi'levo] eifersüchtig (neidisch) sein
ζήλος Eifer *m*
ζηλ|οτυπία Eifersucht *f*; Neid *m*; **~ότυπος** eifersüchtig, neidisch; **~όφθονος** gehässig
ζημ|ία [zim-] Schaden *m*; Verlust *m*; **~ιώνω** (be)schädigen
ζή|τημα *n* Frage *f*, Problem *n*; **~τηση** Verlangen *n*; Nachfrage *f*
ζητ|ιανεύω [zitja'nevo] (er)betteln; **~ιάνος** Bettler *m*; **~ώ** (**-άς**) suchen; *j-n* verlangen; fordern; bitten; **~ωκραυγάζω** [-okravɣ-] zujubeln
ζιζάνιο Unkraut *n*; Zwietracht *f*
ζόρι Gewalt *f*; Mühe *f*; **~κος** mühsam; störrisch
ζουλώ (**-άς**) (aus)pressen; quetschen
ζουμ|ερός [zum-] saftig; lohnend; **~ί** Saft *m*; Gewinn *m*
ζυγ|αριά [ziɣ-] Waage *f*; **~ιάζω, ~ίζω** (ab)wiegen; prüfen; **~ώνω** sich nähern, herankommen
ζυθο|ποιείο [ziθopi'io] Bierbrauerei *f*; **~πωλείο** Bierlokal *n*
ζύθος ['ziθos] Bier *n*
ζυμαρικά *n/pl.* Teigwaren *f/pl.*
ζύμη ['zimi] Teig *m*
ζυμώνω kneten; *Gips usw.* anrühren
ζύμωση (**-εις**) Gärung *f*
Ζυρίχη [zi'riçi] Zürich *n*
ζω [zo] leben; ernähren; erleben
ζωγραφ|ιά Gemälde *n*; Portrait *n*, Bild *n*; **~ίζω** malen; illustrieren; schildern; **~ική** Malerei *f*; **~ικός** malerisch; Mal-
ζωγράφος (Kunst-)Maler *m*
ζώδιο ['zoðio] Tierkreiszeichen *n*
ζω|ή [zo'i] Leben *n*, Lebensunterhalt *m*; **~ηρός** lebhaft; lebendig; **~ηρότητα** Lebhaftigkeit *f*; **~ικός** tierisch; Lebens-; **~μός** Fleischbrühe *f*
ζώνη Gürtel *m*; *Geogr.* Zone *f*; ***~ ασφαλείας*** Sicherheitsgürtel *m*

ζωντ|άνεια Lebhaftigkeit *f*; **~ανεύω** [-'evo] wiederaufleben; **~ανός** lebendig
ζώνω umgürten; einkreisen
ζώο ['zoo] Tier *n*; Vieh *n*; **~ *κατοικίδιο*** Haustier *n*
ζωογονώ [zoo-] beleben; aufmuntern
ζωο|λογία Zoologie *f*; **~λογικός** zoologisch; ***~λογικός κήπος*** zoologischer Garten *m*, Zoo *m*

Η

η [i] die
ή [i] oder; ***ή ... ή*** entweder ... oder
ηγεμόνας [ije-] Herrscher *m*, Fürst *m*
ηγεσία Führung *f*; Oberbefehl *m*
ηγέτης Führer *m*; Oberbefehlshaber *m*
ηγούμαι [i'ɣume] (*G*) (an)führen, leiten
ηγούμενος Abt *m*
ήγουν ['iɣun] das heißt (d. h.)
ήδη ['iði] schon
ηδονή Genuß *m*; Wonne *f*
ηδονικός wollüstig
ήθελα ich wollte; ich möchte; *s.* **θέλω**
ηθικ|ή Moral *f*; Ethik *f*; **~ός** moralisch; anständig; sittlich; **~ότητα** Sittlichkeit *f*; Anständigkeit *f*
ηθοποιός [iθopi'os] *m, f* Schauspieler(in *f*) *m*
ήθος *n* Charakter *m*, Wesen *n*; ***ήθη*** *n/pl.* Sitten *f/pl.*
ηλεκτρ|ίζω elektrisieren; *fig.* anfeuern; **~ικός** elektrisch; *Su.* *m* (*Athen*) U-Bahn *f*; **~ισμός** Elektrizität *f*
ήλεκτρο Bernstein *m*
ηλεκτρ|ογεννήτρια Generator *m*; **~όδιο** Elektrode *f*; **~οκαρδιογράφημα** *n* Elektrokardiogramm (EKG) *n*; **~ολόγος** Elektriker *m*; **~όλυση** Elektrolyse *f*; **~ομαγνήτης** Elektromagnet *m*; **~ομηχανή** Dynamo *m*; Elektromotor *m*
ηλεκτρο|νικός elektronisch; ***~νικός εγκέφαλος*** Computer *m*; **~νόμος** Relais *n*; **~παραγωγή** [-paraɣo'ji] Stromerzeugung *f*; **~πληξία** elektrische(r) Schlag *m*; **~τεχνία** Elektrotechnik *f*
ηλθ- *s.* **έρχομαι**
ηλιάζομαι [i'ljazome] sich sonnen
ηλιακός Sonnen-
ηλίαση Sonnenstich *m*
ηλ|ίθιος (**-α**) blöd, schwachsinnig; **~ιθιότητα** Dummheit *f*, Blödsinn *m*
ηλικία Alter *n*; Jahrgang *m*; ***σε ~*** (*G*) im Alter von ...
ηλικιωμένος alt
ηλιο|βασίλεμα *n* Sonnen-

untergang *m*; **~θεραπεία** Sonnenbad *n*
ηλιοκαμένος [iljoka'menos] sonnengebräunt
ηλιόλου|στος sonnig; **~τρο** Sonnenbad *n*
ήλιος ['iljos] Sonne *f*; Sonnenblume *f*
ηλιοστάσιο Sonnenwende *f*
ήμαστ|αν, ~ε ['imaste] wir waren
ημείς [i'mis] wir
ημέρα Tag *m*; ***εργάσιμη ~*** Werktag *m*
ημερ|εύω [-'evo] zähmen; beruhigen; **~ήσια διάταξη** Tagesordnung *f*; **~ήσιος (-α)** täglich, Tages-; **~ολόγιο** Kalender *m*; Tagebuch *n*; Journal *n*; **~ομηνία** Datum *n*; **~ομίσθιο** Tagelohn *m*
ήμερος zahm; sanft, mild
ημέτερος unser (Mann)
ημι- halb, semi-
ημικρανία Migräne *f*
ημίονος Maulesel *m*
ήμισυ ['imisi] **(-εος)** *n* Hälfte *f*
ημισφαίριο Halbkugel *f*
ημίφως [-fos] *n* Dämmerlicht *n*
ημιχρόνιο Halbzeit *f*
ήμουν(α) ['imun(a)] ich war
Ηνωμένες Πολιτείες [-'ties] die Vereinigten Staaten *m/pl.*
ήπαρ (ήπατος) *n* Leber *f*
ήπειρος ['ipiros] *f* Kontinent *m*; ♀ Epirus *n*
ηπειρωτικός kontinental
ήπια ['ipja] ich trank; *s.* **πίνω**
ήπιος (-α) sanft, mild
Ηρακλής [ira'klis] Herkules *m*
ηρεμιστικό Beruhigungsmittel *n*
ηρθ- *s.* **έρχομαι**
ήρωας ['iroas] Held *m*
ηρωικός [iroi'kos] heldenhaft
ηρωίνη [iro'ini] Heroin *n*
ήσαστ|αν, ~ε ['isaste] ihr wart; Sie waren
ήσουν ['isun] du warst
ησυχ|άζω [isix-] (sich) beruhigen; ruhig sein; **~ία** [-'çia] Ruhe *f*
ήσυχος ['isixos] ruhig
ήταν ['itan] er, sie, es war; sie waren
ήττα ['ita] Niederlage *f*
ηττώμαι [i'tome] besiegt werden
ηφαίστειο [i'fest-] Vulkan *m*
ηφαιστειογενής [ifestjoje'nis] 2 vulkanisch
ηχο|γραφώ [ixo-] auf Tonband aufnehmen; **~ληψία** [-li'psia] Aufnahme *f*; ***προϊστάμενος ~ληψίας*** Aufnahmeleiter *m*
ήχος ['ixos] Ton *m*; Schall *m*; Klang *m*
ηχ|ώ [i'xo] *f* Echo *n*; **~ώ** (er)tönen; schallen

Θ

θα [θa] *Partikel, z. B.* **~ *γράψω, γράφω*** ich werde schreiben; **~ *έγραφα*** ich würde schreiben; **~ *είχα γράψει*** ich hätte geschrieben; **~ *ήθελα*** ich möchte

θάβω begraben

θαλαμηγός *f* Jacht *f*

θάλαμος Kabine *f*; ***σκοτεινός*** **~** *Fot.* Dunkelkammer *f*; ***τηλεφωνικός*** **~** Telefonzelle *f*

θάλασσα Meer *n*, See *f*; ***με πειράζει η*** **~** seekrank werden; ***δια θαλάσσης*** auf dem Seewege; ***η Αδριατική*** **~** das Adriatische Meer, ***η Ερυθρά*** **~** das Rote Meer, ***η Κασπία*** **~** das Kaspische Meer, ***Μεσόγειος*** **~** Mittelmeer *n*, ***η Νεκρά*** **~** das Tote Meer

θαλασσινός Seemann *m*

θαλάσσιος **(-α)** Meeres-, See-

θαλασσ|οκρατία Seeherrschaft *f*; Seemacht *f*; **~όνερο** Seewasser *n*; **~οπλοΐα, ~οπορία** Seefahrt *f*; **~οπόρος** Seefahrer *m*; **~οταραχή** Seegang *m*

θάμνος Strauch *m*, Busch *m*

θαμπός matt, trübe; undeutlich

θανάσιμος tödlich; Tod-

θανατικ|ός Todes-; **~ή *ποινή*** [pi'ni] Todesstrafe *f*

θάνατος Tod *m*

θανάτωμα *n* Tötung *f*

θανατώνω töten; umbringen

θαπτικά *n/pl.* Bestattungskosten *pl.*

θαρρετός mutig; dreist

θάρρος *n* Mut *m*, Selbstvertrauen *n*; Hoffnung *f*; Stütze *f*

θαρρώ glauben; meinen

θαύμα ['θavma] *n* Wunder *n*

θαυμ|άζω bewundern; **~άσιος** **(-α)** wunderbar; **~ασμός** Bewunderung *f*; Verwunderung *f*; **~αστής** Bewunderer *m*

θεά Göttin *f*

θέα Aussicht *f*

θεατ|ής Zuschauer *m*; **~ός** sichtbar; **~ρικός** Theater-, theatralisch

θέατρο Theater *n*; Schauplatz *m*; ***υπαίθριο*** **~** Freilichttheater *n*; **~ *του πολέμου*** Kriegsschauplatz *m*

θεία Tante *f*

θειάφι ['θjafi] Schwefel *m*

θειαφίζω schwefeln

θείος¹ Onkel *m*

θείος² **(θεία)** göttlich; heilig

θέλγ|ητρο Reiz *m*, Charme *m*; **~ω** bezaubern

θέλημα *n* Wille *m*; Zustimmung *f*; Gefallen *m*

θέληση **(-εις)** Wille *m*

θέλω wollen; verlangen, nötig haben; wünschen
θέμα *n* Thema *n*
θεμελιακός grundlegend
θεμέλιο Fundament *n*; Grundlage *f*
θεμελιώνω (be)gründen
θεμελίωση **(-εις)** Begründung *f*
θεολογ|ία Theologie *f*; **~ικός** theologisch
θεολόγος Theologe *m*
θεοποιώ [-pi'o] vergöttern
θεόρατος ungeheuer, riesig
θεός Gott *m*
θεότητα Gottheit *f*
θεραπεία Kur *f*; Behandlung *f*; Heilung *f*; **~πεύσιμος** [-'pefs-] heilbar; **~πευτήριο** [-pe'ftir-] Sanatorium *n*; **~πευτικός** therapeutisch; **~πεύω** [-'pevo] pflegen; behandeln; heilen
θερίζω mähen; ernten
θερινός sommerlich, Sommer-
θερισμός Mähen *n*; Ernte *f*
θερμαίνω [-'meno] heizen, erwärmen; beleben
θέρμανση **(-εις)** Erwärmung *f*; Heizung *f*; ***κεντρική*** **~** Zentralheizung *f*
θερ|μαστής Heizer *m*; **~μάστρα** Ofen *m*
θέρμη Fieber *n*
θερμίδα Kalorie *f*
θερμο|κήπιο Treibhaus *n*; **~κρασία** Temperatur *f*
θερμόμετρο Thermometer *n*
θερμο|μετρώ die Temperatur messen; **~πληξία** Hitzschlag *m*
θερμός *n* Thermosflasche *f*
θερμ|ός heiß, warm; feurig, hitzig; **~οσίφωνας** Heißwasserspeicher *m*, Boiler *m*; **~οστάτης** Thermostat *m*; **~ότητα** Hitze *f*, Wärme *f*; **~οφόρα** Wärmflasche *f*
θέρος *n* Sommer *m*
θέση **(-εις)** Platz *m*; *Esb.* Klasse *f*; Lage *f*; Situation *f*; Stellung *f*; These *f*; ***είμαι σε*** **~** imstande sein
θεσμός Institution *f*
Θεσσαλονίκη **(Θεσ/νίκη)** Saloniki *n*
θετικός positiv; zuverlässig
θέτω legen, stecken, stellen, setzen
θεωρείο [θeo'rio] Loge *f*; Tribüne *f*
θεώρηση **(-εις)** Visum *n*, Sichtvermerk *m*
θεωρ|ητικός theoretisch; stattlich; **~ία** Theorie *f*; Aussehen *n*; Betrachtung *f*; **~ώ** ansehen; prüfen; abstempeln (lassen)
Θήβα ['θiva] Theben *n*
θήκη Kasten *m*, Kiste *f*; Etui *n*; Fach *n*
θηλάζω saugen; säugen, stillen
θηλαστικό Säugetier *n*
θηλειά [θi'lja] Schlinge *f*
θηλυκός [θili-] weiblich; *Su. n* Femininum *n*; *Zo.* Weibchen *n*

θηρ|ίο wilde(s) Tier *n*; Bestie *f*; **~ιώδης** 2 wild, bestialisch
θησαυρ|ός [θisavr-] Schatz *m*; **~οφύλακας** Schatzmeister *m*; **~οφυλάκιο** Tresor *m*
θητεία Militärdienst *m*; Amtszeit *f*; ***υποχρεωτική ~*** Wehrpflicht *f*
θίασος Ensemble *n*
θίγω berühren; kränken
θλιβερός betrüblich; traurig
θλίβω (be)drücken; betrüben
θλιμμένος betrübt
θλίψη (**-εις**) Druck *m*; Kummer *m*; Trauer *f*
θνητός sterblich
θόλος Kuppel *f*
θολ|ός trübe, glanzlos; **~ώνω** (sich) trüben
θόλωση Trübung *f*; Dunkelheit *f*
θολωτός gewölbt
θόρυβος Lärm *m*; Krach *m*
θορυ|βώ lärmen; Aufsehen erregen; **~βώδης** 2 lärmend
θρανίο Schulbank *f*
θραύω ['θravo] (zer)brechen
θραφ- *s.* **τρέφω**
θρεπτικός nahrhaft; Nähr-
θρεψ- *s.* **τρέφω**
θρέψιμο Ernährung *f*
θρήνος Jammer *m*, (Weh-) Klage *f*
θρηνώ [θri'no] (be)klagen, jammern
θρησκ|εία Religion *f*; **~ευτικός** [-eft-] religiös
θρήσκος (**-α**) fromm
θριαμβεύω [-'vevo] triumphieren
θρίαμβος Triumph *m*
θυγατέρα Tochter *f*
θύελλα Sturm *m*
θύμα *n* Opfer *n*
θυμάμαι [θi'mame] sich erinnern
θυμίζω erinnern
θυμ|ός Zorn *m*, Wut(anfall *m*) *f*; **~ωμένος** wütend, zornig; **~ώνω** ärgern, sich aufregen
θύρα Tür *f*
θυρίδα *Post*: Schalter *m*; Luke *f*; *Schrank*: Fach *n*
θυρωρός *m/f* Pförtner(in *f*) *m*
θυσία Opfer *n*; ***γίνομαι ~*** sich opfern
θυσιάζω opfern
θώρακας Panzer *m*; Brustkorb *m*

Ι

ιαματικ|ός [jamat-] heilkräftig; ***~ή πηγή*** [pi'ji] Heilquelle *f*; **~ότητα** Heilkraft *f*
Ιανουάριος [ianu-] Januar *m*
Ιαπων|ία [iapon-] Japan *n*; **⁀ικός** japanisch
ιατρ|είο Arztpraxis *f*; **~ική** Medizin *f*; **~ικός** ärztlich; medizinisch; **~ός** Arzt *m*

ιδανικ|ό Ideal *n*; **~ός** ideal
ιδέα Idee *f*; Meinung *f*; Spur *f*; ***έμμονη ~*** fixe Idee *f*; ***δεν έχω ~*** ich habe keine Ahnung
ιδεαλισ|μός Idealismus *m*; **~τής** Idealist *m*; **~τικός** idealistisch
ιδεολογ|ία Ideologie *f*, Weltanschauung *f*; **~ικός** ideologisch
ιδιαίτερ|ος [iði'et-] besonder-, speziell, Privat-; ***~α*** *n/pl.* Privatangelegenheiten *f/pl.*
ιδιαιτέρως besonders, vor allem; allein, unter vier Augen
ιδιο|κτησία [iðio-] Eigentum *n*; Grundstück *n*; **~κτήτης** Eigentümer *m*; **~ποιούμαι** [-pi'ume] sich aneignen; **~ρρυθμία** Eigentümlichkeit *f*
ιδιόρρυθμος eigentümlich, originell
ίδι|ος (-α) eigen; besonder-; ***ο ~ος, η ~α, το ~ο*** der-, die-, dasselbe; gleich; selber, selbst; ***το ~ο ... όσο*** ebenso ... wie
ιδιο|σκεύασμα [-'skjev-] *n* Spezialität *f*, Spezialpräparat *n*; **~συγκρασία** Konstitution *f*; Temperament *n*; **~τελής 2** eigennützig
ιδιότητα Eigenschaft *f*
ιδιοτροπία Eigenheit *f*; Laune *f*
ιδιό|τροπος, ~τυπος merkwürdig; eigenartig
ιδιοφυία [-fi'ia] Begabung *f*, Genie *n*
ιδιόχειρος [-çiros] eigenhändig
ιδίωμα *n* Eigentümlichkeit *f*; Mundart *f*
ιδιωματικός dialektal
ιδίως besonders
ιδ|ιώτης Privatmann *m*; **~ιωτικός** privat
ιδού [i'ðu] sieh hier ...!, hier ist ...
ίδρυ|μα *n* Stiftung *f*; Anstalt *f*; **~ση (-εις)** Gründung *f*
ιδρ|υτής Gründer *m*; **~ύω** (er)bauen; gründen; stiften
ιδρώνω schwitzen
ιδρώτας Schweiß *m*
ιδρωτικός schweißtreibend
ιερ|έας Priester *m*; **~ό** Heiligtum *n*; **~ός** heilig
Ιεροσόλυμα *n/pl.* Jerusalem *n*
ιθαγένεια [-'jenia] Staatsangehörigkeit *f*
ικανο|ποίηση (-εις) [-'piisi] Genugtuung *f*; **~ποιητικός** befriedigend; **~ποιώ** [-pi'o] befriedigen; zufriedenstellen; gefallen
ικαν|ός fähig (**για**/ zu); tauglich; genügend; **~ότητα** Fähigkeit *f*; Tauglichkeit *f*
ικετεύω [-'tevo] anflehen
ίκτερος Gelbsucht *f*
ιλαρά Masern *f/pl.*
ίλιγγος Schwindel *m*

ιμάντας Riemen *m*; Treibriemen *m*
ιματισμός Kleidung *f*; *Mil.* Uniform *f*
ιμπεριαλισμός Imperialismus *m*
Ινδία Indien *n*
ίνα Faser *f*
Ινδ|ιάνος Indianer *m*; **~ός** Inder *m*
ινκόγνιτο [i'ŋko-] *Adv.* inkognito; *Su.* Inkognito *n*
ινσουλίνη Insulin *n*
ινστιτούτο Institut *n*
Ιόνια Νησιά [i'onia nis'ja] *n/pl.* die Ionischen Inseln *f/pl.*
ιουδαϊκός [iuðaik-] jüdisch
Ιούλιος [i'ulios] Juli *m*
Ιούνιος Juni *m*
ιππ|ασία Reiten *n*; **~έας** Reiter *m*; **~εύτρια** Reiterin *f*; **~εύω** [-'evo] reiten; **~ικό** Reiterei *f*
ιππο|δρομία Pferderennen *n*; **~δρόμιο** Pferderennbahn *f*; **~δύναμη** Pferdestärke *f* (PS); **~κόμος** Stallknecht *m*; **~πόταμος** Flußpferd *n*
ίππος ['ipos] Pferd *n*, Pferdestärke *f* (PS)
ιππο|σκευή [-skje'vi] Geschirr *n*, Zaumzeug *n*; **~στάσιο** Pferdestall *m*; **~τικός** ritterlich; **~τροφείο** Gestüt *n*
ίρις (**-ιδος**) *f* Regenbogen *m*; Iris *f*
ίσα gerade; ***ίσα ίσα*** im Gegenteil
ισάξιος (**-α**) gleichwertig
ισημερινός Äquator *m*
ίσια *Adv.* gerades(n)wegs, direkt
ίσιος gleichmäßig; gerade, eben
ίσκιος Schatten *m*
ισλαμι|σμός Islam *m*; **~κός** islamisch
ισόβιος (**-α**) lebenslänglich
ισόγειο [i'sojio] Erdgeschoß *n*
ισολογισμός Bilanz *f*
ισόμετρος symmetrisch
ίσον *Math.* gleich (=)
ισονομία Gleichberechtigung *f*
ισόνομος gleichberechtigt
ισοπαλία *Sport:* Unentschieden *n*
ισό|παλος gleich stark; unentschieden; **~πεδος** eben, gleich hoch
ισοπεδώνω (ein)ebnen; ausgleichen
ισορροπ|ημένος ausgeglichen; **~ία** Gleichgewicht *n*; Ausgeglichenheit *f*; **~ώ** ausgleichen
ίσος gleich; gerade
ισότητα Gleichheit *f*
ισότιμος ebenbürtig; gleichwertig
ιστ|ίο Segel *n*; **~ιοδρομώ** (wett)segeln; **~ιόπανο** Segeltuch *n*; **~ιοπλοΐα** Segeln *n*; **~ιόπλοιο** Segelboot *n*; **~ιοφόρο** Segelschiff *n*
ιστορ|ία Geschichte *f*; *pl.*

Unannehmlichkeiten *f/pl.*; **~ικό** Vorgeschichte *f*; **~ικός** geschichtlich, historisch; *Su.* Historiker(in *f*) *m*
ιστός *Mar.* Mast *m*; Gewebe *n*
ισχιαλγία Ischias *m, f*
ισχίο Hüfte *f*
ισχν|αίνω [is'xneno] abmagern; **~ός** mager; **~ότητα** Magerkeit *f*
ισχυρ|ίζομαι [isçir-] behaupten; **~ισμός** Behauptung *f*; **~ός** stark
ισχ|ύς [i'sçis] **(-ύος)** *f* Stärke *f*; Kraft *f*; Gültigkeit *f*; **~ύω** Einfluß haben; gelten
ίσως vielleicht
ιτιά (*Baum*) Weide *f*
ιχθυο|πωλείο [ixθiopo'lio] Fischhandlung *f*; **~πώλης** Fischhändler *m*
ιχνο|γράφημα [ixno-] *n* Skizze *f*; Entwurf *m*; Zeichnung *f*; **~γραφία** Zeichnen *n*; **~γραφικός** Zeichen-; **~γραφώ** zeichnen, skizzieren
ίχνος *n* Spur *f*
ιωβηλαίο [jovi'leo] Jubiläum *n*
ιώδ|ης [i'oðis-] 2 violett; Virus-; **~ιο** Jod *n*

Κ

κ' *vor* [i, e] *s.* **και**
καβ|άλα [kav-] Reiten *n*; *Adv.* zu Pferde; **~αλάρης (-άρηδες)** Reiter *m*; **~αλαρία** Reiterei *f*
καβαλιέρος Kavalier *m*
καβγ|αδίζω zanken; **~άς (-άδες)** Streit *m*
κάβος Kap *n*; Kabel *n*; Tau *n*
κάβουρας ['kavuras] (Fluß-)Krebs *m*
καβούρι Krabbe *f*
καβουρντ|ίζω (braun-) brennen; rösten; **~ιστός** gebrannt; verbrannt
κάγκελο ['kaŋgjelo] Gitter *n*; Zaun *m*
κάδος Eimer *m*; Bottich *m*
καζάνι Kessel *m*
καζίνο Kasino *n*
καημένος [kai-] arm, bedauernswert
καθαρ|εύουσα [-'revusa] *etwa*: Kanzleisprache *f*; **~ίζω** reinigen, säubern; klären; sich aufklären; **~ιότητα** Sauberkeit *f*
καθάρισμα *n* Reinigung *f*; Rein(e)machen *n*; Klärung *f*
καθαρ|ιστήριο Reinigungsanstalt *f*; **~ίστρια** Reinemachefrau *f*
κάθαρμα *n* Schuft *m*, Lump *m*
καθαρός sauber, rein; echt; deutlich; klar
κάθαρση (-εις) Reinigung *f*; Quarantäne *f*
καθαρτικό Abführmittel *n*

καθαυτό [kaθaf'to] *Adv.* buchstäblich; *Adj.* eigentlich; echt
κάθε jede(r, -s); alle *drei Tage*; ~ ***άλλο*** im Gegenteil, keineswegs; ~ ***πότε;*** wie oft?; ~ ***λογής*** [lo'jis] allerlei; (von) jeder Art; ~ ***που*** jedesmal wenn; ~ ***ένας*** *s.* **καθένας**
καθέδρα Pult *n*; Lehrstuhl *m*
καθείς (-εμία, -έν) *s.* **καθένας**
καθέκαστα *n/pl.* Einzelheiten *f/pl.*
καθέλκυση (-εις) Stapellauf *m*
καθένας (καθεμιά, καθένα) jede(r, -s)
καθεξής: ***και (ούτω)*** ~ ***(κ.ο.κ.)*** und so weiter (usw.)
καθετήρας Sonde *f*; Katheter *m*
κάθετος senkrecht
καθηγητής [kaθiji'tis] Professor *m*; Studienrat *m*
καθήκον (-οντος) Pflicht *f*
καθημερινός täglich; Tages-; *Su. f* Wochentag *m*
καθίζω (sich) setzen
κάθισμα *n* Stuhl *m*, Sitz *m*
καθιστώ (-άς) machen zu
καθό (in der Eigenschaft) als
καθ' οδόν unterwegs
κάθοδος *f* Abstieg *m*; Ausstieg *m*; Kathode *f*
καθολικ|εύω [-'evo] verallgemeinern; ~**ός** allgemein; katholisch; *Su. m* Katholik *m*
καθόλου *Fragewort* überhaupt; *Verneinung* gar nicht
κάθομαι sitzen; sich setzen; wohnen
καθορίζω bestimmen
καθ|όσον soviel (*ich weiß*); da, weil; ~**ότι** weil
καθρ|έφτης Spiegel *m*; ~**εφτίζω** widerspiegeln
καθυστ|έρηση (-εις) Verspätung *f*; Verzögerung *f*; Aufschub *m*; ~**ερώ** *j-n* aufhalten; verzögern; sich verspäten
καθώς wie; als; während; ~ ***πρέπει*** wie es sich gehört
και [kje] und; auch; ~ ... ~ sowohl ... als auch
καίγομαι *s.* **καίομαι**
καϊμάκι [kai-] Sahne *f*; Kaffeeschaum *m*
καινούρ(γ)ιος [kje'nurjos] **(-α)** neu
καίομαι ['kjeome] sich verbrennen; durchbrennen
καιρ|ός [kjer-] Zeit *f*; Wetter *n*; ***με τον*** ~***ό*** mit der Zeit; ***από*** ~***ό σε*** ~***ό*** von Zeit zu Zeit; ***πολύν*** ~***ό*** lange; ***πόσον*** ~***ό;*** wie lange?; ***τον*** ~***ό*** (*G*) während *G*; zur Zeit *G*
καισαρικ|ός [kjes-] Kaiser-; ~***ή τομή*** Kaiserschnitt *m*
καίτοι ['kjeti] obgleich
καίω ['kjeo] verbrennen; (ab)brennen
κακάο Kakao *m*

κακ|ία Bosheit *f*, Schlechtigkeit *f*; **~ό** Böse(s); Übel *n*; Unheil *n*; *fam.* Krach *m*; ***με το ~ό*** barsch; **~όβουλος** böswillig; **~οδιάθετος** übelgelaunt

κακο|ήθης [-'iθis] 2 unmoralisch; bösartig; **~καιρία** [-kjer-] schlechtes Wetter *n*, Unwetter *n*; **~λογία** Klatsch *m*, Tratsch *m*; **~μαθαίνω** [-ma'θeno] verziehen, verwöhnen; **~μαθημένος** verzogen; **~μεταχειρίζομαι** [-çi'rizome] schlecht behandeln; **~μοιριά** [-mi'rja] Elend *n*, Jammer *m*

κακο|ποίηση (**-εις**) [-'piisi] Mißhandlung *f*; **~ποιώ** [-pi'o] mißhandeln

κακός schlecht; schlimm; übel; böse

κακοστομαχ|ιά Magenverstimmung *f*, Verdauungsstörung *f*; **~ιάζω** sich den Magen verderben

κακοτυχία Unglück *n*

κάκου: *του* ~ vergeblich

κακ|ουργιοδικείο [-urjioði'kio] Schwurgericht *n*; **~ούργος** [-'urγ-] Übeltäter *m*; **~οφαίνεται** [-o'fenete] übelnehmen; **~οφωνία** Mißklang *m*

κάκτος Kaktus *m*

καλά *Adv.* gut; richtig, ordentlich; ***είμαι*** ['ime] **~** es geht mir gut; ***γίνομαι*** ['jinome] **~** gesund werden; ***πάω* ~** es geht mir besser; **~ *που*** glücklicherweise; nur gut, daß ...

καλάθι Korb *m*; **~ *αχρήστων*** Papierkorb *m*

καλαθοσφαίριση Basketball *m*

καλάι [-'lai] Zinn *n*

καλαισθησία Schönheitssinn *m*

καλ|αμάκι Strohhalm *m*; **~αμάρι** Tintenfaß *n*; Tintenfisch *m*; **~άμι** Rohr *n*, Schilf *n*; Angel *f*; Schienbein *n*

καλαμπόκι Mais *m*

καλαμπούρι Kalauer *m*

κάλαντα *n/pl.* *Art* Weihnachtslieder *n/pl.*

καλεσμένος eingeladen

καλη|μέρα guten Tag!; guten Morgen!; **~νύχτα** [-'nixta] gute Nacht!; **~σπέρα** guten Abend!

καλκάνι Steinbutt *m*

κάλλι|α, ~ο *Adv.* besser

καλλι|έργεια Kultivierung *f*; Anbau *m*; **~εργώ** kultivieren; bestellen

καλλιτ- *s.* **καλυτ-**

καλλι|τέχνημα [-'texnima] *n* Kunstwerk *n*; **~τέχνης** Künstler *m*; Meister *m*; **~τεχνία** Kunst *f*; Meisterschaft *f*; **~τεχνικός** künstlerisch; Kunst-; meisterhaft

καλλυντ|ικό Kosmetikum *n*; **~ικός** kosmetisch

κάλμα Windstille *f*; Flaute *f*

καλό Gute(s); *pl.* Güter

n/pl.; ***στο ~*** alles Gute!; ***κάνει ~*** guttun, helfen
καλό|γερος Mönch *m*; **~γρια** Nonne *f*
καλο|καίρι [-'kjeri] Sommer *m*; **~καιριά** schönes Wetter *n*; **~καιρινός** sommerlich; Sommer-
καλόκαρδος gutmütig; heiter
καλο|μαθαίνω [-'θeno] (sich) verwöhnen; **~μεταχειρίζομαι** [-çir-] gut behandeln
καλοριφέρ *n* Heizkörper *m*; Zentralheizung *f*
κάλος Hühnerauge *n*
καλ|ός gut; nett; **~έ** hallo; du!, mein Guter!
καλοσύνη Güte *f*; Gefälligkeit *f*; ***~ σας*** sehr nett von Ihnen!
καλούπι (Guß-)Form *f*; Leisten *m*
καλοχώνευτος [-'xoneft-] leicht verdaulich
καλπάζω galoppieren
καλπασμός Galopp *m*
κάλπη Wahlurne *f*
κάλπικος falsch, unecht
κάλτσα Strumpf *m*; Socke *f*
καλτσο|βελόνα Stricknadel *f*; **~δέτα** Strumpfband *n*; Sockenhalter *m*
καλύβα [-'liva] Hütte *f*
κάλυμμα *n* Decke *f*; *Hdl.* Deckung *f*
καλύπτ|ρα Schleier *m*; Kopftuch *n*; **~ω** (be)decken
καλύτερα *Adv.* besser; lieber
καλυτερεύω [-e'revo] verbessern; sich bessern
καλύτερος besser
κάλφας (**-άδες**) Geselle *m*; Gehilfe *m*
καλώ rufen, einladen; (vor)laden; einberufen; nennen; ***~ σε βοήθεια*** [se vo'iθia] zu Hilfe rufen
καλώδιο Kabel *n*
καλώς *Adv.* gut; ***~ τον*** (*f* ***την***) willkommen!
καλωσύνη *s.* **καλοσύνη**
καμάκι Harpune *f*
καμάρα Bogen *m*, Gewölbe *n*
κάμαρα, -η Zimmer *n*
καμαριέρ|α Zimmermädchen *n*; **~ης** Hausdiener *m*; Kammerdiener *m*
καμαρ|ίνι Umkleidekabine *f*; **~ότος** Steward *m*; **~ώνω** stolz sein auf *A*; anpreisen; sich zieren; **~ωτός** gewölbt; stolz
καμένος *Sicherung*: durchgebrannt; angebrannt; verbrannt
καμήλα Kamel *n*
καμιν|άδα Schornstein *m*; **~έτο** Spirituskocher *m*
καμιόνι Lastkraftwagen *m*
καμμία *s.* **κανείς**
καμ(ου)τσίκι Peitsche *f*
καμου|φλάρισμα *n* Tarnung *f*; **~φλαρισμένος** getarnt; **~φλάρω** tarnen
καμπ|άνα [kamb-] Glocke *f*; **~αναριό** Glockenturm *m*
καμπάνια Kampagne *f*

καμπανίτης Sekt *m*
καμπαρέ [kaba're] *n* Kabarett *n*
καμπή Krümmung *f*, Kurve *f*; Wende *f*
κάμπια Raupe *f*
καμπίνα [ka'bina] Kabine *f*, Kajüte *f*
καμπιν|έ [kabi'ne] *n*, **~ές** Abort *m*
κάμπος Ebene *f*
κάμποσος ziemlich viel
καμπούρ|α Buckel *m*; **~ης** **(-α, -ικο)** bucklig, krumm
κάμπτω beugen; biegen
καμπ|ύλος krumm, gekrümmt; **~υλώνω** krümmen
κάμωμα *n* Getue *n*; Benehmen *n*
καν: *ούτε* ~ nicht einmal
κανάλι Kanal *m*
καναπές **(-έδες)** Sofa *n*
καναρίνι Kanarienvogel *m*
κανάτα Krug *m*, Kanne *f*
κανείς **(-ενός)** *s.* **κανένας**
κανέλα Zimt *m*
κανένας **(καμιά, κανένα)** man, irgendein(e); jemand; **(*δεν*) ... ~** kein(e); keine(r), niemand
καννάβι Hanf *m*
κανό Kanu *n*
κανόνας Regel *f*; Vorschrift *f*
κανόνι Kanone *f*, Geschütz *n*
κανον|ίζω regeln; regulieren; *Streit* beilegen; **~ικός** regelmäßig; normal; üblich; **~ικότητα** Regelmäßigkeit *f*; **~ισμός** Regelung *f*; Satzung *f*, Ordnung *f*; Verordnung *f*
κάνουλα Hahn *m*
κανταΐφι [kada'ifi] Sirupkuchen *m* mit Nüssen
καντίνα Kantine *f*
κάν|ω machen, tun; hervorbringen; *Krieg* führen; *Feste* feiern; sich aufhalten; kosten; ***τι ~ετε;*** wie geht es Ihnen?
καπάκι Deckel *m*
καπ|άρο Anzahlung *f*; **~αρώνω** anzahlen
καπέλο Hut *m*
καπετάνιος Hauptmann *m*, Anführer *m*; Kapitän *m*
καπν|ιά Ruß *m*; **~ίζω** (ver)räuchern; rauchen; **~ίλα** Rauch(geruch) *m*
κάπνισμα *n* Rauchen *n*
καπνιστ|ής Raucher *m*; **~ός** geräuchert
καπνο|δοχοκαθαριστής Schornsteinfeger *m*; **~δόχος** *m*, *f* Schornstein *m*; **~πωλείο** [-po'lio] Tabakladen *m*
καπν|ός Rauch *m*; Tabak *m*; **~ά** *n/pl.* Tabakwaren *f/pl.*; **~οσακ(κ)ούλα** Tabaksbeutel *m*
καπό Motorhaube *f*
κάποιος ['kapjos] **(-α)** jemand; (irgend)einer; ein gewisser
καπότα Wettermantel *m*; Präservativ *n*

κά|ποτε einmal, irgendwann; bisweilen, manchmal; **~που** irgendwo(hin); ungefähr; ***~που αλλού*** anderswo(hin); ***~που ~που*** ab und zu
κάππαρη Kaper *f*
καπρίτσιο Laune *f*
κάπως irgendwie; einigermaßen; etwas, ein bißchen
καραβάν|α Kochgeschirr *n*; **~ι** Karawane *f*
καράβι Schiff *n*
καραβίδα Krebs *m*
Καραγκιόζης Schattenspielfigur *f*; Kasper *m*
καρακάξα Krähe *f*
καραμέλα Bonbon *n*, *m*
καραντίνα Quarantäne *f*
καράφα Karaffe *f*
κάρβουνο Kohle *f*
καρδι|ά Herz *n*; **~ακός** Herz-; herzkrank; herzlich; **~οπάθεια** [-o'paθia] Herzleiden *n*; **~οχτύπι** Herzklopfen *n*
καρέκλα Stuhl *m*
καρικατούρα Karikatur *f*
καρίνα Kiel *m*
καρκίν|ος Krebs *m*; **~ωμα** *n* Krebsgeschwür *n*
καρμπόν [kar'bon] Durchschlagpapier *n*, Kohlepapier *n*
καρμπυρατέρ [karbir-] *n* Vergaser *m*
καρναβάλι Karneval *m*
καρνέ *n* Notizbuch *n*
κάρο Karren *m*
καρότο Mohrrübe *f*
καρ|ότσα Pferdewagen *m*; Kutsche *f*; **~οτσάκι** Schubkarre *f*; Kinderwagen *m*; **~ότσι** Wagen *m*; **~οτσιέρης** (-ηδες) Kutscher *m*
καρ|ούλι Rolle *f*; Spule *f*; **~ουλιάζω** aufspulen
καρπ|ός Frucht *f*; **~ούζι** Wassermelone *f*; **~οφόρος** fruchtbar; erträglich
καρρέ *n* Karree *n*; *Adj.* viereckig; kariert
κάρτα Ansichtskarte *f*; Visitenkarte *f*
καρτέρι Hinterhalt *m*
καρτερία Geduld *f*
καρτποστάλ *f*, *n* Ansichtskarte *f*; Postkarte *f*
καρύδι Nuß *f*
καρυδ|ιά Nußbaum *m*; **~οσπάστης** Nußknacker *m*; **~ότσουφλο** Nußschale *f*
καρυκεύω [-'kjevo] würzen
καρφ|ί Nagel *m*; **~ίτσα** Stecknadel *f*; Haarnadel *f*; **~ώνω** (an)nageln; *Ball* schmettern; **~ωτός** (an)genagelt; denunziert
καρχαρίας Hai(fisch) *m*
κάσα Kiste *f*; Sarg *m*
κασκέτο Mütze *f*
κάστανο Kastanie *f*
καστανός (kastanien-) braun
κάστορας Biber *m*
καστόρ(ι) Wildleder *n*
κάστρο Burg *f*, Festung *f*
κατ' *s.* **κατά**
κατά (*A*) während *G*; (*Zeit*)

gegen; nach *D*; entsprechend *D*; auf *A* ... zu; (*G*) gegen *A*
καταβάλλω niederringen; aufwenden; einzahlen
καταγγ|ελία Anzeige *f*; Kündigung *f*; **~έλλω** anzeigen; anklagen; kündigen
καταγίνομαι [-'jinome] sich beschäftigen
κάταγμα *n* Knochenbruch *m*
κατάγομαι (ab)stammen
κατα|γραφή Registrierung *f*; Bestandsaufnahme *f*; **~γράφω** registrieren; **~γωγή** [-γo'ji] Abstammung *f*; Herkunft *f*; **~δέχομαι** sich einlassen auf *A*; **~δικάζω** (ver)urteilen; **~δίκη** Verurteilung *f*; **~διώκω** [-ði'oko] verfolgen; **~δίωξη (-εις)** Verfolgung *f*; **~ζήτηση (-εις)** Fahndung *f*; **~ζητώ (-άς)** fahnden nach *D*; **~θέτω** niederlegen; hinterlegen; einzahlen; vorlegen
καταιγίδα [kate'jiða] Gewitter *n*; Unwetter *n*
κατα|κλυσμός Überschwemmung *f*; **~κρίνω** tadeln; mißbilligen
κατάκτηση (-εις) Eroberung *f*
κατα|κτητής Eroberer *m*; **~κτώ (-άς)** erobern; **~λαβαίνω** [-la'veno] verstehen (**από/** etw. von *D*); begreifen; **~λαμβάνω** einnehmen, besetzen; ertappen; **~λήγω** [-'liγo] enden
κατάληξη (-εις) [ka'taliksi] *Gr.* Endung *f*; Ausgang *m*
καταληπτός begreiflich, verständlich
κατάληψη (-εις) Einnahme *f*, Besetzung *f*
κατ|άλληλος geeignet; **~αλληλότητα** Eignung *f*
καταλογ|ίζω anrechnen; zur Last legen; **~ισμός** Anrechnung *f*; Zurechnungsfähigkeit *f*
κατάλογος Liste *f*, Verzeichnis *n*; Katalog *m*; Speisekarte *f*
κατάλυμα *n* Quartier *n*, Unterkunft *f*
κατα|λύτης Katalysator *m*; **~λύω** auflösen, abschaffen; sich einquartieren
κατάματα *Adv.* unverwandt
καταμεσ|ήμερο Mittag *m*; Ruhezeit *f*; **~ής** in der Mitte
καταμέτρηση (-εις) Vermessung *f*
καταναγκ|άζω zwingen; **~αστικός** Zwangs-
κατ|αναλίσκω, ~αναλώνω verbrauchen; aufwenden; **~ανάλωση** Verbrauch *m*; Aufwand *m*; *Hdl.* Absatz *m*; **~αναλωτής** Verbraucher *m*
κατα|νόηση Einsicht *f*; **~νοητός** verständlich
καταντώ (-άς) herunterbringen; herunterkommen
κατα|πιάνομαι sich abgeben mit *D*, sich einlassen auf

A; **~πιέζω** unterdrücken; bedrücken; **~πίεση (-εις)** Unterdrückung *f*; **~πιεστικός** drückend; **~πίνω** (hinunter)schlucken; verschlukken
κατάπλασμα *n Med.* Umschlag *m*
καταπληκτικός erstaunlich
κατά|πληκτος erstaunt; **~πληξη** Erstaunen *n*
κατα|πολεμώ (-άς) bekämpfen; **~πονητικός** anstrengend; **~πονώ** anstrengen; **~πράυνση** [-'prain-] Linderung *f*; **~πραϋντικό** Beruhigungsmittel *n*; **~πραΰω** [-pra'ino] besänftigen; lindern
κατάπτωση (-εις) Einsturz *m*; Absturz *m*; Verfall *m*
κατ|άργηση (-εις) [-'arjisi] Abschaffung *f*; Aufhebung *f*; **~αργώ** abschaffen; außer Kraft setzen; **~αριέμαι** verfluchen; **~αρράκτης** Wasserfall *m*; **~άρριψη (-εις)** Abschuß *m*; **~αρροή** [-ro'i] Katarrh *m*
κατάρτι Mast *m*
κατα|σβεστήρας Feuerlöscher *m*; **~σκευάζω** [-skje'vazo] herstellen; konstruieren; **~σκεύασμα** *n* Fabrikat *n*, Erzeugnis *n*; **~σκευαστής** Hersteller *m*; **~σκευή** [-skje'vi] Herstellung *f*; Konstruktion *f*; **~σκηνώνω** [-ski'nono] zelten; **~σκήνωση (-εις)** Camping *n*; Campingplatz *m*, Zeltlager *n*; **~σκοπεία** Spionage *f*; **~σκοπεύω** [-'pevo] spionieren; auskundschaften; **~σκοπικός** Spionage-
κατάσκοπος Spion *m*
κατάσταση (-εις) Lage *f*, Situation *f*; Zustand *m*; **~ *ανάγκης*** Notstand *m*
καταστατικός statutengemäß; *Su. n* Satzung *f*, Statuten *n/pl.*; **~ *χάρτης*** Charta *f*
κατάστημα *n* Laden *m*, Geschäft *n*; Geschäftsstelle *f*, Dienststelle *f*; **~ *τροφίμων*** Lebensmittelgeschäft *n*; **~ *σελφ-σέρβις*** Selbstbedienungsladen *m*
κατ|αστηματάρχης Geschäftsinhaber *m*; **~άστιχο** Register *n*
κατα|στρέφω zerstören; ruinieren; verderben; **~στροφή** Zerstörung *f*, Vernichtung *f*; Ruin *m*; Katastrophe *f*
κατ|άστρωμα *n* Deck *n*; Decke *f*, Boden *m*, Belag *m*; **~ασυντρίβω** zerschmettern; **~ασφάζω** niedermetzeln; **~άσχεση (-εις)** Beschlagnahme *f*, Pfändung *f*; **~ασχετήριο** Pfändungsbefehl *m*; Steckbrief *m*; **~άσχω** pfänden, beschlagnahmen; **~άταξη (-εις)** Einordnung *f*, Klassifizierung *f*; Zuteilung *f*

κατα|τάσσω (ein)ordnen; klassifizieren; **~τεθειμένος** eingezahlt, *s.* **καταθέτω; ~τέμνω** zerteilen; aufteilen; **~τομή** Profil *n*; **~τοπίζω** *j-n* vertraut machen (**για**/ mit *D*); orientieren; **~τοπισμός** Orientierung *f*; **~τοπιστικός** ausführlich; orientierend; **~τρέχω** verfolgen; **~τρώγω** aufessen; aufbrauchen

κατ|άφαση (**-εις**) Bejahung *f*; **~αφάσκω** bejahen; **~αφατικός** bejahend

κατα|φέρνω *j-n* bereden, herumkriegen; ***τα ~φέρνω*** es schaffen, es fertigbringen; **~φέρω** (Schlag) versetzen; **~φεύγω** [-'fevγo] Zuflucht suchen; **~φυγή** [-fi'ji], **~φύγιο** Zuflucht *f*, Zufluchtsort *m*

καταχν|ιά Nebel *m*; Dunst *m*; **~ιάζει** es ist neblig

κατ|άχρηση (**-εις**) Mißbrauch *m*; Unterschlagung *f*; **~αχρηστικώς** *Adv.* mißbräuchlich; fälschlich; **~αχρώμαι** [-a'xrome] mißbrauchen; unterschlagen

κατα|χωνιάζομαι [-xo'njazome] versickern; **~χώνω** vergraben; **~χωρίζω** (ver)buchen; eintragen, registrieren; **~χώριση** (**-εις**) Eintragung *f*; Registrierung *f*; Inserat *n*

κατάψυξη (**-εις**) [-psiksi] Tiefkühlung *f*, Einfrieren *n*

καταψύχω [-'psixo] tiefkühlen

κατε|βάζω hinunterbringen; herabsetzen; **~βαίνω** [-'veno] aussteigen; sinken; **~δαφίζω** abreißen

κατειλημμένος besetzt

κατεπείγον [-'piγon] Eilpost *f*

κατεργάρης (**-ηδες**) Schelm *m*

κατεστ|αθ-, ~ησ- *s.* **καθιστώ**

κατεύθυνση (**-εις**) [ka'tefθinsi] Richtung *f*

κατευν|άζω [katevn-] mildern; beruhigen; **~ασμός** Milderung *f*

κατεφαγ- *s.* **κατατρώγω**

κατ|έχω besitzen; besetzen; *Amt* bekleiden; **~εψυγμένος** tiefgekühlt, gefroren; **~ηγορία** Anklage *f*; Klage *f*; Kategorie *f*; **~ηγορικός** ausdrücklich; **~ήγορος** Ankläger *m*; **~ηγορούμενος** (**-μένη**) Angeklagte(r) *m, f*; **~ηγορώ** anklagen; vorwerfen; **~ηφορικός** abschüssig; **~ήφορος** Abhang *m*; **~ήχηση** (**-εις**) [-'içi-] Religionsunterricht *m*

κάτι etwas; einige; **~τι** etwas

κατοικ|ημένος [katik-] bewohnt; **~ήσιμος** bewohnbar; **~ία** Wohnung *f*; **~ίδιος** (**-α**) Haus-; **~ίζω** ansiedeln; besiedeln

κάτοικος Einwohner *m*; Bewohner *m*

κατοικώ (be)wohnen
κατόπι(ν) (*Ort*) dahinter; (*Zeit*) darauf, danach; *prp.* + *G* als Folge (*G*); nach *D*; angesichts *G*
κατοπινός (nach)folgend
κάτοπτρο Spiegel *m*
κατορθ|ώνω erreichen; schaffen; **~ωτός** erreichbar, möglich
κατουρώ (**-άς**) urinieren
κατοχή Besitz *m*; Besetzung *f*; Besatzung *f*
κάτοχος kundig, mächtig (*G*/ *G*); *Su.* *m* Besitzer *m*, Inhaber *m*
κατράμι Teer *m*
κατσαβίδι Schraubenzieher *m*
κατσαρίδα Kakerlak *m*
κατσαρόλα Schmortopf *m*
κατσαρ|ός lockig, kraus; **~ώνω** (sich) wellen
κάτσε! setz dich!; *s.* **κάθομαι**
κατσίκα Ziege *f*
κάτω *Adv.* (nach) unten; *Adj.* untere, Unter-; **~ *από*** unter *D*, *A*; ***από* ~** von unten
κατωκ|ηθ-, **~ησ-** *s.* **κατοικώ**
κατώτατος unterste(r); **ο ~ *όρος*** Minimum *n*
κατώτερος untere(r); minderwertig
κατωτερότητα Minderwertigkeit *f*
κατώφλι Schwelle *f*
καυγ|αδίζω [kavγ-], **~άς** (**-άδες**) *s.* **καβγαδίζω**
καύση (**-εις**) ['kafsi] Verbrennung *f*
καύσιμ|ος ['kafs-] brennbar, Brenn-; *Su.* *n*/*pl.* Treibstoff *m*; **~*η ύλη*** ['ili] Brennstoff *m*
καυσ|όξυλα [kafs-] *n*/*pl.* Brennholz *n*; **~τήρας** Brenner *m*; **~τικός** ätzend; beißend
καύσωνας ['kafson-] Hitzewelle *f*
καυτός [kaf-] brennend heiß
καυχ|ησιάρης (**-α**, **-ικο**) [kafçi'sjaris] prahlerisch; *Su.* *m* Wichtigtuer *m*; **~ησιολογία** Prahlerei *f*; **~ιέμαι** prahlen (**για**/ mit *D*), sich rühmen *G*
καφ|εΐνη [-fe'ini] Koffein *n*; **~ενείο** Café *n*; **~ές** (**-έδες**) Kaffee *m*; **~εστιατόριο** Café mit Restaurant *n*; **~ετιέρα** Kaffeekanne *f*
καψ- *s.* **καίω**
καψαλίζω (ver)sengen
κάψιμο (**-ατος**) Verbrennung *f*; Brennen *n*; Brandstelle *f*
κάψουλα Kapsel *f*
κέδρος *f* Zeder *f*
κείμαι ['kime] liegen
κείμενο Text *m*
κειμήλιο [ki'mil-] Kleinod *n*
κελάηδισμα [kje'lai-] Vogelgesang *m*
κελαηδώ (**-άς**) singen, zwitschern
κελάρι Keller *m*
κελαρύζω plätschern

κελεπούρι Glücksfall *m*
κελί Zelle *f*
κεν|ό Leere *f*; Lücke *f*; Vakuum *n*; **~ός** leer; hohl
κέντημα *n* Stickerei *f*
κεντ|ητός gestickt; **~ιά** (*Schmerz*) Stich *m*; Stichelei *f*
κεντρ|ί Stachel *m*; **~ίζω** stechen; antreiben; **~ικός** zentral; Haupt-
κέντρο Zentrum *n*, Mittelpunkt *m*; Zentrale *f*; Lokal *n*
κεντώ (-άς) stechen; anstacheln; ärgern; sticken
κενώνω leeren; räumen
κεραία [kje'rea] Fühler *m*; Antenne *f*; Rahe *f*
κεραμ|ίδι Dachziegel *m*; **~ικά** *n/pl.* Keramik *f*, Steingut *n*; **~ικός** keramisch
κέρας (-ατος) *n* Horn *n*
κεράσι Kirsche *f*
κερασιά Kirschbaum *m*
κέρασμα *n* Einschenken *n*, Spendierte(s) *n*
κέρατο Horn *n*; Geweih *n*
κεραυνός [kjerav-] Blitz *m*
κερδίζω verdienen; gewinnen
κέρδος *n* Gewinn *m*; Vorteil *m*
κερδο|σκοπία Spekulation *f*; **~σκόπος** Spekulant *m*; **~σκοπώ** spekulieren; **~φόρος** gewinnbringend
κερί Wachs *n*; Kerze *f*
Κέρκυρα Korfu *n*
κέρμα *n* Münze *f*
κερνώ (-άς) einschenken; bewirten; spendieren
κερόπανο Wachstuch *n*
κερώνω bohnern, wachsen; gerinnen; erblassen
κετσές Filz *m*
κεφάλαιο Kapital *n*; Kapitel *n*
κεφαλαίο Großbuchstabe *m*
κεφαλαιοκράτης Kapitalist *m*
κεφ|αλάρι Kopfende *n*; Keilkissen *n*; **~αλή** Kopf *m*; Haupt *n*; Leiter *m*; ***επί ~αλής*** an der Spitze; ***κατά ~αλήν*** pro Kopf; **~άλι** Kopf *m*; ***με το ~άλι*** kopfüber; **~αλόπονος** Kopfschmerzen *m/pl.*
κέφαλος Meeräsche *f*
κεφαλόσκαλο Treppenabsatz *m*
κεφάτος (gut)gelaunt
κέφι gute Laune *f*, Schwung *m*
κεφτές (-έδες) Fleischklößchen *n*
κεχρί [kje'xri] Hirse *f*
κεχριμπάρι [kjexri'bari] Bernstein *m*
κηδεία [ki'ðia] Bestattung *f*; Begräbnis *n*
κηδεμ|όνας Vormund *m*, Pfleger *m*; Vermögensverwalter *m*; **~ονία** Vormundschaft *f*
κηδεύω [ki'ðevo] bestatten
κήλη ['kili] *Med.* Bruch *m*
κηλίδα Fleck *m*; Schandfleck *m*

κήπος ['kipos] Garten *m*
κηπουρ|ική [kipur-] Gartenbau *m*; Gärtnerei *f*; **~ός** Gärtner *m*
κηρ|οπήγιο [-'pijio] Leuchter *m*; **~ός** Wachs *n*
κήρυ|κας Prediger *m*; Ausrufer *m*; **~ξη** Verkündigung *f*; (Kriegs-)Erklärung *f*
κηρ|ύσσω, ~ύττω verkünden, erklären; predigen
κι *s.* **και**
κιάλι ['kjali] Fernglas *n*
κιβώτιο Kiste *f*; Kasten *m*; **~ ταχυτήτων** *Auto*: Getriebe *n*
κιθάρα Gitarre *f*
κιλό Kilo *n*
κιλο|βάτ *n* Kilowatt *n*; **~βατώρα** Kilowattstunde *f*
κιμάς Gehackte(s), Hackfleisch *n*
κιμωλία Kreide *f*
Κίνα China *n*
κινδυνεύω [-ði'nevo] in Gefahr sein; riskieren
κίνδυνος Gefahr *f*; Risiko *n*; ***έξοδος** f* **κινδύνου** Notausgang *m*
κίνημα ['kinima] *n* Bewegung *f*; Aufstand *m*
κινηματο|γράφος [kinim-] Kino *n*; **~γραφώ** (ver)filmen
κίνηση (-εις) Bewegung *f*; Betrieb *m*, Verkehr *m*; ***θέτω σε ~*** in Betrieb setzen; ***έξοδα κινήσεως*** [ki'niseos] Fahrgeld *n*
κινητήρας Motor *m*; Triebkraft *f*; ***δίχρονος ~*** Zweitaktmotor *m*; ***τετράχρονος ~*** Viertaktmotor *m*
κινητ|οποιώ [-pi'o] in Bewegung setzen; mobilisieren; **~ός** beweglich; fahrbar
κίνητρο Motiv *n*; Anreiz *m*
κινίν|η, ~ο Chinin *n*
κινώ bewegen; anstiften; sich aufmachen (zu)
κιόλα(ς) schon, bereits; noch; sogar
κιονόκρανο Kapitell *n*
κιόσκι Laube *f*; Pavillon *m*
κιρσός Krampfader *f*
κισσός Efeu *m*
κιτριν|άδα Blässe *f*; Gelbsucht *f*; **~άδι** Eigelb *n*; **~ίζω** erblassen
κίτρινος gelb; bleich
κίτρο Zitrusfrucht *f*
κλαδ|ευτήρι [-eft-] Gartenschere *f*; **~εύω** [-'evo] beschneiden; **~ί** Zweig *m*
κλάδος Ast *m*; Abzweigung *f*; Zweig *m*; (Lehr-)Fach *n*; Branche *f*
κλαίω ['kleo] (be)weinen, beklagen
κλάμα *n* Weinen *n*
κλάξον Hupe *f*
κλαπ- *s.* **κλέβω**
κλαρινέτο Klarinette *f*
κλασέρ *n* *Büro*: Ordner *m*
κλάσμα *n* Bruchstück *n*; Bruch *m*
κλασ(σ)ικός klassisch; *Su. m* Klassiker *m*
κλαψιάρης weinerlich, quengelig

κλέβω (be)stehlen; entführen
κλειδαρ|άς [klið-] Schlosser *m*; **~ασφαλείας** Sicherheitsschloß *n*; **~ιά** Schloß *n*; **~ότρυπα** Schlüsselloch *n*
κλειδί [kli'ði] Schlüssel *m*; **~ του σπιτιού** Hausschlüssel *m*; **γαλλικό ~** Schraubenschlüssel *m*; **~ περιτυλίξεως** *Fot.* Rückspulknopf *m*
κλειδοκόκκαλο Schlüsselbein *n*
κλειδωνιά [kliðon-] Schloß *n*
κλειδώνω [kli'ðono] (ver-) schließen; einsperren
κλείδωση (-εις) Gelenk *n*
κλείνω ['klino] schließen; *Licht* ausmachen; *Radio* abstellen; *Vertrag* schließen; *Zimmer* bestellen; einsperren; beenden; **~ έξω** *j-n* ausschließen
κλεισμένος verschlossen
κλεισ|ούρα Engpaß *m*; **~τός** geschlossen; gesperrt
κλείστρο *Tech.* Klappe *f*; *Fot.* Verschluß *m*
κλεμμένος gestohlen
κλεπταπο|δοχή [-'çi] Hehlerei *f*; **~δόχος** [-x-] Hehler *m*
κλέπτης, κλέφτης Dieb *m*
κλέπτω, κλεψ- *s.* **κλέβω**
κλήμα *n* Weinstock *m*
κληρικός [klir-] Geistliche(r) *m*
κληρο|δοτώ vermachen; **~νομία** Erbschaft *f*; Nachlaß *m*; Erbe *n*; **~νομικός** Erb-; erblich; **~νόμος** *m, f* Erbe *m*, Erbin *f*; **~νομώ** erben
κλήρος Los *n*; Schicksal *n*; Parzelle *f*; Klerus *m*
κληρώνω [kli'rono] (aus-) losen
κλήρωση (-εις) Verlosung *f*
κλιθ- *s.* **κλίνω**
κλίκα Clique *f*, Bande *f*
κλίμα *n* Klima *n*
κλίμακα Treppe *f*; Leiter *f*; Skala *f*; Tonleiter *f*; Maßstab *m*; **υπό ~** im Maßstab ...
κλιματ|ικός klimatisch; **~ισμός** Klimaanlage *f*
κλινάμαξα Schlafwagen *m*
κλινάρι, κλίνη Bett *n*
κλινικ|ή Klinik *f*; *Krankenhaus*: Abteilung *f*; **~ός** klinisch
κλίνω (sich) neigen; beugen; deklinieren
κλίση (-εις) Neigung *f*; Beugung *f*; Deklination *f*
κλονίζω erschüttern
κλοπή Diebstahl *m*
κλουβί [klu'vi] Käfig *m*
κλούβιος (-α) *Ei*: faul; dumm
κλύσμα *n* Einlauf *m*
κλωσσώ (-άς) ausbrüten
κλωστ|ή Zwirn *m*; Faden *m*; **~ήριο** Spinnerei *f*
κλωτσιά Fußtritt *m*
κλωτσώ (-άς) treten; ausschlagen

κνήμη ['knimi] Wade *f*; Schienbein *n*

κόβω schneiden; pflücken; schlachten; (ab)sperren; *Rauchen* aufgeben; *j-m* zusetzen; *Schuhe*: drücken; gerinnen

κόγχη ['koŋçi] Apsis *f*

κοιλ|άδα [kil-] Tal *n*; **~αίνω** [-'eno] aushöhlen; **~ιά** Bauch *m*; Magen *m*; **~όπονος** Bauchschmerzen *m/pl.*

κοίλος hohl; konkav

κοίλωμα *n* Vertiefung *f*

κοιμ|άμαι, ~ούμαι [ki'mume] (ent)schlafen

κοιμίζω zu Bett bringen

κοιν|ό [ki'no] Publikum *n*; Öffentlichkeit *f*; **~οβούλιο** Parlament *n*; **~ός** gemeinsam; gewöhnlich; öffentlich; **~ότητα** Gemeinde *f*; Gemeinschaft *f*; Gemeinsamkeit *f*

κοινων|ία [kinon-] Gesellschaft *f*; Übereinstimmung *f*; Kommunion *f*; **~ικός** gesellschaftlich; sozial; gesellig; **~ιολογία** Soziologie *f*; **~ιστικός** sozialistisch

κοινώς [ki'nos] *Adv.* gemeinschaftlich; gewöhnlich

κοινωφελής [kinofe'lis] 2 gemeinnützig

κοιτάζω [kit-] betrachten; achtgeben auf *A*; *Med.* untersuchen

κοκ *n* Koks *m*

κόκαλο Knochen *m*

κοκκιν|έλι Roséwein *m*; **~ίζω** röten, rot färben; rösten; rot werden; **~ογούλι** rote Rübe *f*

κόκκινος rot

κοκκύτης Keuchhusten *m*

κόκορας Hahn *m*

κολακ|εία Schmeichelei *f*; **~ευτικός** [-eft-] schmeichlerisch; schmeichelhaft; **~εύω** [-'evo] schmeicheln

κολ|αρίζω stärken; **~αριστός** gestärkt; **~άρο** Kragen *m*

κόλαση Hölle *f*

κόλλα Leim *m*; (Wäsche-) Stärke *f*; *Papier*: Bogen *m*

κολλέγιο [-lejio] College *n*, Internat *n*

κολλεκτίβα Kollektiv *n*

κολλητ|ήρι Lötkolben *m*; **~ικός** klebend; ansteckend; **~ικότητα** Ansteckungsgefahr *f*; **~ός** geleimt; gelötet; **~σίδα** Klette *f*

κολ(λ)ιέ *n* Halsband *n*

κολλύριο Augentropfen *m/pl.*

κολλώ (-άς) kleben; leimen; löten; *Med.* anstecken; *Tech.* klemmen

κολοβ|ός verstümmelt; **~ώνω** [-'vono] verstümmeln; lähmen

κολοκύθι Kürbis *m*; **~α** *n/pl.* Quatsch *m*

κολόνα Säule *f*

κόλπο Kniff *m*, Trick *m*

κόλπος Bucht *f*

κολ|υμπητής Schwimmer *m*; **~ύμπι** Schwimmen *n*;

\~υμπώ (-άς) schwimmen
κολώνια Kölnisch Wasser *n*
κομβ- *s.* **κομπ-, κουμπ-**
κόμμα *n* Partei *f*; Komma *n*
κομματάρχης Parteiführer *m*
κομμ|άτι Stück *n*; *Adv.* etwas; **\~ατιάζω** zertrümmern; **\~ατιαστός** zertrümmert; stückweise; **\~ατικός** parteiisch; Partei-
κομμένος *s.* **κόβω**
κομμοδίνο Nachttisch *m*
κομμουνισ|μός Kommunismus *m*; **\~τής** Kommunist *m*; **\~τικός** kommunistisch
κόμμωση (-εις) Frisur *f*
κομμωτήριο (Damen-) Frisiersalon *m*
κομπάιν *n* Mähdrescher *m*
κομπλιμέντο Kompliment *n*
κομπολόι Rosenkranz *m*
κόμπος Knoten *m*; Knospe *f*; Knotenpunkt *m*; *fig.* Kloß *m* im Hals
κομπόστα Kompott *n*
κομπρέσα Wickel *m*, Packung *f*
κομψ|ός elegant; schick; **\~ότητα** Eleganz *f*
κονδ- *s.* **κοντ-**
κονιάκ *n* Kognak *m*
κονσέρβα Konserve *f*
κονσερ|βανοίχτης [-'nixtis] Büchsenöffner *m*; **\~βοποιώ** [-pi'o] konservieren
κονσόλα Konsole *f*
κοντά *Adv.* nahe, in der Nähe; fast, beinahe; **\~ σε** nahe an *D*, *A*; bei *D*; im Vergleich zu *D*; **\~ σε άλλα** unter anderem; **από \~** dicht dahinter; **είναι** ['ine] **\~** naheliegen
κονταίνω [kon'deno] kürzen; kurz werden; *Zeit*: sich nähern
κοντάρι Pfahl *m*; Lanze *f*; Gewehrkolben *m*
κοντεύω [-'devo] nahen; bald etw. tun, werden
κόντεψα να ... ich wäre beinahe ...
κοντός[1] klein; kurz
κοντ|ός[2] Stange *f*; Stab *m*; **άλμα επί \~ώ** Stabhochsprung *m*
κοντ|οστέκω steckenbleiben; stocken; **\~όφθαλμος** kurzsichtig
κόντρα *Adv.* zuwider; **\~ σε** gegen
κοντσέρτο Konzert *n*
κοντύτερ|α *Adv.* näher; **\~ος** näher; kürzer; kleiner
κοπ- *s.* **κόβω**
κοπάδι Herde *f*; Menschenmenge *f*
κοπάζω abflauen, nachlassen
κοπανίζω (zer)stampfen; *j-n* herunterputzen
κοπέλ|α Mädchen *n*; **\~ι** Bursche *m*; Diener *m*, Gehilfe *m*
κοπή Schnitt *m*
κόπια Kopie *f*, Durchschlag *m*
κοπ|ιάζω sich anstrengen; **\~ιαστικός** mühevoll
κόπιτσα Schnalle *f*, Spange *f*

κόπο|ς Mühe *f*, Anstrengung *f*; ***δεν αξίζει τον ~*** es lohnt sich nicht
κοπρ|ιά Mist(haufen) *m*; Dünger *m*; **~ίζω** düngen; misten; beschmutzen
κόπρος Mist *m*, Kot *m*
κόρα Brotrinde *f*, Kruste *f*
κόρακας Rabe *m*
κοράνι Koran *m*
κορδ|έλα Band *n*, Schleife *f*; Bandwurm *m*; Bandmaß *n*; **~όνι** Schnur *f*; Schnürsenkel *m*; *Adv.* reibungslos
κόρη Tochter *f*; Mädchen *n*; Pupille *f*
Κόρινθος *f* Korinth *n*
κοριός Wanze *f*
κορίτσι Mädchen *n*
κορμ|ί Körper *m*; **~ός** Stamm *m*; Rumpf *m*
κόρνα Hupe *f*
κορνάρω hupen
κόρνερ *n* Eckball *m*
κορνέτ|α, **~ο** *Mus.* Horn *n*
κοροϊδ|ευτικός [koroiðeft-] spöttisch, höhnisch; **~εύω** [-'evo] verspotten; anlügen; betrügen; **~ία** Spott *m*
κόρος Überdruß *m*
κορσές (**-έδες**) Korsett *n*
κορυφ|αίος (**-α**) höchst-, oberst-; *Su. m* Koryphäe *f*; **~ή** Gipfel *m*; Spitze *f*
κορύφωμα *n* Höhepunkt *m*
κορώνα Krone *f*
κοσκινίζω sieben; sichten
κόσκινο Sieb *n*
κόσμημα *n* Schmuck *m*
κοσμητικ|ή Kosmetik *f*; **~ός** kosmetisch; schmückend
κοσμήτορας Dekan *m*
κοσμικός weltlich; irdisch; mondän; kosmisch
κόσμιος (**-α**) anständig
κοσμοθεωρία Weltanschauung *f*
κόσμος Welt *f*; Weltall *n*; Leute *pl.*
κοστ|ίζω kosten (*D*/ *A*); **~ολόγιο** Preisliste *f*; Kostenanschlag *m*
κόστος *n* Kosten *pl.*; Selbstkostenpreis *m*
κοστούμι Anzug *m*
κότα Henne *f*, Huhn *n*
κοτέτσι Hühnerstall *m*
κοτολέτα Kotelett *n*
κοτόπουλο Hühnchen *n*
κοτσάνι Stengel *m*
κότσι Knöchel *m*
κουβαλώ (**-άς**) [kuv-] (heran)bringen; schleppen
κουβ|άρι Knäuel *n*, *m*; **~αριάζω** aufwickeln
κουβάς (**-άδες**) Eimer *m*
κουβέντα Unterhaltung *f*, Gespräch *n*; Wort *n*
κουβεντιάζω sich unterhalten; etw. besprechen
κουβέρτα Bettdecke *f*, Dekke *f*
κουδ|ούνι [ku'ðuni] Glocke *f*, Klingel *f*; **~ουνίζω** läuten, klingeln; klingen; **~ούνισμα** *n* Läuten *n*
κουζίνα [kuz-] Küche *f*;

Herd *m*; **ηλεκτρική ~** Elektroherd *m*
κουζινέτο *Tech.* Lager *n*; **~ μπιέλας** Pleuellager *n*
κουζινίτσα Kochnische *f*
κούκλα Puppe *f*
κουκουβάγια [kuku'vaja] Eule *f*
κουκούλα Kapuze *f*; Kappe *f*
κουκουνάρι Pinienzapfen *m*
κουκούτσι Kern *m*
κουλούρ|α, ~ι Kringel *m*, Brezel *f*; Ring *m*; *Zensur*: Null *f*
κουλουριάζω zusammenrollen
κουμπαράς (-άδες) Sparbüchse *f*
κουμπ|αριά [kumb-] Patenschaft *f*; **~άρος** Pate *m*; Trauzeuge *m*
κουμπ|ί Knopf *m*; **~ότρυπα** Knopfloch *n*; **~ώνω** (zu)knöpfen
κουνάδι Marder *m*
κουνέλι Kaninchen *n*
κούνια ['kunja] Wiege *f*; Schaukel *f*; Hängematte *f*
κουνιάδ|α Schwägerin *f*; **~ος** Schwager *m*
κουν|ιέμαι [ku'njeme] sich bewegen; schaukeln; wakkeln; **~ιστός** wackelig, beweglich
κουνούπι [ku'nupi] Mücke *f*; Moskito *m*; Quälgeist *m*
κουνουπίδι Blumenkohl *m*
κουνουπιέρα Moskitonetz *n*
κουνώ (-άς) [ku'no] bewegen; schütteln; schaukeln, schwanken; rütteln
κούπα Becher *m*; Schoppen *m*; *Kartenspiel*: Herz *n*
κουπί [ku'pi] Ruder *n*
κουπόνι Kupon *m*; Gutschein *m*
κούρα Kur *f*; Diät *f*
κουράγιο Mut *m*
κουράζω ermüden, anstrengen; langweilen
κούραση Ermüdung *f*; Mühe *f*
κουρ|ασμένος ermüdet, abgespannt; **~αστικός** anstrengend
κουρδίζω *s.* **κουρντίζω**
κουρέας Friseur *m*
κουρ|έλι Lumpen *m*, Lappen *m*; **~ελιάζω** zerfetzen; **~ελιάρης (-α, -ικο)** zerlumpt
κούρεμα ['kurema] *n* Haarschneiden *n*
κουρεύω [-'evo] die Haare schneiden
κουρντίζω *Mus.* stimmen; *Uhr* aufziehen; necken
κούρσα Wagen *m*, Jeep *m*
κουρτίνα Vorhang *m*
κουτ|άλα [kut-] Suppenlöffel *m*; **~αλάκι** Teelöffel *m*; **~άλι** Löffel *m*
κουταμάρα Albernheit *f*, Dummheit *f*
κουτί Schachtel *f*, Dose *f*
κουτ|οπόνηρος bauern-

schlau; ~ός dumm; naiv
κουτσαίνω [ku'tseno] hinken
κουτσομπολιό [kutsobo-] Klatsch *m*, Tratsch *m*
κουτσός hinkend; wackelig
κούτσουρο Stumpf *m*
κούφιος ['kufjos] (**-α**) leer, hohl
κουφός taub
κοφτερός scharf
κόφτω *s.* **κόβω**
κοχλιάριο Löffel *m*
κοχλίας Schnecke *f*; Schraube *f*
κοχύλι [ko'çili] Muschel *f*
κόψη (**-εις**) Schneide *f*
κόψιμο (**-ατος**) Schnitt *m*; Schnittwunde *f*; Durchfall *m*
κραγιόνι [kra'joni] Lippenstift *m*
κράμπα [-mb-] Krampf *m*
κρανίο Schädel *m*
κράνος *n* Helm *m*
κράση (**-εις**) Temperament *n*, Konstitution *f*; Mischung *f*
κρασί Wein *m*; ***άσπρο*** ~ Weißwein *m*; ***μαύρο*** ['mavro] ~ Rotwein *m*
κρασο|πατέρας Säufer *m*, Alkoholiker *m*; **~πότηρο** Weinglas *n*; **~πουλειό** [-pu'ljo] Weinstube *f*; Schenke *f*; **~πωλείο** [-po'lio] Weinhandlung *f*
κρατήρας Krater *m*
κράτηση (**-εις**) Haft *f*; Abzug *m*; Buchung *f*
κρατικ|οποίηση (**-εις**) [-'piisi] Verstaatlichung *f*; **~οποιώ** [-pi'o] verstaatlichen; **~ός** staatlich
κράτος *n* Staat *m*; Macht *f*
κρατώ (**-άς**) halten; reservieren; (ein)behalten; aufhalten; festhalten; dauern
κραυγ|άζω [kravγ-] schreien; **~ή** [-'ji] Schrei *m*; Geschrei *n*
κρέας (**-ατος**) *n* Fleisch *n*; ***κοκκινιστό*** ~ Gulasch *n*
κρεατοελιά Warze *f*
κρεβ|άτι [krev-] Bett *n*; **~ατοκάμαρα** Schlafzimmer *n*; **~ατόστρωση** Bettzeug *n*
κρεμ cremefarben
κρέμα Sahne *f*; Krem *f*; ~ ***ηλίου*** [i'liu] Sonnenkrem *f*
κρεμάλα Galgen *m*
κρεμασμένος (auf)gehängt
κρεμάστρα Kleiderbügel *m*; Kleiderhaken *m*; Garderobe *f*
κρεματόριο Krematorium *n*
κρεμιέμαι *s.* **κρέμομαι**
κρεμμύδι Zwiebel *f*
κρέμομαι hängen (**από**/ an *D*)
κρεμώ (**-άς**) (auf)hängen
κρεο|πωλείο [-po'lio] Fleischerei *f*; **~πώλης** Fleischer *m*
κρέπ(ι) *n* Krepp *m*, Schaumgummi *m*
Κρήτη ['kriti] Kreta *n*
κριάρι Widder *m*
κριθ- *s.* **κρίνω**

κριθ|αράκι Graupe *f*; *Med.* Gerstenkorn *n*; **~άρι, ~ή** Gerste *f*
κρίκος Ring *m*; Reifen *m*; **~ για τα κλειδιά** [kli'ðja] Schlüsselbund *m*
κρίμα *n* Sünde *f*, Vergehen *n*; schade!; **τι ~** (wie) schade!; **~ που ...** schade, daß ...
κρίνο, ~ς Lilie *f*
κρίνω glauben, meinen; (be)urteilen; halten für *A*
κρίση (-εις) Meinung *f*; Beurteilung *f*; Krise *f*; Wendepunkt *m*
κρίσιμος kritisch
κριτ|ήριο [-'tir-] Kriterium *n*; **~ικάρω** kritisieren; **~ική** Kritik *f*; **~ικός** kritisch; *Su. m* Kritiker *m*
κροκόδειλος [-ðil-] Krokodil *n*
κρόκος Krokus *m*; Eidotter *n*
κροσέ *n* Häkelnadel *f*
κρόσσι Franse *f*
κροταλίζω klappern
κρόταφος Schläfe *f*
κροτίδα Knallbonbon *n*; Knallfrosch *m*
κρότος Lärm *m*; Knall *m*; Aufsehen *n*
κρουαζιέρα Kreuzfahrt *f*
κρούση ['krusi] **(-εις)** Versuch *m*; Anfrage *f*
κρούσμα *n* Krankheitsfall *m*
κρούω ['kruo] klopfen
κρύβω ['krivo] verstecken, verbergen; aufbewahren
κρύο ['krio] Kälte *f*; **κάνει ~** es ist kalt
κρυο|λόγημα *n* Erkältung *f*; **~λογώ** sich erkälten
κρύος (-α) kalt; kühl
κρυπτ|ογραφικός verschlüsselt; **~ός** verborgen, geheim
κρύπτω *s.* **κρύβω**
κρύσταλλο Kristall *n*; Eiszapfen *m*
κρυφ|ά *Adv.* heimlich; **~ακούω** [-a'kuo] horchen; abhören; **~ό** Geheimnis *n*; **~ομιλώ (-άς)** flüstern; **~ός** versteckt; heimlich
κρυψώνας [krips-] Versteck *n*
κρυώνω [kri'ono] kalt werden; sich erkälten; abkühlen
κρωλ *n* Kraulen *n*
κτ- *s.* **χτ-**
κτήμα ['ktima] *n* Grundstück *n*; Gut *n*
κτηνίατρος Tierarzt *m*
κτήνος *n* Vieh *n*, Tier *n*
κτην|οτροφία Viehzucht *f*; **~ώδης** 2 tierisch; bestialisch, brutal
κτίζω bauen
κτίριο Gebäude *n*
κτίσ|η (-εις) Erbauung *f*; Erschaffung *f*; Schöpfung *f*; **~ιμο** Bauen *n*; Bauwerk *n*; **~της** Bauarbeiter *m*, Maurer *m*
κτιστός (ein)gebaut
κτύπημα ['ktipima] *n* Schlag *m*; Stoß *m*
κτυπητός geschlagen; auf-

fällig; ~ ***τίτλος*** Schlagzeile *f*
κτύπος Schlag *m*; (Herz-)Klopfen *n*
κτυπώ (**-άς**) [kti'po] schlagen; klopfen; trampeln; *Kugel*: treffen
κυανούς (**-ή, -ούν**) blau
κυβέρνηση (**-εις**) Regierung *f*
κυβερνώ (**-άς**) regieren
κυβικός [kiv-] Kubik-
κύβος Würfel *m*; Kubikzahl *f*
κυδώνι [ki'ðoni] Quitte *f*
κυκλικός kreisförmig
κύκλος Kreis *m*; Kreisbahn *f*; Umlauf *m*; Zyklus *m*
κυκλοφορ|ία (*Geld*) Umlauf *m*; Vertrieb *m*; Verkehr *m*; ***~ία (του) αίματος*** Blutkreislauf *m*; **~ώ** in Umlauf setzen; veröffentlichen; sich bewegen; kreisen
κύκλωμα *n* geschlossene(r) Kreis *m*; Stromkreis *m*
κυκλώνας Wirbelsturm *m*
κυκλώνω umkreisen; einkreisen
κύκνος Schwan *m*
κύλινδρος Zylinder *m*; Walze *f*; Rolle *f*
κυλότα Stiefelhose *f*; Schlüpfer *m*
κυλώ (**-άς**) rollen; wälzen
κύμα ['kima] *n* Welle *f*; ***βραχύ*** ~ Kurzwelle *f*; ***μεσαίο*** ~ Mittelwelle *f*
κυμαίνομαι [ki'menome] schwanken
κυματίζω flattern, wehen
κυματοθραύστης [-'θrafstis] Wellenbrecher *m*, Mole *f*
κύμινο Kümmel *m*
κυν|ήγι [ki'niji] Jagd *f*; Wild(bret) *n*; **~ηγός** [-iɣ-] Jäger *m*; **~ηγώ** (**-άς**) [-i'ɣo] jagen; verfolgen; suchen; **~ικός** Hunde-; zynisch, gemein
κυπαρίσσι Zypresse *f*
κύπελλο Becher *m*; Pokal *m*
κυπρίνος Karpfen *m*
Κύπρος Zypern *n*
κυρία Frau *f*; Dame *f*
Κυριακή Sonntag *m*
κυρ|ιαρχία Souveränität *f*; **~ίαρχος** Herrscher *m*; **~ιαρχώ** herrschen; **~ιεύω** [-i'evo] erobern; ergreifen
κυριολε|κτικός eigentlich, wörtlich; **~ξία** Grundbedeutung *f*
κύρι|ος (**-α**) Haupt-; wesentlich; Grund-; *Su. m* Herr *m*; Gatte *m*; ***κυρίες και ~οι!*** meine Damen und Herren!
κυρ|ίως [ki'rios] *Adv.* hauptsächlich; vor allem; genau; **~ιώτερος** hauptsächlich, Haupt-; *Su. n* Hauptsache *f*
κύρος *n* Geltung *f*
κυρτ|ός krumm, gebogen; konvex; kursiv; **~ότητα** (Ver-)Krümmung *f*; **~ώνω** (ver)krümmen, beugen, biegen
κύστη (**-εις**) *Anat.* Blase *f*; Zyste *f*

κύτταρο Zelle *f*
κυψέλη Bienenkorb *m*
κώδικας Gesetzbuch *n*; ***αστικός*** ~ Bürgerliches Gesetzbuch (BGB) *n*; ***ποινικός*** ~ Strafgesetzbuch (StGB) *n*
κώλος Gesäß *n*
κώλυμα *n* Verhinderung *f*
κωμικός komisch, drollig; *Su. m* Komiker *m*
κωμωδία [komo'ðia] Komödie *f*
κωνικός kegelförmig
κώνος Kegel *m*; *Bot.* Zapfen *m*
κωπηλ|ασία [kopil-] Rudern *n*; **~άτης** Ruderer *m*; **~ατώ** rudern
κωφ|άλαλος [kof-] taubstumm; **~εύω** [-'evo] sich taub stellen

Λ

λαβ- *s.* **λαμβάνω**
λαβ|ή [la'vi] Griff *m*; Henkel *m*; **~ίδα** Zange *f*; Pinzette *f*; **~ώνω** verwunden
λαγάνα ungesäuertes Brot *n*
λαγός Hase *m*
λαδερός in Öl zubereitet
λάδι Öl *n*
λαδ|ιά Ölfleck *m*; **~ομπογιά** [-obo'ja] Ölfarbe *f*; **~όχαρτο** Pergamentpapier *n*; **~ώνω** ölen, schmieren
λαζάνια *n/pl.* breite Nudeln *f/pl.*
λαθ|αίνω, ~εύω [-'θevo] sich irren
λάθος *n* Irrtum *m*, Fehler *m*; ***τυπογραφικό*** ~ Druckfehler *m*; ***κάνω*** ~ sich irren; ***κατά*** ~ aus Versehen
λαθρ|εμπόριο Schmuggeln *n*; **~έμπορος** Schmuggler *m*; **~επιβάτης** blinder Passagier *m*
λαϊκ|ός [laik-] Volks-; volkstümlich; *Su. m* Laie *m*; **~ότητα** Volkstümlichkeit *f*
λαίμαργος ['lem-] gefräßig
λαιμ|οδέτης Schlips *m*; **~ός** Hals *m*; Kehle *f*
λάκκος Grube *f*, Graben *m*
λακκούβα Schlagloch *n*
λάμα Rasierklinge *f*; Lama *n*
λαμαρίνα Blech *n*
λαμβάνω nehmen; erhalten; ~ ***το λόγο*** das Wort ergreifen; ~ ***μέρος*** teilnehmen (**σε**/ an *D*); ~ ***υπ' όψη*** berücksichtigen; ~ ***χώρα(ν)*** stattfinden
λάμπα ['lamba] Lampe *f*; Glühbirne *f*; ~ ***φθορίου*** Leuchtröhre *f*
λαμπ|άδα Fackel *f*; Wachskerze *f*; **~ερός** leuchtend
Λαμπρή Ostern *n*
λαμπρός glänzend
λάμπω scheinen; strahlen; leuchten, glänzen
λάμψη (**-εις**) Glanz *m*; Schein *m*

λανθ|άνω verborgen sein; **~ασμένος** falsch
λάντζα Abwaschbecken *n*
λαξεύω [-'ksevo] meißeln, schnitzen
λαός Volk *n*
λαπάς Reisbrei *m*
λαρδί Speck *m*
λάρυγγας, λαρύγγι Kehle *f*; Kehlkopf *m*
λάσπη Schlamm *m*, Schmutz *m*
λασπώ|δης 2 schlammig; **~νω** schmutzig machen; *v/p.* (**~νομαι**) schmutzig werden
λάστιχο Gummi *m*; *Auto*: Reifen *m*
λατινικός lateinisch
λατομείο Steinbruch *m*
λατρ|εία Verehrung *f*; **~ευτός** [-eft-] verehrt; **~εύω** [-'evo] verehren
λάτρης Verehrer *m*
λαχαν|ιάζω keuchen, schnaufen; **~ικό** Gemüse *n*
λάχανο Kohl *m*; *pl.* Gemüse *n*; **~ *τουρσί*** Sauerkraut *n*
λαχανοπωλείο [-po'lio] Gemüseladen *m*
λαχείο [laç-] Lotterie *f*; Los *n*
λαχτ|άρα [laxt-] Sehnsucht *f*; **~αρώ (-άς)** sich sehnen (nach *D*)
λεβέντης hübscher, tapferer Bursche *m*
λέβητας Kessel *m*
λεβιές Schalthebel *m*
λέγομαι heißen; **~** (*N*) ich heiße (*N*)
λεγόμενος sogenannt
λέγω *s.* **λέω**
λεηλα|σία [leila-] Plünderung *f*; **~τώ** plündern
λεία ['lia] Beute *f*
λείος glatt
λειότητα Glätte *f*
λείπω ['lipo] fehlen; abwesend sein
λειτουργ|ία [litur'jia] Funktion *f*; Messe *f*, Gottesdienst *m*; **~ώ** [-'ɣo] funktionieren; die Messe lesen
λείψανο ['lips-] Leiche *f*; *pl.* Reliquien *f/pl.*
λειψός unvollständig
λειώνω ['ljono] schmelzen; zerquetschen; verwesen
λεκ|άνη Waschschüssel *f*; Teich *m*; Becken *n*; **~ές (-έδες)** Fleck *m*; **~ιάζω** beflecken; Flecke bekommen
λελέκι Storch *m*
λεμ|ονάδα Zitronenlimonade *f*; **~όνι** Zitrone *f*
λεμον|ιά Zitronenbaum *m*; **~όζουμο** Zitronensaft *m*
λέξη (-εις) Wort *n*; ***κατά* ~** wörtlich
λεξικό Wörterbuch *n*
λέπι Schuppe *f*
λεπίδα Klinge *f*
λεπτό Minute; (Euro)Cent *m*
λεπτο|μέρεια Einzelheit *f*; **~μερειακός, ~μερής** 2 ausführlich
λεπτ|ός dünn; schlank; fein; **~ότητα** Dünne *f*, Schlankheit *f*; Takt *m*; Feinheit *f*
λέρωμα (-ατος) *n* Verunreinigung *f*

λερώνω schmutzig machen; schmutzig werden
Λέσβος ['lezvos] *f* Lesbos *n*
λεύκα ['lefka] Pappel *f*
λευκαίνω [lef'kjeno] weißen, bleichen
λευκοπλάστης [lefko-] Heftpflaster *n*
λευκός [lef'kos] weiß; untadelig
λεύκωμα ['lefkoma] (**-ατος**) *n* Eiweiß *n*
Λευκωσία [lefkos-] Nikosia *n*
λεφτά *n/pl.* Geld *n*
λεχθ- *s.* **λέγω, λέω**
λέω (**είπα**) sagen, erzählen (**για**/ von *D*); **~ να** beabsichtigen
λεωφορείο Autobus *m*
λεωφόρος *f* Boulevard *m*
λήγω ['liɣo] enden; *Hdl.* fällig werden; *Vertrag*: ablaufen
Λήμνος ['lim-] *f* Lemnos *n*
λήξη ['liksi] (**-εις**) Beendigung *f*, Ablauf *m*
ληξιαρχ|είο [liksiar'çio] Standesamt *n*; **~ικός** standesamtlich
ληστ|εία [list-] Raub *m*; **~εύω** [-'evo] berauben; *j-n* ausplündern; **~ής** Räuber *m*
ληφθ- *s.* **λαμβάνω**
λήψη ['lipsi] (**-εις**) Empfang *m*; *Fot.* Aufnahme *f*
λιαν|ίζω (zer)hacken; **~ικός** Einzel-; *Adv.* einzeln
λιβάδι Wiese *f*
λιβάνι Weihrauch *m*
λιγάκι ein bißchen, etwas
λιγδιάζω beschmieren
λιγνός mager; dünn
λίγ|ος wenig; etwas; ***σε ~ο*** bald; ***το ~ο ~ο*** wenigstens
λιγο|στεύω [-'evo] (sich) verringern; **~στός** gering; selten; knapp
λίθος Stein *m*
λιθ|οστρώνω pflastern; **~όστρωτο** Pflaster *n*; **~όστρωτος** gepflastert
λικέρ *n* Likör *m*
λίμα Feile *f*; **~ *νυχιών*** [ni'çon] Nagelfeile *f*
λιμάνι Hafen *m*
λιμάρω feilen
λιμεν|αρχείο Hafenamt *n*; **~εργάτης** Hafenarbeiter *m*; **~ικός** Hafen-
λίμνη See *m*
λιν|άρι Flachs *m*, Lein *m*; **~έλαιο** Leinöl *n*; **~ό** Leinen *n*, Leinwand *f*; **~ός** leinen
λιοντάρι Löwe *m*
λιπ- *s.* **λείπω**
λιπαίνω [li'peno] düngen; ölen
λιπαντικό Schmiermittel *n*
λίπασμα *n* Dünger *m*
λιπ|οθυμία Ohnmacht *f*; **~όθυμος** ohnmächtig; **~οθυμώ** (**-είς**) ohnmächtig werden
λίπος *n* Fett *n*; Schmieröl *n*
λίστα Liste *f*, Verzeichnis *n*; Speisekarte *f*
λίτρο Liter *m*
λιχουδιά Leckerbissen *m*
λιώνω *s.* **λειώνω**

λοβός Hülse *f*; Schote *f*
λογαρι|άζω (be)rechnen; denken (an *A*); **~ασμός** Rechnung *f*; Rechenschaft *f*; Konto *n*; **~θμικός πίνακας** Logarithmentafel *f*
λογικ|ή Logik *f*; **~ό** Vernunft *f*; **~ός** logisch; vernünftig
λογιστ|ήριο Buchhaltungskontor *n*; **~ής** Buchhalter *m*
λογο|δοσία Rechenschaftsbericht *m*; **~κλοπία** Plagiat *n*; **~κρίνω** zensieren; **~κρισία** Zensur *f*; **~μαχία** [-ç-] Wortwechsel *m*, Auseinandersetzung *f*; **~μαχώ** [-'xo] sich auseinandersetzen
λόγ|ος Wort *n*; Rede *f*; Vernunft *f*; Grund *m*; ***με άλλα ~ια*** mit anderen Worten; ***βγάζω ~ο*** e-e Rede halten; ***κρατώ ~ο*** Wort halten; ***~ω τιμής*** Ehrenwort!; ***~ου χάριν (λ. χ.)*** zum Beispiel (z. B.)
λογοτεχν|ία Literatur *f*; **~ικός** literarisch
λόγχη ['loŋçi] Lanze *f*
λόγω ['loɣo] wegen *G*; ***~ υγείας*** [i'jias] aus gesundheitlichen Gründen
λοιπ|όν [lip-] also; nun; **~ός** übrig; ***και τα ~ά (κτλ.)*** und so weiter (usw.); ***του ~ού*** von nun an
λοξ|οδρομώ vom Wege abweichen; **~ός** schräg, schief, krumm
λόξυγγας Schluckauf *m*·
λούζω ['luzo] die Haare waschen
λουκάνικο [luk-] Wurst *f*
λουκέτο Vorhängeschloß *n*
λουκουμάς (-άδες) [luku-] *Art* Krapfen *m*
λουλούδι [lu-] Blume *f*
λουρί Riemen *m*
λούστρο Politur *f*; **~ς** Schuhputzer *m* (*auch Schimpfwort*)
λουτρ|ό Bad *n*; Badezimmer *n*; **~ά** *n/pl.* Badeanstalt *f*; Heilbad *n*; Badeort *m*; ***κάνω ~ό*** baden
λούτσα Pfütze *f*
λούτσος Hecht *m*
λόφος Hügel *m*
λοφώδης 2 hügelig
λοχαγός [lox-] Hauptmann *m*
λόχος Kompanie *f*
λυγ|ερός [lij-] schlank; **~ίζω** (sich) biegen; **~ισμένος** gebogen
λυγμός Schluchzen *n*
λύκος Wolf *m*
λύνω ['lino] lösen; losmachen; auseinandernehmen; beilegen
λυπάμαι *s.* **λυπούμαι**
λύπη ['lipi] Kummer *m*; Trauer *f*; Mitleid *n*
λυπ|ημένος betrübt; **~ηρός** traurig; **~ούμαι (-άσαι)** betrübt sein; bedauern; es tut mir leid; **~ώ** betrüben
λυρικός lyrisch

λυσεντερία *Med.* Ruhr *f*
λύση (-εις) (Auf-)Lösung *f*; Entscheidung *f*; Beseitigung *f*
λύσσα Wut *f*; Tollwut *f*
λυσσ|άζω tollwütig (rasend) werden; **~ικός** tollwütig
λυτός gelöst, ungebunden
λύτρα *n/pl.* Lösegeld *n*
λυτρώνω erlösen, befreien
λυχνάρι (Petroleum-)Lampe *f*
λυχνία [lix-] *Radio*: Röhre *f*
λύχνος Lampe *f*
λωποδύτης [-'ðitis] (Taschen-)Dieb *m*; Gauner *m*

M

μ' *s.* **με¹, με²**
μα aber; *als Verstärkung*: ja, doch; *Eid*: bei *D*
μαβύς [ma'vis] dunkelblau
μαγαζί [maɣa'zi] Laden *m*, Geschäft *n*; *pl.* Markt *m*
μαγάρ|α Schmutz *m*; *fig.* Schuft *m*; **~ισμα** *n* Besudelung *f*
μαγγ|άνι [maŋ'gani] Mangel *f*; Presse *f*; Ziehbrunnen *m*; **~ώνω** quetschen, (ein-) klemmen
μαγεία [ma'jia] Zauber(ei *f*) *m*, Magie *f*
μάγειρας *s.* **μάγειρος**
μαγ|ειρείο [maji'rio] Küche *f*; Gastwirtschaft *f*; **~ειρεύω** [-ji'revo] kochen; *fig.* aushecken (**του**/ gegen *A*); **~είρισσα** Köchin *f*
μάγειρος Koch *m*
μαγ|εύω [-'jevo] (be)zaubern; **~ικός** Zauber-, magisch; zauberhaft
μαγιό [ma'jo] Badeanzug *m*; Badehose *f*
μαγιονέζα Mayonnaise *f*
μάγισσα Zauberin *f*
μαγκούρα [maŋ'gura] Knüppel *m*
μαγν|ήτης [ma'ɣnitis] Magnet *m*; **~ητικός** magnetisch; **~ητισμός** Magnetismus *m*; Anziehungskraft *f*; **~ητόφωνο** Tonbandgerät *n*
μάγος Zauberer *m*
μαγουλάδα [maɣu'laða] Mumps *m*
μάγουλο Wange *f*
μαδώ (-άς) [ma'ðo] rupfen; (*Haar*) ausfallen
μάζα Masse *f*
μαζεύω [ma'zevo] (auf)sammeln; pflücken; *Seil* anziehen
μαζ|ί *Adv.* zusammen; *prp.* mit *D*; **~ί μου** mit mir; **έχω ~ί μου** bei sich haben; **~ικός** gemeinsam, Massen-
Μάης Mai *m*
μαθαίνω [ma'θeno] lernen; lehren; erfahren
μάθημα *n* Unterricht *m*; Aufgabe *f*; Fach *n*; Lektion *f*
μαθηματικ|ά *n/pl.* Mathe-

matik *f*; **~ός** mathematisch; *Su.* Mathematiker *m*
μαθητ|εία [maθi'tia] Lehrzeit *f*; **~ευόμενος** [-e'vom-] Lehrling *m*; **~εύω** [-'evo] Schüler sein; lernen; **~ής** Schüler *m*; *Rel.* Jünger *m*
μαθήτρια Schülerin *f*
μαία ['mea] Hebamme *f*
μαιευτ|ήριο [mee'ftirio] Entbindungsheim *n*; **~ική** Geburtshilfe *f*
μαϊμού [mai'mu] **(-δες)** *f* Affe *m*
μαίνομαι ['menome] wüten
μαϊντανός [maid-] Petersilie *f*
Μάιος ['maios] Mai *m*
μαΐστρος [ma'ist-] Nordwestwind *m*
μακάρι: ~ (*και*) *να* wenn doch
μακάριος (-α) (glück)selig
μακαρόνια *n/pl.* Makkaroni *pl.*
μακρ|αίνω [ma'kreno] verlängern; **~ήγορος** weitschweifig; **~ιά** *Adv.* weit; weit entfernt; **~ινός** entfernt; *Reise*: weit; **~οπρόθεσμος** langfristig
μάκρος *n* Länge *f*; ***παίρνω ~*** lange dauern
μακρ|ός lang; ***από ~ού*** seit langem; ***δια ~ών*** ausführlich; ***επί ~όν*** auf lange Zeit
μακρ|ουλός länglich, oval; **~ύς (-ιά, -ύ)** lang; **~ύτερα** *Adv.* weiter
μαλάζω weich machen, kneten; etw. anrühren
μαλακ|ός weich; sanft; **~τικό** Linderungsmittel *n*; **~ώνω** erweichen; lindern
μάλαμα *n* Gold *n*
μαλθακός weichlich
μάλιστα ja(wohl); vor allem; sogar
μαλλ|ί Wolle *f*; **~ιά** *n/pl.* Haar *n*
μάλλινος Woll-
μάλλον mehr; eher; wohl
μαλώνω [ma'lono] ausschelten; zanken
μάμμη Großmutter *f*
μαμμή Hebamme *f*
μανάβης Obsthändler *m*
μανάβικο Gemüseladen *m*
μανδ- *s.* **μαντ-**
μανθάνω *s.* **μαθαίνω**
μανία Wahnsinn *m*; Wut *f*; Leidenschaft *f*, Sucht *f*
μανι|άζω wahnsinnig werden; toben; **~ακός** wahnsinnig; leidenschaftlich
μανικέτι Manschette *f*
μαν|ίκι Ärmel *m*; Griff *m*; **~ικιούρ** [-i'kjur] *n* Maniküre *f*
μανιτάρι Pilz *m*
μάν(ν)α Mutter *f*; *fam.* Mama *f*
μανουβράρω [manu'vraro] manövrieren; rangieren
μανούρι [ma'nuri] fetter Schafskäse *m*
μανταλάκι [manda-] Wäscheklammer *f*
μάνταλος Riegel *m*

μαντ|αλώνω zuriegeln; **~αρίνι** Mandarine *f*; **~άρω** stopfen
μαντάτο Nachricht *f*
μαντ|εία Weissagung *f*; **~εύω** [-'devo] erraten
μαντήλ|α Kopftuch *n*; **~ι** Taschentuch *n*
μαντολίνο Mandoline *f*
μαξιλ|άρι [maksi-] Kissen *n*; **~αροθήκη** [-'θiki] Kissenbezug *m*
μαραγκός Tischler *m*
μαραίνομαι [ma'renome] verblühen, welken
μαργαρίνη Margarine *f*
μαργαριτάρι Perle *f*
μαρίδα Marida *f*, kleiner Fisch *m*
μαρινάτος mariniert
μάρκα Zeichen *n*; Spielmarke *f*; Automatenmünze *f*
μαρκαδόρος Filzstift *m*
μαρκάρω (kenn)zeichnen
μάρκο Mark *f*
μάρμαρο Marmor *m*
μαρμελάδα Marmelade *f*
μαρούλι [-'ruli] Kopfsalat *m*
Μάρτ|ης, ~ιος März *m*
μαρτολούλουδο [-'luluðo] Kamille *f*
μάρτυρας Zeuge *m*; Märtyrer *m*; ***αυτόπτης ~*** Augenzeuge *m*
μαρτυρ|ία Zeugnis *n*; Zeugenaussage *f*; **~ώ** *etw.* bezeugen; *j-n od. j-m etw.* verraten
μάρτυς ['martis] **(-υρος)** *m*, *f* Zeuge *m*, Zeugin *f*
μασάζ [ma'saz] *n* Massage *f*; ***κάνω ~*** massieren
μάσκα Maske *f*
μασκαρεύω [-'revo] maskieren; blamieren
μασούρι [ma'suri] Spule *f*
μαστίγιο Peitsche *f*
μάστορας Meister *m*
μαστορ|ιά Meisterschaft *f*; **~ικός** meisterhaft
μαστός Brust *f*; Euter *n*
μαστοφόρο Säugetier *n*
μαστροπ|εύω [-'pevo] verkuppeln; **~ός** Kuppler *m*
μασχάλη [ma'sxali] Achsel(höhle) *f*
μασώ (-άς) kauen
μάταιος ['mateos] vergeblich; eitel
ματαιώνω [mate'ono] verhindern, vereiteln
μάτι Auge *n*; Knospe *f*; ***ηλεκτρικό ~*** Kochplatte *f*; ***με τα ~α μου*** mit eigenen Augen
ματιά Blick *m*; **~ζω** anstarren; zielen auf *A*
ματς *n* Spiel *n*, (Wett-)Kampf *m*
μαυρ|άδι [mavr-] Pupille *f*; **~ίζω** schwärzen; gegen *j-n* stimmen
μαυρο|μάτης (-α, -ικο) schwarzäugig; **~πίνακας** Wandtafel *f*
μαύρος schwarz; düster, traurig; *Su. m* Neger *m*
μαχ|αίρι [ma'çeri] Messer *n*; Dolch *m*; **~αιριά** Messerstich *m*; **~αιροπίρουνο** [-'piruno] Besteck *n*;

~αιρώνω [-e'rono] erstechen
μάχη ['maçi] Kampf *m*
μαχητ|ής Kämpfer *m*; **~ικός** kämpferisch
μάχιμος wehrfähig
μάχομαι ['maxome] kämpfen
με¹ mit *D*; (*Zeit*) bis; durch
με² mich
μεγαλ|είο Größe *f*, Erhabenheit *f*; **~ειότατος** [-li'ot-] Majestät *f*; **~ειώδης** [-li'oðis] 2 großartig; **~έμπορος** Großhändler *m*; **~ηγορία** Übertreibung *f*; **~όδωρος** freigebig; **~οκτηματίας** Großgrundbesitzer *m*; **~όκυκλος** Megahertz *n*; **~οποίηση (-εις)** [-o'piisi] Vergrößerung *f*; Übertreibung *f*; **~οποιώ** [-opi'o] übertreiben; **~οπρεπής** 2 prächtig
μεγάλος groß; erwachsen; alt; *Straße*: lang
μεγαλούπολη (-εις) Großstadt *f*
μεγαλοφυ|ής [-fi'is] 2 genial; **~ία** [-fi'ia] Genie *n*, Genialität *f*
μεγαλ|ύνω [-'lino] vergrößern; preisen; **~ύτερος** größer; länger; älter
μεγάλωμα *n* Wachstum *n*
μεγαλώνω vergrößern; erhöhen; größer werden; heranwachsen
μέγας (μεγάλη, μέγα) groß
μεγάφωνο Lautsprecher *m*
μέγεθος ['mejeθos] *n* Größe *f*; Länge *f*; Umfang *m*
μεγ|έθυνση (-εις) [me'jeθinsi] Vergrößerung *f*; **~εθύνω** [-e'θino] vergrößern
μέγιστ|α: τα ~α im höchsten Maße; **~ο(ν)** Maximum *n*; **~ος** größte(r), höchste(r)
μεδούλι [me'ðuli] Knochenmark *n*
μεζές (-έδες) Imbiß *m*; Vorspeise *f*, kalte Platte *f*
μεθ' *s.* **μετά**
μεθ|αύριο [me'θavr-] übermorgen; **~οδικός** methodisch
μέθοδος *f* Methode *f*
μεθ|υσμένος betrunken; **~ύστακας** Säufer *m*; **~ώ (-άς)** (sich be)trinken, saufen
μειδ|ίαμα [mi'ði-] *n* Lächeln *n*; **~ιώ (-άς)** lächeln
μειλίχιος [mi'liç-] **(-α)** milde
μειν- *s.* **μένω**
μειξ- *s.* **μιγνύω**
μειοδοτώ [mio-] unterbieten
μείον ['mion] *Adv.* weniger; minus
μειον|έκτημα *n* Nachteil *m*; **~εκτικός** nachteilig; **~εκτώ** im Nachteil sein; **~ότητα** Minderheit *f*
μειχθ- *s.* **μιγνύω**
μειώνω [mi'ono] verringern; demütigen
μελαγχολ|ία Schwermut *f*; **~ικός** schwermütig

μελάν|η, ~ι Tinte *f*
μελανιάζω schwarz machen (*od.* werden)
μελανός schwarz
μελάτος *Ei*: weichgekocht
μελαχρινός dunkel(häutig)
μέλει ['meli] es geht *j-n* an, es kümmert *j-n*; sich kümmern (**για**/ um *A*)
μελένιος (**-α**) honigsüß
μελ|έτη Studium *n*; Forschung *f*; Studie *f*; **~ετώ** (**-άς**) studieren; beabsichtigen
μέλι Honig *m*
μελίγγι [-'liŋgi] Schläfe *f*
μέλισσα Biene *f*
μελιτζ|άνα [melidz-] Aubergine *f*; **~ανής** (**-ιά, -ί**) lila, violett
μέλλον (**-οντος**) Zukunft *f*
μελλοντικός (zu)künftig
μέλλ|ω werden, sollen; **~ων** (**-οντος**) *m Gr.* Futur *n*
μελόδραμα *n* Oper *f*
μέλος Glied *n*; Mitglied *n*; Melodie *f*
μελτέμι Passatwind *m*
μελωδία Melodie *f*; Lied *n*
μεμβράνη Membran *f*
μεμιάς auf einmal
μεν: ***~ ..., αλλά*** zwar ..., aber; ***ο ~ ... ο δε*** der eine ... der andere
μένα mir, mich
μένος *n* Wut *f*
μενού [me'nu] *n* Menü *n*; Speisekarte *f*
μέντα Pfefferminze *f*
μέν|ω (übrig)bleiben; wohnen; ***δε μου ~ει παρά να ...*** es bleibt mir nichts anderes übrig, als
μέρα Tag *m*; *s.* **ημέρα; καλημέρα!** guten Tag!; ***από ~ σε ~*** Tag für Tag; ***~ νύχτα*** Tag und Nacht
μεραρχία Division *f*
μερ|ί Keule *f*, Oberschenkel *m*, Lende *f*; **~ιά** Seite *f*; Stelle *f*; **~ίδα** Teil *m*; Portion *f*; Partei *f*; **~ίδιο** Anteil *m*; **~ιδιούχος** [-iði'uxos] Teilhaber *m*; Aktionär *m*; **~ίζω** (auf)teilen; **~ικός** teilweise; besondere(r); *pl.* einige, manche
μέρισμα *n* Dividende *f*
μεροκάματο Tagesverdienst *m*, Tagelohn *m*
μέρ|ος *n* Teil *m*; Platz *m*; Gegend *f*; Toilette *f*; ***εν ~ει*** zum Teil, teilweise
μέσα *Adv.* innen, drinnen; herein, hinein; ***~ από*** aus ... heraus; ***~ σε*** in *D*; innerhalb
μεσαίος [me'seos] (**-α**) mittlere(r), Mittel-
Μεσαίωνας [me'seon-] Mittelalter *n*
μεσάνυχτα [-nixta] *n/pl.* Mitternacht *f*
μέση ['mesi] Mitte *f*, Kreuz *n*, Taille *f*
μεσημβρία Mittag *m*; Süden *m*; ***μετά ~ν (μ.μ.)*** nachmittags; ***προ ~ς (π.μ.)*** vormittags
μεσημβρινός südlich
μεσημέρι Mittag(szeit *f*) *m*;

κάνω ~ Mittagspause machen
μεσιακ|ά *Adv.* zur Hälfte; **~ός** gemeinsam
μεσίστια *Adv.* halbmast
μεσ|ιτεία Vermittlung(sgebühr) *f*; **~ιτεύω** [-i'tevo] vermitteln; **~ίτης** Vermittler *m*; Makler *m*
Μεσόγειος [me'sojios] *f* **(θάλασσα)** Mittelmeer *n*
μέσ|ο(ν) Mitte *f*; Mittel *n*; *pl.* ***~α Μαρτίου*** Mitte März; ***δια ~ου*** (*G*) durch *A*, vermittels *G*, über *A*; ***δεν έχω τα ~α*** ich kann es mir nicht leisten
μέσος mittlere(r); durchschnittlich
μεσ|ότητα mittlere Lage *f*; Mittelwert *m*; **~ότοιχος** [-'otixos] Trennwand *f*; **~ουράνημα** [-u'ranima] *n* Zenit *m*; Höhepunkt *m*; **~οφόρι** Unterrock *m*; **~όφωνος** *f* Mezzosopran *m*
μεστός prall; reif
μετ' *s.* **μετά**
μετά (+ *A*) nach *D*; hinter *D*; (+ *G*) mit *D*; *Adv.* danach
μετα|βαίνω [-'veno] sich begeben; **~βάλλομαι** sich ändern; **~βατικός** vorübergehend; Übergangs-; **~βιβάζω** übertragen; **~βλητός** [-vlit-] unbeständig; **~βολή** [-vo'li] Änderung *f*; **~γράφω** 'umschreiben; abschreiben; übertragen; **~δίδω** *Radio*: übertragen; mitteilen; *Med.* anstekken; **~θέτω** versetzen; abkommandieren; **~κίνηση (-εις)** Umsetzung *f*; Umstellung *f*; **~κομιδή** Überführung *f*
μεταλλ|είο Bergwerk *n*; **~ικός** Metall-; Mineral-
μέταλλο Metall *n*
μεταλλ|ουργείο Hüttenwerk *n*; **~ωρύχος** Bergarbeiter *m*
μεταμορφώνω verwandeln
μετα|ναστεύω [-na'stevo] auswandern; **~νάστης** Auswanderer *m*
μετάνοια [me'tanja] Reue *f*
μετανοιώνω [-'njono] bereuen **(για/** *A*)
μετάξι [-ksi] Seide *f*; ***τεχνητό ~*** Kunstseide *f*
μεταξύ [-'ksi] (*G*) zwischen *D*, *A*; unter *D*; ***~ μας (σας, τους)*** unter uns (euch, ihnen); ***~ άλλων*** unter anderem (u. a.); ***εν τω ~*** inzwischen
μεταξωτός Seiden-; *Su. n* Seidenstoff *m*
μετα|πείθω [-'piθo] *j-n* umstimmen; **~ποιώ** [-pi'o] umändern; **~πολίτευση (-εις)** [-tefsi] Regierungswechsel *m*; **~ρρυθμίζω** [-ri'θmizo] reformieren; **~ρρύθμιση (-εις)** Umgestaltung *f*; Reform *f*, Reformation *f*
μετασκευ|άζω [-skje'vazo] umarbeiten; umbauen; **~ή**

[-skje'vi] Umarbeitung *f*; Umbau *m*

μετασχηματ|ίζω [-sçima'tizo] umformen; **~ισμός** Umbildung *f*; **~ιστής** Transformator *m*

μετασχ- *s.* **μετέχω**

μετα|τροπή Umwandlung *f*; **~φέρω** transportieren; übertragen; **~φορά** Transport *m*; Übertrag *m*; **~φορέας** Transporteur *m*; Förderband *n*; **~φορικός** Transport-; bildlich; *Su. n/pl.* Transportkosten *pl.*; **~φορτώνω** umladen; **~φράζω** übersetzen (**από – σε**/ aus – in)

μετάφραση (**-εις**) Übersetzung *f*

μετα|φραστής Übersetzer *m*; **~φυτεύω** [-fi'tevo] umpflanzen; **~χειρίζομαι** [-çi'rizome] gebrauchen; behandeln; **~χείριση** Gebrauch *m*; Behandlung *f*; **~χρωματίζω** [-xromat-] umfärben

μετ|εκπαιδεύω [-ekpe'ðevo] weiterbilden, umschulen; **~έχω** [-'exo] teilnehmen (*G*, **σε**/ an *D*)

μετεωρ|ίτης Meteorit *m*; **~ολογία** Meteorologie *f*

μετέωρος schwebend

μετζο|σόλα Brandsohle *f*; **~σοπράνο** *f* Mezzosopran *m*

μετοίκηση (**-εις**) [me'tikisi] Umzug *m*

μέτοικος Einwanderer *m*

μετ|οικώ [-i'ko] übersiedeln; **~ονομάζω** umbenennen; **~όπισθεν** [-sθen] *Adv.* (von) hinten; **~οχή** [-'çi] Teilnahme *f*; Aktie *f*; *Gr.* Partizip *n*

μέτοχος Teilnehmer *m*

μέτρημα *n* Zählung *f*; Messung *f*

μετρη|μένος gemessen, gezählt; maßvoll; **~τά** *n/pl.* Bargeld *n*

μετρ|ητής *Elektr.* Zähler *m*; **~ιάζω** mäßigen; lindern; **~ίαση** Mäßigung *f*; Linderung *f*

μέτριος (**-α**) mäßig; mittelmäßig

μετρι|ότητα Mittelmäßigkeit *f*; **~όφρονας** bescheiden; **~οφροσύνη** [-'sini] Bescheidenheit *f*

μετρό Untergrundbahn *f*

μέτρο Maß *n*; Meter *m*; Takt *m*, Tempo *n*; Versmaß *n*; *pl.* Maßnahmen *f/pl.*; ***παίρνω ~*** Maß nehmen; ***τετραγωνικό ~*** Quadratmeter *m*; ***κυβικό ~*** Kubikmeter *m*

μετρ|οταινία [-te'nia] Bandmaß *n*; **~ώ** (**-άς**) (ab)messen, zählen

μέτωπο Stirn *f*; Fassade *f*

μέχρι(ς) ['mexri(s)] (*A*) bis *A*; *Adv.* etwa; ***~ εδώ*** bis hierher; ***~ πότε;*** bis wann?

μη(ν) [mi(n)] nicht; *in der Frage*: vielleicht, etwa; ***για να ~*** damit nicht

μηδαμινός wertlos
μηδέ [mi'ðe] auch nicht, nicht einmal; ~ ... ~ weder ... noch
μηδέν (**-δενός**) *n* Nichts *n*; Null *f*
μηδεν|ίζω vernichten; annullieren; **~ικό** Null *f*; **~ιστικός** nihilistisch
μήκος ['mikos] *n* Länge *f*; **κατά** ~ (*G*) *A* entlang
μήλ|η ['mili], **~ι** Sonde *f*
μηλιά Apfelbaum *m*
μήλο ['milo] Apfel *m*
μηλόπιτ(τ)α *Art* Apfelkuchen *m*
μην *s.* **μη**
μήνας (*G a.* **μηνός**) Monat *m*
μηνιαί|ος (**-α**) monatlich, Monats-; **~ως** *Adv.* monatlich
μηνιάτικος monatlich; *Su. n* Monatsgehalt *n*
μηνιγγίτιδα Hirnhautentzündung *f*
μην|υτής [mini'tis] Kläger *m*; **~ύω** [-'io] *j-n* anzeigen
μή|πως [-pos] *in der Frage*: vielleicht; etwa; *nach fürchten u.ä.*: daß; **~τε** auch nicht, nicht einmal; ***~τε ... ~τε*** weder ... noch
μητέρα Mutter *f*
μήτρα Gebärmutter *f*; Matrize *f*
μητρ|ικός mütterlich; **~όπολη** (**-εις**) Metropole *f*, Hauptstadt *f*; Kathedrale *f*; **~οπολίτης** Erzbischof *m*; **~υιά** [-i'a] Stiefmutter *f*; **~υιός** [-i'os] Stiefvater *m*; **~ώο** [-'oo] Register *n*; ***εμπορικό ~ώο*** Handelsregister *n*
μηχανή [mix-] Maschine *f*; Motor *m*; List *f*
μηχάνημα *n* Apparat *m*; Vorrichtung *f*
μηχανικ|ή [mix-] Mechanik *f*; **~ός** mechanisch; *Su. m* Ingenieur *m*; Mechaniker *m*; ***πολιτικός ~ος*** graduierter Ingenieur *m*
μηχαν|ισμός Mechanismus *m*, Triebwerk *n*; **~ορραφία** Intrige *f*; **~ουργείο** [-ur'jio] Maschinenfabrik *f*
μία, μια *f s.* **ένας** ein(e); ***μια που*** ['mja pu] da ... einmal
μιαίνω [mi'eno] besudeln; verpesten
μίανση (**-εις**) Verpestung *f*
μίγμα *n* Mischung *f*
μιγνύω [-'ɣnio] mischen
μίζα *Spiel*: Einsatz *m*; *Auto*: Anlasser *m*
μιζαμπλί Wasserwelle *f*
μιζέρια Misere *f*
Μικρά Ασία Kleinasien *n*
μικραίνω [mi'kreno] verkleinern, kleiner werden
μικρόβιο Mikrobe *f*
μικρο|γραφία Miniatur *f*; **~δουλειά** [-ðu'lja] Kleinigkeit *f*; **~πρεπής** 2 niederträchtig; kleinlich
μικρός klein; *Zeit*: kurz; jung; unbedeutend; *Su. m* Page *m*

μικροσκόπιο Mikroskop *n*
μικρούλης **(-α, -ικο)** winzig; *Su. m/f* Kleine(r)
μικρό|φωνο Mikrophon *n*; **~ψυχος** [-psix-] verzagt; kleinmütig
μικτός gemischt
μίλι Meile *f*
μιλώ **(-άς)** sprechen **(για/** über *A*)
μίμηση **(-εις)** Nachahmung *f*
μιμ|ητής Nachahmer *m*; **~ούμαι** [-'ume] nachahmen
μιναρές **(-έδες)** Minarett *n*
μιξ- *s.* **μιγνύω**
μίξερ *n* Mixmaschine *f*
μισθός [mi'sθos] Lohn *m*; Gehalt *n*; Sold *m*
μισθοφόρος Söldner *m*
μίσθωμα *n* Miete *f*
μισθώνω [mi'sθono] mieten
μισό Hälfte *f*; **~βραστος** nicht gar
μίσος *n* Haß *m*
μισ|ός halb; ***τρεις και ~ή*** halb vier (Uhr)
μισ|όστρατα *Adv.* aufhalbem Wege; **~οτιμής** *Adv.* zum halben Preis; **~ώ** hassen
μνήμα ['mnima] Grab *n*
μνημείο [mni'mio] Denkmal *n*
μνήμη ['mnimi] Gedächtnis *n*; ***στη*** **~** (*G*) zur Erinnerung an *A*
μνημονεύω [mnimo'nevo] erwähnen; gedenken *G*
μνηστεία [mni'stia] Verlobung *f*
μόδα Mode *f*
μοιάζω ['mjazo] ähneln
μοίρα ['mira] Schicksal *n*
μοιράζω [mir-] (ver)teilen
μοιρασιά Teilung *f*
μοιρολατρικός fatalistisch
μοιχ|αλίδα [mix-] Ehebrecherin *f*; **~εία** [mi'çia] Ehebruch *m*; **~ός** [-'xos] Ehebrecher *m*
μολαταύτα [-'tafta] trotzdem
μόλις kaum; *Zeit*: soeben; *cj.* sobald
μολονότι obgleich
μόλος Mole *f*
μολύβι [-'livi] Blei *n*; Bleistift *m*
μόλυνση **(-εις)** Verschmutzung *f*; Infektion *f*
μολύνω [mo'lino] verunreinigen; infizieren
μομφή Tadel *m*
μον|άδα Einheit *f*; **~αδικός** einzig; **~αξιά** Einsamkeit *f*; **~άρχης** Monarch *m*; **~αρχία** Monarchie *f*; **~αστήρι** Kloster *n*
μον|άχα, **~αχά** nur
Μόναχο München *n*
μοναχο|γιός einziger Sohn *m*; **~κόρη** einzige Tochter *f*
μοναχός allein; *Su. m* Mönch *m*
μόνιμος stabil; dauerhaft; (ver)beamtet
μον|ογραφή Signum *n*; **~ογραφία** Monographie *f*; **~όδρομος** Einbahnstraße

f; **~όζυγο** Reck *n*; **~οή-μερος** [-'im-] eintägig
μονοιάζω [mo'njazo] sich vertragen; versöhnen
μονο|κατοικία [-tik-] Einfamilienhaus *n*; **~κόμματος** einteilig; unbeugsam
μονόλογος Monolog *m*
μονο|μαχία [-'çia] Zweikampf *m*, Duell *n*; **~μιάς** sofort; auf einmal
μόνο(ν) nur; *cj.* jedoch; ***όχι ~ ... αλλά και*** nicht nur ... sondern auch
μον|οπάτι Pfad *m*, Fußweg *m*; **~όπατος** einstöckig; **~οπώλιο** Monopol *n*
μόνος allein; einzig; ***~ μου*** ich selbst; ***από ~ μου*** von selbst, von allein
μονός *Math.* ungerade
μον|οσήμαντος eindeutig; **~οτονία** Eintönigkeit *f*; **~όχρωμος** einfarbig
μοντ|αδόρος Monteur *m*; **~άρισμα** *n* Montage *f*; **~άρω** montieren
μοντέλο [mo'delo] Modell *n*
μοντέρνος [mo'd-] modern
μονώνω isolieren
μόνωση (-εις) Isolierung *f*
μονωτήρας Isolator *m*
μόριο Teilchen *n*; Molekül *n*
μορφασμός Grimasse *f*
μορφή Form *f*; Gestalt *f*
μορφίνη Morphium *n*
μορφώνω (aus)bilden
μόρφωση Bildung *f*; Ausbildung *f*
μόστρα *Hdl.* Muster *n*
Μόσχα Moskau *n*
μοσχάρι Kalb *n*
μοσχο|κάρυδο Muskatnuß *f*; **~κάρφι** Gewürznelke *f*
μοτο|σακό Moped *n*; **~συκλέτα** Motorrad *n*
μου [mu] mir; mein(e); ***η βαλίτσα ~*** mein Koffer
μου|γκρίζω [muŋ'grizo] brüllen; **~διάζω** *Glieder*: einschlafen
μουλάρι Maulesel *m*
μουρμουρίζω murmeln
μουρ|ούνα [mu'runa] Kabeljau *m*, Dorsch *m*; **~ουνόλαδο** Lebertran *m*
μουσαφίρης Gast *m*
μουσείο [mu'sio] Museum *n*
μουσικ|ή [musi'ki] Musik *f*; **~ός** musikalisch; Musik-; *Su. m*, *f* Musiker(in *f*) *m*
μουστάκι Schnurrbart *m*
μουστάρδα Senf *m*
μούστος Most *m*
μούτσος Schiffsjunge *m*
μούχλα ['muxla] Schimmel *m*; nebliges Wetter *n*
μουχλιάζω schimmeln
μοχθηρός [moxθi'ros] boshaft
μοχλός Hebel *m*
μπάγκ|α ['baŋga] *Hdl.* Bank *f*; **~ος** Bank *f*; Theke *f*
μπαινοβγαίνω [beno'vjeno] ein- und ausgehen
μπαίνω ['beno] eintreten; einsteigen; *Stoff*: einlaufen
μπακάλης Krämer *m*
μπακαλιάρος Stockfisch *m*

μπακάλικο Lebensmittelgeschäft *n*
μπακίρι Kupfer *n*
μπάλα Ball *m*; *Hdl.* Ballen *m*
μπαλέτο Ballett *n*
μπαλκόνι Balkon *m*
μπαλόνι Ballon *m*
μπαλώνω flicken
μπαμπάς [ba'bas] (**-άδες**) *fam.* Papa *m*
μπανάνα Banane *f*
μπάνιο Bad *n*; Badezimmer *n*; ***κάνω ~*** baden
μπάντα ['banda] Seite *f*; Kapelle *f*, Band *f*
μπαούλο [ba'ulo] Truhe *f*; Seekiste *f*
μπαρ *n* Bar *f*
μπάρμπας ['barbas] Onkel *m*
μπαρμπούνι [bar'buni] Barbe *f*
μπαστούνι [ba'stuni] Stock *m*; *Karte*: Pik *n*
μπαταρία Batterie *f*
μπατσίζω ohrfeigen
μπεζ [bez] beige
μπεκρής (**-ήδες**) Säufer *m*
μπελάς [be'las] (**-άδες**) Ärger *m*; Mühe *f*
μπέρδεμα *n* Verwirrung *f*
μπερδεύω [-'ðevo] durcheinanderbringen
μπετόν Beton *m*
μπηκ- *s.* **μπαίνω**
μπιέλ(λ)α ['bjela] Pleuelstange *f*
μπιζέλι Erbse *f*
μπικίνι Bikini *m*
μπικουτί [biku'ti] Lockenwickler *m*
μπιλιάρδο [bi'ljarðo] Billard *n*
μπιλιέτο Visitenkarte *f*
μπίρα ['bira] Bier *n*
μπιραρία Bierlokal *n*
μπισκότο Keks *m*
μπιφτέκι Beefsteak *n*
μπλάβος, μπλε blau
μπλέκω verwickeln
μπλοκ *n* Block *m*
μπλοκάρω blockieren
μπλόκο Blockade *f*
μπογιά [bo'ja] Farbe *f*
μπολιάζω [bo'ljazo] pfropfen
μπόλικος reichlich
μπον-φιλέ *n* Rumpsteak *n*
μποξ *n* Boxkampf *m*
μπόρα Regenguß *m*
μπορ|ώ [bo'ro] können; ***δεν ~ώ*** krank sein; ***~εί*** [bo'ri] es kann sein, möglicherweise
μπότα ['bota] Stiefel *m*
μποτιλιάρισμα *n* Stau *m*
μπουγάδα [bu-] Wäsche *f*
μπουζί Zündkerze *f*
μπουζούκι [bu'zuki] (*Saiteninstrument*) Busuki *f*
μπουκάλι [buk-] Flasche *f*
μπουκιά Bissen *m*
μπούκλα Haarlocke *f*
μποϋκοτ|άζ [boi-] *n* Boykott *m*; ***~άρω*** boykottieren
μπουμπούκι [bu'buki] Knospe *f*
μπούσουλας ['busulas] Kompaß *m*
μπούτι Keule *f*; Oberschenkel *m*

μπουφές (-έδες) Büfett *n*
μπουχτίζω [bux'tizo] es satt haben
μπόχα schlechter Geruch *m*
μπράτσο Arm *m*
μπριζόλα [briz-] Kotelett *n*
μπρικέτα Brikett *n*
μπροστά vorn; ~ ***από, σε*** vor *A*, *D*
μπροστινός [brosti'nos] vordere(r), Vorder-
μπρούσκος *Wein*: herb
μυαλό [mja'lo] Gehirn *n*; Verstand *m*
μύγα Fliege *f*
μύγδαλο Mandel *f*
μυγοχάφτης [-'xaftis] **(-ηδες)** Fliegenfänger *m*; *Adj.* dumm
μύδι Miesmuschel *f*
μυζήθρα [mi'ziθra] Quark *m*
μυθ|ικός mythisch; **~ιστόρημα** *n* Roman *m*
μυθολογία Mythologie *f*
μύθος Mythos *m*; Sage *f*; Fabel *f*; Märchen *n*
Μυκήν|αι [mi'kine], **~ες** *f/pl.* Mykene *n*
μύλος Mühle *f*
μυλωνάς (-άδες) Müller *m*
μυρίζω [mi'rizo] riechen, duften
μυρμήγκι [mir'miŋgi] Ameise *f*
μυροπωλείο [miropo'lio] Parfümerie *f*
μυρτιά Myrte *f*
μυρωδ|άτος [miro'ðatos] wohlriechend; **~ιά** Geruch *m*; Wohlgeruch *m*; **~ικό** Würze *f*
μυς (μυός) *m* Muskel *m*
μυστήριο Mysterium *n*; Sakrament *n*
μυστηριώδης [mistiri'oðis] 2 geheimnisvoll
μυστικ|ό Geheimnis *n*; **~ός** geheim, Geheim-; *Su. m* Geheimpolizist *m*
μυστρί (Maurer-)Kelle *f*
μύτη ['miti] Nase *f*; Schnabel *m*; Schnauze *f*; Spitze *f*
Μυτιλήνη [miti'lini] Mytilene *f*; *Insel* Lesbos
μυώδης [mi'oðis] 2 muskulös
μύωψ ['miops] **(-ωπος)** *m*, *f* kurzsichtig
μωαμεθανικός mohammedanisch
μωρό [mo'ro] Baby *n*
μωσαϊκό Mosaik *n*

Ν

να¹ [na] daß; damit, um ... zu; wenn nur; wenn
να² hier ist ..., da ist ...
ναι [ne] ja; doch; ~ ***μεν, αλλά ...*** zwar, aber
νάνος Zwerg *m*
να|νουρίζω [nanur-] in den Schlaf wiegen; **~νούρισμα** *n* Wiegenlied *n*
ναός Tempel *m*; Kirche *f*

ναρκώνω betäuben
νάρκωση (**-εις**) Betäubung *f*, Narkose *f*
ναυ- Schiff-
ναυ|άγιο [na'vajio] Wrack *n*; Schiffbruch *m*; Scheitern *n*; **\~αγοσωστικός** Rettungs-; **\~αγώ** Schiffbruch erleiden; scheitern
ναύαρχος Admiral *m*
ναύλο ['navlo] Fracht(geld *n*) *f*
νάυλον ['nailon] Nylon *n*; **\~** ***σακούλα*** Plastiktüte *f*
ναυπηγ|είο [nafpi'jio] Werft *f*; **\~ία** Schiffbau *m*
ναύτης ['naftis] Matrose *m*, Seemann *m*
ναυτ|ία [naft-] Seekrankheit *f*; **\~ικό** Marine *f*; **\~ικός** See-; *Su. m* Seemann *m*; ***\~ικό μίλι*** Knoten *m*, Seemeile *f*; **\~ιλία** Schiffahrt *f*
νάφθα ['nafθa] Erdöl *n*
νέα *n/pl.* Neuigkeiten *f/pl.*; ***τι \~*** (***έχουμε***) was gibt's Neues?
νεανικός jugendlich
νεαρ|ή junges Mädchen *n*; **\~ός** Jüngling *m*
νειάτα *s.* **νιάτα**
νεκρ|ολογία Nachruf *m*; **\~ός** tot; *Su. m* Tote(r) *m*; **\~οταφείο** Friedhof *m*; **\~οψία** Obduktion *f*; **\~ώνω** töten; *fig.* lahmlegen; *Hdl.* zurückgehen; **\~ώσιμος** Toten-, Trauer-; *Su. n* Todesanzeige *f*
νεο|ελληνικός neugriechisch; **\~λαία** [-'lea] Jugend *f*
νέ|ος (**-α**) neu; jung; ***εκ \~ου*** von neuem; ***\~ο(ν) έτος*** Neujahr *n*
νεότατος sehr jung
νερ|ό Wasser *n*; Regenwasser *n*; ***κάνω \~ά*** ein Leck haben; **\~οζύγι** [-o'ziji] Wasserspiegel *m*; **\~όκρασο** verdünnter Wein *m*
νερο|μπογιά [-bo'ja] Wasserfarbe *f*; **\~ποντή** Platzregen *m*; **\~πότηρο** Wasserglas *n*; **\~συρμή** [-sir'mi] Rinnstein *m*, Gosse *f*
νερουλός [neru'los] wässerig
νεροχύτης [-'çitis] Ausguß *m*, Abwaschbecken *n*
νερώνω [ne'rono] verwässern, verdünnen
νεύμα ['nevma] *n* Wink *m*
νευρασθένεια [nevr-] Nervenschwäche *f*
νευρ|ιάζω [nevr-] (sich) aufregen; **\~ικός** nervös; **\~ικότητα** Nervosität *f*
νεύρο ['nevro] Nerv *m*
νευρο|καβαλίκεμα *n* Muskelkrampf *m*; **\~λόγος** Nervenarzt *m*
νεύρωση (**-εις**) Neurose *f*
νεύω ['nevo] nicken; (zu-)zwinkern; winken
νέφος *n* Smog *m*
νεφρ|ίτιδα Nierenentzündung *f*; **\~όλιθος** Nierenstein *m*; **\~ό(ς)** Niere *f*
νέφτι Terpentinöl *n*

νεωτερ|ίζω [neo-] Neuerer sein; **~ισμός** Neuerung *f*
νήμα ['nima] *n* Faden *m*; Garn *n*
νηπιαγω|γείο [nipiaγo'jio] Kindergarten *m*; **~γός** *f* Kindergärtnerin *f*
νήπιο Kleinkind *n*
νησί [ni'si], **νήσος** *f* Insel *f*
νηστ|εία Fasten *n*; **~εύω** [-'evo] fasten; **~ικάτα** *Adv.* auf nüchternen Magen; **~ικός, νηφάλιος** (**-α**) nüchtern
νιάτα *n/pl.* Jugend *f*
νίκη ['niki] Sieg *m*
νικ|ητής Sieger *m*; **~ήτρια** Siegerin *f*; **~ηφόρος** siegreich; **~ώ** (**-άς**) (be)siegen
νιώθω ['njoθo] spüren
Νοέμβριος November *m*
νοερός geistig
νόημα ['noima] *n* Sinn *m*
νοημοσύνη Intelligenz *f*
νόθευση (**-εις**) Verfälschung *f*
νοθ|ευτής Fälscher *m*; **~εύω** [-'evo] (ver)fälschen
νόθος unehelich; unecht
νοιάζει ['njazi] es interessiert
νοικάτορας [nik-] Mieter *m*
νοίκι ['niki] Miete *f*
νοικο|κυρά Hausfrau *f*; Wirtin *f*; **~κυρεύω** [-ki're-vo] in Ordnung halten; **~κύρης** (**-ηδες**) Hausherr *m*; Wirt *m*; **~κυριό** Haushalt *m*
νομ|αρχείο Präfektur *f*; **~άρχης** Präfekt *m*; **~ίζω** glauben, meinen; halten (*A–A*/ *j-n* für *A*)
νομικ|ά *n/pl.* Jura, Rechtswissenschaft *f*; **~ός** juristisch; *Su. m* Jurist *m*; **~ός σύμβουλος** Rechtsberater *m*
νόμιμος gesetzlich, rechtmäßig
νόμισμα *n* Münze *f*, Währung *f*
νόμος Gesetz *n*
νομός Verwaltungsbezirk *m*
νον|ά Patin *f*; **~ός** Pate *m*
νοσο|κόμα Krankenschwester *f*; **~κομείο** Krankenhaus *n*; **~κόμος** *m*, *f* Krankenpfleger(in *f*) *m*
νοσταλγ|ία [-'jia] Heimweh *n*; Sehnsucht *f*; **~ώ** [-'γo] Heimweh haben; sich sehnen nach *D*
νόστιμος schmackhaft; nett, hübsch
νότα Note *f*
νοτιάς Südwind *m*
νότιος (**-α**) südlich
νότος Süden *m*
νουβέλα [nu'vela] Novelle *f*
νούμερο Nummer *f*
νουν- *s.* **νον-**
νους [nus] Verstand *m*; Geist *m*
ντάμα ['dama] *Karte*: Dame *f*; Damespiel *n*
νταμλάς Schlaganfall *m*
ντεκολτέ *n* Dekolleté *n*
ντεμοντέ [demo'de] unmodern

ντεμπραγιάζ [debra'jaz] *n* Kupplung *f*
ντε πιές [de'pjes] *n* Jackenkleid *n*
ντήζελ ['dizel] *n* Dieselmotor *m*; Dieselöl *n*
ντιβάνι [di'vani] Couch *f*
ντολμαδάκια [dolma'ðakja] *n/pl.* Weinblätter mit Reis- oder Hackfleischfüllung
ντομάτα [do-] Tomate *f*
ντουζίνα [duz-] Dutzend *n*
ντουλάπι Schrank *m*; Fach *n*
ντουμπλάρω [du'blaro] synchronisieren
ντούρος ['duros] (**-α**) steif
ντους [dus] *n* Dusche *f*
ντρέπομαι ['drepome] sich schämen
ντροπ|αλός [dropa'los] schüchtern; **~ή** Scham *f*; Schande *f*
νυκτ- *s.* **νυχτ-**
νύστα Schläfrigkeit *f*
νυστάζω schläfrig sein
νυσταλέος (**-α**) schläfrig
νύφη ['nifi] Braut *f*; Schwiegertochter *f*
νύχι ['niçi] Fingernagel *m*; Kralle *f*; Huf *m*
νύχτα ['nixta] Nacht *f*
νυχτ|ερίδα Fledermaus *f*; **~ιά** Nacht(zeit) *f*; **~ικό** Nachthemd *n*; **~οφύλακας** Nachtwächter *m*
νωπός [no'pos] frisch
νωρ|ίς *Adv.* früh; **~ίτερα** *Adv.* früher

Ξ

ξαγρυπνώ [ksaγri'pno] (**-άς**) wachen
ξαδέρφη Kusine *f*
ξάδερφος Vetter *m*
ξακουσ|μένος [ksakuz-], **~τός** berühmt
ξαλατίζω entsalzen, wässern
ξανά *Adv.* wieder
ξανα|βλέπω wiedersehen; **~δίνω** zurückgeben; **~κυριεύω** [-kiri'evo] wiedererobern; **~λέ(γ)ω** wiederholen; **~μετρώ** (**-άς**) nachmessen; **~νιώνω** [-'njono] wieder jung werden; **~στέλνω** nachschicken
ξανάστροφος umgekehrt
ξαναφέρνω wiederbringen
ξανθ|οκόκκινος [ksanθ-] rotblond; **~ός** blond; *Bier*: hell
ξαπλώνω sich (hin)legen
ξαρματώνω entwaffnen; abtakeln
ξασπρίζω weißen; bleichen
ξάστερα *Adv.* klar, offen; ***καθαρά και ~*** klar und deutlich
ξαστερ|ιά Sternenhimmel *m*; **~ώνω** sich aufklären
ξαφν|ιάζω überraschen; **~ικός** plötzlich
ξάφνισμα *n* Überraschung *f*

ξε|βγάζω (aus)spülen; sich entledigen; hinausbegleiten; **\~βιδώνω** abschrauben
ξέγδαρμα *n* Hautabschürfung *f*
ξεγελώ [kseje'lo] **(-άς)** betrügen
ξε|γεννώ [-je'no] **(-άς)** entbinden; niederkommen; **\~γνοιασιά** [-ɣnja'sja] Sorglosigkeit *f*
ξέγνοιαστος ['kseɣnjastos] sorglos
ξε|γυμνώνω [-ji'mnono] entblößen; ausplündern; *fig.* aufdecken; **\~δένω** losbinden; **\~ζεύω** [-'zevo] *Pferd* ausspannen
ξ(ε)ίδι ['ksiði] Essig *m*
ξε|καθαρίζω begleichen; sich (auf)klären; **\~καθάρισμα** *n* Klärung *f*; **\~καρδίζομαι** herzlich lachen; **\~κινώ (-άς)** aufbrechen, starten; einleiten; **\~κλειδώνω** [-kli'ðono] aufschließen; **\~κολλώ (-άς)** (sich) ablösen; **\~κουμπώνω** [-kum'bono] aufknöpfen; **\~κουράζομαι** [-ku'razome] sich ausruhen; **\~κουφαίνω** [-ku'feno] taub machen; **\~λέγω** ableugnen; **\~μαθαίνω** [-ma'θeno] verlernen; sich abgewöhnen; **\~μπερδεύω** [-ber'ðevo] in Ordnung bringen
ξεν|αγός Fremdenführer *m*; **\~ικός** fremd; **\~ιτιά** Fremde *f*; Ausland *n*; **\~όγλωσσος** fremdsprachig; **\~οδοχείο** [-'çio] Hotel *n*; Gasthaus *n*; **\~οδόχος** Gastwirt *m*
ξέν|ος fremd; ausländisch; *Su. m* Fremde(r) *m*; Gast *m*; **\~ο** ***σώμα*** *n* Fremdkörper *m*
ξε|νυχτώ [-ni'xto] **(-άς)** aufbleiben; **\~νώνας** Fremdenzimmer *n*; **\~νώνας** ***νεότητας*** [kse'nonas ne'otitas] Jugendherberge *f*; **\~παγιάζω** [-pa'jazo] durchfrieren; **\~παγώνω** [-'ɣono] auftauen; **\~περνώ (-άς)** übertreffen; **\~πλένω** (aus-)spülen; **\~πληρώνω** [-pli'rono] abzahlen; **\~πούλημα** [-'pulima] *n* Ausverkauf *m*; **\~ραΐλα** [-ra'ila] Dürre *f*; **\~ραίνω** [-'reno] (aus)trocknen; **\~ριζώνω** [-ri'zono] entwurzeln
ξερνώ (-άς) *fam.* kotzen
ξερός trocken; öde
ξεροψημένος knusprig
ξέρω wissen; verstehen (**από**/ von *D*); kennen; können; **\~ πως ...** ich weiß, daß; **\~** ***καλά*** Bescheid wissen
ξε|σηκώνω [-si'kono] kopieren; in Aufruhr bringen; **\~σκονόπανο** Staubtuch *n*; **\~συνηθίζω** [-siniθ-] (sich) abgewöhnen; **\~φλουδίζω** [-fluð-] (ab)schälen; **\~φορτώνω** entladen
ξεχασμένος vergessen
ξεχειλίζω [-çil-] überlaufen
ξεχνώ [kse'xno] **(-άς)** vergessen

ξεχωρίζω [ksexo'rizo] sondern; trennen
ξηλώνω [ksi'lono] auseinandernehmen; auftrennen
ξηρ|ά Festland *n*; **~ασία** Trockenheit *f*, Dürre *f*
ξιν|ίζω sauer werden; **~ίλα** Säure *f*; **~όγαλο** saure Milch *f*; **~όγλυκος** süßsauer; **~ός** sauer; herb; **~ούτσικος** säuerlich
ξιπ|άζω (auf)scheuchen; **~ασμένος** eingebildet
ξιφολόγχη Bajonett *n*
ξιφομαχώ [-'xo] fechten
ξίφος *n* Schwert *n*
ξοδεύω [kso'ðevo] ausgeben
ξύγκι ['ksiŋgi] Schmalz *n*
ξύδι ['ksiði] Essig *m*
ξυλ|άνθρακας [ksil-] Holzkohle *f*; **~εία** [-'ia] Holz *n*
ξύλινος hölzern
ξύλο Holz *n*; Knüppel *m*; Prügel *pl.*
ξυλο|γραφία *n* Holzschnitt *m*; **~κοπώ** prügeln; **~πόδαρο** Holzbein *n*
ξυλ|ουργείο [-ur'jio] Tischlerei *f*; **~οφορτώνω** verprügeln
ξύνω ['ksino] kratzen; (ab)schaben; *Bleistift* spitzen; schälen; radieren
ξυπν|ητήρι [ksipni'tiri] Wecker *m*; **~ός** wach; **~ώ (-άς)** (auf)wecken; aufwachen
ξυπόλυτος barfuß
ξυρ|άφι [ksir-] Rasiermesser *n*; Rasierklinge *f*; **~ίζω** rasieren
ξύρισμα *n* Rasieren *n*
ξυριστική μηχανή [mix-] Rasierapparat *m*
ξυσ(θ)- *s.* **ξύνω**
ξυστ|ός [ksist-] (ab)gehobelt; geglättet; streifend; **~ρίζω** striegeln
ξω(κ)κλήσι [kso'klisi] Kapelle *f*

Ο

ο [o] *m Artikel* der
όαση (-εις) ['oasi] Oase *f*
οβελ|ίας [ovel'-] am Spieß gebratenes Lamm *n*; **~ίσκος** Obelisk *m*
οβίδα [o'viða] Geschoß *n*, Granate *f*
ογδ|όη [o'ɣðoi] Oktave *f*; **~οηκοστός** achtzigste(r); **~όντα** achtzig
όγδο|ο Achtel *n*; **~ος** achte(r)
όγκος ['oŋgos] Umfang *m*; Volumen *n*; Masse *f*; Geschwulst *f*
ογκώδης [oŋ'goðis] 2 umfangreich, mächtig
οδ|εύω [o'ðevo] gehen; fahren; **~ηγία** [-i'jia] Anleitung *f*; Verordnung *f*; Ratschlag *m*; **~ηγός** [-i'ɣos] Führer *m*; Reiseleiter *m*; (Auto-)Fahrer *m*; **~ηγώ** [-i'ɣo] führen; anleiten; *Auto* fahren; **~ικός**

Straßen-, Weg-; **~ογέφυρα** [-o'jefira] Überführung *f*
οδοι|πορία [oði-] Wanderung *f*, Marsch *m*; **~πορικός** Reise-; *Su.* *n/pl.* Tagegelder *n/pl.*; **~πόρος** Wanderer *m*; **~πορώ** wandern, reisen
οδοντ|αλγία [-al'jia] Zahnschmerzen *m/pl.*; **~ίατρος** Zahnarzt *m*; **~όβουρτσα** [-'ovurtsa] Zahnbürste *f*; **~ογλυφίδα** Zahnstocher *m*; **~όπαστα** Zahnpasta *f*; **~ωτός** (aus)gezackt; Zahn-; ***~ωτός τροχός*** Zahnrad *n*
οδ|ός *f* Straße *f*; Weg *m*; ***καθ' ~όν*** unterwegs
οδόφραγμα *n* Straßensperre *f*
οδ|ύνη [o'ðini] Schmerz *m*; **~υνηρός** schmerzhaft
Οδυσσ|έας, ~εύς [oði'sefs] **(-έως)** Odysseus *m*
οθόνη Leinwand *f*
οθωμανός Osmane *m*; Türke *m*
οι [i] *Artikel pl. m, f,* die
οικεί|ος [i'kios] **(-α)** häuslich; vertraut; ***οι ~οι*** [i'kii] die Angehörigen
οικία Haus *n*; Wohnung *f*
οικο|γένεια [iko'jenia] Familie *f*; **~γενειακός** Familien-; **~δόμημα** *n* Gebäude *n*; **~δομικός** Bau-; **~δόμος** Bauarbeiter *m*; Maurer *m*; **~δομώ** bauen
οικολογία [iko-] Ökologie *f*
οικονομ|ία [iko-] Wirtschaft *f*; Sparsamkeit *f*; **~ίες** [-'ies] *f/pl.* Ersparnisse *pl.*; **~ικά** *n/pl.* Finanzen *pl.*; **~ικός** wirtschaftlich, Wirtschafts-; finanziell; **~ολογία** Wirtschaftswissenschaft *f*; **~ώ** sparen
οικόπεδο Grundstück *n*
οίκος ['ikos] Haus *n*; Firma *f*
οικ|όσημο [ik-] Wappen *n*; **~οτροφείο** Pension *f*; Internat *n*; **~ότροφος** Pensionär *m*; Internatsschüler *m*
οικουμ|ένη [ikum-] Ökumene *f*; **~ενικός** ökumenisch
οιν|όπνευμα [i'nopnevma] *n* Alkohol *m*; **~οπνευματώδης** [-'toðis] 2 alkoholisch; ***~οπνευματώδη (ποτά)*** *n/pl.* Spirituosen *pl.*; **~οπωλείο** [-opo'lio] Weinhandlung *f*
οίνος ['inos] Wein *m*
οισοφάγος [iso-] Speiseröhre *f*
οιωνός [ion-] Vorzeichen *n*
οκτ- *s.* **οχτ-**
Οκτώβριος Oktober *m*
όλεθρος Verderben *n*
ολημέρα den ganzen Tag
ολίγ|ος wenig; klein; ***εντός ~ου*** in Kürze; ***παρ' ~ο*** beinahe, fast; ***προ ~ου*** vor kurzem; vorhin
ολικός völlig; gesamt
Ολλανδία Holland *n*
όλο *Adv.* immer, stets
ολογράφως ausgeschrieben

ολ|όγυρα *Adv.* rundherum; **~οένα** *Adv.* fortwährend; **~όιδιος** [o'loið-] (**-α**) ganz derselbe; **~όκληρος** ganz; vollständig
ολο|μέλεια Vollversammlung *f*; **~μελής** 2 vollzählig
όλ|ος ganz; **~ο, ~α** alles; **~οι** [-i] alle; **~οι μας** (**σας, τους**) wir (ihr, sie) alle; **~α ~α** alles in allem; **εν ~ω** insgesamt
ολοταχώς [-ta'xos] mit voller Geschwindigkeit
ολότητα Gesamtheit *f*
ολούθε [o'luθe] von überall her
ολο|φάνερος offenkundig; **~χρονίς** das ganze Jahr hindurch; **~ψύχως** [-'psixos] von ganzem Herzen
ολυμπιακ|ός olympisch; **~οί αγώνες** Olympische Spiele *n/pl.*
όλως ['olos] *Adv.* ganz
ομάδα Gruppe *f*; Mannschaft *f*; Truppe *f*; **~ αίματος** Blutgruppe *f*; **ταξιδιωτική ~** Reisegesellschaft *f*
ομαδικός gemeinschaftlich; **~ τάφος** Massengrab *n*
ομαλ|ός glatt; gleichmäßig; normal; reibungslos; **~ότητα** Glätte *f*; Regelmäßigkeit *f*; Normalität *f*
ομελέτα Omelett *n*; Rühreier *n/pl.*
Ομηρος ['omir-] Homer *m*
όμηρος Geisel *f*
ομιλ|ητικός gesprächig; **~ία** Rede *f*; Predigt *f*
όμιλος Gruppe *f*; Verein *m*
ομιλώ sprechen
ομ|ίχλη [-xli] Nebel *m*; **~ιχλώδης** [-i'xloðis] 2 neblig
όμοια ['omja] *Adv.* gleich (-falls)
ομοι|άζω [omi-] ähneln (**προς** *A*/ *D*); **~όμορφος** gleichförmig
ομοιοπαθητικός [omiopaθi-] homöopathisch
όμοιος ['omjos] (**-α**) gleich, ähnlich
ομοιότητα Ähnlichkeit *f*
ομολογία Geständnis *n*, Eingeständnis *n*; Obligation *f*; Pfandbrief *m*; **~ πίστεως** Glaubensbekenntnis *n*
ομόλογο Lastschrift *f*; Schuldschein *m*
ομολογώ eingestehen
ομόνοια [-nia] Einigkeit *f*
ομορφιά Schönheit *f*
όμορφος schön
ομοσπονδ|ία Föderation *f*; Eidgenossenschaft *f*; Vereinigung *f*; **~ιακός** föderativ; Bundes-
ομοφυλόφιλος homosexuell
ομ|οφωνία Einmütigkeit *f*, Einstimmigkeit *f*; **~όφωνος** einstimmig, einmütig
ομπρέλα Schirm *m*
ομφαλός Nabel *m*
όμως jedoch, aber
ον (**όντος**) *n* Wesen *n*

ονειρεύομαι [oni'revome] träumen
όνειρο ['oniro] Traum *m*
όνομα *n* Name *m*; ***εν ονόματι*** (*G*) im Namen *G*; ***κατ'*** ~ dem Namen nach; ***επ' ονόματι*** (*G*) auf den Namen
ονομ|άζω (be)nennen; bezeichnen; **~ασία** Bezeichnung *f*; **~αστί** *Adv.* namentlich; **~αστική** Nominativ *m*; **~αστικός** Namens-; namentlich; ***~αστική γιορτή*** Namenstag *m*; **~ατεπώνυμο** Vor- und Nachname *m*
όνος Esel *m*
οξ|εία [o'ksia] Akut *m*; Akzent *m*; **~(ε)ιδώνω** [-i'ðono] oxydieren
όξος *n* Essig *m*
οξύ [o'ksi] **(-έος)** *n* Säure *f*
οξυά Buche *f*
οξύγαλα *n* saure Milch *f*
οξυ|γόνο Sauerstoff *m*; **~θυμία** Jähzorn *m*
οξύ|θυμος jähzornig; **~νοια** [-nia] Scharfsinn *m*; **~νους** [-nus] **(-ουν)** scharfsinnig; **~ς** scharf; hoch; *Med.* akut; **~τητα** Schärfe *f*; Heftigkeit *f*; **~φωνος** Tenor *m*
οπαδός Anhänger *m*
όπερα Oper *f*
οπερέτα Operette *f*
όπισθεν [-sθen] *Adv.* (von) hinten; *prp.* (*G*) hinter (*A*, *D*); ***η*** ~ Rückwärtsgang *m*
οπισθενεργός 2 rückwirkend
οπίσθ|ια *n/pl.* Rücken *m*; **~ιος (-α)** hintere(r), Hinter-, Rück-
οπισθο|βουλία [-vu'lia] Hintergedanke *m*; **~γράφηση (-εις)** Indossament *n*; **~δρόμηση (-εις)** Rückzug *m*; Rückschritt *m*; **~δρομικός** zurückweichend; rückständig; **~δρομώ** sich zurückziehen; *fig.* zurückbleiben
οπίσω *Adv.* hinten; *prp.* *G* hinter
οπλ|ή Huf *m*; **~ίζω** bewaffnen; **~ισμός** Bewaffnung *f*; Ausrüstung *f*
όπλο Waffe *f*; Gewehr *n*; Truppengattung *f*
οπλοπολυβόλο Maschinengewehr *n*
οπόθεν [-θen] *Adv.* woher
όποιος ['opjos] **(-α)** wer; der(jenige), der
οποί|ος[o'pios]: ***ο ~ος, η ~α, το ~ο*** *Relativpron.* der, die, das
οποιοσδήποτε [opjoz'ðipote] **(οποια-, οποιο-)** jeder beliebige; wer auch (immer)
οπότ|αν *Adv.* wenn; **~ε** *Adv.* wenn; *cj.* immer wenn; wann auch immer
όπου ['opu] wo; wohin
οπουδήποτε wo(hin) auch immer
οπτάνθρακας Koks *m*
οπτικός Seh-; optisch
οπωρ|ικό Frucht *f*;

~οπωλείο [-opo'lio] Obstgeschäft *n*
όπως ['opos] *cj.* wie; als; **~-~** irgendwie
οπωσδήποτε auf jeden Fall, sowieso
όραση Sehvermögen *n*
ορατός sichtbar
οργαν|ικός organisch; **~ισμός** Organismus *m*; Organisation *f*
όργανο Organ *n*; Orgel *f*; Werkzeug *n*
οργανώνω organisieren
οργάνωση (-εις) Organisation *f*
οργώνω pflügen
ορδή Horde *f*
ορει|βάτης [ori'vatis] Bergsteiger *m*; **~νός** gebirgig
ορείχαλκος Messing *n*
ορεκτικ|ό Aperitif *m*; **~ός** appetitlich
όρεξη (εις) Appetit *m*; Lust *f* (**για**/ zu *D*); ***καλή ~!*** guten Appetit!
ορθ|ά *Adv.* richtig; **~ά-κοφτά** geradezu
όρθιος (-α) stehend; gerade
ορθο|γραφία [orθo-] Rechtschreibung *f*; **~γώνιο** Rechteck *n*; **~γώνιος (-α)** rechtwinklig
ορθόδοξος orthodox
ορθο|λογιστικός rational; **~πεδικός** orthopädisch; *Su. m* Orthopäde *m*
ορθός richtig; gerade, aufrecht
ορθότητα Richtigkeit *f*
όρθρος Frühmesse *f*
ορθ|ώνω aufrichten; **~ώς** *Adv.* richtig; recht
ορίζοντας Horizont *m*
οριζόντιος (-α) waagerecht
ορίζω festsetzen; definieren
όριο Grenze *f*; ***~ ηλικίας*** Altersgrenze *f*
ορισ|μένος bestimmt, festgesetzt; **~μός** Festsetzung *f*; Definition *f*
ορίστε bitte!; (wie) bitte?; ***~ μέσα!*** treten Sie bitte ein!
οριστικ|ή Indikativ *m*; **~ός** endgültig; **~ότητα** Bestimmtheit *f*
ορκίζ|ομαι schwören; **~ω** *j-n* vereidigen
όρκιση Vereidigung *f*
όρκο|ς Eid *m*; ***παίρνω ψεύτικο*** ['perno 'pseft-] **~** e-n Meineid leisten
ορκωτός vereidigt
ορμ|ή Ansturm *m*; Trieb *m*; **~ίδι** Angelschnur *f*; **~όνη** Hormon *n*; **~ώ** stürmen
όρνιθα Huhn *n*
οροπέδιο Hochebene *f*
όρος *n* Berg *m*
όρ|ος Terminus *m*; Bedingung *f*; ***ανώτατος ~ος*** Maximum *n*; ***κατώτατος ~ος*** Minimum *n*; ***μέσος ~ος*** Durchschnitt *m*; ***κατά μέσο(ν) ~ο*** im Durchschnitt; ***άνευ ~ων*** bedingungslos; ***εφ' ~ου ζωής*** lebenslänglich; ***υπό τον ~ον ότι*** unter der Bedingung, daß

οροφή Decke *f*; Dach *n*
οροφοκτησία Eigentumswohnung *f*
όροφος Stockwerk *n*; (Raketen-)Stufe *f*
όρυζα Reis *m*
ορυκτό Erz *n*, Mineral *n*
ορυχείο [ori'çio] Bergwerk *n*
ορφαν|ό Waisenkind *n*; **~οτροφείο** Waisenhaus *n*
ορχήστρα [or'çistra] Orchester *n*
όρχις (-εως) *m* Hoden *m*
οσάκις sooft
όσο(ν) *Adv.* so sehr, so gut; wie sehr; *cj.* solange; **~ ... τόσο(ν)** je ... desto
όσ|ος *Relativpron.* wer; der(jenige), der; **~α** *n/pl.* alles, was
οστό Knochen *m*; *pl.* Gebeine *n/pl.*
όστρακο Schale *f*; Muschel *f*
οσφραίνομαι [os'frenome] riechen; wittern; *etw.* ahnen
όσφρηση Geruch(ssinn) *m*
οσφ|υαλγία [osfial'jia] Hexenschuß *m*, Kreuzschmerzen *m/pl.*; **~ύς (-ύος)** *f* Kreuz *n*, Hüfte *f*
όταν wenn; als
Ο.Τ.Ε. *m* Telegrafen- und Telefonamt *n*
ότι daß
ό,τι (das), was; **από ~** als (*nach Komparativ*)
ότου ['otu]: **αφ' ~** seit(dem); **μέχρις ~** solange; bis
ου [u] nicht; **ναι ή ~** ja oder nein
Ουάσιγκτων *f* Washington *n*
ουδ|είς [u'ðis] **(-εμία, -έν)** kein; keiner, niemand; **~έποτε** niemals; **~έτερος** neutral; *Gr.* sächlich; **~ετερότητα** Neutralität *f*; **~ετερώνω** neutralisieren
ούζο ['uzo] *Art* Anisschnaps *m*
ουίσκι Whisky *m*
ουκ *s.* **ου**
ουλή [u'li] Narbe *f*
ούλο ['ulo] Zahnfleisch *n*
ουρά [u'ra] Schwanz *m*; *fig.* Schlange *f*; **κάνω ~** sich anstellen; anstehen
ουράνι|ος (-α) Himmels-; himmlisch; **~ο τόξο** Regenbogen *m*
ουρανίσκος Gaumen *m*
ουραν|οξύστης [-'ksistis] Wolkenkratzer *m*; **~ός** Himmel *m*
ουρ|ητήριο [uri'tirio] Bedürfnisanstalt *f*; **~λιάζω** brüllen; **~λιαχτό** Gebrüll *n*
ούρο Harn *m*, Urin *m*
ουρο|δοχείο [uroðo'çio] Nachtgeschirr *n*; **~λόγος** Urologe *m*
ουρώ [u'ro] urinieren
ουσία Substanz *f*; Wesen *n*; Inhalt *m*; **κατ' ~ν** im wesentlichen
ουσιαστικ|ό [usiast-] Hauptwort *n*; **~ός** wesentlich

ούτε ['ute] und nicht; auch nicht; *~ ... ~* weder ... noch
οφείλω [o'filo] schulden; sollen, müssen (**να**/ + *Infinitiv*)
όφελος *n* Nutzen *m*; *δεν έχει ~* es hat keinen Zweck
οφθαλμ|ίατρος Augenarzt *m*; **~όρροια** Augenentzündung *f*; **~ός** Auge *n*
όχθη ['oxθi] Ufer *n*
όχι ['oçi] nein; nicht; *~ μόνο(ν) ... αλλά και* nicht nur ..., sondern auch
οχτ|ακόσιοι [oxt-] achthundert; **~απόδι** Polyp *m*, Krake *m*; **~άρι** Acht *f*; **~ώ** acht
Οχτώβρης Oktober *m*
οχύρωμα [o'çiroma] *n* Befestigung *f*
οχυρώνω befestigen
όψ|η (-εις) Blick *m*; Ansicht *f*; Aussehen *n*; Seite *f*; *εκ πρώτης ~εως* auf den ersten Blick; *έχω υπ' ~η* berücksichtigen

Π

παγίδα Falle *f*
πάγκος (Sitz-)Bank *f*
παγκόσμιος [paŋ'gozmios] Welt-; weltweit
παγο|δρομία Eislaufen *n*; **~πέδιλο** Schlittschuh *m*
πάγος Eis *n*; Frost *m*
παγωμένος gekühlt; gefroren; Eis-; eisig
παγων|ιά Frost *m*; Reif *m*; **~ιέρα** Kühlschrank *m*
παγώνω tiefkühlen; (ge-)frieren
παγωτό (Speise-)Eis *n*
πάει ['pai] *s.* **πηγαίνω;** dahingegangen; *fam.* futsch; *έχω ~* ich bin gewesen; *είχα ~* ich war gewesen
παζ|αρεύω [-'revo] feilschen; **~άρι** Markt *m*
παθαίνω [pa'θeno] erleiden; *τι έπαθες* was ist dir passiert?; *καλά να πάθει* das geschieht ihm recht
πάθημα *n* Unglück *n*
παθητικ|ός passiv; **~ότητα** Passivität *f*
πάθος *n* Leiden *n*; Krankheit *f*; Leidenschaft *f*
παιδαγωγ|ικά [peða-] *n/pl.*, **~ική** Pädagogik *f*; **~ικός** pädagogisch; **~ός** Erzieher *m*
παϊδάκι [pai-] Rippchen *n*
παιδάκι [pe-] Kindchen *n*
παιδ|ί [pe'ði] Kind *n*; **~ίατρος** Kinderarzt *m*; **~ικός** kindlich, Kinder-
παίζω ['pezo] spielen; scherzen
παίρνω ['perno] (weg)nehmen; einnehmen; bekommen; kaufen
παιχνίδι [pe'xni-] Spiel (-zeug) *n*
πακ|ετάρω einpacken;

~έτο Paket *n*; Päckchen *n*
παλ|αιός (-ά) alt; **~άτι** Palast *m*; **~εύω** [-'evo] ringen; kämpfen
πάλη Ringkampf *m*; Kampf *m*; ***~ των τάξεων*** Klassenkampf *m*
παλιάνθρωπος Schuft *m*
παλικάρι junger Bursche *m*
πάλι(ν) wieder
παλιός (-ά) alt
παλίρροια [-ria] Ebbe und Flut *f*; Flut *f*
παλούκι Pfahl *m*
παλτό Mantel *m*
παν: ***το ~*** die Hauptsache; alles
πανέ paniert
πανεπιστήμιο Universität *f*
πανηγύρι [pani'jiri] Jahrmarkt *m*
πανικός Panik *f*
πάντα immer; ***τα ~*** alles
πανταλόνι Hose *f*
πάντες alle
παντού [pa'ndu] überall
παντούφλα Pantoffel *m*
παντρ|ειά Heirat *f*; **~εμένος** verheiratet; **~εύομαι** [-'evome] heiraten
πάντως immerhin
πάνω *s.* **επάνω**
παξιμάδι Zwieback *m*; *Tech.* Mutter *f*
παπαγάλος Papagei *m*
παπαρούνα Mohn *m*
παπάς (-άδες) Pfarrer *m*, Priester *m*, Pope *m*
πάπας Papst *m*
πάπια Ente *f*
πάπλωμα *n* Steppdecke *f*
παπουτσής [papu'tsis] **(-ήδες)** Schuster *m*
παπούτσι Schuh *m*
παππούς (-ούδες) Großvater *m*
παρ- *s.* **παίρνω**
παρ' *s.* **παρά**
πάρα sehr, zu ...
παρά (*A*) bei *D*; trotz *G*; gegen *A*; *Uhrzeit*: vor; ***μία ~ τέταρτο*** ein Viertel vor ein Uhr
παρα|βαίνω [-'veno] *Gesetz* übertreten, verletzen; *Wort* brechen; **~βολή** Vergleich *m*; Gleichnis *n*; Parabel *f*
παραγγελ|ία [paraŋgjel-] Bestellung *f*; Auftrag *m*; **~ιοδότης** Auftraggeber *m*
παραγγέλνω bestellen; anordnen
παράγκα [-ŋga] Baracke *f*
παρα|γκωνίζω [-ŋgo'nizo] verdrängen, zurückdrängen; **~γνωρίζω** [-gnor-] verkennen; verwechseln
παράγοντας Faktor *m*; *pl.* führende Persönlichkeiten *f/pl.*
παραγραφή Verjährung *f*
παράγραφος *f* (*m*) Paragraph *m*; Abschnitt *m*
παραγράφομαι verjähren
παράγω erzeugen, produzieren
παραγωγ|ή [-yo'ji] Produktion *f*; **~ικός** Produktions-; produktiv; **~ικότητα** Pro-

duktivität *f*; **~ός** Produzent *m*
παραδάκια *n/pl.* Geld *n*
παράδειγμα *n* Beispiel *n*; Muster *n*; ***παραδείγματος χάριν*** (***π.χ.***) zum Beispiel (z. B.)
παραδειγματίζομαι sich zum Vorbild nehmen
παράδεισος Paradies *n*
παρα|δέχομαι annehmen; zugeben; **~δίδω, ~δίνω** überreichen; liefern; lehren
παρά|δοξος merkwürdig; **~δοση** (**-εις**) Übergabe *f*; Lieferung *f*; Vorlesung *f*; Überlieferung *f*
παρα|δουλεύτρα [-ðu-'leftra] Reinemachefrau *f*; **~δουλεύω** [-'levo] sich überarbeiten; **~δοχή** [-'çi] Annahme *f*; Zulassung *f*
παραθερίζω (Sommer-) Urlaub machen
παράθεση (**-εις**) Vergleich *m*; Servieren *n*; Zitat *n*
παραθέτω vergleichen; servieren; zitieren
παρ|άθυρο Fenster *n*; **~αθυρόφυλλο** Fensterladen *m*; **~αίνεση** (**-εις**) Ermahnung *f*; **~αινώ** [-e'no] ermahnen; **~αίτηση** (**-εις**) [-'etisi] Rücktritt *m*; Verzicht *m*; **~αιτούμαι** [-e'tume] zurücktreten; verzichten (auf *A*)
παρακαλώ bitten; (***σας***) **~** bitte
παρα|καμπτήριος *f* Umgehungsstraße *f*; **~κάμπτω** um'gehen; biegen um *A*; **~κάνω** übertreiben; **~καταθήκη** Vorrat *m*; Pfand *n*; **~κέντηση** (**-εις**) *Med.* Punktion *f*; **~κίνηση** (**-εις**) Anregung *f*; **~κινώ** anregen
παράκληση (**-εις**) Bitte *f*; Gebet *n*
παρα|κμή [-'kmi] Verfall *m*; **~κολουθώ** [-lu'θo] (ver-) folgen; überwachen; besuchen; **~λαβή** [-la'vi] Empfang *m*
παραλείπω [-'lipo] auslassen; unterlassen, versäumen
παράλειψη (**-εις**) [-lipsi] Auslassung *f*; Unterlassung *f*
παραλήπτης Empfänger *m*
παραλ|ία Strand *m*; **~ιακός** Ufer-, Küsten-
παρά|λληλος parallel; gleichzeitig; ähnlich; *Su. f* Parallele *f*; **~λογος** unvernünftig; unlogisch; **~λυση** (**-εις**) Lockerung *f*; Lähmung *f*; **~λυτος** kaputt; gelähmt
παρα|λύω [-'lio] kaputtmachen; lähmen; **~μάνα** Sicherheitsnadel *f*; **~μέληση** (**-εις**) Vernachlässigung *f*; **~μελώ** vernachlässigen; **~μερίζω** wegrücken; verdrängen; ausweichen; **~μιλώ** (**-άς**) phantasieren; **~μονεύω** [-'nevo] (auf)lauern; **~μονή** Aufenthalt *m*; Vorabend *m*; **~μορφώνω**

entstellen; **~μόρφωση** (**-εις**) Entstellung *f*; Mißbildung *f*; Verformung *f*; **~μυθένιος** [-mi'θenj-] (**-α**) märchenhaft; **~μύθι** Märchen *n*
παράνομος ungesetzlich
παραξενεύομαι [-'nevome] sich wundern
παράξενος sonderbar
παρα|πανήσιος (**-α**) überflüssig; **~πάνω** *Adv.* weiter oben; mehr; **~πατώ** (**-άς**) fehltreten; **~πέτασμα** *n* Vorhang *m*; **~πλάνηση** (**-εις**) Irreführung *f*; Verführung *f*; **~πλανητικός** irreführend; verführerisch; **~πλανώ** (**-άς**) irreführen; verführen; **~πλεύρως** [-'plevros] daneben; **~ποίηση** (**-εις**) [-'piisi] Fälschung *f*; **~ποιώ** [-pi'o] fälschen; **~πολύ** sehr; zuviel, zu; **~πονιέμαι** [-po'njeme] sich beschweren (**για**/ über *A*)
παράπονο Beschwerde *f*; Klage *f*
παραπόταμος Nebenfluß *m*
παρά|ρτημα *n* Anhang *m*; Nebengebäude *n*; Filiale *f*; **~σημο** Orden *m*, Auszeichnung *f*; **~σιτα** *n*/*pl.* Nebengeräusche *n*/*pl.*, Störungen *f*/*pl.*; **~σιτος** Schmarotzer *m*
Παρασκευή [-skje'vi] Freitag *m*; ***Μεγάλη*** **~** Karfreitag *m*
παρα|σκήνια *n*/*pl.* Kulissen *f*/*pl.*; **~σπονδία** Vertragsbruch *m*; **~σπονδώ** den Vertrag brechen
παράσταση (**-εις**) Darstellung *f*; Vorstellung *f*; Formel *f*
παραστέκ|ομαι, ~ω beistehen
παρά|ταξη (**-εις**) Aufstellung *f*; Formation *f*; politisches Lager *n*; **~ταση** (**-εις**) Verlängerung *f*
παρα|τείνω [-'tino] verlängern; **~τήρηση** (**-εις**) Beobachtung *f*; Bemerkung *f*; Hinweis *m*; Vorwurf *m*
παρατηρ|ητήριο Beobachtungsstand *m*; **~ητής** Beobachter *m*; **~ώ** beobachten; bemerken; darauf hinweisen, *daß*
παρα|τσούκλι Spitzname *m*; **~τώ** (**-άς**) aufgeben; verlassen; **~φορτώνω** überlasten; **~φροσύνη** [-'sini] Wahnsinn *m*; **~φωνία** Mißklang *m*; **~χώρηση** (**-εις**) [-'xorisi] Zugeständnis *n*; **~χωρώ** nachgeben
πάρε! nimm!; *s.* **παίρνω**
παρέα Gesellschaft *f*
παρ|έκβαση (**-εις**) Abschweifung *f*; **~εκκλήσι** Kapelle *f*; **~εκκλίνω** abweichen (**από**/ von *D*); **~έκκλιση** (**-εις**) Abweichung *f*; **~έλαση** (**-εις**) Parade *f*
παρελθόν [-'θon] (**-όντος**) Vergangenheit *f*

παρ|εμβαίνω [-'veno] sich einmischen; **~εμβάλλω** einfügen, einschalten; **~έμβαση** (**-εις**) Intervention *f*, Eingreifen *n*; **~εμβατισμός** Interventionspolitik *f*; **~εμβολή** [-vo'li] Einfügung *f*; Zwischenfall *m*; *pl. Funk*: Störungen *f/pl.*; **~έμβυσμα** [-vizma] *n* Dichtung(sring *m*) *f*; **~ενέργεια** [-e'nerjia] Nebenwirkung *f*

παρεξ|ήγηση (**-εις**) [-'ksijisi] Mißverständnis *n*; **~ηγώ** [-i'yo] mißverstehen; übelnehmen

πάρεργο Nebenbeschäftigung *f*

παρεστ- *s.* **παρίσταμαι**

παρεσταθ-, παρεστησ- *s.* **παριστάνω**

παρηγ- *s.* **παράγω**

παρηγορ|ιά Trost *m*; **~ώ** trösten

παρθέν|α, ~ος *f* Jungfrau *f*

παρθηκ- *s.* **παίρνω**

παρ|ίσταμαι anwesend sein; erscheinen; **~ιστάνω** darstellen; **~κάρω** parken; **~κέτο** Parkett(fußboden *m*) *n*

πάρκιν *n* Parkplatz *m*

πάρκο Park *m*; ***εθνικό ~*** Nationalpark *m*; Naturschutzgebiet *n*

παρμένος genommen; *s.* **παίρνω**

παρμπρίζ [par'briz] *n* Windschutzscheibe *f*

πάροδος *f* Durchgang *m*; Nebenstraße *f*; Verlauf *m*

παρ|οικία [parik-] Kolonie *f*; **~οιμία** Sprichwort *n*; **~ολίγο** beinahe; **~όν** (**-όντος**) Gegenwart *f*; ***προς το ~όν*** zur Zeit, vorläufig; **~ότρυνση** (**-εις**) Anregung *f*, Ansporn *m*; **~οτρύνω** [-o'trino] anregen, anspornen

παρουσ|ία [paru'sia] Gegenwart *f*, Anwesenheit *f*; **~ιάζομαι** sich melden (**σε**/bei *D*); **~ιάζω** vorlegen; *j-n* vorstellen; **~ίαση** (**-εις**) Vorlage *f*; Vorstellung *f*

παροχ|έτευση (**-εις**) [-'çetefsi] Kanalisation *f*; **~ετεύω** [-'tevo] *Leitungen* (ver)legen

παρρησία Freimütigkeit *f*

πάρτε! nehmt!; *s.* **παίρνω**

παρών (**-ούσα, -όν**) anwesend; hier!

πάσα *Sport*: Abgabe *f*, Zuspiel *n*

πάσο verbilligte Fahrkarte *f*; ***με το ~*** in aller Ruhe

πάστα Kuchen *m*; Paste *f*

παστίτσιο Nudelauflauf *m*

παστ|ός gesalzen, gepökelt; **~ουρμάς** [-ur'mas] Pökelfleisch *n*

παστρ|εύω [-'evo] säubern, putzen; **~ικός** sauber; redlich

παστώνω (ein)pökeln

Πάσχα [-xa] *n* Ostern *n*

πάσχω [-xo] (er)leiden

πατάτα Kartoffel *f*

πατέρας Vater *m*
πατούσα Fußsohle *f*
πατρ|ίδα Vaterland *n*; Heimat *f*; **~ικός** väterlich; **~ιώτης** [-i'otis] Patriot *m*; Landsmann *m*; **~ιωτικός** patriotisch; **~ιωτισμός** Patriotismus *m*; **~υιός** [-i'os] Stiefvater *m*
πατώ (-άς) treten; (aus)pressen; *j-n* überfahren; *Eid* brechen
πάτωμα *n* Boden *m*; Etage *f*
παύση (-εις) ['pafsi] Pause *f*; Entlassung(sschreiben *n*) *f*; *pl.* Ferien *pl.*
παυσίπονο [paf'sipono] schmerzstillendes Mittel *n*
παύω ['pavo] aufhören, beenden; entlassen
παχαίνω [pa'çeno] mästen; dick werden
πάχνη ['paxni] Reif *m*
πάχος *n* Dicke *f*, Stärke *f*
παχύς [-'çis] dick; fett
παψ- *s.* **παύω**
πάψε! hör auf!, sei still!
πάω *s.* **πηγαίνω**
πέδιλο Sandale *f*
πεδίο Ebene *f*; Feld *n*
πεζ|ή [pe'zi] zu Fuß; **~ογραφία** Prosa *f*; **~οδρόμιο** Gehsteig *m*; **~οπορώ** zu Fuß gehen; **~ός** Fußgänger *m*; *Adj.* prosaisch
πεθαίνω [pe'θeno] sterben; töten
πεθερ|ά Schwiegermutter *f*; **~ικά** *n*/*pl.* Schwiegereltern *pl.*; **~ός** Schwiegervater *m*
πειθαρχ|ημένος [piθ-] diszipliniert; **~ία** Disziplin *f*; **~ικός** disziplinarisch
πείθ|ομαι ['piθome] sich überzeugen (lassen); **~ω** überzeugen (**για**/ von *D*)
πείνα ['pina] Hunger *m*; ***απεργία ~ς*** Hungerstreik *m*
πειν|ασμένος hungrig; **~ώ (-άς)** Hunger haben; hungern
πείρα ['pira] Erfahrung *f*
πειρ|άζομαι sich ärgern (**με**/ über *A*); **~άζω** *j-n* ärgern; *j-m* schaden; stören; ***δεν ~άζει*** es schadet nichts
Πειραι|άς [pire'as], **~εύς** [-'efs] Piräus *m*
πείραμα *n* Versuch *m*
πειραματ|ίζομαι Versuche machen; **~ικός** experimentell
πειρασμός Versuchung *f*
πείσμα ['pizma] *n* Trotz *m*
πεισματ|ικός trotzig; **~ώνω** *j-n* herausfordern, reizen; trotzig sein
πέλαγο(ς) (*n*) offenes Meer *n*
πελαργός Storch *m*
πελ|ατεία Kundschaft *f*; **~άτης** Kunde *m*; Gast *m*; Patient *m*; **~άτισσα** Kundin *f*; Patientin *f*
πελέκι Beil *n*, Axt *f*
Πελοπόννησος [pelo'ponisos] *f* Peloponnes *m*, *f*
πελτές Mus *m*; Gelee *n*
Πέμπτ|η Donnerstag *m*; **2ος** fünfte(r)

πένα (Schreib-)Feder *f*
πέναλτυ *n* Strafstoß *m*
πενήντα fünfzig
πενηντάρι 50-Drachmen-Schein *m*
πένθος *n* Trauer *f*
πενθώ (be)trauern
πεντ|ακόσιοι [-sii] fünfhundert; **~άλεπτο** fünf Minuten *f/pl.*
πεντάλι [pe'dali] *n* Pedal *n*; **~ φρένων** Bremspedal *n*
πεντ|άρι [pend-] Fünf *f*; Fünfer *m*; **~αφωνία** Quintett *n*
πέντε fünf
Πεντηκοστή Pfingsten *n*
πέπλο Schleier *m*
πεποίθηση (**-εις**) [pe'piθisi] Überzeugung *f*; Vertrauen *n*
πεπόνι Zuckermelone *f*
πεπρωμένο Schicksal *n*
πέρα *Adv.* drüben, weiter; *prp.* (**από**) über *A* ... hinaus, mehr als; **εδώ ~** hier gleich; **εκεί ~** da hinten
περασ- *s.* **περνώ**
πέρασμα *n* Überquerung *f*; Durchgang *m*, Korridor *m*
περασμένος vergangen
περαστικ|ός vorübergehend; *Su. m* Passant *m*; **~ά (σας)!** gute Besserung!
περγαμηνή Pergament *n*
πέρδικα Rebhuhn *n*
περ|ηφάν(ε)ια Stolz *m*; **~ήφανος** stolz
περί (+*G*) über *A*, für *A*, um *A*; (+*A*) um *A* ... (herum)
περι|βάλλον (**-οντος**) *n* Milieu *n*, Umgebung *f*; **~βάλλω** umgeben
περίβλημα [-vlima] *n* Hülle *f*; Verkleidung *f*
περι|βολάρης (**-ηδες**) Gärtner *m*; **~βόλι** Garten *m*; **~γελώ** [-je'lo] auslachen; **~γραφή** Beschreibung *f*; **~γράφω** beschreiben; **~έργεια** [-'erjia] Neugier *f*
περίεργος neugierig; sonderbar
περι|εχόμενο Inhalt *m*; **~θώριο** Rand *m*; Spielraum *m*; **~κυκλώνω** einschließen; **~κύκλωση** Einkreisung *f*; **~λαμβάνω** (um)fassen; enthalten
περίληψη (**-εις**) [-lipsi] Zusammenfassung *f*, Übersicht *f*
περιμένω warten (*A*/ auf *A*); erwarten
πέριξ ringsherum
περιοδ|εία Rundreise *f*; Tournee *f*; **~ικός** periodisch; *Su. n* Zeitschrift *f*
περίοδος *f* Periode *f*
περιορ|ίζω begrenzen; einschränken; einsperren; **~ισμένος** beschränkt; **~ισμός** Begrenzung *f*; Einschränkung *f*; Arrest *m*; **~ιστικός** einschränkend
περιουσ|ία [perius-] Vermögen *n*; **~ιακός** Vermögens-
περιπαίζω [-'pezo] verspotten

περιπατητής Spaziergänger *m*
περίπατος Spaziergang *m*
περι|πέτεια [-'petia] Abenteuer *n*, Erlebnis *n*; **~πετειώδης** [-ti'oðis] 2 abenteuerlich; **~πλανιέμαι** [-'njeme] sich verirren; **~πλέκω** (um)wickeln; komplizieren; **~πλοκή** Verwicklung *f*; Komplikation *f*
περίπλοκος kompliziert
περι|πνευμονία [-pnevm-] Lungenentzündung *f*; **~ποίηση (-εις)** [-'piisi] Betreuung *f*; **~ποιούμαι** [-pi'ume] pflegen; sehr entgegenkommen; **~πολία** Streife *f*; **~πολώ** patrouillieren
περίπου [-pu] etwa, ungefähr, zirka
περίπτερο Kiosk *m*, Stand *m*; Pavillon *m*
περίπτωση (-εις) Fall *m*
περίσσ|ευμα [-sevma] Überschuß *m*; **~ιος (-α)** reich; überflüssig
περισσότερ|ο *Adv.* mehr; *Zeit*: länger; **~ος** *Adj.* mehr; länger; ***οι ~οι*** die meisten
περίσταση (-εις) Umstand *m*, Gelegenheit *f*
περι|στατικό Vorfall *m*; *pl.* Umstände *m/pl.*; **~στέρι** Taube *f*; **~στροφή** Umdrehung *f*; Umlauf *m*; **~στύλιο** Säulengang *m*
περιττ|εύω [-'evo] überflüssig sein; **~ός** überflüssig
περιφέρεια Umfang *m*
περί|φημος berühmt; **~φραγμα** *n* Umzäunung *f*; **~φραση (-εις)** Umschreibung *f*
περι|φράσσω umzäunen; **~φρόνηση** Mißachtung *f*; Verachtung *f*; **~φρονώ** verachten
περίχωρα [-xora] *n/pl.* Umgebung *f*
πέρκ|α, ~η Barsch *m*
περμανάντ *n* Dauerwelle *f*
περνώ (-άς) überqueren; durchdringen; hinüberbringen; übertreffen; vorbeigehen; hineingehen; verbringen; (durch)kommen; vergehen
περούκα Perücke *f*
περπατώ (-άς) (zu Fuß) gehen
πέρ(υ)σι voriges Jahr
πεσ- *s.* **πέφτω**
πεσόντες *m/pl.* Gefallene *pl.*
πέστροφα Forelle *f*
πεταγ- *s.* **πετώ**
πεταλούδα Schmetterling *m*; *Tech.* Flügelmutter *f*
πεταξ- *s.* **πετώ**
πετειν|άρι [petin-] Hähnchen *n*; **~ός** Hahn *m*
πέτο Revers *n*
πέτρα Stein *m*
πετράδι Edelstein *m*
πετρέλαιο [pe'treleo] Erdöl *n*; Petroleum *n*
πετρώδης [-'oðis] 2 steinig
πέτρωμα *n* Steinart *f*

πετσέτα Handtuch *n*; Serviette *f*
πετσί Leder *n*; Haut *f*
πέτσινος Leder-, ledern
πετυχ- *s.* **επιτυχ-**
πετώ (**-άς**) (weg)werfen; hinauswerfen; fliegen; flattern
πεύκο ['pefko] Pinie *f*
πέφτω (aus)fallen; einstürzen; *Knopf*: abgehen; *Blitz*: einschlagen; nachlassen
πηγ|άδι [piɣ-] Brunnen *m*; **~άζω** entspringen; **~αίνω** [pi'jeno] gehen; (hin)bringen; *Kleider*: passen; **~ή** [-'ji] Quelle *f*
πηγούνι [pi'ɣuni] Kinn *n*
πήδημα ['piðima] *n* Sprung *m*
πηδώ [pi'ðo] (**-άς**) springen
πήζω ['pizo] gerinnen (lassen)
πηλήκιο Mütze *f*
πηλ|ός Lehm *m*; Schlamm *m*; **~ώδης** [-'oðis] 2 schlammig, lehmig
πηρ- *s.* **παίρνω**
πηχτ|ή Sülze *f*; **~ός** geronnen; dickflüssig
πια [pja] schon; endlich; ***όχι* ~** nicht mehr
πιάνο Klavier *n*
πιάν|ομαι sich (fest)halten; hängenbleiben; in Streit geraten; **~ω** (an)fassen; (er-) greifen; mieten; *Platz* belegen; beginnen
πιάσιμο (**-ατος**) Griff *m*
πιάτο Teller *m*
πιγούνι Kinn *n*
πιέζω [pi'ezo] drücken; (zusammen)pressen
πιές! [pjes] trink!; *s.* **πίνω**
πίεση (**-εις**) Druck *m*; ***ατμοσφαιρική* ~** Luftdruck *m*; ***αρτηριακή* ~** Blutdruck *m*
πιέστε! ['pjeste] trinkt!; *s.* **πίνω**
πιθαν|ός wahrscheinlich; **~ότητα** Wahrscheinlichkeit *f*
πίθηκος ['piθi-] Affe *m*
πικάπ *n* Plattenspieler *m*
πικρ|άδα Bitterkeit *f*; **~ός** bitter
πιλάφι Reis mit Soße (u. Parmesankäse); ***ατζέμ* ~** Reis mit Soße u. Fleisch
πιλότος Pilot *m*
πίνακας Tafel *f*; Bild *n*; Verzeichnis *n*
πινέζα Heftzwecke *f*
πινέλο Pinsel *m*
πίνω ['pino] trinken
πιο [pjo] *Adv.* mehr
πιοτό Getränk *n*
πίπα Pfeife *f*
πιπ|εράτος gepfeffert; **~έρι** Pfeffer *m*; **~εριά** Paprika *m*; **~ερόρριζα** Ingwer *m*; **~ερώνω** [-e'rono] pfeffern
πιπίλα Schnuller *m*
πιρούνι [pi'runi] Gabel *f*
πισίνα Schwimmbecken *n*
πισινός hinter-; *Su. m fam.* Hintern *m*
πίσσα Teer *m*
πιστ|ευτός [-eft-] glaub-

haft; **~εύω** [-'evo] glauben; trauen
πίστη (**-εις**) Glaube *m*; Treue *f*
πιστοδοτώ Kredit gewähren
πιστόλι Pistole *f*
πίστομα kopfüber
πιστ|οποιητικό [-piiti'ko] Bescheinigung *f*; Zeugnis *n*; **~οποιώ** [-pi'o] bescheinigen; beglaubigen; **~ός** treu (**σε**/ *D*); richtig; gläubig; **~ώνω** gutschreiben
πίστωση (**-εις**) Kredit *m*; Guthaben *n*; Gutschrift *f*
πιστωτής Gläubiger *m*
πίσω *Adv*. hinten; zurück; wieder; *Adj*. hinter-; **~ από** hinter *A*, *D*; **πάει ~** *Uhr*: geht nach
πιτσιλίζω bespritzen
πίτ(τ)α Blätterteig *m* mit Käsefüllung
πιωμένος [pjom-] betrunken; *s*. **πίνω**
πλαγιάζω [pla'jazo] sich schlafen legen
πλάγιος (**-α**) schräg; Neben-
πλαζ *f* Strand *m*
πλάθω schaffen; formen; sich *etw*. ausdenken
πλαίσιο Rahmen *m*
πλαισιώνω [plesi'ono] (ein)rahmen
πλάκα Platte *f*
πλακί Zubereitungsart *f* von Speisen
πλάνη[1] Irrtum *m*
πλάνη[2] Hobel *m*
πλαν|ήτης [pla'nitis] Planet *m*; **~ίζω** hobeln
πλαστήρι Nudelholz *n*
πλαστικ|ό Kunststoff *m*; **~ός** plastisch; **~ή σακ-(κ)ούλα** Plastiktüte *f*
πλαταίνω [-'teno] ausweiten
πλάτανος Platane *f*
πλατεία Platz *m*; *Thea*. Parkett *n*
πλάτ|η Rücken *m*; Schulter *f*; **~ος** *n* Breite *f*
πλατύς [pla'tis] breit
πλειον|ότητα Mehrheit *f*; **~οψηφία** [-opsi'fia] Stimmenmehrheit *f*
πλειστηρ|ιάζω [plistiri-] versteigern; **~ιασμός** Versteigerung *f*
πλείστ|ος ['plistos] zahlreich, sehr viel; **οι ~οι** die meisten; **ως επί το ~ον** meist(ens)
πλέκω flechten; stricken
πλεμόνι Lunge *f*
πλέν|ομαι sich waschen; **~ω** (ab)waschen; putzen
πλεξούδα [-'ksuða] Zopf *m*
πλέον mehr (*G*/ als); **επί ~** darüber hinaus
πλεο|νέκτημα *n* Vorteil *m*; Vorzug *m*; **~νεκτικός** vorteilhaft; habgierig; **~νεξία** Habgier *f*
πλευρ|ά [ple'vra] Seite *f*; Rippe(nfell *n*) *f*; **~ίτιδα** Rippenfellentzündung *f*
πλεχτό [-x-] Strickjacke *f*; Trikot *n*; *pl*. Strickwaren *f*/*pl*.

πλέω schwimmen; segeln
πληγ|ή [pli'ji] Wunde *f*; **~ωμένος** [-γο-] verletzt; **~ώνω** [-'γono] verletzen
πλήθος ['pliθ-] *n* Menge *f*
πληθ|υντικός [pliθind-] Plural *m*; **~υσμός** Bevölkerung *f*; **~ωρισμός** Inflation *f*
πληκτικός langweilig
πλήκτρο Taste *f*
πλημμ|έλημα *n* Vergehen *n*; **~ύρα** Überschwemmung *f*; *fig.* Flut *f*; **~υρίζω** überschwemmt werden; überschwemmen
πλην [plin] *prp.* (*G*) außer *D*; *cj.* aber, jedoch; *Adv.* minus; ***~ τούτου*** außerdem
πλήξη ['pliksi] Langeweile *f*
πληρεξουσιότητα [-ksusi'otita] Vollmacht *f*
πλήρης ['pliris] 2 voll (*G*/ von *D*); vollständig
πληροφορ|ία Nachricht *f*; Auskunft *f*; **~ική** Informatik *f*; **~ούμαι** [-'ume] sich erkundigen (**για**/ nach *D*); **~ώ** benachrichtigen; mitteilen
πλήρωμα *n* *Mar.* Mannschaft *f*, Besatzung *f*
πληρ|ωμή [pliro'mi] Zahlung *f*, Bezahlung *f*; Honorar *n*; **~ώνω** (be)zahlen
πλησ|ιάζω [plisi-] sich nähern; **~ιέστατος** nächste(r); **~ιέστερος** näher; **~ίον** *Adv.*, *Adj.* nah(e); *prp.* (*G*) nahe bei *D*, nahe an *A*; ***ο ~ίον*** der Nächste
πλήττω ['plito] sich langweilen
πλοίαρχος ['pliarxos] Kapitän *m*
πλοίο ['plio] Schiff *n*
πλούσιος ['plus-] (**-α**) reich; reichlich
πλουτίζω [plu'tizo] (sich) bereichern
πλούτ|ος (*pl.* **τα ~η**) Reichtum *m*
πλυν- *s.* **πλένω**
πλυντήριο [plin'dirio] Wäscherei *f*; Waschmaschine *f*
πλώρη ['plori] Bug *m*
πνεύμα ['pnevma] *n* Geist *m*
πνευματικός [pnev-] geistig; Druckluft-
πνεύμονας Lunge *f*
πνευμονία Lungenentzündung *f*
πνέω wehen, blasen
πνίγ|ομαι ersticken; ertrinken; **~ω** erwürgen; ertränken
πνοή [pno'i] Hauch *m*; Atem(zug) *m*
ποδ|ηλατιστής (**-ίστρια**) Radfahrer(in *f*) *m*; **~ήλατο** Fahrrad *n*
πόδι Fuß *m*; Bein *n*; ***με τα ~α*** zu Fuß
ποδιά Schürze *f*
ποδόλουτρο Fußbad *n*
ποδο|πατώ (**-άς**) *j-n* mit Füßen treten; **~σφαιρική ομάδα** Fußballmannschaft *f*
ποδόσφαιρο Fußball *m*; ***παίζω ~*** Fußball spielen

πόθος Sehnsucht *f*; Begierde *f*
ποίη|μα ['piima] *n* Gedicht *n*; **~ση** Dichtung *f*
ποιητ|ής [pii'tis] Dichter *m*; **~ικός** poetisch
ποικ|ιλία [pik-] Vielfalt *f*; **~ίλλω** [pi'kilo] variieren; schwanken; **~ίλος** bunt; vielfältig
ποικιλόχρωμος [pik-] bunt
ποίμνιο ['pimnio] Herde *f*
ποιν|ή [pi'ni] Strafe *f*; ***επί ~ή*** bei Strafe; **~ικός** Straf-; ***~ικός κώδικας*** Strafgesetzbuch *n*
ποιος [pjos] **(-α)** welche(r, -s); wer
ποιότητα [pi'otita] Qualität *f*
ποιώ [pi'o] schaffen; machen
πολεμ|ικός kriegerisch; Kriegs-; **~ιστής** Kämpfer *m*, Krieger *m*
πόλεμος Krieg *m*; Kampf *m* (**κατά** *G*/ gegen *A*)
πολεμώ (-άς) (be)kämpfen
πόλη (-εις) Stadt *f*
πολικλινική Poliklinik *f*
πολιομυελίτιδα [poliomiel-] Kinderlähmung *f*
πολιορκ|ία Belagerung *f*; ***κατάσταση ~ίας*** Belagerungszustand *m*; **~ώ** belagern
πολιτεία Staat *m*; Stadt *f*
πολίτευμα [-tevma] *n* Regierungsform *f*
πολίτης Bürger *m*; Zivilist *m*
πολιτ|ική Politik *f*; **~ικός** politisch; zivil; *Su. m* Politiker *m*; **~ισμένος** kultiviert; **~ισμός** Kultur *f*, Zivilisation *f*; **~ιστικός** kulturell; **~οφυλακή** Miliz *f*
πολλά *s.* **πολύ**
πολλαπλασ|ιάζω vervielfältigen; multiplizieren; **~ιασμός** Multiplikation *f*
πολλαπλάσιος (-α) vielfach
πολλή *s.* **πολύς**
πόλος Pol *m*
πολύ [po'li] sehr; viel; *Zeit*: lange; ***πάρα ~*** (all)zu; ***το ~*** höchstens; ***πάει ~*** das geht zu weit
πολυ|άριθμος zahlreich; **~βόλο** Maschinengewehr *n*; **~γραφώ** vervielfältigen; **~δάπανος** kostspielig; **~ήμερος** mehrtägig; **~θρόνα** Sessel *m*; **~κατοικία** [-katik-] Wohnhaus *n*; **~λογάς (-ού, -άδικο)** geschwätzig; **~μέρεια** Vielseitigkeit *f*; **~μερής** 2 vielseitig
πολύποδας Polyp *m*
πολ|ύς (-λή, -ύ) viel; *Weg, Zeit*: lang; ***οι ~λοί*** [-'li] die Menge; ***προ ~λού*** [-'lu] seit langem
πολυ|σήμαντος vieldeutig; **~σύλλαβος** mehrsilbig; **~σχιδής** [-sçi'ðis] 2 weitverzweigt; **~τέλεια** Luxus *m*, Pracht *f*; **~τελής** 2 luxuriös, prachtvoll; **~τεχνείο** [-x-] technische Hochschule *f*

πόμολο Türklinke *f*
πομπή Prozession *f*, Festzug *m*
πομπός Sender *m*
πονηρ|ία Schlauheit *f*, List *f*; **~ός** schlau
πον|όδοντος Zahnschmerzen *m/pl.*; **~οκέφαλος** Kopfschmerzen *m/pl.*; **~όλαιμος** Halsschmerzen *m/pl.*; **~όματος** Augenschmerzen *m/pl.*
πόνος Schmerz *m*; Leid *n*
ποντίκι Maus *f*
ποντικ|οπιάστρα Mausefalle *f*; **~ός** Maus *f*; Ratte *f*; **~οφάρμακο** Rattengift *n*
ποντο- Meer(es)-
πόντος Zentimeter *m*
πον|ώ (**-άς**) schmerzen; ***μου ~άει ...*** tut mir weh
πορ|εία Marsch *m*; Gang *m*; Kurs *m*; **~εύομαι** [-'evome] marschieren, gehen
πόρνη Dirne *f*
πόρος Pore *f*
πόρπη Schnalle *f*
πορσελάνη Porzellan *n*
πόρτα Tür *f*
πορτατίφ *n* Leselampe *f*
πορτιέρης (**-ηδες**) Portier *m*
πορτο|καλάδα Orangeade *f*; **~κάλι** Apfelsine *f*
πορτοφόλι Brieftasche *f*; Portemonnaie *n*
πορτραίτο [-'treto] Portrait *n*
πόσιμος trinkbar; Trink-
ποσό Menge *f*; Betrag *m*
πόσ|ος wieviel(e); wie groß; wie hoch; wie weit; ***~ο*** wie ...!; ***~ο ...;*** wie teuer ...?; ***κάθε ~ο*** wie oft
ποσότητα Menge *f*; Quantität *f*
ποστρεστάν postlagernd
ποτ|άμι Fluß *m*; **~αμός** Strom *m*
πότε wann; ***από ~*** seit wann; ***κάθε ~*** wie oft; ***ως ~*** bis wann; ***~ - ~*** ab und zu
ποτέ(ς) einmal, einst; nie(mals)
ποτ|ήρι [po'tiri] Glas *n*; **~ίζω** tränken; (be)gießen; **~ιστήρι** Gießkanne *f*; **~ό** Getränk *n*
που [pu] der, die, das; welche(r, -s); *cj.* daß; weil; ***έτσι ~*** so daß
πού [pu] wo(hin)?; ***από ~*** woher; **για ~** wohin; **από ~ ως ~** wieso denn, inwiefern
πουγγί [puŋ'gi] Geldbeutel *m*
πούδρα Puder *n*
πουδράρω pudern
πουθενά (n)irgendwo(hin)
πουκάμισο Hemd *n*
πουλερικά *n/pl.* Geflügel *n*
πούλημα ['pulima] *n* Verkauf *m*
πουλί Vogel *m*; Huhn *n*
πούλμαν *n* Reisebus *m*
πουλώ [pu'lo] (**-άς**) verkaufen
πουρές Püree *n*
πουρμπουάρ [purbu'ar] *n* Trinkgeld *n*

πούρο Zigarre *f*
πουτίγγα Pudding *m*
πράγμα *n* Sache *f*; Angelegenheit *f*; Ware *f*
πράγματι in der Tat
πραγματικ|ός wirklich, tatsächlich; wahr; **~ότητα** Wirklichkeit *f*
πραγματο|ποίηση (-εις) [-'piisi] Verwirklichung *f*; Erfüllung *f*; **~ποιώ** [-pi'o] verwirklichen
πρακτικός praktisch
πράκτορας Agent *m*
πρακτορείο Agentur *f*; Vertretung *f*; Vermittlung *f*
πράξη (-εις) Handlung *f*, Tat *f*; Geschäft *n*; Praxis *f*; Maßnahme *f*; Urkunde *f*; *Thea.* Aufzug *m*, Akt *m*
πρασ|ιά Beet *n*; **~ινάδα** Rasen *m*, Grün *n*
πράσινος grün; unreif
πράσο Porree *m*, Lauch *m*
πρατήριο Verkaufsstelle *f*; **~ *βενζίνης*** Tankstelle *f*
πρέζα Prise *f*
πρεμιέρα Premiere *f*
πρέπει ['prepi] zustehen (**σε**/ *D*); es ist nötig; müssen; sollen; **~ *να φύγω*** ich muß gehen
πρεσβ|εία Botschaft *f*; Abordnung *f*; **~ευτής** [-e'ftis], **πρέσβυς** Botschafter *m*
πρήξιμο ['priksimo] Schwellung *f*; Beule *f*
πρίγκιπας ['priŋgipas] Prinz *m*; Fürst *m*
πρίζα Steckdose *f*
πριν *Adv.* vorher, zuvor; früher; *Adj.* vorige(r); *prp.* (*G*) vor *D*; *cj.* bevor; ***από τα* ~** von vornherein; im voraus
πριόνι Säge *f*
πριον|ίδια *n/pl.* Sägespäne *m/pl.*; **~ίζω** (zer)sägen
πρίσμα *n* Prisma *n*
προ (*G*) vor *D*; **~ *ολίγου*** vor kurzem; **~ *πολλού*** seit langem; **~ *παντός*** vor allem
προ|αισθάνομαι [-e'sθanome] ahnen; **~αίσθηση (-εις)** Ahnung *f*; **~άστιο** Vorstadt *f*, Vorort *m*
πρόβα Anprobe *f*; Probe *f*
προβάλλω [-'valo] (hinaus)strecken; vorführen; vorbringen
πρόβατο Schaf *n*
πρόβειος (-α) Schaf-
προβιβ|άζω befördern; *Schüler* versetzen; **~ασμός** Beförderung *f*; Versetzung *f*
προβλέπω vorhersehen; vorsorgen
πρόβλεψη (-εις) Voraussicht *f*; Vorsorge *f*; *Hdl.* Sicherheit *f*
πρόβλημα ['provlima] *n* Problem *n*; Aufgabe *f*
προ|βληματικός fraglich, problematisch; **~βοκάτσια** Provokation *f*; **~βολέας** Scheinwerfer *m*; **~βολή** (Film-)Vorführung *f*
πρόγευμα ['projevma] *n* Frühstück *n*
προγευματίζω frühstücken

πρόγνωση (**-εις**) Vorhersage *f*
πρόγονοι [-ni] *m/pl.* Vorfahren *m/pl.*
πρόγραμμα *n* Programm *n*; Grundsatz *m*; *~ μαθημάτων* Stundenplan *m*
προγραμματ|ίζω programmieren; **~ιστής** Programmierer *m*
προ|δίδω verraten; **~δοσία** Verrat *m*; *εσχάτη ~δοσία* Hochverrat *m*; **~δότης** Verräter *m*
προεδρεία Vorsitz *m*, Präsidium *n*
πρόεδρος Präsident *m*; Vorsitzende(r)
προειδοποιώ [proiðopi'o] warnen
προ|ειπ- *s.* **προλέγω; ~έκταση** (**-εις**) Verlängerung *f*; Ausdehnung *f*; **~εκτείνω** [-'tino] verlängern; ausdehnen; **~εξοφλώ** im voraus zahlen; voraussagen; **~έρχομαι** sich herleiten, abstammen
προετοιμ|άζω [-etim-] vorbereiten; **~ασία** Vorbereitung *f*
πρόζα Prosa *f*
προζύμι Hefe *f*; Sauerteig *m*
προηγμένος [proiγ-] fortschrittlich, entwickelt
προηγ|ούμαι [proi'γume] vorangehen; **~ούμενος** vorhergehend; Vor-; **~ουμένως** *Adv.* zuvor
πρό|θεμα *n* Vorsilbe *f*; **~θεση** (**-εις**) Absicht *f*; *Gr.* Verhältniswort *n*
προ|θεσμία Frist *f*; **~θυμία** [-θim-] Bereitwilligkeit *f*
πρό|θυμος bereit; **~θυρο** Vorplatz *m*
προίκα ['prika] Mitgift *f*
προικ|ίζω [prik-] ausstatten; **~ισμένος** begabt
προ|ϊόν [proi'on] (**-όντος**) Produkt *n*; Erlös *m*; **~ΐσταμαι** [-'istame] vorstehen (*G*/ *D*); **~ϊστάμενος** Chef *m*, Leiter *m*, Vorgesetzte(r); **~ϊστορία** Vorgeschichte *f*; **~καλώ** herausfordern; erregen
προκατα|βάλλω vorschießen; im voraus bezahlen; **~βολή** Vorschuß *m*; Vorausbezahlung *f*; **~βολικός** Voraus-; *Adv.* im voraus
προκατειλημμένος [-tilim-] voreingenommen
προκάτοχος Vorgänger *m*
πρόκειται [-kite] es handelt sich (**για**/ um *A*); werden, sollen
προ|κήρυξη (**-εις**) [-'kiriksi] Aufruf *m*; Bekanntmachung *f*; **~κηρύσσω** [-ki'riso] ausrufen, bekanntmachen
προκληθ- *s.* **προκαλώ**
πρόκληση (**-εις**) Herausforderung *f*; Provokation *f*
προ|κλητικός herausfordernd; **~κόβω** vorankommen; gedeihen; **~κομμένος** fleißig; **~κοπή** Gedei-

hen *n*; Vorankommen *n*; **~κυμαία** [-ki'mea] Kai *m*, Mole *f*; **~κύπτω** sich ergeben; **~λαβαίνω** [-la'veno] einholen; *j-m* zuvorkommen; *Zug* erreichen; verhüten; **~λέγω** voraussagen
προλεταρι|ακός proletarisch; **~άτο** Proletariat *n*
προληπτικός [-lip-] vorbeugend; abergläubisch
πρόληψη (-εις) Vorbeugung *f*; Vorurteil *n*; Aberglaube *m*
πρόλογος Vorwort *n*
προμάμμη Urgroßmutter *f*
πρόμαχος Vorkämpfer *m*
προμαχώνας [-'xo-] Bollwerk *n*
προμελ|έτη Planung *f*; ***εκ ~έτης*** vorsätzlich; **~ετημένος** geplant; **~ετώ (-άς)** planen; vorsätzlich tun
προμήθεια [-'miθia] Lieferung *f*; Vorrat *m*; Provision *f*
προμηθ|εύομαι [-'evome] (sich) *etw.* anschaffen; **~ευτής** [-θe'ftis] Lieferant *m*; **~ευτικός** Liefer-; **~εύω** [-'evo] beschaffen; liefern
πρόνοια ['pronia] Fürsorge *f*; Vorsorge *f*; ***κοινωνική ~*** Sozialfürsorge *f*
προνόμιο [-mio] Vorrecht *n*, Privileg *n*
προξεν|είο Konsulat *n*; **~ιά** Ehevermittlung *f*; **~ώ** verursachen
προο|δευτικός [prooðeft-] fortschrittlich; **~δεύω** [-'ðevo] Fortschritte machen
πρόοδος *f* Fortschritt *m*
προοπτική Perspektive *f*
προορ|ίζω [proor-] bestimmen; **~ισμός** Bestimmung *f*; Bestimmungsort *m*
προπαγ|άνδα Propaganda *f*, Werbung *f*; **~ανδίζω** propagieren
προπαίδεια [-'peðia] Anfangsunterricht *m*; Einführung *f*; Einmaleins *n*
προπάππος Urgroßvater *m*
προπέλα Propeller *m*; Schiffsschraube *f*
προ|πόνηση (-εις) Training *n*; **~πονητής** Trainer *m*; **~πονώ** trainieren
πρόποση (-εις) Trinkspruch *m*
προπώληση [-'polisi] (-εις) Vorverkauf *m*
προς (+ *A*) zu *D*, nach *D*; gegen *A*; an *A*; für *A*; (+ *G*) von *D*; zu *D*; (+ *D*) außer *D*, bei *D*; ***~ τον κύριο ...*** (an) Herrn ...; ***~ το παρόν*** zur Zeit; ***~ το βράδυ*** gegen Abend
προσανατολ|ίζομαι sich orientieren; **~ισμός** Orientierung *f*
προσ|αρμογή Anpassung *f*; **~αρμόζομαι** sich anpassen (**σε**/ an *A*); sich abfinden; **~αρμοστικός** anpassungsfähig; **~άρτημα** *n* Zubehör *n*; Anlage *f*; **~άρτηση** (-εις) Beifügung *f*; Anschluß *m* (**σε**/ an *A*);

~βάλλω angreifen; beleidigen; *jur.* anfechten; **~βλητικός** beleidigend, verletzend; **~βολή** Angriff *m*; Anfall *m*; Beleidigung *f*; **~γειώνομαι** [-ji'onome] landen; **~γείωση** **(-εις)** [-'jiosi] Landung *f*; **~διορισμός** Bestimmung *f*; **~δοκία** Erwartung *f*; **~εκτικός** aufmerksam; einsichtsvoll; vorsichtig; **~έρχομαι** kommen; sich melden; **~ευχή** [-ef'çi] Gebet *n*; **~εύχομαι** [-'efxome] beten; **~έχω** aufpassen (*A*/ auf *A*); **~εχώς** demnächst

προσηλ|υτίζω bekehren; **~ωμένος** ergeben (**σε**/ *D*); **~ώνομαι** sich konzentrieren, sich widmen (**σε**/ *D*)

προσημειώνω [-simi'ono] vormerken

πρόσ|θεση **(-εις)** Hinzufügung *f*; Addition *f*; **~θετος** zusätzlich

προσ|θέτω hinzufügen; addieren; **~θήκη** [-'θiki] Anhang *m*; Beilage *f*; **~ιτός** zugänglich; erschwinglich; **~καλεσμένος** (ein)geladen; **~καλώ** (ein)laden; vorladen

πρόσ|κληση **(-εις)** Aufforderung *f*; Einladung *f*; Einberufung *f*; **~κομμα** *n* Hindernis *n*; **~κοπος** Pfadfinder *m*; **~κρουση** **(-εις)** Anstoß *m*

προσ|κρούω [-'kruo] anstoßen, anprallen; verstoßen; **~κύνημα** [-'kinima] Wallfahrt(sort *m*) *f*; **~κύνηση** Anbetung *f*, Verehrung *f*; **~κυνητής** Pilger *m*; **~κυνώ** [-ki'no] **(-άς)** (an-) beten

πρόσληψη **(-εις)** Anstellung *f*; Annahme *f*

προσοχή [-'çi] Aufmerksamkeit *f*; Vorsicht *f*; **~!** Achtung!; ***με ~*** vorsichtig

πρόσοψη **(-εις)** Fassade *f*

προσ|πάθεια Bemühung *f*; **~παθώ** sich anstrengen; **~περνώ** **(-άς)** überholen; überflügeln

προστα|σία Schutz *m*; ***~σία περιβάλλοντος*** Umweltschutz *m*; **~τευτικός** [-teft-] Schutz-; **~τεύω** [-'tevo] beschützen; fördern

προστάτης Beschützer *m*; Schutzherr *m*

προστεθ- *s.* **προσθέτω**

πρόστιμο Geldstrafe *f*

προστρέχω [-xo] herbeieilen; appellieren

προστυχ|αίνω [-sti'çeno] verschlechtern; **~ιά** [-'ça] Gemeinheit *f*

πρόστυχος [-xos] gemein; minderwertig

πρόσφατος jüngst; frisch

προσ|φέρω (an)bieten; **~φεύγω** [-'fevγo] (**σε**) sich wenden an *A*; **~φορά** Angebot *n*; Geschenk *n*; Spende *f*

πρόσφυγας Flüchtling *m*

προσ|φώνηση **(-εις)** [-'fo-

nisi] Ansprache *f*; **~φωνώ** [-fo'no] begrüßen
προσωπ|άρχης [-çis] Personalchef *m*; **~ίδα** Maske *f*; **~ικός** persönlich; *Su. n* Personal *n*; Belegschaft *f*; *Su. n/pl.* Meinungsverschiedenheiten *f/pl.*; **~ικότητα** Persönlichkeit *f*
πρόσωπο Gesicht *n*; Person *f*; *Thea.* Rolle *f*
προσωρινός vorläufig; einstweilig
πρόταση (-εις) Vorschlag *m*; Antrag *m*; *Gr.* Satz *m*
προ|τείνω [-'tino] vorschlagen; *jur.* beantragen; **~τελευταίος** [-tele'fteos] **(-α)** vorletzte(r); **~τεραιότητα** [-tere'otita] Vorrang *m*; *Auto*: Vorfahrt *f*; **~τέρημα** *n* Vorzug *m*
πρότερος: ***εκ των προτέρων*** im voraus
προτεσταντικός protestantisch
προ|τίμηση (-εις) Bevorzugung *f*; ***κατά ~τίμηση*** vorzugsweise; **~τιμότερος** vorzuziehen(d); **~τιμώ (-άς)** vorziehen; lieber mögen; **~τομή** Büste *f*
προτού [-'tu] *cj.* bevor; *Adv.* vorher
προτροπή Ermunterung *f*
πρότυπο Muster *n*; Modell *n*; Form *f*; Vorbild *n*
προϋπ|άντηση (-εις) [proip-] Entgegenkommen *n*; **~αντώ (-άς)** entgegengehen; **~όθεση (-εις)** Voraussetzung *f*; ***με την ~όθεση*** unter der Voraussetzung; **~οθέτω** [-o'θeto] voraussetzen; **~ολογίζω** veranschlagen, schätzen; **~ολογισμός** Voranschlag *m*; Haushaltsplan *m*
πρόφαση (-εις) Vorwand *m*; Ausrede *f*
προφασίζομαι vorschützen
προ|φέρω aussprechen; äußern; **~φητεία** [-fi'tia] Prophezeiung *f*; **~φητεύω** [-fi'tevo] prophezeien; **~φήτης** [-'fitis] Prophet *m*
προφίλ *n* Profil *n*
προ|φορά Aussprache *f*; **~φορικός** mündlich; *Su. n/pl.* mündliche Prüfung *f*; **~φταίνω, ~φτάνω** einholen; erreichen; es schaffen
προφυλ|άγομαι sich vorsehen; **~άγω** schützen; **~ακή** Vorposten *m*; **~ακίζω** in Untersuchungshaft nehmen; **~άκιση (-εις)** Untersuchungshaft *f*; **~ακτικός** vorbeugend; vorsichtig; *Su. n* Vorbeugungsmittel *n*; Präservativ *n*
προφύλαξη (-εις) Vorsicht(smaßnahme) *f*; Rücksichtnahme *f*
πρόχειρος [-çiros] griffbereit; improvisiert; provisorisch; *Adv.* fürs erste; *Su. n* Kladde *f*; ***εκ του προχείρου*** aus dem Stegreif

προ|χθές [-'xθes] vorgestern; **~χθεσινός** vorgestrig; **~χτές** vorgestern
πρόχωμα [-xoma] *n* Damm *m*; Deich *m*
προ|χωρώ [-xo'ro] vorrükken, vorankommen; Fortschritte machen; *Fieber*: steigen; **~ωθώ** [-o'θo] vorantreiben; fördern
πρόωρος ['prooros] vorzeitig
πρύμνη ['primni] Heck *n*
πρυτανείο Rektorat *n*
πρύτανης, ~ις Rektor *m*
πρωθυπουργός [proθipur'γos] Ministerpräsident *m*
πρωί [pro'i] früh; *Su.* Morgen *m*; ***το ~*** morgens; ***~ και βράδυ*** morgens und abends; **~ - ~** sehr früh
πρωινό [proi'no] Frühstück *n*; Morgen *m*; **~ς** früh; Morgen-
πρώτα ['prota] zuerst; vorher; in erster Linie
πρωταγων|ιστής [protaγon-] Hauptdarsteller *m*; **~ιστώ** die Hauptrolle spielen
πρωτ|άθλημα [-'aθlima] *n* Meisterschaft *f*; **~αθλητής** Meister *m*, Sieger *m*; Wegbereiter *m*; **~εία** *n/pl.* Vorrang *m*; erster Platz *m*; **~εύουσα** [-'evusa] Hauptstadt *f*; **~οβουλία** Initiative *f*; **~οβρόχια** [-ça] *n/pl.* Herbstregen *m*; **~όγονος** Ur-; primitiv; *Su. m* Ureinwohner *m*; **~όγραφο** Original *n*
πρωτοδικείο Landgericht *n*
πρωτόκολλο Protokoll *n*; Etikette *f*
Πρωτομαγιά [-ma'ja] (der) erste Mai; Maifeier *f*; **~τικος** Mai-
πρωτομάστορας Vorarbeiter *m*; Polier *m*
πρώτον *s.* **πρώτα;** erstens
πρωτόπειρος unerfahren; *Su. m* Neuling *m*
πρωτο|πορία Vorhut *f*; Avantgarde *f*; **~πόρος** Vorreiter *m*
πρώτ|ος erste(r); ***~η ύλη*** ['ili] Rohstoff *m*; ***εν ~οις*** [em'brotis] in erster Linie
πρωτ|οτυπία Originalität *f*; **~ότυπο** Original *n*; Urschrift *f*; Muster *n*; **~ότυπος** originell; Original-; **~οφανής** 2 neu, sonderbar
πρωτοχρονιά Neujahr *n*; **~τικος** Neujahrs-; *Adv.* zu Neujahr
πρωτύτερα *Adv.* früher
πτερύγιο Flügel *m*; Flosse *f*
πτήση **(-εις)** Flug *m*; Fliegen *n*
πτυσσόμενος zusammenklappbar
πτυχή [pti'çi] Falte *f*
πτυχίο Diplom *n*; Staatsexamen *n*
πτώμα *n* Leiche *f*; Kadaver *m*

πτώση **(-εις)** ['ptosi] Fall *m*, Sturz *m*; Ausfall *m*; Absturz *m*; Einsturz *m*; Kasus *m*
πτωχ- *s.* **φτωχ-**
πτώχευση **(-εις)** ['ptoçefsi] Verarmung *f*; Bankrott *m*, Konkurs *m*
πυγμ|αχία [piγma'çia] Boxkampf *m*; **~άχος** [-xos] Boxer *m*; **~αχώ** [-'xo] boxen; **~ή** Faust *f*
πυθμένας Grund *m*; Boden *m*
πυκν|ός dicht; kompakt; **~ότητα** Dichte *f*; Prägnanz *f*; **~ώνω** verdichten; verdikken; zusammenrücken
πύκνωση **(-εις)** Verdichtung *f*; Kondensation *f*
πυκνωτής Kondensator *m*
πύλη ['pili] Tor *n*; Pforte *f*
πυξίδα Kompaß *m*; Büchse *f*
πύο(ν) ['pio(n)] Eiter *m*
πυορροώ [-ro'o] eitern
πυρ [pir] **(πυρός)** *n* Feuer *n*
πυρ|ά Scheiterhaufen *m*; *n*/*pl.* Geschützfeuer *n*; **~ακτώνω** glühend machen
πυραμίδα Pyramide *f*
πυρ|ασφάλεια Feuerversicherung *f*; **~ασφαλής** 2 feuersicher
πύραυλος ['piravlos] Rakete *f*
πύργος Turm *m*; Schloß *n*
πυρετ|ικός fieberhaft; fiebrig; **~ός** Fieber *n*
πυρήνας [pi'rin-] Kern *m*; Zellkern *m*
πυρηνικ|ός Kern-; Atom-; **~ός** ***αντιδραστήρας*** Kernreaktor *m*; **~ή** ***φυσική*** Kernphysik *f*
πυρίμαχος feuerfest
πύρινος feurig; heiß
πυρίτιδα Pulver *n*
πυρκαγιά [-ka'ja] Brand *m*
πυρο|βολικό [pirovol-] Artillerie *f*; **~βολισμός** Schießen *n*; *pl.* Schießerei *f*; **~βόλο** Geschütz *n*, Kanone *f*; **~βολώ** schießen; **~μαχικά** [-maç-] *n*/*pl.* Munition *f*
πυρο|σβεστήρας [-zve'stir-] Feuerlöscher *m*; **~σβέστης** Feuerwehrmann *m*
πυροσβεστικ|ός Feuerlösch-; **~ή** ***υπηρεσία***, **~ό** ***σώμα*** Feuerwehr *f*
πυροτέχνημα [-'texnima] *n* Feuerwerk *n*
πυρώνω [pi'rono] erhitzen; wärmen
πυτζάμα Schlafanzug *m*
πώληση **(-εις)** ['polisi] Verkauf *m*
πωλητ|ήριο [poli'tirio] Verkaufsvertrag *m*; **~ής** Verkäufer *m*
πωλήτρια Verkäuferin *f*
πώμα ['poma] *n* Stöpsel *m*, Pfropfen *m*; Verschluß *m*
πώς [pos] wie; wieso; sicher!, doch!; **~** ***όχι;*** wieso nicht?
πως [pos] daß

Ρ

ραβδί, ράβδος ['ravδos] *f* Stock *m*; Stab *m*; **~ χρυσού** [xri'su] Goldbarren *m*
ραβδωτός gestreift
ράβω nähen; schneidern
ραγίζω [ra'jizo] springen, Sprünge bekommen
ράγισμα *n* Sprung *m*, Riß *m*
ραδιεν|έργεια [raδie'nerjia] Radioaktivität *f*; **~εργός** [-'γos] radioaktiv
ραδίκι Zichorie *f*
ράδιο Radium *n*
ραδιο|γράφημα [raδjo-] *n* Röntgenaufnahme *f*; **~γραφία** Radiographie *f*; **~γραφώ** durchleuchten; funken; **~ενεργός** radioaktiv; **~θεραπεία** Radiotherapie *f*; **~πομπός** Rundfunksender *m*; **~πρόγραμμα** Rundfunkprogramm *n*; **~τηλεγράφημα** *n* Funktelegramm *n*, Funkspruch *m*
ραδιουρ|γία [raδiur'jia] Intrige *f*; **~γώ** [-'γo] intrigieren
ραδιοφων|ία Rundfunkwesen *n*; **~ικός** Rundfunk-
ραδιόφωνο [ra'δjofono] Rundfunkgerät *n*
ραθυμία Faulheit *f*
ράθυμος fahrlässig; faul
ρακένδυτος zerlumpt
ρακέτα Tennisschläger *m*
ρακ|ή, ~ί Schnaps *m*; **~οπότηρο** Schnapsglas *n*
ράκος *n* Lumpen *m*; Fetzen *m*; *Adj.* kaputt
ραμφίζω aufpicken
ράμφος *n* Schnabel *m*
ραντάρ [ra'dar] *n* Radar *n*
ραντεβού *n* Verabredung *f*
ραντίζω bespritzen, besprengen
ραπανάκι Radieschen *n*
ραπτομηχανή [-mixa'ni] Nähmaschine *f*
ράσο Kutte *f*
ράτσα Rasse *f*
ραφ|είο Schneiderwerkstatt *f*; **~ή** Naht *f*
ράφι Regal *n*; Fach *n*
ράφτ|ης Schneider *m*; **~ρα** Schneiderin *f*
ράχη ['raçi] Rücken *m*; Rückgrat *n*
ραχ|ίτιδα [raç-] Rachitis *f*; **~οκόκαλο** [raxo-] Wirbelsäule *f*
ρεαλισ|μός Realismus *m*; **~τής** Realist *m*; **~τικός** realistisch
ρεβανί *n* Grieß-Sirup-Kuchen *m*
ρεβέρ *n* Revers *n*, Umschlag *m*
ρέγγα ['reŋga] Hering *m*
ρεζέρβα Reserverad *n*; Ersatzreifen *m*; Reserve *f*
ρεζές (-έδες) Türangel *f*
ρεζ|ιλεύω [-'levo] blamieren; **~ίλι** Blamage *f*
ρεκόρ *n* Rekord *m*
ρεμβάζω träumen

ρεπερτόριο Spielplan *m*
ρεπορτάζ *n* Reportage *f*
ρεπόρτερ *m* Reporter *m*
ρέστ|α *n*/*pl.* Rest *m*; **~ος** übrig
ρετσ|ίνα Harzwein *m*; **~ινάτος** geharzt; *Su. n* Harzwein *m*; **~ίνι** Harz *n*; **~ινόλαδο** Rizinusöl *n*
ρεύμα ['revma] *n* Strom *m*; Strömung *f*; Lauf *m*; (Luft-)Zug *m*; **~ *υψηλής τάσεως*** Starkstrom *m*
ρευματ|ικός [revmat-] rheumatisch; **~ισμός** Rheumatismus *m*
ρεύομαι ['revome] aufstoßen
ρευστ|ό [refst-] Flüssigkeit *f*; **~οποιώ** [-opi'o] verflüssigen; liquidieren; **~ός** flüssig; unbeständig; **~ότητα** flüssige Konsistenz *f*; Unbeständigkeit *f*
ρευτ- *s.* **ρεύγομαι**
ρέω ['reo] fließen, strömen
ρήγας ['riγas] *Kartenspiel*: König *m*
ρήγμα *n* Bruch *m*, Riß *m*
ρήμα *n* Verb *n*
ρημάζω [ri'mazo] ruinieren
ρητό Spruch *m*
ρήτορας ['rit-] Redner *m*
ρήτρα Klausel *f*
ρίγα Lineal *n*; Streifen *m*
ρίγος *n* Schüttelfrost *m*
ριγώ (-άς) schaudern
ριγ|ώνω liniieren; **~ωτός** liniiert; gestreift
ρίζα Wurzel *f*; *Gr.* Stamm *m*; ***τετραγωνική ~*** *Math.* Wurzel(zahl) *f*
ρίζι Reis *m*
ριζικ|ό Schicksal *n*; **~ός** Grund-; radikal
ριζοσπαστι|κός radikal; **~σμός** Radikalismus *m*
ριζώνω [ri'zono] Wurzeln schlagen
ρίμα Reim *m*
ριμάρω reimen
ριν- Nasen-
ριξ- *s.* **ρίχνω**
ριξιά Wurf *m*; Schuß *m*; Ladung *f*
ρίχνω ['rixno] (zu)werfen; stürzen; eingießen; niederreißen; streuen; (ab)schießen; äußern
ριχτ-, ριψ- *s.* **ρίχνω**
ρόγα Beere *f*
ρόγχος ['roŋxos] Röcheln *n*
ρόδα Rad *n*
ροδ|άκινο Pfirsich *m*; **~αλός** rosig, rosa; **~άνι** Spinnrad *n*; **~ανίζω** aufwickeln
ροδέλα Dichtungsring *m*; (Unterleg-)Scheibe *f*
ρόδι Granatapfel *m*
ροδ|οδάφνη Oleander *m*; **~όδενδρο** Rhododendron *m*, Alpenrose *f*
ρολόι [ro'loi] Uhr *f*
ρόλος Rolle *f*
ρόμπα ['roba] Hauskleid *n*; Morgenrock *m*
ρομπότ [ro'bot] *n* Roboter *m*
ρόπαλο Keule *f*

ροπή Neigung *f*
ροσμπίφ [ro'zbif] *n* Roastbeef *n*
ρουζ [ruz] *n* Rouge *n*
ρουλεμάν *n* Kugellager *n*
ρούμι Rum *m*
ρουφ|ηξιά [rufi'ksja] Schluck *m*; **~ώ** (**-άς**) schlürfen; einatmen; aufsaugen
ρούχο ['ruxo] Kleidungsstück *n*; *n/pl.* Kleider *n/pl.*
ροχαλ|ητό [rox-] Schnarchen *n*; **~ίζω** schnarchen
ρυάκι [ri'aki] Bach *m*
ρύγχος ['riŋxos] *n* Schnauze *f*, Maul *n*
ρύζι ['rizi] Reis *m*
ρυζόγαλο Milchreis *m*
ρυθμ|ίζω regeln, regulieren; **~ικός** rhythmisch
ρύθμιση (**-εις**) Regelung *f*, Regulierung *f*
ρυθμ|ιστής Regler *m*; **~ός** Rhythmus *m*; Takt *m*; Tempo *n*; *Kunst*: Stil *m*
ρυμούλκα [ri'mulka] Anhänger *m*
ρυμουλκ|ό Schlepper *m*; **~ώ** (ab)schleppen
ρύπανση (**-εις**) Verunreinigung *f*; **~ *περιβάλλοντος*** Umweltverschmutzung *f*
ρύπος Schmutz *m*; Schande *f*
ρυτίδα Runzel *f*, Falte *f*
ρώγα Beere *f*
ρωμαίικος [ro'meik-] neugriechisch
Ρώμη ['romi] Rom *n*
Ρωμιός (Neu-)Grieche *m*
Ρωσ(σ)ία Rußland *n*
ρωσ(σ)ικός russisch
Ρώσ(σ)ος Russe *m*
ρωτώ [ro'to] (**-άς**) fragen

Σ

σ' = **σε¹**, **σε²**
σα *s.* **σαν**
σαββατιάτικος [savat-] Sonnabend-; *Adv.* sonnabends
Σάββατο Sonnabend *m*
Σαββατοκύριακο Wochenende *n*
σαβούρα [sa'vura] Ballast *m*; Plunder *m*
σαγόνι Kinn *n*
σαθρός morsch, baufällig; wacklig
σαιζ-λόνγκ [sez'loŋg] *f* Liegestuhl *m*
σαιζόν *f* Saison *f*
σακ|άτεμα *n* Verstümmelung *f*; **~ατεύω** [-a'tevo] verstümmeln; erschöpfen; **~άτης** (**-ηδες**) Krüppel *m*; **~άτικος** verstümmelt
σακ(κ)|άκι Jackett *n*; **~ί** Sack *m*; **~ίδιο** Rucksack *m*
σάκ(κ)ος Sack *m*, Beutel *m*
σακ(κ)ούλα Tüte *f*; ***νάυλον* ~** Plastiktüte *f*
σάλα Wohnzimmer *n*; Saal *m*
σαλάμι Salami(wurst) *f*

σαλάτα Salat *m*; ~ ***ντομάτες*** Tomatensalat *m*
σαλεύω [sa'levo] rütteln; schwanken; sich rühren
σάλι Schal *m*
σάλιαγκας ['saljaŋgas] Schnecke *f*
σάλιο Speichel *m*
σαλόνι Salon *m*
σάλτσα Soße *f*
σαλτσιέρα Soßenschüssel *f*
σαμπάνια [samp-] Sekt *m*
σαμποτ|άζ [sabo'taz] *n* Sabotage *f*; **~αριστής** Saboteur *m*; **~άρω** sabotieren
σαμπουάν [sampu'an] *n* Haarwaschmittel *n*
σαμπρέλα *Autoreifen*: Schlauch *m*
σαν wie; als; wenn; da (ja); ~ ***να*** als ob
σανδάλι Sandale *f*
σαν|ίδα, ~ίδι Brett *n*, Latte *f*; **~ιδένιος (-α)** Bretter-; **~ιδωτός** gedielt; getäfelt
σανό(ς) Heu *n*
σαντάλι Sandale *f*
σάντουιτς *n* Sandwich *n*
σαπ|ίζω verfaulen; verrotten; **~ίλα** Fäulnis *f*
σάπιος (-α) faul, verfault
σαπ|ουνάδα Seifenschaum *m*; **~ούνι** [-'uni] Seife *f*; **~ουνίζω** einseifen; **~ουνόφουσκα** Seifenblase *f*
σαράβαλο Wrack *n*; Bruchbude *f*
σαρακοστή Fastenzeit *f*
σαράντα vierzig
σαρδέλα Sardelle *f*; Sardine *f*
σάρκα Fleisch *n*
σαρκικός fleischlich, sinnlich
σάρπα Schärpe *f*
σας euer, Ihr; *D*, *A* euch; *D* Ihnen, *A* Sie
σαστίζω verwirren; aus der Fassung geraten
σάτιρα Satire *f*
σαφ|ήνεια [sa'finia] Klarheit *f*, Deutlichkeit *f*; **~ής** 2 klar, deutlich
σαχλός fade, schal; albern
σβέλτος ['zveltos] gewandt, rasch, flink
σβελτοσύνη Gewandtheit *f*
σβέρκος [zv-] Nacken *m*
σβήνω ['zvino] (er)löschen; ausmachen; (aus)radieren; sterben
σβησμένος erloschen; ausradiert; verwischt
σβηστήρα [zvi'stira] Radiergummi *m*
σγουρ|αίνω [zɣu'reno] (sich) kräuseln; **~ός** kraus, lockig
σε¹ in, an, auf, nach, zu
σε² dich
σεβασμός Ehrfurcht *f*
σεβαστ|ός respektiert, geehrt; ***~έ ...!*** verehrter ...
σέβομαι ['sevome] (ver)ehren; achten
σειρά [si'ra] Reihe *f*; Reihenfolge *f*; Zeile *f*; Schicht *f*; Klasse *f*; ~ ***ειδών*** [i'ðon]

Sortiment *n*; *~ μαθημάτων* Kursus *m*; *με τη ~* der Reihe nach; *είναι η ~ μου* ich bin an der Reihe
σειρήνα [si'rina] Sirene *f*; Hupe *f*; *~ κινδύνου* Alarmglocke *f*
σεισμός [si'zmos] Erdbeben *n*
σείω ['sio] schütteln; wakkeln; schwanken; beben
σέλα Sattel *m*
σελάς **(-άδες)** Sattler *m*
σελήνη [se'lini] Mond *m*
σελίδα Seite *f*
σελίνιο Schilling *m*
σέλινο Sellerie *m*
σελώνω satteln
σεμνό|ς anständig; würdevoll; **~τητα** Anstand *m*; Sittsamkeit *f*
σένα *betont* dir, dich
σενάριο Drehbuch *n*
σεντόνι Bettlaken *n*
σεντούκι Truhe *f*
σεξουαλικός sexuell
Σεπτέμβριος September *m*
σερβ|ίρω servieren; **~ιτόρος** Kellner *m*; **~ίτσιο** Service *n* (*Geschirr*)
σέρνω ziehen; schleppen; beschimpfen (*D*/ *A*)
σεσημασμένος registriert, erfaßt
σεσουάρ *n* Fön *m*
σήκαλη Roggen *m*
σηκών|ομαι [si'konome] aufstehen; **~ω** (ab)heben; wecken; raffen; *Lärm* machen; *Klima*: bekommen (*D*); *fam.* *~ει* es geht
σηκώτι [si'koti] Leber *f*
σηκωτός getragen; gehoben
σήμα *n* Zeichen *n*; Marke *f*; Abzeichen *n*; Signal *n*; Wappen *n*; *~ εμπορίου* Warenzeichen *n*; *~ κινδύνου* Notsignal *n*
σημ|άδεμα [-ðema] *n* Markierung *f*; **~αδεμένος** gekennzeichnet; **~αδεύω** [-'ðevo] kennzeichnen; zielen; **~άδι** Zielscheibe *f*; Zeichen *n*; **~αδούρα** Boje *f*; **~αία** [-'ea] Fahne *f*; **~αίνω** [-'eno] bedeuten; läuten; **~αιοστολίζω** beflaggen; **~αιοστόλιστος** beflaggt
σήμανση **(-εις)** Kennzeichnung *f*; Registrierung *f*
σημαντικός bedeutend
σημασία Bedeutung *f*, Sinn *m*; Belang *m*
σηματο|δότης Ampel *f*; **~δοτώ** signalisieren
σημείο [si'mio] Punkt *m*; Zeichen *n*; Note *f*; *~ του ορίζοντα* Himmelsrichtung *f*
σημείωμα [si'mioma] *n* Bemerkung *f*; Notiz *f*; *Pol.* Note *f*
σημειώνω [simi'ono] anmerken; aufzeichnen; notieren; sich merken; berücksichtigen
σημείωση **(-εις)** [si'miosi] Aufzeichnung *f*; Vermerk *m*
σήμερα ['simera] heute; *από ~* ab heute

σημερινός heutig
σήμερον heute; ***η ~*** heutzutage
σημύδα [si'miða] Birke *f*
σήπομαι ['sipome] (ver)faulen, verwesen
σηψαιμία [sipse'mia] Blutvergiftung *f*
σήψη ['sipsi] Verwesung *f*
σιαγόνα [sia-] Kiefer *m*; Kinn *n*; ***άνω ~*** Oberkiefer *m*; ***κάτω ~*** Unterkiefer *m*
σιάζω, σιάχνω erledigen; in Ordnung bringen
σιγά *Adv.* leise; langsam; **~-~** (immer) langsam, sachte
σιγαλ|ιά Ruhe *f*; **~ός** leise
σιγαρέτ(τ)ο Zigarette *f*
σιγή [si'ji] Schweigen *n*; Ruhe *f*
σίγουρος ['siγuros] sicher
σιδερένιος (-α) eisern
σίδερο Eisen *n*; Bügeleisen *n*
σιδερ|ωμένος gebügelt; **~ώνω** bügeln, plätten
σιδηρόδρομος [siðir-] Eisenbahn *f*
σίδηρος Eisen *n*
σιδηροτροχιά [-'ça] Gleis *n*
σιδηρουργ|είο [-rur'jio] Schmiede *f*; Eisenwerk *n*; **~ός** [-'γos] Schmied *m*
σίκαλη Roggen *m*
Σικελία Sizilien *n*
σιλανσιέ *n* Schalldämpfer *m*
σιμιγδάλι Grieß *m*
σινεμά *n* Kino *n*
σινικός chinesisch
σιντριβάνι Springbrunnen *m*
σιρόπι Sirup *m*
σιτ|άρι Getreide *n*; Weizen *m*; **~ευτός** [-eft-] gemästet, Mast-; **~εύω** [-'evo] mästen; **~οβολώνας** Scheune *f*
σίτος *s.* **σιτάρι**
σιχ|αίνομαι [si'çenome] verabscheuen; sich ekeln; **~αμερός** [sixam-] widerwärtig, ekelhaft; **~ασιά** [-x-] Abscheu *m*, Ekel *m*
σιωπ|ή [sio'pi] Schweigen *n*; **~ή!** Ruhe!; **~ηλός** schweigsam; verschwiegen; **~ητήριο** Zapfenstreich *m*; **~ώ (-άς)** schweigen
σκάβω (aus)graben
σκάζω platzen; hervorbrechen
σκάκι Schach(spiel) *n*
σκακ|ιέρα Schachbrett *n*; **~ιστής** Schachspieler *m*
σκάλα Treppe *f*; Leiter *f*; Tonleiter *f*; Steigbügel *m*
σκαλ|ίζω (um)graben; kratzen; durchwühlen; **~ιστήρι** Hacke *f*; Spaten *m*; **~οπάτι** Stufe *f*; Sprosse *f*; **~ώνω** klettern; stocken; **~ωσιά** Gerüst *n*
σκαμνί Fußbank *f*; Hocker *m*; Schemel *m*
σκάνδαλο Skandal *m*
σκανδαλώδης 2 skandalös, unerhört
σκαντζόχοιρος Igel *m*
σκαπάνη Hacke *f*, Haue *f*
σκάρα Bratrost *m*
σκαρί Stapel *m*
σκαρπίνι Halbschuh *m*

σκαρφαλώνω klettern
σκασμός! *fam.* halt's Maul!
σκατά *n/pl. fam.* Scheiße *f*
σκάφη Trog *m*; Mulde *f*
σκελετός Skelett *n*; Gerüst *n*; Rahmen *m*; Gestell *n*
σκέλος *n* (Ober-)Schenkel *m*
σκεπάζ|ομαι sich zudekken; **~ω** (be)decken; vertuschen
σκέπασμα *n* Decke *f*; Deckel *m*; Vertuschen *n*
σκέτος rein; (*Kaffee*) ungezuckert
σκετς *n* Hörspiel *n*; Sketch *m*
σκεύος ['skjevos] *n* Gerät *n*; (Eß-)Geschirr *n*
σκευοφόρος [skjevo-] *f* Gepäckwagen *m*
σκεφτικός nachdenklich; skeptisch
σκέφτομαι (nach)denken; überlegen; erwägen
σκέψη (**-εις**) Überlegung *f*; Gedanke *m*
σκην|ή [ski'ni] Zelt *n*; Bühne *f*; Bühnenbild *n*; Szene *f*; **~ικός** Theater-
σκηνο|θεσία Regie *f*; Inszenierung *f*; **~θέτης** Regisseur *m*; **~θετώ** inszenieren
σκι *n* Schi *m*; Schilaufen *n*; ***κάνω ~*** Schi laufen; ***θαλάσσιο ~*** Wasserschi *m*
σκιά Schatten *m*; Gespenst *n*; **~ζω** [ski'a-] beschatten; verdunkeln; schattieren; ['skja-] *j-n* erschrecken
σκιερός schattig; dunkel
σκιόφως (**-ωτος**) *n* Zwielicht *n*
σκίτσο Skizze *f*
σκλαβιά Sklaverei *f*
σκλάβος Sklave *m*
σκληρ|αγωγώ [skliraγo'γo] abhärten; **~αίνω** [-'eno] härten; **~όκαρδος** hartherzig; **~ός** hart; grausam; trotzig; **~ότητα** Härte *f*; Grausamkeit *f*
σκολ- *s.* **σχολ-**
σκόνη Staub *m*; Pulver *n*
σκον|ίζομαι staubig werden; **~ίζω** bestäuben; **~ισμένος** staubig; verstaubt
σκοντάφτω stolpern (**σε**/über *A*)
σκόντο Skonto *m*, Rabatt *m*
σκόπελος Klippe *f*
σκόπευτρο [-peftro] *Foto*: Sucher *m*
σκοπ|εύω [-'evo] zielen; beabsichtigen; **~ιά** Wache *f*
σκόπιμος absichtlich
σκοπός Ziel *n*; Zweck *m*; Wache *f*; Vorsatz *m*; Plansoll *n*
σκορδαλιά Knoblauchsoße *f*
σκόρδο Knoblauch *m*
σκόρος Motte *f*
σκορπίζω (zer)streuen; verbreiten; verschwenden
σκοτάδι Finsternis *f*
σκοτειν|ιά [-ti'nja] Dunkelheit *f*; **~ιάζω** dunkel werden; **~ός** dunkel; ***στα ~ά*** im Dunkeln
σκοτ|ίζω verwirren; belästi-

gen; **~ωμός** Tötung *f*; Strapaze *f*; **~ώνω** töten
σκουλ|αρίκι [skul-] Ohrring *m*; **~ήκι** [-'iki] Wurm *m*, Made *f*; **~ηκιάρης (-α, -ικο)** wurmstichig; madig
σκουμπρί Makrele *f*
σκούπα ['skupa] Besen *m*; ***ηλεκτρική*** **~** Staubsauger *m*
σκουπ|ίδι [skup-] Müll *m*, Kehricht *m*; **~ίζω** fegen; abtrocknen; abwischen; putzen
σκουρ|ιά [skur-] Rost *m*; **~ιάζω** rosten; veralten; **~ιασμένος** verrostet
σκούρος ['skur-] dunkel
σκούτερ *n* Motorroller *m*
σκουφάκι Kappe *f*; **~ *του μπάνιου*** ['banju] Badekappe *f*
σκούφια Mütze *f*; Haube *f*
σκύβω ['skivo] (sich) beugen; sich bücken
σκυλ|ί [ski'li] Hund *m*; **~ολό(γ)ι** Gesindel *n*
σκύλος ['skilos] Hund *m*
σκυλόψαρο Hai(fisch) *m*
σκυταλοδρομία Staffellauf *m*
σκυφτός gebeugt
σκύφτω *s.* **σκύβω**
σκωληκοειδίτιδα [skolikoið-] Blinddarmentzündung *f*
Σλάβος Slawe *m*
σλάιτς ['slaits] *n* Diapositiv *n*
σλιπ *n* Slip *m*; Schwimmshorts *pl.*
σμάλτο [zm-] Emaille *f*
σμαλτώνω emaillieren
σμήνος *n* Schwarm *m*
σμιλεύω [zmi'levo] (aus-) meißeln
σμίλη Meißel *m*; Skalpell *n*
σοβαρ|ός ernst; *Adv.* im Ernst; **~ότητα** Ernst *m*
σοβατίζω verputzen
σοβιετικ|ός sowjetisch; ***2ή Ενωση*** Sowjetunion *f*
σόδα Soda *n*, *f*
σοδειά [-'ðja] Ernte *f*
σοκάκι Gasse *f*
σοκολάτα Schokolade *f*
σόλα Sohle *f*
σολιάζω besohlen
σολομός Lachs *m*
σόμπα ['soba] Ofen *m*
σοπράνο *f* Sopran *m*
σορτς *n/pl.* Shorts *pl.*
σοσιαλισ|μός Sozialismus *m*; **~τικός** sozialistisch
σου [su] dir; dein
σου|βαντίζω [-vad-] verputzen; **~βάς (-άδες)** Putz *m*
σούβλα ['suvla] Bratspieß *m*
σουβλ|άκια *n/pl.* Schaschlik *m*; **~ερός** spitz; **~ιά** Stich *m*; Stechen *n*; **~ίζω** aufspießen; erstechen; stechende Schmerzen verursachen
σουγιάς [su'jas] **(-άδες)** Taschenmesser *n*
σούπα ['supa] Suppe *f*
σουπιά Tintenfisch *m*
σουπιέρα Suppenschüssel *f*
σουρ|ούπωμα [su'rupoma] *n* Abenddämmerung *f*;

~ουπώνει [-ni] es wird dunkel; **~ώνω** filtern; **~ωτήρι** Filter *m*
σουτιέν *n* Büstenhalter *m*
σοφία Weisheit *f*, Klugheit *f*
σοφίτα Dachgeschoß *n*
σοφός weise; vernünftig
σπάγ|γος, **~κος** ['spaŋgos] Bindfaden *m*, Schnur *f*
σπάζω (zer)brechen; zerreißen; entzweigehen
σπαθί Schwert *n*; Säbel *m*
σπανάκι Spinat *m*
σπάνια *Adv.* selten
σπανίζω knapp sein
σπάνιος (**-α**) selten; knapp
σπανιότητα Seltenheit *f*
σπά(ν)ω *s.* **σπάζω**
σπαράγγι [-'raŋgi] Spargel *m*
σπάραχνο Kieme *f*
σπάργανο Windel *f*
σπαρ(θ)- *s.* **σπέρνω**
σπαρμένος (aus)gesät
σπαρταρώ (**-άς**) zappeln; zucken
Σπάρτη [-ti] Sparta *n*
σπάσιμο (**-ατος**) Bruch *m*
σπασμ|ένος zerbrochen; gebrochen; ruiniert; **~ός** Krampf *m*; **~ωδικός** krampfhaft, krampfartig
σπατάλη Verschwendung *f*
σπάταλος verschwenderisch; *Su. m* Verschwender *m*
σπαταλώ (**-άς**) verschwenden
σπάτουλα Spachtel *m*, *f*
σπείρα ['spira] Spirale *f*; Bande *f*
σπέρ|μα *n* Same *m*; Keim *m*; **~νω** säen; verbreiten
σπεσιαλιτέ *n*, *f* Spezialität *f*
σπηλιά [spi'lja] Höhle *f*
σπίθα Funke *m*
σπιθοβολώ (**-άς**) funkeln; Funken sprühen
σπιουνεύω [spiu'nevo] (aus)spionieren
σπιούνος [spi'u-] Spion *m*; Intrigant *m*
σπίρτο Streichholz *n*; Alkohol *m*
σπιρτοκούτι Streichholzschachtel *f*
σπιτήσιος (**-α**) häuslich
σπίτι Haus *n*; *Adv.* nach Hause; zu Hause
σπιτικός häuslich, hausgemacht
σπιτ|ονοικοκύρης [-niko'kiris] (**-ηδες**) Hauswirt *m*; **~ώνω** *j-n* bei sich aufnehmen
σπόγγος ['spoŋgos] Schwamm *m*
σπογγώδης 2 schwammig, porös
σπορ *n* Sport *m*
σπορά Saat *f*, Aussaat *f*
σπόρος Same *m*; Kern *m*
σπουδ|άζω [spuð-] studieren; **~αίος** (**-α**) wichtig; ernst; **~αιότητα** Wichtigkeit *f*; **~αστήριο** Arbeitszimmer *n*; Seminar *n*; **~αστής** Student *m*; **~ή** Eile *f*; *pl.* Studium *n*
σπρώχνω ['sproxno] sto-

ßen; drängeln; *etw.* zu weit treiben
σπυρί Korn *n*; Pickel *m*
στα (in) den; in die (*pl.*)
στάβλος Stall *m*
στάδιο Stadion *n*; Stadium *n*
σταδιοδρομία Laufbahn *f*
στάζω tröpfeln, tropfen
σταθ- *s.* **στέκομαι**
σταθερ|οποίηση (**-εις**) [-'piisi] Stabilisierung *f*; **~οποιώ** [-opi'o] stabilisieren; **~ός** beständig; fest, stabil; **~ότητα** Beständigkeit *f*; Stabilität *f*
στάθμευση (**-εις**) ['staθmefsi] Stationierung *f*, Parken *n*; ***χώρος σταθμεύσεως*** Parkplatz *m*; ***απαγόρευση σταθμεύσεως*** Parkverbot *n*
σταθμεύω [-'mevo] halten; parken; anlegen
σταθμός Bahnhof *m*; Station *f*; Etappe *f*; ***ηλεκτρικός ~*** Elektrizitätswerk *n*; ***ραδιοφωνικός ~*** Rundfunksender *m*; ***~ πρώτων βοηθειών*** [voiθi'on] Unfallstation *f*
σταλ- *s.* **στέλνω**
στάλα Tropfen *m*; ein bißchen
σταλακτίτης Stalaktit *m*
σταματώ (**-άς**) stehenbleiben; aufhören; *j-n* aufhalten; abstellen
στάμνα Krug *m*
στάρι Getreide *n*; Weizen *m*
στάση (**-εις**) Aufenthalt *m*; Haltestelle *f*; Stagnation *f*; Haltung *f*; Meuterei *f*
στασιάζω meutern
στατικός statisch
στατιστικ|ή Statistik *f*; **~ός** statistisch
σταύλος ['stavlos] Stall *m*
σταυρ|όλεξο [sta'vrolekso] Kreuzworträtsel *n*; **~ός** Kreuz *n*; **~ωτός** gekreuzt; kreuzförmig; *Jackett*: zweireihig
σταφ|ίδα Rosine *f*; **~ύλι** Weintraube *f*
στάχτη Asche *f*
σταχτοδοχείο [-ðo'çio] Aschenbecher *m*
στάχυ ['staçi] *n* Ähre *f*
στεατ- Talg-
στέγη ['steji] Dach *n*
στεγν|ός trocken; dürr; **~ώνω** (ab)trocknen; austrocknen
στειλ- *s.* **στέλνω**
στείρος ['stir-] (**-α**) unfruchtbar
στειρώνω [sti'rono] sterilisieren
στείρωση (**-εις**) Sterilisation *f*
στέκ|ομαι, **~ω** stehenbleiben; (da)stehen; sich stellen
στέλεχος *n* Stiel *m*; Stengel *m*; Stamm *m*; Kader *m*
στέλ|λω, **~νω** (zu)schicken; senden
στέμμα *n* Krone *f*
στεν|αγμός Seufzer *m*; **~άζω** stöhnen
στενεύω [-'nevo] enger ma-

chen; zu eng sein; sich verschlechtern
στενο|γράφημα *n* Stenogramm *n*; **~γραφία** Kurzschrift *f*; **~γραφώ** stenographieren; **~δακτυλογράφος** *m, f* Stenotypist(in *f*) *m*
στεν|ός eng; **~ότητα** Enge *f*; Knappheit *f*
στενο|χωρημένος [-xorim-] bedrückt; **~χώρια** Kummer *m*; **~χωριέμαι** [-xor'jeme] sich Sorgen machen
στέπ(π)α Steppe *f*
στερε|ός fest; hart; haltbar; **~ότητα** Festigkeit *f*; Härte *f*; Haltbarkeit *f*; **~οφωνικός** stereophonisch; **~ώνω** (be)festigen; sichern
στέρηση (-εις) Entbehrung *f*
στεριά Festland *n*
στεφάνι Einfassung *f*; Kranz *m*
στέφανος Kranz *m*
στεφ|άνωμα *n* Trauung *f*; **~ανώνω** *j-n* trauen
στέφω krönen
στέψη (-εις) Krönung *f*
στη(ν) der, dem ; in der, in dem, in die, in den, in das
στηθ(ηκ)- *s.* **στήνω**
στήθος ['stiθos] *n* Brust *f*
στήλη ['stili] Säule *f*; Spalte *f*
στήνω ['stino] errichten; (auf)stellen; montieren
στήριγμα *n* Stütze *f*
στηρίζ|ομαι sich stützen; **~ω** stützen
στίβω (aus)wringen
στιγμ|ή [sti'ɣmi] Augenblick *m*; Zeitpunkt *m*; **~ιαίος** [-mi'eos] **(-α)** augenblicklich; **~ιότυπο** Momentaufnahme *f*
στιλβώνω [-'vono] polieren; glätten
στις (in) den, in die (*pl.*)
στιφάδο Fleisch mit Zwiebeln und Soße
στίχος Vers *m*; Reihe *f*; Zeile *f*
στο(ν) (in) dem, (in) der; in den, in die, in das
στοά Säulenhalle *f*
στοίβα ['stiva] Haufen *m*, Stapel *m*
στοιβάζω (auf)stapeln; verstauen
στοιχ|ειό [sti'ço] Gespenst *n*; **~είο** [-'çio] Element *n*; Bestandteil *m*; Buchstabe *m*; **~ειώδης** [-çi'oðis] 2 Grund-; elementar
στοίχημα ['stiçima] *n* Wette *f*
στοιχηματίζω wetten
στόκος Kitt *m*; Stuck *m*
στολ|ή [sto'li] Uniform *f*; Tracht *f*; **~ίδι** Schmuck *m*; **~ίζω** schmücken
στόλος Flotte *f*
στόμα *n* Mund *m*; Mündung *f*; Maul *n*
στομ|άχι [-çi] Magen *m*; ***έχω ~άχι*** ich habe ein Magenleiden; **~αχιάζω** sich den Magen verderben; **~αχικός** Magen-; **~αχόπο-**

νος Magenschmerzen *m/pl.*
στόμαχος Magen *m*
στοργή [stor'ji] Zärtlichkeit *f*
στούντιο ['studio] Studio *n*
στοχασμός Gedanke *m*
στόχος Ziel *n*
στραβ|ά *Adv.* schief; verkehrt; **~ίζω** schielen; **~ός** schief, krumm; blind; verkehrt, falsch; **~ώνω** (ver-) biegen; verdrehen; blenden; schiefgehen
στραγγ|αλίζω [straŋg-] erwürgen; **~ίζω** auswringen; abtropfen lassen; **~ιστήρι** Sieb *n*; Entsafter *m*
στραμπ|ουλίζω ausrenken; verrenken; **~ούλισμα** *n* Verrenkung *f*; Verstauchung *f*
στράτευμα ['stratevma] *n* Heer *n*
στρατεύομαι [stra'tevome] eingezogen werden
στράτευση (**-εις**) Wehrdienst *m*
στρατεύσιμος [-'tefsimos] wehrpflichtig
στρατ|ηγείο [-i'jio] Hauptquartier *n*; **~ηγός** [-iɣ-] General *m*; **~ιά** [-i'a] Armee *f*; **~ιώτης** Soldat *m*; **~ιωτικός** militärisch; Kriegs-; **~οδικείο** Militärgericht *n*; **~ολογία** Einberufung *f*; **~οπεδεύω** [-'ðevo] lagern; **~όπεδο** Lager *n*; **~ός** Armee *f*, Heer *n*; **~ώνας** Kaserne *f*; **~ωνίζω** einquartieren
στρείδι ['striði] Auster *f*
στρέμμα *n* Fläche *f* von 10 Ar (= 1000 m²)
στρέφ|ομαι sich drehen; **~ω** drehen
στρίβω drehen; aufspulen; abbiegen
στρίγγλα ['stri(ŋ)gla] Hexe *f*
στριγγλίζω kreischen
στριφογυρίζω [-ji'rizo] (sich) herumdrehen
στρόβιλος Turbine *f*; Kreisel *m*; Wirbel *m*; Strudel *m*
στρογγυλ|εύω [stroŋgi'levo] abrunden; **~ός** rund; deutlich
στρόφαλ|ο Kurbelwelle *f*; **~ος** Kurbel *f*; Griff *m*
στροφή [stro'fi] Wendung *f*; Umdrehung *f*; Kurve *f*; Strophe *f*
στρώμα *n* Schicht *f*; Lager *n*; Matratze *f*
στρών|ομαι sich hinlegen; sich machen (**σε**/ an *A*); **~ω** ausbreiten; auslegen; *Bett* machen; *Tisch* decken; glattgehen
στύβω ['stivo] ausquetschen
στυλό Füllfederhalter *m*
στύλος Säule *f*; Pfeiler *m*
στυφός herb, säuerlich
στωικός [stoik-] stoisch; *Su.* *m* Stoiker *m*
συγγένεια [siŋ'gjenia] Verwandtschaft *f*
συγγεν|εύω [siŋgje'nevo] verwandt sein; **~ής** 2 verwandt; *Su.* Verwandte(r) *m*, *f*

συ(γ)γνώμη [si(ŋ)'ɣnomi] Verzeihung *f*, Entschuldigung *f*; **~**! Verzeihung!
συγγραφ|έας [siŋɣra'feas] Schriftsteller *m*; Verfasser *m*; **~ή** Abfassung *f*; Werk *n*
συγγράφω [siŋ'ɣrafo] verfassen, schreiben
συγκαλώ [siŋga'lo] einberufen
συγκατάθεση (**-εις**) Zustimmung *f*
συγκάτοικος [siŋ'gatikos] *m*, *f* Mitbewohner(in *f*) *m*
συγ|κεκριμένος [siŋgje-] konkret; **~κεντρώνω** (ver)sammeln; **~κέντρωση** (**-εις**) Versammlung *f*
συγκεφαλ|αιώνω [-le'ono] zusammenfassen; **~αίωση** (**-εις**) Zusammenfassung *f*; **~αιωτικός** zusammenfassend
συγ|κινημένος bewegt, gerührt; **~κίνηση** (**-εις**) Rührung *f*; **~κινητικός** rührend, ergreifend; **~κινώ** rühren, ergreifen
σύγκληση (**-εις**) ['siŋglisi] Einberufung *f*
συγκοινων|ία [siŋginon-] Verbindung *f*, Verkehr *m*; **~ώ** verbunden sein
συγ|κόλληση (**-εις**) Schweißung *f*; Lötung *f*; **~κολλώ** (**-άς**) zusammenleimen; schweißen; löten
συγκρατ|ιέμαι [siŋgra'tjeme] sich beherrschen; **~ώ** zurückhalten; zusammenhalten
συγκρίνω vergleichen
σύγκριση (**-εις**) Vergleich *m*; **σε ~ με** im Vergleich zu *D*
συγκρίσιμος vergleichbar
συγκρούομαι [-'gruome] zusammenstoßen
σύγκρουση (**-εις**) ['siŋgrusi] Zusammenstoß *m*; Konflikt *m*
συγκρούω zusammenschlagen
συγυρίζω [sijir-] aufräumen
συγ|χαίρω [siŋ'çero] beglückwünschen, gratulieren (**για**/ zu *D*); **~χαρητήρια** [-xari-] *n*/*pl*. Glückwünsche *m*/*pl*.; **~χορδία** [-x-] Akkord *m*; **~χρονίζω** modernisieren; synchronisieren; in Einklang bringen; **~χρονισμένος** zeitgemäß
σύγχρονος gleichzeitig; modern; *Su. m* Zeitgenosse *m*
συγχύζω [siŋ'çizo] verwirren; ärgern
σύγχυση (**-εις**) Verwirrung *f*; Aufregung *f*
συγχυσμένος aufgeregt
συγχωρ|ώ [siŋxo'ro] verzeihen; ***με ~είτε!*** verzeihen Sie!
συζήτηση (**-εις**) [si'zitisi] Erörterung *f*; Diskussion *f*; Debatte *f*
συζητώ (**-άς**) besprechen, diskutieren; verhandeln

συζυγία Konjugation *f*
σύζυγος *m, f* Gatte *m*; Gattin *f*
συκιά Feigenbaum *m*
σύκο Feige *f*
συκοφαντ|ία Verleumdung *f*; **~ικός** verleumderisch; **~ώ** verleumden
συκώτι [si'koti] Leber *f*
συλλαβ|ή Silbe *f*; **~ίζω** buchstabieren
συλ|λαμβάνω [-'vano] fangen; verhaften; begreifen; **~λέγω** sammeln; **~λέκτης** Sammler *m*
σύλληψη (**-εις**) ['silipsi] Verhaftung *f*; Empfängnis *f*
συλλογ|ή [-'ji] Sammlung *f*; Kollektion *f*; **~ίζομαι** (be)denken; folgern; **~ισμένος** nachdenklich; **~ισμός** Schlußfolgerung *f*
σύλλογος Verein *m*
συλλυπητήρια [silipi'tiria] *n/pl.* Beileid *n*
συμ|βαίνω [-'veno] sich ereignen; **~βάν** (**-άντος**) *n* Ereignis *n*, Zwischenfall *m*; **~βιβασμός** Kompromiß *m*; **~βόλαιο** [-'voleo] Vertrag *m*; **~βολαιογράφος** Notar *m*
συμβολ|ίζω symbolisieren; **~ικός** symbolisch
σύμβολο Symbol *n*; Zeichen *n*; **~ *πίστεως*** Glaubensbekenntnis *n*
συμβουλ|εύομαι [simvu'levome] um Rat fragen; **~εύω** (be)raten; **~ή** Rat *m*
σύμβουλος Ratgeber *m*
συμμαζεύω [-'zevo] aufräumen
συμ|μαθητής [-maθi'tis] Mitschüler *m*; **~μαχία** Bündnis *n*
σύμμαχος verbündet; *Su. m* Alliierte(r)
συμμαχώ sich verbünden
συμ|μετέχω [-xo] teilnehmen (**σε**/ an *D*); Anteil nehmen; **~μετοχή** [-'çi] Teilnahme *f* (**σε**/ an *D*); Beteiligung *f*; **~μέτοχος** [-x-] Teilnehmer *m*
συμμετρ|ία Symmetrie *f*; **~ικός** symmetrisch
συμμορ|ία Bande *f*; **~ίτης** Bandit *m*; **~ιτοπόλεμος** Bandenkrieg *m*
συμ|μορφώνομαι [-'fonome] sich richten (**προς** *A*/ nach *D*); **~μόρφωση** Anpassung *f*; **~πάθεια** [-'baθia] Sympathie *f*; **~παθητικός** sympathisch
σύμπαν ['simban] (**-αντος**) *n* Weltall *n*
συμ|πατριώτης [simb-] Landsmann *m*; **~περαίνω** [-be'reno] folgern; **~πέρασμα** *n* Schlußfolgerung *f*
συμπεριλαμβ|άνομαι [simberi-] mit einbegriffen sein; **~ανομένου** einschließlich *G*; **~άνω** mit aufnehmen
συμπερι|φέρομαι sich benehmen; **~φορά** Benehmen *n*

συμ|πλέκτης Kupplung *f*; **~πλήρωμα** [-'bliroma] *n* Ergänzung *f*; **~πληρωματικός** nachträglich; Zusatz-; **~πληρώνω** [-bli'rono] ergänzen; vollenden; besetzen; **~πολίτης** [-nja] Mitbürger *m*; **~πόνια** Mitleid *n*; **~πονώ (-άς)** bemitleiden; **~πόσιο** Tagung *f*
σύμπτωμα *n* Symptom *n*, Anzeichen *n*
σύμπτωση (-εις) Zufall *m*; *katá ~* zufällig
συμ|πυκνώνω [-bi'knono] kondensieren; **~πυκνωτήρας** Kondensator *m*; **~φέρον (-οντος)** *n Wirtschaft*: Interesse *n*; **~φέρω** nützen; **~φιλιώνομαι** sich aussöhnen; **~φιλιώνω** aussöhnen; **~φιλίωση (-εις)** Aussöhnung *f*; **~φοιτητής** [-fiti'tis] Kommilitone *m*; **~φορά** Unheil *n*; **~φωνία** Übereinstimmung *f*; Vereinbarung *f*; Symphonie *f*
σύμφων|ο Pakt *m*; Konsonant *m*; **~ος** übereinstimmend; einverstanden; **~οι!** [-ni] einverstanden!
συμφωνώ [simfo'no] sich einig sein; einverstanden sein; übereinstimmen
συν [sin] plus
συν|αγερμός [sinajer'mos] Alarm *m*; **~αγωγή** [-ayo'ji] Synagoge *f*; Sammlung *f*; **~αγωνισμός** Konkurrenz *f*; **~αδελφικός** kollegial; **~άδελφος** Kollege *m*; **~αθροίζω** [-a'θrizo] (ver-) sammeln; **άθροιση (-εις)** Addition *f*; (Ver-)Sammlung *f*; **~αίνεση** [-'enesi] Einwilligung *f*; **~αινώ** [-e'no] einwilligen; **~αισθάνομαι** [-e'sθanome] empfinden; **~αίσθηση** [-'esθisi] Bewußtsein *n*; **~άλλαγμα** *n* Devisen *f/pl.*; Wechseln *n*; **~αλλάσσω** (um)tauschen
συναναστρ|έφομαι [-ana-'strefome] verkehren; **~οφή** Umgang *m*
συν|άντηση (-εις) Treffen *n*; **~αντιέμαι** [-an'djeme] sich treffen; **~αντώ (-άς)** treffen; **~άπτω** beifügen; **~αρμολογώ** zusammenfügen; montieren; **~αυλία** [-a'vlia] Konzert *n*; **~άφεια** [-'afia] Verbindung *f*; Zusammenhang *m*; **~αφής** 2 zusammenhängend
συνάχι [-çi] Schnupfen *m*; *παίρνω ~* Schnupfen bekommen
συνδέομαι sich verbinden
σύνδεσ|η (-εις) Verbindung *f*; Anschluß *m*; **~μος** Verbindung *f*; Bund *m*; Konjunktion *f*
συνδέω verbinden; (ein-) schalten
συνδιάλεξη (-εις) Gespräch *n*; *τηλεφωνική ~* Ferngespräch *n*
συνδικάτο Gewerkschaft *f*
συνδρομ|ή Unterstützung

f; Beitrag *m*; Abonnement *n*; **~ητής** [-i'tis] Abonnent *m*; ***γίνομαι ~ητής*** *G* abonnieren

συνδυασμός [-ðiaz-] Kombination *f*

συνεδρ|ιάζω e-e Sitzung abhalten; **~ίαση (-εις)** Tagung *f*, Sitzung *f*

συνείδηση (-εις) [si'niðisi] Bewußtsein *n*; Gewissen *n*

συνειδητός bewußt; gewissenhaft

συνεισ|φέρω [sini'sfero] spenden; beitragen; **~φορά** Spende *f*; Beitrag *m*

συνελαβ- *s.* **συλλαμβάνω**

συνέλευση (-εις) [-lefsi] Versammlung *f*

συνενν|όηση (-εις) [-'noisi] Verständigung *f*; Einverständnis *n*; **~οούμαι** [-o'ume] sich verständigen

συνέντευξη (-εις) [-defksi] Interview *n*; ***παίρνω ~*** interviewen

συν|έπεια [-pia] Folge *f*, Konsequenz *f*; Wirkung *f*; ***~επεία*** (*G*) infolge *G*; ***κατά ~έπεια(ν)*** infolgedessen; **~επής** 2 konsequent; **~επώς** folglich, infolgedessen

συν|εργάζομαι mitarbeiten, mitwirken; **~εργασία** Mitarbeit *f*, Zusammenarbeit *f*; **~εργάτης** Mitarbeiter *m*; **~έργεια** [-jia] Mitwirkung *f*; **~εργείο** [-er'jio] Werkstatt *f*; Belegschaft *f*; **~εργώ** mithelfen; **~έρχομαι** zusammenkommen; zu sich kommen

σύνεση Einsicht *f*, Verstand *m*

συνέταιρος Gesellschafter *m*; Partner *m*

συν|ετός einsichtig, vernünftig; **~έχεια** Fortsetzung *f*; Folge *f*; ***δίνω ~έχεια*** fortsetzen; **~εχής** [-e'çis] 2 fortwährend; **~εχίζω** fortsetzen; **~εχώς** dauernd

συν|ηγορία Plädoyer *n*; **~ήγορος** Verteidiger *m*; Rechtsanwalt *m*; **~ηγορώ** verteidigen

συν|ήθεια [-'iθia] Gewohnheit *f*, Angewohnheit *f*; Brauch *m*; **~ήθης** [-'iθis] 2 üblich, gewöhnlich; gewohnt; **~ηθίζω** (sich) gewöhnen (*A*/ an *A*); **~ηθισμένος** gewöhnt; gewöhnlich; **~ήθως** [-'iθos] *Adv.* gewöhnlich, meistens

σύνθεση (-εις) Zusammenstellung *f*; Zusammensetzung *f*; Komposition *f*

συν|θέτης Komponist *m*; **~θετικός** synthetisch

σύνθετος zusammengesetzt

συν|θέτω zusammensetzen, zusammenstellen; verfassen; komponieren; **~θήκη** [-'θiki] Pakt *m*, Vertrag *m*; *pl.* Verhältnisse *n/pl.*; ***~θήκη μη επιθέσεως*** Nichtangriffspakt *m*

σύνθημα ['sinθima] *n* Signal *n*, Zeichen *n*; Losung *f*
συνθλίβω [-'θlivo] zerdrükken
συνίσταμαι bestehen
συνιστώ (**-άς**) gründen; *j-n* vorstellen; empfehlen; verordnen
συννεφ|ιά Bewölkung *f*; **~ιάζω** sich bewölken; **~ιασμένος** bewölkt, wolkig
σύννεφο Wolke *f*
συνοδ|εύω [-'ðevo] begleiten; **~ία** Begleitung *f*; Gefolge *n*; **~ός** *m*, *f* Begleiter *m*; Stewardeß *f*
συνοικ|ία [sinik-] Stadtteil *m*; **~ίζω** besiedeln; **~ισμός** Viertel *n*; Besiedlung *f*
συνολικός gesamt
σύνολο Gesamtheit *f*, Summe *f*
συνομήλικος gleichaltrig
συνομιλ|ητής Gesprächspartner *m*; **~ία** Gespräch *n*; **~ώ** sich unterhalten
συνομο|λόγηση (**-εις**) Abschluß *m*; Vereinbarung *f*; **~σπονδία** Verband *m*
συνορ|εύω [-'revo] grenzen (**με**/ an *A*); **~ιακός** Grenz-
σύνορο Grenze *f*
συνουσία Geschlechtsverkehr *m*
συνταγή [sinda'ji] Rezept *n*
σύνταγμα *n* Verfassung *f*; Regiment *n*
συν|ταγματικός verfassungsmäßig, konstitutionell; **~τάκτης** Redakteur *m*
σύνταξη (**-εις**) Redaktion *f*; Rente *f*; Pension *f*; Syntax *f*
συνταξι|διώτης [-'ðjotis] Mitreisende(r); **~ούχος** [-daksi'uxos] Rentner *m*
συν|τάσσω verfassen; aufstellen; organisieren; **~ταυτίζω** [-daft-] identifizieren; **~ταύτιση** (**-εις**) Identifizierung *f*
συν|τήρηση (**-εις**) Erhaltung *f*; **~τηρητικός** konservativ; **~τηρώ** erhalten
σύντομα *Adv.* bald
συντόμευση (**-εις**) [-mefsi] Abkürzung *f*
συντομ|εύω [-'mevo] abkürzen; **~ία** Kürze *f*
σύντομος kurz
συντον|ίζω abstimmen, koordinieren; verstärken; **~ισμένος** abgestimmt; verstärkt; **~ισμός** Abstimmung *f*; Koordination *f*
συντρίβω [-'drivo] zerschmettern
σύντριμμα *n* Scherbe *f*, *pl.* Trümmer *pl.*
συντροφ|εύω [-'fevo] Gesellschaft leisten; sich zusammentun; **~ιά** Gesellschaft *f*; **~ικός** gemeinschaftlich
συντρόφισσα Gefährtin *f*; Genossin *f*
σύντροφος Kamerad *m*; Genosse *m*; Gefährte *m*
συνωμιλησ- *s.* **συνομιλώ**

συνωμ|οσία [sinom-] Verschwörung *f*; **~ότης** Verschwörer *m*; **~οτώ** sich verschwören
συνωστ|ίζομαι sich drängen; **~ισμός** Gedränge *n*
σύρμα *n* Draht *m*
συρμ|ατόπλεγμα *n* Stacheldraht *m*; Drahtverhau *m*; **~ατόσχοινο** [-sçino] Drahtseil *n*; **~ός** *Esb.* Zug *m*; Mode *f*
συρρέω [si'reo] zusammenfließen; zusammenströmen
συρτάκι (*Tanz*) Sirtaki *m*
συρτάρι Schublade *f*
συρτός schleppend; *Su. m, n* Reigentanz *m*
συσκευ|άζω [-skjev-] verpacken; **~ασία** Verpackung *f*; **~ή** Vorrichtung *f*, Gerät *n*
συσκοτ|ίζω verdunkeln; verschleiern; **~ισμός** Verdunklung *f*; Verschleierung *f*
συσσίτιο [-tio] Verpflegung *f*; gemeinsame Mahlzeit *f*
συσσώρευση (-εις) [si'sorefsi] Anhäufung *f*
συσσωρ|ευτής Akkumulator *m*; **~εύω** [-'evo] anhäufen
σύσταση (-εις) Zusammensetzung *f*; Gründung *f*; Empfehlung *f*; Zeugnis *n*; Anschrift *f*
συστατικ|ό Bestandteil *m*; **~ός** Empfehlungs-; konstituierend
σύστημα ['sistima] *n* System *n*; Methode *f*; ***εκ συστήματος*** aus Prinzip
συστημ|ατικός [sistim-] systematisch; **~ένος** eingeschrieben; empfohlen
συστήνω [si'stino] vorstellen; empfehlen
συστοιχία [sisti'çia] Reihe *f*; Batterie *f*
συχν|ά [six'na] oft; ***~ά πυκνά*** sehr oft; **~ός** häufig, ständig; **~ότητα** Häufigkeit *f*, Frequenz *f*
συχωρεμένος selig
σφαγή Massaker *n*
σφάζω schlachten; ermorden
σφαίρα ['sfera] Kugel *f*; Ball *m*; Sphäre *f*
σφαιρ|ικός kugelförmig; **~οβολία** Kugelstoßen *n*; **~οειδής** [-oi'ðis] 2 kugelförmig
σφάλλω sich irren
σφάλμα *n* Irrtum *m*; Fehler *m*
σφεντ|όνα Schleuder *f*; **~ονίζω** schleudern; abschießen
σφήκα ['sfika] Wespe *f*
σφήνα Keil *m*
σφίγγω drücken, pressen
σφιχτός fest, stramm
σφοδρ|ός heftig; **~ότητα** Heftigkeit *f*
σφουγγ|άρι [sfuŋ'gari] Schwamm *m*; **~αρόπανο** Scheuerlappen *m*; **~ίζω** (ab)wischen
σφραγ|ίδα Stempel *m*;

~ίζω stempeln; versiegeln; **~ισμένος** gestempelt
σφυγμός Puls(schlag) *m*
σφύζω *Puls*: schlagen; pochen
σφυρί Hammer *m*
σφυρ|ίζω [sfir-] pfeifen; (aus)zischen; **~ίχτρα** Pfeife *f*
σχάρα Grillrost *m*; ***της ~ς*** gegrillt, geröstet
σχεδία Floß *n*
σχεδιά|γραμμα [sçeði'a-] *n* Plan *m*, Grundriß *m*; **~ζω** skizzieren, entwerfen; vorhaben
σχέδιο ['sçeðio] Plan *m*; Entwurf *m*, Konzept *n*; Muster *n*; Absicht *f*
σχεδόν fast; ungefähr
σχέση (**-εις**) Beziehung *f*; Bezug *m*; Verbindung *f*
σχετικός betreffend; relativ; angemessen
σχήμα ['sçima] *n* Form *f*, Gestalt *f*; Format *n*
σχηματ|ίζω bilden; entwerfen; **~ικός** schematisch; figürlich
σχίζω spalten; zerschmettern; aufritzen; durchschneiden
σχίσμα *n* Riß *m*; Spalt *m*; Spaltung *f*, Schisma *n*
σχιστ|όλιθος Schiefer *m*; **~ός** gerissen; gespalten
σχοινί [sçi'ni] Seil *n*, Tau *n*; Leine *f*
σχόλασμα ['sxol-] *n* Feierabend *m*; Schulschluß *m*
σχολαστικός pedantisch; *Su. m* Pedant *m*
σχολείο Schule *f*; ***δημοτικό ~*** Volksschule *f*
σχόλη Feiertag *m*
σχολή Schule *f*; Fakultät *f*; ***~ οδηγών*** Fahrschule *f*
σχολ|ιάζω [-li-] kommentieren; **~ιαστής** Kommentator *m*; **~ικός** schulisch
σχόλιο ['sxolio] Kommentar *m*; Anmerkung *f*
σχολ(ν)ώ (**-άς**) Schulschluß (*od.* Feierabend) haben; entlassen
σώβρακο ['sovrako] Unterhose *f*
σώζω ['sozo] retten; bewahren
σωληνάριο [-rio] Tube *f*
σωλήνας [so'linas] Rohr *n*; Röhre *f*; ***δοκιμαστικός ~*** Reagenzglas *n*
σώμα ['soma] *n* Körper *m*; Körperschaft *f*; Heizkörper *m*; Exemplar *n*; Corpus *n*
σωματ|ικός körperlich; **~ώδης** [-'oðis] 2 korpulent
σών|ομαι ['sonome] zur Neige gehen; **~ω** aufbrauchen; ausreichen, langen; ***~ει*** es reicht, es genügt
σώος ['soos] (**-α**) heil, wohlbehalten
σώπα! ['sopa] schweig!, still!
σωπαίνω [so'peno] schweigen; beruhigen
σωρ|ηδόν [sori'ðon] haufenweise; **~ιάζομαι** zusam-

menbrechen; **~ός** Haufen *m*; Menge *f*
σωσίβιο [-vio] Rettungsring *m*; Schwimmweste *f*
σωστ|ά *Adv.* richtig; genau; **~ός** richtig; rechtschaffen; ernst; ***στα ~ά*** wirklich
σωτ|ήρας Retter *m*; Heiland *m*; **~ηρία** Rettung *f*; Erlösung *f*
σωφέρ *m* Fahrer *m*, Chauffeur *m*

Τ

τα *pl. v.* **το:** die
ταβάνι [ta'vani] Zimmerdecke *f*
ταβέρνα Weinlokal *n*
τάβλι Spielbrett *n*
ταγγ|ιάζω [taŋg-] ranzig werden; **~ός** ranzig
ταγιέρ [ta'jer] *n* Kostüm *n*
ταγκό [taŋ'go] *n* Tango *m*
τάγμα *n* Bataillon *n*; Orden *m*
τάδε¹: ***ο ~(ς)*** der und der; ***η ~*** die und die; ***το ~*** das und das; soundso
τάζω geloben
ταΐζω [ta'izo] füttern
ταινία [te'nia] Band *n*; Streifen *m*, Banderole *f*; Film *m*; Bandwurm *m*; ***~ γραφομηχανής*** [-mixa'nis] Farbband *n*; ***~ ελαστική*** Gummiband *n*; ***~ μαγνητοφώνου*** Tonband *n*; ***~ οχτώ χιλιοστών*** Schmalfilm *m*
ταίρι ['teri] Partner *m*; Gegenstück *n*
ταιριάζω [te'rjazo] anpassen; passen (**με**/ zu *D*)
τάκος Dübel *m*; Klotz *m*
τακούνι (Schuh-)Absatz *m*
τακτικ|ά *Adv.* regelmäßig; ordentlich; **~ή** Taktik *f*; **~ός** regelmäßig; ordentlich; pünktlich
τακτοποιώ [-pi'o] (an)ordnen; regeln
ταλαιπωρ|ία [talepo'ria] Strapaze *f*; Plage *f*; **~ώ** quälen; strapazieren
ταλ|αντεύομαι [tala'ndevome] schwingen; schwanken; **~άντευση (-εις)** [-'andefsi] Schwingen *n*; Schwanken *n*
τάλαντο, ταλέντο Talent *n*, Begabung *f*
τάλ|ηρο, ~ιρο Fünfdrachmenstück *n*
τάμα *n* Gelübde *n*
ταμείο Kasse *f*; ***~ υγείας*** [i'jias] Krankenkasse *f*
ταμίας Kassierer *m*
ταμιευτήριο [tamie'ftirio] Sparkasse *f*; ***ταχυδρομικό ~*** Postsparkasse *f*
ταμιευτικός Spar-
ταμπούρι [ta'buri] Bollwerk *n*; Schützengraben *m*; Lager *n*
τανάλια Kneifzange *f*
ταξ- *s.* **τάζω, τάσσω**
τάξει: ***εν ~*** [e'ndaksi] in Ordnung

τάξ|η (**-εις**) Ordnung *f*; Klasse *f*; Stand *m*; *Mil.* Rang *m*; ***πρώτης ~εως*** erstklassig
ταξί Taxi *n*
ταξ|ιαρχία Brigade *f*; **~ιδεύω** [-i'ðevo] reisen; **~ίδι** Reise *f*; ***~ίδι αναψυχής*** [-psi'çis] Erholungsreise *f*; **~ιδιώτης** [-i'ðjotis] Reisende(r)
ταξιθέτ|ης Platzanweiser *m*; Logenschließer *m*; **~ρια** Platzanweiserin *f*
τάξιμο (**-ατος**) Gelübde *n*; Widmung *f*
τάπα Pfropfen *m*, Stöpsel *m*
ταπειν|ός [tapin-] bescheiden; demütig; **~οφροσύνη** [-'sini] Bescheidenheit *f*; **~ώνω** erniedrigen, demütigen
ταπείνωση (**-εις**) [ta'pinosi] Erniedrigung *f*
ταπετσαρία Tapete *f*
τάπητας ['tapitas] Teppich *m*
ταραγμ|ένος bewegt; aufgeregt; **~ός** Erschütterung *f*; Beunruhigung *f*
ταράζω (durch)rühren; schütteln; aufwühlen; beunruhigen; stören
ταραμοσαλάτα Fischrogencreme *f*
ταράτσα Terrasse *f*
ταραχ|ή [-'çi] Bewegung *f*; Unruhe *f*; Aufregung *f*; Störung *f*; **~οποιός** [-xopi'os] Unruhestifter *m*; **~ώδης** [-'xoðis] 2 unruhig, stürmisch
ταρίφα Tarif *m*
τασάκι Aschenbecher *m*
τάση (**-εις**) Ausdehnung *f*; *Elektr.* Spannung *f*; Tendenz *f*
τάσι Schüssel *f*; Radkappe *f*
τασ-κεμπάπ [taskje'bap] *n* *Art* Gulasch *n*
τάσσω hinstellen, unterbringen; bestimmen; ordnen
ταυρομαχία [tavroma'çia] Stierkampf *m*
ταύρος ['tavros] Stier *m*
ταυτ|ίζω [taft-] identifizieren; **~ισμός** Identifizierung *f*; **~όσημος** gleichbedeutend; identisch; **~ότητα** Identität *f*; Personalien *pl.*; Ausweis *m*; **~όχρονος** gleichzeitig
ταφ|ή [ta'fi] Beerdigung *f*; **~όπετρα** Grabstein *m*
τάφος Grab *n*
τάφρος *f* Graben *m*
τάχα, ~τε(ς) *Adv.* angeblich; denn; vielleicht; wohl
ταχεία [ta'çia] Schnellzug *m*
ταχέως *Adv.* schnell; bald
ταχθ- *s.* **τάσσω**
ταχιά [ta'ça-] morgen früh
τάχιστα schnellstens
ταχυδακτυλουργός Jongleur *m*
ταχυδρομ|είο [taçiðro'mio] Post *f*; ***κεντρικό ~είο*** Hauptpostamt *n*; **~ικός** Post-; Brief-
ταχυ|δρόμος Briefträger

m; **~δρομώ** auf die Post geben, aufgeben
ταχ|ύνω [ta'çino] beschleunigen; sich beeilen; **~ύς** schnell; Schnell-; beschleunigt; **~ύτερος** schneller; ***το ~ύτερο*** möglichst bald; **~ύτητα** Geschwindigkeit *f*; Schnelligkeit *f*; *Auto*: Gang *m*
ταψί Backblech *n*
τέζα *Adv.* (lang) ausgestreckt
τεζάκι Ladentisch *m*
τεθ- *s.* **θέτω**
τείνω ['tino] spannen; ausstrecken; tendieren (**προς** *A*/ zu *D*)
τείχος ['tixos] *n* Mauer *f*
τελεία Punkt *m*
τελειο|ποίηση (**-εις**) [-'piisi] Vervollkommnung *f*; **~ποιώ** [-pi'o] vervollkommnen
τέλειος (**-α**) vollkommen; vollendet
τελειό|τητα Vollkommenheit *f*; Vollendung *f*; **~φοιτος** [-fitos] Abiturient *m*; Absolvent *m*
τελειώνω [te'ljono] beenden; vollenden; erledigen; aufbrauchen
τελείως [te'lios] *Adv.* vollkommen, völlig
τελειωτικός endgültig
τελεσ|ίγραφο Ultimatum *n*; **~ίδικος** rechtskräftig
τελετή Zeremonie *f*
τελευταίος [tele'fteos] (**-α**) letzte(r)
τελικός endlich; Final-
τέλος *n* Ende *n*; Schluß *m*; Gebühr *f*; Zoll *m*; *pl.* Kosten *pl.*
τελώ durchführen; vollenden; feiern
τελων|ειακός Zoll-; **~είο** [telo'nio] Zollamt *n*
τελώνης Zöllner *m*
τεμάχιο [-çio-] Stück *n*
τεμπ|έλης (**-α, -ικο**) faul; **~ελιά** Faulheit *f*; **~ελιάζω** faulenzen; **~ελόσκυλο** Faulpelz *m*
τέμπλο Altarwand *f*
τέμπο Tempo *n*
τενεκ|εδένιος (**-α**) Blech-; **~ές** (**-έδες**) Blech *n*; Blechdose *f*; **~ετζής** [-e'dzis] (**-ήδες**) Klempner *m*
τέν(ν)ις *n* Tennis *n*
τένοντας Sehne *f*
τενόρος Tenor *m*
τέντα Zeltbahn *f*; Sonnensegel *n*; Markise *f*; *Adv.* sperrangelweit offen
τέντζερες (**-έδες**) Kochtopf *m*; Kasserolle *f*
τεντώνω spannen; (aus-) strecken
τέρας (**-ατος**) *n* Ungeheuer *n*; Mißgeburt *f*
τεράστιος (**-α**) riesig, ungeheuer
τερατώδης 2 entsetzlich
τερεβινθίνη Terpentin *n*
τερηδόνα Holzwurm *m*; Karies *f*
τέρμα *n* Ende *n*; Ziel *n*; Endhaltestelle *f*; *Sport*: Tor *n*

τερματ|ίζω beenden; **~οφύλακας** Torwart *m*
τεσσάρα Vier *f*
τεσσαρ|άγκωνος viereckig; **~άκοντα** vierzig; **~ακοστός** vierzigste(r)
τέσσερ|α *n*, **~ις** *m*, *f* vier
τεστ *n* Test *m*
τε|ταγμένος *s.* **τάσσω;** festgesetzt, bestimmt; **~ταμένος** *s.* **τείνω;** gespannt; straff
τέτανος Tetanus *m*, Starrkrampf *m*
Τετάρτη Mittwoch *m*
τέταρτ|ο Viertel *n*; Viertelstunde *f*; **~ον** *Adv.* viertens; **~ος** vierte(r)
τέτοιος ['tetjos] (**-α**) (ein) solcher, (eine) solche, (ein) solches; diese(r, -s)
τετράγωνο Viereck *n*; Quadrat *n*; **~ς** viereckig; quadratisch; klar
τετρ|άδιο Heft *n*; **~άδιπλος** vierfach; **~αήμερος** [-a'imer-] viertägig; **~ακόσ(ι)οι** (**-ες**, **-α**) vierhundert; **~άπατος** vierstöckig; **~απέρατος** Schlaukopf *m*; Pfiffikus *m*; **~απλάσιος** (**-α**) vierfach; **~αφωνία** Quartett *n*
τεύτλο ['teftlo] rote Rübe *f*, rote Bete *f*
τεύχος ['tefxos] *n* Heft *n*, Broschüre *f*
τέφρα Asche *f*
τεφροδόχος *f* Urne *f*; Aschenkasten *m*
τέχνασμα ['tex-] *n* Kniff *m*, Trick *m*, List *f*
τέχνη ['texni] Kunst *f*; Geschick *n*; Handwerk *n*
τεχν|ητός Kunst-, künstlich; **~ική** Technik *f*; **~ικός** Fach-; technisch; praktisch; künstlerisch; **~ίτης** Handwerker *m*; Techniker *m*; Meister *m*; **~οκράτης** Technokrat *m*; **~ολογικός** technologisch; **~οτροπία** Stil *m*
τέως *Adj.* bisherig, ehemalig
τζαζ [dzaz] *f* Jazz *m*
τζάκι Kamin *m*; Herd *m*; Heim *n*
τζαμαρία Glaswand *f*
τζάμι (Fenster-)Scheibe *f*
τζαμί Moschee *f*
τζάμπα ['dzaba] umsonst; vergebens; gratis
τζάνερο Mirabelle *f*
τζατζίκι [dza'dziki] Knoblauchcreme *f* mit Joghurt
τζελατίνα Gelatine *f*
τζετ [dzet] *n* Düsenflugzeug *n*
τζίρος ['dziros] Umsatz *m*
τζίτζικας ['dzidzikas], **τζιτζίκι** Grille *f*
τζίφρα Monogramm *n*
τηγ|ανητός [tiγ-] gebraten; ***~ανητές πατάτες*** *f|pl.* Bratkartoffeln *f|pl.*; **~άνι** (Brat-)Pfanne *f*; **~ανίζω** braten, schmoren; **~ανίτα** Eierkuchen *m*
τηλε|γράφημα *n* Telegramm *n*; **~γραφικός** telegrafisch; **~γραφώ** telegra-

fieren; **~κατευθυνόμενος** [-katefθin-] ferngelenkt
τηλέμετρο Entfernungsmesser *m*
τηλε|όραση (-εις) Fernsehen *n*; ***βλέπω ~όραση*** fernsehen; ***συσκευή*** [siskje'vi] ***~οράσεως*** Fernsehempfänger *m*; **~πάθεια** [-'paθia] Telepathie *f*; **~πικοινωνία** [-pikinon-] Fernmeldewesen *n*; **~σκόπιο** Fernglas *n*, Teleskop *n*
τηλέτυπο [ti'letipo] Fernschreiber *m*
τηλε|φώνημα *n* Telefonanruf *m*; **~φωνήτρια** Telefonistin *f*; **~φωνικός** telefonisch; Telefon-; ***~φωνικός κατάλογος*** Telefonbuch *n*
τηλέφωνο [ti'lefono] Telefon *n*; ***παίρνω (στο)*** ~ anrufen
τηλεφωνώ [tilefo'no] telefonieren (**στον, στην**/ mit *D*), anrufen (*A*)
την *A v.* **η;** sie (*A*)
τήρηση ['tirisi] Einhaltung *f*
τηρώ [ti'ro] einhalten
της [tis] *G v.* **η**
της ihr; ***το βιβλίο*** ~ ihr Buch
τι; was?; was für ein(e)
τίγρη (-εις) Tiger *m*
τιμαριωτισμός Feudalismus *m*
τιμ|ή [ti'mi] Preis *m*; Wert *m*; Kurs *m*; Ehre *f*; ***~ής ένεκεν*** ehrenhalber; ***με ~ή*** hochachtungsvoll
τιμητικός ehrenvoll
τίμιος (-α) ehrlich; unbescholten; wertvoll, Edel-
τιμιότητα Ehrlichkeit *f*
τιμο|κατάλογος Preisliste *f*; **~λόγιο** Tarif *m*; Warenrechnung *f*; **~λογώ** Preise festlegen
τιμόνι Steuer *n*; Ruder *n*; Lenkrad *n*
τιμονιέρης (-ηδες) Steuermann *m*
τιμώ (-άς) ehren; schätzen
τιμωρ|ία Strafe *f*, Bestrafung *f*; **~ώ** bestrafen
τινάζω (durch)schütteln; ausschütteln, (aus)klopfen; schleudern; sprengen
τίνος, τίνων; wessen
τίποτ|α, ~ε etwas; *verneint*: nichts; keine Ursache!
τιράντες *f/pl.* Hosenträger *m/pl.*
τιρμπουσόν [tirbu'son] *n* Korkenzieher *m*
τις wer?
τίτλος Titel *m*
τιτλούχος Würdenträger *m*
τμήμα ['tmima] *n* Teil *m*; Abschnitt *m*; Polizeirevier *n*; Bezirk *m*; Abteilung *f*; Sektor *m*; Ausschnitt *m*
τμηματ|άρχης [-'tarçis] Abteilungsleiter *m*; **~ικός** Teil-; *Adv.* abschnittsweise
το das; ~ ***και*** ~ dies und das
τοιούτος [ti'utos] (**τοιαύτη, τοιούτο**) *s.* **τέτοιος**
τοιχο|γραφία [tixo-] Fresko *n*; Wandgemälde *n*;

~κόλληση (-εις) Anschlag *m*, Plakat *n*; **~κολλώ (-άς)** anschlagen
τοίχος ['tixos] Wand *f*; Mauer *f*
τοκετός Entbindung *f*
τοκίζω verzinsen
τοκο|γλυφία Wucher *m*; **~γλυφικός** wucherisch; **~γλύφος** Wucherer *m*; **~μερίδιο** Zinsschein *m*; Dividende *f*
τόκος Zins *m*
τοκο|φορώ Zinsen bringen; **~χρεωλύσιο** [-xreo'lisio] Tilgungsrate *f*
τόλμη Kühnheit *f*; **~μα** Wagnis *n*
τολμ|ηρός kühn; **~ώ (-άς)** wagen
τομάρι Fell *n*; Schuft *m*
τομάτα Tomate *f*
τομ|έας [to'meas] Ausschnitt *m*; Gebiet *n*; **~ή** Schnitt *m*; Schnittpunkt *m*; Zäsur *f*
τόμος Band *m*
τον *A v.* **ο:** den; ihn
τον|ίζω betonen; darauf hinweisen; **~ισμός** Betonung *f*; Tonfall *m*
τόννος Tonne *f*; Thunfisch *m*
τόνος Ton *m*; Nachdruck *m*; Schwung *m*; Akzent *m*
τονώνω [to'nono] stärken
τόνωση Stärkung *f*
τονωτικ|ό Stärkungsmittel *n*; **~ός** stärkend
τοξικός toxisch, giftig
τόξο Bogen *m*; Gewölbe *n*; ***ουράνιο*** **~** Regenbogen *m*
τοπείο [to'pio] Landschaft *f*
τόπι Ball *m*; Kugel *f*; Ballen *m*
τοπικός örtlich
τοπίο Landschaft *f*
τοπο|γραφικός topographisch; **~θεσία** Lage *f*; Gegend *f*; **~θέτηση (-εις)** Anstellung *f*, Unterbringung *f*; **~θετώ** [-θe'to] stellen; *j-n* anstellen, unterbringen
τόπ|ος Ort *m*, Platz *m*; Stelle *f*; Raum *m*; ***επί ~ου*** an Ort und Stelle; ***κατά ~ους*** stellenweise
τοπωνυμία Ortsname *m*
τόρνος Drehbank *f*
τορπίλη Torpedo *m*; Mine *f*
τόσο(ν) so; so sehr; **~ ...** ***όσο(ν)*** so ... wie
τόσος so viel; so groß
τότε(ς) dann; damals; *Adj.* damalig; ***από*** **~** seitdem; ***έως*** **~** bis dann, dahin; **~*πια*** dann erst
του [tu] *G v.* **ο** *u.* **το:** des; ihm; ***το βιβλίο*** **~** sein Buch
τουαλέτα [tua'leta] Toilette *f*
τούβλο ['tuvlo] Ziegelstein *m*
τουλάχιστον [tul-] wenigstens, mindestens
τούλι ['tuli] Tüll *m*
τουλίπ|α, ~η Tulpe *f*
τουλ|ούμι [tu'lumi] Schlauch *m*; **~ουμοτύρι** Ziegenkäse *m* aus Schläu-

chen; ~**ούπα** [-'lupa] Knäuel *n*; Flocke *f*; ~**πάνι** Musselin *m*
τούμπα ['tu(m)ba] Purzelbaum *m*; Grabhügel *m*
τουναντίον im Gegenteil
τούνελ *n*, **τουνέλι** Tunnel *m*
τουρ|ισμός Tourismus *m*; ~**ίστας** Tourist *m*; ~**ιστικός** touristisch; Touristen-
Τουρκ|ία [tur'kia] Türkei *f*; ≈**ικός** türkisch
τουρλού [tur'lu] *n* Gemüseeintopf *m*
τουρμπίνα [tur'bina] Turbine *f*
τουρνέ *f* Tournee *f*
τουρσί eingesalzenes Gemüse *n*
τούρτα Torte *f*
τους [tus] *A pl. v.* **οι**: die; ihnen; sie *pl.*; ***το βιβλίο*** ~ ihr Buch
τούτος ['tutos] dieser; ***εκτός τούτου*** außerdem; ***εν τούτοις*** [en'dutis] jedoch
τούφα ['tufa] Büschel *n*
τουφ|έκι [tu'feki] Gewehr *n*; ~**εκιά** Schuß *m*; ~**εκίζω** (er)schießen; ~**εκισμός** Erschießung *f*
τράβηγμα *n* Ziehen *n*; *pl.* Unannehmlichkeiten *f/pl.*
τραβ|ιέμαι sich zurückziehen; *fam.* schuften; ~**ώ (-άς)** (an)ziehen; schleppen; schieben; abfeuern; aufsaugen; verlangen nach *D*; *Geld* abheben; (ab)nehmen; (er)leiden; dauern
τραγαν|ίζω knabbern; knirschen; ~**ιστός**, ~**ός** knusprig; *Su. n* Knorpel *m*
τραγικ|ός [trajik-] tragisch; ~**ότητα** Tragik *f*
τράγος [-ɣ-] Bock *m*
τραγούδι [-'ɣuði] Lied *n*
τραγουδ|ιστής Sänger *m*; ~**ίστρια** [-tria] Sängerin *f*; ~**ώ (-άς)** singen
τραγωδία [traɣo'ðia] Tragödie *f*
τραίνο ['treno] *s.* **τρένο**
τρακ *n* Lampenfieber *n*
τρακτέρ *n* Traktor *m*
τραμ *n* Straßenbahn *f*
τραμπ|άλα Wippe *f*; ~**αλίζομαι** wippen
τρανζίστορ (*pl.* **-ς**) *n* Transistor *m*
τράνζιτο Transit(verkehr) *m*; *Adv.* im Transit
τραπ- *s.* **τρέπω**
τράπεζα Bank *f*; ***αγία*** [a'jia] ~ Altar *m*
τραπ|εζαρία Eßzimmer *n*; ~**έζι** Tisch *m*; ~**έζιο** [-zio] Trapez *n*
τραπεζ|ίτης Bankier *m*; Backenzahn *m*; ~**ογραμμάτιο** Banknote *f*; ~**ομάντηλο** [-o'mandilo] Tischtuch *n*; ~**ώνω** bewirten
τράπουλα Kartenspiel *n*
τραυλ|ίζω [travl-] stottern, lispeln; stammeln; ~**ισμός** Stottern *n*; ~**ός** stotternd; *Su. m* Stotterer *m*
τραύμα ['travma] *n* Wunde

f; *jur.* Körperverletzung *f*
τραυματ|ίας [travma'tias] Verwundete(r), Verletzte(r); **~ίζω** verwunden, verletzen; **~ιοφόρος** Sanitäter *m*; **~ισμός** Verwundung *f*, Verletzung *f*
τραφ- *s.* **τρέφω**
τραχ|εία [tra'çia] Luftröhre *f*; **~ύνω** [-'ino] aufrauhen; reizen; verschlimmern; **~ύς** rauh; barsch; **~ύτητα** Rauheit *f*; Schroffheit *f*
τρεις [tris] *m*, *f* (*n*: **τρία**) drei
τρέλα Verrücktheit *f*, Wahnsinn *m*; Blödsinn *m*, Dummheit *f*
τρελ|ά *Adv.* verrückt; **~αίνομαι** [-'enome] verrückt werden, wahnsinnig werden; **~αίνω** [-'eno] verrückt machen; **~οκομείο** Irrenhaus *n*; **~ός** verrückt; närrisch
τρεμ|οσβήνω [-'zvino] flackern; **~ουλιάζω** [-u'lja-zo] zittern; (er)schaudern; **~ούλιασμα** *n* Zittern *n*; Flackern *n*; **~ουλιαστός** zitternd
τρέμω zittern, beben
τρένο Zug *m*
τρεξ- *s.* **τρέχω**
τρέξιμο (**-ατος**) Laufen *n*; *pl.* Laufereien *f*/*pl.*
τρέπω (ab)wenden; wechseln; umwandeln
τρέφω mästen; (er)nähren
τρέχ|ω ['trexo] laufen; rennen; *Uhr*: vorgehen; fließen; *Hahn*: tropfen, undicht sein; **τι ~ει;** was ist los?
τρία *n v.* **τρεις:** drei
τριάδα Dreiergruppe *f*; **Αγία** ♀ Hl. Dreifaltigkeit *f*
τρια|δικός dreifach; dreiteilig; **~κόσ(ι)οι** [-'kos(j)i] (**-ες**, **-α**) dreihundert; **~κοσιοστός** dreihundertste(r); **~κοστός** dreißigste(r)
τριάντα [tri'anda] dreißig
τριαντάφυλλο Rose *f*
τριάρ|α, **~ι**[1] Drei *f*; **~ι**[2] Dreizimmerwohnung *f*
τρίβω ['trivo] (ein)reiben; putzen; abnutzen
τριγυρίζω [triji'rizo] umhergehen
τρίγωνος dreieckig; *Su. n* Dreieck *n*
τρίζω knarren; knirschen
τριήμερος [tri'i-] dreitägig
τρικλίζω schwanken
τρίκυκλο Dreirad *n*
τρικυμ|ία Sturm *m*, Unwetter *n*; **~ιώδης** 2 stürmisch
τρι|μερής 2 dreiteilig; **~μηνία** Trimester *n*, Vierteljahr *n*
τρίμηνος vierteljährlich; *Su. n* Vierteljahr *n*
τριμμένος abgetragen; gerieben
τριπλ|ός, **~ούς** (**-ή**, **-ούν**) dreifach
τριποδ|ίζω traben; **~ισμός** Trab *m*
τρίποδο Dreifuß *m*; Staffelei *f*, Stativ *n*
Τρίτη ['triti] Dienstag *m*

τρίτ|ο(ν) Drittel *n*; *Adv.* drittens; **~ος** dritte(r)
τριφύλλι Klee *m*
τριφωνία Trio *n*
τρίχ|α [trixa] Haar *n*; ***παρά ~α*** um ein Haar; **~ινος** [-çi-] hären, Haar-
τριχ|όπτωση Haarausfall *m*; **~οφυία** [-ofi'ia] Haarwuchs *m*; **~ωτός** behaart
τρίψιμο (-ατος) Einreibung *f*; Abnutzung *f*
τρόλεϋ ['trolei] *n* Oberleitungsbus *m*
τρομ|αγμένος erschrokken, entsetzt; **~άζω** erschrecken; sich fürchten; **~άρα** Schreck *m*; **~ερός** schrecklich, entsetzlich; gewaltig; **~οκράτης** Terrorist *m*
τρομοκρατ|ία Schreckensherrschaft *f*, Terror *m*; **~ικός** terroristisch; **~ώ** terrorisieren
τρόμος Schreck *m*, Entsetzen *n*
τρόμπα ['tromba] Pumpe *f*
τρομπ|άρω (auf)pumpen; **~έτα** Trompete *f*; **~όνι** Posaune *f*
τροπή Wendung *f*; Umwandlung *f*; Sonnenwende *f*
τροπικές χώρες ['xores] *f/pl.* Tropen *pl.*
τροπ|ικός tropisch, Tropen-; figürlich; **~ολογία** Abänderung(santrag *m*) *f*; **~οποιώ** [-opi'o] abändern; modifizieren
τρόπ|ος Art und Weise *f*; Verfahren *n*; Wesen *n*; *pl.* Benehmen *n*; ***με κάθε ~ο*** unter allen Umständen; ***με κανέναν ~ο*** auf keinen Fall
τρούλος ['trulos] Kuppel *f*
τρουμπέτα [trumb-] Trompete *f*
τρούφα ['trufa] Trüffel *f*
τροφ|αντός frühreif; frisch; **~ή** Nahrung *f*; Verpflegung *f*; **~ική δηλητηρίαση** Nahrungsmittelvergiftung *f*
τρόφιμ|α *n/pl.* Lebensmittel *n/pl.*; **~ος** Pflegekind *n*; Pensionär *m*
τροφο|δοσία Verpflegung *f*; **~δότης** Lieferant *m*; **~δοτώ** verpflegen; ernähren; beliefern
τροχ|αία [tro'çea] Verkehrspolizei *f*; **~αίος (-α)** rollend; Verkehrs-; **~αλία** [-xal-] Flaschenzug *m*; **~ιά** [-'ça] Gleis *n*; Flugbahn *f*; **~ίζω** schleifen; **~ίλος** Kolibri *m*; **~ιόδρομος** Straßenbahn *f*; **~ίσκος** Rolle *f*; Tablette *f*; **~οπέδη** [-xo'peði] Bremse *f*; **~οπέδιλο** Rollschuh *m*; **~ός** Rad *n*; **~όσπιτο** Wohnwagen *m*; **~οφόρο** Fahrzeug *n*
τρυγητ|ής [triji'tis] Winzer *m*; **~ός** Weinlese *f*
τρύγος Weinlese *f*
τρυγώ [tri'ɣo] **(-άς)** keltern
τρύπα Loch *n*; *fam.* Bude *f*
τρυπάνι Bohrer *m*

τρυπητ|ήρι [tripi'tiri] Ahle *f*; Locher *m*; **~ός** durchlöchert; durchbohrt
τρυπώ [tri'po] **(-άς)** (durch)bohren; lochen; stechen
τρυπώνω [tri'pono] (sich) verstecken; heften
τρυφερ|ός [trifer-] zart; zärtlich; **~ότητα** Zartheit *f*; Zärtlichkeit *f*
τρώ(γ)ω ['tro(ɣ)o] essen; fressen; beißen; *Kleid* abtragen; verbrauchen; zernagen; quälen
τρωκτικό [trokt-] Nagetier *n*
τσάγαλο grüne Mandel *f*
τσαγ(ι)έρα [tsa'jera] Teekanne *f*
τσάι ['tsai] **(τσαγιού)** *n* Tee *m*; **~ *του βουνού*** [tu vu'nu] Kräutertee *m*
τσακίζ|ομαι zerbrechen; **~ω** *etw.* zerbrechen; zerdrücken; falten; hinfällig werden
τσάκιση (Bügel-)Falte *f*
τσάκισμα *n Art* Refrain *m*
τσακ|μάκι Feuerzeug *n*; **~μακόπετρα** Feuerstein *m*
τσακώνω [tsa'kono] fangen; ertappen, erwischen
τσαλα|κώνω [-'kono] (zer-)knittern; **~πατώ (-άς)** zertreten
τσαμπούνα Dudelsack *m*
τσάντα ['tsanda] (Hand-)Tasche *f*
τσάπα Hacke *f*, Haue *f*
τσαπίζω (auf)hacken
τσαρδάκι Schutzdach *n*; Baracke *f*
τσαρικός zaristisch
τσαρλατάνος Scharlatan *m*
τσατίζω ärgern
τσεκ *n* Scheck *m*; **~ *ταξιδιού*** [taksi'ðju] Reisescheck *m*
τσεκάρω kontrollieren; abzeichnen, abhaken
τσεκ|ούρι [tse'kuri] Axt *f*, Beil *n*; **~ουριά** Axthieb *m*; **~ουρώνω** [-u'rono] abhauen, behauen; *Schüler* durchfallen lassen
τσεμπέρι Kopftuch *n*
τσέπη (Jacken-)Tasche *f*
τσεπώνω [tse'pono] in die (eigene) Tasche stecken
τσιγάρο [tsi'ɣaro] Zigarette *f*
τσιγγ|άνα [tsiŋg-] Zigeunerin *f*; **~άνος** Zigeuner *m*
τσιγγ|ουνεύομαι [-u'nevome] knausern; **~ούνης (-α)** geizig; *Su.* Geizhals *m*
τσιγκέλι [-n'gje-] Haken *m*
τσίγκος ['tsiŋgos] Zink *n*
τσικν|ίζω anbrennen lassen; **~ισμένος** angebrannt
τσιμ|εντάρω zementieren; **~έντο** Zement *m*
τσιμπ|ίδα [tsimb-] Zange *f*; **~ίδι** Pinzette *f*; **~ούρι** Zekke *f*; Quälgeist *m*; **~ώ (-άς)** stechen; zwicken; *Fisch*: anbeißen
τσίπουρο Trester *m*

τσίρκο Zirkus *m*
τσομπάνης (-ηδες) Hirt *m*
τσουβ|άλι [tsu'vali] Sack *m*; **~αλιάζω** einsacken; *j-n* reinlegen
τσουγκρ|άνα [tsuŋ'grana] Harke *f*, Rechen *m*; **~ανιά** Kratzer *m*, Riß *m*; **~ανίζω** harken, rechen; kratzen; **~ίζω** anstoßen (mit *D*)
τσούζω ['tsuzo] brennen; verletzen
τσουκάλ|α, ~ι Topf *m*
τσουκνίδα [tsuk-] Brennnessel *f*
τσούνια *n/pl.* Kegeln *n*
τσουράπι (Woll-)Socke *f*
τσουρέκι *Art* Stollen *m*
τσούρμο (wilder) Haufen *m*
τσόφλι ['tsofli] (Eier-)Schale *f*
τσόχα Tuch *n*, Stoff *m*; Spitzbube *m*
τυλ|ιγμένος eingewickelt; (auf)gewickelt; verwickelt; **~ίγω** einwickeln, einpakken; aufwickeln; verwickeln
τύμπανο Trommel *f*; Pauke *f*; Trommelfell *n*
τυπικ|ός [tipik-] formell, förmlich; typisch; pedantisch; **~ότητα** Formalität *f*, Förmlichkeit *f*; Pedanterie *f*
τυπογραφ|είο Druckerei *f*; **~ία** Buchdruck *m*; **~ικός** Druck-, typographisch
τυπο|γράφος Drucker *m*; **~γραφώ** drucken (lassen)
τυποποιώ [-pi'o] normen
τύπος Presse *f*; Druck *m*; Abdruck *m*; Spur *f*; Gepräge *n*; Art *f*, Typ *m*; Formel *f*; *fig.* Type *f*
τυπώνω [ti'pono] drucken; veröffentlichen; prägen; sich einprägen
τύπωση ['tiposi] Druck *m*
τυρανν|ία [tiran-] Tyrannei *f*; Qual *f*; **~ικός** tyrannisch; qualvoll
τύραννος Tyrann *m*
τυραννώ (-άς) tyrannisieren; quälen
τύρβη ['tirvi] Trubel *m*
τυρ|ί Käse *m*; **~όπιτ(τ)α** Käsefüllung *f* in Blätterteig; **~ός** *s.* **τυρί**
τύρφη ['tirfi] Torf *m*
τύφλα Blindheit *f*
τυφλοπόντικας Maulwurf *m*
τυφλ|ός blind; ***~ό έντερο*** Blinddarm *m*; ***~ός δρόμος*** Sackgasse *f*; ***στα ~ά*** blindlings
τυφλ|ότητα Blindheit *f*; **~ώνομαι** erblinden; **~ώνω** [ti'flono] blenden
τύφλωση (-εις) ['tiflosi] Erblindung *f*; Verblendung *f*; Blendung *f*
τύφος Typhus *m*; ***εξανθηματικός ~*** Fleckfieber *n*
τυφώνας Taifun *m*, Orkan *m*
τυχ|αίνω [ti'çeno] *j-n* treffen; zufällig sein; *j-m* zustoßen; **~αίος (-α)** zufällig; alltäglich; **~αίως** *Adv.* zufällig, durch Zufall; **~άρπαστος**

Emporkömmling *m*; **~ερός** glücklich; glückbringend; Glücks-; ***~ερά*** *n/pl.* Nebeneinkünfte *f/pl.*

τύχη ['tiçi] Schicksal *n*; Glück *n*; Zufall *m*; ***κατά ~*** zufällig; ***στην ~*** auf gut Glück; ***λέω την ~*** wahrsagen

τυχόν [ti'xon] zufällig, etwa

τύψεις ['tipsis] *f/pl.* Gewissensbisse *m/pl.*

των [ton] *G pl. v.* **ο, η, το:** der; ihr (*pl.*)

τώρα ['tora] jetzt, nun; ***από ~*** von jetzt an; jetzt schon; ***(έ)ως ~*** bis jetzt

τωρινός gegenwärtig, heutig; *Su. m/pl.* Zeitgenossen *m/pl.*

Υ

ύαινα ['iena] Hyäne *f*

υάκινθος [i'akinθos] Hyazinthe *f*

υαλ- *s.* **γυαλ-**

υαλόπετρα [ia'lo-] Quarz *m*

υαλ|οπίνακας [ial-] Glasscheibe *f*; **~ουργείο** [-ur'jio] Glashütte *f*; **~ώδης** [-'oðis] 2 gläsern, Glas-; glasig

ύβρη (**-εις**) Beschimpfung *f*; Schmähung *f*; Schimpfwort *n*

υβρίζω [i'vrizo] (be)schimpfen, beleidigen; fluchen

υβριστικός Schmäh-; beleidigend

υγεία [i'jia] Gesundheit *f*; ***στην υγειά σας!*** [stini'jasas] auf Ihr Wohl!

υγειονομ|είο [ijiono'mio] Quarantänestation *f*; **~ία** Gesundheitsamt *n*; **~ικός** Gesundheits-; sanitär

υγ|ιαίνω [iji'eno] gesund sein; ***~ίαινε*** [i'jiene] leb wohl!; **~ιαίνετε** [iji'enete] leben Sie wohl!

υγιειν|ή [ijii'ni] Hygiene *f*, Gesundheitspflege *f*; **~ός** hygienisch; gesund

υγιής [iji'is] 2 gesund

υγρ|αίνομαι [i'ɣrenome] feucht werden; **~αίνω** befeuchten; **~ασία** Feuchtigkeit *f*, Nässe *f*; **~ό** Flüssigkeit *f*; **~όμετρο** Hygrometer *n*; **~ός** feucht, naß; flüssig

υδατ|ογραφία [iðat-] Aquarell *n*; **~οστεγής** [-oste'jis] 2 wasserdicht; **~όσφαιρα** [-'osfera] Wasserball *m*; **~όφραγμα** *n* Staudamm *m*; **~ώδης** [-'oðis] 2 wäßrig

υδραγωγ|είο [iðraɣo'jio] Wasserleitung *f*; **~ός** [-'ɣos] Wasserrohr *n*

υδρ|αντλία Wasserpumpe *f*; **~άργυρος** [-'arjiros] Quecksilber *n*; **~ατμός** Wasserdampf *m*; **~αυλικός** [-avli'kos] hydraulisch; *Su. m* Installateur *m*

ύδρευση ['iðrefsi] Wasserversorgung *f*
υδρία Wasserkrug *m*
υδρόγειος [i'ðrojios] *f* Erdkugel *f*, Globus *m*
υδρο|γόνο Wasserstoff *m*; **~γονοβόμβα** [-'vomva] Wasserstoffbombe *f*; **~γραφικός** hydrographisch; **~ηλεκτρικός σταθμός** Wasserkraftwerk *n*; **~θεραπεία** Wasserheilverfahren *n*, Kneippkur *f*; **~κυάνιο** [-ki'anio] Blausäure *f*; **~πλάνο** Wasserflugzeug *n*; **~ρρόη** [-'roi] Dachrinne *f*; **~στάθμη** [-'staθmi] Wasserwaage *f*; Wasserstand *m*; **~σωλήνας** [-so'linas] Wasserrohr *n*; **~φοβία** [-fo'via] Tollwut *f*; Wasserscheu *f*; **~φράκτης** Schleuse *f*; Staudamm *m*
υδρόφυτο [i'ðrofito] Wasserpflanze *f*
υδροχλωρικό οξύ [o'ksi] Salzsäure *f*
υδρόχρωμα [i'ðroxroma] *n* Wasserfarbe *f*
υδρωπικία Wassersucht *f*
υιοθετώ [ioθe'to] adoptieren; annehmen
υιός [i'os] Sohn *m*
ύλη ['ili] Stoff *m*, Materie *f*; Material *n*; Inhalt *m*; ***πρώτη ~*** Rohstoff *m*; ***τεχνητή ~*** Kunststoff *m*
υλικ|ό Material *n*; **~ός** materiell; sinnlich; körperlich
υλισ|μός Materialismus *m*; **~τικός** materialistisch
υλο|ποίηση (-εις) [ilo'piisi] Realisierung *f*; **~ποιώ** [-pi'o] verwirklichen; **~τομία** Holzgewinnung *f*; **~τόμος** Holzfäller *m*
υμάς [i'mas] *A* euch, Sie
υμείς [i'mis] *N* ihr, Sie
ύμνος ['imnos] (Lob-)Gesang *m*, Hymne *f*; Loblied *n*; ***εθνικός ~*** Nationalhymne *f*
υμνώ [im'no] preisen, besingen
υπ' *s.* **υπό**
υπαγ|όρευση (-εις) [-refsi] Diktat *n*; Gebot *n*; **~ορεύω** [-o'revo] diktieren; gebieten
υπ|άγομαι fallen (**σε**/ unter *A*), gehören (zu *D*); **~άγω** unterstellen; unterordnen; einordnen; **~αγωγή** [-ayo'ji] Einordnung *f*; Unterordnung *f*
υπαίθριος [i'peθ-] (**-α**) Frei-licht-, Freiluft-
ύπαιθρο: ***στο ~*** im Freien
υπαιν|ιγμός [ipen-] Anspielung *f*; **~ίσσομαι** anspielen auf *A*; andeuten
υπ|αίτιος (**-α**) schuldig; verantwortlich (*G*/ für *A*); **~ακοή** [-ako'i] Gehorsam *m*; **~άκουος** [-'akuos] gehorsam; **~ακούω** [-a'kuo] gehorchen (**σε**/ *D*)
υπάλληλος *m*, *f* Beamte(r), Beamtin *f*; Angestellte(r) *m*, *f*
υπαρκτός existierend, vorhanden

ύπαρξη (-εις) Existenz *f*
υπαρξισμός Existenzialismus *m*
υπαρχή [-'çi]: ***εξ ~ς*** von Anfang an
υπάρχ|οντα *n/pl.* Hab und Gut *n*, Vermögen *n*; **~ω** [i'parxo] existieren, bestehen
υπαστυνόμος Polizeikommissar *m*
ύπατος höchste(r, -s)
υπεισ|άγω [ipi'saɣo] unterschieben; **~έρχομαι** sich einschleichen
υπεκ|μισθώνω [-mi'sθono] untervermieten; **~φεύγω** [-'fevɣo] entgehen *D*; sich entziehen; es vermeiden; **~φυγή** [-fi'ji] Ausrede *f*
υπεν|θυμίζω [-θi'mizo] erinnern (**του το**/ *j-n* an *A*); **~θύμιση (-εις)** Mahnung *f*, Erinnerung *f*
υπεξ|αίρεση (-εις) [ipeks-] Unterschlagung *f*; **~αιρώ** [-e'ro] unterschlagen
υπέρ [i'per] (*G*) für *A*; (*A*) über *D*, *A*; mehr als; ***~ τους πεντακοσίους*** über fünfhundert; ***~ παν άλλο*** über alles
υπερ|αισθητός [-esθi'tos] übersinnlich; **~άνθρωπος** Übermensch *m*; *Adj.* übermenschlich; **~άνω** *Adv.* darüber; *prp.* (*G*) über *D*, *A*; **~άριθμος** zahlreich; **~ασπίζω** verteidigen; **~άσπιση (-εις)** Verteidigung *f*; ***μάρτυς ~ασπίσεως*** Entlastungszeuge *m*; **~ασπιστής** Verteidiger *m*
υπεραστικ|ός überörtlich, Fern-; ***~ό*** Überlandbus *m*; ***~ο τηλεφώνημα*** Ferngespräch *n*
υπερ|βαίνω [-'veno] überschreiten; überwinden; übertreffen; **~βάλλον (-οντος)** Überschuß *m*; **~βάλλω** übertreiben
υπέρβαση (-εις) [i'pervasi] Überschreitung *f*, Übergriff *m*, Übertretung *f*
υπερβολ|ή [-vo'li] Übertreibung *f*; ***καθ' ~ήν*** übertrieben; **~ικός** übermäßig; übertrieben; ***είναι*** ['ine] ***~ικός*** er übertreibt; **~ικότητα** Übertreibung *f*
υπερβραχ|ύς [-vra'çis]: ***~ύ κύμα*** Ultrakurzwelle *f* (UKW)
υπερ|έντaση Überanstrengung *f*; **~εργασία** Mehrarbeit *f*; **~έρυθρος** 2 infrarot; **~ευαίσθητος** [-e'vesθitos] überempfindlich; **~ευτυχής** [-efti'çis] 2 überglücklich; **~έχω** [-'exo] überragen (*G* **κατά** *A*/ *A* um *A*); **~ήμερος** rückständig, überfällig; **~ηφάνεια** [-i'fania] Stolz *m*; **~ηφανεύομαι** [-ifa'nevome] stolz sein, eingebildet sein; **~ήφανος** stolz; eingebildet; **~ηχητικός** [-içit-] Überschall-; **~θεματίζω** überbieten

υπερ|θερμαίνω [-θer'meno] überhitzen; **~θέρμανση** Überhitzung *f*.
υπέρθεση **(-εις)** Stundung *f*, Aufschub *m*
υπερθετικ|ό, ~ός Superlativ *m*
υπερ|ίπταμαι überfliegen (*G*/ *A*); **~ίσχυση (-εις)** [-'isçisi] Überwindung *f*; Übergewicht *n*; **~ισχύω** überwiegen; obsiegen; **~ιώδης** [-i'oðis] 2 ultraviolett; **~κομματικός** überparteilich; **~κόπωση (-εις)** Übermüdung *f*; **~κόσμιος (-α)** überirdisch; **~μετρωπία** Weitsichtigkeit *f*; **~νίκηση** Überwindung *f*; **~νικώ (-άς)** überwinden
υπερ|οπτικός arrogant; **~οχή** [-o'çi] Überlegenheit *f*; *Math.* Rest *m*
υπέροχος [-x-] unübertroffen; überragend
υπερ|οψία Hochmut *m*; **~παραγωγή** [-ɣo'ji] Überproduktion *f*; **~πέραν** *n* Jenseits *n*; **~πηδώ** [-pi'ðo] **(-άς)** überspringen; überwinden
υπέρ|ταση Überdruck *m*; hoher Blutdruck *m*; **~τατος** höchste(r, -s)
υπερ|τερώ überlegen sein (*G*/ *D*); **~τίμηση (-εις)** Preiserhöhung *f*; Überschätzung *f*; **~τιμώ (-άς)** *Preis* erhöhen; überschätzen; **~φορτίζω** überladen; **~φυσικός** übernatürlich; **~φωτίζω** [-fo'tizo] *Fot.* überbelichten; **~φωτισμένος** überbelichtet; **~χειλίζω** [-çi'lizo] überlaufen; überschäumen
υπερωρία [ipero'ria] Überstunde *f*
υπερωριακ|ός: **~ή** ***εργασία*** Überstunden *f*/*pl*.
υπεύθυνος [i'pefθinos] verantwortlich (*G*/ für *A*)
υπηγαγ-, υπηγμένος *s.* **υπάγω**
υπήκοος [i'pi-] *m*, *f* Staatsangehörige(r) *m*, *f*
υπηκοότητα [ipiko'otita] Staatsangehörigkeit *f*
υπηρεσία [ipir-] Dienst *m*; Dienststelle *f*, Amt *n*; ***~ διασώσεως*** [ðia'soseos] Rettungsdienst *m*; ***~ πληροφοριών*** Nachrichtendienst *m*
υπηρ|εσιακός dienstlich, amtlich; Dienst-; **~έτης** Diener *m*; **~ετικός** Dienst-; **~έτρια** Dienstmädchen *n*; **~ετώ** beschäftigt sein; dienen
υπήρξα [i'pirksa], **υπήρχα** ich war; *s.* **υπάρχω**
υπηχθ- *s.* **υπάγω**
ύπνος ['ipnos] Schlaf *m*
ύπνωση **(-εις)** ['ipnosi] Hypnose *f*
υπνωτ|ίζω hypnotisieren; **~ικό** Schlafmittel *n*; **~ικός** Schlaf-; **~ιστικός** hypnotisch

υπό [i'po] *(G) beim Passiv* von *D*, durch *A*; *(A)* unter *D*, *A*; unterhalb *G*; **~ *τις διαταγές*** unter dem Befehl; **~ *το μηδέν*** unter Null; **~ *τους Τούρκους*** [tus 'turkus] unter den Türken
υπόβαθρο Fundament *n*, Unterlage *f*; Sockel *m*
υπο|βάλλω *Grundlage* legen; unterbreiten; *Bericht* erstatten; *Antrag* einreichen; *Meinung* suggerieren; anregen; **~βαστάζω** stützen; **~βιβάζω** [-vi'vazo] herabsetzen; degradieren; demütigen; **~βιβασμός** Herabsetzung *f*; Degradierung *f*; **~βλέπω** [-'vlepo] beargwöhnen; trachten nach *D*; **~βλητικός** suggestiv, anregend; **~βολή** Vorlegen *n*; Suggestion *f*; **~βρύχιο** [-'vriçio] Unterseeboot *n*; **~*βρύχιο ψάρεμα*** Unterwasserjagd *f*; **~γάστριο** Unterleib *m*; **~γεγραμμένος** unterschrieben, unterzeichnet
υπόγει|ο [i'pojio] Keller *m*; **~ος (-α)** unterirdisch; Tiefbau-; **~*ος σιδηρόδρομος*** Untergrundbahn *f*
υπο|γραμμίζω unterstreichen; **~γραφή** Unterschrift *f*; Unterzeichnung *f*; **~γράφω** unterschreiben
υπόδειγμα [i'poðiγma] *n* Muster *n*
υπο|δειγματικός vorbildlich; **~δεικνύω** [-ði'knio] hinweisen; vorschlagen
υπόδειξη (-εις) [i'poðiksi] Hinweis *m*; Vorschlag *m*
υποδέχομαι [-'ðexome] empfangen; aufnehmen
υπόδημα [i'poðima] *n* Schuh *m*; Stiefel *m*
υποδηματοποι|είο [-pi'io] Schuhmacherei *f*; **~ός** [-pi'os] Schuhmacher *m*
υποδιαίρεση (-εις) [-ði'eresi] Unterteilung *f*
υπόδικος *m*, *f* Untersuchungsgefangene(r); Angeklagte(r)
υποδομή Fundament *n*; Infrastruktur *f*
υπόδουλος versklavt
υπο|δουλώνω [-ðu'lono] unterjochen; **~δοχή** [-ðo'çi] Empfang *m*; Aufnahme *f*; *Tech.* Lager *n*; **~ζύγιο** [-'zijio] Zugtier *n*, Lasttier *n*; **~θάλπω** [-'θalpo] (an)wärmen; *fig.* nähren
υπόθερμος lauwarm
υπόθεση (-εις) Annahme *f*; Hypothese *f*; Voraussetzung *f*; Angelegenheit *f*
υποθετ|έος (-α) vorausgesetzt; **~*έον ότι*** vorausgesetzt, daß; **~ικός** bedingend; mutmaßlich; **~*ική έγκλιση*** Konditional *m*
υπόθετο *Med.* Zäpfchen *n*
υπο|θέτω [-'θeto] annehmen, vermuten; **~θηκεύω** [-θi'kjevo] mit e-r Hypothek belasten; **~θήκη** [-'θiki] Hy-

pothek *f*; **~κατάστημα** *n* Zweigstelle *f*, Filiale *f*; **~κειμενικός** subjektiv; **~κείμενο** Subjekt *n*; Thema *n*; **~κινώ** anstiften; **~κλίνομαι** sich verneigen (**μπροστά σε**/ vor *D*)
υπόκλιση (**-εις**) Verneigung *f*; Knicks *m*
υπόκοσμος Unterwelt *f*
υπο|κρίνομαι darstellen, spielen; so tun (**ότι**/ als ob); heucheln; **~κρισία** Heuchelei *f*
υποκριτ|ής Heuchler *m*; *Thea.* Darsteller *m*; **~ικός** heuchlerisch, scheinheilig
υπόκρουση (**-εις**) *Mus.* Begleitung *f*
υπο|κρύπτω [-'kripto] verbergen, verschleiern; **~κύπτω** [-'kipto] sich fügen (**σε**/ *D*); nachgeben
υπόκωφος dumpf, hohl
υπόλειμμα *n* Überbleibsel *n*
υπολείπομαι [-'lipome] übrig sein, übrigbleiben; zurückbleiben
υπόληψη [-lipsi] Hochachtung *f*; Ansehen *n*; **με ~** hochachtungsvoll
υπολογ|ίζω berechnen; *fig.* rechnen mit *D*; **~ισμός** Berechnung *f*
υπόλοιπ|ο [-lipo] Rest *m*; *Hdl.* Überschuß *m*; **~ος** übrig, restlich
υπο|μένω ertragen; warten, sich gedulden; **~μίσθιος** [-'misθios] (**-α**) Lohn-, Miet-, bezahlt; **~μίσθωση** [-'misθosi] Untermiete *f*; **~μισθωτής** [-misθo'tis] Untermieter *m*
υπόμνηση (**-εις**) [-mnisi] Mahnung *f*
υπομον|ετικός geduldig; **~εύω** [-'nevo] sich gedulden; **~ή** Geduld *f*; ***κάνω ~ή*** Geduld haben
υπόνοια [i'ponia] Verdacht *m*; Argwohn *m*
υπονομεύω [-'mevo] untergraben, unterminieren
υπόνομος Abzugskanal *m*, Kloake *f*
υπόξινος säuerlich
υποπόδιο Fußbank *f*
υποπτεύομαι [ipo'ptevome] verdächtigen
ύποπτος verdächtig (*G*/ *G*)
υποσημ|ειώνω anmerken, (ab)zeichnen; **~είωση** (**-εις**) [-'iosi] Anmerkung *f*
υπο|σκάπτω untergraben; **~σκαφή** Aushöhlung *f*
υπόσταση (**-εις**) Bestand *m*; Grundlage *f*; Existenz *f*
υπο|στήριγμα [-'stiriɣma] *n* Stütze *f*, Träger *m*; **~στηρίζω** stützen; unterstützen; behaupten; **~στηρικτής** Förderer *m*; **~στήριξη** (**-εις**) Unterstützung *f*; Behauptung *f*; **~στρέφω** (sich) umdrehen; **~συνείδητο** [-si'niðito] Unterbewußtsein *n*
υποσχεθηκ- *s.* **υπόσχομαι**

υπό|σχεση (-εις) Versprechen *n*; **~σχομαι** [-sxome] versprechen
υπο|ταγή [-ta'ji] Unterordnung *f* (**σε**/ unter *A*); Unterwerfung *f*; **~ταγμένος** unterworfen; **~τακτική** Konjunktiv *m*; **~τακτικός** untergeordnet, untergeben; unterwürfig; **~τάσσω** unterwerfen; bändigen; **~τίμηση** (-εις) Unterschätzung *f*; Senkung *f*; Entwertung *f*; **~τιμώ** (-άς) unterschätzen; *Preis* senken; *Geld* abwerten; **~τροπή** Rückfall *m*; **~τροφία** Stipendium *n*
υπότροφος *m, f* Stipendiat(in *f*) *m*
υπο|τυπώνω [-ti'pono] entwerfen, skizzieren; **~τύπωση** (-εις) Entwurf *m*, Skizze *f*
ύπουλος ['ipulos] tückisch
υπουλότητα Hinterlist *f*, Tücke *f*
υπουργείο [ipur'jio] Ministerium *n*; ♀ ***Εσωτερικών*** Innenministerium *n*; ♀ ***Εξωτερικών*** Außenministerium *n*
υπουργός [ipur'γos] Minister *m*
υπο|φερτός erträglich; passabel; **~φέρω** ertragen; leiden (**από**/ an *D*, *fig.* unter *D*)
υπόφραγμα *n* Zwischendeck *n*
υπο|φώσκω [ipo'fosko] *Tag*: anbrechen; *fig.* aufsteigen; **~φωτίζω** [-fo'tizo] *Fot.* unterbelichten; **~φωτισμένος** unterbelichtet; **~χθόνιος** [-'xθonios] (-α) unterirdisch
υπο|χόντρια Trübsinn *m*; **~χοντριακός** trübsinnig
υπο|χρεώνω [ipoxre'ono] zwingen (**σε**/ zu *D*); verpflichten; **~χρέωση** (-εις) Verpflichtung *f*, *Hdl.* Verbindlichkeit *f*; **~χρεωτικός** obligatorisch, Pflicht-; **~χώρηση** (-εις) [-'xorisi] Rückzug *m*; Zugeständnis *n*; **~χωρητικός** Rückzugs-; nachgiebig; **~χωρώ** [-xo'ro] sich zurückziehen; nachgeben; nachlassen; **~ψήφιος** [-'psifios] Kandidat *m*; Bewerber *m*; **~ψηφιότητα** Kandidatur *f*; ***βάζω ~ψηφιότητα*** kandidieren; **~ψία** [-'psia] Verdacht *m*; Argwohn *m*; **~ψιάζομαι** [-psi'azome] verdächtigen; argwöhnen
ύστατος letzte(r, -s)
ύστερα ['istera] *Adv.* dann, danach, später; außerdem, dazu; *prp.* ~ ***από*** nach *D*
υστερ|ία [ister-] Hysterie *f*; **~ικός** hysterisch; **~ινός** (nach)folgend; letzte(r, -s); **~οβουλία** [-ovu'lia] Hintergedanke *m*; **~όβουλος** hinterhältig; **~όγραφο** Postskriptum *n*; Nachtrag *m*
ύστερος folgend, später; ***εκ***

των υστέρων nachträglich, nachher
υστερώ zurückbleiben; unterlegen sein (*G*/ *j-m*)
υφαίνω [i'feno] weben
υφαλοκρηπίδα Schelf *m*, Festlandsockel *m*
ύφαλος *f* Riff *n*, Klippe *f*
υφαντ|ική Weberei *f*; **~ός** gewebt; **~ουργία** [-ur'jia] Textilindustrie *f*
ύφασμα ['ifazma] *n* Stoff *m*, Gewebe *n*; *pl.* Textilien *pl.*
ύφεση Nachlassen *n*; Entspannung *f*
υφή [i'fi] Gewebe *n*; Struktur *f*; Aufbau *m*
υφ|ίσταμαι [i'fistame] aushalten, ertragen; erleiden; *Prüfung* machen; bestehen, existieren; **~ιστάμενος** untergeordnet, untergeben; bestehend
ύφος ['ifos] *n* Stil *m*; Miene *f*; Haltung *f*
υψηλ|ός [ipsil-] hoch; groß; erhaben; ***αφ' ~ού*** von oben herab; **~ότατος** höchste(r, -s)
υψικάμινος [ipsi-] *f* Hochofen *m*
υψίπεδο Hochebene *f*
ύψιστος höchste(r, -s)
υψόμετρο Höhenangabe *f*; Höhenmesser *m*
ύψος ['ipsos] *n* Höhe *f*; Erhabenheit *f*; Stand *m*
ύψωμα ['ipsoma] *n* Anhöhe *f*, Höhe *f*
υψώνω [i'psono] (er)heben; erhöhen
ύψωση **(-εις)** Aufstieg *m*; Ansteigen *n*; Preiserhöhung *f*
υψωτικός steigend

Φ

φαγάνα [fa'ɣana] Bagger *m*
φά(γ)ε! ['fa(j)e] iß!, *s.* **τρώ(γ)ω**
φαγητό [faji'to] Essen *n*; ***μεσημεριανό ~*** Mittagessen *n*; ***βραδινό ~*** Abendessen *n*
φα(γ)ί [fa'(j)i] Essen *n*
φαγοπότι Schmaus *m*
φαγότο [fa'ɣoto] Fagott *n*
φαγούρα Jucken *n*
φαγ|ωμένος satt; zerfressen; verschlissen; **~ώνομαι** [-'ɣonome] verschleißen; sich streiten; **~ώσιμος** eßbar; *Su. n*/*pl.* Eßwaren *f*/*pl.*
φαΐ [fa'i] Essen *n*
φαιδρ|ός [feðr-] froh; lustig; lächerlich; **~ότητα** Fröhlichkeit *f*; Lustigkeit *f*; Lächerlichkeit *f*; **~ύνω** [-'ino] erheitern
φαίνομαι ['fenome] sichtbar sein; (er)scheinen
φαινομεν|ικός scheinbar, Schein-; **~ικότητα** Schein *m*, Anschein *m*
φαινόμεν|ο Erscheinung *f*; Wunder *n*; ***κατά τα ~α*** dem Anschein nach

φαιός [fe'os] **(-ά)** grau
φάκα Falle *f*
φάκελ(λ)ος Umschlag *m*; Akte *f*, Ordner *m*; (Post-) Sendung *f*
φακελ(λ)ώνω in e-n Umschlag stecken; verpacken; eine Akte anlegen über (*A*)
φακή [fa'ki] Linse *f*; Linsengericht *n*
φακίδα Sommersprosse *f*
φακιόλι Kopftuch *n*
φακ|ός *Fot.* Linse *f*, Objektiv *n*; Taschenlampe *f*; ***προαντικειμενικός ~ός*** Vorsatzlinse *f*; ***~οί επαφής*** Kontaktlinsen *f/pl.*
φάλαγγα [-ŋga] Kolonne *f*
φάλαινα ['falena] Wal *m*
φαλ|άκρα Glatze *f*; **~ακρός** glatzköpfig; **~ακρώνω** [-a'krono] kahl werden
φαλ|ιμέντο Konkurs *m*; **~ίρω** Konkurs machen
φαν- *s.* **φαίνομαι**
φανάρι Laterne *f*; Ampel *f*
φανατ|ικός fanatisch; *Su. m* Fanatiker *m*; **~ισμός** Fanatismus *m*
φανέλα Flanell *m*; Unterhemd *n*
φαν|ερός klar, offenbar; **~ερώνω** [-e'rono] offenbaren; äußern; bezeichnen; **~έρωση (-εις)** Offenbarung *f*, Äußerung *f*
φανηκ- *s.* **φαίνομαι**
φανός Laterne *f*; Scheinwerfer *m*; Taschenlampe *f*
φαντ|άζομαι sich *etw.* einbilden; glauben, denken; **~άζω** Effekt machen; **~άρος** Rekrut *m*; **~ασία** Phantasie *f*; Einbildung *f*
φαντασιο|κοπία Illusion *f*, Wahn *m*; Täuschung *f*; **~κοπώ** phantasieren, träumen
φάντασμα *n* Gespenst *n*, Geist *m*; Phantom *n*
φαντ|ασμένος eingebildet; **~αστικός** eingebildet, imaginär; phantastisch; seltsam; **~αχτερός** aufgeputzt; bunt
φανφάρα Fanfare *f*; Blasorchester *n*
φαράγγι [-ŋgi] Schlucht *f*
φαράσι Müllschaufel *f*
φάρδαιμα ['farðema] *n* Verbreiterung *f*
φαρδαίνω [-'ðeno] verbreitern; erweitern; breiter werden
φάρδος *n* Breite *f*, Weite *f*
φαρδύνω *s.* **φαρδαίνω**
φαρδύς breit, weit
φαρμακ|είο [farma'kio] Apotheke *f*; **~εμπορία** [-embo'ria] Medikamentengroßhandlung *f*; **~ερός** giftig; **~ευτική** [-efti'ki] Pharmazeutik *f*; **~ευτικός** Arznei-; pharmazeutisch
φαρμάκι Gift *n*; Kummer *m*
φάρμακο Arznei *f*
φαρμακοποιός [-pi'os] *m, f* Apotheker(in *f*) *m*
φαρμ|άκωμα *n* Vergiftung

f; **~ακώνω** [-a'kono] vergiften; verbittern
φάρος Leuchtturm *m*
φάρυγγας Rachen *m*
φασαρία Trubel *m*, Krach *m*; *pl.* Umstände *m/pl.*
φάση (**-εις**) Phase *f*
φασιανός Fasan *m*
φασ|ισμός Faschismus *m*; **~ίστας** Faschist *m*
φασκι|ά [fa'skja] Windel *f*; **~ώνω** *Kind* wickeln
φάσμα *n* Erscheinung *f*, Gespenst *n*; Spektrum *n*
φασ|όλι, ~ούλι Bohne *f*
φάτνη ['fatni] Krippe *f*
φάτσα Gesicht *n*; *fam.* Visage *f*
Φεβρουάριος [fevru'arios] Februar *m*
φεγγ|άρι [feŋg-] Mond (-schein) *m*; **~ίτης** Luke *f*, Dachfenster *n*
φέγγω ['feŋgo] leuchten; scheinen
φείδομαι ['fiðome] sparen; schonen
φελλός Korken *m*; Schwimmgürtel *m*
φεμινισμός Frauenbewegung *f*, Feminismus *m*
φέρετρο Sarg *m*; Bahre *f*
φερμουάρ [fermu'ar] *n* Reißverschluß *m*
φέρνω tragen; (her)bringen; mit sich bringen
φέρομαι sich benehmen; gelten, erwähnt werden
φερρυ-μπότ [feri'bot] *n* Fähre *f*
φεστιβάλ [-'val] *n* Festspiel *n*
φέτα Schnitte *f*, Scheibe *f*; Schafskäse *m*
φετ(ε)ινός diesjährig
φέτος *Adv.* dieses Jahr, heuer
φευγ|αλέος [fevɣ-] (**-α**) flüchtig; **~ατίζω** *j-n* entfliehen lassen; **~άτος** geflohen; abgefahren, weg
φεύγω ['fevɣo] (weg)gehen; (ab)fahren; (ab)reisen
φήμη ['fimi] Gerücht *n*; Ruf *m*
φημ|ίζομαι [fim-] bekannt werden; berühmt sein; **~ισμένος** berühmt, bekannt
φθάνω *s.* **φτάνω**
φθαρ- *s.* **φθείρω**
φθαρμένος abgenutzt, abgetragen
φθαρτός verderblich; vergänglich
φθείρω ['fθiro] abtragen; zerrütten; verderben
φθιν|οπωρινός [fθin-] herbstlich, Herbst-; **~όπωρο** Herbst *m*
φθίνω ['fθino] schwinden; sich verschlechtern
φθίση ['fθisi] Schwindsucht *f*, Tuberkulose *f*
φθόγγος ['fθoŋgos] Laut *m*
φθονερός [fθon-] neidisch
φθόνος Neid *m*
φθονώ beneiden; neidisch sein
φιάλη [fi'ali] Flasche *f*
φιδές Fadennudeln *f/pl.*

φίδι Schlange *f*
φίλαθλος ['filaθlos] Sportfreund *m*
φιλανθρωπ|ία [filanθrop-] Menschenliebe *f*; Wohltätigkeit *f*; **~ικός** wohltätig
φιλ|αργυρία [filarji'ria] Habsucht *f*; **~άργυρος** geldgierig, habsüchtig; **~άρεσκος** kokett
φιλαρμονικ|ή Philharmonie *f*; **~ός** philharmonisch
φιλάσθενος [fi'lasθenos] kränklich
φίλαυτος ['filaftos] egoistisch; *Su. m* Egoist *m*
φιλ|ειρηνικός [filirinik-] friedliebend; Friedens-; **~εκπαιδευτικός** [-ekpeðeft-] bildungsbeflissen; **~ελευθερισμός** [-elefθer-] Liberalismus *m*; **~ελεύθερος** liberal
φίλεμα *n* Bewirtung *f*
φιλενάδα Freundin *f*
φίλεργος arbeitsam
φιλές (**-έδες**) Haarnetz *n*
φιλέτο Filet *n*
φιλεύω [fi'levo] bewirten
φίλημα ['filima] *n* Kuß *m*
φιλί Kuß *m*; **~α** Freundschaft *f*
φιλιγκράν [fili'gran] *n* Wasserzeichen *n*
φιλ|ικός freundschaftlich; freundlich; **~ιώνω** [-'jono] versöhnen; sich vertragen; **~ιωτικός** versöhnlich
φιλμ *n* Film *m*
φιλ|οδοξία Ehrgeiz *m*; **~όδοξος** ehrgeizig
φιλο|δώρημα [-'ðorima] *n* Trinkgeld *n*; Geldgeschenk *n*; **~δωρία** Freigebigkeit *f*; Gabe *f*; **~δωρώ** [-ðo'ro] belohnen; beschenken
φιλοκαλία Freude *f* am Schönen
φιλολογ|ία [-'jia] Philologie *f*; Literatur *f*; **~ικός** philologisch; literarisch
φιλόλογος *m/f* Philologe *m*, Philologin *f*
φιλ|ομάθεια [filo'maθia] Wißbegierde *f*, Lerneifer *m*; **~ομαθής** 2 wißbegierig; **~όμουσος** Kunstfreund *m*; **~ονεικία** [-onik-] Streit *m*, Zank *m*; **~όνεικος** streitsüchtig; **~ονεικώ** [-oni'ko] (sich) streiten; **~οξενία** Gastfreundschaft *f*; **~όξενος** gastfreundlich; gastlich; **~οξενούμενος** Gast(freund) *m*; **~οξενώ** [-okse'no] gastfreundlich aufnehmen; **~οπατρία** Vaterlandsliebe *f*; **~όπατρις** (**-ιδος**) Patriot *m*; **~οπόλεμος** kriegerisch; **~οπονία** Strebsamkeit *f*; **~όπονος** strebsam; **~όπτωχος** armenfreundlich, wohltätig
φίλος Freund *m*; *Adj.* lieb, teuer; befreundet
φιλοσοφ|ία Philosophie *f*; **~ικός** philosophisch
φιλ|όσοφος Philosoph *m*; **~οσοφώ** [-'fo] philosophieren; **~οστοργία** [-'jia]

Zärtlichkeit *f*; **~όστοργος** [-γos] zärtlich, liebevoll; **~ότεκνος** kinderlieb; **~οτελιστής** Briefmarkensammler *m*; **~οτέχνημα** [-x-] *n* Kunstwerk *n*; **~οτεχνία** Kunstverstand *m*; **~ότεχνος** kunstverständig, geschickt; **~οτιμία** Ehrgefühl *n*; Schamgefühl *n*; **~ότιμο: *έχω ~ότιμο*** sich nicht lumpen lassen; **~ότιμος** ehrliebend; großzügig
φιλο|φρόνηση (**-εις**) Liebenswürdigkeit *f*, Kompliment *n*; **~φρονητικός** liebenswürdig; **~χρήματος** geldgierig
φίλτατος liebste(r, -s), teuerste(r, -s)
φιλτζάνι [fil'dzani] Tasse *f*
φιλτράρω filtrieren
φίλτρο Filter *m*; Charme *m*
φιλώ (**-άς**) küssen
φίμωτρο Maulkorb *m*
φίνος (**-α**) fein; tadellos
φιξ|άρω fixieren; **~ατίφ** *n* Fixativ *n*, Fixiermittel *n*
φιόγκος ['fjoŋgos] Schleife *f*
φίρμα Firma *f*
φίσα *Elektr*. Stecker *m*; Karteikarte *f*; Spielkarte *f*
φιστίκι Erdnuß *f*
φίστουλας Fistel *f*
φιτίλι Docht *m*; Zündschnur *f*
φλαμουριά Linde *f*
φλάουτο ['flauto] Flöte *f*
φλας *n* Blitzlicht *n*
φλέβα ['fleva] Ader *f*, Vene *f*
Φλεβάρης Februar *m*
φλεβίτιδα Venenentzündung *f*
φλέγμα *n* Schleim *m*; Gleichgültigkeit *f*
φλεγμονή [fleγmo'ni] Entzündung *f*
φλέματα *n/pl.* (schleimiger) Auswurf *m*
φλερτ *n* Flirt *m*
φλερτάρω flirten
φλιτζάνι [fli'dzani] Tasse *f*
φλόγα ['floγa] Flamme *f*
φλογέρα (Hirten-)Flöte *f*
φλογ|ερός [floj-] brennend; *fig*. glühend; **~ίζω** entzünden
φλοκάτη langhaarige Wolldecke *f*, Hirtenteppich *m*
φλούδα ['fluða] Rinde *f*; Schale *f*; Kruste *f*
φλυαρία [fli-] Geschwätz *n*
φλύαρος schwatzhaft; *Su*. *m* Schwätzer *m*
φλυαρώ [flia'ro] schwatzen, faseln
φοβάμαι [fo'vame] (sich) fürchten
φοβ|ερίζω [fov-] einschüchtern; (be)drohen; **~έρισμα** *n* Einschüchterung *f*; **~ερός** schrecklich; gewaltig; **~ίζω** erschrecken; **~ιτσιάρης** [-i'tsjaris] (**-α, -ικο**) furchtsam, ängstlich
φόβος ['fovos] Furcht *f*, Angst *f* (*G*/ vor *D*)
φοβούμαι [fo'vume] fürchten (**μην**/ daß); sich fürchten (*A*/ vor *D*)

φόδρα ['foðra] Futter *n*
φοιν|ίκι [fin-] Dattel *f*; **~ικιά** [-i'kja] Dattelpalme *f*
φοίτηση (-εις) ['fitisi] Studium *n*; Besuch *m*
φοιτητ|ής [fitit-] Student *m*; **~ικός** Studenten-, studentisch
φοιτ|ήτρια [fit-] Studentin *f*; **~ώ** [fi'to] **(-άς)** studieren; *Schule* besuchen; verkehren
φομπ [fob] fob, frei an Bord
φον|έας Mörder *m*; **~εύω** [-'evo] ermorden, töten; **~ιάς** Mörder *m*; **~ικό** Mord *m*, Totschlag *m*; **~ικός** Mord-; mörderisch
φόνος Mord *m*
φόντο Hintergrund *m*
φόρα Stärke *f*; Anlauf *m*; Schwung *m*
φορ|ά Mal *n*; Gang *m*, Lauf *m*; ***άλλη ~ά*** ein anderes Mal; ***άλλη μια ~ά*** noch einmal; ***δύο, τρεις ~ές*** zweimal, dreimal *usw.*; ***μια ~ά*** einmal; ***πολλές ~ές*** häufig, oft; ***μια ~ά κι έναν καιρό ...*** es war einmal ...
φορέας Träger *m*
φορείο Tragbahre *f*
φόρεμα *n* Kleid *n*
φορεμένος getragen
φορεσ- *s.* **φορώ**
φορητός tragbar
φόρμα Form *f*; Trainingsanzug *m*; Overall *m*; Vordruck *m*
φόρμουλα Formel *f*
φοροδιαφυγή [-ðiafi'ji] Steuerhinterziehung *f*
φορολογ|ήσιμος [-'jis-] steuerpflichtig; **~ία** Besteuerung *f*; **~ικός** Steuer-; **~ούμενος** [-'ɣum-] Steuerzahler *m*; **~ώ** [-'ɣo] besteuern
φόρος Steuer *f*; Gebühr *f*; ***~ αποδοχών*** Lohnsteuer *f*; ***~ εισοδήματος*** Einkommensteuer *f*; ***εκκλησιαστικός ~*** Kirchensteuer *f*
φορ|τηγό [-ti'ɣo] Lastkraftwagen *m*; Frachtdampfer *m*; **~τίο** Ladung *f*, Last *f*, Fracht *f*; **~τώνω** (be)laden; aufbürden
φορτωτ|ής [-to'tis] Ladearbeiter *m*, Hafenarbeiter *m*; **~ική** Frachtbrief *m*; **~ικός** Lade-, Fracht-
φορώ [fo'ro] **(-άς)** tragen; anziehen; aufsetzen; umbinden
φουγάρο [fu'ɣaro] Schornstein *m*
φουκαράς Habenichts *m*; *Adj.* arm
φουντούκι Haselnuß *f*
φουντώνω [fun'dono] wuchern; wüten; aufbrausen
φούρκα ['furka] Galgen *m*; Wut *f*
φουρκέτα Haarnadel *f*
φουρκίζ|ομαι [fur'kizome] in Wut geraten; **~ω** aufhängen; in Wut bringen
φούρνος ['furnos] Backofen *m*; Brotbäckerei *f*; ***του φούρνου*** (im Ofen) gebacken

φουρτ|ούνα [fur'tuna] Sturm *m*; Unheil *n*; **~ουνιάζει** [-u'njazi] es wird stürmisch; **~ουνιασμένος** [-unjazm-] stürmisch; *fig.* bewegt
φούσκα ['fuska] Blase *f*; Bläschen *n*, Pickel *m*; Luftballon *m*
φουσκονεριά Sturmflut *f*
φουσκών|ομαι [fu'skonome] sich aufblähen; (an-) schwellen; **~ω** aufblasen; aufblähen; auftreiben; rasend machen
φουσκωτός [fusko'tos] aufgeblasen, aufgebläht; (an)geschwollen
φούστα ['fusta] Rock *m*
φουστάνι Kleid *n*
φούχτα ['fuxta] Handteller *m*; Handvoll *f*
φραγκοστάφυλο [fraŋgo-] Johannisbeere *f*
Φραγκφούρτη [fraŋk'furti] Frankfurt *n*
φράγμα *n* Einzäunung *f*; Zaun *m*; Staudamm *m*
φραγμένος eingezäunt
φραγμός Damm *m*, Schranke *f*
φράζω einzäunen; versperren; verstopfen
φράουλα ['fraula] Erdbeere *f*
φραπέ eisgekühlt(er Kaffee *m*)
φράση (-εις) ['frasi] Satz *m*; Ausdruck *m*; Wendung *f*
φραστικός Sprach-, Stil-
φράχτης ['fraxtis] Zaun *m*; Hecke *f*; *Tech.* Schleuse *f*
φρέζα Fräse *f*
φρενάρω bremsen
φρενιάζω wahnsinnig machen; toben
φρένιασμα *n* Tobsucht(sanfall *m*) *f*
φρενίτιδα Wahnsinn *m*
φρένο Bremse *f*; **~ *κόντρα*** Rücktrittbremse *f*
φρενο|βλάβεια [-'vlavia] Irrsinn *m*; **~βλαβής** [-vla'vis] 2 irrsinnig; **~κομείο** Irrenanstalt *f*; **~λόγος** Irrenarzt *m*; **~παθής** [-pa'θis] 2 geisteskrank
φρεσκ|άδα Frische *f*; **~άρω** erfrischen; frisch machen; frisch werden
φρέσκο Fresko *n*; Gefängnis *n*
φρέσκος (-ια) frisch
φρικαλ|έος (-α) grauenvoll; **~εότητα** Greueltat *f*, Abscheulichkeit *f*
φρίκη Entsetzen *n*
φρικιαστικός schauderhaft
φρίττω schaudern, sich entsetzen
φριχτός [-x-] entsetzlich
φρόνημα ['fronima] *n* Ansicht *f*; Moral *f*; Selbstbewußtsein *n*
φρονιμ|άδα Vernunft *f*, Besonnenheit *f*; **~εύω** [-'evo] zur Vernunft bringen; vernünftig werden

φρόνιμος vernünftig; artig
φροντ|ίδα Sorge *f*; **~ίζω** sorgen (*A*/ für *A*); *etw.* besorgen; sich kümmern (**για**/ um *A*); **~ιστήριο** Seminar *n*; private Nachhilfeschule *f*
φρονώ [fro'no] meinen
φρουρ|ά [fru'ra] Wache *f*; Garde *f*; Garnison *f*; **~αρχείο** [-'çio] Kommandantur *f*
φρούρ|αρχος ['frurarxos] Kommandant *m*; **~ηση** Bewachung *f*; **~ιο** Festung *f*
φρουρ|ός Wächter *m*; **~ώ** [fru'ro] (be)wachen
φρούτα ['fruta] *n/pl.* Obst *n*, Früchte *f/pl.*
φρουτιέρα Obstschale *f*
φρούτο Frucht *f*
φρύγανα ['friɣana] *n/pl.* Reisig *n*
φρυγανίζω rösten
φρύδι ['friði] Augenbraue *f*
φρύνος ['frinos] Kröte *f*
φταί|ξιμο ['fteksimo] (**-ατος**) Schuld *f*; Fehler *m*; **~ω** schuld haben (**για**/ an *D*)
φτάνω ankommen; erreichen; einholen; reichen
φτενός dünn, fein; knapp
φτέρη Farnkraut *n*
φτέρνα Ferse *f*
φτερνίζομαι niesen
φτερ|ό Feder *f*; **~ούγα** [-'uɣa] Flügel *m*; **~ουγίζω** [-u'jizo] flattern
φτην|αίνω [fti'neno] verbilligen; billiger werden; **~ός** billig
φτιαγμένος gemacht, angefertigt
φτιά(χ)ν|ομαι ['ftja(x)nome] sich schminken; **~ω** machen, anfertigen; ordnen; sich bessern; ***τι ~εις;*** was machst du?, wie geht's?
φτιασ|ίδι Schminke *f*; **~ίδωμα** *n* Schminken *n*; **~ιδώνω** [-i'ðono] schminken
φτιαχτός (nach)gemacht; gekünstelt
φτυ|άρι ['ftjari] Schaufel *f*; **~αρίζω** (weg)schaufeln
φτύ|μα ['ftima] *n* Speichel *m*, Spucke *f*; **~νω** spucken
φτωχαίνω [fto'çeno] verarmen
φτώχ(ε)ια ['ftoça] Armut *f*
φτωχ|ικός [-ç-] ärmlich, dürftig; **~οδέρνω** [-xo'ðerno] dahinvegetieren; **~ός** [-'xos] arm
φυγ- *s.* **φεύγω**
φυγ|άδας [fi'ɣa-] Flüchtling *m*; **~αδεύω** [-'ðevo] zur Flucht verhelfen; **~ή** [fi'ji] Flucht *f*; **~όπονος** [-'ɣo-] arbeitsscheu; **~όστρατος** Wehrdienstverweigerer *m*
φύκια ['fikja] *n/pl.* Algen *f/pl.*, Seetang *m*
φυλά|γομαι sich in acht nehmen (**από**/ vor *D*); vorsichtig sein; **~(γ)ω** bewachen; hüten; beschützen; (auf)bewahren; aufheben
φύλακας Wächter *m*; Wärter *m*, Aufseher *m*

φυλακ|ή Gefängnis *n*; **~ίζω** einsperren
φυλ|άκιση **(-εις)** Haft *f*, Gefängnisstrafe *f*; **~ακισμένος** Gefangene(r)
φύλαξη ['filaksi] Bewachung *f*; Aufbewahrung *f*
φυλαχτό Amulett *n*
φυλ|ετικός rassisch, Rassen-; **~ή** [fi'li] Stamm *m*; Rasse *f*
φύλλο ['filo] Blatt *n*; Bogen *m*; Folie *f*; Spielkarte *f*
φυλλομετρώ [filome'tro] **(-άς)** durchblättern
φυλλοξήρα [-'ksira] Reblaus *f*
φύλλωμα ['filoma] *n* Laub *n*
φύλο ['filo] Geschlecht *n*; Stamm *m*
φυματικός schwindsüchtig
φυματίωση [fima'tiosi] Tuberkulose *f* (Tbc)
φυσαλίδα Bläschen *n*
φυσαρμόνικα (Mund-) Harmonika *f*
φυσέκι Patrone *f*
φύσ|η **(-εις)** ['fisi] Natur *f*; Wesen *n*, Charakter *m*; **~ει** von Natur; ***παρά*** **~η** widernatürlich
φύσημα ['fisima] *n* Luftzug *m*; Hauch *m*; Hauchen *n*
φυσίγγιο Patrone *f*
φυσικ|ά [fisik-] *Adv.* natürlich, selbstverständlich; **~ή** Physik *f*; **~ό** Naturell *n*; **~ός** natürlich; Natur-; physikalisch; unehelich; *Su. m* Physiker *m*, Naturwissenschaftler *m*; **~ότητα** Natürlichkeit *f*
φυσιο|γνωμία [fisioɣno'mia] Erscheinung *f*; Gestalt *f*; **~δίφης** [-'ðifis] Naturforscher *m*; **~θεραπεία** Naturheilkunde *f*; **~κρατία** Naturalismus *m*; **~λογικός** [-loji'kos] normal; *Adv.* normal(erweise); **~προστασία** Naturschutz *m*
φυσώ [fi'so] **(-άς)** (an-) blasen, wehen; schnauben
φυτ|εία [fi'tia] Pflanzung *f*, Plantage *f*; **~εύω** [-'evo] (an-) pflanzen; schießen; **~ικός** Pflanzen-; vegetarisch
φυτό [fi'to] Pflanze *f*, Gewächs *n*
φυτο|φαγία [fitofa'jia] Vegetarismus *m*; **~φαγικός** vegetarisch; **~φάγος** [-ɣ-] Vegetarier *m*
φυτ|ρώνω [fi'trono] sprießen, wachsen; **~ώριο** Baumschule *f*
φώκια ['fokja] Seehund *m*
φωλ|ιά [fo'lja] Nest *n*; Höhle *f*; Bau *m*; **~ιάζω** nisten
φώναγμα ['fonaɣma] *n* Rufen *n*; Schreien *n*
φων|άζω [fon-] rufen; schreien; **~ακλάς** **(-άδες)** Schreihals *m*; **~ασκία** Schreierei *f*; **~αχτά** *Adv.* laut; schrill; **~ή** Stimme *f*; Schrei *m*; Ton *m*; **~ήεν** [-'ien] **(-εντος)** *n* Vokal *m*; **~ητική** [-iti'ki] Phonetik *f*; **~οληψία** [fonoli'psia] Ton-

aufnahme *f*; **~ολογία** Phonologie *f*
φως [fos] (**φωτός**) *n* Licht *n*; Augenlicht *n*
φωσφορίζω [fosf-] phosphoreszieren; schimmern
φώσφορο Phosphor *m*
φωτ|αγωγός [fot-] Lichtschacht *m*; **~αγωγώ** [-aɣo'ɣo] festlich beleuchten; **~αέριο** [-a'er-] Leuchtgas *n*; ***φυσικό ~αέριο*** Erdgas *n*; **~εινός** hell; Leucht-; licht; **~εινότητα** Helligkeit *f*; Lichtstärke *f*
φωτιά [fo'tja] Feuer *n*; Brand *m*; ***βάζω ~*** Feuer legen; hetzen
φωτίζω [fo'tizo] beleuchten, erleuchten; *Fot.* belichten
φώτιση Erleuchtung *f*
φωτισμός Beleuchtung *f*; *Fot.* Belichtung *f*
φωτο|βόλος [foto-] leuchtend, strahlend; **~βολώ** [-vo'lo] leuchten, strahlen; **~γραφείο** Fotoatelier *n*; **~γραφία** Fotografie *f*, Foto *n*; **~γραφίζω** fotografieren; **~γραφικός** fotografisch, Foto-; ***~γραφική μηχανή*** Fotoapparat *m*; **~γράφος** Fotograf *m*
φωτόμετρο Belichtungsmesser *m*
φωτο|σκιάζω [-ski-] retuschieren; **~τυπία** Fotokopie *f*

Χ

χαβιάρι [xavj-] Kaviar *m*
χάδι Liebkosung *f*, Streicheln *n*
χαζ|εύω [xa'zevo] gaffen; bummeln; **~ός** albern; *Su.* Gaffer *m*
χαθ- *s.* **χάνω**
χαϊδ|ευτικός [xaiðeft-] zärtlich; **~εύω** [-'evo] streicheln; verwöhnen
χάιδι ['xaiði] *s.* **χάδι**
χαιρ|εκακία [çer-] Schadenfreude *f*; **~έκακος** schadenfroh; **~εκακώ** schadenfroh sein
χαίρετε ['çerete] auf Wiedersehen!; guten Tag!
χαιρ|έτισμα *n* Gruß *m*; ***πολλά ~ετίσματα σε ...*** viele Grüße an ...; **~ετισμός** Gruß *m*; Begrüßung *f*; **~ετώ** (**-άς**) (be)grüßen; salutieren
χαίρ|ομαι ['çerome], **~ω** sich (er)freuen; ***~ω πολύ*** sehr angenehm!
χαίτη ['çeti] Mähne *f*
χαλάζι [xal-] Hagel *m*; ***πέφτει ~*** es hagelt
χαλ|αζίας [xal-] *m* Quarz *m*; **~άζιο** *Med.* Gerstenkorn *n*; **~αζόκοκκος** Hagelkorn *n*
χαλαρ|ός [xalar-] lose, locker; flau; **~ώνομαι** [-'onome] sich lockern, nachlas-

sen; **~ώνω** lockern; sich entspannen
χαλάρωση [xal-] Lockerung *f*; Entspannung *f*
χαλασ- *s.* **χαλώ**
χάλασμα *n* Zerstörung *f*; Verführung *f*; *pl*. Trümmer *m/pl*.
χαλασμένος zerstört; entzwei
χαλβάς [xal'vas] *m* Honiggrieß *m* (*mit geriebenen Mandeln u. Nüssen*)
χαλί [xa'li] Teppich *m*
χάλι(α *n/pl*.) schlechter Zustand
χαλίκι Kieselstein *m*
χαλιν|άρι [xalin-] Zügel *m*, Zaum *m*; Beschränkung *f*; **~ώνω** [-'ono] (auf)zäumen; *fig*. zügeln
χάλκινος Kupfer-, kupfern
χαλκ|ογραφία [xalk-] Kupferstich *m*; **~ός** Kupfer *n*
χαλνώ *s.* **χαλώ**
χαλύβδινος [xa'livðinos] stählern, Stahl-; *fig*. eisern
χαλώ (**-άς**) verderben, beschädigen; zerstören; (*Geld*) wechseln
χαμένος verloren; ruiniert
χαμηλ|ός [xamil-] niedrig; leise; **~ώνω** [-'ono] niedriger machen; (sich) senken; herunterlassen
χαμ|όγελο [xa'mojelo] Lächeln *n*; **~ογελώ** [-oje'lo] (**-άς**) lächeln; **~όκλαδα** *pl*. Gestrüpp *n*; **~ομήλι** [-o'mili] Kamille *f*
χάμουρα ['xamura] *n/pl*. Zaumzeug *n*
χαμπάρι [xa'bari] Nachricht *f*; ***τι ~α;*** was gibt's Neues?; ***δεν έχω ~*** ich habe keine Ahnung
χάνομαι verlorengehen; sich verlaufen; verschwinden
χαντ|άκι [xand-] Graben *m*; **~ακώνομαι** [-a'konome] zugrunde gehen; **~ακώνω** ruinieren
χάντ-μπωλ [-bol] *n* Handball *m*
χάντρα Glasperle *f*
χάνω ['xano] verlieren; verpassen; ***τα ~*** die Fassung verlieren
χάος ['xaos] *n* Chaos *n*; Abgrund *m*
χάπι ['xapi] Pille *f*
χαρ|ά [xa'ra] Freude *f*; Hochzeit *f*; ***μετά ~άς*** mit Vergnügen
χάραγμα *n* Kerbe *f*
χαράδρα Schlucht *f*, Kluft *f*
χαράζω (ein)gravieren; (ein)kerben; einschneiden; zeichnen; einprägen
χάρακας Lineal *n*
χαρ|άκι Lineal *n*; **~ακιά** Schramme *f*; Strich *m*
χαρακτήρας [xara'ktiras] Charakter *m*; Merkmal *n*; Stil *m*
χαρακτηρ|ίζω charakterisieren; bezeichnen; **~ισμός** Charakterisierung *f*; Charakteristik *f*; **~ιστικό** Merkmal *n*, Kennzeichen *n*; *pl*.

Gesichtszüge *m/pl.*; **~ιστικός** charakteristisch (*G*/ für *A*)
χαράκωμα *n* Schützengraben *m*
χαρακ|ώνω [-'ono] liniieren; kerben; ***~ωμένος*** liniiert; gefurcht
χαραμίζω verschwenden
χαραυγή [xara'vji] Tagesanbruch *m*
χάρη ['xari] Charme *m*; Gefallen *m*; Dank *m*; Gnade *f*, Begnadigung *f*; ***~ σε*** dank *D*; ***για ~ σου*** deinetwegen
χαρηκ- *s.* **χαίρομαι**
χαριεντίζομαι [xarien'dizome] scherzen; flirten
χαρίζ|ομαι e-n Gefallen tun (**τον**/ *j-m*); **~ω** schenken; *Strafe* erlassen
χάρ|ις ['xaris] (**-ιτος**) *f s.* **χάρη**; **~ιν** (*G*) für *A*, wegen *G*, *D* zuliebe; ***λόγου ~ιν*** **(*λ.χ.*)**, ***παραδείγματος ~ιν*** **(*π.χ.*)** zum Beispiel (z. B.)
χαρ|ιτωμένος anmutig, graziös; **~οποιώ** [-pi'o] erfreuen
χάρος Tod *m*; *fig.* Sensenmann *m*
χαρούμενος [xa'ru-] froh
χαρτάκι Zettel *m*
χάρτης ['xartis] Landkarte *f*; Urkunde *f*; Charta *f*
χαρτί Papier *n*; Dokument *n*, Zeugnis *n*; *pl.* Papiere *n/pl.*; Spielkarte *f*; ***~ αλληλογραφίας*** [alilo-] Briefpapier *n*; ***~τουαλέτας*** [tual-] Toilettenpapier *n*; ***φωτογραφικό ~*** Fotopapier *n*
χάρτινος Papier-
χαρτ|όδετος [xart-] broschiert; kartoniert; **~ομάντισσα** Kartenlegerin *f*; **~όνι** Pappe *f*, Karton *m*
χαρτο|νόμισμα *n* Banknote *f*; Papiergeld *n*; **~παίγνιο** [-'peɣn-] Kartenspiel *n*; **~παίζω** [-'pezo] Karten spielen; **~παίχτης** (Karten-)Spieler *m*; **~πωλείο** [-po'lio] Papiergeschäft *n*; **~σακ(κ)ούλα** Tüte *f*; **~φύλακας** Aktenmappe *f*; Brieftasche *f*
χασάπ|ης [xa'sapis] (**-ηδες**) Fleischer *m*; **~ικο** Fleischerei *f*
χασικλής [xasi'klis] (**-ήδες**) Haschischraucher *m*
χάσιμο (**-ατος**) Verlust *m*
χασίσ(ι) *n* Haschisch *n*
χάσμα *n* Schlund *m*; Spalte *f*; Lücke *f*
χασμουριέμαι [xazmu'rjeme] gähnen
χασο|μέρης Nichtstuer *m*; **~μέρι** Nichtstun *n*; Zeitverlust *m*; **~μερώ (-άς)** herumbummeln; Zeit verlieren; *j-n* aufhalten
χαστούκι Ohrfeige *f*
χατίρι Gefallen *m*
χαφ|ιεδισμός [xafjeð-] Bespitzelung *f*; **~ιές (-ιέδες)** Spitzel *m*
χάφτω ['xafto] verschlingen

χείλ|ι ['çili] Lippe *f*; **~ος** *n* Rand *m*
χειμ|ερινός [çim-] winterlich; Winter-; **~ώνας** Winter *m*; **~ωνιάτικος** [-o'njatikos] winterlich
χειρα|ποσκευή [çiraposkje'vi] Handgepäck *n*; **~φέτηση** [-'fetisi] Emanzipation *f*
χειρ|ίζομαι [çir-] handhaben; betätigen; behandeln; regeln; **~ισμός** Handhabung *f*
χείριστος schlechteste(r, -s); schlimmste(r, -s)
χειρ|οβομβίδα [-vom'viða] Handgranate *f*; **~όγραφο** Manuskript *n*; **~όγραφος** handgeschrieben; **~οδικία** Faustrecht *n*; **~οκίνητος** handbetrieben; **~οκρότημα** *n* Händeklatschen *n*, Beifall *m*; **~οκροτώ** applaudieren; **~ολαβή** [-ola'vi] Handgriff *m*
χειρονομ|ία [çiro-] Gebärde *f*, Geste *f*; **~ώ** gestikulieren
χειρο|πέδη Handschelle *f*; **~πιαστός** [-pja'stos] fühlbar; offenkundig; **~ποίητος** [-'piitos] handgearbeitet; **~σφαίριση** [-'sferisi] Volleyball *m*
χειρότερα *Adv.* schlechter; schlimmer
χειροτ|ερεύω [-e'revo] sich verschlechtern; **~έρεψη** Verschlechterung *f*
χειρότερ|ος [çi'roteros] schlechter, schlimmer; ***τόσο το ~ο*** umso schlimmer
χειρο|τέχνημα *n* Handarbeit *f*; **~τέχνης** Handwerker *m*; **~τεχνία** Handwerk *n*; **~τεχνικός** handwerklich
χειρουργ|είο [çirur'jio] Operationssaal *m*; **~ική** Chirurgie *f*; **~ικός** chirurgisch
χειρ|ούργος [çi'ruryos] Chirurg *m*; **~ουργώ** [-'yo] operieren
χειρόφρενο Handbremse *f*
χέλι ['çeli] Aal *m*
χελιδόνι Schwalbe *f*
χελώνα Schildkröte *f*
χέρι ['çeri] Hand *f*; Arm *m*; Henkel *m*; ***βάζω ~*** anfassen; ***δίνω ~*** helfen
χερούλι [-'uli] Griff *m*; Henkel *m*; Stiel *m*
χερσ|αίος [çer'seos] **(-α)** Land-; Kontinental-; **~όνησος** *f* Halbinsel *f*
χέρσος **(-α)** brachliegend, unbebaut
χημ|εία [çi'mia] Chemie *f*; **~είο** Laboratorium *n*; **~ικός** chemisch; *Su.* *m*/*f* Chemiker(in *f*) *m*
χήνα ['çina] Gans *f*
χήρα ['çira] Witwe *f*
χηρ|ε(υ)μένος [çire(v)m-] verwitwet; **~εύω** [-'evo] Witwe(r) sein; *fig. Stelle*: unbesetzt sein
χήρος ['çiros] Witwer *m*
χθες [xθes] gestern; ***~ το***

βράδυ gestern abend; ***~ προχθές*** neulich
χθεσινός gestrig
χιαστός [çia-] x-förmig
χίλια *s.* **χίλιοι**
χιλιά|δα [çilj-] Tausend *n*; tausend; ***δύο ~δες*** zweitausend; **~ρικο** Tausenddrachmenschein *m*; **~ς (-άδος)** *f s.* **χιλιάδα**
χιλιόγραμμο [çi'ljo-] Kilo (-gramm) *n*
χίλιοι ['çilji] *pl.* tausend
χιλιόμετρο Kilometer *m*
χιλιοστό|γραμμο Milligramm *n*; **~μετρο** Millimeter *m*; **~ς** tausendst-; ***ένα ~*** ein Tausendstel *n*, ein Millimeter *m*
χίμαιρα ['çimera] Hirngespinst *n*
χιμαιρικός phantastisch, überspannt
Χιονάτη [çon-] Schneewittchen *n*
χιονάτος [çon-] schneeweiß
χιόνι ['çoni] Schnee *m*
χιον|ιά Schneeball *m*; **~ίζει** [-'izi] es schneit; **~ίστρα** Frostbeule *f*; **~όβροχο** [-'ovroxo] Schneeregen *m*; **~οδρόμος** Schiläufer *m*; **~οθύελλα** [-çiono'θiela] Schneesturm *m*; **~όλευκος** [-'olefkos] schneeweiß; **~όνερο** Schneewasser *n*; **~οσκέπαστος** schneebedeckt; **~οστιβάδα** [çion-] Lawine *f*; **~οστρόβιλος** [çion-] Schneegestöber *n*
χιούμορ ['çumor] *n* Humor *m*
χιουμοριστ|ής [çu-] Humorist *m*; **~ικός** humoristisch
χλευ|άζω [xle'vazo] verhöhnen; **~ασμός** Verhöhnung *f*, Spott *m*; **~αστικός** höhnisch, spöttisch
χλιαρός [xliar-] lauwarm
χλιμιντρίζω wiehern
χλόη ['xloi] Rasen *m*
χλωμ|άδα [xlom-] Blässe *f*; **~ιάζω** [-'jazo] blaß werden; **~ός** blaß, bleich
χλώριο ['xlor-] Chlor *n*
χλωρ|ός grün; frisch; **~ούρι** Quark *m*; **~οφύλλη** [-o'fili] Chlorophyll *n*
χλώρωση ['xlorosi] Bleichsucht *f*
χνάρι ['xnari] Schnittmuster *n*; Schablone *f*; Spur *f*
χνότο Hauch *m*, Atem *m*
χνούδι ['xnuði] Flaum *m*
χόβολη ['xovoli] glühende Asche *f*
χοιρ|ίδιο [çi'riðio] Ferkel *n*; **~ινό** Schweinefleisch *n*; **~ινός** Schweine-; **~ομέρι** Schinken *m*
χοίρος ['çiros] Schwein *n*
χοιροστάσιο [-'stasio] Schweinestall *m*
χοιρ|όσπριχα [çir-] Borste *f*; **~οτροφία** Schweinezucht *f*
χόκεϋ ['xokei] *n* Hockey *n*
χολ|έρα [xol-] Cholera *f*; **~ή** Galle *f*; **~όλιθος** Gallenstein *m*

χόνδρος Graupe *f*; Grütze *f*; Knorpel *m*
χοντρός dick, stark; grobkörnig; grob; *Stimme*: tief
χορδή [xor'ði] Saite *f*; Sehne *f*
χορ|ευτής [xore'ftis] Tänzer *m*; **~ευτικός** Tanz-; tänzerisch; **~εύτρια** [-'eftria] Tänzerin *f*; **~εύω** [-'evo] tanzen
χορήγη|μα [xo'rijima] *n* Zuschuß *m*; **~ση (-εις)** Gewährung *f*, Bewilligung *f*, Zuteilung *f*
χορηγ|ητής [-ji'tis] Zuteiler *m*; **~ία** Zuwendung *f*; **~ός** [-'γos] Spender *m*; **~ώ** [-'γo] gewähren, zuteilen; erteilen; bewilligen
χορ|οδιδασκαλείο [xoroði-] Tanzschule *f*; **~όδραμα** *n* Ballett *n*; **~οεσπερίδα** [-oesp-] Tanzabend *m*; **~ός** Tanz *m*; Ball *m*; Chor *m*
χορτ|άζω, ~αίνω [-'eno] sättigen; satt werden; genug haben; ***~αίνω ύπνο*** sich ausschlafen; **~άρι** Gras *n*; Unkraut *n*; **~ασμός** Sättigung *f*; Überdruß *m*; **~άτος** satt
χόρτο Gras *n*; Heu *n*; *pl.* Gemüse *n*
χορτ|όσουπα Gemüsesuppe *f*; **~οφαγία** [-ofa'jia] Pflanzenkost *f*; **~οφάγος** [-γos] vegetarisch; *Su.* *m/f* Vegetarier(in *f*) *m*
χορωδία [xoro'ðia] Chor *m*
χουζ|ουρεύω [xuzu'revo] sich entspannen; **~ούρι** Entspannung *f*
χουλιάρ|α [xulj-] Suppenlöffel *m*; **~ι** Löffel *m*
χούμελη ['xum-] Hopfen *m*
χούμος ['xumos] Humus *m*
χουνί Trichter *m*
χουρμ|αδιά [xurm-] Dattelpalme *f*; **~άς (-άδες)** Dattel *f*
χούφτα Handvoll *f*
χρεία ['xria] Notwendigkeit *f*
χρει|άζομαι [xri'azome] brauchen, benötigen; ***μου ~άζεται*** (es) fehlt mir, ich brauche (es); ***~άζεται να …*** es ist nötig, daß …; **~αζούμενος** nötig, erforderlich
χρέ|ος ['xre-] *n* Schuldigkeit *f*; Aufgabe *f*; ***~η*** *pl.* Schulden *f/pl.*
χρεώγραφο Schuldverschreibung *f*
χρεωκοπία Bankrott *m*
χρεών|ομαι [xre'on-] belastet werden; Schulden machen; **~ω** *Hdl.* belasten
χρέωση (-εις) ['xreosi] Verschuldung *f*; Belastung *f*
χρεώστης Schuldner *m*
χρεωστώ *s.* **χρωστώ**
χρήματα ['xrimata] *n/pl.* Geld *n*
χρηματιστήριο Börse *f*
χρηματο|δότης [-'ðotis] Geldgeber *m*; **~δότηση (-εις)** Finanzierung *f*; **~δοτώ** finanzieren; **~κι-**

βώτιο [-ki'votio] Geldschrank *m*, Safe *m*
χρήσ|η (-εις) Gebrauch *m*, Benutzung *f*; ***οδηγίες ~εως*** Gebrauchsanweisung *f*; ***κάνω ~η*** Gebrauch machen (*G*/ von *D*)
χρησιμ|εύω [xrisi'mevo] dienen; nützlich sein; **~οποίηση (-εις)** [-o'piisi] Gebrauch *m*, Verwendung *f*; **~οποιήσιμος** [-opi'is-] verwendbar; **~οποιώ** [-opi'o] gebrauchen, verwenden
χρήσιμος nützlich, dienlich
χρησιμότητα Nützlichkeit *f*
χρησμ|οδοτώ [xrizm-] weissagen; **~ός** Orakel *n*, Prophezeiung *f*
χρήστης ['xristis] Nutznießer *m*
χρηστ|ός ehrbar; tugendhaft; **~ότητα** Ehrbarkeit *f*, Redlichkeit *f*
χρίζω ['xrizo] salben
χριστιαν|ικός [xristian-] christlich; **~ισμός** Christentum *n*; **~ός** Christ *m*
Χριστ|ός [xrist-] Christus *m*; ***μετά ~όν*** (***μ.Χ.***) nach Christus; ***προ ~ού*** (***π.Χ.***) vor Christus ; **~ούγεννα** [-'ujena] *n*/*pl.* Weihnachten *n*; **~ουγεννιάτικος** weihnachtlich
χρόνια ['xronja] *n*/*pl.* Jahre *n*/*pl.*; ***~ πολλά*** herzlichen Glückwunsch!
χρον|ιά Jahr *n*; Jahrgang *m*; **~ιάτικο** Jahresgehalt *n*; Jahrestag *m*; **~ιάτικος** Jahres-; **~ίζω** sich hinziehen; *Med.* chronisch werden
χρονικ|ό Chronik *f*; ***~ό διάστημα*** Zeitraum *m*; **~ός** Zeit-, zeitlich
χρόνιος ['xronios] **(-α)** langwierig; chronisch
χρονο|γράφημα [xrono-] *n* Feuilleton *n*; **~γράφος** Chronist *m*; **~λογία** [-lo'jia] Zeitrechnung *f*; Datum *n*; **~λογικός** chronologisch; **~λογώ** [-'γo] datieren
χρον|όμετρο Stoppuhr *f*; **~ομετρώ** die Zeit messen, abstoppen
χρόν|ος Zeit *f*; Jahr *n*; *Mus.* Takt *m*; ***του ~ου*** übers Jahr
χρυσάφι [xri'safi] Gold *n*
χρυσ|ή [xri'si] Gelbsucht *f*; **~ίζω** golden schimmern; **~ικός** Goldschmied *m*; **~ός** golden, Gold-; *fig.* goldig; *Su. m* Gold *n*; **~οχοείο** [-oxo'io] Juweliergeschäft *n*; **~όψαρο** Goldfisch *m*
χρύσωμα *n* Vergoldung *f*
χρυσώνω [xri'sono] vergolden
χρώμα ['xroma] *n* Farbe *f*; Schminke *f*
χρωματ|ίζω färben; **~ικός** farbig; Farben-; **~ισμός** Färbung *f*; **~ιστός** farbig, bunt
χρώμιο ['xromio] Chrom *n*
χρωστήρας [xro'stir-] Pinsel *m*

χρωστώ (**-άς**) schulden; verdanken; die Pflicht haben (**να**/ zu)
χταπόδι [xta'poði] Krake *m*, Tintenfisch *m*
χτέν|α, -ι ['xten-] Kamm *m*
χτες *s.* **χθες**
χτί|ζω bauen; **~στης** Maurer *m*; Bauarbeiter *m*
χτύπημα *n* Schlag *m*
χτυπητός auffällig; geschlagen
χτυπώ [xti'po] (**-άς**) schlagen; klopfen; trampeln
χυδ|αίος [çi'ðeos] (**-α**) gewöhnlich, vulgär; **~αιότητα** Gemeinheit *f*
χυθ- *s.* **χύνω**
χυλόπιτ(τ)α [çi-] *Art* Nudeln *f*/*pl*.
χυλός Brei *m*, Mus *n*
χυμ|ός [çim-] Saft *m*; **~ός** ***φρούτων*** ['fruton] Fruchtsaft *m*; **~ώδης** [-'oðis] 2 saftig
χύνω ['çino] (ein)gießen; ausgießen; vergießen; weggießen; (ein)schütten; ausschütten; verschütten
χύτρα Kochtopf *m*
χωλ [xol] *n* Diele *f*, Vorraum *m*
χώμα ['xoma] *n* Erde *f*; Staub *m*
χων|ευτικός [xonefti'kos] leichtverdaulich; **~ευτός** gegossen, geschmolzen; schmelzbar; **~εύω** [-'nevo] verdauen; gießen, schmelzen; zerfallen
χώνεψη ['xonepsi] Verdauung *f*
χών|ομαι ['xonome] sich (hinein)drängen; **~ω** (hinein)stecken; stoßen; vergraben
χώρα ['xora] Land *n*; Gebiet *n*; Stadt *f*
χωρατ|ά zum Spaß; **~εύω** [-'evo] scherzen; **~ό** Spaß *m*
χωράφι [xo'rafi] Feld *n*
χωρητικότητα [xoritik-] Fassungsvermögen *n*; Tonnage *f*
χωρ|ιανός Landsmann *m*; **~ιάτης** Bauer *m*; **~ιατιά** Grobheit *f*; **~ιάτικος** Land-; dörflich; grob; ***~ιάτικη σαλάτα*** Bauernsalat *m*; **~ιάτισσα** Bäuerin *f*
χωρίζ|ομαι [xo'rizome] sich trennen; **~ω** trennen; (zu-)teilen; sich scheiden lassen (**από**/ von *D*)
χωριό [xo'rjo] Dorf *n*
χωρίς [xo'ris] *prp*. ohne *A*; *cj*. ***~ να*** ohne daß, ohne zu; ***~ άλλο*** bestimmt, unbedingt, ohne weiteres
χωρισ|μός Trennung *f*; Teilung *f*; (Ehe-)Scheidung *f*; **~τά** einzeln; getrennt; **~τός** getrennt, separat, Einzel-
χωρίστρα Scheitel *m*
χωρομετρώ *Feld* vermessen
χώρος ['xoros] Platz *m*, Raum *m*
χωροφύλακας Polizist *m*

χωρώ [xo'ro] **(-άς)** fassen; Platz finden
χωσ(θ)- *s.* **χώνω**
χωσιά Hinterhalt *m*

Ψ

ψάθ|α ['psaθa] Stroh *n*; Strohhut *m*; Strohmatte *f*; **~ινος** Stroh-
ψαλ|ίδα, ~ίδι Schere *f*; **~ιδίζω** (ab)schneiden
ψαλμός Psalm *m*
ψαμμόλιθος Sandstein *m*
ψαρ|άδικο Fischhandlung *f*; Fischerboot *n*; **~άς (-άδες)** Fischer *m*; **~εύω** [-'evo] fischen; angeln; aushorchen
ψάρι ['psari] Fisch *m*
ψαρ|ική Fischfang *m*; **~οκόκαλο** Gräte *f*; **~όκολλα** Fischleim *m*
ψαρόνι (*Vogel*) Star *m*
ψαροπούλι Eisvogel *m*
ψαρός grau(haarig)
ψαρόσουπα [-supa] Fischsuppe *f*
ψαύω ['psavo] berühren
ψαχνίδα [psax-] Kopfschuppen *f/pl.*
ψαχνός *Fleisch*: mager
ψάχνω ['psaxno] (durch)suchen
ψείρα ['psira] Laus *f*
ψειρίζω (ent)lausen
ψεκ|άζω (be)spritzen; **~αστήρας** Zerstäuber *m*; Sprühdose *f*
ψελλ|ίζω [psel-] stottern; **~ός** stotternd
ψέμα *n* Lüge *f*
ψες gestern abend
ψευδ|άργυρος [pse'vðarjiros] Zink *n*; **~ής** 2 falsch; künstlich; **~ίζω** stottern; **~ολόγος** lügnerisch
ψεύδομαι ['psevð-] lügen
ψευδο|μάρτυρας falscher Zeuge *m*; **~μαρτυρία** falsche Aussage *f*
ψευδορκία Meineid *m*
ψεύδος ['psevðos] *n* Lüge *f*
ψευδώνυμο [pse'vðonimo] Pseudonym *n*
ψεύτης ['pseftis] Lügner *m*; Betrüger *m*
ψευτ|ιά [pse'ftja] Lüge *f*; Trick *m*; **~ίζω** (ver)fälschen
ψεύτικος ['pseft-] falsch, unecht; künstlich
ψευτοδουλειά [pseftoðu'lja] Kleinigkeit *f*, Nichtigkeit *f*
ψεύτρα Lügnerin *f*
ψηλ|ός [psil-] hoch; **~ώνω** [-'ono] errichten; erhöhen; wachsen
ψήνω ['psino] braten; *Kaffee* kochen
ψηστ|αριά [psist-] Grillrestaurant *n*; **~ιέρα** Grill *m*
ψητ|ό [psi'to] Braten *m*; **~ός** gebraten
ψηφιδωτό [psifiðo'to] Mosaik *n*

ψηφίζω [psi'fizo] wählen; stimmen für *A*
ψήφισ|η Abstimmung *f*, Wahl *f*; Annahme *f*; **~μα** *n* Beschluß *m*
ψηφο|δέλτιο [psifo-] Stimmzettel *m*; **~θηρία** Stimmenfang *m*
ψήφος *f Wahl*: Stimme *f*; Wahlrecht *n*
ψηφο|φορία Wahl *f*; **~φόρος** *m*, *f* Wähler(in *f*) *m*, Stimmberechtigte(r) *m*, *f*
ψιθυρίζω [psiθi'rizo] flüstern; rascheln; summen
ψιλά *n*/*pl.* Kleingeld *n*
ψιλικά *n*/*pl.* Kurzwaren *f*/*pl.*
ψιλο|δουλεύω [-ðu'levo] (genau) ausarbeiten; **~κομμένος** fein geschnitten; *Kaffee*: fein gemahlen; **~λογώ** spitzfindig prüfen; **~ρωτώ (-άς)** genau ausfragen
ψιλός dünn; fein
ψίχα Krume *f*; *Bot.* Mark *n*; etwas, ein bißchen
ψιχάλα [psi'xala] Sprühregen *m*
ψιχαλίζω rieseln; sprühen
ψοφίμι Kadaver *m*
ψόφιος (-α) tot, verendet; todmüde
ψυγείο [psi'jio] Kühlschrank *m*; *Auto*: Kühler *m*
ψύλλος Floh *m*
ψυχ|ή [psi'çi] Seele *f*; Mut *m*; **~ίατρος** Psychiater *m*, Nervenarzt *m*; **~ικός** seelisch, psychisch
ψυχολογ|ία [psixo-] Psychologie *f*; **~ικός** psychologisch
ψυχο|λόγος *m*, *f* Psychologe *m*, Psychologin *f*; **~παίδι** [-'peði] Pflegekind *n*; **~πονώ (-άς)** Mitleid haben mit *D*
ψυχόρμητο Instinkt *m*
ψύχρα ['psixra] Kälte *f*; ***κάνει ~*** es ist kalt
ψύχραιμος kaltblütig
ψυχρ|αίνω [psi'xreno] (ab-) kühlen; **~ός** kühl; **~ότητα** Kühle *f*
ψωμ|άδικο [psom-] Bäckerladen *m*; **~άκι** Brötchen *n*; **~άς (-άδες)** Bäcker *m*; Brotesser *m*
ψωμί [pso'mi] Brot *n*; *fig.* Auskommen *n*; ***μαύρο ~*** Schwarzbrot *n*; ***άσπρο ~*** Weißbrot *n*
ψώνια ['pson-] *n*/*pl.* Einkäufe *m*/*pl.*
ψωνίζω [pso'nizo] (ein)kaufen

Ω

ωδείο [o'ðio] Konservatorium *n*; Odeon *n*
ωδίνες [o'ðines] *f/pl.* Geburtswehen *pl.*
ώθηση (-εις) Stoß *m*; Drängen *n*; Antrieb *m*
ωθώ [o'θo] (vor)schieben; (an)treiben; stoßen
ωκεανός [okjean-] Ozean *m*
ώμος ['omos] Schulter *f*, Achsel *f*
ωμ|ός roh; unreif; grausam; **~ότητα** Roheit *f*
ώρ|α ['ora] Stunde *f*; Zeit *f*; ***~α καλή!*** alles Gute!; ***της ~ας*** à la carte, nach der Karte; ***με την ~α*** rechtzeitig; ***ώρες γραφείου*** Bürostunden *f/pl.*
ωρ|αίος [o'reos] **(-α)** schön; gut; **~αιότητα** Schönheit *f*; **~άριο** Stundenplan *m*; **~ιαίος** [-i'eos] **(-α)** stündlich; **~ιμάζω** reifen
ώριμος reif; reiflich
ωριμότητα Reife *f*
ωρισμένος *s.* **ορ-**
ωρο|λόγιο(ν) Uhr *f*; Stundenplan *m*; **~λογοποιός** [-pi'os] Uhrmacher *m*; **~μίσθιο** Stundenlohn *m*; **~σκόπιο** Horoskop *n*
ως [os] *prp.* (*A*) bis, bis zu *D*; *cj.* wie, als, sobald; *Adv.* etwa; ***~ να*** *cj.* als ob, als wenn; ***~ που*** ['pu] bis
ωσάν *s.* **σαν**
ώστε ['oste] *cj.* (so) ... daß; also
ωστόσο dennoch
ωτακουστής [otaku'stis] Spion *m*
ωταλγία [ota'ljia] Ohrenschmerzen *m/pl.*
ωτίτιδα Ohrenentzündung *f*
ωτορρινολαρυγγολόγος [otorinolariŋgo'loγos] Hals-, Nasen-, Ohrenarzt *m*
ωφέλ|εια [o'felia] Nutzen *m*; Gewinn *m*; **~ιμος** nützlich (**σε**/ *D od.* für *A*)
ωφελώ nützen, helfen
ωχρ|αίνω [o'xreno] blaß werden; **~ός** blaß

Deutsch-Griechisches Wörterverzeichnis

A

Aal *m* χέλι ['çeli] *n*
ab από [a'po]; **~ *und zu*** πότε-πότε ['pote'pote]
abänder|n αλλάζω [a'lazo] (***in*** *A*/ σε [se]); **2ung** *f* αλλαγή [ala'ji]
Abbau *m* εκμετάλλευση [ekme'talefsi]; **2en** (*Kohle*) εκμεταλλεύομαι [ekmeta'levome]
abbeißen δαγκάνω [ða'ŋgano]
abberuf|en ανακαλώ [ana-ka'lo]; **2ung** *f* ανάκληση (-εις) [a'naklisi]
abbestell|en ακυρώνω [aki'rono]; **2ung** *f* ακύρωση (-εις) [a'kirosi]
abbiegen (*Verkehr*) στρίβω ['strivo]
abbild|en απεικονίζω [apiko'nizo]; **2ung** *f* εικόνα [i'kona]
abbrechen (*Haus*) γκρεμίζω [gre'mizo]; *fig.* διακόπτω [ðia'kopto]
abbrennen καίω ['kjeo]
abbringen *fig.* αποτρέπω [apo'trepo]
Abbruch *m* διακοπή [ðiako'pi]
abbürsten βουρτσίζω [vur'tsizo]
abdank|en παραιτούμαι [pare'tume]; **2ung** *f* παραίτηση (-εις) [pa'retisi]
abdecken ξεσκεπάζω [kseskje'pazo]; (*Tisch*) σηκώνω [si'kono]
Abdruck *m Typ.* αντίτυπο [an'ditipo]; (*Finger2*) δαχτυλικό αποτύπωμα [ðaxtili'ko apo'tipoma] *n*
abdrücken (*Gewehr*) πυροβολώ [pirovo'lo]
Abend *m* βράδυ ['vraði] *n*; **~brot** *n* βραδινό [vraði'no]
Abend|-, 2lich βραδινός [vraði'nos]; **2s** το βράδυ [to 'vraði]
Abenteu|er *n* περιπέτεια [peri'petia]; **2erlich** περιπετειώδης [peripeti'oðis]; **~rer** *m* τυχοδιώκτης [tixo'ðjoktis]
aber μα [ma], αλλά [a'la]; **2glauben** *m* δεισιδαιμονία [ðisiðemo'nia]; **~gläubisch** προληπτικός [prolipti'kos]
aberkennen *jur.* αφαιρώ δικαστικώς [afe'ro ðikasti'kos]; *fig.* αρνιέμαι [ar'njeme]
abfahr|en ξεκινώ [kseki'no], αναχωρώ [anaxo'ro]; **2t** *f* αναχώρηση (-εις) [ana'xorisi]; **2tszeit** *f* ώρα αναχωρήσεως ['ora anaxo'riseos]
Abfall *m* σκουπίδια [sku'piðja] *n/pl.*; απομεινάρια [apomi'narja] *n/pl.*

abfällig (*Urteil*) καταφρονητικός [katafroniti'kos]
abfärben ξεβάφω [kse'vafo]
abfassen (*Werk*) συντάσσω [sin'daso]
abfertig|en διεκπεραιώνω [ðiekpere'ono]; **2ung** *f* διεκπεραίωση (-εις) [ðiekpe'reosi]
abfind|en: sich ~en mit συμβιβάζομαι (με) [simvi'vazome (me)]; **2ung** *f* αποζημίωση (-εις) [apozi'miosi]
abfliegen απογειώνομαι [apoji'onome]
abfließen χύνομαι ['çinome]
Abflug *m* απογείωση (-εις) [apo'jiosi]
Abflußrohr *n* σωλήνας [so'linas]
Abführmittel *n* καθάρσιο [ka'θarsjo]
abfüttern ταΐζω [ta'izo]
Abgabe *f* (*Steuer*) φόρος ['foros]
Abgang *m* αναχώρηση (-εις) [ana'xorisi]; αποχώρηση (-εις) [apo'xorisi]
Abgase *n/pl.* καυσαέρια [kafsa'eria] *n/pl.*
abgeben παραδίδω [para'ðiðo]; **sich ~ mit** καταγίνομαι [kata'jinome], ασχολούμαι (με) [asxo'lume (me)]
abgelegen απόκεντρος [a'pokjendros]
abgemacht σύμφωνοι ['simfoni]
abgeneigt απρόθυμος [a'proθimos]
abgenutzt τριμμένος [tri'menos]; (*Kleidung*) σχισμένος [sçi'zmenos]
Abgeordnete|(r) *m/f* βουλευτής [vule'ftis] *m/f*; **~nhaus** *n* βουλή [vu'li]
Abgesandte(r) *m/f* απεσταλμένος (-νη) [apestal'menos, -ni]
abgeschmackt άνοστος ['anostos]
abgesehen von εκτός από [e'ktos a'po]
Abgespanntheit *f* κούραση ['kurasi]
abgewöhnen ξεσυνηθίζω [ksesini'θizo]; **sich das Rauchen ~** κόβω το κάπνισμα ['kovo to 'kapnizma]
abgleiten γλιστρώ (-άς) [ɣli'stro]
Abgott *m* είδωλο ['iðolo]
abgrenzen καθορίζω [kaθo'rizo]
Abgrund *m* άβυσσος ['avisos] *f*
abhacken κόβω ['kovo]
abhanden kommen χάνομαι ['xanome]
Abhandlung *f* διατριβή [ðiatri'vi]
Abhang *m* κατήφορος [ka'tiforos]; πλαγιά [pla'ja]
abhängig υποτελής [ipote'lis] 2; **~ sein** εξαρτώμαι [eksar'tome] (**von**/ από [a'po]); **2keit** *f* εξάρτηση (-εις) [e'ksartisi]
abhärten σκληραγωγώ [skliraɣo'ɣo]

abhauen κόβω ['kovo]; *fam.* το σκάζω [to 'skazo]
abheben σηκώνω [si'kono]; *(Geld)* αποσύρω [apo'siro]; ***sich*** ~ ξεχωρίζω [ksexo'rizo], διακρίνομαι [δia'krinome]
abholen πηγαίνω να πάρω [pi'jeno na 'paro]; ~ ***lassen*** στέλνω να πάρουν ['stelno na 'parun]
abholzen αποδασώνω [apoδa'sono]
Abitur *n* απολυτήριο λυκείου [apoli'tirio li'kiu]
Abiturient *m* απόφοιτος λυκείου [a'pofitos li'kiu]
abkommen *(vom Weg)* χάνω το δρόμο ['xano to 'δromo]; απομακρύνομαι [apoma'krinome]
Abkommen *n* συνθήκη [sin'θiki]
Abkömmling *m* απόγονος [a'poγonos]
abkühl|en: *sich* ~*en* δροσίζομαι [δro'sizome]; **~ung** *f* δρόσισμα ['δrosizma] *n*
abkürz|en συντομεύω [sindo'mevo]; **~ung** *f* συντόμευση (-εις) [sin'domefsi]; συντομογραφία [sindomoγra'fia]
abladen ξεφορτώνω [ksefor'tono]
Ablauf *m* *(Zeit)* λήξη ['liksi]; πορεία [po'ria]
ablecken γλείφω ['γlifo]
ablegen αποβάλλω [apo'valo]; *(Kleider)* βγάζω ['vγazo]; *(Gewohnheit)* αφήνω [a'fino]
ablehn|en *(Einladung, Vorschlag)* αποκρούω [apo'kruo]; **~ung** *f* απόκρουση (-εις) [a'pokrusi]; άρνηση (-εις) ['arnisi]
ableit|en παράγω [par'aγo]; **~ung** *f* παραγωγή [paraγo'ji]
ablenk|en αποσπώ (-άς) [apo'spo] (***von***/ από [a'po]); **~ung** *f* απόκλιση (-εις) [a'poklisi]; *fig.* διασκέδαση (-εις) [δia'skjeδasi]
ableugnen αρνιέμαι [ar'njeme]
ablieferln παραδίνω [para'δino]; **~ung** *f* παράδοση (-εις) [pa'raδosi]
ablös|en ξεκολλώ (-άς) [kseko'lo]; *(Wache)* αλλάζω [a'lazo]; **~ung** *f* αλλαγή [ala'ji]
Abmachung *f* συμφωνία [simfo'nia]
abmagern αδυνατίζω [aδina'tizo]
abmeld|en ακυρώνω [aki'rono]; **~ung** *f* ακύρωση (-εις) [a'kirosi]
abmessen καταμετρώ (-άς) [katame'tro]
abmühen: *sich* ~ κοπιάζω [ko'pjazo]
Abnahme *f* αφαίρεση (-εις) [a'feresi]
abnehm|en αφαιρώ [afe'ro]; **~er** *m* *Hdl.* αγοραστής [aγora'stis]
Abneigung *f* αντιπάθεια [andi'paθia]

abnorm ανώμαλος [a'nomalos]
abnutz|en χαλνώ (-άς) [xal'no]; **2ung** *f* φθορά [fθo'ra]
abonnieren γίνομαι συνδρομητής ['jinome sinðromi'tis]
abordn|en στέλνω σαν αντιπρόσωπο ['stelno san andi'prosopo]; **2ung** *f* αντιπροσωπεία [andiproso'pia]
Abort *m* αποχωρητήριο [apoxori'tirio]
ab|passen (*Gelegenheit*) καιροφυλακτώ [kjerofila'kto]; **~prallen** αναπηδώ (-άς) [anapi'ðo]; **~raten** αποτρέπω [apo'trepo]; **~räumen** αδειάζω [a'ðjazo]; (*Tisch*) σηκώνω [si'kono]
abrechn|en (*abziehen*) αφαιρώ [afe'ro]; *Hdl.* εξοφλώ [ekso'flo]; **2ung** *f* εξόφληση (-εις) [e'ksoflisi]
abreib|en τρίβω ['trivo]; **2ung** *f* τρίψιμο ['tripsimo]
Abreise *f* αναχώρηση (-εις) [ana'xorisi]; **2n** αναχωρώ [anaxo'ro]
abreißen (ξε)σχίζω [(kse)'sçizo]; (*Haus*) γκρεμίζω [gre'mizo]
abriegeln μανταλώνω [manda'lono]
Abriß *m* περίληψη (-εις) [pe'rilipsi]; (*Haus*) γκρέμισμα ['gremizma] *n*
abrufen ανακαλώ [anaka'lo]
abrunden στρογγυλεύω [stroŋgji'levo]
abrüst|en αφοπλίζω [afo'plizo]; **2ung** *f* αφοπλισμός [afopli'zmos]
abrutschen γλιστρώ (-άς) [γli'stro]
Absage *f* άρνηση (-εις) ['arnisi]; **2n** ανακαλώ [anaka'lo]; (*Einladung*) ακυρώνω [aki'rono]
absägen κόβω με το πριόνι ['kovo me to pri'oni]
Absatz *m* (*Treppe*) κεφαλόσκαλο [kjefa'loskalo]; (*Schuh*) τακούνι [ta'kuni]; *Typ.* τμήμα ['tmima] *n*; *Hdl.* πώληση (-εις) ['polisi]
abschaff|en καταργώ [katar'γo]; **2ung** *f* κατάργηση (-εις) [ka'tarjisi]
abschätz|en υπολογίζω [ipolo'jizo]; **2ung** *f* υπολογισμός [ipoloji'zmos]
Abscheu *m* αηδία [ai'ðia]; **2lich** αποτροπιαστικός [apotropiasti'kos]
abschicken στέλνω ['stelno]
Abschied *m* αποχαιρετισμός [apoçereti'zmos]
abschlagen αποκόπτω [apo'kopto]; (*Angriff*) αποκρούω [apo'kruo]; (*Bitte*) αρνιέμαι [ar'njeme]
abschlägig αρνητικός [arniti'kos]
abschlepp|en ρυμουλκώ [rimul'ko]; **2wagen** *m* ρυμουλκό [rimul'ko]
abschließen κλειδώνω [kli'ðono]; (*Vertrag*) κλείνω ['klino]

Abschluß *m* τέλος ['telos] *n*; κλείσιμο ['klisimo]; *Hdl.* ισολογισμός [isoloji'zmos]

abschneiden αποκόπτω [apo'kopto]

Abschnitt *m* απόκομμα [a'pokoma] *n*; μέρος ['meros] *n*

ab|schrauben ξεβιδώνω [ksevi'ðono]; **~schrecken** τρομάζω [tro'mazo], αποθαρρύνω [apoθa'rino], εκφοβίζω [ekfo'vizo]; **~schreiben** αντιγράφω [andi'γrafo]

Abschrift *f* αντίγραφο [an'diγrafo]

abschüssig κατηφορικός [katifori'kos]

abschweif|en *fig.* παρεκβαίνω [parek'veno]; **2ung** *f* παρέκβαση (-εις) [par'ekvasi]

absehen ***von*** αφήνω κατά μέρος [a'fino ka'ta 'meros]; **es ~ *auf*** έχω στο μάτι ['exo sto 'mati]

abseits παράμερα [pa'ramera], κατά μέρος [ka'ta 'meros]

absend|en αποστέλλω [apo'stelo]; **2er** *m* αποστολέας [aposto'leas]; **2ung** *f* αποστολή [aposto'li]

absetzen βάζω κάτω ['vazo 'kato], αποθέτω [apo'θeto]; (*Beamte*) απολύω [apo'lio]; (*Waren*) πουλώ (-άς) [pu'lo]

Absicht *f* σκοπός [sko'pos]; **2lich** επίτηδες [e'pitiðes]

absonder|lich παράξενος [pa'raksenos]; **2lichkeit** *f* παραξενιά [parakse'nja]; **~n** ξεχωρίζω [ksexo'rizo], αποχωρίζω [apoxo'rizo]; **2ung** *f* απομόνωση [apo'monosi]

abspenstig: ~ *machen* αποξενώνω [apokse'nono]

absperr|en φράζω ['frazo]; **2ung** *f* φραγμός [fraγ'mos]

abspielen: sich ~ διαδραματίζομαι [ðiaðrama'tizome]

Absprung *m* πήδημα ['piðima] *n*

abspülen ξεπλένω [kse'pleno], αποπλένω [apo'pleno]

abstamm|en κατάγομαι [ka'taγome]; **2ung** *f* καταγωγή [kataγo'ji]

Abstand *m* απόσταση (-εις) [a'postasi]

ab|stauben ξεσκονίζω [ksesko'nizo]; **~steigen** κατεβαίνω [kate'veno]; **~stellen** (*Gepäck*) αποθέτω [apo'θeto]; (*Maschinen*) σταματώ (-άς) [stama'to]; **~stempeln** σφραγίζω [sfra'jizo]; **~sterben** απονεκρώνομαι [apone'kronome]

abstimm|en ψηφίζω [psi'fizo]; συντονίζω [sindo'nizo]; **2ung** *f* ψηφοφορία [psifofo'ria]

abstoßen απωθώ [apo'θo]; *fig.* προξενώ αντιπάθεια [prokse'no andi'paθia]

abstrakt αφηρημένος [afiri'menos]; **2ion** *f* αφαίρεση [a'feresi]

abstreiten αμφισβητώ [amfizvi'to]

abstuf|en ταξινομώ [taksino'mo]; **2ung** *f* ταξινόμηση (-εις) [taksi'nomisi]
Absturz *m* πτώση (-εις) ['ptosi]
abstürzen γκρεμίζω [gre'mizo]; γκρεμίζομαι [gre'mizome]
Abt *m* ηγούμενος [i'γumenos]
Abteil *n* διαμέρισμα [ðia'merizma] *n*; **2en** διαχωρίζω [ðiaxo'rizo]; **~ung** *f* τμήμα ['tmima] *n*
abtragen (*Kleid*) χαλνώ (-άς) [xal'no]; (*Speisen*) σηκώνω [si'kono]; (*Schuld*) εξοφλώ [ekso'flo]
Abtreibung *f* έκτρωση (-εις) ['ektrosi]
abtrenn|en (απο)χωρίζω [(apo)xo'rizo]; ξηλώνω [ksi'lono]; **2ung** *f* αποχωρισμός [apoxori'zmos]
abtret|en παραχωρώ [paraxo'ro]; (*Schuhe*) καθαρίζω [kaθa'rizo]; **2ung** *f* παραχώρηση (-εις) [para'xorisi]
ab|trocknen στεγνώνω [ste'γnono]; **~warten** αναμένω [ana'meno]
abwärts προς τα κάτω [pros ta 'kato]
Abwasch *m* πλύσιμο ['plisimo]
Abwässer *n/pl.* βρωμόνερα [vro'monera] *n/pl.*
abwechs|eln αλλάζω [a'lazo]; **~elnd** εναλλάξ [ena'laks]; **2lung** *f* ποικιλία [piki'lia]
Abwehr *f* άμυνα ['amina]; **2en** αποκρούω [apo'kruo]
abweich|en παρεκκλίνω [pare'klino]; *Mar.*, *Flgw.* αλλάζω διεύθυνση [a'lazo ði'efθinsi]; **2ung** *f* απόκλιση (-εις) [a'poklisi]
abweis|en αποκρούω [apo'kruo]; **2ung** *f* απόκρουση (-εις) [a'pokrusi]
abwenden αποτρέπω [apo'trepo]; ***sich*** **~** απομακρύνομαι [apoma'krinome]
abwerfen αποβάλλω [apo'valo]; *Hdl.* φέρω κέρδος ['fero 'kjerðos]
abwesen|d απών [a'pon]; ***~d sein*** απουσιάζω [apusi'azo]; **2heit** *f* απουσία [apu'sia]
abwiegen ζυγίζω [zi'jizo]
abwischen σφουγγίζω [sfuŋ'gjizo]
abzahl|en πληρώνω με δόσεις [pli'rono me 'ðosis]; εξοφλώ [ekso'flo]; **2ung** *f* πληρωμή με δόσεις [pliro'mi me 'ðosis]; ***auf 2ung*** με δόσεις [me 'ðosis]
Abzeichen *n* διάσημο [ði'asimo]
abzeichnen αντιγράφω [andi'γrafo]
abziehen αποσύρω [apo'siro]; (*Gehalt*) αφαιρώ [afe'ro]
Abzug *m Mil.* αναχώρηση (-εις) [ana'xorisi]; *Fot.* αντίτυπο [an'ditipo]
abzweig|en διακλαδώνω [ðiakla'ðono]; **2ung** *f* δια-

κλάδωση (-εις) [ðia'klaðosi]
Achse *f* άξονας ['aksonas]
Achsel *f* μασχάλη [ma'sxali]
acht οχτώ [o'xto], οκτώ [o'kto]
achtbar σεβαστός [seva'stos]
achte όγδοος ['oɣðoos]
Achtel *n* όγδοο ['oɣðoo]
acht|en εκτιμώ (-άς) [ekti'mo]; προσέχω [pro'sexo] (***auf*** *A*/ κάτι ['kati]); **~geben** (***auf***) προσέχω [pro'sexo] *A*, δίνω προσοχή (σε) ['ðino proso'çi (se)]; **~los** απρόσεκτος [a'prosektos]; **≈losigkeit** *f* απροσεξία [aprose'ksia]; **≈ung** *f* εκτίμηση [e'ktimisi]
acht|zehn δεκαοχτώ [ðekao'xto]; **~zig** ογδόντα [o'ɣðonda]
ächzen αναστενάζω [anaste'nazo]
Acker *m* χωράφι [xo'rafi], αγρός [a'ɣros]; **~bau** *m* γεωργία [jeor'jia]
addieren προσθέτω [pros'θeto]
Adel *m* αριστοκρατία [aristokra'tia]; **≈ig** αριστοκρατικός [aristokrati'kos]
Ader *f* φλέβα ['fleva]
Adler *m* αετός [ae'tos]
Administration *f* διοίκηση (-εις) [ði'ikisi]
Admiral *m* ναύαρχος ['navarxos]; **~ität** *f* ναυαρχείο [navar'çio]
Adoption *f* υιοθεσία [ioθe'sia]
Adresse *f* διεύθυνση (-εις) [ði'efθinsi]
Affe *m* μαϊμού [mai'mu] *f*
After *m* πρωκτός [pro'ktos]
Agent *m* πράκτορας ['praktoras]; **~ur** *f* πρακτορείο [prakto'rio]
aggressiv επιθετικός [epiθeti'kos]
Ahn *m* πρόγονος ['proɣonos]
ähneln *D* μοιάζω ['mjazo] (με [me], σαν [san] *od. A*)
ahnen προαισθάνομαι [proe'sθanome]
ähnlich *D* όμοιος ['omjos] (με [me], προς [pros]); **≈keit** *f* ομοιότητα [omi'otita]
Ahnung *f* προαίσθηση (-εις) [pro'esθisi]
Ähre *f* στάχυ ['staçi] *n*
Akademiker *m* επιστήμονας [epi'stimonas]
Akkord *m Mus.* συγχορδία [siŋxor'ðia]; **~arbeit** *f* εργασία κατ' αποκοπή [erɣa'sia katapoko'pi]
Akkumulator *m* συσσωρευτής [sisore'ftis]
Akropolis *f* Ακρόπολη [a'kropoli]
Akt *m Thea.* πράξη (-εις) ['praksi]; (*Kunst*) γυμνό [ji'mno]
Akten *f/pl.* έγγραφα ['eŋɣrafa] *n/pl.*; **~mappe** *f* χαρτοφύλακας [xarto'filakas]
Aktie *f* μετοχή [meto'çi]; **~ngesellschaft** *f* ανώνυμη εταιρεία [a'nonimi ete'ria]

Aktionsradius *m* κύκλος δράσεως ['kiklos 'ðraseos]
aktiv δραστήριος [ðra'stirios]
aktuell επίκαιρος [e'pikjeros]
akut *Med.* οξύς [o'ksis]
akzeptieren (απο)δέχομαι [(apo)'ðexome]
Alarm *m* συναγερμός [sinajer'mos]; **≗ieren, ~ schlagen** σημαίνω συναγερμό [si'meno sinajer'mo]; **~signal** *n* σύνθημα *n* συναγερμού ['sinθima sinajer'mu]
albern χαζός [xa'zos]
Algen *f/pl.* φύκια ['fikja] *n/pl.*
Alkohol *m* οινόπνευμα [i'nopnevma] *n*; **≗isch** αλκοολικός [alkooli'kos], οινοπνευματώδης [inopnevma'toðis] 2
All *n* σύμπαν ['simban] *n*
all, ~e, ~es όλος, -η, -ο ['olos, -i, -o], όλα ['ola]
Allee *f* λεωφόρος [leo'foros] *f*
Allein- αποκλειστικός [apoklisti'kos]
allein, ~ig μόνος ['monos]; **~stehend** χωρίς οικογένεια [xo'ris iko'jenia]; **≗vertretung** *f* αποκλειστική αντιπροσωπεία [apoklisti'ki andiproso'pia]
aller|dings βέβαια ['vevea]; **~hand** λογής λογής [lo'jis lo'jis]; **≗heiligen** *n* των Αγίων Πάντων [ton a'jion 'pandon]; **≗seelen** *n* ψυχοσάββατο [psixo'savato]
allgemein, Allgemein- γενικός [jeni'kos]; **≗heit** *f* γενικότητα [jeni'kotita]; **~verständlich** σε όλους καταληπτός [se 'olus katali'ptos]
all|jährlich ετήσιος [e'tisios], κάθε χρόνο ['kaθe 'xrono]; **~mächtig** παντοδύναμος [pando'ðinamos]; **~mählich** σιγά σιγά [si'γasiγa]; **~täglich** καθημερινός [kaθimeri'nos]
Almosen *n* ελεημοσύνη [eleimo'sini]
Alphabet *n* αλφάβητο [al'favito]; **≗isch** αλφαβητικός [alfaviti'kos]
als (*zeitlich*) όταν ['otan]; (*wie*) σαν [san]; (*nach Komparativ*) από [a'po], ή [i]; **~ ob** σαν να ['sana]
also λοιπόν [li'pon]
alt παλιός [pa'ljos]; γέρος ['jeros]; αρχαίος [ar'çeos]; ***wie ~ ist er?*** πόσων χρονών είναι; ['poson xro'non 'ine]
Altar *m* αγία τράπεζα [a'jia 'trapeza]
Alte *f* γριά [γri'a]; **~(r)** *m* γέρος ['jeros]
Alter *n* ηλικία [ili'kia]; **≗n** γερνώ (-άς) [jer'no]
Alters|genosse *m* συνομήλικος [sino'milikos]; **~schwäche** *f* γεροντική αδυναμία [jerondi'ki aðina'mia]
Alter|tum *n* αρχαιότητα [arçe'otita]; **≗tümlich** αρχαϊκός [arxai'kos]
Altstadt *f* παλιά πόλη [pa'lja 'poli]

Amateur *m* ερασιτέχνης [erasi'texnis]
Ameise *f* μυρμήγκι [mir'miŋgi]
Amortis|ation *f* χρεωλύσιο [xreo'lisio]; **≈ieren** εξοφλώ χρεωλυτικά [ekso'flo xreoliti'ka]
Ampel *f* φανάρι τροχαίας [fa'nari tro'çeas]
Amsel *f* κότσυφας ['kotsifas], κοτσύφι [ko'tsifi]
Amt *n* αξίωμα [a'ksioma], δημόσια υπηρεσία [ði'mosia ipire'sia]; ***Auswärtiges*** ~ υπουργείο εξωτερικών [ipur'jio eksoteri'kon]; **≈lich** επισήμως [epi'simos]
Amts|bezirk *m* διοικητική περιφέρεια [ðiikiti'ki peri'feria]; **~gericht** *n* ειρηνοδικείο [irinoði'kio]
amüsieren: ***sich*** ~ διασκεδάζω [ðiaskje'ðazo]
an σε [se], προς [pros] *A*; ***von*** **...** ~ από [a'po]
Anbau *m* καλλιέργεια [kali'erjia]; **≈en** καλλιεργώ [kalier'ɣo]
anbehalten κρατώ (-άς) [kra'to], φορώ (-άς) [fo'ro]
anbei συνημμένως [sini'menos]
anberaumen ορίζω [o'rizo]
anbeten προσεύχομαι [pro'sefxome] σε [se]
Anbetracht: ***in*** ~ λαμβανομένου υπ' όψιν [lamvano'menu i'popsin]
anbieten προσφέρω [pros'fero]
anbinden δένω ['ðeno]
Anblick *m* όψη (-εις) ['opsi]; **≈en** κοιτάζω [ki'tazo]
anbrechen (*Flasche*) ανοίγω [a'niɣo]; (*Tag*) χαράζει [xa'razi]; (*Nacht*) νυχτώνει [ni'xtoni]
anbrennen ανάβω [a'navo]; (*Speise*) καίω ['kjeo]
Anbruch *m* άνοιγμα ['aniɣma] *n*, έναρξη (-εις) ['enarksi]; (*Tag*) ξημέρωμα [ksi'meroma] *n*; (*Nacht*) σουρούπωμα [su'rupoma] *n*
Andacht *f* ευλάβεια [e'vlavia]
andächtig ευλαβής [evla'vis]
andauern διαρκώ [ðiar'ko]; **~d** διαρκώς [ðiar'kos]
Andenken *n* ενθύμιο [en'θimio]
ändern αλλάζω [a'lazo]; ***sich*** ~ μεταβάλλομαι [meta'valome]
andernfalls αλλιώς [a'ljos]
ander|s αλλιώς [a'ljos]; **~seits** εξάλλου [eks'alu]; **~swo(hin)** αλλού [a'lu]
anderthalb ενάμισης [e'namisis], μιάμιση ['mjamisi], ενάμισι [e'namisi]
Änderung *f* αλλαγή [ala'ji]
andeut|en υπαινίσσομαι [ipe'nisome]; **≈ung** *f* υπαινιγμός [ipeniɣ'mos]
Andrang *m* συνωστισμός [sinosti'zmos]
androhen απειλώ [api'lo]
aneignen: ***sich*** (*D*) ~ ιδιοποιούμαι [iðiopi'ume]

aneinander ο ένας κοντά στον άλλο [o 'enas kon'da ston 'alo]
anerkenn|en αναγνωρίζω [anaγno'rizo]; **≈ung** *f* αναγνώριση (-εις) [ana'γnorisi]
anfahren προσκρούω [pros'kruo]
Anfall *m Med.* προσβολή [prozvo'li]; **≈en** επιτίθεμαι [epi'tiθeme]
Anfang *m* αρχή [ar'çi]; **≈en** (*A od.* ***mit***) αρχίζω [ar'çizo] (*A od.* από)
Anfänger *m* αρχάριος [ar'xarios]
anfangs στην αρχή [stin ar'çi]; **≈gründe** *m/pl.* στοιχεία [sti'çia] *n/pl.*
anfassen πιάνω ['pjano], αγγίζω [aŋ'gizo]
anfertig|en κατασκευάζω [kataskje'vazo]; **≈ung** *f* κατασκευή [kataskje'vi]
anfeuchten μουσκεύω [mu'skjevo], βρέχω ['vrexo]
anfeuern παροτρύνω [paro'trino]
Anforderung *f* αξίωση (-εις) [a'ksiosi]
Anfrage *f* επερώτηση (-εις) [epe'rotisi]; **≈n** επερωτώ (-άς) [epero'to]
anführ|en (*leiten*) ηγούμαι [i'γume]; (*Gründe, Worte*) αναφέρω [ana'fero]; (*betrügen*) απατώ (-άς) [apa'to]; *Mil.* διοικώ [δii'ko]; **≈er** *m* αρχηγός [arçi'γos]
Angabe *f* δήλωση (-εις) ['δilosi]
angeb|en δηλώνω [δi'lono], καταγγέλλω [kataŋ'gjelo], καυχιέμαι [kaf'çeme] (***mit***/ για [ja]); **≈er** *m* καυχησιάρης [kafçi'sjaris]; **~lich** δήθεν ['δiθen]
Angebot *n* προσφορά [prosfo'ra]
angehen (*betreffen*) αφορώ (-άς) [afo'ro]
Angehörige *m* στενός συγγενής [ste'nos siŋgje'nis]; (*Staats≈*) υπήκοος [i'pikoos]
Angeklagte *m* κατηγορούμενος [katiγo'rumenos]
Angel *f* πετονιά [peto'nja]; (*Tür≈*) μεντεσές [mende'ses]
Angelegenheit *f* υπόθεση (-εις) [i'poθesi]
Angel|haken *m* αγκίστρι [aŋ'gistri]; **≈n** ψαρεύω [psa'revo]; **~rute** *f* καλάμι [ka'lami]; **~schnur** *f* πετονιά [peto'nja]
angenehm ευχάριστος [ef'xaristos]; ***sehr ~!*** χαίρω πολύ ['çero po'li]
angenommen, daß ας υποθέσουμε ότι [as ipo'θesume 'oti]
angesehen επιφανής [epifa'nis] 2
angesichts *G* ενώπιον [e'nopion]
Angestellte(r) *m/f* υπάλληλος [i'palilos] *m/f*
angewöhnen: *sich* (*D*) ~ συνηθίζω [sini'θizo]

Angler *m* ψαράς (-άδες) [psa'ras]
angreif|en επιτίθεμαι [epi'tiθeme]; **≈er** *m* επιτιθέμενος [epiti'θemenos]
angrenzen συνορεύω [sino'revo]; **~d** γειτονικός [jitoni'kos]
Angriff *m* επίθεση (-εις) [e'piθesi]
Angst *f* φόβος ['fovos]; αγωνία [aγo'nia]
ängstigen τρομάζω [tro'mazo]; *sich ~* φοβάμαι [fo'vame]
ängstlich δειλός [ði'los]
Anhalt *m* στήριγμα ['stiriγma] *n*; **≈en** σταματώ (-άς) [stama'to]; **≈end** διαρκής [ðiar'kis] 2
Anhang *m* παράρτημα [pa'rartima] *n*
anhäng|en προσκολλώ (-άς) [prosko'lo]; **≈er** *m* οπαδός [opa'ðos]; (*Wagen*) ρυμούλκα [ri'mulka]; **~lich** αφοσιωμένος [afosio'menos]
anhäuf|en συσσωρεύω [siso'revo]; **≈ung** *f* μάζωμα ['mazoma] *n*, συσσώρευση (-εις) [si'sorefsi]
anheben (ανα)σηκώνω [(ana)si'kono]
anheimstellen αφήνω στη διάθεση [a'fino sti ði'aθesi]
Anhöhe *f* ύψωμα ['ipsoma] *n*
anhören ακούω [a'kuo]
Anker *m* άγκυρα ['aŋgira]; **≈n** αγκυροβολώ [aŋgirovo'lo]
Anklage *f* κατηγορία [katiγo'ria]; **≈n** (*A* + *G*) κατηγορώ [katiγo'ro] (*A*/ για [ja])
Ankläger *m* κατήγορος [ka'tiγoros]
ankleben κολλώ (-άς) [ko'lo]; (*Plakat*) τοιχοκολλώ [tixoko'lo]
ankleiden ντύνω ['dino]
anklopfen χτυπώ (-άς) [xti'po]
anknüpfen συνάπτω [si'napto]; (*Beziehungen*) σχετίζομαι [sçe'tizome]; (*Gespräch*) ανοίγω [a'niγo]
ankommen φτάνω ['ftano]
ankündig|en αναγγέλλω [anaŋ'gjelo]; **≈ung** *f* αναγγελία [anaŋgje'lia]
Ankunft *f* άφιξη (-εις) ['afiksi]
ankurbeln θέτω σε κίνηση ['θeto se 'kinisi]; (*Wirtschaft*) ανορθώνω [anor'θono]
anlächeln χαμογελώ (-άς) [xamoje'lo]
Anlage *f Arch.* εγκατάσταση (-εις) [eŋga'tastasi]; (*Fähigkeit*) ιδιοφυία [iðiofi'ia]; (*Beilage*) συνημμένο [sini'meno]
Anlaß *m* αφορμή [afor'mi]
anlass|en (*Maschine*) βάζω μπρος ['vazo 'bros]; **≈er** *m* μίζα ['miza]
anläßlich *G* επ' ευκαιρία [epefkje'ria]
Anlauf *m* φόρα ['fora]; **≈en** (*Sport*) παίρνω φόρα ['perno 'fora]; (*Hafen*) μπαίνω ['beno]

anlege|n (*Kleid*) φορώ (-άς) [fo'ro]; *Tech.* εγκαθιστώ (-άς) [eŋgaθi'sto]; (*Geld*) τοποθετώ [topoθe'to]; *Mar.* αράζω [a'razo]; **2stelle** *f* αποβάθρα [apo'vaθra]
anlehnen: sich ~ ακουμπώ (-άς) [akum'bo], στηρίζομαι [sti'rizome]
Anleihe *f* δάνειο ['ðanio]
anleit|en οδηγώ [oði'γo]; **2ung** *f* οδηγία [oði'jia]
Anliegen *n* επιθυμία [epiθi'mia]
anlocken δελεάζω [ðele'azo]
Anmaßung *f* αυθάδεια [a'fθaðia]
Anmelde|formular *n* έντυπο δηλώσεως ['endipo ði'loseos]; **2n** αναγγέλλω [anaŋ'gjelo]; (*Schüler*) δηλώνω [ði'lono]
Anmeldung *f* αγγελία [aŋgje'lia]; δήλωση (-εις) ['ðilosi]
anmerk|en σημειώνω [simi'ono]; **2ung** *f* σημείωση (-εις) [si'miosi]
Anmut *f* χάρη ['xari]; **2ig** χαριτωμένος [xarito'menos]
annageln καρφώνω [kar'fono]
annähen ράβω ['ravo]
annäher|n πλησιάζω [plisi'azo]; **~nd** κατά προσέγγιση [ka'ta pro'seŋgisi]; **2ung** *f* προσέγγιση (-εις) [pro'seŋgisi]
Annahme *f* αποδοχή [apoðo'çi]; *fig.* εικασία [ika'sia]; **~stelle** *f* γραφείο παραλαβής [γra'fio parala'vis]
annehm|bar παραδεκτός [paraðe'ktos]; **~en** (παρα-)δέχομαι [(para)'ðexome]; **sich** (*e-r Sache*) **~en** φροντίζω για κάτι [fron'dizo ja 'kati]
anordn|en διατάζω [ðia'tazo]; **2ung** *f* διαταγή [ðiata'ji]
anpacken αντιμετωπίζω [andimeto'pizo], αρπάζω [ar'pazo]
anpass|en προσαρμόζω [prosar'mozo]; **sich ~en** προσαρμόζομαι [prosar'mozome]; **2ung** *f* προσαρμογή [prosarmo'ji]
an|prallen προσκρούω [pros'kruo]; **~preisen** διαφημίζω [ðiafi'mizo]; **~probieren** κάνω πρόβα ['kano 'prova]; **~rechnen** λογαριάζω [loγa'rjazo]
Anrecht *n* δικαίωμα [ði'kjeoma] *n* (**auf** *A*/ σε [se])
Anrede *f* προσφώνηση (-εις) [pro'sfonisi]; **2n** προσφωνώ [prosfo'no]
anreg|en παρακινώ [paraki'no]; **2ung** *f* παρακίνηση (-εις) [para'kinisi]
Anreiz *m* παρότρυνση (-εις) [pa'rotrinsi]
Anrichte *f* μπουφές [bu'fes]; **2n** (*Essen*) ετοιμάζω [eti'mazo]
Anruf *m* επίκληση (-εις) [e'piklisi]; *Tel.* τηλεφώνημα

[tile'fonima] *n*; **≈en** τηλεφωνώ [tilefo'no]
anrühren αγγίζω [aŋ'gizo]
Ansag|e *f* εκφώνηση (-εις) [ek'fonisi]; **≈en** εκφωνώ [ekfo'no]; **~er** *m* εκφωνητής [ekfoni'tis]
ansammeln μαζεύω [ma'zevo]
anschaff|en προμηθεύω [promi'θevo]; **≈ung** *f* προμήθεια [pro'miθia]
anschau|en κοιτάζω [ki'tazo]; **~lich** παραστατικός [parastati'kos]
Anschein *m* φαινόμενο [fe'nomeno]; **≈end** όπως φαίνεται ['opos 'fenete]
anschicken: sich ~ zu ετοιμάζομαι για [eti'mazome ja]
Anschlag *m* (*Attentat*) απόπειρα [a'popira]; **~brett** *n* πίνακας ['pinakas]; **≈en** χτυπώ (-άς) [xti'po]
anschließen συνδέω [sin'ðeo], επισυνάπτω [episi'napto]; **sich ~** προσχωρώ [prosxo'ro]
Anschluß *m* προσάρτηση (-εις) [pros'artisi]; *Esb.*, *Flgw.* ανταπόκριση (-εις) [anda'pokrisi]; *Tel.* σύνδεση (-εις) ['sinðesi]
anschnallen: sich ~ προσδένομαι [proz'ðenome]
anschrauben βιδώνω [vi'ðono]
Anschrift *f* διεύθυνση (-εις) [ði'efθinsi]
anschwellen πρήζομαι ['prizome]; πλημμυρίζω [plimi'rizo]
ansehen κοιτάζω [ki'tazo], βλέπω ['vlepo]; **~ als** θεωρώ σαν [θeo'ro san]
ansehnlich ευπαρουσίαστος [efparu'siastos]; αξιόλογος [aksi'oloγos]
Ansicht *f* γνώμη ['γnomi]; **~s(post)karte** *f* καρτ-ποστάλ [kartpo'stal] *f*
ansied|eln εγκαθιστώ (-άς) [eŋgaθi'sto]; **≈lung** *f* οικισμός [iki'zmos]
anspann|en (*Pferde*) ζεύω ['zevo]; (*Kräfte*) εντείνω [en'dino]; **≈ung** *f* ένταση ['endasi]
anspiel|en υπαινίσσομαι [ipe'nisome]; **≈ung** *f* υπαινιγμός [ipeni'γmos]
an|spitzen (*Bleistift*) ξύνω ['ksino]; **~spornen** *fig.* παροτρύνω [paro'trino]
Ansprache *f* προσφώνηση (-εις) [pros'fonisi]
ansprechen προσαγορεύω [prosaγo'revo]; **~d** ευχάριστος [ef'xaristos]
Anspruch *m* αξίωση (-εις) [a'ksiosi]; **≈svoll** απαιτητικός [apetiti'kos]
Anstand *m* αξιοπρέπεια [aksio'prepia]
anständig αξιοπρεπής [aksiopre'pis] 2
anstarren κοιτάζω με γουρλωμένα μάτια [ki'tazo me γurlo'mena 'matja]
anstatt *G* αντί [an'di]

ansteck|en καρφιτσώνω [karfi'tsono]; *Med.* κολλώ (-άς) [ko'lo], μεταδίδω [meta'ðiðo]; (*anzünden*) ανάβω [a'navo]; **~end** κολλητικός [koliti'kos]; **≈ung** *f* μετάδοση [me'taðosi]
anstehen (*in der Schlange*) στέκομαι (στην ουρά) ['stekome (stin u'ra)]
ansteigen (*Weg*) ανηφορίζω [anifo'rizo]
anstellen: sich ~ φέρομαι ['ferome]
anstift|en παρορμώ (-άς) [paror'mo] (**zu**/ σε [se]); **≈er** *m* αίτιος ['etios]; **≈ung** *f* υποκίνηση (-εις) [ipo'kinisi]
Anstoß *m* αφορμή [afor'mi]; **≈en** προσκρούω [pros'kruo]; (*angrenzen*) συνορεύω [sino'revo]; (*Gläser*) τσουγκρίζω [tsuŋ'grizo]; (**auf j-n**) πίνω στην υγεία (του) ['pino stin i'jia (tu)]
anstößig απρεπής [apre'pis] 2
anstreng|en κουράζω [ku'razo]; (*Klage*) εγείρω [e'jiro]; **sich ~en** κουράζομαι [ku'razome]; **≈ung** *f* κόπος ['kopos]
Anstrich *m* βάψιμο ['vapsimo]
Anteil *m* μερίδιο [me'riðio]
Antenne *f* αντένα [a'ndena]
Antibabypille *f* αντισυλληπτικό χάπι [andisilipti'ko 'xapi]
Antike *f* αρχαιότητα [arçe'otita]
Antrag *m* αίτηση (-εις) ['etisi]; **einen ~ stellen** (**auf** *A*) υποβάλλω αίτηση [ipo'valo 'etisi]
antreffen συναντώ (-άς) [sinan'do]
antreiben σπρώχνω ['sproxno]; *fig.* παρορμώ (-άς) [paror'mo]; *Tech.* κινώ [ki'no]
antreten αρχίζω [ar'çizo], ξεκινώ (-άς) [kseki'no]
Antrieb *m* ώθηση (-εις) ['oθisi]; *Tech.* κίνηση (-εις) ['kinisi]; **~s-** κινητήριος [kini'tirios]
Antritt *m* έναρξη (-εις) ['enarksi]; **~s-** εναρκτήριος [enar'ktirios]
Antwort *f* απάντηση (-εις) [a'pandisi]; **≈en** απαντώ (-άς) [apan'do] (**auf** *A*/ σε [se])
anvertrauen εμπιστεύομαι [embi'stevome]
anwachsen αυξάνω [af'ksano]
Anwalt *m* συνήγορος [si'niγoros], δικηγόρος [ðiki'γoros]
Anwärter *m* υποψήφιος [ipo'psifios]
anweis|en προσδιορίζω [prozðio'rizo]; *Hdl.* δίνω εντολή ['ðino endo'li]; **≈ung** *f* οδηγία [oði'jia]; ένταλμα ['endalma] *n*; (*Post*) ταχυδρομική επιταγή [taçiðromi'ki epita'ji]
anwend|bar εφαρμόσιμος

[efar'mosimos]; **~en** εφαρμόζω [efar'mozo], μεταχειρίζομαι [metaçi'rizome]; **≈ung** *f* εφαρμογή [efarmo'ji]
anwesen|d παρών [pa'ron]; **≈heit** *f* παρουσία [paru'sia]
anwidern προξενώ αηδία [prokse'no ai'ðia]
Anzahl *f* αριθμός [ariθ'mos]; **≈en** δίνω καπάρο ['ðino ka'paro]; **~ung** *f* προκαταβολή [prokatavo'li]
Anzeichen *n* σημάδι [si'maði], σημείο [si'mio]; σύμπτωμα ['simptoma] *n*
Anzeig|e *f* αγγελία [aŋgje'lia]; *jur.* καταγγελία [kataŋgje'lia]; **≈en** αναγγέλλω [anaŋ'gjelo]; *(bei Gericht)* καταγγέλλω [kataŋ'gjelo]
anzieh|en *(Kleider)* φορώ (-άς) [fo'ro]; *fig.* τραβώ (-άς) [tra'vo]; *(Preise)* ανεβαίνω [ane'veno]; **~end** ελκυστικός [elkisti'kos]; γοητευτικός [γoitefti'kos]; **≈ung** *f* έλξη (-εις) ['elksi]
Anzug *m* κο(υ)στούμι [ko-, ku'stumi]
anzünd|en ανάβω [a'navo]; **≈er** *m* αναπτήρας [ana'ptiras]
Apfel *m* μήλο ['milo]; **~baum** *m* μηλιά [mi'lja]
Apfelsine *f* πορτοκάλι [porto'kali]; **~nbaum** *m* πορτοκαλιά [portoka'lja]
Apotheke *f* φαρμακείο [farma'kio]
Apparat *m* μηχάνημα [mi'xanima] *n*
Appetit *m* όρεξη (-εις) ['oreksi]; **≈lich** ορεκτικός [orekti'kos]
Aprikose *f* βερύκοκ(κ)ο [ve'rikoko]
April *m* Απρίλιος [a'prilios]; **~scherz** *m* πρωταπριλιάτικο αστείο [protapri'ljatiko a'stio]
Arbeit *f* δουλειά [ðu'lja], εργασία [erγa'sia]; **≈en** δουλεύω [ðu'levo]; εργάζομαι [er'γazome]; **~er** *m* εργάτης [er'γatis]; **~geber** *m* εργοδότης [erγo'ðotis]; **~nehmer** *m* εργαζόμενος [erγa'zomenos]; **≈sam** εργατικός [erγati'kos]
Arbeits|- εργατικός [erγati'kos]; **~lose(r)** *m* άνεργος ['anerγos]; **~losenunterstützung** *f* επίδομα *n* ανεργίας [e'piðoma aner'jias]; **~losigkeit** *f* ανεργία [aner'jia]; **~zeit** *f* ωράριο [o'rario]; ***gleitende*** **~zeit** ελαστικό ωράριο [elasti'ko o'rario]
Architekt *m* αρχιτέκτονας [arçi'tektonas]
Archiv *n* αρχείο [ar'çio]
arg κακός [ka'kos]; *Adv.* άσχημα ['asçima]
Ärger *m* θυμός [θi'mos], μπελάς [be'las]; **≈lich** *(Mensch)* θυμωμένος [θimo'menos]; *(Ding)* δυσάρεστος [ði'sarestos]; **sich ≈n** θυμώνω [θi'mono] **(über** *A***/** με [me])

Arg|list *f* επιβουλή [epivu'li]; **˜listig** επίβουλος [e'pivulos]; **˜los** άκακος ['akakos]; **˜wohn** *m* υποψία [ipo'psia]; **˜wöhnisch** φιλύποπτος [fi'lipoptos]
arm φτωχός [fto'xos] (**an** *D*/ σε [se])
Arm *m* μπράτσο ['bratso]; χέρι ['çeri]; **˜band** *n* βραχιόλι [vra'çoli]; **˜banduhr** *f* ρολόι του χεριού [ro'loi tu çe'rju]
Armee *f* στρατός [stra'tos]
Ärmel *m* μανίκι [ma'niki]
ärmlich φτωχικός [ftoçi'kos]
armselig ελεεινός [elei'nos]
Armut *f* φτώχεια ['ftoça]
Art *f* είδος ['iδos] *n*
artig φρόνιμος ['fronimos]
Artikel *m* (*Ware*) είδος ['iδos] *n*; (*Gr.*, *Zeitungs˜*) άρθρο ['arθro]
Arznei *f* φάρμακο ['farmako]
Arzt *m* γιατρός [ja'tros], ιατρός [ia'tros]
Ärztin *f* γιάτραινα ['jatrena], γιατρέσσα [ja'tresa]
Asche *f* στάχτη ['staxti], τέφρα ['tefra]; **˜nbecher** *m* τασάκι [ta'saki], σταχτοδοχείο [staxtoδo'çio]
Assistent *m* βοηθός [voi'θos]
Ast *m* κλαδί [kla'δi]
Atelier *n* εργαστήριο [erγa'stirio]
Atem *m* αναπνοή [anapno'i]; **˜holen** αναπνέω [ana'pneo]; **außer ˜ sein** λαχανιάζω [laxa'njazo]; **˜los** λαχανιασμένος [laxanja'zmenos]
Athen *n* Αθήνα [a'θina], Αθήναι [a'θine] *f/pl.*
atmen αναπνέω [ana'pneo]
Atom *n* άτομο ['atomo]
Atom|-, atomar πυρηνικός [pirini'kos]; **˜kraftwerk** *n* πυρηνικό εργοστάσιο [pirini'ko erγo'stasio]
Attest *n* πιστοποιητικό [pistopiiti'ko]
ätzen καυτηριάζω [kaftiri'azo]; **˜d** καυστικός [kafsti'kos]
auch επίσης [e'pisis], και [kje]; **˜ noch** και ακόμα [kje a'koma]; **˜ nicht** ούτε ['ute]
auf πάνω σε ['pano se], επάνω σε [e'pano se], απάνω σε [a'pano se], επί [e'pi] *G*; (*offen*) ανοιχτός [ani'xtos]; **˜ und ab gehen** ανεβοκατεβαίνω [anevokate'veno]; **˜ daß** για να [ja na], ώστε ['oste]
aufatmen ανακουφίζομαι [anaku'fizome]
Aufbau *m* ανοικοδόμηση (-εις) [aniko'δomisi]; **˜en** χτίζω ['xtizo], ανεγείρω [ane'jiro]
auf|behalten (*Hut*) δε βγάζω [δe 'vγazo]; **˜bewahren** φυλά(γ)ω [fi'la(γ)o]; **˜blühen** ακμάζω [a'kmazo]; **˜brechen** (*abreisen*) ξεκινώ (-άς) [kseki'no]; αναχωρώ [anaxo'ro]; (*Tür*) σπάζω ['spazo]; **˜bringen** (*Mode*) εισάγω [i'saγo]; *fig.* θυμώνω [θi'mono]

Aufbruch *m* ξεκίνημα [kse'kinima] *n*, αναχώρηση (-εις) [ana'xorisi]
aufdecken *fig.* αποκαλύπτω [apoka'lipto]
aufdringlich ενοχλητικός [enoxliti'kos]
aufeinander ο ένας πάνω στον άλλο [o 'enas 'pano ston 'alo]; **⁲folge** *f* διαδοχή [ðiaðo'çi]; **~folgen** διαδέχομαι [ðia'ðexome]
Aufenthalt *m* διαμονή [ðiamo'ni]; **~sgenehmigung** *f* άδεια παραμονής ['aðia paramo'nis]
auferlegen επιθέτω [epi'θeto]; *jur.* επιβάλλω [epi'valo]
auffahren πηδώ (-άς) απάνω [pi'ðo a'pano]; *fig.* θυμώνω [θi'mono]
auffallen προξενώ εντύπωση [prokse'no en'diposi]; **~d** χτυπητός [xtipi'tos]; επιδεικτικός [epiðikti'kos]
auffangen αρπάζω [ar'pazo], πιάνω ['pjano]
auffass|en αντιλαμβάνομαι [andilam'vanome]; **⁲ung** *f* αντίληψη (-εις) [an'dilipsi]
aufforder|n προκαλώ [proka'lo], ζητώ (-άς) [zi'to]; **⁲ung** *f* πρόκληση (-εις) ['proklisi]
aufführ|en *Thea.* παριστάνω [pari'stano]; ***sich* ~en** (συμπερι)φέρομαι [(simberi)'ferome]; **⁲ung** *f* παράσταση (-εις) [pa'rastasi]; συμπεριφορά [simberifo'ra]
Aufgabe *f* μάθημα ['maθima] *n*; *Math.* πρόβλημα ['provlima] *n*; (*Verzicht*) παραίτηση (-εις) [pa'retisi]; (*Post*) παράδοση (-εις) [pa'raðosi]; καθήκον [ka'θikon] *n*
Aufgang *m* άνοδος ['anoðos] *f*
aufgeben (*Post*) παραδίδω [para'ðiðo]; (*Rätsel*) βάζω ['vazo]; (*verzichten*) παραιτούμαι [pare'tume]
Aufgebot *n* κινητοποίηση (-εις) [kinito'piisi]
aufgehen (*Saat*) (ξε)φυτρώνω [(kse)fi'trono]; (*Sonne*) βγαίνω ['vjeno], ανατέλλω [ana'telo]; (*Tür*) ανοίγω [a'niγo]
aufgelegt διατεθειμένος [ðiateθi'menos]
Aufguß *m* χύσιμο ['çisimo]
aufhalten κρατώ (-άς) [kra'to]; (*hindern*) εμποδίζω [embo'ðizo]; ***sich* ~** διαμένω [ðia'meno]
auf|hängen κρεμώ (-άς) [kre'mo]; **~häufen** συσσωρεύω [siso'revo]; **~heben** σηκώνω [si'kono]; (*abschaffen*) καταργώ [katar'γo]; **~hetzen** ερεθίζω [ere'θizo]; **~hören** παύω ['pavo], τελειώνω [te'ljono]
aufklär|en: *sich* ~en αιθριάζω [eθri'azo]; *fig.* διαφωτίζω [ðiafo'tizo]; **⁲ung** *f* διαφώτιση [ðia'fotisi]

auf|kleben επικολλώ (-άς) [epiko'lo]; **~knöpfen** ξεκουμπώνω [ksekum'bono]; **~kommen** (*für A*) εγγυώμαι [eŋgi'ome]; **~laden** φορτώνω [for'tono]
Auflage *f* ρήτρα ['ritra]; *Typ.* έκδοση (-εις) ['ekðosi]
aufleben ξαναζωντανεύω [ksanazonda'nevo]
auflegen βάζω επάνω ['vazo e'pano]; επιθέτω [epi'θeto]; *Typ.* εκδίδω [ek'ðiðo]
auflehn|en: *sich* **~en** ακουμπώ (-άς) [akum'bo]; *fig.* στασιάζω [stasi'azo]; **2ung** *f* στάση (-εις) ['stasi]
auflesen μαζεύω [ma'zevo]
auflösen λειώνω ['ljono]; (*Rätsel*) λύνω ['lino]; (*Versammlung*) διαλύω [ðia'lio]
aufmachen ανοίγω [a'niγo]
Aufmarsch *m* στρατιωτική παράταξη [stratioti'ki pa'rataksi]
aufmerksam προσεκτικός [prosekti'kos]; **2keit** *f* προσοχή [proso'çi]
Aufnahme *f* υποδοχή [ipoðo'çi]; αποδοχή [apoðo'çi], ανάληψη (-εις) [a'nalipsi]; *Fot.* φωτογραφία [fotoγra'fia]; (*Ton2*) ηχογράφηση (-εις) [ixo'γrafisi]
auf|nehmen (υπο)δέχομαι [(ipo)'ðexome]; **~passen** (**auf** *A*) προσέχω [pro'sexo] *A*; **~räumen** συγυρίζω [siji'rizo]
aufrecht όρθιος ['orθios]; **~erhalten** διατηρώ [ðiati'ro]
aufreg|en ερεθίζω [ere'θizo]; *sich* **~en** νευριάζω [nevri'azo]; **~end** ερεθιστικός [ereθisti'kos]; **2ung** *f* έξαψη (-εις) ['eksapsi]; αναστάτωση (-εις) [ana'statosi]
auf|reihen αραδιάζω [ara'ðjazo]; **~reißen** ανοίγω απότομα [a'niγo a'potoma]
aufrichten ανορθώνω [anor'θono], εγείρω [e'jiro]
aufrichtig ειλικρινής [ilikri'nis] 2; **2keit** *f* ειλικρίνεια [ili'krinia]
aufrollen ξετυλίγω [kseti'liγo]
Aufruf *m* διακήρυξη (-εις) [ðia'kiriksi]; **2en** προσκαλώ [proska'lo]
Aufruhr *m* ταραχή [tara'çi]
Aufrührer *m* στασιαστής [stasja'stis]; **2isch** στασιαστικός [stasjasti'kos]
aufrüst|en εξοπλίζω [ekso'plizo]; **2ung** *f* εξοπλισμός [eksopli'zmos]
aufsässig ανυπότακτος [ani'potaktos]
Aufsatz *m* έκθεση (-εις) ['ekθesi]
auf|saugen απορροφώ (-άς) [aporo'fo]; **~schieben** αναβάλλω [ana'valo]
Aufschlag *m* χτύπημα ['xtipima] *n*; (*Preis*) ανατίμηση (-εις) [ana'timisi]; **2en** (*Buch*) ανοίγω [a'niγo]; (*Lager*) στήνω ['stino]; (*Preis*) υψώνω [i'psono]

auf|schließen ξεκλειδώνω [ksekli'ðono]; **~schneiden** κόβω ['kovo]; *fig.* καυχιέμαι [kaf'çeme]
Aufschnitt *m* σαλαμικά [sala-mi'ka] *n/pl.*
aufschnüren ξεδένω [kse-'ðeno], λύνω ['lino]
Aufschrift *f* επιγραφή [epi-γra'fi]
Aufschub *m* αναβολή [ana-vo'li]
Aufsehen: **~ *erregen*** κινώ την προσοχή [ki'no tim-broso'çi]
Aufseher *m* επιστάτης [epi-'statis]
aufsetzen (*Hut*) βάζω ['vazo], συντάσσω [sin'daso]
Aufsicht *f* επίβλεψη [e'pi-vlepsi]; **~srat** *m* διοικητικό συμβούλιο [ðiikiti'ko sim-'vulio]
auf|speichern συσσωρεύω [siso'revo]; **~springen** αναπηδώ (-άς) [anapi'ðo]
Aufstand *m* ανταρσία [an-dar'sia]
auf|stehen σηκώνομαι [si-'konome]; **~steigen** *s.* **starten**
aufstell|en τοποθετώ [topo-θe'to]; **2ung** *f* τοποθέτηση (-εις) [topo'θetisi]
Aufstieg *m* ανήφορος [a'nifo-ros], άνοδος ['anoðos] *f*
auf|stoßen ανοίγω σπρώχνοντας [a'niγo 'sproxnon-das]; (*Speisen*) ρεύομαι ['revome]; **~tauchen** αναδύομαι [ana'ðiome]; *fig.* προβάλλω [pro'valo]; **~tauen** λειώνω ['ljono]; *fig.* γίνομαι ομηλιτικός ['jinome omiliti'kos]; **~tischen** σερβίρω [ser'viro]
Auftrag *m* εντολή [endo'li]; *Hdl.* παραγγελία [paraŋgje-'lia]
auf|treiben βρίσκω ['vrisko]; **~trennen** ξηλώνω [ksi-'lono]; **~treten** πατώ (-άς) [pa'to]; *Thea.* παρουσιάζομαι [parusi'azome]
Auftritt *m* σκηνή [ski'ni]
aufwachen ξυπνώ (-άς) [ksi'pno]
Aufwand *m* δαπάνη [ða'pa-ni]
aufwärts προς τα πάνω [pros ta 'pano]
auf|wecken ξυπνώ (-άς) [ksi'pno]; **~werfen** (*Frage*) ανακινώ [anaki'no]
aufwert|en ανατιμώ (-άς) [anati'mo]; **2ung** *f* ανατίμηση (-εις) [ana'timisi]
auf|wickeln ξετυλίγω [kseti-'liγo]; **~wiegeln** επαναστατώ [epanasta'to]; **~wiegen** σταθμίζω [staθ'mizo]; **~wischen** σφουγγίζω [sfuŋ-'gizo]; **~zählen** απαριθμώ [apariθ'mo]; **~zeichnen** σημειώνω [simi'ono]; **~ziehen** (*Fahne*) υψώνω [i'pso-no]; (*Uhr*) κουρντίζω [kur-'dizo]; (*Kind*) ανατρέφω [ana'trefo]
Aufzug *m* ασσανσέρ [asan-

'ser] *n*, ανελκυστήρας [anel-ki'stiras]
aufzwingen επιβάλλω [epi-'valo]
Auge *n* μάτι ['mati], οφθαλμός [ofθal'mos]
Augen|arzt *m* οφθαλμίατρος [ofθal'miatros]; **~blick** *m* στιγμή [stiɣ'mi]; **~braue** *f* φρύδι ['friði]; **~lid** *n* βλέφαρο ['vlefaro]; **2scheinlich** ολοφάνερος [olo'faneros]; **~wimper** *f* βλεφαρίδα [vle-fa'riða]; **~zeuge** *m* αυτόπτης μάρτυς [a'ftoptiz-'martis]
August *m* Αύγουστος ['avɣustos]
Auktion *f* πλειστηριασμός [plistiria'zmos]
aus *D* από [a'po] *A*, εκ (εξ) [ek (eks)] *G*
ausarbeit|en επεξεργάζομαι [epekser'ɣazome]; **2ung** *f* επεξεργασία [epekserɣa'sia]
aus|arten εκφυλίζομαι [ekfi-'lizome]; **~atmen** εκπνέω [ek'pneo]
Ausbau *m* τελειοποίηση (-εις) [telio'piisi]
ausbesser|n επισκευάζω [episkje'vazo]; **2ung** *f* επισκευή [episkje'vi]
ausbeut|en εκμεταλλεύομαι [ekmeta'levome]; **2ung** *f* εκμετάλλευση [ekme'talefsi]
ausbild|en μορφώνω [mor-'fono]; **2ung** *f* μόρφωση ['morfosi], εκπαίδευση [ek-'peðefsi]
Ausblick *m* θέα ['θea]
ausbrechen (*Feuer*) ξεσπώ (-άς) [kse'spo]; (*Krieg*) εκρήγνυμαι [e'kriɣnime]; (*Gefangene*) δραπετεύω [ðrape'tevo]
ausbreiten *A* ξαπλώνω [ksa-'plono]
Ausbruch *m* έκρηξη (-εις) ['ekriksi]
Ausdauer *f* επιμονή [epimo-'ni]; (*Sport*) αντοχή [ando-'çi]; **2nd** επίμονος [e'pimo-nos]
ausdehn|en τεντώνω [ten-'dono]; εκτείνω [e'ktino]; **2ung** *f* επέκταση (-εις) [ep'ektasi]
ausdörren αποξηραίνω [apoksi'reno]
Ausdruck *m* έκφραση (-εις) ['ekfrasi]
ausdrücken εκφράζω [ek-'frazo]
ausdünst|en εξατμίζω [eksa-'tmizo]; **2ung** *f* εξάτμιση (-εις) [e'ksatmisi]
auseinander χωρισμένος [xori'zmenos]; **~fallen** διαλύομαι [ðia'liome]; **~gehen** χωρίζομαι [xo'rizome]; **~nehmen** αποσυνθέτω [aposin'θeto]; **~ziehen** διασπώ (-άς) [ðia'spo]
auserlesen εκλεκτός [ekle-'ktos]
Ausfahrt *f* έξοδος ['eksoðos] *f*
Ausfall *m* πέσιμο ['pesimo], πτώση (-εις) ['ptosi]; *Hdl.* έλλειμμα ['elima] *n*; **2en**

πέφτω ['pefto]; *fig.* ματαιώνομαι [mate'onome]
ausfließen χύνομαι ['çinome], εκρέω [e'kreo]
Ausflucht *f* υπεκφυγή [ipekfi'ji]
Ausflug *m* εκδρομή [egðro'mi]
Ausflügler *m* εκδρομέας [egðro'meas]
Ausfluß *m* εκροή [ekro'i]
aus|forschen εξερευνώ (-άς) [ekserev'no]; **~fragen** ψιλορωτώ (-άς) [psiloro'to]
Ausfuhr *f* εξαγωγή [eksaγo'ji]
ausführ|bar κατορθωτός [katorθo'tos]; **~en** εκτελώ [ekte'lo]; εξάγω [e'ksaγo]; **~lich** λεπτομερής [leptome'ris] 2
ausfüllen συμπληρώνω [simbli'rono]
Ausgabe *f* έξοδα ['eksoða] *n/pl.*; (*Post*) διανομή [ðiano'mi]; (*Buch*) έκδοση (-εις) ['ekðosi]
Ausgang *m* έξοδος ['eksoðos] *f*; *fig.* αποτέλεσμα [apo'telezma] *n*
ausgeben ξοδεύω [kso'ðevo]; (*verteilen*) μοιράζω [mi'razo]
ausgehen βγαίνω (έξω) ['vjeno ('ekso)]; (*Licht*) σβήνω ['zvino]; τελειώνω [te'ljono]
aus|gelassen κεφάτος [kje'fatos]; **~genommen** εκτός [e'ktos]; **~gerechnet** ίσα ίσα ['isa 'isa]; **~gezeichnet** έξοχος ['eksoxos]
ausgiebig αρκετός [arkje'tos]
ausgießen χύνω ['çino], εκχέω [ek'çeo]
Ausgleich *m* συμβιβασμός [simviva'zmos]; **2en** εξισώνω [eksi'sono], συμβιβάζω [simvi'vazo]
ausgleiten γλιστρώ (-άς) [γli'stro], ολισθαίνω [oli'sθeno]
ausgrab|en ανασκάβω [ana'skavo]; **2ung** *f* ανασκαφή [anaska'fi]
Ausguß *m* νεροχύτης [nero'çitis]
aushalten υποφέρω [ipo'fero]; ***es nicht mehr ~ vor*** δε βαστάω από [ðe va'stao a'po]
aus|händigen δίνω στο χέρι ['ðino sto 'çeri]; **~harren** υπομένω [ipo'meno]; **~hauchen** εκπνέω [ek'pneo]; **~heilen** θεραπεύομαι [θera'pevome]; **~holen** σηκώνω το χέρι [si'kono to 'çeri], παίρνω φόρα ['perno 'fora]; **~horchen** βολιδοσκοπώ [voliðosko'po]; **~jäten** ξεβοτανίζω [ksevota'nizo]; **~kehren** σαρώνω [sa'rono]
auskennen: ***sich ~*** ξέρω τα κατατόπια ['ksero ta kata'topja]
auskleiden: ***sich ~*** γδύνομαι ['γðinome]; **~** (***mit***) επενδύω (με) [epen'ðio (me)]
ausklopfen ξεσκονίζω [ksesko'nizo]

auskommen (**mit** *j-m*) ταιριάζω [ter'jazo]; (**mit etw.**) περνώ (-άς) [per'no]; **≈** *n* πόροι ['pori] *m/pl.*
auskosten απολαμβάνω μέχρι τέλους [apolam'vano 'mexri 'telus]
auskundschaften κατασκοπεύω [katasko'pevo]
Auskunft *f* πληροφορία [plirofo'ria]; **~sstelle** *f* γραφείο πληροφοριών [γra'fio pliro-fori'on]
auslachen κοροϊδεύω [koroi'ðevo]
ausladen ξεφορτώνω [ksefor'tono]
Auslage *f* έξοδα ['eksoða] *n/pl.*; (*Schaufenster*) βιτρίνα [vi'trina]
Ausland *n* εξωτερικό [eksoteri'ko]
Ausländer *m* ξένος ['ksenos], αλλοδαπός [aloða'pos]
auslassen παραλείπω [para'lipo]
auslaufen διαρρέω [ðia'reo]; (*Schiff*) αποπλέω [apo'pleo]; *fig.* καταλήγω [kata'liγo]
ausleeren αδειάζω [a'ðjazo], εκκενώνω [ekje'nono]
auslegen στρώνω ['strono]; (*erklären*) εξηγώ [eksi'γo]; (*Geld*) προκαταβάλλω [prokata'valo]; (*Waren*) εκθέτω [ek'θeto]
ausleihen δανείζω [ða'nizo]
Auslese *f* επιλογή [epilo'ji]; (*Wein*) αποτρύγημα [apo'trijima] *n*; **≈n** διαλέγω [ðia'leγo], εκλέγω [e'kleγo]; (*ein Buch*) τελειώνω [te'ljono]
ausliefer|n παραδίνω [para'ðino]; **≈ung** *f* παράδοση (-εις) [pa'raðosi]
auslöschen σβήνω ['zvino], εξαλείφω [eksa'lifo]
auslosen κληρώνω [kli'rono]
auslösen (*Gefangene*) λυτρώνω [li'trono]; (*Pfand*) εξαγοράζω [eksaγo'razo]; προξενώ [prokse'no]
Auslöser *m* αίτιος ['etios]; *Fot.* κουμπί [kum'bi]
auslüften αερίζω [ae'rizo]
ausmachen (*Licht*) σβήνω ['zvino]; (*verabreden*) συμφωνώ [simfo'no]
Ausmaß *n* μέγεθος ['mejeθos] *n*, διάσταση (-εις) [ði'astasi]
ausmerzen απορρίπτω [apo'ripto]
ausmessen καταμετρώ (-άς) [katame'tro]
Ausnahm|e *f* εξαίρεση (-εις) [e'kseresi]; **≈sweise** εξαιρετικώς [ekssereti'kos]
ausnehmen εξαιρώ [ekse'ro]; **~d** εκτάκτως [e'ktaktos]
aus|nützen εκμεταλλεύομαι [ekmeta'levome]; **~packen** αδειάζω (βαλίτσα) [a'ðjazo (va'litsa)]; **~pfeifen** γιουχαΐζω [juxa'izo]; **~plündern** ξεγυμνώνω [kseji'mnono]; λεηλατώ [leila'to]; **~pressen** στίβω ['stivo]; **~probieren** δοκιμάζω [ðoki'mazo]

Auspuff *m* εξάτμιση (-εις) [e'ksatmisi]
ausradieren σβήνω ['zvino]
ausrechnen λογαριάζω [loγar'jazo]; *(berechnen)* υπολογίζω [ipolo'jizo]
Ausrede *f* πρόφαση (-εις) ['profasi]; **2n** τελειώνω το λόγο [te'ljono to 'loγo]; ***sich* 2n** προφασίζομαι [profa'sizome]
ausreichen φτάνω ['ftano], αρκώ [ar'ko]; **~d** αρκετός [arkje'tos]
aus|reißen ξεριζώνω [kseri'zono]; αποσπώ [apo'spo]; *fig.* το κόβω λάσπη [to 'kovo 'laspi]; **~richten** *(Gruß)* διαβιβάζω [ðiavi'vazo]; **~rotten** εξολοθρεύω [eksolo'θrevo]; **~ruhen** ξεκουράζομαι [kseku'razome], αναπαύομαι [ana'pavome]; **~rüsten** εξοπλίζω [ekso'plizo]
Aussaat *f* σπορά [spo'ra]
Aussage *f* μαρτυρία [marti'ria], κατάθεση (-εις) [ka'taθesi]; **2n** μαρτυρώ (-άς) [marti'ro], καταθέτω [kata'θeto]
Aussatz *m* λέπρα ['lepra]
ausschalten αποχωρίζω [apoxo'rizo]; εξουδετερώνω [eksuðete'rono], *(Strom)* διακόπτω [ðia'kopto]
ausscheiden αποχωρίζω [apoxo'rizo]; *(Schweiß, Wasser)* εκκρίνω [e'krino]; *(aus einem Amt)* παραιτούμαι [pare'tume]
ausschicken στέλνω ['stelno]
ausschimpfen βρίζω ['vrizo]; επιπλήττω [epi'plito]; μαλώνω [ma'lono]
ausschlafen χορταίνω ύπνο [xor'teno 'ipno]
Ausschlag *m* εξάνθημα [e'ksanθima] *n*; **2en** *(Pferd)* κλωτσώ (-άς) [klo'tso]; **2gebend** αποφασιστικός [apofasisti'kos]
ausschließ|en αποκλείω [apo'klio], εξαιρώ [ekse'ro]; **~lich** αποκλειστικός [apoklisti'kos]
Ausschluß *m* αποκλεισμός [apokli'zmos]
ausschneiden κόβω ['kovo]
Ausschnitt *m* *(Zeitungs2)* απόκομμα [a'pokoma] *n*, περικοπή [periko'pi]; *(Kleid)* ντεκολτέ [dekol'te] *n*
ausschreib|en *(Stelle)* προκηρύσσω [proki'riso]; **2ung** *f* προκήρυξη (-εις) [pro'kiriksi]
ausschreit|en διασκελίζω [ðiaskje'lizo]; **2ung** *f* βιαιοπραγία [vieopra'jia]
Ausschuß *m* *(Komitee)* επιτροπή [epitro'pi]
ausschütten αδειάζω [a'ðjazo]; *(Herz)* ανοίγω [a'niγo]; *(Geld)* διανέμω [ðia'nemo]
ausschweif|end ακόλαστος [a'kolastos]; **2ung** *f* ακολασία [akola'sia]
aussehen φαίνομαι ['feno-

me]; ♀ *n* (*Gesicht*) όψη (-εις) ['opsi]; εμφάνιση (-εις) [em'fanisi]
außen έξω ['ekso]
aussenden στέλνω ['stelno]
Außen|- έξω ['ekso]; εξωτερικός [eksoteri'kos]; **~handel** *m* εξαγωγικό εμπόριο [eksaγoji'ko em'borio]; **~seite** *f* έξω μέρος ['ekso 'meros] *n*; **~welt** *f* έξω κόσμος ['ekso 'kozmos]
außer *D* εκτός από [e'ktos a'po]; **~** ***Atem*** λαχανιασμένος [laxanja'zmenos]; **~** ***sich*** έξω φρενών ['ekso fre'non]; **~dem** εκτός τούτου [e'ktos 'tutu]
äußere εξωτερικός [eksoteri'kos]
außer|ehelich νόθος ['noθos]; **~gewöhnlich** έκτακτος ['ektaktos]; **~halb** (*G*) έξω από ['ekso a'po], εκτός [e'ktos] *G*
äußerlich *s.* **äußere**
äußern εξωτερικεύω [eksoteri'kjevo]
außer|ordentlich έκτακτος ['ektaktos]; **~stande sein** αδυνατώ [aðina'to]
aussetzen εκθέτω [ek'θeto]; (*e-e Summe*) διαθέτω [ðia'θeto]; (*unterbrechen*) διακόπτω [ðia'kopto]
Aussicht *f* θέα ['θea]; *fig.* ελπίδα [el'piða]
aussöhnen συμφιλιώνω [simfili'ono]
aussondern ξεδιαλέγω [kseðja'leγo], αποχωρίζω [apoxo'rizo]
ausspannen τεντώνω [ten'dono], εκτείνω [e'ktino]; (*Pferde*) ξεζεύω [kse'zevo]; *fig.* ξεκουράζομαι [kseku'razome]
aussperr|en αποκλείω [apo'klio]; **♀ung** *f* ανταπεργία [andaper'jia], λοκ-άουτ [lok'aut] *n*
ausspionieren κατασκοπεύω [katasko'pevo]
Aussprache *f* (*e-s Wortes*) προφορά [profo'ra]; (*Dialog*) συζήτηση [si'zitisi]
aussprechen προφέρω [pro'fero]; ***sich*** **~** εξηγούμαι [eksi'γume]
Ausspruch *m* (*Sentenz*) ρητό(ν) [ri'to(n)]
ausspucken φτύνω ['ftino]
ausspülen ξεπλένω [kse'pleno]
ausstatt|en εφοδιάζω [efoði'azo]; (*Tochter*) προικίζω [pri'kizo]; **♀ung** *f* εφοδιασμός [efoðia'zmos]; προικοδότηση (-εις) [priko'ðotisi]
ausstehen (*fehlen*) καθυστερώ [kaθiste'ro]; (*leiden*) υποφέρω [ipo'fero]; ***nicht*** **~** ***können*** δε χωνεύω [ðe xo'nevo]
aussteigen κατεβαίνω [kate'veno]
ausstell|en εκθέτω [ek'θeto]; (*einen Wechsel*) εκδίδω [ek'ðiðo]; **♀ung** *f* έκθεση (-εις)

['ekθesi]; έκδοση (-εις) ['ekðosi]
aussterben χάνομαι ['xanome], εξαφανίζομαι [eksafa'nizome]
Aussteuer *f* προίκα ['prika]
aus|stopfen γεμίζω [je'mizo]; **~stoßen** βγάζω ['vɣazo], αποβάλλω [apo'valo]; **~strecken** ξαπλώνω [ksa'plono], εκτείνω [e'ktino]; **~streichen** σβήνω ['zvino], εξαλείφω [eksa'lifo]; **~streuen** σκορπίζω [skor'pizo]; (*Gerüchte*) διαδίδω [ðia'ðiðo]; **~suchen** διαλέγω [ðja'leɣo]
Austausch *m* ανταλλαγή [andala'ji]; **2en** ανταλλάσσω [anda'laso]
austeilen μοιράζω [mi'razo], διανέμω [ðia'nemo]
Auster *f* στρείδι ['striði]
aus|toben ξεθυμαίνω [kseθi'meno]; **~tragen** (*Zeitungen*) μοιράζω [mi'razo], διανέμω [ðia'nemo]; **~treten** (*aus einem Amt*) παραιτούμαι [pare'tume]; **~trinken** αδειάζω το ποτήρι [a'ðjazo to po'tiri]
Austritt *m* παραίτηση (-εις) [pa'retisi]
austrocknen ξεραίνω [kse'reno], αποξηραίνω [apoksi'reno]
ausüb|en εξασκώ [eksa'sko]; **2ung** *f* εξάσκηση [e'ksaskisi]
Ausverkauf *m* ξεπούλημα [kse'pulima] *n*
Auswahl *f* εκλογή [eklo'ji]
auswählen διαλέγω [ðja'leɣo]
Auswander|er *m* μετανάστης [meta'nastis]; **2n** μεταναστεύω [metana'stevo]
auswärtig εξωτερικός [eksoteri'kos]
auswechseln ανταλλάσσω [anda'laso]
Ausweg *m* διέξοδος [ði'eksoðos] *f*
ausweichen παραμερίζω [parame'rizo]
Ausweis *m* ταυτότητα [taf'totita]; **2en** απελαύνω [ape'lavno]; **~ung** *f* απέλαση (-εις) [a'pelasi]
auswendig απ' έξω [a'pekso]
aus|wickeln ξετυλίγω [kseti'liɣo], εκτυλίσσω [ekti'liso]; **~wischen** σφουγγίζω [sfuŋ'gizo], εξαλείφω [eksa'lifo]; **~wringen** στίβω ['stivo]
Auswuchs *m* (*Pflanzen*) παραφυάδα [parafi'aða]; (*Körper*) εξόγκωμα [e'ksoŋgoma] *n*; *fig.* έκτρωμα ['ektroma] *n*
Auswurf *m* φλέματα ['flemata] *n/pl.*; *fig.* απόβρασμα [a'povrazma] *n*
aus|zahlen πληρώνω [pli'rono]; **~zählen** αριθμώ [ariθ'mo]; καταμετρώ (-άς) [katame'tro]
Auszahlung *f* πληρωμή [pliro'mi]
auszanken μαλώνω [ma'lono]
auszeichn|en σημαδεύω [si-

ma'ðevo]; απονέμω τιμή [apo'nemo ti'mi]; **sich ~en** διακρίνομαι [ðia'krinome] (**durch** *A*/ για [ja]); **≈ung** *f* διάκριση (-εις) [ði'akrisi]
ausziehen (*Kleider*) βγάζω ['vɣazo]; (*Person*) γδύνω ['ɣðino]; (*aus der Wohnung*) αλλάζω σπίτι [a'lazo 'spiti]; **sich ~** γδύνομαι ['ɣðinome]
Auszug *m* έξοδος ['eksoðos] *f*; (*Buch*) περίληψη (-εις) [pe'rilipsi]
Auto *n* αυτοκίνητο [afto'kinito]
Autobahn *f* εθνική οδός [eθni'ki o'ðos] *f*; **~gebühren** *f/pl.* διόδια [ði'oðia] *n/pl.*
Autobus *m* λεωφορείο [leofo'rio]; (*O-Bus*) τρόλλεϋ ['trolei] *n*; (*Touristen≈*) πούλμαν ['pulman] *n*
Autofahrer *m* αυτοκινητιστής [aftokiniti'stis]
Automat *m* αυτόματος [a'ftomatos]
automatisch αυτόματος [a'ftomatos]
Autor *m* συγγραφέας [siŋɣra'feas]
autorisieren εξουσιοδοτώ [eksusioðo'to]
Autorität *f* αυθεντικότητα [afθendi'kotita]
Axt *f* τσάπα ['tsapa], αξίνα [a'ksina]
Azetylen *n* ασετυλίνη [aseti'lini]

B

Baby *n* μωρό [mo'ro]
Bach *m* ρυάκι [ri'aki] *n*
Backbord *n* αριστερή πλευρά του πλοίου [ariste'ri ple'vra tu 'pliu]
Backe *f* μάγουλο ['maɣulo]
backen ψήνω ['psino]
Bäcker *m* φούρναρης ['furnaris], αρτοποιός [artopi'os]
Bäckerei *f* φούρνος ['furnos], αρτοπωλείο [artopo'lio]
Back|fisch *m* ψητό ψάρι [psi'to 'psari] *n*; *fig.* φυντανάκι [finda'naki] *n*; **~ofen** *m* φούρνος ['furnos], κλίβανος ['klivanos]
Bad *n* μπάνιο ['banjo], λουτρό [lu'tro]
Bade|anstalt *f* λουτρά [lu'tra] *n/pl.*; **~anzug** *m*, **~hose** *f* μαγιό [ma'jo]; **~mantel** *m* μπουρνούζι [bur'nuzi]; **≈n** κάνω λουτρό ['kano lu'tro]; (*im Freien*) κάνω μπάνιο ['kano 'banjo]; **~wanne** *f* μπανιέρα [ba'njera]
Bagger *m* φαγάνα [fa'ɣana], εκσκαφέας [ekska'feas]
Bahn *f* δρόμος ['ðromos]; (*Sport*) πίστα ['pista], στίβος ['stivos]; *Esb.* σιδηρόδρομος [siði'roðromos]; (*Eis*) παγοδρόμιο [paɣo'ðromio]; **~hof** *m* (σιδηροδρομικός) σταθμός [(siðiroðromi'kos) staθ-

'mos]; **~steig** *m* αποβάθρα [apo'vaθra]
Bahre *f* φορείο [fo'rio], φέρετρο ['feretro]
Bakterie *f* βακτηρίδιο [vakti'riδio], μικρόβιο [mi'krovio]
bald σε λίγο [se 'liγo], εντός ολίγου [en'dos o'liγu]
Balken *m* δοκάρι [δo'kari], δοκός [δo'kos] *f*
Balkon *m* μπαλκόνι [bal'koni]
Ball *m* τόπι ['topi], μπάλα ['bala]
Ballast *m* σαβούρα [sa'vura]
Ballen *m* δέμα ['δema] *n*
Ballett *n* μπαλέτο [ba'leto]
Ballon *m* αερόστατο [ae'rostato]
Banane *f* μπανάνα [ba'nana]
Band¹ *n* κορδέλα [kor'δela], ταινία [te'nia]
Band² *m* τόμος ['tomos]
Bandage *f* επίδεσμος [e'piδezmos]
Bande *f* συμμορία [simo'ria]
bändigen δαμάζω [δa'mazo]
Bandit *m* ληστής [li'stis]
Bank *f* μπάγκος ['baŋgos], εδώλιο [e'δolio]; (*Geld*) τράπεζα ['trapeza]
Bankett *n* επίσημο συμπόσιο [e'pisimo sim'bosio]
Banknote *f* χαρτονόμισμα [xarto'nomizma] *n*
Bankrott *m* χρεωκοπία [xreoko'pia]
bar τοις μετρητοίς [tiz metri'tis]; (*entblößt*) γυμνός [ji'mnos]; στερημένος [steri'menos]
Bar *f* μπαρ [bar] *n*, αναψυκτήριο [anapsi'ktirio]
Bär *m* αρκούδα [ar'kuδa], άρκτος ['arktos] *f*
Baracke *f* παράγκα [pa'raŋga], παράπηγμα [pa'rapiγma] *n*
Barbar *m* βάρβαρος ['varvaros]
Barbe *f* μπαρμπούνι [bar'buni]
barfuß ξυπόλυτος [ksi'politos]
Bargeld *n* μετρητά [metri'ta] *n/pl.*
Barke *f* βάρκα ['varka], λέμβος ['lemvos] *f*
barmherzig πονετικός [poneti'kos], σπλαχνικός [splaxni'kos]; **ℒkeit** *f* ευσπλα(γ-)χνία [efspla(ŋ)'xnia]
Barometer *n* βαρόμετρο [va'rometro]
Barren *m* στήλη μετάλλου ['stili me'talu]; (*Sport*) δίζυγο ['δiziγo]
Barriere *f* φραγμός [fraγ'mos]
Barschaft *f* μετρητά [metri'ta] *n/pl.*
Bart *m* γένια ['jenja] *n/pl.*; **ℒlos** σπανός [spa'nos]
Barzahlung *f* πληρωμή τοις μετρητοίς [pliro'mi tiz metri'tis]
basieren βασίζομαι [va'sizome]
Baß *m* μπάσος ['basos]

basteln μαστορεύω [masto'revo], καταγίνομαι με [kata'jinome me]
Bataillon *n* τάγμα ['taγma] *n*
Batterie *f Elektr.* μπαταρία [bata'ria], συστοιχία [sisti'çia]
Bau *m* χτίσιμο ['xtisimo], οικοδόμηση (-εις) [iko'ðomisi]; γιαπί [ja'pi]
Bauch *m* κοιλιά [ki'lja]; **~schmerzen** *m/pl.* κοιλόπονος [ki'loponos]
bau|en χτίζω ['xtizo], οικοδομώ [ikoðo'mo]; **ℒer** *m* χωριάτης [xor'jatis], χωρικός [xori'kos]
bäuerlich χωριάτικος [xor'jatikos], αγροτικός [aγroti'kos]
Baum *m* δέντρο ['ðendro]
Baumeister *m* αρχιτέκτονας [arçi'tektonas]
Baum|schule *f* φυτώριο [fi'torio]; **~wolle** *f* βαμβάκι [vam'vaki]
Baustelle *f* εργοτάξιο [erγo'taksio]
Bauten *m/pl.* κτίρια ['ktiria] *n/pl.*
beabsichtigen σκοπεύω [sko'pevo]
beachten προσέχω [pro'sexo]
Beamt|e(r) *m*, **~in** *f* υπάλληλος [i'palilos] *m/f*
bean|spruchen αξιώνω [aksi'ono]; **~tragen** κάνω αίτηση (για) ['kano 'etisi (ja)]
beantworten *A* απαντώ (-άς) (σε) [apan'do (se)]
bearbeiten επεξεργάζομαι [epekser'γazome]
beauf|sichtigen επιβλέπω [epi'vlepo]; **~tragen** επιφορτίζω [epifor'tizo]
bebauen καλλιεργώ [kalier'γo]; χτίζω ['xtizo]
beben τρέμω ['tremo]
Becher *m* κούπα ['kupa]
Becken *n* λεκάνη [le'kani]
bedächtig στοχαστικός [stoxasti'kos]
bedanken: ***sich ~ bei*** (*D*) ***für*** (*A*) ευχαριστώ *A* για [efxari'sto ja]
Bedarf *m* χρειαζούμενα [xria'zumena] *n/pl.*; **~ *haben an*** (*D*) έχω ανάγκη από ['exo a'naŋgi a'po]; **~sfall** *m*: ***im ~sfall*** εν ανάγκη [en a'naŋgi]
bedauer|lich λυπηρός [lipi'ros]; **~nswert** αξιολύπητος [aksio'lipitos]
bedecken σκεπάζω [skje'pazo], καλύπτω [ka'lipto]
bedenk|en συλλογίζομαι [silo'jizome]; **ℒen** *n* δισταγμός [ðistaγ'mos]; **~lich** αμφίβολος [am'fivolos]
bedeuten σημαίνω [si'meno]; **~d** σημαντικός [simandi'kos]
Bedeutung *f* σημασία [sima'sia]; **ℒsvoll** αξιόλογος [aksi'oloγos]
bedien|en υπηρετώ [ipire'to]; **ℒung** *f* υπηρεσία [ipire'sia]

Bedingung *f* όρος ['oros]
bedräng|en πιέζω [pi'ezo]; **℞nis** *f* ανάγκη [a'naŋgi]
bedroh|en απειλώ [api'lo]; **~lich** απειλητικός [apiliti'kos]; **℞ung** *f* απειλή [api'li]
bedrücken καταπιέζω [katapi'ezo]
bedürf|en *G* χρειάζομαι [xri'azome] *A*, έχω ανάγκη (από) ['exo a'naŋgi (a'po)]; **℞nis** *n* ανάγκη [a'naŋgi]; **℞nisanstalt** *f* αποχωρητήριο [apoxori'tirio]
Beefsteak *n* στέικ ['steik] *n*
beeilen: ***sich*** ~ βιάζομαι ['vjazome]; σπεύδω ['spevðo]
beeinflussen επηρεάζω [epire'azo]
beend(ig)en τελειώνω [te'ljono]
beerben κληρονομώ [klirono'mo]
beerdig|en θάβω ['θavo], κηδεύω [ki'ðevo]; **℞ung** *f* ταφή [ta'fi], κηδεία [ki'ðia]
Beere *f* ρόγα ['roγa]
Beet *n* πρασιά [pra'sja]
Befähigung *f* ικανότητα [ika'notita]
Befehl *m* διαταγή [ðiata'ji]; **℞en** διατάζω [ðia'tazo]
befestig|en στερεώνω [stere'ono]; *Mil.* οχυρώνω [oçi'rono]; **℞ung** *f* στερέωση [ste'reosi], οχύρωμα [o'çiroma] *n*
befeuchten βρέχω ['vrexo]
befinden: ***sich*** ~ βρίσκομαι ['vriskome]
beflecken λεκιάζω [le'kjazo], μολύνω [mo'lino]
beflissen αφοσιωμένος [afosio'menos]
befolgen ακολουθώ [akolu'θo], τηρώ [ti'ro]
beförder|n προβιβάζω [provi'vazo]; **℞ung** *f* προβιβασμός [proviva'zmos]
befragen επερωτώ (-άς) [epero'to]
befrei|en ελευθερώνω [elefθe'rono]; *fig.* γλυτώνω [γli'tono] (***von***/ από [a'po]); **℞ung** *f* απελευθέρωση (-εις) [apele'fθerosi]
befreunden: ***sich*** ~ ***mit*** γίνομαι φίλος με ['jinome 'filoz me]
befriedig|en ικανοποιώ [ikanopi'o]; **℞ung** *f* ικανοποίηση [ikano'piisi]
befruchten γονιμοποιώ [γonimopi'o]
Befug|nis *f* εξουσιοδότηση (-εις) [eksusio'ðotisi]; **℞t** εξουσιοδοτημένος [eksusioðoti'menos]
Befund *m* πόρισμα ['porizma] *n*
befürcht|en φοβάμαι [fo'vame], φοβούμαι [fo'vume]; **℞ung** *f* φόβος ['fovos]
befürworten υποστηρίζω [iposti'rizo]
begab|t προικισμένος [priki'zmenos]; **℞ung** *f* προικισμός [priki'zmos], ευφυΐα [efi'ia]

begeben: *sich* ~ μεταβαίνω [meta'veno], συμβαίνει [sim'veni]; **2heit** *f* συμβάν [sim'van] *n*

begegn|en συναντώ (-άς) [sinan'do]; **2ung** *f* συνάντηση (-εις) [si'nandisi]

begehen (*Verbrechen*) διαπράττω [ðia'prato]; (*Fest*) γιορτάζω [jor'tazo]

begehren επιθυμώ [epiθi'mo]

begeister|n ενθουσιάζω [enθusi'azo]; **2ung** *f* ενθουσιασμός [enθusia'zmos]

begierig αρπακτικός [arpakti'kos]

begießen ποτίζω [po'tizo]

Beginn *m* αρχή [ar'çi], έναρξη (-εις) ['enarksi]; **2en** αρχίζω [ar'çizo]

beglaubig|en πιστοποιώ [pistopi'o]; **2ung** *f* πιστοποίηση (-εις) [pisto'piisi]

begleiten συνοδεύω [sino'ðevo]

beglückwünschen συγχαίρω [siŋ'çero]

begnadig|en δίνω χάρη ['ðino 'xari]; **2ung** *f* αμνηστεία [amni'stia]

begnügen: *sich* ~ αρκούμαι (***mit***/ με [me])

begraben θάπτω ['θapto], κηδεύω [ki'ðevo]

Begräbnis *n* ταφή [ta'fi], κηδεία [ki'ðia]

begreif|en καταλαβαίνω [katala'veno], εννοώ [eno'o]; **~lich** ευνόητος [ev'noitos]

begrenzen περιορίζω [perio'rizo]

Begriff *m* ιδέα [i'ðea], έννοια ['enia]

begründ|en δικαιολογώ [ðikjeolo'γo]; **2ung** *f* αιτιολόγηση (-εις) [etio'lojisi]

begrüß|en χαιρετώ (-άς) [çere'to]; **2ung** *f* χαιρετισμός [çereti'zmos]

begünstigen ευνοώ [evno'o]

begutachten γνωμοδοτώ [γnomoðo'to]

behalten κρατώ (-άς) [kra'to], φυλά(γ)ω [fi'la(γ)o]

Behälter *m* δοχείο [ðo'çio]

behand|eln μεταχειρίζομαι [metaçi'rizome]; *Med.* νοσηλεύω [nosi'levo]; **2lung** *f* νοσηλεία [nosi'lia]

beharr|en επιμένω [epi'meno]; **~lich** επίμονος [e'pimonos]

behaupt|en ισχυρίζομαι [isçi'rizome]; **2ung** *f* ισχυρισμός [isçiri'zmos]

beherbergen φιλοξενώ [filokse'no]

beherrschen κυριαρχώ [kiriar'xo], κυβερνώ (-άς) [kiver'no]; ***sich*** ~ συγκρατιέμαι [siŋgra'tjeme]

behindern εμποδίζω [embo'ðizo]

Behörde *f* αρχή [ar'çi], υπηρεσία [ipire'sia]

behüten φυλά(γ)ω [fi'la(γ)o]

behutsam προσεκτικός [prosekti'kos]; **2keit** *f* προσεκτικότητα [prosekti'kotita]

bei (*D*) κοντά σε [kon'da se], παρά [pa'ra]; σε [se], με [me]; **~ Tisch** στο τραπέζι [sto tra'pezi]
beibehalten διαφυλάσσω [ðiafi'laso]
beibringen προσκομίζω [prosko'mizo]; (*lehren*) διδάσκω [ði'ðasko]
Beichte *f* εξομολόγηση (-εις) [eksomo'lojisi]
beide και οι δύο [kje i 'ðio], αμφότεροι [am'foteri]
Beifall *m* επιδοκιμασία [epiðokima'sia]
beifügen προσθέτω [pros'θeto]
beigeben: *klein* ~ υποχωρώ [ipoxo'ro]
Beihilfe *f* συνδρομή [sinðro'mi]
Beil *n* τσεκούρι [tse'kuri]
Beilage *f* προσθήκη [pros'θiki]; (*e-r Zeitung*) παράρτημα [pa'rartima] *n*
beiläufig εν παρόδω [en pa'roðo]
beilegen προσθέτω [pros'θeto]; (*Streit*) εξομαλύνω [eksoma'lino]
Beileid *n* συλλυπητήρια [silipi'tiria] *n/pl.*
beiliegend συνημμένος [sini'menos]
beimessen (*D*) αποδίδω [apo'ðiðo]
Bein *n* πόδι ['poði], σκέλος ['skjelos]; (*Knochen*) κόκκαλο ['kokalo], οστούν [o'stun] *n*
beinahe παραλίγο [para'liɣo], σχεδόν [sçe'ðon]
Beiname *m* παρατσούκλι [para'tsukli], επωνυμία [eponi'mia]
beipflichten (*D*) συναινώ [sine'no]
beisammen μαζί [ma'zi]
beisetz|en προσθέτω [pros'θeto]; (*beerdigen*) κηδεύω [ki'ðevo]; **2ung** *f* κηδεία [ki'ðia]
Beisitzer *m* πάρεδρος ['pareðros]
Beispiel *n* παράδειγμα [pa'raðiɣma] *n*; **zum ~** λόγου χάριν (λ.χ.) ['loɣu 'xarin]
beißen δαγκάνω [ðaŋ'gano]
Beistand *m* συμπαράσταση [simba'rastasi]
beistehen (*D*) παραστέκω [para'steko]; βοηθώ (-άς) [voi'θo]
Beitrag *m* (συν)εισφορά [(sin)isfo'ra]
beitreten (*D*) γίνομαι μέλος ['jinome 'melos]
beiwohnen παρευρίσκομαι [pare'vriskome]
beizeiten με την ώρα [me tin 'ora], εγκαίρως [eŋ'gjeros]
bejahen απαντώ καταφατικώς [apan'do katafati'kos]
bejahrt ηλικιωμένος [ilikio'menos]
bekämpfen καταπολεμώ (-άς) [katapole'mo]
bekannt γνωστός [ɣno'stos]; **2e** *f* γνωστή [ɣno'sti]; **2e(r)** *m* γνωστός [ɣno'stos]; **~lich** ως γνωστό(ν) [os ɣno-

'sto(n)]; **＿machung** *f* γνωστοποίηση (-εις) [γnosto'piisi]; **＿schaft** *f* γνωριμία [γnori'mia]
bekehren προσηλυτίζω [prosili'tizo]
bekenn|en ομολογώ [omolo'γo]; **＿tnis** *n* ομολογία [omolo'jia]; (*Religion*) θρήσκευμα ['θriskjevma] *n*
beklagen: sich ～ παραπονιέμαι [parapo'njeme] (**bei** ... **über**/ σε ... για [se ... ja]); **～swert** αξιολύπητος [aksio'lipitos]
bekleid|en ντύνω ['dino]; (*Amt*) κατέχω [ka'texo]; **＿ung** *f* ντύσιμο ['disimo], ενδυμασία [enδima'sia]
Beklemmung *f* στενοχώρια [steno'xorja]
bekloppt *fam.* χοντροκέφαλος [xondro'kjefalos]
bekommen παίρνω ['perno], λαμβάνω [lam'vano]; (**etw.**) **satt ～** βαριέμαι [va'rjeme]
bekömmlich εύπεπτος ['efpeptos]
beköstigen τρέφω ['trefo]
bekräftigen επιβεβαιώνω [epiveve'ono]
bekränzen στεφανώνω [stefa'nono]
bekreuzigen: sich ～ σταυροκοπιέμαι [stavroko'pjeme]
bekunden εκδηλώνω [egδi'lono]
bekümmern λυπώ [li'po]
belächeln ειρωνεύομαι [iro'nevome]
beladen φορτώνω [for'tono]
belager|n πολιορκώ [polior'ko]; **＿ung** *f* πολιορκία [polior'kia]
belangen κάνω μήνυση ['kano 'minisi]
belasten επιβαρύνω [epiva'rino]; (*Konto*) χρεώνω [xre'ono]
belästigen ενοχλώ [eno'xlo]
belaufen: sich ～ ανέρχομαι [a'nerxome] (**auf** *A*/ σε [se])
beleben αναζωογονώ [anazooγo'no]; **sich ～** ζωηρεύω [zoi'revo]
Beleg *m* απόδειξη (-εις) [a'poδiksi]; **＿en** στρώνω ['strono], σκεπάζω [skje'pazo]; (*beweisen*) αποδεικνύω [apoδi'knio]; **～schaft** *f* προσωπικό [prosopi'ko]
belehren νουθετώ [nuθe'to]
beleibt παχουλός [paxu'los], εύσωμος ['efsomos]
beleidig|en προσβάλλω [pro'zvalo]; **＿ung** *f* προσβολή [prozvo'li]
beleuchten φωτίζω [fo'tizo]
Belichtungsmesser *m* φωτόμετρο [fo'tometro]
belieb|ig οποιοσδήποτε [opjoz'δipote]; **～t** δημοφιλής [δimofi'lis]; περιζήτητος [peri'zititos]; **＿theit** *f* δημοτικότητα [δimoti'kotita]
bellen γαυγίζω [γa'vjizo]
belohn|en αμοίβω [a'mivo]; **＿ung** *f* αμοιβή [ami'vi]
belügen λέω ψέματα ['leo 'psemata]

Belustigung *f* διασκέδαση (-εις) [ðia'skjeðasi]
bemächtigen: *sich* ~ *(G)* καταλαμβάνω [katalam'vano]
bemalen επιχρωματίζω [epixroma'tizo]
bemannen επανδρώνω [epan'ðrono]
bemerk|en παρατηρώ [parati'ro]; **~enswert** αξιοσημείωτος [aksiosi'miotos]; **&ung** *f* παρατήρηση (-εις) [para'tirisi]
bemitleiden συμπονώ (-άς) [simbo'no]
bemühen: *sich* ~ κοπιάζω [ko'pjazo]
Bemühung *f* προσπάθεια [pro'spaθia]
benachbart γειτονικός [jitoni'kos]
Benachrichtigung *f* ειδοποίηση (-εις) [iðo'piisi]
benachteiligen ζημιώνω [zi'mjono]; αδικώ [aði'ko]
benehmen: *sich* ~ (συμπε-ρι)φέρομαι [(simberi)'ferome]; **&** *n* συμπεριφορά [simberifo'ra]
beneiden ζηλεύω [zi'levo], φθονώ [fθo'no]
Bengel *m* παλιόπαιδο [pa'ljopeðo]
benommen ζαλισμένος [zali'zmenos]
benötigen χρειάζομαι [xri'azome], έχω ανάγκη ['exo a'naŋgi]
benutz|en χρησιμοποιώ [xrisimopi'o]; **&ung** *f* χρήση (-εις) ['xrisi]
beobacht|en παρατηρώ [parati'ro]; **&er** *m* παρατηρητής [paratiri'tis]; **&ung** *f* παρατήρηση (-εις) [para'tirisi]
bepflanzen φυτεύω [fi'tevo]
bequem αναπαυτικός [anapafti'kos]; **&lichkeit** *f* άνεση (-εις) ['anesi]
berat|en *(j-n)* συμβουλεύω [simvu'levo]; *(über A)* συζητώ (-άς) [sizi'to] *A*; **&ung** *f* διάσκεψη ['ðjaskjepsi]
berauben ληστεύω [li'stevo]; *(j-n G)* στερώ [ste'ro]
berauschen μεθώ (-άς) [me'θo]
berechnen υπολογίζω [ipolo'jizo]
berechtig|en εξουσιοδοτώ [eksusioðo'to]; **&ung** *f* δικαίωμα [ði'kjeoma] *n*
Bered|samkeit *f* ευγλωττία [evɣlo'tia]; **&t** εύγλωττος ['evɣlotos]
Bereich *m* περιοχή [perio'çi]; *fig.* πεδίο [pe'ðio]
bereicher|n πλουτίζω [plu'tizo]; **&ung** *f* πλουτισμός [pluti'zmos]
bereisen περιοδεύω [perio'ðevo]
bereit έτοιμος ['etimos] *(**zu** D/* για [ja]); **~en** ετοιμάζω [eti'mazo]; *(Kummer, Freude)* προξενώ [prokse'no]; **~s** κιόλας ['kjolas], ήδη ['iði]; **~willig** πρόθυμος ['proθimos]

bereuen (*A*) μετανοώ (για κάτι) [metano'o (ja 'kati)]
Berg *m* βουνό [vu'no], όρος ['oros] *n*; **≗ab** κατηφορικά [katifori'ka]; **~arbeiter** *m* μεταλλωρύχος [metalo'rixos]; **≗auf** ανηφορικά [anifori'ka]; **~bau** *m* εκμετάλλευση ορυχείου [ekme'talefsi ori'çiu]; **≗ig** ορεινός [ori'nos]; **~mann** *m* μεταλλωρύχος [metalo'rixos]; **~steiger** *m* ορειβάτης [ori'vatis]; **~werk** *n* μεταλλείο [meta'lio]
Bericht *m* έκθεση (-εις) ['ekθesi]; **≗en** εκθέτω [ek'θeto], αναφέρω [ana'fero]; **~erstatter** *m* ανταποκριτής [andapokri'tis]; **≗igen** διορθώνω [δior'θono]
bersten σκάζω ['skazo]
berüchtigt διαβόητος [δia'voitos]
berücksichtigen λαμβάνω υπ' όψη [lam'vano i'popsi]
Beruf *m* επάγγελμα [e'paŋgjelma] *n*; **≗en** καλώ [ka'lo]
Berufstätige(r) *m* εργαζόμενος [erγa'zomenos]
Berufung *f* έφεση ['efesi]
beruhen βασίζομαι [va'sizome] (**auf** *D*/ σε [se])
beruhigen ησυχάζω [isi'xazo]
Beruhigungsmittel *n* ηρεμιστικό [iremisti'ko]
berühmt ξακουσμένος [ksaku'zmenos], περίφημος [pe'rifimos] (**wegen** *G*/ για [ja]); **≗heit** *f* δόξα ['δoksa]
berühr|en εγγίζω [eŋ'gizo]; **≗ung** *f* επαφή [epa'fi]
besänftigen καταπραΰνω [katapra'ino]
Besatzung *f* στρατός κατοχής [stra'tos kato'çis]; *Mar.* πλήρωμα ['pliroma] *n*
beschädigen χαλνώ (-άς) [xal'no], φθείρω ['fθiro]
beschaffen προμηθεύω [promi'θevo]; **≗heit** *f* κατασκευή [kataskje'vi]
beschäftig|en απασχολώ [apasxo'lo]; **≗ung** *f* απασχόληση (-εις) [apa'sxolisi]
beschämen ντροπιάζω [dro'pjazo]
Bescheid *m* απάντηση (-εις) [a'pandisi], είδηση (-εις) ['iδisi]
bescheiden μετριόφρων [metri'ofron]; **≗heit** *f* μετριοφροσύνη [metriofro'sini]
bescheinig|en πιστοποιώ [pistopi'o]; **≗ung** *f* πιστοποιητικό [pistopiiti'ko]
beschenken (**mit**) χαρίζω [xa'rizo] *A*
Bescherung *f* μοίρασμα *n* δώρων ['mirazma 'δoron]
beschießen βομβαρδίζω [vomvar'δizo]
beschimpfen βρίζω ['vrizo]
beschlag|en επιστρώνω [epi'strono], πεταλώνω [peta'lono]; **≗nahme** *f* κατάσχεση (-εις) [ka'tasçesi]

beschleunigen επιταχύνω [epita'çino]
beschließen αποφασίζω [apofa'sizo]
Beschluß *m* απόφαση (-εις) [a'pofasi]
beschmutzen λερώνω [le'rono]
beschränk|en περιορίζω [perio'rizo]; **~t** στενοκέφαλος [steno'kjefalos]; **≈theit** *f* στενοκεφαλιά [stenokjefa'lja]; **≈ung** *f* περιορισμός [periori'zmos]
beschreib|en περιγράφω [peri'γrafo]; **≈ung** *f* περιγραφή [periγra'fi]
beschuldig|en κατηγορώ [katiγo'ro]; **≈ung** *f* κατηγορία [katiγo'ria]
beschütz|en προστατεύω [prosta'tevo]; **≈er** *m* προστάτης [pro'statis]
Beschwer|de *f* παράπονο [pa'rapono], διαμαρτυρία [ðiamarti'ria]; πόνος ['ponos]; **≈en: *sich* ≈en** διαμαρτύρομαι [ðiamar'tirome]
beschwichtigen καθησυχάζω [kaθisi'xazo]
beschwindeln γελώ (-άς) [je'lo], απατώ (-άς) [apa'to]
beschwör|en ορκίζομαι [or'kizome], εξορκίζω [eksor'kizo]; **≈ung** *f* εξορκισμός [eksorki'zmos]
besehen κοιτάζω [ki'tazo]
beseitigen παραμερίζω [parame'rizo]
Besen *m* σκούπα ['skupa]
besessen δαιμονισμένος [ðemoni'zmenos]
besetz|en κατέχω [ka'texo]; **~t** κατειλημμένος [katili'menos]; **≈ung** *f* κατοχή [kato'çi]
besichtig|en επιθεωρώ [epiθeo'ro]; **≈ung** *f* επιθεώρηση (-εις) [epiθe'orisi]
besiegen νικώ (-άς) [ni'ko]
besinn|en: *sich* ~en θυμάμαι [θi'mame]; **≈ung** *f*: ***zur* ≈ung *kommen*** συνέρχομαι [si'nerxome]; **~ungslos** αναίσθητος [a'nesθitos]
Besitz *m* κατοχή [kato'çi]; **≈en** κατέχω [ka'texo]; **~er** *m* κάτοχος ['katoxos]
besohlen σολιάζω [so'ljazo]
besonder|- ξεχωριστός [ksexori'stos], ιδιαίτερος [iði'eteros]; **~s** ιδιαιτέρως [iðie'teros]
besonnen συνετός [sine'tos]
besorg|en προμηθεύω [promi'θevo]; **≈nis** *f* φόβος ['fovos]; **≈ung** *f* προμήθεια [pro'miθia]
besprech|en συζητώ (-άς) [sizi'to]; **≈ung** *f* συζήτηση [si'zitisi]
bespritzen πιτσιλίζω [pitsi'lizo]
besser|n βελτιώνω [velti'ono]; **≈ung** *f* βελτίωση (-εις) [vel'tiosi]; ***gute* ≈ung!** περαστικά! [perasti'ka]
Bestandteil *m* συστατικό [sistati'ko]

beständig σταθερός [staθe'ros]
bestärken ενισχύω [eni'sçio]
bestätig|en επιβεβαιώνω [epiveve'ono]; **≈ung** *f* επιβεβαίωση (-εις) [epive'veosi]
bestatt|en κηδεύω [ki'ðevo]; **≈ung** *f* κηδεία [ki'ðia]
beste καλύτερος [ka'literos]
bestech|en δωροδοκώ [ðoroðo'ko]; **≈ung** *f* δωροδοκία [ðoroðo'kia]
Besteck *n* μαχαιροπίρουνο [maçero'piruno]
bestehen υφίσταμαι [i'fistame]; (**aus** *D*) αποτελούμαι [apote'lume]; (**auf** *A*) επιμένω [epi'meno]
bestehlen κλέβω ['klevo]
bestell|en παραγγέλνω [paraŋ'gjelno]; **≈ung** *f* παραγγελία [paraŋgje'lia]
Bestie *f* θηρίο [θi'rio]
bestimm|en ορίζω [o'rizo]; **≈ung** *f* ορισμός [ori'zmos], προορισμός [proori'zmos]
bestrafen τιμωρώ [timo'ro]
bestrahl|en ακτινοβολώ [aktinovo'lo]; **≈ung** *f* ακτινοβολία [aktinovo'lia]
Bestreben *n* προσπάθεια [pro'spaθia]
bestreichen αλείφω [a'lifo]
bestreiten αμφισβητώ [amfizvi'to]; (*Ausgaben*) πληρώνω [pli'rono]
bestürmen εφορμώ (-άς) [efor'mo]
Bestürzung *f* κατάπληξη [ka'tapliksi]
Besuch *m* επίσκεψη (-εις) [e'piskjepsi]; **≈en** επισκέπτομαι [epi'skjeptome]
besudeln λερώνω [le'rono]
betagt ηλικιωμένος [ilikio'menos]
betasten ψηλαφίζω [psila'fizo]
betäuben ξεκουφαίνω [kseku'feno]; *Med.* ναρκώνω [nar'kono]
beteilig|en: ***sich ~en*** συμμετέχω [sime'texo]; **≈ung** *f* συμμετοχή [simeto'çi]
beten προσεύχομαι [pro'sefxome]
beteuern διαβεβαιώνω [ðiaveve'ono]
Beton *m* μπετόν [be'ton]
beton|en τονίζω [to'nizo]; **≈ung** *f* τονισμός [toni'zmos]
betören ξεγελώ (-άς) [kseje'lo], εξαπατώ (-άς) [eksapa'to]
betrachten παρατηρώ [parati'ro]
beträchtlich σημαντικός [simandi'kos]
Betrachtung *f* παρατήρηση (-εις) [para'tirisi]
Betrag *m* ποσό [po'so]
betragen ανέρχομαι [a'nerxome]; ***sich ~*** (συμπερι-)φέρομαι [(simberi)'ferome]; **≈** *n* συμπεριφορά [simberifo'ra]
betreffen αφορώ (-άς) [afo'ro]; ***was ... betrifft*** όσον αφορά ['oson afo'ra]; **~d** σχετικός [sçeti'kos]

betreiben (*Geschäft*) μετέρχομαι [me'terxome]
betreten μπαίνω σε ['beno se]
betreuen φροντίζω [frón'dizo]
Betrieb *m* λειτουργία [litur'jia], επιχείρηση (-εις) [epi'çirisi]; ***in ~ sein*** λειτουργώ [litur'γo]
betrinken: *sich ~* μεθώ (-άς) [me'θo]
Betrüb|nis *f* λύπη ['lipi]; **2t** θλιμμένος [θli'menos]; ***2t sein*** λυπάμαι [li'pame] (***über** A*/ για [ja])
Betrug *m* απάτη [a'pati]
betrüg|en απατώ (-άς) [apa'to]; **2er** *m* απατεώνας [apate'onas]
betrunken μεθυσμένος [meθi'zmenos]
Bett *n* κρεβάτι [kre'vati]; **~decke** *f* πάπλωμα ['paploma] *n*
betteln ζητιανεύω [zitja'nevo], επαιτώ [epe'to]
Bettlaken *n* σεντόνι [sen'doni]
Bettler *m* ζητιάνος [zi'tjanos], επαίτης [e'petis]
beug|en γέρνω ['jerno], κλίνω ['klino]; **2ung** *f* κλίση (-εις) ['klisi]
Beule *f* καρούμπαλο [ka'rumbalo], εξόγκωμα [e'ksoŋgoma] *n*
beunruhigen ανησυχώ [anisi'xo]
beurlauben δίνω άδεια ['δino 'aδia]
beurteil|en κρίνω ['krino]; **2ung** *f* κρίση ['krisi]
Beute *f* λεία ['lia]
Beutel *m* πουγγί [puŋ'gi]
bevölker|n κατοικίζω [kati'kizo]; **2ung** *f* πληθυσμός [pliθi'zmos]
bevollmächtigen εξουσιοδοτώ [eksusioδo'to]
bevor προτού [pro'tu], πριν [prin]
bevor|munden κηδεμονεύω [kiδemo'nevo]; **~stehen** επίκειμαι [e'pikime]; **~zugen** προτιμώ (-άς) [proti'mo]
bewachen φρουρώ [fru'ro]
bewaffnen εξοπλίζω [ekso'plizo]
bewahren φυλά(γ)ω [fi'la(γ)o]; (*erhalten*) διατηρώ [δiati'ro]
bewähren: *sich ~* δοκιμάζομαι [δoki'mazome]
bewältigen καταφέρνω [kata'ferno]
bewässer|n αρδεύω [ar'δevo]; **2ung** *f* άρδευση ['arδefsi]
beweg|en κινώ [ki'no]; *fig.* συγκινώ [siŋgi'no]; (***j-n zu etw.***) παρακινώ [paraki'no]; **~lich** ευκίνητος [ef'kinitos]; **2ung** *f* κίνηση (-εις) ['kinisi]
Beweis *m* απόδειξη (-εις) [a'poδiksi]; **2en** αποδεικνύω [apoδi'knio]
bewerb|en: *sich ~en* (***um** A*) βάζω υποψηφιότητα ['vazo ipopsifi'otita]; **2ung** *f* υπο-

ψηφιότητα [ipopsifi'otita] (*um A*/ για [ja])
bewillig|en εγκρίνω [eŋ-'grino]; **≈ung** *f* έγκριση (-εις) ['eŋgrisi]
bewirken προκαλώ [pro-ka'lo]
bewirt|en φιλεύω [fi'levo], φιλοξενώ [filokse'no]; **~schaften** διευθύνω [ðief-'θino], εκμεταλλεύομαι [ek-meta'levome]
bewohn|en κατοικώ [ka-ti'ko]; **≈er** *m* κάτοικος ['kati-kos]
bewölken: sich ~ συννε-φιάζω [sine'fjazo]
bewunder|n θαυμάζω [θav-'mazo]; **≈ung** *f* θαυμασμός [θavma'zmos]
bewußt συνειδητός [siniði-'tos]; **sich** (*G*) **~ sein** ξέρω συνειδητά ['ksero siniði'ta]; **~los** αναίσθητος [a'nesθi-tos]; **≈sein** *n* συναίσθηση [si'nesθisi]
be|zahlen πληρώνω [pli-'rono]; **~zaubern** γοητεύω [γoi'tevo]; μαγεύω [ma'jevo]; **~zeichnen** σημαδεύω [si-ma'ðevo], σημειώνω [si-mi'ono]; **~zeugen** μαρτυρώ [marti'ro]; **~zichtigen** (*j-n G*) κατηγορώ (για) [katiγo'ro (ja)]
bezieh|en: sich ~en αναφέ-ρομαι [ana'ferome] (**auf** *A*/ σε [se]); **≈ung** *f* σχέση (-εις) ['sçesi]
Bezirk *m* περιφέρεια [peri-'feria]
Bezug *m* επένδυση (-εις) [e-'penðisi], στρώση (-εις) ['strosi]; σχέση (-εις) ['sçesi]
bezüglich (*G*) σχετικώς (με) [sçeti'kos (me)]
be|zwecken σκοπεύω [sko-'pevo]; **~zweifeln** αμ-φισβητώ [amfizvi'to]; **~zwingen** καταβάλλω [ka-ta'valo]; νικώ (-άς) [ni'ko]
Bibel *f* βίβλος ['vivlos] *f*
bieg|en λυγίζω [li'jizo], κάμπτω ['kampto]; **~sam** λυγερός [lije'ros]; εύκαμ-πτος ['efkamptos]; **≈ung** *f* στροφή [stro'fi], καμπή [ka-'mbi]
Biene *f* μέλισσα ['melisa]; **~nstock** *m* κυψέλη [ki'pseli]
Bier *n* μπίρα ['bira], ζύθος ['ziθos]; **~schenke** *f* μπιρα-ρία [bira'ria]
bieten προσφέρω [pro'sfero]
Bilanz *f* ισολογισμός [isolo-ji'zmos]
Bild *n* εικόνα [i'kona]; **≈en** μορφώνω [mor'fono]; σχηματίζω [sçima'tizo]; αποτελώ [apote'lo]; **~erga-lerie** *f* πινακοθήκη [pinako'θiki]; **~errahmen** *m* κορνίζα [kor'niza]; **~hauer** *m* γλύπτης ['γliptis]; **~schirm** *m* οθόνη τηλεο-ράσεως [o'θoni tileo'raseos]; **~ung** *f* μόρφωση ['morfosi]
billig φτηνός [fti'nos]; λογι-κός [loji'kos]; **≈ung** *f* επιδο-κιμασία [epiðokima'sia]

Bind|e *f* επίδεσμος [e'piðezmos]; **2en** δένω ['ðeno]; **~faden** *m* σπάγγος ['spaŋgos]
binnen εντός [en'dos]; **2-** εσωτερικός [esoteri'kos]
Birke *f* σημύδα [si'miða]
Birn|baum *m* αχλαδιά [axla'ðja], απιδιά [api'ðja]; **~e** *f* αχλάδι [a'xlaði], απίδι [a'piði]
bis ως [os], μέχρι ['mexri]; **~ *auf weiteres*** προσωρινά [prosori'na]
Bischof *m* επίσκοπος [e'piskopos]
bisher ως τώρα [os 'tora], μέχρι τώρα ['mexri 'tora]
Biß *m* δάγκωμα ['ðaŋgoma] *n*
bißchen: ***ein ~*** λιγάκι [li'γaki]
Bissen *m* μπουκιά [bu'kja]
bitte! παρακαλώ [paraka'lo]
Bitte *f* παράκληση (-εις) [pa'raklisi]; **2n** (***j-n um***) παρακαλώ [paraka'lo]; ζητώ (-άς) [zi'to] (του ... κάτι [tu ... 'kati])
bitter πικρός [pi'kros]; **2keit** *f* πικράδα [pi'kraða]; *fig.* πικρία [pi'kria]
bläh|en φουσκώνω [fu'skono], εξογκώνω [eksoŋ'gono]; **2ung** *f* αέρια [a'eria] *n/pl.*
Blamage *f* ρεζίλι [re'zili], ντροπή [dro'pi]
blank γυαλιστερός [jaliste'ros]
Blase *f* φούσκα ['fuska], φυσαλίδα [fisa'liða]; **2n** φυσώ (-άς) [fi'so], σαλπίζω [sal'pizo]
Blasinstrument *n* πνευστό όργανο [pnef'sto 'orγano]
blaß ωχρός [o'xros], χλωμός [xlo'mos]; **~ *werden*** χλωμιάζω [xlo'mjazo] (***vor*** / από [a'po])
Blässe *f* χλωμάδα [xlo'maða]
Blatt *n* φύλλο ['filo]
Blattern *f/pl.* βλογιά [vlo'ja], ευλογιά [evlo'ja]
blau γαλανός [γala'nos], κυανούς [kia'nus], μπλε [ble]
Blech *n* τενεκές [tene'kjes], λευκοσίδηρος [lefko'siðiros], λαμαρίνα [lama'rina]
Blei *n* μολύβι [mo'livi], μόλυβδος ['molivðos]
bleib|en μένω ['meno]; ***es ~t dabei*** όπως είπαμε ['opos 'ipame]
bleich χλωμός [xlo'mos]; **~en** ασπρίζω [a'sprizo], λευκαίνω [lef'kjeno]
bleifrei: ***~es Benzin*** *n* αμόλυβδη βενζίνη [a'molivði ven'zini]
Bleistift *m* μολύβι [mo'livi]
Blend|e *f* διάφραγμα [ði'afraγma] *n*; **2en** τυφλώνω [ti'flono]; θαμπώνω [θam'bono]
Blick *m* ματιά [ma'tja], θέα ['θea]; **2en** κοιτάζω [ki'tazo], βλέπω ['vlepo]
blind τυφλός [ti'flos]; **2darm** *m* τυφλό έντερο [ti'flo 'endero]; **2darmentzündung** *f*

σκωληκοειδίτιδα [skolikoi'ðitiða]; **~heit** *f* τύφλα ['tifla], τυφλότητα [ti'flotita]
blink|en γυαλίζω [ja'lizo], λαμποκοπώ (-άς) [lambo-ko'po]; **~er** *m* (*Auto*) φλας [flas] *n*
Blitz *m* αστραπή [astra'pi]; **~ableiter** *m* αλεξικέραυνο [aleksi'kjeravno]; **~en** αστράφτω [a'strafto]; **~licht** *n Fot.* φλας [flas] *n*
Block *m* όγκος ['oŋgos]; **~ade** *f* αποκλεισμός [apokli'zmos]; **~ieren** μπλοκάρω [blo'karo]
blöd|e κουτός [ku'tos]; **~sinn** *m* κουταμάρα [kuta'mara]
blöken βελάζω [ve'lazo]
blond ξανθός [ksan'θos]
bloß γυμνός [ji'mnos]; *Adv.* μόνο(ν) ['mono(n)]
Blöße *f* γύμνια ['jimnja]; αδυναμία [aðina'mia]
blühen ανθίζω [an'θizo], ανθώ [an'θo]; ακμάζω [ak'mazo]
Blume *f* λουλούδι [lu'luði], άνθος ['anθos] *n*
Blumen|kohl *m* κουνουπίδι [kunu'piði]; **~strauß** *m* μπουκέτο [bu'kjeto], ανθοδέσμη [anθo'ðezmi]; **~topf** *m* γλάστρα ['ɣlastra] *f*; **~vase** *f* ανθοδοχείο [anθoðo'çio]
Blut *n* αίμα ['ema]; **~arm** αναιμικός [anemi'kos]; **~druck** *m* πίεση ['piesi]
Blüte *f* άνθος ['anθos] *n*; *fig.* ακμή [ak'mi]
Blut|egel *m* βδέλλα ['vðela]; **~en** χάνω αίμα ['xano 'ema]; **~ig** ματωμένος [mato'menos], αιματηρός [emati'ros]; **~schande** *f* αιμομιξία [emomi'ksia]; **~stillend** αιμοσταtικός [emostati'kos]; **~ung** *f* αιμορραγία [emora'jia]
Bock *m* τράγος ['traɣos]; **~en** πεισματώνω [pizma'tono]
Boden *m* χώμα ['xoma] *n*, έδαφος ['eðafos] *n*; **~los** απύθμενος [a'piθmenos]
Bogen *m* τόξο ['tokso]; **~förmig** καμαρωτός [kamaro'tos], τοξοειδής [toksoi'ðis] 2; **~schütze** *m* τοξότης [to'ksotis]; **~sehne** *f* χορδή [xor'ði]
Bohle *f* σανίδα [sa'niða]
Bohne *f* φασόλι [fa'soli]
bohnern γυαλίζω [ja'lizo]
bohr|en τρυπώ (-άς) [tri'po]; **~er** *m* τρυπητήρι [tripi'tiri]
Boje *f* σημαδούρα [sima'ðura]
Bollwerk *n* ταμπούρι [ta'mburi], οχύρωμα [o'çiroma] *n*
Bombe *f* βόμβα ['vomva]
Bombenangriff *m* βομβαρδισμός [vomvarði'zmos]
Bonbon *m* καραμέλα [kara'mela]
Boot *n* βάρκα ['varka], λέμβος ['lemvos] *f*; **~smann** *m* βαρκάρης [var'karis], λεμβούχος [lem'vuxos]
Bord *m* πλευρά [ple'vra], κατάστρωμα *n* πλοίου [ka'ta-

stroma 'pliu]; *an ~ gehen* επιβιβάζομαι [epivi'vazome]; **~kante** *f*, **~schwelle** *f* άκρο πεζοδρομίου ['akro pezoðro'miu]
borgen δανείζω [ða'nizo]
borniert στενοκέφαλος [steno'kjefalos]
Börse *f* χρηματιστήριο [xrimati'stirio]; (*Geldbeutel*) πουγγί [puŋ'gi]
Borste *f* γουρουνότριχα [γuru'notrixa]
Borte *f* κράσπεδο ['kraspeðo]; σιρίτι [si'riti]
Böschung *f* πλαγιά [pla'ja]
böse κακός [ka'kos]
boshaft μοχθηρός [moxθi'ros]
böswillig κακόβουλος [ka'kovulos]
Botanik *f* βοτανική [votani'ki]
Bot|e *m* αγγελιοφόρος [aŋgjelio'foros]; **~schaft** *f* είδηση (-εις) ['iðisi]; πρεσβεία [pre'zvia]; **~schafter** *m* πρεσβευτής [prezve'ftis]
Bottich *m* βαρέλι [va'reli], κάδος ['kaðos]
Bouillon *f* ζουμί κρέατος [zu'mi 'kreatos]
boxen πυγμαχώ [piγma'xo]; **≗** *n* πυγμαχία [piγma'çia]
Boykott *m* μποϊκοτάζ [boiko'taz] *n*; **≗ieren** μποϊκοτάρω [boiko'taro]
brach ακαλλιέργητος [akali'erjitos]
Brand *m* πυρκαγιά [pirka'ja]; *Med.* γάγγραινα ['γaŋgrena]
branden θραύομαι ['θravome]
Brand|stifter *m* εμπρηστής [embri'stis]; **~wunde** *f* έγκαυμα ['eŋgavma] *n*
brat|en ψήνω ['psino]; (*in der Pfanne*) τηγανίζω [tiγa'nizo]; **≗en** *m* ψητό [psi'to]; **≗kartoffeln** *f/pl.* τηγανητές πατάτες [tiγani'tes pa'tates]; **≗ofen** *m* φούρνος ['furnos]; **≗pfanne** *f* τηγάνι [ti'γani]; **≗rost** *m* σκάρα ['skara]; **≗spieß** *m* σούβλα ['suvla]
Brauch *m* έθιμο ['eθimo], συνήθεια [si'niθja]; **≗bar** χρήσιμος ['xrisimos]; **≗en** χρειάζομαι [xri'azome]
Braue *f* φρύδι ['friði] *n*
Brauerei *f* ζυθοποιείο [ziθopi'io]
braun καστανός [kasta'nos], μελαχροινός [melaxri'nos]; καφετής [kafe'tis]; **~gebrannt** ηλιοκαμένος [iljoka'menos]
Brauselimonade *f* γκαζόζα [ga'zoza]
Braut *f* νύφη ['nifi], μνηστή [mni'sti]
Bräutigam *m* γαμπρός [γam'bros], μνηστήρας [mni'stiras]
Brautpaar *n* νεόνυμφοι [ne'onimfi] *m/pl.*
brav (φιλ)ήσυχος [(fil)'isixos]; (*Charakter*) χρηστός [xri'stos]; (*Kind*) φρόνιμος ['fronimos]

brech|en σπάζω ['spazo], θραύω ['θravo]; (*erbrechen*) κάνω εμετό ['kano eme'to]; (*Licht*) διαθλώ [ðia'θlo]; (*Eid*) παραβαίνω [para'veno]; **2mittel** *n* εμετικό [emeti'ko]
Brei *m* χυλός [çi'los]
breit φαρδύς [far'ðis], πλατύς [pla'tis]; **2e** *f* φάρδος ['farðos] *n*, πλάτος ['platos] *n*; **2engrad** *m* μοίρα ['mira]
Brems|e *f Zo.* αλογόμυγα [alo'γomiγa]; (*Auto*) φρένο ['freno], τροχοπέδη [troxo'peði]; **2en** φρενάρω [fre'naro]
brenn|bar καύσιμος ['kafsimos]; **~en** καίω ['kjeo]; **2essel** *f* τσουκνίδα [tsu'kniða]; **2stoff** *m* καύσιμη ύλη ['kafsimi 'ili]
brenzlich επικίνδυνος [epi'kinðinos]
Brett *n* σανίδι [sa'niði]; (*Tee2*, *Kaffee2*) δίσκος ['ðiskos]; **~spiel** *n* τάβλι ['tavli]
Brief *m* γράμμα ['γrama] *n*, επιστολή [episto'li]; **~bogen** *m* κόλα ['kola]; **~kasten** *m* γραμματοκιβώτιο [γramatoki'votio]; **~marke** *f* γραμματόσημο [γrama'tosimo]; **~papier** *n* επιστολόχαρτο [episto'loxarto]; **~porto** *n* ταχυδρομικό τέλος [taçiðromi'ko 'telos]; **~träger** *m* ταχυδρόμος [taçi'ðromos]; **~umschlag** *m* φάκελλος ['fakjelos]; **~wechsel** *m* αλληλογραφία [alilογra'fia]
Brikett *n* μπρικέτα [bri'kjeta]
Brille *f* γυαλιά [ja'lja] *n*/*pl*.
bringen φέρνω ['ferno]
Brise *f* αύρα ['avra]
Brocken *m* κομμάτι [ko'mati]
brodeln κοχλάζω [ko'xlazo]
Brombeere *f* βατόμουρο [va'tomuro]
Bronze *f* μπρούντζος ['brundzos]
broschiert χαρτόδετος [xar'toðetos]
Brot *n* ψωμί [pso'mi], άρτος ['artos]
Brötchen *n* ψωμάκι [pso'maki]; ***belegtes*** **~** σάντουιτς ['sanduits] *n*
Bruch *m* σπάσιμο ['spasimo], ρήξη (-εις) ['riksi]; *Med.* (*Leisten2*) κήλη ['kili]; *Math.* κλάσμα ['klazma] *n*; **~rechnung** *f* κλασματικός λογαριασμός [klazmati'kos loγarja'zmos]; **~stück** *n* κομμάτι [ko'mati], απόσπασμα [a'pospazma] *n*
Brücke *f* γεφύρι [je'firi], γέφυρα ['jefira]
Bruder *m* αδελφός (αδερ-) [aðel'fos (aðer-)]
brüderlich αδελφικός [aðelfi'kos]
Brüderschaft *f*: **~** ***trinken*** αδελφοποιούμαι [aðelfopi'ume]
Brühe *f* ζουμί [zu'mi], ζωμός [zo'mos]
brüllen μουγκρίζω [muŋ'grizo]

brummen μουρμουρίζω [murmu'rizo]
brünett καστανός [kasta'nos]
Brunnen *m* πηγάδι [pi'γaði]; (*Kur*≈) ιαματική πηγή [iamati'ki pi'ji]
Brust *f* στήθος ['stiθos] *n*; **~bild** *n* προτομή [proto'mi]
brüsten: ***sich*** ~ καυχιέμαι [kaf'çeme], καμαρώνω [kama'rono] (***mit***/ με [me])
Brust|fellentzündung *f* πλευρίτιδα [plev'ritiða]; **~kasten** *m* θώρακας ['θorakas]
Brut *f* νεοσσοί [neo'si] *m/pl.*; γόνος ['γonos]
brutal βάναυσος ['vanafsos]
brüten κλωσσώ (-άς) [klo'so], επωάζω [epo'azo]
brutto ακαθάριστος [aka'θaristos]
Bube *m* αγόρι [a'γori]; (*Karte*) φάντης ['fandis]
Buch *n* βιβλίο [vi'vlio]; **~binder** *m* βιβλιοδέτης [vivlio'ðetis]; **~drucker** *m* τυπογράφος [tipo'γrafos]
Buche *f* οξυά [o'ksja]
buchen εγγράφω [eŋ'γrafo]; (*Reise*) κλείνω ['klino]
Bücherschrank *m* βιβλιοθήκη [vivlio'θiki]
Buch|halter *m* λογιστής [loji'stis]; **~händler** *m* βιβλιοπώλης [vivlio'polis]; **~handlung** *f* βιβλιοπωλείο [vivliopo'lio]
Büchse *f* κουτί [ku'ti]; (*Flinte*) τουφέκι [tu'feki]
Büchsenöffner *m* ανοιχτήρι [anix'tiri]
Buch|stabe *m* γράμμα ['γrama] *n*, στοιχείο [sti'çio]; **≈stabieren** συλλαβίζω [sila'vizo]
Bucht *f* κόλπος ['kolpos]
Buckel *m* καμπούρα [kam'bura]; **≈ig** καμπούρης [kam'buris]
bück|en: ***sich*** **~en** σκύβω ['skivo]; **≈ling** *m* καπνιστή ρέγκα [kapni'sti 'reŋga]
Bude *f* παράπηγμα [pa'rapiγma] *n*
Budget *n* προϋπολογισμός [proipoloji'zmos]
Büfett *n* μπουφές [bu'fes], κυλικείο [kili'kio]
Büffel *m* βουβάλι [vu'vali]
Bug *m* πλώρη ['plori], πρώρα ['prora]
Bügel *m* (*Kleider*≈) κρεμαστάρι [krema'stari]; **~eisen** *n* σίδερο ['siðero]; **≈n** σιδερώνω [siðe'rono]
Bühne *f* σκηνή [ski'ni]
Bukett *n* μπουκέτο [bu'kjeto], ανθοδέσμη [anθo'ðezmi]
Bulle *m* ταύρος ['tavros]
Bummel *m* σεργιάνι [ser'jani], περίπατος [pe'ripatos]; **≈n** σεργιανίζω [serja'nizo], χασομερώ (-άς) [xasome'ro]
Bund *m* μάτσο ['matso], δεσμός [ðe'zmos]; (*Verband*) σύνδεσμος ['sinðezmos]
Bündel *n* δεμάτι [ðe'mati], δέμα ['ðema]
Bundes|genosse *m* σύμμα-

χος ['simaxos]; **~rat** *m* ομοσπονδιακό συμβούλιο [omosponðia'ko sim'vulio]; **~staat** *f* ομοσπονδία [omospon'ðia]
Bündnis *n* συμμαχία [sima'çia]
Bungalow *m* μπαγκαλόου [baŋga'lou] *n*
bunt ποικιλόχρωμος [piki'loxromos]
Bürde *f* φόρτωμα ['fortoma] *n*, βάρος ['varos] *n*
Burg *f* κάστρο ['kastro], φρούριο ['frurio]
Bürg|e *m* εγγυητής [eŋgii'tis]; **2en** εγγυώμαι [eŋgi'ome]
Bürger *m* πολίτης [po'litis], αστός [a'stos]; **~krieg** *m* εμφύλιος πόλεμος [em'filios 'polemos]; **~meister** *m* δήμαρχος ['ðimarxos]; **~steig** *m* πεζοδρόμιο [pezo'ðromio]
Büro *n* γραφείο [γra'fio]; **~krat** *m* γραφειοκράτης [γrafio'kratis]
Bursche *m* νέος ['neos]
Bürste *f* βούρτσα ['vurtsa]; **2n** βουρτσίζω [vur'tsizo]
Bus *m* λεωφορείο [leofo'rio]
Busch *m* θάμνος ['θamnos]
Büschel *n* τούφα ['tufa]
Busen *m* στήθος ['stiθos] *n*
Buße *f* μετάνοια [me'tanja]
Büste *f* προτομή [proto'mi]; **~nhalter** *m* σουτιέν [su'tjen] *n*
Butter *f* βούτυρο ['vutiro]; **~brot** *n* ψωμί με βούτυρο [pso'mi me 'vutiro]; ***belegtes ~brot*** σάντουιτς ['sandu-its] *n*; **~milch** *f* βουτυρόγαλα [vuti'roγala] *n*
byzantinisch βυζαντινός [vizandi'nos]

C

Café *n* καφενείο [kafe'nio], ζαχαροπλαστείο [zaxaropla'stio]
Camping *n* κατασκήνωση (-εις) [kata'skinosi]; **~platz** *m* χώρος κατασκηνώσεως ['xoros kataski'noseos]
Cent *m* (*Eurocent*) λεπτό
Champagner *m* σαμπάνια [sam'panja]
Chaos *n* χάος ['xaos] *n*
Charakter *m* χαρακτήρας [xara'ktiras]; **2isieren** χαρακτηρίζω [xarakti'rizo]; **~zug** *m* χαρακτηριστικό [xaraktiristi'ko]
chartern ναυλώνω [na'vlono]
Chef *m* προϊστάμενος [proi'stamenos]
Chemi|e *f* χημεία [çi'mia]; **~ker** *m* χημικός [çimi'kos]
Chinin *n* κινίνο [ki'nino]
Chirurg *m* χειρούργος [çi'rurγos]
Chor *m* χορωδία [xoro'ðia]
Christ *m* χριστιανός [xristja-

'nos]; **~entum** *n* χριστιανισμός [xristjani'zmos]
Christus *m* Χριστός [xri'stos]
Clown *m* παλιάτσος [pa'ljatsos]
Computer *m* ηλεκτρονικός εγκέφαλος [ilektroni'kos eŋ'gjefalos]
Container *m* κονταίηνερ [kon'deiner] *n*
Couch *f* καναπές [kana'pes]
Coupon *m* κουπόνι [ku'poni]
Cousine *f* ξαδέρφη [ksa'ðerfi], εξαδέλφη [eksa'ðelfi]
Creme *f* κρέμα ['krema]

D

da *Adv.* εκεί [e'ki]; *cj.* διότι [ði'oti], επειδή [epi'ði]
dabei κοντά [kon'da]; **~sein** παρευρίσκομαι [pare'vriskome]
Dach *n* στέγη ['steji]; **~kammer** *f* σοφίτα [so'fita]; **~rinne** *f* λούκι ['luki]; **~ziegel** *m* κεραμίδι [kjera'miði]
dadurch μ' αυτό [ma'fto], έτσι ['etsi]
dafür για τούτο [ja 'tuto], αντί τούτου [an'di 'tutu]
dagegen εναντίον (τούτου) [enan'dion ('tutu)]; (*jedoch*) όμως ['omos], κατά [ka'ta]
daher απ' εκεί [ape'kji]; (*deshalb*) γι' αυτό [ja'fto], από τούτο [a'po 'tuto]
dahin εκεί [e'kji]; προς τα εκεί [pros ta e'kji]
dahinter πίσω απ' αυτό ['pisapa'fto]
damals τότε ['tote]
Dame *f* κυρία [ki'ria]
damit μ' αυτό [ma'fto]; *cj.* για να [ja na]
Damm *m* πρόχωμα ['proxoma] *n*; (*Hafen*≈) προκυμαία [proki'mea]
Dämmerung *f* σουρούπωμα [su'rupoma] *n*, λυκόφως [li'kofos] *n*
Dampf *m* ατμός [at'mos]; **≈en** αχνίζω [ax'nizo]
dämpfen ψήνω στον ατμό ['psino ston a'tmo]; μετριάζω [metri'azo]
Dampf|er *m* βαπόρι [va'pori]; **~schiff** *n* ατμόπλοιο [at'moplio]
danach ύστερα ['istera], έπειτα ['epita], μετά [me'ta]
daneben δίπλα (σ' αυτό) ['ðipla (sa'fto)], παραπλεύρως [para'plevros]
Dank *m* ευχαριστία [efxari'stia]; **Gott sei ~!** δόξα τω Θεώ ['ðoksa to θe'o]; **≈bar** ευγνώμων [ev'γnomon]; **~barkeit** *f* ευγνωμοσύνη [evγnomo'sini]; **≈e!** ευχαριστώ! [efxari'sto]; **≈en** ευχαριστώ [efxari'sto] (**ihm für**/ τον ... για [ton ... ja])
dann ύστερα ['istera], έπειτα ['epita]; τότε ['tote]
daran σ' αυτό [sa'fto]

darauf πάνω σ' αυτό ['pano sa'fto]
daraus απ' αυτό [apa'fto], εκ τούτου [ek 'tutu]
darbiet|en προσφέρω [pros'fero], παρέχω [pa'rexo]; **2ung** *f* προσφορά [prosfo'ra]; παρουσίαση (-εις) [paru'siasi]
darin μέσα σ' αυτό ['mesa sa'fto]
Darlehen *n* δάνειο ['ðanio]
Darm *m* έντερο ['endero]
darstell|en παριστάνω [pari'stano]; **2ung** *f* παράσταση (-εις) [pa'rastasi]
darüber πάνω σ' αυτό ['pano sa'fto]; ~ ***hinaus*** παραπέρα [para'pera], εκτός τούτου [e'ktos 'tutu]
darum γι' αυτό [ja'fto]
darunter αποκάτω [apo'kato]; μεταξύ [meta'ksi]
das το [to]
dasein υπάρχω [i'parxo], είμαι παρών ['ime pa'ron]; 2 *n* ύπαρξη (-εις) ['iparksi]
daß να [na], πως [pos], ότι ['oti], που [pu]; **so** ~ ώστε να ['oste na]
Daten *n/pl.* στοιχεία [sti'çia] *n/pl.*
Datum *n* ημερομηνία [imeromi'nia]
Dauer *f* διάρκεια [ði'arkia]; **2n** βαστώ (-άς) [va'sto], διαρκώ [ðiar'ko]; **~welle** *f* περμανάντ [perma'nant] *n*
Daumen *m* αντίχειρας [an'diçiras]
davon απ' αυτό [apa'fto], εξ αυτού [eksa'ftu], γι' αυτό [jaf'to]; **~kommen** γλυτώνω [γli'tono]
davor μπροστά [bro'sta], πριν [prin]
dazu επιπλέον [epi'pleon]; **~gehören** αποτελώ μέρος [apote'lo 'meros]
dazwischen ανάμεσα [a'namesa], μεταξύ [meta'ksi]; **~kommen** παρεμβαίνω [parem'veno]
Debatte *f* συζήτηση (-εις) [si'zitisi]
Deck *n* κατάστρωμα [ka'tastroma] *n*
Deckbett *n* πάπλωμα ['paploma] *n*
Deck|e *f* σκέπασμα ['skjepazma] *n*, ταβάνι [ta'vani]; **2en** σκεπάζω [skje'pazo]; **~el** *m* καπάκι [ka'paki], πώμα ['poma] *n*; **~ung** *f* εξασφάλιση (-εις) [eksa'sfalisi], αντίκρυσμα [an'dikrizma] *n*
defekt χαλασμένος [xala'zmenos]; 2 *m* βλάβη ['vlavi]
defensiv αμυντικός [amindi'kos]
definieren προσδιορίζω [prozðio'rizo]
Defizit *n* έλλειμμα ['elima] *n*
Degen *m* σπαθί [spa'θi]
dehnbar ελαστικός [elasti'kos]; **2keit** *f* ελαστικότητα [elasti'kotita]
dehnen τεντώνω [ten'dono], εκτείνω [e'ktino]

Deich *m* πρόχωμα ['proxoma] *n*
Deichsel *f* τιμόνι [ti'moni]
dein ... σου [su]
Dekan *m* κοσμήτορας [ko'zmitoras]
Deklin|ation *f* κλίση (-εις) ['klisi]; **2ieren** κλίνω ['klino]
Dekor|ation *f* διακόσμηση (-εις) [δia'kozmisi]; **2ieren** διακοσμώ [δiako'zmo]
Delikatesse *f* λειχουδιά [lixu'δja]
Dement|i *n* διάψευση (-εις) [δi'apsefsi]; **2ieren** διαψεύδω [δia'psevδo]
demgemäß σύμφωνα μ' αυτό ['simfona ma'fto]
Demission *f* παραίτηση (-εις) [pa'retisi]; **2ieren** παραιτούμαι [pare'tume]
demnach *s.* **demgemäß**
demnächst προσεχώς [prose'xos]
Demokrat|ie *f* δημοκρατία [δimokra'tia]; **2isch** δημοκρατικός [δimokrati'kos]
Demonstr|ation *f* διαδήλωση (-εις) [δia'δilosi]; **2ieren** κάνω διαδήλωση ['kano δia'δilosi]
De|mut *f* ταπεινοφροσύνη [tapinofro'sini]; **2mütig** ταπεινός [tapi'nos]; **2mütigen** ταπεινώνω [tapi'nono]
demzufolge *s.* **demgemäß**
denk|en (*an A*) σκέπτομαι ['skjeptome]; **2mal** *n* μνημείο [mni'mio]; **~würdig** αξιομνημόνευτος [aksiomni'moneftos]
denn γιατί [ja'ti], διότι [δi'oti], αφού [a'fu]
dennoch μολαταύτα [mola'tafta], εν τούτοις [en'dutis]
deponieren καταθέτω [kata'θeto]
Depot *n* αποθήκη [apo'θiki]
derb χοντροκομμένος [xondroko'menos]
Desert|eur *m* λιποτάκτης [lipo'taktis]; **2ieren** λιποτακτώ [lipota'kto]
deshalb γι' αυτό [ja'fto]
Desinfektion *f* απολύμανση (-εις) [apo'limansi]
Dessert *n* επιδόρπιο [epi'δorpio]
desto τόσο ['toso]; **~ besser** τόσο το καλύτερο ['toso to ka'litero]
deswegen γι' αυτό [ja'fto]
Detektiv *m* ντέτεκτιβ ['detektiv] *m*
deuteln λεπτολογώ [leptolo'γo]
deut|en εξηγώ [eksi'γo]; **~lich** σαφής [sa'fis]
deutsch γερμανικός [jerma-ni'kos]
Deutsch|e(r) *m* Γερμανός [jerma'nos]; **~land** *n* Γερμανία [jerma'nia]
Devise *f* σύνθημα ['sinθima] *n*, συνάλλαγμα [si'nalaγma] *n*
Dezember *m* Δεκέμβριος [δe'kjemvrios]
Diagnose *f* διάγνωση [δi'aγnosi]

Dialekt *m* διάλεκτος [ði'alektos] *f*
Dialog *m* διάλογος [ði'aloγos]
Diamant *m* διαμάντι [ðja'mandi]
Diapositiv *n* σλάιτς ['slaits] *n*
Diät *f* δίαιτα ['ðieta]
dicht πυκνός [pi'knos]
dicht|en γράφω ποιήματα ['γrafo pi'imata]; **2er** *m* ποιητής [pii'tis]; **2ung** *f* ποίηση ['piisi]; (*Gedicht*) ποίημα ['piima] *n*; *Tech.* παρέμβυσμα [pa'remvizma] *n*
dick χοντρός [xon'dros], παχύς [pa'çis]; **2e** *f* πάχος ['paxos] *n*
Dieb *m* κλέφτης ['kleftis]; **~stahl** *m* κλοπή [klo'pi]
Diele *f* σανίδα [sa'niða], προθάλαμος [pro'θalamos]
dien|en υπηρετώ [ipire'to]; **~en zu** χρησιμεύω σε, για [xrisi'mevo se, ja]; **2er** *m* υπηρέτης [ipi'retis]; **~lich** χρήσιμος ['xrisimos]; **2st** *m* υπηρεσία [ipire'sia]; **2stag** *m* Τρίτη ['triti]; **2stmädchen** *n* υπηρέτρια [ipi'retria]
diese αυτή [a'fti]; *pl.* αυτά, αυτές, αυτοί [a'fta, a'ftes, a'fti]; **~r** αυτός [a'ftos]; **~s** αυτό [a'fto]
dies|mal αυτή τη φορά [a'fti ti fo'ra]; **~seits** απ' εδώ [ape'ðo]
Differenz *f* διαφορά [ðiafo'ra]
Digital- ψηφιακός [psifia'kos]
Dikt|at *n* υπαγόρευση [ipa'γorefsi], ορθογραφία [orθoγra'fia]; **2ieren** υπαγορεύω [ipaγo'revo]
Dilettant *m* ερασιτέχνης [erasi'texnis]
Dimension *f* διάσταση (-εις) [ði'astasi]
Diner *n* γεύμα ['jevma] *n*
Ding *n* πράγμα ['praγma] *n*
Diplom *n* δίπλωμα ['ðiploma] *n*; **~ingenieur** *m* διπλωματούχος μηχανικός [ðiploma'tuxos mixani'kos]
dir (ε)σένα [(e)'sena]; σου [su]
direkt ίσια ['isja], κατ' ευθείαν [kate'fθian]; **2ion** *f* διεύθυνση (-εις) [ði'efθinsi]
Dirigent *m* διευθυντής ορχήστρας [ðiefθin'dis or'çistras]
Dirne *f* πόρνη ['porni], πουτάνα [pu'tana]
Diskont *m* προεξόφληση (-εις) [proe'ksoflisi]
Diskussion *f* συζήτηση (-εις) [si'zitisi]
disponieren διαθέτω [ðia'θeto]
Dissertation *f* διδακτορική διατριβή [ðiðaktori'ki ðiatri'vi]
Distel *f* γαϊδουράγκαθο [γaiðu'raŋgaθo]
Disziplin *f* πειθαρχία [piθar'çia]
Dividende *f* τοκομερίδιο [toko'meriðio]

divi|dieren διαιρώ [ðie'ro]; **≗sion** *f* διαίρεση (-εις) [ði'eresi]; *Mil.* μεραρχία [merar'çia]
doch όμως ['omos], αλλά [a'la]
Docht *m* φιτίλι [fi'tili]
Doktor *m* διδάκτορας [ði'ðaktoras]; γιατρός [ja'tros]
Dokument *n* έγγραφο ['eŋɣrafo]
Dolch *m* στιλέτο [sti'leto]
Dolmetscher *m* διερμηνέας [ðiermi'neas]
Dom *m* μητρόπολη (-εις) [mi'tropoli]
Donner *m* βροντή [vron'di]; **≗n** βροντώ (-άς) [vron'do]
Donnerstag *m* Πέμπτη ['pem(p)ti]
doof *fam.* κουτός [ku'tos]
Doppel|punkt *m* διπλή τελεία [ði'pli te'lia]; **≗t** διπλός [ði'plos]; **~zimmer** *n* δίκλινο δωμάτιο ['ðiklino ðo'matio]
Dorf *n* χωριό [xo'rjo]
Dorn *m* αγκάθι [aŋ'gaθi]; **≗ig** αγκαθωτός [aŋgaθo'tos]
dort εκεί [e'kji]
Dos|e *f* κουτί [ku'ti], κονσέρβα [kon'serva]; **~is** *f* *Med.* δόση (-εις) ['ðosi]
Drachme *f* δραχμή [ðrax'mi]
Draht *m* σύρμα ['sirma] *n*; **≗los** ασύρματος [a'sirmatos]; **~seilbahn** *f* εναέριος σιδηρόδρομος [ena'erios si-ði'roðromos]; **~verhau** *m* συρματόπλεγμα [sirma'topleɣma] *n*
Drang *m* ορμή [or'mi], τάση (-εις) ['tasi]
drängen σπρώχνω ['sproxno], ωθώ [o'θo]
draußen έξω ['ekso]
drechseln τορνεύω [tor'nevo]
Dreck *m* βρωμιά [vro'mja], βόρβορος ['vorvoros]; **≗ig** βρώμικος ['vromikos], λασπωμένος [laspo'menos]
Dreh|bank *f* τορνευτήρι [torne'ftiri]; **≗bar** περιστρεφόμενος [peristre'fomenos]; **≗en** γυρίζω [ji'rizo], στρίβω ['strivo], στρέφω ['strefo]; **~ung** *f* γύρισμα ['jirizma] *n*, στροφή [stro'fi]
drei τρεις, τρία [tris, 'tria]; **≗eck** *n* τρίγωνο ['triɣono]; **~eckig** τρίγωνος ['triɣonos]; **≗einigkeit** *f* Αγία Τριάδα [a'jia tri'aða]; **~fach** τριπλός [tri'plos]
dreist αυθάδης [af'θaðis] 2; **≗igkeit** *f* αυθάδεια [af'θaðia]
dresch|en αλωνίζω [alo'nizo]; **≗maschine** *f* αλωνιστική μηχανή [alonisti'ki mixa'ni]
dress|ieren γυμνάζω [ji'mnazo]; **≗ur** *f* εκγύμναση [ek'jimnasi]
dringen εισορμώ (-άς) [isor'mo]; (*in j-n*) πιέζω [pi'ezo]; **~d** βιαστικός [vjasti'kos]
Drittel *n* τρίτο(ν) ['trito(n)]
Droge *f* ναρκωτικό [narko-ti'ko]

drohen απειλώ [api'lo]
dröhnen βροντώ (-άς) [vron'do]
Drohung *f* απειλή [api'li]
drüben πέρα ['pera]
Druck *m* πίεση (-εις) ['piesi]; εκτύπωση (-εις) [e'ktiposi]; **ℒen** τυπώνω [ti'pono]
drücken πιέζω [pi'ezo], σφίγγω ['sfiŋgo]
Druck|er *m* τυπογράφος [tipo'ɣrafos]; **~erei** *f* τυπογραφείο [tipoɣra'fio]; **~sache** *f* έντυπο ['endipo]
Drüse *f* αδένας [a'ðenas]
du (ε)σύ [(e)'si]
Dübel *m* τάκος ['takos]
ducken: ***sich*** ~ σκύβω ['skivo]
Duell *n* μονομαχία [monoma'çia]
Duft *m* μυρωδιά [miro'ðja], οσμή [o'zmi]; **ℒen** μυρίζω [mi'rizo], ευωδιάζω [evo'ðjazo]
duld|en υποφέρω [ipo'fero], ανέχομαι [a'nexome]; **ℒsamkeit** *f* ανεκτικότητα [anekti'kotita]
dumm κουτός [ku'tos], ανόητος [a'noitos]; **ℒheit** *f* κουταμάρα [kuta'mara], ανοησία [anoi'sia]
dumpf υπόκωφος [i'pokofos]; (*Luft*) πνιγηρός [pniji'ros]
Dünger *m* λίπασμα ['lipazma] *n*
dunkel σκοτεινός [skoti'nos]; (*Farbe*) σκούρος ['skuros]
Dünkel *m* ξιπασιά [ksipa'sja]
Dunkel|kammer *f* σκοτεινός θάλαμος [skoti'nos 'θalamos]; **ℒn** σκοτεινιάζω [skoti'njazo]
dünn ψιλός [psi'los], λεπτός [le'ptos]
Dunst *m* άχνη ['axni], ατμός [at'mos]; **ℒig** αχνισμένος [axni'zmenos]
durch διά [ði'a], διά μέσου [ði'a 'mesu]
durcharbeiten επεξεργάζομαι [epekser'ɣazome]
durchaus ολότελα [o'lotela], εντελώς [ende'los]; ~ ***nicht*** καθόλου [ka'θolu], διόλου [ði'olu]
durchblättern φυλλομετρώ (-άς) [filome'tro]
durchblicken διαβλέπω [ðia'vlepo]; ~ ***lassen*** υπαινίσσομαι [ipe'nisome]
durch|bohren διατρυπώ (-άς) [ðiatri'po]; **~brechen** διακόπτω [ðia'kopto]; **~brennen** καίομαι ['kjeome]; *fig.* δραπετεύω [ðrape'tevo]
durchdringen περνώ (-άς) [per'no]; επικρατώ [epikra'to]; **~d** διαπεραστικός [ðiaperasti'kos]
durcheinander ανάκατα [a'nakata]
Durchfahrt *f* δίοδος ['ðioðos]
Durchfall *m* διάρροια [ði'aria]; *fig.* αποτυχία [apoti'çia]; **ℒen** αποτυγχάνω [apotiŋ'xano]

durchfließen διαρρέω [δia'reo]
durchforschen διερευνώ (-άς) [δiere'vno]
durchführ|en πραγματοποιώ [praγmatopi'o]; **²ung** *f* πραγματοποίηση (-εις) [praγmato'piisi]
Durchgang *m* πέρασμα ['perazma] *n*, δίοδος ['δioδos] *f*
durchgehen περνώ (-άς) [per'no], διαβαίνω [δja'veno]; **~ lassen** αφήνω ατιμώρητο [a'fino ati'morito]
durchhauen κόβω στη μέση ['kovo sti'mesi]; δέρνω ['δerno]
durchkommen περνώ (-άς) [per'no], διέρχομαι [δi'erxome]; (*durch e-e Gefahr*) γλυτώνω [γli'tono]; (*im Examen*) επιτυγχάνω [epitiŋ'xano]
durchkreuzen ματαιώνω [mate'ono]
durch|lassen αφήνω να περάσει [a'fino na pe'rasi]; **~laufen** διατρέχω [δia'trexo]; **~lesen** διαβάζω όλο [δja'vazo 'olo]; **~leuchten** διαφωτίζω [δiafo'tizo]; *Med.* ακτινοσκοπώ [aktinosko'po]; **~löchern** διατρυπώ (-άς) [δiatri'po]; **²messer** *m* διάμετρος [δi'ametros] *f*; **~nässen** μουσκεύω [mu'skjevo], διαβρέχω [δia'vrexo]; **~prügeln** ξυλοκοπώ (-άς) [ksiloko'po], δέρνω ['δerno]; **~queren** διασχίζω [δia'sçizo]; **²reise** *f* διέλευση (-εις) [δi'elefsi]; τράνζιτο ['tranzito]; **~sägen** πριονίζω [prio'nizo]; **~schauen** διαβλέπω [δia'vlepo]; **~scheinen** διαλάμπω [δia'lambo]
Durchschlag *m* αντίγραφο [an'diγrafo]; **²en** διασπώ (-άς) [δia'spo]; **sich ²en** τα βγάζω πέρα [ta 'vγazo 'pera]; **~papier** *n* καρμπόν [kar'bon]
durch|schlüpfen γλυτώνω [γli'tono], ξεφεύγω [kse'fevγo]; **~schneiden** κόβω στη μέση ['kovo sti 'mesi]; **²schnitt** *m* μέσος όρος ['mesos 'oros]; **~schreiten** διαβαίνω [δja'veno]; **~sehen** εξετάζω [ekse'tazo]; **~setzen** επιβάλλω [epi'valo]
Durchsicht *f* εξέταση (-εις) [e'ksetasi]; **²ig** διαφανής [δiafa'nis]; **~igkeit** *f* διαφάνεια [δia'fania]
durch|sickern σταλάζω [sta'lazo]; **~sieben** κοσκινίζω [koski'nizo]; **~sprechen** συζητώ λεπτομερώς [sizi'to leptome'ros]; **~stechen** διατρυπώ (-άς) [δiatri'po]
Durchstich *m* διάνοιξη (-εις) [δi'aniksi]; (*Kanal*) τομή [to'mi]
durch|stöbern ψάχνω ['psaxno], διερευνώ (-άς) [δiere'vno]; **~stoßen** διαπερνώ (-άς) [δiaper'no]; **~streichen** σβήνω ['zvino];

~streifen διατρέχω [δia'trexo]; **~strömen** διαρρέω [δia'reo]; **~suchen** ψάχνω ['psaxno], ερευνώ (-άς) [ere'vno]; **2suchung** *f* ψάξιμο ['psaksimo], έρευνα ['erevna]
durchtrieben τετραπέρατος [tetra'peratos]; **2heit** *f* πονηρία [poni'ria]
durch|wachen ξενυχτίζω [kseni'xtizo]; **~wandern** περιοδεύω πεζός [perio'δevo pe'zos]; **~weg** ολότελα [o'lotela], γενικώς [jeni'kos]; **~wühlen** ανακατώνω [ana-ka'tono]; **~zählen** αριθμώ [ariθ'mo]; **~ziehen** περνώ (-άς) [per'no], διασχίζω [δia'sçizo]
Durchzug *m* πέρασμα ['perazma] *n*, διάβαση (-εις) [δi'avasi]; (*Luft*) ρεύμα ['revma] *n*
dürfen έχω την άδεια ['exo tin 'aδia]; μπορώ [bo'ro]
dürftig φτωχικός [ftoçi'kos]; **2keit** *f* φτώχεια ['ftoçja], ένδεια ['enδia]
dürr ξερός [kse'ros], ξηρός [ksi'ros]; (*hager*) λιγνός [li'γnos], ισχνός [is'xnos]; **2e** *f* ξεραΐλα [ksera'ila], ξηρασία [ksira'sia]
Durst *m* δίψα ['δipsa]; **~ haben, dürsten** διψώ (-άς) [δi'pso] (**nach** *D*/ για [ja]); **2ig** διψασμένος [δipsa'zmenos]
Dusche *f* ντους [dus] *n*
Düsenflugzeug *n* αεριοωθούμενο [aerioo'θumeno]
düster σκοτεινός [skoti'nos]
Dutzend *n* ντουζίνα [du'zina], δωδεκάδα [δoδe'kaδa]
duzen μιλώ στον ενικό [mi'lo ston eni'ko]
D-Zug *m* ταχεία [ta'çia]

E

Ebbe *f* άμπωτη ['amboti]
eben ίσιος ['isjos]; **~bürtig** αντάξιος [an'daksios]
Ebene *f* πεδιάδα [peδi'aδa]
eben|falls επίσης [e'pisis]; **~so** ομοίως [o'mios]
Eber *m* κάπρος ['kapros]
ebnen ισιώνω [i'sjono], ισοπεδώνω [isope'δono]
Echo *n* αντίλαλος [an'dilalos], ηχώ [i'xo] *f*
echt γνήσιος ['γnisios]; **2heit** *f* γνησιότητα [γnisi'otita]
Eck|e *f* γωνία [γo'nia]; **2ig** γωνιακός [γonia'kos]
edel ευγενής [evje'nis] 2; πολύτιμος [po'litimos]; **2stein** *m* πολύτιμο πετράδι [po'litimo pe'traδi]
Efeu *m* κισσός [ki'sos]
egal ίδιος ['iδjos], όμοιος ['omios]
ehe πριν [prin], προτού [pro'tu]
Ehe *f* γάμος ['γamos]; **~paar** *n* αντρόγυνο [an'drojino];

~ring *m* βέρα ['vera]; **~scheidung** *f* διαζύγιο [ðia'ziio]
ehr|bar χρηστός [xri'stos], έντιμος ['endimos]; **2barkeit** *f* εντιμότητα [endi'motita]; **2e** *f* τιμή [ti'mi]; **~en** τιμώ (-άς) [ti'mo]
Ehren|bürger *m* επίτιμος πολίτης [e'pitimos po'litis]; **2wert** αξιότιμος [aksi'otimos]; **~wort** *n* λόγος τιμής ['loγos ti'mis]
Ehr|furcht *f* σεβασμός [seva'zmos]; **~gefühl** *n* φιλοτιμία [filoti'mia]; **~geiz** *m* φιλοδοξία [filoδo'ksia]; **2lich** τίμιος ['timios]; **2los** άτιμος ['atimos]
Ei *n* αβγό [a'vγo]
Eiche *f* βελανιδιά [vela-ni'ðja], δρυς [ðris] *f*; **~l** *f* βελανίδι [vela'niði]
Eichhörnchen *n* βερβερίτσα [verve'ritsa]
Eid *m* όρκος ['orkos]
Eidechse *f* γουστερίτσα [γuste'ritsa]; σαύρα ['savra]
Eifer *m* ζήλος ['zilos]; **~sucht** *f* ζήλεια ['zilja], ζηλοτυπία [ziloti'pia]; **2süchtig** ζηλιάρης [zi'ljaris]; ***2süchtig sein*** (***auf*** *A*) ζηλεύω [zi'levo] *A*
eifrig δραστήριος [ðra'stirios]; επιμελής [epime'lis] 2
eigen δικός μου [ði'kozmu]; (*sonderbar*) ιδιότροπος [iði'otropos]; **~artig** ιδιόρρυθμος [iði'oriθmos]; **~händig** ιδιόχειρος [iði'oçiros]; **2heit** *f* ιδιοτροπία [iðjotro'pia]; **2liebe** *f* φιλαυτία [fila'ftia]; **~mächtig** αυθαίρετος [af'θeretos]; **2name** *m* κύριο όνομα ['kirio 'onoma] *n*; **2nutz** *m* ιδιοτέλεια [iðio'telia]; **2schaft** *f* ιδιότητα [iði'otita]; **2sinn** *m* πείσμα ['pizma] *n*; **2tum** *n* ιδιοκτησία [iðiokti'sia]; **2tümer** *m* ιδιοκτήτης [iðio'ktitis]
Eigentumswohnung *f* ιδιόκτητο διαμέρισμα [iði'okti-to ðia'merizma]
eignen: ***sich*** ~ είμαι κατάλληλος ['ime ka'talilos]
Eil|brief *m* επείγον γράμμα [e'piγon 'γrama]; **~e** *f* βία ['via], βιασύνη [vja'sini]; **2en** βιάζομαι ['vjazome]; σπεύδω ['spevðo]; **2ig** βιαστικός [vjasti'kos]; **~zug** *m* ταχεία [ta'çia]
Eimer *m* κουβάς [ku'vas], κάδος ['kaðos]
ein, ~e, ~ ένας ['enas], μία (μια) ['mia (mja)], ένα ['ena]
einander ο ένας τον άλλον [o 'enas ton 'alon], αλληλ- [alil-]
einatmen εισπνέω [is'pneo]
Einbahnstraße *f* μονόδρομος [mo'noðromos]
Einband *m* δέσιμο (βιβλίου) ['ðesimo (vi'vliu)]
einbegriffen συμπεριλαμβανομένου [simberilamvano'menu]
einberuf|en συγκαλώ [singa'lo]; *Mil.* επιστρατεύω [epi-

stra'tevo]; **≈ung** *f* σύγκληση (-εις) ['siŋglisi]; *Mil.* επιστράτευση (-εις) [epi'stratefsi]
einbild|en: ***sich*** **~en** φαντάζομαι [fan'dazome]; **≈ung** *f* φαντασία [fanda'sia]
einbinden δένω ['ðeno]
einbrech|en κάνω διάρρηξη ['kano ði'ariksi]; **≈er** *m* διαρρήκτης [ðia'riktis]
einbüßen χάνω ['xano]
eindeutig ξεκάθαρος [kse'kaθaros]
eindring|en εισβάλλω [iz'valo]; **~lich** έντονος ['endonos]; **≈ling** *m* εισβολέας [izvo'leas]
Eindruck *m* εντύπωση (-εις) [en'diposi]
einen ενώνω [e'nono]
einengen στενεύω [ste'nevo]
einerseits αφ' ενός [afe'nos]
einfach απλός [a'plos]; **≈heit** *f* απλότητα [a'plotita]
Einfahrt *f* είσοδος ['isoðos] *f*
Einfall *m Mil.* εισβολή [izvo'li]; (*Gedanke*) ιδέα [i'ðea]; **≈en** εισβάλλω [i'zvalo]; γκρεμίζομαι [gre'mizome]
Ein|falt *f* αφέλεια [a'felia]; **≈fältig** απλοικός [aploi'kos], ηλίθιος [i'liθios]
Einfamilienhaus *n* μονοκατοικία [monokati'kia]
einfangen πιάνω ['pjano], συλλαμβάνω [silam'vano]
einfarbig μονόχρωμος [mo'noxromos]
ein|fassen γαρνίρω [γar'niro]; περιβάλλω [peri'valo]; **~flößen** ενσταλάζω [ensta'lazo]; εμπνέω [em'bneo]
Einfluß *m* επιρροή [epiro'i]
einförmig μονότονος [mo'notonos]
einfügen παρενθέτω [paren'θeto]
Ein|fuhr *f* εισαγωγή [isaγo'ji]; **≈führen** εισάγω [i'saγo]; παρουσιάζω [parusi'azo]; **~führung** *f* εισαγωγή [isaγo'ji]; **~gang** *m* είσοδος ['isoðos] *f*
ein|gebaut εντοιχισμένος [endiçi'zmenos]; **~gebildet** φαντασμένος [fanda'zmenos]; *fig.* ξιπασμένος [ksipa'zmenos]
Eingebung *f* έμπνευση (-εις) ['embnefsi]
eingehen φτάνω ['ftano]; *fig.* πεθαίνω [pe'θeno]
eingeschrieben (*Brief*) συστημένος [sisti'menos]
Einge|ständnis *n* ομολογία [omolo'jia]; **≈stehen** ομολογώ [omolo'γo]
Eingeweide *n/pl.* εντόσθια [en'dosθia]
ein|gießen χύνω ['çino]; **~gravieren** εγχαράσσω [eŋxa'raso]
ein|greifen επεμβαίνω [epem'veno]; **≈griff** *m* επέμβαση (-εις) [e'pemvasi]; *Med.* εγχείρηση (-εις) [eŋ'çirisi]; **~halten** σταματώ (-άς) [sta-ma'to]; διατηρώ [ðiati'ro];

προσέχω [pro'sexo]; **~hauchen** εμπνέω [em'bneo]
einheimisch (ε)ντόπιος [(en)'dopjos]
Einheit *f* μονάδα [mo'naδa]; ενότητα [e'notita]; **≈lich** ενιαίος [eni'eos]
ein|holen προφταίνω [pro'fteno]; (*einkaufen*) ψωνίζω [pso'nizo]; **~hüllen** κουκουλώνω [kuku'lono]; περικαλύπτω [perika'lipto]
einig σύμφωνος ['simfonos]
einige μερικοί [meri'ki]
einigen ενώνω [e'nono]
einigermaßen κάπως ['kapos]
Einig|keit *f* ομόνοια [o'monia]; **~ung** *f* συμφωνία [simfo'nia]
einkassieren εισπράττω [is'prato]
Einkauf *m* αγορά [aγo'ra], ψώνια ['psonja] *n/pl.*; **≈en** ψωνίζω [pso'nizo]; αγοράζω [aγo'razo]
ein|kerkern φυλακίζω [fila'kizo]; **~klammern** βάζω σε παρένθεση ['vazo se pa'renθesi]
Ein|klang *m* ομοφωνία [omofo'nia]; **~kommen** *n* εισοδήματα [iso'δimata] *n/pl.*
einkreisen περικυκλώνω [periki'klono]
einlad|en προσκαλώ [proska'lo]; **≈ung** *f* πρόσκληση (-εις) ['prosklisi]
Einla|ß *m* είσοδος ['isoδos] *f*; **≈ssen** αφήνω να μπει [a'fino na 'bi]
einlaufen (*Schiff*) καταπλέω [kata'pleo]; (*Stoff*) μαζεύω [ma'zevo]
einlege|n εσωκλείω [eso'klio]; **≈sohle** *f* πάτος ['patos]
einleit|en αρχίζω [ar'çizo]; (*Verfahren*) εγείρω [e'jiro]; **≈ung** *f* εισαγωγή [isaγo'ji]
ein|leuchtend φανερός [fane'ros]; **~liefern** παραδίνω [para'δino]; **~lösen** (*Pfand*) παίρνω πίσω ['perno 'piso]; (*Wechsel*) εξαργυρώνω [eksarji'rono]; **~machen** (*Obst, Gemüse*) κάνω γλυκό, τουρσί ['kano γli'ko, tur'si]
einmal μία φορά ['mia fo'ra]; ***noch ~*** άλλη μια φορά
einmisch|en: ***sich ~en*** ανακατεύομαι [anaka'tevome], επεμβαίνω [epem'veno]; **≈ung** *f* ανάμιξη (-εις) [a'namiksi]; *Pol.* επέμβαση (-εις) [e'pemvasi]
einmütig ομόφωνος [o'mofonos]; **≈keit** *f* ομοφωνία [omofo'nia]
Einnahme *f* (*Stadt*) κατάληψη (-εις) [ka'talipsi]; (*Geld*) είσπραξη (-εις) ['ispraksi]
einnehmen καταλαμβάνω [katalam'vano]; (*erobern*) κατακτώ (-άς) [kata'kto]; *Med.* παίρνω ['perno], λαμβάνω [lam'vano]
Einöde *f* ερημιά [eri'mja]
ein|ordnen κατατάσσω [ka-

ta'taso]; **~packen** συσκευάζω [siskje'vazo]; **~prägen** χαράζω [xa'razo]; **~rahmen** κορνιζάρω [korni'zaro], πλαισιώνω [plesi'ono]; **~räumen** συγυρίζω [siji'rizo]; παραχωρώ [paraxo'ro]; **~reden** πείθω ['piθo]
einreib|en τρίβω ['trivo]; **≈ung** *f* τρίψιμο ['tripsimo], εντριβή [endri'vi]
ein|reichen υποβάλλω [ipo'valo]; **~reihen** αραδιάζω [ara'ðjazo]
Einreise *f* είσοδος ['isoðos] *f*; **~visum** *n* θεώρηση εισόδου [θe'orisi i'soðu]
einreißen γκρεμίζω [gre'mizo], κατεδαφίζω [kateða'fizo]; *fig.* ριζώνω [ri'zono]
einricht|en τακτοποιώ [taktopi'o], κανονίζω [kano'nizo]; **≈ung** *f* τακτοποίηση (-εις) [takto'piisi]; επίπλωση (-εις) [e'piplosi]
einrosten σκουριάζω [skur'jazo]
eins ένα ['ena]
einsalzen αλατίζω [ala'tizo]
einsam έρημος ['erimos]; **≈keit** *f* μοναξιά [mona'ksja], ερημιά [eri'mja]
einsammeln μαζεύω [ma'zevo], συλλέγω [si'leγo]
Einsatz *m* (*Spiel*) κατάθεση (-εις) [ka'taθesi]
ein|schalten παρενθέτω [paren'θeto]; (*Licht*) ανάβω [a'navo]; **~schätzen** διατιμώ [ðiati'mo]; **~schenken** κερνώ (-άς) [kjer'no]; **~schlafen** αποκοιμιέμαι [apokji'mjeme]; **~schlagen** (*Fenster*) σπάζω ['spazo]; (*Weg*) παίρνω ['perno]
einschlägig σχετικός [sçeti'kos]
einschließ|en κλείνω μέσα ['klino 'mesa], περικυκλώνω [periki'klono]; **~lich** συμπεριλαμβανομένου [simberilamvano'menu]
einschmeichelnd κολακευτικός [kolakjefti'kos]
ein|schmelzen λειώνω ['ljono]; **~schmieren** αλείφω [a'lifo]; **~schmuggeln** εισάγω λαθραία [i'saγo la'θrea]
Einschnitt *m* τομή [to'mi]
einschränken περιορίζω [perio'rizo]
einschreiben εγγράφω [eŋ'γrafo]; **≈** συστημένο [sisti'meno]
einschreiten επεμβαίνω [epem'veno]
einschüchter|n φοβερίζω [fove'rizo]; **≈ung** *f* φοβέρισμα [fo'verizma] *n*
einsehen κατανοώ [katano'o], παραδέχομαι [para'ðexome]
einseitig μονόπλευρος [mo'noplevros]
ein|senden αποστέλλω [apo'stelo]; **~setzen** βάζω ['vazo]; (*in e-e Stelle*) διορίζω [ðio'rizo]

Einsicht *f* σύνεση ['sinesi]; **⁓ig** συνετός [sine'tos]
einsinken βουλιάζω [vu'ljazo], βυθίζομαι [vi'θizome]
einsperren φυλακίζω [fila'kizo], κλείνω μέσα ['klino 'mesa]
Einspruch *m* διαμαρτυρία [ðiamarti'ria]; *jur.* ⁓ ***erheben*** υποβάλλω ένσταση [ipo'valo 'enstasi]
einst άλλοτε ['alote]
ein|stecken χώνω ['xono]; τσεπώνω [tse'pono]; **⁓stehen** εγγυώμαι [eŋgi'ome]; **⁓steigen** ανεβαίνω [ane'veno]
einstellen ρυθμίζω [riθ'mizo]; (*Arbeit*) απεργώ [aper'γo]; διακόπτω [ðia'kopto]; ***sich*** ⁓ παρουσιάζομαι [parusi'azome]
einstimmig ομόφωνος [o'mofonos]
einstöckig μονώροφος [mo'norofos]
Ein|sturz *m* γκρέμισμα ['gremizma] *n*; **⁓stürzen** γκρεμίζομαι [gre'mizome]
einstweilen προσωρινώς [prosori'nos]
eintauchen βουτώ (-άς) [vu'to]
eintauschen ανταλλάσσω [anda'laso]
einteil|en διαιρώ [ðie'ro]; **⁓ung** *f* διαίρεση (-εις) [ði'eresi]
eintönig μονότονος [mo'notonos]
Eintracht *f* ομόνοια [o'monia]
ein|tragen εγγράφω [eŋ'γrafo]; **⁓treffen** φτάνω ['ftano]; **⁓treten** μπαίνω ['beno], εισέρχομαι [i'serxome]; (*geschehen*) συμβαίνω [sim'veno]
Eintritt *m* είσοδος ['isoðos] *f*; **⁓skarte** *f* εισιτήριο [isi'tirio]
ein|trocknen ξεραίνομαι [kse'renome]; **⁓verleiben** προσαρτώ [prosar'to]; **⁓verstanden** σύμφωνος ['simfonos]; **⁓verständnis** *n* συμφωνία [simfo'nia]
Einwand *m* αντίρρηση (-εις) [an'dirisi]
Einwander|er *m* μετανάστης [meta'nastis]; **⁓n** μεταναστεύω [metana'stevo]; **⁓ung** *f* μετανάστευση (-εις) [meta'nastefsi]
ein|weihen εγκαινιάζω [eŋgjeni'azo]; **⁓wenden** αντιτείνω [andi'tino]; **⁓wickeln** τυλίγω [ti'liγo]; **⁓willigen** συναινώ [sine'no]; συμφωνώ [simfo'no]
einwirk|en επιδρώ (-άς) [epi'ðro]; **⁓ung** *Einwand m* αντίρρηση (-εις) [an'dirisi]
Einwohner *m* κάτοικος ['katikos]
Einzahl *f* ενικός [eni'kos]
Einzahlung *f* πληρωμή [pliro'mi]
einzäunen περιφράσσω [peri'fraso]

Einzel|heit *f* λεπτομέρεια [lepto'meria]; **≈n** χωριστός [xori'stos]; **~zimmer** *n* μονόκλινο δωμάτιο [mo'noklino δo'matio]
einziehen μπαίνω ['beno]; (*Banknoten*) αποσύρω [apo'siro]; (*Erkundigungen*) ζητώ (-άς) [zi'to]
einzig μοναδικός [monaδi'kos]
Einzimmerwohnung *f* διαμέρισμα ενός δωματίου [δia'merizma e'nos δoma'tiu]
Einzug *m* είσοδος ['isoδos] *f*
Eis *n* πάγος ['paγos]; (*Speise≈*) παγωτό [paγo'to]
Eisen *n* σίδερο ['siδero], σίδηρος ['siδiros]; **~bahn** *f* σιδηρόδρομος [siδi'roδromos]
eitel μάταιος ['mateos]; **≈keit** *f* ματαιότητα [mate'otita]
Eiter *m* πύο(ν) ['pio(n)]
Eiweiß *n* ασπράδι [a'spraδi], λεύκωμα ['lefkoma] *n*
Ekel *m* σιχασιά [sixa'sja], αηδία [ai'δia]; **≈haft** σιχαμερός [sixame'ros]; **≈n: *sich* ≈n** σιχαίνομαι [si'çenome] (***vor*** *D*/ κάτι ['kati]), αηδιάζω [aiδi'azo]
Elefant *m* ελέφαντας [e'lefandas]
elegan|t κομψός [kom'psos]; **≈z** *f* κομψότητα [kom'psotita]
elektri|sch ηλεκτρικός [ilektri'kos]; **~sieren** ηλεκτρίζω [ilek'trizo]; **≈zität** *f* ηλεκτρισμός [ilektri'zmos]
elektronisch ηλεκτρονικός [ilektroni'kos]
Element *n* στοιχείο [sti'çio]; **≈ar** στοιχειώδης [stiçi'oδis]
elend ελεεινός [elei'nos]; **≈** *n* κακομοιριά [kakomi'rja], ελεεινότητα [elei'notita]
elf έντεκα ['endeka]
Elfenbein *n* ελεφαντοστό [elefando'sto]
Elite *f* εκλεκτοί [ekle'kti] *m/pl.*
Ellbogen *m* αγκώνας [aŋ'gonas]
Eltern *pl.* γονείς [γo'nis] *m/pl.*
Email *n* σμάλτο ['zmalto]
Emanzip|ation *f* χειραφέτηση (-εις) [çira'fetisi]; **≈ieren** χειραφετώ [çirafe'to]
Emigrant *m* πρόσφυγας ['prosfiγas]
Empfang *m* υποδοχή [ipoδo'çi], παραλαβή [parala'vi]; (*Radio*) λήψη (-εις) ['lipsi]; **≈en** υποδέχομαι [ipo'δexome], παραλαμβάνω [paralam'vano]
Empfäng|er *m* παραλήπτης [para'liptis]; (*Radio*) δέκτης ['δektis]; **~nis** *f* σύλληψη (-εις) ['silipsi]
empfehl|en συσταίνω [si'steno], συνιστώ (-άς) [sini'sto]; **≈ung** *f* σύσταση (-εις) ['sistasi]
empfind|lich ευαίσθητος [e'vesθitos], ευπρόσβλητος [ef'prozvlitos]; **≈lichkeit** *f*

ευαισθησία [evesθi'sia]; **≈ung** *f* αίσθημα ['esθima] *n*
empor προς τα πάνω [pros ta 'pano]
empör|en θυμώνω [θi'mono]; ***sich ~en*** εξοργίζομαι [eksor'jizome], επαναστατώ [epanasta'to]
empor|heben σηκώνω [si'kono], ανυψώνω [ani'psono]; **~steigen** ανεβαίνω [ane'veno]
Empörung *f* αγανάκτηση [aγa'naktisi]
emsig δραστήριος [ðra'stirios]
End|e *n* τέλος ['telos] *n*; **≈en** τελειώνω [te'ljono] (***auf*** *A*/ σε [se]); **~ergebnis** *n* αποτέλεσμα [apo'telezma] *n*; **≈gültig** οριστικός [oristi'kos]; **≈lich** επιτέλους [epi'telus]; **≈los** ατελείωτος [ate'liotos]; **~station** *f* τέρμα ['terma] *n*; **~ung** *f* κατάληξη (-εις) [ka'taliksi]
Energie *f* ενέργεια [e'nerjia]
eng στενός [ste'nos]; (*Räume*) στενόχωρος [ste'noxoros]; **≈e** *f* στενότητα [ste'notita]
Engel *m* άγγελος ['aŋgjelos]
Eng|land *n* Αγγλία [aŋ'glia]; **~länder** *m* Άγγλος ['aŋglos]; **~länderin** *f* Αγγλίδα [aŋ'gliða]
Enkel *m* εγγονός [eŋgo'nos]; **~in** *f* εγγονή [eŋgo'ni]
Ensemble *n* θίασος ['θiasos]
entbehr|en *A* στερούμαι [ste'rume] *G*; **≈ung** *f* στέρηση (-εις) ['sterisi]
entbind|en απαλλάσσω [apa'laso]; *Med.* ξεγεννώ (-άς) [kseje'no]; **≈ung** *f* τοκετός [tokje'tos]; **≈ungsanstalt** *f* μαιευτήριο [mee'ftirio]
entblößen ξεγυμνώνω [kseji'mnono]
entdeck|en ανακαλύπτω [anaka'lipto]; **≈ung** *f* ανακάλυψη (-εις) [ana'kalipsi]
Ente *f* πάπια ['papja]
ent|ehren ατιμάζω [ati'mazo]; **~eignen** απαλλοτριώνω [apalotri'ono]; **~erben** αποκληρώνω [apokli'rono]; **~falten** ξεδιπλώνω [kseði'plono]; αναπτύσσω [ana'ptiso]
entfern|en απομακρύνω [apoma'krino]; **≈ung** *f* απόσταση (-εις) [a'postasi]
entfliehen δραπετεύω [ðrape'tevo]
entführ|en απάγω [a'paγo]; **≈ung** *f* απαγωγή [apaγo'ji]
entgegen *D* εναντίον [enan'dion] *G*; **~gehen** προϋπαντώ [proipan'do]; **~gesetzt** αντίθετος [an'diθetos]; **~kommen** προϋπαντώ [proipan'do]; υποχωρώ [ipoxo'ro]; **~treten** αντιμετωπίζω [andimeto'pizo]
ent|gehen διαφεύγω [ðia'fevγo]; **~gelten** ανταποδίδω [andapo'ðiðo]; **~gleisen** εκτροχιάζομαι [ektroçi'azome]

enthalten περιλαμβάνω [perilam'vano]; **sich ~** απέχω [a'pexo]
ent|hüllen αποκαλύπτω [apoka'lipto]; **~kleiden** γδύνω ['γðino]; **~kommen** γλυτώνω [γli'tono]; **~kräften** αδυνατίζω [aðina'tizo]; **~laden** ξεφορτώνω [ksefor'tono]
entlang: *an D ~, A ~* κατά μήκος [kata'mikos] *G*
entlass|en απολύω [apo'lio], παύω ['pavo]; **2ung** *f* απόλυση (-εις) [a'polisi]
ent|lasten ανακουφίζω [anaku'fizo], αποσυμφορώ [aposimfo'ro]; **~laufen** δραπετεύω [ðrape'tevo]
entlegen απόκεντρος [a'pokjendros]
ent|leihen δανείζομαι [ða'nizome]; **~mutigen** αποθαρρύνω [apoθa'rino]; **~nehmen** παίρνω ['perno], λαμβάνω [lam'vano]; *fig.* συμπεραίνω [simbe'reno]; **~reißen** αρπάζω [ar'pazo], αποσπώ (-άς) [apo'spo]
entrüst|en: *sich* **~en** αγανακτώ [aγana'kto]; **2ung** *f* αγανάκτηση [aγa'naktisi]
entschädig|en αποζημιώνω [apozimi'ono]; **2ung** *f* αποζημίωση (-εις) [apozi'miosi]
entscheid|en αποφασίζω [apofa'sizo]; **2ung** *f* απόφαση (-εις) [a'pofasi]
entschlafen αποκοιμιέμαι [apoki'mjeme]; (*sterben*) πεθαίνω [pe'θeno]
entschließen: *sich* ~ αποφασίζω [apofa'sizo]
Entschluß *m* απόφαση (-εις) [a'pofasi]
entschuldig|en δικαιολογώ [ðikjeolo'γo]; συγχωρώ [siŋxo'ro]; **2ung** *f* συγνώμη [si'γnomi]
entschwinden εξαφανίζομαι [eksafa'nizome]
entsetz|en τρομάζω [tro'mazo]; **2en** *n* τρομάρα [tro'mara], τρόμος ['tromos]; **~lich** τρομακτικός [tromakti'kos]
entsinnen: *sich* ~ θυμάμαι [θi'mame]
entspann|en χαλαρώνω [xala'rono]; **2ung** *f* χαλάρωση [xa'larosi]
entsprechen *D* ανταποκρίνομαι [andapo'krinome], αντιστοιχώ (σε) [andisti'xo (se)]; **~d** *D* ανάλογα (με) [a'naloγa (me)]
entspringen (*Fluß*) πηγάζω [pi'γazo]
entstehen γίνομαι ['jinome]
entstellen παραμορφώνω [paramor'fono]
enttäusch|en απογοητεύω [apoγoi'tevo]; **2ung** *f* απογοήτευση (-εις) [apoγo'itefsi]
entwaffnen αφοπλίζω [afo'plizo]
entwässern αποξηραίνω [apoksi'reno]

entweder ... oder ή ... ή [i ... i], είτε ... είτε ['ite ... 'ite]
ent|weichen δραπετεύω [ðrape'tevo]; **~weihen** βεβηλώνω [vevi'lono]; **~werfen** σχεδιάζω [sçeði'azo]
entwert|en υποτιμώ (-άς) [ipoti'mo]; **2ung** *f* υποτίμηση (-εις) [ipo'timisi]
entwick|eln αναπτύσσω [ana'ptiso]; **2lung** *f* ανάπτυξη (-εις) [a'naptiksi]; *Fot.* εμφάνιση (-εις) [em'fanisi]
ent|wischen το σκάζω [to 'skazo]; **~würdigen** εξευτελίζω [eksefte'lizo]
Entwurf *m* σχέδιο ['sçeðio]
ent|wurzeln ξεριζώνω [kseri'zono]; **~zücken** γοητεύω [γoi'tevo], μαγεύω [ma'jevo]
entzünd|en ανάβω [a'navo], αναφλέγω [ana'fleγo]; **2ung** *f Med.* φλεγμονή [fleγmo'ni]
entzwei σπασμένος [spa'zmenos]; **~brechen** σπάζω ['spazo], θραύω ['θravo]; **~en: *sich* ~en** τσακώνομαι [tsa'konome]
Epoche *f* εποχή [epo'çi]
er αυτός [a'ftos]
erbarmen: sich ~ σπλαχνίζομαι [spla'xnizome]; **2** *n* ευσπλαχνία [efspla'xnia]
erbärmlich ελεεινός [elei'nos], άθλιος ['aθlios]
Erb|e *m* κληρονόμος [kliro'nomos]; **2en** κληρονομώ [klirono'mo]
erbeuten αρπάζω [ar'pazo]
erbitten ζητώ (-άς) [zi'to]
erbittern ερεθίζω [ere'θizo]
erblich κληρονομικός [klironomi'kos]
erblicken βλέπω ['vlepo]
erblinden τυφλώνομαι [ti'flonome]
erbrechen: *sich* ~ κάνω εμετό ['kano eme'to]
Erbschaft *f* κληρονομιά [klirono'mja]
Erbse *f* μπιζέλι [bi'zeli]
Erdbeere *f* φράουλα ['fraula]
Erd|e *f* γη [ji]; **~beben** *n* σεισμός [si'zmos]; **~geschoß** *n* ισόγειο [i'sojio]; **~kunde** *f* γεωγραφία [jeoγra'fia]; **~öl** *n* πετρέλαιο [pe'treleo]
er|dolchen μαχαιρώνω [maçe'rono]; **~drosseln** στραγγαλίζω [straŋga'lizo]; **~drücken** συνθλίβω [sin'θlivo]
Erdteil *m* ήπειρος ['ipiros] *f*
erdulden υποφέρω [ipo'fero]
ereifern: *sich* ~ εξάπτομαι [e'ksaptome]
ereig|nen συμβαίνω [sim'veno]; **2nis** *n* συμβάν [sim'van] *n*
erfahr|en μαθαίνω [ma'θeno] (***über*** *A*/ για [ja]); *Adj.* έμπειρος ['embiros] (***in*** *D*/ *G*); **2ung** *f* πείρα ['pira]
erfassen καταλαβαίνω [katala'veno], εννοώ [eno'o]
erfind|en εφευρίσκω [efe'vrisko]; **2ung** *f* εφεύρεση (-εις) [e'fevresi]

erflehen ικετεύω [ikje'tevo]
Erfolg *m* επιτυχία [epiti'çia]; **2los** αποτυχημένος [apotiçi'menos]
erfordern χρειάζομαι [xri'azome]
erforsch|en εξερευνώ [ekserev'no]; **2ung** *f* εξερεύνηση (-εις) [ekse'revnisi]
erfragen πληροφορούμαι [plirofo'rume]
erfreu|en χαροποιώ [xaropi'o], ευφραίνω [e'freno]; **~lich** ευχάριστος [ef'xaristos]; **~t sein** είμαι ευχαριστημένος ['ime efxaristi'menos]
erfrieren ξεπαγιάζω [ksepa'jazo]; πεθαίνω από το κρύο [pe'θeno a'po to 'krio]
erfrisch|en δροσίζω [ðro'sizo]; **2ung** *f* αναψυκτικό [anapsikti'ko]
erfüllen εκπληρώνω [ekpli'rono]
ergänz|en συμπληρώνω [simbli'rono]; **2ung** *f* συμπλήρωμα [sim'bliroma] *n*
ergeb|en: *sich* **~en** προκύπτω [pro'kipto]; παραδίνομαι [para'ðinome]; **2nis** *n* αποτέλεσμα [apo'telezma] *n*
ergiebig αποδοτικός [apoðoti'kos]
ergießen: *sich* ~ χύνομαι ['çinome]
ergrauen *fig.* γερνώ (-άς) [jer'no]
ergreifen πιάνω ['pjano], συλλαμβάνω [silam'vano]; *fig.* συγκινώ [siŋgi'no]
Ergriffenheit *f* συγκίνηση (-εις) [siŋ'ginisi]
ergründen εξακριβώνω [eksakri'vono]; εξιχνιάζω [eksixni'azo]
erhaben *fig.* υπέροχος [i'peroxos]
erhalten παίρνω ['perno], λαμβάνω [lam'vano]; (*bewahren*) διατηρώ [ðiati'ro]
erhängen: *sich* ~ κρεμιέμαι [kre'mjeme], απαγχονίζομαι [apaŋxo'nizome]
erheb|en (αν)υψώνω [(an)i'psono]; **~lich** σημαντικός [simandi'kos]
erheitern χαροποιώ [xaropi'o], φαιδρύνω [fe'ðrino]
erhellen φωτίζω [fo'tizo], διασαφηνίζω [ðiasafi'nizo]
erhitz|en ζεσταίνω [ze'steno], θερμαίνω [θer'meno]; **2ung** *f* ζέσταμα ['zestama] *n*, θέρμανση (-εις) ['θermansi]
erhöh|en (αν)υψώνω [(an)i'psono]; **2ung** *f* ύψωμα ['ipsoma] *n*; αύξηση (-εις) ['afksisi]
erhol|en: *sich* **~en** ξεκουράζομαι [kseku'razome]; **2ung** *f* αναψυχή [anapsi'çi]
erinner|n θυμίζω [θi'mizo] (***ihn an*** *A*/ του ... *A*); ***sich*** **~n** (**an** *A*) θυμάμαι [θi'mame] *A*; **2ung** *f* ανάμνηση (-εις) [a'namnisi]
erkalten κρυώνω [kri'ono]
erkält|en: *sich* **~en** κρυώνω [kri'ono], κρυολογώ [kriolo-

'γo]; **≈ung** *f* κρυολόγημα [krio'lojima] *n*
erkennen (ανα)γνωρίζω [(ana)γno'rizo] (**an** *D*/ από [a'po])
erklär|en εξηγώ [eksi'γo]; (*Krieg*) κηρύττω [ki'rito]; **≈ung** *f* εξήγηση (-εις) [e'ksijisi]
erkranken αρρωσταίνω [aro'steno]
erkundigen: sich ~ πληροφορούμαι [plirofo'rume] (**nach** *D*/ για [ja])
erlangen αποκτώ (-άς) [apo'kto]
Erla|ß *m* διάταγμα [ði'ataγma] *n*; **≈ssen** απαλάσσω [apa'laso]
erlaub|en επιτρέπω [epi'trepo]; **≈nis** *f* άδεια ['aðia]
erleb|en δοκιμάζω [ðoki'mazo]; **≈nis** *n* περιπέτεια [peri'petia], βίωμα ['vioma] *n*
erledigen κανονίζω [kano'nizo]
erleichtern διευκολύνω [ðiefko'lino]
erleiden παθαίνω [pa'θeno]
erlesen εκλεκτός [ekle'ktos]
erleuchten φωτίζω [fo'tizo]
erliegen υποκύπτω [ipo'kipto]
Erlös *m* κέρδος ['kjerðos] *n*; **≈en** λυτρώνω [li'trono]; **~ung** *f* (απο)λύτρωση [(apo)'litrosi]
ermächtig|en εξουσιοδοτώ [eksusioðo'to]; **≈ung** *f* εξουσιοδότηση (-εις) [eksusio'ðotisi]
ermahn|en παραινώ [pare'no]; **≈ung** *f* παραίνεση (-εις) [pa'renesi]
ermäßig|en (*Preis*) ελαττώνω [ela'tono]; **≈ung** *f* ελάττωση (-εις) [e'latosi]
ermatten κουράζομαι [ku'razome]
ermitteln εξακριβώνω [eksakri'vono]
ermöglichen καθιστώ δυνατό [kaθi'sto ðina'to]
ermord|en δολοφονώ [ðolofo'no]; **≈ung** *f* δολοφονία [ðolofo'nia]
er|müden κουράζομαι [ku'razome]; **~muntern** παροτρύνω [paro'trino]; **~mutigen** ενθαρρύνω [enθa'rino]
ernähr|en τρέφω ['trefo]; **≈ung** *f* διατροφή [ðiatro'fi]
er|nennen (**zu**) διορίζω [ðio'rizo] *A*; **~neuern** ανανεώνω [anane'ono]; **~niedrigen** ταπεινώνω [tapi'nono]
Ernst *m* σοβαρότητα [sova'rotita]; **≈** *Adj.* σοβαρός [sova'ros]
Ernte *f* σοδειά [so'ðja]; θερισμός [θeri'zmos]; **≈n** θερίζω [θe'rizo]
Erober|er *m* κατακτητής [katakti'tis]; **≈n** κατακτώ (-άς) [kata'kto], κυριεύω [kiri'evo]; **~ung** *f* κατάκτηση (-εις) [ka'taktisi]
eröffn|en ανοίγω [a'niγo], αρχίζω [ar'çizo]; **≈ung** *f* έναρξη (-εις) ['enarksi]

erörtern συζητώ (-άς) [sizi'to]
erpress|en εκβιάζω [ekvi'azo]; **2ung** *f* εκβιασμός [ekvia'zmos]
er|proben δοκιμάζω [ðoki'mazo]; **~raten** μαντεύω [man'devo]; **~regen** ερεθίζω [ere'θizo]; **~reichen** προφταίνω [pro'fteno]; κατορθώνω [kator'θono]; **~retten** (δια)σώζω [(ðia)'sozo]; **~röten** κοκκινίζω [koki'nizo] (**vor**/ από [a'po])
Ersatz *m* αντικατάσταση (-εις) [andika'tastasi]; **~teile** *n/pl.* ανταλλακτικά [andalakti'ka] *n/pl.*
erschaffen δημιουργώ [ðimiur'γo]
erschein|en εμφανίζομαι [emfa'nizome]; (*im Druck*) βγαίνω ['vjeno], εκδίδομαι [ek'ðiðome]; **2ung** *f* εμφάνιση (-εις) [em'fanisi]
er|schießen τουφεκίζω [tufe'kizo]; **~schlaffen** χαλαρώνω [xala'rono]; **~schlagen** σκοτώνω [sko'tono]
erschöpf|en εξαντλώ [eksan'dlo]; **2ung** *f* εξάντληση [e'ksandlisi]
er|schrecken τρομάζω [tro'mazo], εκφοβίζω [ekfo'vizo]; **~schrocken** τρομαγμένος [tromaγ'menos]
erschüttern τραντάζω [tran'dazo], σείω ['sio]; *fig.* συγκινώ [siŋgi'no]
erschweren δυσκολεύω [ðisko'levo], επιβαρύνω [epiva'rino]
ersetzen αντικαθιστώ (-άς) [andikaθi'sto]; (*Schaden*) αποζημιώνω [apozimi'ono]
ersichtlich φανερός [fane'ros]
Ersparnis *f* οικονομία [ikono'mia]
erst πρώτα ['prota], κατά πρώτον [ka'ta 'proton]
erstatten: ***Bericht*** ~ κάνω έκθεση ['kano 'ekθesi], πληροφορώ [plirofo'ro]
Erstaufführung *f* πρεμιέρα [pre'mjera]
erstaun|en απορώ [apo'ro], εκπλήττομαι [ek'plitome]; **2en** *n* απορία [apo'ria], έκπληξη (-εις) ['ekpliksi]; **~lich** εκπληκτικός [ekplikti'kos]; **~t** έκπληκτος ['ekpliktos]
erstechen μαχαιρώνω [maçe'rono]
Erstgeborene(r) *m* πρωτότοκος [pro'totokos]
ersticken πνίγω ['pniγo]
erstreben επιζητώ (-άς) [epizi'to]
erstrecken: ***sich*** ~ ξαπλώνομαι [ksa'plonome], εκτείνομαι [e'ktinome]
er|suchen ζητώ (-άς) [zi'to]; **~tappen** τσακώνω [tsa'kono], συλλαμβάνω [silam'vano]; **~teilen** παρέχω [pa'rexo]; **~tönen** ηχώ [i'xo]
Ertrag *m* εισόδημα [i'soðima]

n; **∾en** βαστώ (-άς) [va'sto], υποφέρω [ipo'fero]
er|träglich υποφερτός [ipofer'tos]; **~tränken** πνίγω ['pniɣo]; **~trinken** πνίγομαι ['pniɣome]
Eruption *f* έκρηξη (-εις) ['ekriksi]
erwachen ξυπνώ (-άς) [ksi'pno]
Erwachsene(r) *m* μεγάλος [me'ɣalos], ενήλικος [e'nilikos]
er|wägen συλλογίζομαι [silo'jizome]; **~wählen** εκλέγω [e'kleɣo]; **~wähnen** αναφέρω [ana'fero]
erwärm|en ζεσταίνω [ze'steno], θερμαίνω [θer'meno]; **∾ung** *f* θέρμανση (-εις) ['θermansi]
erwarten περιμένω [peri'meno]
erwehren: ***sich*** **~** (*G*) αμύνομαι [a'minome] (κατά [ka'ta] *G*), αποκρούω [apo'kruo] *A*
erweichen μαλακώνω [mala'kono]; *fig.* ***sich*** **~** ***lassen*** υποχωρώ [ipoxo'ro]
erweisen (*Ehre*) αποδίδω [apo'ðiðo]; ***sich*** **~** αναδεικνύομαι [anaði'kniome]
erweiter|n φαρδαίνω [far'ðeno], ευρύνω [e'vrino]; **∾ung** *f* διεύρυνση (-εις) [ði'evrinsi]
Erwerb *m* απόκτηση [a'poktisi]; **∾en** αποκτώ (-άς) [apo'kto]
erwidern απαντώ (-άς) [apan'do]
erwürgen πνίγω ['pniɣo], στραγγαλίζω [straŋga'lizo]
Erz *n* χαλκός [xal'kos]
erzähl|en διηγούμαι [ðii'ɣume]; **∾ung** *f* διήγημα [ði'ijima] *n*
Erz|bischof *m* αρχιεπίσκοπος [arçie'piskopos]; **~engel** *m* αρχάγγελος [ar'xaŋgjelos]
erzeug|en παράγω [pa'raɣo]; γεννώ (-άς) [je'no]; **∾er** *m* παραγωγός [paraɣo'ɣos]; γονέας [ɣo'neas]; **∾nis** *n* προϊόν [proi'on]
erzieh|en ανατρέφω [ana'trefo]; **∾ung** *f* ανατροφή [anatro'fi]; εκπαίδευση (-εις) [ek'peðefsi]
erzielen καταφέρω [kata'fero], κατορθώνω [kator'θono]
erzürnen θυμώνω [θi'mono], εξοργίζω [eksor'jizo]
es αυτό [a'fto]
Esel *m* γαϊδούρι [ɣai'ðuri], γάιδαρος ['ɣaiðaros]
Eselstreiber *m* αγωγιάτης [aɣo'jatis]
eßbar φαγώσιμος [fa'ɣosimos]
essen τρώ(γ)ω ['tro(ɣ)o]
Essig *m* ξύδι ['ksiði]
Eßzimmer *n* τραπεζαρία [trapeza'ria]
Etage *f* πάτωμα ['patoma] *n*, όροφος ['orofos]
Etat *m* προϋπολογισμός [proipoloji'zmos]
etliche μερικοί [meri'ki]

Etui *n* θήκη ['θiki]
etwa (*Frage*) μήπως ['mipos]; περίπου [pe'ripu]; **~s** κάτι (τι) ['kati (ti)], κάπως ['kapos]; λίγο ['liγo]
euch (ε)σάς [(e)sas]
euer ... σας [sas], (*betont*) (ο) δικός σας [(o)δi'kosas]
Eule *f* κουκουβάγια [-'vaja]
Euro *m* ευρώ [ev'ro] *nicht deklinierbar*; **10 Euro** δέκα ευρώ
Euro|pa *n* Ευρώπη [e'vropi]; **2päisch** ευρωπαϊκός [evropai'kos]
Euter *n* μαστός [ma'stos]
evakuieren εκκενώνω [ekje'nono]
evangel|isch ευαγγελικός [evaŋgjeli'kos]; **2ium** *n* Ευαγγέλιο [evaŋ'gjelio]
ewig αιώνιος [e'onios]; **2keit** *f* αιωνιότητα [eoni'otita]
Examen *n* εξετάσεις [ekse'tasis] *f/pl.*
Exemplar *n* αντίτυπο [an'di-]
Exil *n* εξορία [ekso'ria]
Exist|enz *f* ύπαρξη (-εις) ['iparksi]; **2ieren** υπάρχω [i'parxo]
Experiment *n* πείραμα ['pirama]; **2ieren** κάνω πειράματα ['kano pi'ramata]
explo|dieren εκρήγνυμαι [e'kriγnime]; **2sion** *f* έκρηξη (-εις) ['ekriksi]
Export *m* εξαγωγή [eksaγo'ji]; **2ieren** εξάγω [e'ksaγo]
extra εκτάκτως [e'ktaktos]; επίτηδες [e'pitiδes]
Extrem *n* υπερβολή [ipervo'li], άκρο ['akro]

F

Fabel *f* μύθος ['miθos]
Fabrik *f* εργοστάσιο [erγo'stasio]; **~ant** *m* κατασκευαστής [kataskjeva'stis]; **~at** *n* προϊόν [proi'on]
Fach *n* ράφι ['rafi]; *fig.* κλάδος ['klaδos]; **~ausdruck** *m* ειδικός όρος [iδi'kos 'oros]
Fächer *m* βεντάγια [ven'daja]
Fachmann *m* ειδικός [iδi'kos]
Fackel *f* λαμπάδα [lam'baδa]
fade σαχλός [sa'xlos], άνοστος ['anostos]
Faden *m* κλωστή [klo'sti], νήμα ['nima] *n*
fähig ικανός [ika'nos]; **2keit** *f* ικανότητα [ika'notita]
fahl χλωμός [xlo'mos], ωχρός [o'xros]
Fahne *f* σημαία [si'mea]
Fahrbahn *f* άσφαλτος ['asfaltos] *f*; λωρίδα [lo'riδa]
Fähre *f* φερρυ-μπώτ [feri'bot] *n*
fahr|en πηγαίνω (με αμάξι, τρένο κτλ.) [pi'jeno (me a'maksi, 'treno)]; **2gast** *m* επιβάτης [epi'vatis]; **2gestell** *n* σασί [sa'si]; **2karte** *f* εισιτήριο [isi'tirio]; **2kartenschalter** *m* θυρίδα [θi-

'riða]; **≈plan** *m* δρομολόγιο [ðromo'lojio]; **≈preis** *m* τιμή του εισιτηρίου [ti'mi tu isiti'riu]; **≈rad** *n* ποδήλατο [po'ðilato]; **≈schein** *m* εισιτήριο [isi'tirio]; **≈schule** *f* σχολή οδηγών [sxo'li oði'γon]; **≈stuhl** *m* ασανσέρ [asan'ser] *n*; **≈t** *f* ταξίδι [ta'ksiði]

Fährte *f* ίχνος ['ixnos] *n*

Fahr|zeit *f* χρόνος μεταφοράς ['xronos metafo'ras]; **~zeug** *n* όχημα ['oçima] *n*

Faktor *m* παράγοντας [pa'raγondas]

Fall *m* πτώση (-εις) ['ptosi]; (*Sache*) περίπτωση (-εις) [pe'riptosi]; **~e** *f* παγίδα [pa'jiða]; **≈en** πέφτω ['pefto]

fäll|en κόβω ['kovo]; *jur.* εκδίδω [ek'ðiðo]; **~ig** πληρωτέος [pliro'teos]

falls αν [an], εάν [e'an]

Fallschirm *m* αλεξίπτωτο [ale'ksiptoto]

falsch εσφαλμένος [esfal'menos], λανθασμένος [lanθa'zmenos]; (*Mensch*) ύπουλος ['ipulos]; (*unecht*) ψεύτικος ['pseftikos]

fälsch|en νοθεύω [no'θevo]; παραποιώ [parapi'o]; **≈er** *m* νοθευτής [noθe'ftis]; **≈ung** *f* νόθευση (-εις) ['noθefsi]

Falte *f* δίπλα ['ðipla], πτυχή [pti'çi]; (*Runzel*) ρυτίδα [ri'tiða]; **≈n** διπλώνω [ði'plono]

Famili|e *f* οικογένεια [iko'jenia]; **~en-** οικογενειακός [ikojenia'kos]; **~enname** *m* επίθετο [e'piθeto]

fangen πιάνω ['pjano], συλλαμβάνω [silam'vano]

Farb|band *n* ταινία γραφομηχανής [te'nia γrafomixa'nis]; **~e** *f* χρώμα ['xroma] *n*; μπογιά [bo'ja]

färb|en χρωματίζω [xroma'tizo], βάφω ['vafo]; **≈erei** *f* βαφείο [va'fio]

Farb|film *m* έγχρωμο φιλμ ['eŋxromo film] *n*; **≈los** αχρωμάτιστος [axro'matistos]

Färbung *f* (*a. Farbton*) χρωματισμός [xromati'zmos]

Farm *f* αγρόκτημα [a'γroktima] *n*; **~er** *m* κτηματίας [ktima'tias]

Fasching *m* απόκριες [a'pokries] *f/pl.*

Faser *f* ίνα ['ina]; **≈ig** ινώδης [i'noðis]

Faß *n* βαρέλι [va'reli], πίθος ['piθos]

Fassade *f* πρόσοψη (-εις) ['prosopsi]

fass|en πιάνω ['pjano], συλλαμβάνω [silam'vano]; (*enthalten*) περιλαμβάνω [perilam'vano]; (*einfassen*) περιβάλλω [peri'valo]; (*verstehen*) εννοώ [eno'o]; **sich ~en** συγκρατιέμαι [siŋgra'tjeme]; **≈ung** *f* (*Ruhe*) αταραξία [atara'ksia]; (*Entwurf*) σύνταξη (-εις) ['sindaksi]; **~ungslos** σαστισμένος [sasti'zmenos]

fast σχεδόν [sçe'ðon]
fast|en νηστεύω [ni'stevo]; **&zeit** *f* σαρακοστή [sarako'sti]; **&nacht** *f* κούλουμα ['kuluma] *n/pl.*
faul (*Frucht*) σάπιος ['sapjos]; (*träge*) τεμπέλης [tem'belis]; (*Witz*) σαχλός [sa'xlos]; **~en** σαπίζω [sa'pizo]; **~enzen** τεμπελιάζω [tembe'ljazo]; **&heit** *f* τεμπελιά [tembe'lja]
Fäulnis *f* σαπίλα [sa'pila]
Faust *f* γροθιά [γro'θja]; **~schlag** *m* γροθιά [γro'θja]
Favorit *m* ευνοούμενος [evno'umenos]
Februar *m* Φεβρουάριος [fevru'arios]
fecht|en ξιφομαχώ [ksifoma'xo]; **&er** *m* ξιφομάχος [ksifo'maxos]; **&sport** *m* ξιφομαχία [ksifoma'çia]
Feder *f* φτερό [fte'ro]; (*Schreib&*) πένα ['pena]; **~bett** *n* πουπουλένιο πάπλωμα [pupu'lenio 'paploma] *n*; **&nd** ελαστικός [elasti'kos]
fegen σκουπίζω [sku'pizo]
fehl|en λείπω ['lipo], απουσιάζω [apusi'azo]; **&er** *m* λάθος ['laθos] *n*, σφάλμα ['sfalma] *n*; **&schlag** *m* αποτυχία [apoti'çia]
Feier *f* γιορτή [jor'ti]; **~abend** *m* σχόλασμα ['sxolazma] *n*; **&lich** γιορτάσιμος [jor'tasimos]; **&n** γιορτάζω [jor'tazo]; **~tag** *m* αργία [ar'jia]
feige δειλός [ði'los]
Feige *f* σύκο ['siko]; **~nbaum** *m* συκιά [si'kja]
Feig|heit *f* δειλία [ði'lia]; **~ling** *m* φοβιτσιάρης [fovi'tsjaris]; δειλός [ði'los]
Feile *f* λίμα ['lima]; **&n** λιμάρω [li'maro]
feilschen παζαρεύω [paza'revo]
fein ψιλός [psi'los]; (*a. höflich*) λεπτός [le'ptos]; (*elegant*) κομψός [kom'psos]
Feind *m* εχθρός [ex'θros]; **&lich** εχθρικός [exθri'kos]; **~schaft** *f* έχθρα ['exθra]
Feld *n* χωράφι [xo'rafi]; (*Gebiet*) πεδίο [pe'ðio]; **~bett** *n* ράντζο ['randzo]; **~herr** *m* στρατηγός [strati'γos]; **~marschall** *m* στρατάρχης [stra'tarçis]; **~webel** *m* λοχίας [lo'çias]; **~zug** *m* εκστρατεία [ekstra'tia]
Fell *n* (*a. fig.*) τομάρι [to'mari]; δέρμα ['ðerma] *n*
Fels *m* βράχος ['vraxos]; **&ig** βραχώδης [vra'xoðis]; **~wand** *f* απότομος βράχος [a'potomos 'vraxos]
Fenster *n* παράθυρο [pa'raθiro]; **~brett** *n* περβάζι [per'vazi]; **~laden** *m* παραθυρόφυλλο [paraθi'rofilo]; **~scheibe** *f* τζάμι ['dzami]
Ferien *pl.* διακοπές [ðiako'pes] *f/pl.*
fern μακριά [makri'a]; **&bedienung** *f* τηλεκομάντ [tileko'mant] *n*; **~er** εκτός τού-

του [e'ktos 'tutu]; **2gespräch** *n* υπεραστική συνδιάλεξη [iperasti'ki sinði'aleksi]; **2glas** *n* κιάλι ['kjali], τηλεσκόπιο [tile'skopio]; **2meldewesen** *n* τηλεπικοινωνίες [tilepikino'nies] *f/pl.*; **2schreiber** *m* τηλέτυπο [ti'letipo]; **2sehapparat** *m* συσκευή τηλεοράσεως [siskje'vi tileo'raseos]; **2sehen** *n* τηλεόραση (-εις) [tile'orasi]; **2sprechamt** *n* τηλεφωνικό κέντρο [tilefoni'ko 'kjendro]; **2sprecher** *m* τηλέφωνο [ti'lefono]
Ferse *f* φτέρνα ['fterna]
fertig έτοιμος ['etimos]; ***sich ~ machen*** ετοιμάζομαι [eti'mazome]
Fessel *f* δεσμά [ðe'zma] *n/pl.*; **2n** δένω ['ðeno]
fest στερεός [stere'os]
Fest *n* γιορτή [jor'ti], εορτή [eor'ti]
fest|halten κρατώ (-άς) [kra'to]; **2igkeit** *f* στερεότητα [stere'otita]; **2land** *n* στεριά [ster'ja]
festlich γιορταστικός [jiortasti'kos]
fest|machen στερεώνω [stere'ono]; **2nahme** *f* σύλληψη (-εις) ['silipsi]; **~nehmen** πιάνω ['pjano]; συλλαμβάνω [silam'vano]; **~stellen** εξακριβώνω [eksakri'vono]; **2ung** *f* κάστρο ['kastro], φρούριο ['frurio]
fett παχύς [pa'çis]
Fett *n* πάχος ['paxos] *n*
Fetzen *m* κουρέλι [ku'reli], ράκος ['rakos] *n*
feucht υγρός [i'γros]; **2igkeit** *f* υγρασία [iγra'sia]
Feuer *n* φωτιά [fo'tja]; **~löscher** *m* πυροσβεστήρας [pirozve'stiras]; **~sbrunst** *f* πυρκαγιά [pirka'ja]; **~stein** *m* τσακμακόπετρα [tsakma'kopetra]; **~wehr** *f* πυροσβεστική υπηρεσία [pirozvesti'ki ipire'sia]; **~zeug** *n* αναπτήρας [ana'ptiras]
Fibel *f* αλφαβητάριο [alfavi'tario]
Fichte *f* πεύκο ['pefko]
Fieber *n* πυρετός [pire'tos], θέρμη ['θermi]; **2frei** απύρετος [a'piretos]; **2haft** πυρετώδης [pire'toðis]
Figur *f* ανάστημα [a'nastima] *n*
Filet *n* φιλέτο [fi'leto]
Filiale *f* υποκατάστημα [ipoka'tastima] *n*
Film *m* φιλμ [film] *n*; έργο ['erγo], ταινία [te'nia]; **2en** γυρίζω ένα φιλμ [ji'rizo 'ena film]; **~star** *m* αστέρας του κινηματογράφου [a'steras tu kinimato'γrafu]
Filter *m* στραγγιστήρι [straŋgi'stiri], φίλτρο ['filtro]; **~zigaretten** *f/pl.* τσιγάρα *n/pl.* με φίλτρο [tsi'γara me 'filtro]
Finale *n* τελικός αγώνας [teli'kos a'γonas]
Finanzen *pl.* οικονομικά [ikonomi'ka] *n/pl.*

Find|elkind *n* έκθετο ['ekθeto]; **2en** βρίσκω ['vrisko]; **2ig** έξυπνος ['eksipnos]
Finger *m* δάχτυλο ['ðaxtilo]; **~hut** *m* δαχτυλήθρα [ðaxti'liθra]; **~nagel** *m* νύχι ['niçi]
Fink *m* σπίνος ['spinos]
finster σκοτεινός [skoti'nos]; **2nis** *f* σκοτάδι [sko'taði], σκότος ['skotos] *n*
Firma *f* φίρμα ['firma], οίκος ['ikos]
Firmament *n* στερέωμα [ste'reoma] *n*
Firnis *m* βερνίκι [ver'niki]
First *m* κορυφή στέγης [kori'fi 'stejis]
Fisch *m* ψάρι ['psari]; **2en** ψαρεύω [psa'revo]; **~er** *m* ψαράς [psa'ras]; **~erboot** *n* ψαράδικο [psa'raðiko]; **~ernetz** *n* δίχτυ ['ðixti] *n*; **~fang** *m* ψάρεμα ['psarema] *n*; **~gräte** *f* ψαροκόκκαλο [psaro'kokalo]; **~händler** *m* ψαρέμπορος [psa'remboros]
Fiskus *m* δημόσιο ταμείο [ði'mosio ta'mio]
flach επίπεδος [e'pipeðos], αβαθής [ava'θis] 2; **~e *Hand*** *f* παλάμη [pa'lami]
Fläche *f* έκταση (-εις) ['ektasi]
Flächeninhalt *m* εμβαδόν [emva'ðon]
Flachs *m* λινάρι [li'nari]
flackern τρεμοσβήνω [tremo'zvino]
Flagge *f* σημαία [si'mea]
Flamme *f* φλόγα ['floγa]
Flanell *n* φανέλα [fa'nela]
Flanke *f* πλευρά [ple'vra]
Flasche *f* μπουκάλι [bu'kali], φιάλη [fi'ali]
flattern φτερουγίζω [fteru'jizo]
flau άτονος ['atonos]
Flaum *m* χνούδι ['xnuði]; **~feder** *f* πούπουλο ['pupulo]
Flechte *f* πλεξούδα [ple'ksuða], πλόκαμος ['plokamos]; **2n** πλέκω ['pleko]
Fleck *m* λεκές [le'kjes], κηλίδα [ki'liða]
Fledermaus *f* νυχτερίδα [nixte'riða]
Flegel *m fig.* αγροίκος [a'γrikos], βλάχος ['vlaxos]
flehen ικετεύω [ikje'tevo]
Fleisch *n* κρέας ['kreas] *n*; **~brühe** *f* ζουμί [zu'mi], ζωμός [zo'mos]; **~er** *m* χασάπης [xa'sapis]; **~erei** *f* χασάπικο [xa'sapiko], κρεοπωλείο [kreopo'lio]; **~klößchen** *n* κεφτές [kje'ftes]
Fleiß *m* εργατικότητα [erγati'kotita]; **2ig** εργατικός [erγati'kos]
flicken μπαλώνω [ba'lono]
Flicken *m* μπάλωμα ['baloma] *n*
Flieder *m* πασχαλιά [pasxa'lja]
Flieg|e *f* μύγα ['miγa]; **2en** πετώ (-άς) [pe'to]; **~er** *m* αεροπόρος [aero'poros]
fliehen δραπετεύω [ðrape'tevo], φεύγω ['fevγo] (**vor** *D*/ μπροστά [bro'sta])

Fliese *f* πλακάκι [pla'kaki]
fließen ρέω ['reo]; **~d sprechen** μιλώ ευχερώς [mi'lo efçe'ros]
flimmern τρεμοσβήνω [tremo'zvino]
flink σβέλτος ['zveltos]
Flinte *f* τουφέκι [tu'feki]
Flitterwochen *f/pl.* μήνας του μέλιτος ['minas du 'melitos]
Flocke *f* τουλούπα [tu'lupa]
Floh *m* ψύλλος ['psilos]
Floß *n* σχεδία [sçe'ðia]
Flosse *f* πτερύγιο [pte'rijio]
Flöte *f* φλάουτο ['flauto], αυλός [a'vlos]
Flotte *f* στόλος ['stolos]
Fluch *m* βλαστήμια [vla'stimja]; **2en** βλαστημώ (-άς) [vlasti'mo]
Flucht *f* φυγή [fi'ji]
flücht|en δραπετεύω [ðrape'tevo]; **~ig** (*oberflächlich*) επιπόλαιος [epi'poleos]; (*vorübergehend*) περαστικός [perasti'kos]; **2ling** *m* πρόσφυγας ['prosfiγas]
Flug- αεροπορικός [aeropori'kos]
Flug *m* πτήση (-εις) ['ptisi]
Flügel *m* φτερό [fte'ro]; φτερούγα [fte'ruγa], πτέρυγα ['pteriγa]; (*Klavier*) πιάνο με ουρά ['pjano me u'ra]
Flug|gesellschaft *f* αεροπορική εταιρία [aeropori'ki ete'ria]; **~plan** *m* δρομολόγιο [ðromo'lojio]; **~platz** *m* αεροδρόμιο [aero'ðromio]; **~zeug** *n* αεροπλάνο [aero'plano]
Flur *m* διάδρομος [ði'aðromos]
Fluß *m* ποτάμι [po'tami], ποταμός [pota'mos]
flüssig ρευστός [ref'stos]
flüstern κρυφομιλώ (-άς) [krifomi'lo], ψιθυρίζω [psiθi'rizo]
Flut *f* παλίρροια [pa'liria]
Föhn *m* νοτιάς [no'tjas]
Folg|e *f* συνέπεια [si'nepia], συνέχεια [si'neçia]; **2en** *D* ακολουθώ [akolu'θo]; **2erichtig** συνεπής [sine'pis]; **2ern** συμπεραίνω [simbe'reno]; **~erung** *f* συμπέρασμα [sim'berazma] *n*; **2lich** συνεπώς [sine'pos]
foltern βασανίζω [vasa'nizo]
Fön *m* σεσουάρ [sesu'ar] *n*
Fonds *m* κεφάλαιο [kje'faleo]
Fontäne *f* σιντριβάνι [sindri'vani]
foppen κοροϊδεύω [koroi'ðevo]
fordern απαιτώ [ape'to]
fördern υποστηρίζω [iposti'rizo], εξορύσσω [ekso'riso]
Forderung *f* απαίτηση (-εις) [a'petisi]
Förderung *f* υποστήριξη [ipo'stiriksi]
Forelle *f* πέστροφα ['pestrofa]
Form *f* μορφή [mor'fi]; καλούπι [ka'lupi]; **2en** πλάθω ['plaθo], σχηματίζω [sçima'tizo]

förmlich τυπικός [tipi'kos]
Formular *n* υπόδειγμα [i'poδiγma]
Forsch|er *m* (εξ)ερευνητής [(eks)erevni'tis]; **~ung** *f* έρευνα ['erevna]
Forst *m* δάσος ['δasos] *n*
Förster *m* δασονόμος [δaso'nomos]
Fort *n* φρούριο ['frurio]
fort φευγάτος [fe'vγatos]; μακριά [makri'a]; ***in einem ~*** συνεχώς [sine'xos]; **~bewegen:** ***sich ~bewegen*** προχωρώ [proxo'ro]; **2bildung** *f* μετεκπαίδευση [metek'peδefsi]; **~bleiben** λείπω ['lipo]; **~dauern** διαρκώ [δiar'ko]; **~fahren** αναχωρώ [anaxo'ro]; εξακολουθώ [eksakolu'θo]; **~gehen** φεύγω ['fevγo]; **~geschritten** προχωρημένος [proxori'menos]; **~jagen** διώχνω ['δjoxno]; **~pflanzen:** ***sich ~pflanzen*** πολλαπλασιάζομαι [polaplasi'azome]; **~schaffen** κουβαλώ (-άς) [kuva'lo], μεταφέρω [meta'fero]; **2schritt** *m* πρόοδος ['prooδos] *f*; **~setzen** συνεχίζω [sine'çizo]; **2setzung** *f* συνέχεια [si'neçia]; **~während** διαρκώς [δiar'kos]
Foto *n* φωτογραφία [fotoγra'fia]; **~apparat** *m* φωτογραφική μηχανή [fotoγrafi'ki mixa'ni]; **2grafieren** φωτογραφίζω [fotoγra'fizo]; **~kopie** *f* φωτοτυπία [fototi'pia]
Fracht *f* φορτίο [for'tio]; **~schiff** *n* φορτηγό πλοίο [forti'γo 'plio]
Frag|e *f* ερώτηση (-εις) [e'rotisi]; (*Problem*) ζήτημα ['zitima] *n*; **~ebogen** *m* ερωτηματολόγιο [erotimato'lojio]; **2en** ρωτώ (-άς) [ro'to]; ***2en nach*** ζητώ (-άς) [zi'to] *A*; **~ezeichen** *n* ερωτηματικό [erotimati'ko]; **2lich** αμφίβολος [am'fivolos]
frankieren βάζω γραμματόσημο ['vazo γrama'tosimo]
Frankreich *n* Γαλλία [γa'lia]
Franse *f* κρόσσι ['krosi]
Franzose *m* Γάλλος ['γalos]
Frau *f* γυναίκα [ji'neka]; (*Gattin*) σύζυγος ['siziγos] *f*; (*Anrede*) κυρία [ki'ria]; **~enarzt** *m* γυναικολόγος [jineko'loγos]
Fräulein *n* δεσποινίς [δespi'nis] *f*
frech αυθάδης [a'fθaδis]; **2heit** *f* αυθάδεια [a'fθaδia]
frei (**von**) ελεύθερος [e'lefθeros]; **2er** *m* υποψήφιος γαμπρός [ipo'psifios γam'bros]; **~gebig** γενναιόδωρος [jene'oδoros]; **2heit** *f* ελευθερία [elefθe'ria]; **~heitlich** φιλελεύθερος [file'lefθeros]; **~lassen** (απ)ελευθερώνω [(ap)elefθe'rono]; **~lich** βεβαίως [ve'veos]; **2lichtbühne** *f* υπαίθριο

θέατρο [i'peθrio 'θeatro]; **~sprechen** αθωώνω [aθo'ono]; **℘staat** *m* δημοκρατία [ðimokra'tia]; **℘tag** *m* Παρασκευή [paraskje'vi]; **~willig** εθελοντικός [eθelondi'kos]; **℘zeit** *f* ελεύθερος χρόνος [e'lefθeros 'xronos]
fremd ξένος ['ksenos]; **℘e** *f* ξενιτειά [kseni'tja]
Fremden|führer *m* ξεναγός [ksena'γos]; **~verkehr** *m* τουρισμός [turi'zmos]; **~zimmer** *n* ξενώνας [kse'nonas]
Fresko *n* τοιχογραφία [tixoγra'fia]
fressen (*Tier*) τρώ(γ)ω ['tro(γ)o]
Freu|de *f* χαρά [xa'ra]; **℘dig** χαρούμενος [xa'rumenos]; **℘en:** ***sich*** **℘en** χαίρομαι ['çerome] (***über*** *A*/ για [ja], με [me]; ***an*** *D*/ *A*)
Freund *m* φίλος ['filos]; **~in** *f* φιλενάδα [file'naδa]; **℘lich** ευγενικός [evjeni'kos]; **~lichkeit** *f* ευγένεια [e'vjenia]; **~schaft** *f* φιλία [fi'lia]
Fried|en *m* ειρήνη [i'rini]; **~ensschluß** *m* συνομολόγηση ειρήνης [sinomo'lojisi i'rinis]; **~hof** *m* νεκροταφείο [nekrota'fio]; **℘lich** ειρηνικός [irini'kos]
frieren κρυώνω [kri'ono]
Frikadelle *f* κεφτές [kjef'tes]
frisch φρέσκος ['freskos], νωπός [no'pos]
Fris|eur *m* κουρέας [ku'reas]; **~euse** *f* κομμώτρια [ko'motria]; **℘ieren** χτενίζω [xte'nizo]
Frist *f* προθεσμία [proθe'zmia]
Frisur *f* κόμμωση (-εις) ['komosi]
froh χαρούμενος [xa'rumenos], εύθυμος ['efθimos]
fröhlich εύθυμος ['efθimos]; **℘keit** *f* ευθυμία [efθi'mia]
Frohsinn *m* κέφι ['kjefi]
fromm ευσεβής [efse'vis]
Frömmigkeit *f* ευσέβεια [ef'sevia]
Front *f* μέτωπο ['metopo]
Frosch *m* βάτραχος ['vatraxos]
Frost *m* παγωνιά [paγo'nja], ψύχος ['psixos] *n*
Frucht *f* φρούτο ['fruto], καρπός [kar'pos]; **℘bar** εύφορος ['eforos]; **~barkeit** *f* ευφορία [efo'ria]; **~saft** *m* χυμός φρούτων [çi'mos 'fruton]
früh νωρίς [no'ris]; πρωί [pro'i]; **~er** άλλοτε ['alote]; **℘jahr** *n*, **℘ling** *m* άνοιξη ['aniksi]; **~reif** πρόωρος ['prooros]; **℘stück** *n* πρόγευμα ['projevma] *n*; **~stücken** προγευματίζω [projevma'tizo]
Fuchs *m* αλεπού [ale'pu] *f*
Fuge *f* αρμός [ar'mos]
fügen: ***sich*** ~ υποτάσσομαι [ipo'tasome]
fühl|bar αισθητός [esθi'tos]; **~en** αισθάνομαι [e'sθano-

me]; (*tasten*) ψηλαφώ [psila'fo]
Fuhre *f* φορτίο [for'tio]
führ|en οδηγώ [oδi'γo]; (*verwalten*) διοικώ [δii'ko]; (*Bücher*) κρατώ (-άς) [kra'to]; ***sich ~en*** συμπεριφέρομαι [simberi'ferome]; **≈er** *m* οδηγός [oδi'γos], αρχηγός [arçi'γos]; **≈erschein** *m* άδεια οδηγήσεως ['aδia oδi'jiseos]; **≈ung** *f* διεύθυνση (-εις) [δi'efθinsi]; συμπεριφορά [simberifo'ra]
Fuhrwerk *n* άμαξα ['amaksa], όχημα ['oçima] *n*
Füll|e *f* αφθονία [afθo'nia]; **≈en** γεμίζω [je'mizo]; **~federhalter** *m* στυλό [sti'lo]; **~ung** *f* γέμισμα ['jemizma] *n*
Fund *m* εύρημα ['evrima] *n*
Fundament *n* θεμέλιο [θe'meljo]
fünf πέντε ['pende]; **~zehn** δεκαπέντε [δeka'pende]; **~zig** πενήντα [pe'ninda]
Funk *m* ραδιόφωνο [raδi'ofono], ασύρματος [a'sirmatos]
Funk|e *m* σπίθα ['spiθa], σπινθήρας [spin'θiras]; **≈eln** σπιθοβολώ [spiθovo'lo], λαμποκοπώ (-άς) [lamboko'po]; **~er** *m* ασυρματιστής [asirmati'stis]; **~spruch** *m* ραδιοτηλεγράφημα [raδiotile'γrafima] *n*
funktionieren λειτουργώ [litur'γo]
für για [ja]; υπέρ [i'per]; αντί [an'di]; ***was ~?*** τι, τι είδους [ti, ti 'iδus]
Furche *f* αυλάκι [a'vlaki]
Furcht *f* φόβος ['fovos]; **≈bar** φοβερός [fove'ros]
fürcht|en: ***sich ~en*** φοβάμαι [fo'vame]; **~erlich** τρομερός [trome'ros]
furcht|los άφοβος ['afovos]; **~sam** φοβιτσιάρης [fovi'tsjaris], δειλός [δi'los]
Für|sorge *f* πρόνοια ['pronia]; **~sprache** *f* συνηγορία [siniγo'ria]
Fürst *m* ηγεμόνας [ije'monas]; **≈lich** ηγεμονικός [ijemoni'kos]
Furt *f* πέρασμα ['perazma] *n*, πόρος ['poros]
Furunkel *m* απόστημα [a'postima] *n*
Fürwort *n* αντωνυμία [andoni'mia]
Fuß *m* πόδι ['poδi]; **~ball** *m* μπάλα ['bala]; (*als Sport*) ποδόσφαιρο [po'δosfero]; **~boden** *m* πάτωμα ['patoma] *n*, έδαφος ['eδafos] *n*; **≈en** βασίζομαι [va'sizome]; **~gänger** *m* πεζός [pe'zos]; **~sohle** *f* πατούσα [pa'tusa]; **~spur** *f* ίχνος ['ixnos] *n*; **~tritt** *m* κλωτσιά [klo'tsja]; **~weg** *m* πεζοδρόμιο [pezo'δromio]
Futter *n* τροφή [tro'fi]; (*Stoff*) φόδρα ['foδra]
füttern ταΐζω [ta'izo], φοδράρω [fo'δraro]

G

Gabe *f* δώρο ['ðoro]
Gabel *f* πιρούνι [pi'runi]; **2n: sich 2n** διακλαδώνομαι [ðiakla'ðonome]
gaffen χαζεύω [xa'zevo]
gähnen χασμουριέμαι [xazmu'rjeme]
Galerie *f* γαλαρία [ɣala'ria], στοά [sto'a]; *Thea.* υπερώο [ipe'roo]
Galgen *m* κρεμάλα [kre'mala]
Galle *f* χολή [xo'li]
Gallerte *f* πηχτή [pi'xti]
galoppieren καλπάζω [kal'pazo]
Gang *m* βάδισμα ['vaðizma] *n*, πορεία [po'ria]; (*Auto*) ταχύτητα [ta'çitita]; (*Speise*) πιάτο ['pjato]; ***in ~ bringen, setzen*** θέτω σε κίνηση ['θeto se 'kinisi]; **~schaltung** *f* σύστημα *n* ταχυτήτων ['sistima taçi'titon]
Gans *f* χήνα ['çina]
Gänse|blume *f* μαργαρίτα [marɣa'rita]; **~braten** *m* ψητή χήνα [psi'ti 'çina]; **~füßchen** *n/pl.* εισαγωγικά [isaɣoji'ka] *n/pl.*
ganz όλος ['olos], ολόκληρος [o'lokliros]; ***~ und gar*** εντελώς [ende'los]; **2e** *n* σύνολο ['sinolo]
gänzlich ολότελα [o'lotela]
gar καλοβρασμένος [kalovra'zmenos], καλοψημένος [kalopsi'menos]; ***~ keiner*** κανείς [ka'nis]
Garage *f* γκαράζ [ga'raz] *n*
Garantie *f* εγγύηση (-εις) [eŋ'giisi]; **2ren** εγγυώμαι [eŋgi'ome]
Garde *f* φρουρά [fru'ra]
Garderobe *f* γκαρντερόμπα [garde'roba]
Gardine *f* κουρτίνα [kur'tina], παραπέτασμα [para'petazma] *n*
gären ζυμώνομαι [zi'monome]
Garn *n* κλωστή [klo'sti], νήμα ['nima] *n*
garnieren γαρνίρω [ɣar'niro]
Garnison *f* φρουρά [fru'ra]
Garten *m* περιβόλι [peri'voli], κήπος ['kipos]; **~bau** *m* κηπουρική [kipuri'ki]
Gärtner *m* περιβολάρης [perivo'laris], κηπουρός [kipu'ros]; **~ei** *f* κηπουρική [kipuri'ki]
Gas *n* γκάζι ['gazi], αέριο [a'erio]; **~kocher** *m* γκαζιέρα [ga'zjera]; **~licht** *n* αεριόφως [aeri'ofos] *n*; **~maske** *f* αντιασφυξιογόνα μάσκα [andiasfiksio'ɣona 'maska]
Gasse *f* σοκάκι [so'kaki]
Gast *m* επισκέπτης [epi'skjeptis], ξένος ['ksenos]; **2freundlich** φιλόξενος [fi'loksenos]; **~freundschaft** *f*

φιλοξενία [filokse'nia]; **~haus** *n* ξενοδοχείο [ksenoðo'çio]; **~wirt** *m* ξενοδόχος [kseno'ðoxos]
Gatt|e *m*, **~in** *f* σύζυγος ['siziγos] *m*, *f*; **~ung** *f* είδος ['iðos] *n*
Gaul *m* παλιάλογο [pa'ljaloγo]
Gaumen *m* ουρανίσκος [ura'niskos]
Gauner *m* απατεώνας [apate'onas]
Gebäck *n* βουτήγματα [vu'tiγmata] *n/pl.*
Gebälk *n* δοκάρια [ðo'karja] *n/pl.*, στέγασμα ['steγazma] *n*
Gebärde *f* μορφασμός [morfa'zmos]
gebär|en γεννώ (-άς) [je'no]; **≈mutter** *f* μήτρα ['mitra]
Gebäude *n* κτίριο ['ktirio], οικοδόμημα [iko'ðomima] *n*
geben δίνω ['ðino], παρέχω [pa'rexo]; (*hervorbringen*) παράγω [pa'raγo]; ***es gibt*** έχει ['eçi], υπάρχει [i'parçi]
Gebet *n* προσευχή [prosef'çi]
Gebiet *n* περιφέρεια [peri'feria]; **≈en** διατάσσω [ðia'taso]
gebildet μορφωμένος [morfo'menos]
Gebirge *n* οροσειρά [orosi'ra]
Gebiß *n* οδοντοστοιχία [oðondosti'çia]; (*Zähne*) δόντια ['ðondja] *n/pl.*
Gebot *n* διαταγή [ðiata'ji]
Gebrauch *m* χρήση (-εις) ['xrisi]; (*Sitte*) έθιμο ['eθimo]; **≈en** μεταχειρίζομαι [metaçi'rizome]
gebräuchlich συνηθισμένος [siniθi'zmenos]
Gebrauchsanweisung *f* οδηγίες χρήσεως [oði'jies 'xriseos]
Gebrech|en *n* αναπηρία [anapi'ria]; **≈lich** σακάτης [sa'katis]; αδύναμος [a'ðinamos]
Gebrüder *pl.* αδελφοί [aðel'fi] *m/pl.*
Gebühr *f* τέλος ['telos] *n*, φόρος ['foros]
Geburt *f* γέννα ['jena], γέννηση (-εις) ['jenisi]
Geburts|datum *n* ημερομηνία γεννήσεως [imeromi'nia je'niseos]; **~helfer** *m* μαιευτήρας [meef'tiras]; **~ort** *m* τόπος γεννήσεως ['topos je'niseos]; **~tag** *m* γενέθλια [je'neθlia] *n/pl.*; **~urkunde** *f* πιστοποιητικό γεννήσεως [pistopiiti'ko je'niseos]
Gebüsch *n* θάμνοι ['θamni] *m/pl.*
Gedächtnis *n* μνημονικό [mnimoni'ko], μνήμη ['mnimi]
Gedanke *m* σκέψη (-εις) ['skjepsi]
gedanken|los αστόχαστος [a'stoxastos]; **≈strich** *m* παύλα ['pavla]
Gedeck *n* σερβίτσιο [ser-

'vitsjo]; (*Essen*) μενού [me'nu] *n*
gedeihen προκόβω [pro'kovo], ευδοκιμώ [evðoki'mo]
Gedenkmünze *f* μετάλλιο [me'talio]
Gedicht *n* ποίημα ['piima] *n*
Gedräng|e *n* συνωστισμός [sinosti'zmos]; **♀t** σύντομος ['sindomos]
Geduld *f* υπομονή [ipomo'ni]; **sich ♀en** υπομένω [ipo'meno]; **♀ig** υπομονητικός [ipomoniti'kos]
geeignet κατάλληλος [ka'talilos]
Gefahr *f* κίνδυνος ['kinðinos]
gefähr|den εκθέτω σε κίνδυνο [ek'θeto se 'kinðino]; **~lich** επικίνδυνος [epi'kinðinos]
Gefährte *m* σύντροφος ['sindrofos]
gefallen αρέσω [a'reso]
Gefallen *m* χάρη ['xari]
gefällig πρόθυμος ['proθimos]; εξυπηρετικός [eksipireti'kos]; **♀keit** *f* προθυμία [proθi'mia]
Gefangen|e(r) *m* φυλακισμένος [filaki'zmenos]; (*Kriegs-*) αιχμάλωτος [ex'malotos]; **~schaft** *f* αιχμαλωσία [exmalo'sia]
Gefängnis *n* φυλακή [fila'ki]
Gefäß *n* δοχείο [ðo'çio]
gefaßt ψύχραιμος ['psixremos]
Gefecht *n* αψιμαχία [apsima'çia]
gefleckt παρδαλός [parða'los]
Geflügel *n* πουλερικά [puleri'ka] *n/pl.*
Gefolge *n* ακολουθία [akolu'θia]
gefräßig λαίμαργος ['lemarγos]
Gefreite(r) *m* δεκανέας [ðeka'neas]
gefrier|en παγώνω [pa'γono]; **♀punkt** *m* βαθμός πήξης [vaθ'mos 'piksis]
Gefüg|e *n* συναρμογή [sinarmo'ji]; **♀ig** ευπειθής [efpi'θis] 2
Gefühl *n* αίσθημα ['esθima] *n*; **♀los** αναίσθητος [a'nesθitos]; **♀voll** ευαίσθητος [e'vesθitos]
gegen *A* εναντίον [enan'dion]; κατά [ka'ta] *G*; **♀angriff** *m* αντεπίθεση (-εις) [ande'piθesi]
Gegend *f* τοποθεσία [topoθe'sia]
Gegen|gift *n* αντίδοτο [an'diðoto]; **~satz** *m* αντίθεση (-εις) [an'diθesi]; **♀seitig** αμοιβαίος [ami'veos]; **~stand** *m* αντικείμενο [andi'kimeno]; **~teil** *n* αντίθετο [an'diθeto]; ***im ~teil*** τουναντίον [tunan'dion]; **♀über** απέναντι [a'penandi], αντίκρυ [an'dikri]; **~wart** *f* παρουσία [paru'sia]; παρόν [pa'ron]; **♀wärtig** παρών [pa'ron]; τωρινός [tori'nos];

~wert *m* αντίτιμο [an'ditimo]
Gegner *m* αντίπαλος [an'dipalos]
Gehalt[1] *m* περιεχόμενο [perie'xomeno]
Gehalt[2] *n* μισθός [mi'sθos]
gehässig κακόβουλος [ka'kovulos]; **≗keit** *f* εχθρότητα [ex'θrotita]
Gehäuse *n* θήκη ['θiki]
geheim μυστικός [misti'kos], κρυφός [kri'fos]; **~halten** αποκρύπτω [apo'kripto]; **≗nis** *n* μυστικό [misti'ko]; **~nisvoll** μυστηριώδης [mistiri'oðis]; **≗polizei** *f* μυστική αστυνομία [misti'ki astino'mia]
gehen πηγαίνω [pi'jeno], πάω ['pao]; (*fort-*) φεύγω ['fevɣo]; ***zu Bett*** ~ πλαγιάζω [pla'jazo]
Gehilfe *m* βοηθός [voi'θos]
Gehirn *n* μυαλό [mja'lo], εγκέφαλος [eŋ'gjefalos]; **~erschütterung** *f* διάσειση εγκεφάλου [ði'asisi eŋgje'falu]
Gehöft *n* υποστατικό [iposta'ti'ko]
Gehör *n* ακοή [ako'i]
gehorchen υπακούω [ipa'kuo]
gehören ανήκω [a'niko] (***zu***/σε [se]); ***sich*** ~ είναι ευπρεπές ['ine efpre'pes]
gehorsam υπάκουος [i'pakuos]
Geier *m* γυπαετός [jipae'tos]
Geige *f* βιολί [vjo'li]; **≗n** παίζω βιολί ['pezo vjo'li]
Geisel *f* όμηρος ['omiros]
Geißel *f* μάστιγα ['mastiɣa]
Geist *m* πνεύμα ['pnevma] *n*; (*Gespenst*) στοιχειό [sti'ço], φάντασμα ['fandazma] *n*
geistes|abwesend αφηρημένος [afiri'menos]; **≗gegenwart** *f* ετοιμότητα πνεύματος [eti'motita 'pnevmatos]; **~krank** φρενοβλαβής [frenovla'vis]
geist|ig πνευματικός [pnevmati'kos]; (*Getränke*) οινοπνευματώδης [inopnevma'toðis]; **~lich** κληρικός [kliri'kos]; **≗lichkeit** *f* κλήρος ['kliros]; **~los** σαχλός [sa'xlos], άνοστος ['anostos]; **~reich** ευφυής [efi'is] 2
Geiz *m* τσιγκουνιά [tsiŋgu'nja]; **~hals** *m*, **≗ig** τσιγκούνης [tsiŋ'gunis]
gekünstelt προσποιητός [prospii'tos]
Gelächter *n* γέλια ['jelja] *n*/*pl*.
Gelage *n* φαγοπότι [faɣo'poti], συμπόσιο [sim'bosio]
gelähmt παράλυτος [pa'ralitos]
Gelände *n* έδαφος ['eðafos] *n*
Geländer *n* κάγκελα ['kaŋgjela] *n*/*pl*.
gelangen φτάνω ['ftano]; ***zu etw.*** ~ αποκτώ (-άς) [apo'kto], κατορθώνω κάτι [kator'θono 'kati]

gelassen ήρεμος ['iremos]; **2heit** *f* αταραξία [atara'ksia]
geläufig ευχερής [efçe'ris] 2; γνώριμος ['γnorimos]; **2keit** *f* ευχέρεια [ef'çeria]
gelaunt: ***gut*** ~ ευδιάθετος [evδi'aθetos]; ***schlecht*** ~ δύσθυμος ['δisθimos], κακοδιάθετος [kakoδi'aθetos]
gelb κίτρινος ['kitrinos]; **2sucht** *f* ίκτερος ['ikteros]
Geld *n* λεφτά [le'fta] *n/pl.*, χρήματα ['xrimata] *n/pl.*; **~beutel** *m* πουγγί [puŋ'gi]; **~strafe** *f* πρόστιμο ['prostimo]; **~stück** *n* νόμισμα ['nomizma] *n*; **~wechsler** *m* σαράφης [sa'rafis]
Gelee *n* ζελέ [ze'le] *n*
gelegen (*passend*) εύθετος ['efθetos]; **2heit** *f* ευκαιρία [efkje'ria]
gelehrt σοφός [so'fos], επιστήμονας [epi'stimonas]
Geleit *n* συνοδία [sino'δia], ακολουθία [akolu'θia]
Gelenk *n* αρμός [ar'mos]; *Anat.* κλείδωση (-εις) ['kliδosi]; **2ig** ευλύγιστος [e'vlijistos]
geling|en επιτυχαίνω [epiti'çeno], πετυχαίνω [peti'çeno]; ***es ~t mir zu ...*** κατορθώνω να ... [kator'θono na]
gellend διαπεραστικός [δiaperasti'kos]
ge|loben υπόσχομαι [i'posxome]; **2löbnis** *n* τάξιμο ['taksimo]; όρκος ['orkos]
gelt|en ισχύω [is'çio]; (*wert sein*) αξίζω [a'ksizo]; (*gehalten werden*) θεωρούμαι [θeo'rume], περνώ (-άς) [per'no] (***als***/ για [ja]); **2ung** *f* ισχύς [i'sçis] *f*, σημασία [sima'sia]
Gelübde *n* τάξιμο ['taksimo], τάμα ['tama] *n*
gemächlich άνετος ['anetos]; **2keit** *f* άνεση (-εις) ['anesi]
Gemahl(in *f*) *m* σύζυγος ['siziγos] *m*, *f*
Gemälde *n* πίνακας ['pinakas]; **~ausstellung** *f* έκθεση ζωγραφικής ['ekθesi zoγrafi'kis]
gemäß *D* σύμφωνα ['simfona] (με [me])
gemäßigt μετριοπαθής [metriopa'θis]; (*Klima*) εύκρατος ['efkratos]
gemein (*allgemein*) κοινός [ki'nos]; (*gewöhnlich*) πρόστυχος ['prostixos]
Gemeinde *f* κοινότητα [ki'notita], δήμος ['δimos]; **~vorsteher** *m* δήμαρχος ['δimarxos]
Gemein|heit *f* προστυχιά [prosti'çja]; **2nützig** κοινωφελής [kinofe'lis]; **2sam** κοινός [ki'nos]; **~schaft** *f* κοινότητα [ki'notita], κοινωνία [kino'nia]
Gemetzel *n* σφαγή [sfa'ji]
Gemurmel *n* μουρμούρισμα [mur'murizma] *n*
Gemüse *n* λαχανικά [laxani'ka] *n/pl.*; **~händler** *m* μανάβης [ma'navis], λαχα-

νοπώλης [laxano'polis]; **~suppe** *f* χορτόσουπα [xor'tosupa]

Gemüt *n* αίσθημα ['esθima] *n*; **≈lich** ευχάριστος [ef'xaristos]

genau ακριβής [akri'vis] 2; *Adv.* ακριβώς [akri'vos]; **≈igkeit** *f* ακρίβεια [a'krivia]

genehmig|en εγκρίνω [eŋ'grino]; **≈ung** *f* έγκριση (-εις) ['eŋgrisi]

geneigt γερμένος [jer'menos], επικλινής [epikli'nis]; (*bereit*) διατεθειμένος [ðiateθi'menos]

General *m* στρατηγός [strati'γos]; **~direktor** *m* γενικός διευθυντής [jeni'kos ðiefθin'dis]; **~stab** *m* γενικό επιτελείο [jeni'ko epite'lio]; **~streik** *m* γενική απεργία [jeni'ki aper'jia]

Generation *f* γενεά [jene'a]

genesen θεραπεύομαι [θera'pevome]

genial μεγαλοφυής [meγalofi'is]

Genick *n* σβέρκος ['zverkos]

genieren: ***sich*** ~ ντρέπομαι ['drepome]

genieß|bar φαγώσιμος [fa'γosimos]; **~en** απολαμβάνω [apolam'vano]; χαίρομαι ['çerome]

Genosse *m* σύντροφος ['sindrofos]

genug αρκετός [arkje'tos]

genügen φτάνω ['ftano], αρκώ [ar'ko]

Genugtuung *f* ικανοποίηση (-εις) [ikano'piisi]

Genuß *m* απόλαυση (-εις) [a'polafsi]

Gepäck *n* αποσκευές [aposkje'ves] *f/pl.*; **~schein** *m* απόδειξη αποσκευών [a'poðiksi aposkje'von]; **~träger** *m* αχθοφόρος [axθo'foros]; **~wagen** *m* σκευοφόρος [skjevo'foros]

gerade ίσιος ['isjos], όρθιος ['orθios]; **~aus** κατευθείαν [kate'fθian]

Gerät *n* σκεύη ['skjevi] *n/pl.*

geräuchert καπνιστός [kapni'stos]

geräumig ευρύχωρος [e'vrixoros]

Geräusch *n* θόρυβος ['θorivos]; **≈los** αθόρυβος [a'θorivos]; **≈voll** θορυβώδης [θori'voðis]

Gerber *m* βυρσοδέψης [virso'ðepsis]

gerecht δίκαιος ['ðikjeos]; **≈igkeit** *f* δικαιοσύνη [ðikjeo'sini]

Gerede *n* κουβέντες [ku'vendes] *f/pl.*

Gericht *n* δικαστήριο [ðika'stirio]; (*Speise*) φαγητό [faji'to]; **≈lich** δικαστικός [ðikasti'kos]

Gerichts|verfahren *n* διαδικασία [ðiaðika'sia]; **~verhandlung** *f* συζήτηση [si'zitisi]

gering λιγοστός [liγo'stos]; ασήμαντος [a'simandos];

~fügig τιποτένιος [tipo'tenjos]; **2schätzung** *f* καταφρόνηση [kata'fronisi]
gerinn|en πήζω ['pizo], κόβω ['kovo]; **2sel** *n* θρόμβος ['θromvos]
Gerippe *n* σκελετός [skjele'tos]
gerissen πανούργος [pa'nurɣos], πονηρός [poni'ros]
gern ευχαρίστως [efxa'ristos]; ~ **haben** αγαπώ (-άς) [aɣa'po]
Gerste *f* κριθάρι [kri'θari]
Gerte *f* βέργα ['verɣa]
Geruch *m* μυρωδιά [miro'ðja], οσμή [o'zmi]; (*Sinn*) όσφρηση ['osfrisi]
Gerücht *n* φήμη ['fimi]
geruhen ευδοκώ [evðo'ko]
Gerümpel *n* σαράβαλα [sa'ravala] *n/pl.*
Gerüst *n* σκαλωσιά [skalo'sja]
gesamt ολόκληρος [o'lokliros], συνολικός [sinoli'kos]; **2betrag** *m* σύνολο ['sinolo]; **2eindruck** *m* γενική εντύπωση [jeni'ki en'diposi]; **2heit** *f* σύνολο ['sinolo]
Gesandt|e(r) *m* πρεσβευτής [prezve'ftis]; **~schaft** *f* πρεσβεία [pre'zvia]
Gesang *m* τραγούδι [tra'ɣuði]; (*der Vögel*) κελάιδημα [kje'laiðima] *n*
Gesäß *n* πισινός [pisi'nos]
Geschäft *n* εργασία [erɣa'sia]; κατάστημα [ka'tastima] *n*; **2ig** δραστήριος [ðra'stirios]; **2lich** εμπορικός [embori'kos]
Geschäfts|inhaber *m* καταστηματάρχης [katastima'tarçis]; **~ordnung** *f* κανονισμός [kanoni'zmos]
geschehen γίνομαι ['jinome], συμβαίνω [sim'veno]
gescheit έξυπνος ['eksipnos]
Geschenk *n* δώρο ['ðoro]
Geschicht|e *f* ιστορία [isto'ria]; **~sforscher** *m* ιστορικός [istori'kos]
Geschick|lichkeit *f* επιδεξιότητα [epiðeksi'otita]; **2t** επιδέξιος [epi'ðeksios]
Geschirr *n* σκεύη ['skjevi] *n/pl.*; (*Pferde2*) χάμουρα ['xamura] *n/pl.*
Geschlecht *n* γένος ['jenos] *n*, φύλο ['filo]; **2lich** γενετήσιος [jene'tisios]
Geschlechts|krankheit *f* αφροδισιακή νόσος [afroðisja'ki 'nosos] *f*; **~wort** *n* άρθρο ['arθro]
Geschmack *m* γούστο ['ɣusto], γεύση (-εις) ['jefsi]; **2los** άνοστος ['anostos], ακαλαίσθητος [aka'lesθitos]; **2voll** με γούστο [me 'ɣusto], κομψός [kom'psos]
geschmeidig ευλύγιστος [e'vlijistos]
Geschöpf *n* πλάσμα ['plazma] *n*
Geschoß *n* (*Kugel*) βόλι ['voli]; (*Stockwerk*) πάτωμα ['patoma] *n*

Geschrei *n* φωνές [fo'nes] *f/pl.*
Geschütz *n* κανόνι [ka'noni]
Geschwätz *n* φλυαρία [flia'ria]; **≗ig** φλύαρος ['fliaros]
Geschwindigkeit *f* ταχύτητα [ta'çitita]
Geschwister *pl.* αδέρφια [a'ðerfja] *n/pl.*
Geschworene(r) *m* ένορκος ['enorkos]
Geschwulst *f* πρήξιμο ['priksimo]; όγκος ['oŋgos]
Geschwür *n* απόστημα [a'postima] *n*, έλκος ['elkos] *n*
Gesell|e *m* σύντροφος ['sindrofos]; (*Handwerks-*) κάλφας ['kalfas]; **≗ig** κοινωνικός [kinoni'kos]; **~igkeit** *f* κοινωνικότητα [kinoni'kotita]; **~schaft** *f* κοινωνία [kino'nia]; παρέα [pa'rea]; **~schaftsreise** *f* ομαδικό ταξίδι [omaði'ko ta'ksiði]
Gesetz *n* νόμος ['nomos]; **~buch** *n* κώδικας ['koðikas]; **~entwurf** *m* νομοσχέδιο [nomo'sçeðio]; **~geber** *m* νομοθέτης [nomo'θetis]; **≗lich** νόμιμος ['nomimos]; **≗los** άνομος ['anomos]
Gesicht *n* πρόσωπο ['prosopo]
Gesichts|kreis *m* ορίζοντας [o'rizondas]; **~punkt** *m* άποψη (-εις) ['apopsi]; **~züge** *m/pl.* χαρακτηριστικά [xaraktiristi'ka] *n/pl.*
Gesindel *n* σκυλολόι [skilo'loi]
Gesinnung *f* φρόνημα ['fronima] *n*
gesitt|et πολιτισμένος [politi'zmenos]; **≗ung** *f* πολιτισμός [politi'zmos]
Gespann *n* ζευγάρι [ze'vγari], ζεύγος ['zevγos] *n*
Gespenst *n* στοιχειό [sti'ço]
Gespräch *n* κουβέντα [ku'venda], συνομιλία [sinomi'lia]; **≗ig** ομιλητικός [omili'ti'kos]
Gestalt *f* μορφή [mor'fi], σχήμα ['sçima] *n*; **≗en** διαμορφώνω [ðiamor'fono], σχηματίζω [sçima'tizo]; **~ung** *f* διαμόρφωση [ðia'morfosi], σχηματισμός [sçimati'zmos]
Geständnis *n* ομολογία [omolo'jia]; ***ein ~ ablegen*** ομολογώ [omolo'γo]
Gestank *m* βρώμα ['vroma], δυσωδία [ðiso'ðia]
gestatten επιτρέπω [epi'trepo]
Geste *f* χειρονομία [çirono'mia]
gestehen ομολογώ [omolo'γo]
Gestein *n* ορυκτό [ori'kto]
gestern χτες [xtes], χθες [xθes]
gestikulieren χειρονομώ [çirono'mo]
Gestirn *n* αστέρι [a'steri], άστρο ['astro]
gestreift ριγωτός [riγo'tos]
Gestüt *n* ιπποτροφείο [ipotro'fio]

Gesuch *n* αίτηση (-εις) ['etisi]
gesund γερός [je'ros], υγιής [iji'is] 2; υγιεινός [ijii'nos]; **~er Menschenverstand** *m* κοινός νους [ki'noz nus]; **2heit** *f* υγεία [i'jia]; **~heitsschädlich** ανθυγιεινός [anθijii'nos]
Getränk *n* ποτό [pjo'to], ποτό [po'to]
getrauen: *sich* ~ τολμώ (-άς) [tol'mo]
Getreide *n* σιτάρι [si'tari], σίτος ['sitos]; **~speicher** *m* σιτοβολώνας [sitovo'lonas]
getreu πιστός [pi'stos]
Getriebe *n* (*Auto*) κιβώτιο ταχυτήτων [ki'votio taçi'titon]; κίνηση ['kinisi]
Getümmel *n* αντάρα [an'dara], οχλοβοή [oxlovo'i]
Gewächs *n* φυτό [fi'to]; **~haus** *n* θερμοκήπιο [θermo'kipio]
Gewähr *f* εγγύηση (-εις) [eŋ'giisi]; **2en lassen** αφήνω [a'fino]; **~smann** *m* εγγυητής [eŋgii'tis]
Gewalt *f* βία ['via]; εξουσία [eksu'sia]; **2ig** δυνατός [ðina'tos]; σφοδρός [sfo'ðros]; **2sam** βίαιος ['vieos]; **~tätigkeit** *f* βιαιοπραγία [vieopra'jia]
Gewand *n* ένδυμα ['enðima] *n*
gewandt σβέλτος ['zveltos], επιτήδειος [epi'tiðios]
Gewässer *n* νερά [ne'ra] *n/pl.*
Gewebe *n* ύφασμα ['ifazma] *n*, ιστός [i'stos]
Gewehr *n* τουφέκι [tu'feki], όπλο ['oplo]; **~kolben** *m* κόπανος ['kopanos]
Geweih *n* κέρατα ['kjerata] *n/pl.*
Gewerbe *n* επάγγελμα [e'paŋgjelma] *n*, βιοτεχνία [viote'xnia]; **~schule** *f* επαγγελματική σχολή [epaŋgjelmati'ki sxo'li]; **~steuer** *f* φόρος επιτηδεύματος ['foros epiti'ðevmatos]; **2treibend** βιοτέχνης [vio'texnis]
Gewerkschaft *f* συνδικάτο [sinði'kato]
Gewicht *n* βάρος ['varos] *n*; *fig.* σημασία [sima'sia]
Gewimmel *n* συνωστισμός [sinosti'zmos]
Gewinde *n* σπείρωμα *n* (βίδας) ['spiroma ('viðas)]
Gewinn *m* κέρδος ['kjerðos] *n*; **~anteil** *m* μερίδιο κέρδους [me'riðio 'kjerðus]; **2bringend** επικερδής [epikjer'ðis] 2; **2en** κερδίζω [kjer'ðizo]; **~er** *m* κερδισμένος [kjerði'zmenos]; νικητής [niki'tis]
gewiß βέβαιος ['veveos]
Gewissen *n* συνείδηση (-εις) [si'niðisi]; **2haft** ευσυνείδητος [efsi'niðitos]; **2los** ασυνείδητος [asi'niðitos]; **~sbisse** *m/pl.* τύψεις ['tipsis] *f/pl.*
Gewißheit *f* βεβαιότητα [ve've'otita]
Gewitter *n* φουρτούνα [fur'tuna], καταιγίδα [kate'jiða]

gewöhnen: ***sich*** ~ συνηθίζω [sini'θizo] (***an*** *A*/ *A*, σε, με [se, me])
Ge|wohnheit *f* συνήθεια [si'niθia]; **≈wöhnlich** *Adv.* συνήθως [si'niθos]
Gewölbe *n* καμάρα [ka'mara], θόλος ['θolos]
Gewühl *n* ανακατωσούρα [anakato'sura]
Gewürz *n* καρύκευμα [ka'rikjevma] **geziert** προσποιητός [prospii'tos]
Gicht *f* αρθρίτιδα [ar'θritiða]
Giebel *m* αέτωμα [a'etoma] *n*
Gier *f* βουλιμία [vuli'mia]; **≈ig** αχόρταγος [a'xortaγos]
gieß|en χύνω ['çino]; **≈er** *m* χύτης ['çitis]; **≈erei** *f* χυτήριο [çi'tirio]; **≈kanne** *f* ποτιστήρι [poti'stiri]
Gift *n* φαρμάκι [far'maki], δηλητήριο [ðili'tirio]; **≈ig** φαρμακερός [farmakje'ros], δηλητηριώδης [ðilitiri'oðis] 2
Gipfel *m* κορυφή [kori'fi]
Gips *m* γύψος ['jipsos]; **~verband** *m* επίδεσμος γύψου [e'piðezmos 'jipsu]
Giro *n* τζίρος ['dziros]; **~konto** *n* λογαριασμός συναλλαγής [loγarja'zmos sinala'jis]
Gitarre *f* κιθάρα [ki'θara]
Gitter *n* κάγκελα ['kaŋgjela] *n/pl.*
Glanz *m* γυαλάδα [ja'laða], λάμψη (-εις) ['lampsi]; *fig.* μεγαλοπρέπεια [meγalo'prepia]
glänzen γυαλίζω [ja'lizo], λάμπω ['lambo]; **~d** γυαλιστερός [jaliste'ros]; λαμπρός [lam'bros]
Glas *n* γυαλί [ja'li], ύαλος ['ialos] *f*; ποτήρι [po'tiri]; **~er** *m* γυαλάς [ja'las], υαλοποιός [ialopi'os]; **~scheibe** *f* τζάμι ['dzami]
glatt λείος ['lios], ομαλός [oma'los]; **≈eis** *n* γλιστερός πάγος [γliste'ros 'paγos]
glätten λειαίνω [li'eno]; γυαλίζω [ja'lizo]
Glatze *f* φαλάκρα [fa'lakra]
Glaub|e *m* πίστη ['pisti]; **≈en** πιστεύω [pi'stevo] (***an*** *A*/ σε [se]); (*meinen*) νομίζω [no'mizo]; **≈haft** πιστευτός [piste'ftos]
Gläubiger *m* *Hdl.* πιστωτής [pisto'tis]
gleich[1] (*sofort*) αμέσως [a'mesos]
gleich[2] ίσιος ['isjos] (*D*/ με [me]); **~artig** όμοιος ['omios]; **~bedeutend** ταυτόσημος [ta'ftosimos]; **~berechtigt** ισότιμος [i'sotimos]; **≈berechtigung** *f* ισοτιμία [isoti'mia]; **~en** μοιάζω ['mjazo]; **~falls** επίσης [e'pisis]; **~förmig** ομοιόμορφος [omi'omorfos]; μονότονος [mo'notonos]; **≈gewicht** *n* ισορροπία [isoro'pia]; **~gültig** αδιάφορος [a'ðjaforos]; **≈heit** *f* ισότητα [i'sotita]; **~mäßig** συμμετρικός [sime-

tri'kos]; **~mut** *m* αταραξία [atara'ksia]; **~nis** *n* παραβολή [paravo'li]; **~schaltung** *f* συντονισμός [sindoni'zmos]; **~strom** *m* συνεχές ρεύμα [sine'çes 'revma] *n*; **~wertig** ισάξιος [i'saksios]; **~zeitig** σύγχρονος ['siŋxronos]

Gleis *n* σιδηροτροχιά [siðirotro'ça], γραμμή [ɣra'mi]

gleiten γλιστρώ (-άς) [ɣli'stro]

Gletscher *m* παγετώνας [paje'tonas]

Glied *n* μέλος ['melos] *n*; κρίκος ['krikos]; *Mil.* σειρά [si'ra]; **~ern** διαρθρώνω [ðiar'θrono]; **~erung** *f* διάρθρωση (-εις) [ði'arθrosi]

glimmen τρεμοσβήνω [tremo'zvino]

glimpflich: ~ ***davonkommen*** φτηνά τη γλυτώνω [fti'na ti ɣli'tono]

glitzern σπινθηροβολώ [spinθirovo'lo]

Globus *m* σφαίρα ['sfera]

Glocke *f* καμπάνα [kam'bana], κουδούνι [ku'ðuni]

Glocken|schlag *m* κωδωνοκρουσία [koðonokru'sia]; **~turm** *m* καμπαναριό [kambana'rjo]

Glück *n* ευτυχία [efti'çia]; ~ ***wünschen*** συγχαίρω [siŋ'çero]; **~en** πετυχαίνω [peti'çeno]; **~lich** ευτυχισμένος [eftiçi'zmenos], ευτυχής [efti'çis] 2; **~licherweise** ευτυχώς [efti'xos]; **~wunsch** *m* συγχαρητήρια [siŋxari'tiria]

Glüh|birne *f* γλόμπος ['ɣlo(m)bos]; **~en** πυρώνω [pi'rono]; ***~end heiß*** καυτερός [kafte'ros]

Glut *f* κάψα ['kapsa]; ανθρακιά [anθra'kja]

Gnade *f* χάρη ['xari], εύνοια ['evnia]

gnädig ευνοϊκός [evnoi'kos]

Gold *n* μάλαμα ['malama], χρυσάφι [xri'safi]; **~en** χρυσός [xri'sos]; **~fisch** *m* χρυσόψαρο [xri'sopsaro]; **~schmied** *m* χρυσοχόος [xriso'xoos]; **~währung** *f* χρυσός κανόνας [xri'sos ka'nonas]

gönn|en δε ζηλεύω [ðe zi'levo]; **~er** *m* προστάτης [pro'statis]

Gott *m* θεός, Θεός [θe'os]; **~esdienst** *m* λειτουργία [litur'jia]; **~eslästerung** *f* βλασφημία [vlasfi'mia]; **~heit** *f* θεότητα [θe'otita]

Gött|in *f* θεά [θe'a]; **~lich** θείος ['θios], θεϊκός [θei'kos]

gottlos άθεος ['aθeos]

Götze *m* είδωλο ['iðolo]

Grab *n* τάφος ['tafos]

graben σκάβω ['skavo]; ~ *m* χαντάκι [xan'daki], τάφρος ['tafros] *f*

Grab|hügel *m* τύμβος ['timvos]; **~schrift** *f* επιτάφια επιγραφή [epi'tafja epiɣra'fi];

~stein *m* ταφόπετρα [ta'fopetra]
Grad *m* βαθμός [vaθ'mos]
Graf *m* κόμης ['komis]
Gräfin *f* κόμισσα ['komisa]
Gram *m* λύπη ['lipi], θλίψη (-εις) ['θlipsi]
grämen: *sich* ~ λυπάμαι ['lipame], θλίβομαι ['θlivome]
Gramm *n* γραμμάριο [γra'mario]
Grammatik *f* γραμματική [γramati'ki]
Granate *f* οβίδα [o'viδa]
Gras *n* χορτάρι [xor'tari], χόρτο ['xorto]; **≗en** βόσκω ['vosko]; **~halm** *m* καλάμι χόρτου [ka'lami 'xortu]
gräßlich φρικτός [fri'ktos]
Grat *m* ράχη βουνού ['raçi vu'nu]
Gräte *f* ψαροκόκκαλο [psaro'kokalo]
gratulieren συγχαίρω [siŋ'çero]
grau γκρίζος ['grizos]
grauen ανατριχιάζω [anatri'çjazo], φρικιώ [friki'o]; **~haft** φρικτός [fri'ktos]
grausam σκληρός [skli'ros], άγριος ['aγrios]; **≗keit** *f* σκληρότητα [skli'rotita]
Graz|ie *f* χάρη ['xari]; **≗iös** χαριτωμένος [xarito'menos]
greif|bar χειροπιαστός [çiropja'stos]; **~en** πιάνω ['pjano], συλλαμβάνω [silam'vano]
Greis *m* γέροντας ['jerondas], γέρος ['jeros]; **~enalter** *n* γεράματα [je'ramata] *n/pl.*, γήρας ['jiras] *n*; **~in** *f* γερόντισσα [je'rondisa], γριά [γri'a]
grell (*Ton*) διαπεραστικός [δiaperasti'kos]; (*Licht*) εκτυφλωτικός [ektifloti'kos]; (*Farben*) ζωηρός [zoi'ros]
Grenz|e *f* σύνορα ['sinora] *n/pl.*; **≗enlos** απεριόριστος [aperi'oristos]; **~station** *f* συνοριακός σταθμός [sinoria'kos staθ'mos]
Greu|el *m* φρίκη ['friki]; **~eltat** *f* κακούργημα [ka'kurjima] *n*; **≗lich** φρικτός [fri'ktos], φρικαλέος [frika'leos]
Griech|e *m* Έλληνας ['elinas]; **~enland** *n* Ελλάς [e'las] *f*, Ελλάδα [e'laδa]; **~in** *f* Ελληνίδα [eli'niδa]; **≗isch** ελληνικός [elini'kos]
Grieß *m* σιμιγδάλι [simi'γδali]
Griff *m* πιάσιμο ['pjasimo], λαβή [la'vi]
Grill *m* εσχάρα [e'sxara]; *vom* ~ στη σχάρα [sti 'sxara]
Grille *f* τζίτζικας ['dzidzikas]; *fig.* παραξενιά [parakse'nja]
Grimm *m* οργή [or'ji]; **≗ig** άγριος ['aγrios], οργισμένος [orji'zmenos]
grinsen κουτογελώ (-άς) [kutoje'lo]
Grippe *f* γρίππη ['γripi]
grob χοντρός [xon'dros]; *fig.* άξεστος ['aksestos], αγροί-

κος [a'γrikos]; **&heit** *f* χοντροκοπιά [xondroko'pja]
Groll *m* μίσος ['misos] *n*; **&en** μνησικακώ [mnisika'ko]; (*Donner*) κουφοηχώ [kufoi'xo]
groß μεγάλος [me'γalos]
Größe *f* μέγεθος ['mejeθos] *n*; μεγαλείο [meγa'lio]
Großeltern *pl.* παππούδες [pa'puðes] *m/pl.*
Größenwahn *m* μεγαλομανία [meγaloma'nia]
Groß|mut *m* μεγαλοψυχία [meγalopsi'çia]; **~mutter** *f* γιαγιά [ja'ja], μάμμη ['mami]; **~stadt** *f* μεγαλούπολη (-εις) [meγa'lupoli]
größtenteils ως επί το πλείστον [os e'pi to 'pliston]
Großvater *m* παππούς [pa'pus], πάππος ['papos]
großzügig γενναιόδωρος [jene'oðoros]
Grube *f* λάκκος ['lakos], βόθρος ['voθros]
Gruft *f* τάφος ['tafos]
grün πράσινος ['prasinos]; **~ *werden*** πρασινίζω [prasi'nizo]
Grund *m* πάτος ['patos], πυθμένας [piθ'menas]; *fig.* λόγος ['loγos], αιτία [e'tia]
gründ|en χτίζω ['xtizo], ιδρύω [i'ðrio]; **&er** *m* ιδρυτής [iðri'tis]
Grundlage *f* θεμέλιο [θe'meljo], βάση (-εις) ['vasi]
gründlich ριζικός [rizi'kos]
Grund|linie *f* βασική γραμμή [vasi'ki γra'mi]; **~mauer** *f* θεμέλιο τείχος [θe'melio 'tixos] *n*; **~riß** *m* σχεδιάγραμμα [sçeði'aγrama] *n*; **~satz** *m* αρχή [ar'çi], αξίωμα [a'ksioma] *n*; **&sätzlich** βασικός [vasi'kos], κατ' αρχήν [katar'çin]; **~schule** *f* δημοτικό [ðimoti'ko]; **~stück** *n* οικόπεδο [i'kopeðo]
Gründung *f* ίδρυση (-εις) ['iðrisi]
Gruppe *f* ομάδα [o'maða], όμιλος ['omilos]
Gruß *m* χαιρετισμός [çereti'zmos]
grüßen χαιρετώ (-άς) [çere'to]
gucken κοιτάζω [ki'tazo]
gültig έγκυρος ['eŋgiros]; **~ *sein*** ισχύω [i'sçio]; **&keit** *f* ισχύς [i'sçis] *f*
Gummi *m* λάστιχο ['lastixo]; **~band** *n* ελαστική κορδέλα [elasti'ki kor'ðela]
Gunst *f* εύνοια ['evnia]
günstig ευνοϊκός [evnoi'kos], ευμενής [evme'nis] 2
Gurgel *f* λάρυγγας ['lariŋgas]; **&n** κάνω γαργάρα ['kano γar'γara]
Gurke *f* αγγούρι [aŋ'guri]
Gürtel *m* ζώνη ['zoni]
Guß *m* χύσιμο ['çisimo]; **~eisen** *n* χυτοσίδηρος [çito'siðiros]; **~stahl** *m* χυτοχάλυβας [çito'xalivas]
gut καλός [ka'los]; **&** *n* κτήμα ['ktima] *n*; αγαθό [aγa'θo]; **&achten** *n* γνωμοδότηση (-εις) [γnomo'ðotisi]

Güte *f* καλοσύνη [kalo'sini]
Güter|abfertigung *f* διεκπεραίωση εμπορευμάτων [ðiekpe'reosi emborev'maton]; **~bahnhof** *m* εμπορικός σταθμός [embori'kos staθ'mos]; **~wagen** *m* σκευοφόρος [skjevo'foros] *f*; **~zug** *m* φορτηγό τρένο [forti'γo 'treno]
Gut|haben *n* πίστωση (-εις) ['pistosi]; **⁀machen** (*wieder* **⁀machen**) σιάζω ['sjazo], επανορθώνω [epanor'θono]; **⁀mütig** καλόκαρδος [ka'lokarðos]; **~schein** *m* ένταλμα ['endalma] *n*, δελτίο [ðel'tio]; **~schrift** *f* πίστωση ['pistosi]
Gymnasium *n* γυμνάσιο [jim'nasio]
Gymnastik *f* γυμναστική [jimnasti'ki]
Gynäkologe *m* γυναικολόγος [jineko'loγos]

H

Haar *n* τρίχα ['trixa]; (*Kopf*⁀) μαλλιά [ma'lja] *n/pl.*; **~ausfall** *m* τριχόπτωση [tri'xoptosi]; **~nadel** *f* φουρκέτα [fur'kjeta]; **~netz** *n* φιλές [fi'les]; **~schneiden** *n* κόψιμο μαλλιών ['kopsimo ma'ljon]; **~waschmittel** *n* σαμπουάν [sampu'an]; **~wasser** *n* λοσιόν μαλλιών [lo'sjon ma'ljon]; **~wuchs** *m* τριχοφυία [trixofi'ia]
Habe *f* ιδιοκτησία [iðiokti'sia]
hab|en έχω ['exo]; **⁀en** *n Hdl.* λαβείν [la'vin] *n*; **⁀gier** *f* πλεονεξία [pleone'ksia]; **~gierig** πλεονέκτης [pleo'nektis]
Habicht *m* γεράκι [je'raki]
Hack|e *f* τσάπα ['tsapa], σκαπάνη [ska'pani]; **⁀en** (*Holz*) κόβω ['kovo]
Hacken *m* φτέρνα ['fterna]
Hackfleisch *n* κιμάς [ki'mas]
Hafen *m* λιμάνι [li'mani]; **~damm** *m* προκυμαία [proki'mea]
Hafer *m* βρώμη ['vromi]
Haft *f* κράτηση (-εις) ['kratisi], φυλάκιση (-εις) [fi'lakisi]; **~befehl** *m* ένταλμα *n* συλλήψεως ['endalma si'lipseos]; **⁀en** εγγυώμαι [eŋgi'ome]; **~pflicht** *f* αστική ευθύνη [asti'ki ef'θini]
Haftstrafe *f* φυλάκιση [fi'lakisi]
Hagel *m* χαλάζι [xa'lazi]; **⁀n** πέφτει χαλάζι ['pefti xa'lazi]
hager αχαμνός [axa'mnos], ισχνός [is'xnos]
Hahn *m* πετεινός [peti'nos]; (*Faß*) κάνουλα ['kanula]; (*Waffe*) λύκος ['likos]
Hai(fisch) *m* σκυλόψαρο [ski'lopsaro], καρχαρίας [karxa'rias]
häkeln πλέκω βελονάκι ['pleko velo'naki]

Haken *m* τσιγκέλι [tsiŋ'gjeli], αγκίστρι [aŋ'gistri]; (*Kleider*2) κρεμαστάρι [krema'stari]
halb μισός [mi'sos], ήμισυς ['imisis]; 2**dunkel** *n* ημίφως [i'mifos] *n*; 2**insel** *f* χερσόνησος [çer'sonisos] *f*; 2**kreis** *m* ημικύκλιο [imi'kiklio]; 2**kugel** *f* ημισφαίριο [imi'sferio]; 2**mond** *m* μισοφέγγαρο [miso'feŋgaro], ημισέληνος [imi'selinos] *f*; 2**pension** *f* ντεμί πανσιόν [de'mi pan'sjon]; 2**zeit** *f* (*Sport*) ημίχρονο [i'mixrono]
Hälfte *f* μισό [mi'so], ήμισυ ['imisi] *n*
Halle *f* στοά [sto'a]; (*Saal*) αίθουσα ['eθusa]; (*Markt*2) αγορά [aγo'ra]
Hallenbad *n* κλειστή πισίνα [kli'sti pi'sina]
Hals *m* λαιμός [le'mos]; **~entzündung** *f* φαρυγγίτιδα [fariŋ'gitiδa]; **~schmerzen** *m/pl.* πονόλαιμος [po'nolemos]; **~tuch** *n* μαντήλι [man'dili]
Halt *m* σταμάτημα [sta'matima] *n*; *fig.* στήριγμα ['stiriγma] *n*; 2**bar** στερεός [stere'os]; **~barkeit** *f* στερεότητα [stere'otita]; 2**en** σταματώ (-άς) [stama'to]; βαστώ (-άς) [va'sto]; πιστεύω [pi'stevo] (**für**/ για [ja]); διατηρώ [δiati'ro], κρατώ (-άς) [kra'to]; **~estelle** *f* στάση (-εις) ['stasi]; 2**los** αβάσιμος [a'vasimos]; 2**machen** σταματώ (-άς) [stama'to]; **~ung** *f* φέρσιμο ['fersimo], συμπεριφορά [simberifo'ra]
Halunke *m* παλιάνθρωπος [pa'ljanθropos]
Hammel *m* κριάρι [kri'ari]; **~fleisch** *n* αρνί [ar'ni]
Hammer *m* σφυρί [sfi'ri]
Hand *f* χέρι ['çeri]; **~arbeit** *f* χειροτέχνημα [çiro'texnima] *n*; (*weibliche*) εργόχειρο [er'γoçiro]; **~bremse** *f* χειρόφρενο [çi'rofreno]; **~buch** *n* εγχειρίδιο [eŋçi'riδio]
Handel *m* εμπόριο [em'borio]; 2**n** εμπορεύομαι [embo'revome]; ενεργώ [ener'γo]; (*feilschen*) παζαρεύω [paza'revo]; ***es* 2*t sich um*** πρόκειται για ['prokite ja]
Handels- εμπορικός [embori'kos]
Hand|fläche *f* παλάμη [pa'lami]; **~gelenk** *n* καρπός [kar'pos]; **~gepäck** *n* χειραποσκευή [çiraposkje'vi]; **~griff** *m* πιάσιμο ['pjasimo], χειρισμός [çiri'zmos]; 2**haben** χειρίζομαι [çi'rizome]; **~habung** *f* χειρισμός [çiri'zmos]
Händler *m* έμπορος ['emboros]
hand|lich εύχρηστος ['efxristos]; 2**lung** *f* πράξη (-εις) ['praksi]; ενέργεια [e'nerjia]
Hand|schrift *f* γράψιμο

['γrapsimo], γραφή [γra'fi]; χειρόγραφο [çi'roγrafo]; **≈schriftlich** χειρόγραφος [çi'roγrafos]; **~schuh** *m* γάντι ['γandi]; **~tasche** *f* τσάντα ['tsanda]; **~tuch** *n* πετσέτα [pe'tseta]; **~werk** *n* τέχνη ['texni]; **~werker** *m* τεχνίτης [te'xnitis]; **~werkszeug** *n* εργαλεία [erγa'lia] *n/pl.*
Hanf *m* καννάβι [ka'navi]
Hang *m* κλίση (-εις) ['klisi]; *fig.* τάση (-εις) ['tasi]
Hänge|brücke *f* κρεμαστή γέφυρα [krema'sti 'jefira]; **~lampe** *f* κρεμαστή λάμπα [krema'sti 'lamba]; **~matte** *f* κούνια ['kunja]; **≈n** κρεμώ (-άς) [kre'mo], κρέμομαι ['kremome]
hänseln κοροϊδεύω [koroi'ðevo], περιπαίζω [peri'pezo]
Harfe *f* άρπα ['arpa]
Harke *f* τσουγκράνα [tsuŋ'grana]; **≈n** συνάζω με την τσουγκράνα [si'nazo me tin tsuŋ'grana]
harmlos αθώος [a'θoos]; **≈igkeit** *f* αθωότητα [aθo'otita]
harmon|ieren ταιριάζω [ter'jazo]; **≈ika** *f* φυσαρμόνικα [fisar'monika]; **~isch** αρμονικός [armoni'kos]
Harn *m* κάτουρο ['katuro], ούρο ['uro]; **~blase** *f* κύστη ['kisti]
Harpune *f* αρπάγη [ar'paji]
hart σκληρός [skli'ros]
Härte *f* σκληρότητα [skli'rotita]; **≈n** σκληραίνω [skli'reno]
hart|gekocht (*Ei*) σφιχτό [sfi'xto]; **~herzig** σκληρόκαρδος [skli'rokarðos]; **~näckig** επίμονος [e'pimonos]; **≈näckigkeit** *f* επιμονή [epimo'ni]
Harz *n* ρετσίνι [re'tsini]; **≈ig** ρετσινάτος [retsi'natos]
haschen τσακώνω [tsa'kono]
Hase *m* λαγός [la'γos]
Haselnuß *f* φουντούκι [fun'duki]
Haß *m* μίσος ['misos] *n*
hassen μισώ [mi'so]
häßlich άσχημος ['asçimos]; **≈keit** *f* ασχήμια [as'çimja]
Hast *f* βία ['via]; **≈ig** βιαστικός [vjasti'kos]
Haube *f* σκούφια ['skufja]
Hauch *m* πνοή [pno'i]
hau|en χτυπώ (-άς) [xti'po]; **≈er** *m* μεταλλωρύχος [metalo'rixos]
Haufe(n) *m* σωρός [so'ros]; πλήθος ['pliθos] *n*
häufen συσσωρεύω [siso'revo], στοιβάζω [sti'vazo]
haufenweise σωρηδόν [sori'ðon]
häufig συχνός [si'xnos]; **≈keit** *f* συχνότητα [si'xnotita]
Haupt *n* κεφάλι [kje'fali]; *fig.* αρχηγός [arçi'γos]; **~bahnhof** *m* κεντρικός σταθμός [kjendri'kos staθ'mos]; **~bestandteil** *m* κύριο συστατικό ['kirio sistati'ko]; **~eingang** *m* κύρια είσοδος ['ki-

ria 'isoδos] *f*; **~gewinn** *m* πρώτος λαχνός ['protos la'xnos]; **~mann** *m* λοχαγός [loxa'γos]; **~postamt** *n* κεντρικό ταχυδρομείο [kjendri'ko taçiδro'mio]; **~quartier** *n Mil.* στρατηγείο [strati'jio]; **~sache** *f* κυριότερο [kiri'otero]; **~stadt** *f* πρωτεύουσα [pro'tevusa]; **~straße** *f* κεντρικός δρόμος [kjendri'kos 'δromos]

Haus *n* σπίτι ['spiti], οικία [i'kia]; **~angestellte** *f* υπηρέτρια [ipi'retria]; **~arbeit** *f* οικιακή εργασία [ikia'ki erγa'sia]; **~besitzer** *m* νοικοκύρης [niko'kiris]; **~frau** *f* νοικοκυρά [nikoki'ra]; **~halt** *m* νοικοκυριό [nikokir'jo]; **~hälterin** *f* οικονόμος [iko'nomos] *f*; **♀ieren** γυρολογώ [jirolo'γo]

häuslich οικιακός [ikia'kos]

Haus|nummer *f* αριθμός του σπιτιού [ari'θmos tu spiti'u]; **~schlüssel** *m* κλειδί εξώπορτας [kli'δi e'ksoportas]; **~schuhe** *m/pl.* παντούφλες [pan'dufles] *f/pl.*; **~tier** *n* κατοικίδιο ζώο [kati'kiδio 'zoo]; **~tür** *f* εξώπορτα [e'ksoporta]; **~wirt** *m* (σπιτο)νοικοκύρης [(spito)niko'kiris]

Haut *f* πετσί [pe'tsi], δέρμα ['δerma] *n*; **~ausschlag** *m* εξάνθημα [e'ksanθima] *n*; **~creme** *f* κρέμα ['krema]

Havarie *f* αβαρία [ava'ria]

Hebamme *f* μαμμή [ma'mi], μαία ['mea]

Hebel *m* μοχλός [mo'xlos]

heben σηκώνω [si'kono], υψώνω [i'psono]

Hecht *m* λούτσος ['lutsos]

Heck *n* πρύμνη ['primni]

Hecke *f* φράχτης ['fraxtis]; **~nrose** *f* αγριοτριαντάφυλλο [aγriotrian'dafilo]

Heer *n* στρατός [stra'tos], στράτευμα ['stratevma] *n*

Hefe *f* προζύμι [pro'zimi], μαγιά [ma'ja]

Heft *n* (*Schreib♀*) τετράδιο [te'traδio]; (*Lese♀*) τεύχος ['tefxos] *n*; **♀en** (*Buch*) χαρτοδένω [xarto'δeno]; (*Blick*) καρφώνω [kar'fono]; (*Kleid*) ράβω ['ravo]

heftig ορμητικός [ormiti'kos], σφοδρός [sfo'δros]; **♀keit** *f* ορμητικότητα [ormiti'kotita]

Heft|pflaster *n* τσιρότο [tsi'roto], έμπλαστρο ['emblastro]; **~zwecke** *f* πινέζα [pi'neza]

Hehler *m* κλεπταποδόχος [kleptapo'δoxos]; **~ei** *f* κλεπταποδοχή [kleptapoδo'çi]

Heide[1] *m* ειδωλολάτρης [iδolo'latris]

Heide[2] *f* ερεικόφυτος τόπος [eri'kofitos 'topos]

heil ακέραιος [a'kjereos], σώος ['soos]; **♀** *n* σωτηρία [soti'ria]; **~bar** θεραπεύσιμος [θera'pefsimos]; **~en** θεραπεύω [θera'pevo]

heilig άγιος ['ajos], ιερός [ie'ros]; **⁓e(r)** ***Abend*** *m* παραμονή Χριστουγέννων [paramo'ni xristu'jenon]; **⁓keit** *f* αγιότητα [aji'otita]; **⁓tum** *n* ιερό [ie'ro]

heil|kräftig θεραπευτικός [θerapefti'kos]; **⁓mittel** *n* φάρμακο ['farmako]; **⁓quelle** *f* ιαματική πηγή [iamati'ki pi'ji]; **⁓sam** θεραπευτικός [θerapefti'kos]; *fig.* ωφέλιμος [o'felimos]; **⁓ung** *f* θεραπεία [θera'pia]

Heim *n* σπίτι ['spiti]

Heimat *f* πατρίδα [pa'triδa]; **⁓lich** πάτριος ['patrios]; **⁓los** χωρίς πατρίδα [xo'ris pa'triδa]

heim|gehen πηγαίνω σπίτι [pi'jeno 'spiti]; **⁓isch** οικείος [i'kios]; **⁓lich** κρυφός [kri'fos], μυστικός [misti'kos]; **⁓lichkeit** *f* μυστικότητα [misti'kotita]; **⁓tückisch** ύπουλος ['ipulos]; **⁓weg** *m* επάνοδος [e'panoδos] *f*; **⁓weh** *n* νοσταλγία [nosta'ljia]

Heirat *f* παντρειά [pandri'a], γάμος ['γamos]; ***⁓en*** παντρεύομαι [pan'drevome]

heiser βραχνός [vra'xnos]; **⁓keit** *f* βραχνάδα [vra'xnaδa]

heiß ζεστός [ze'stos]

heiß|en ονομάζομαι [ono'mazome], λέγομαι ['leγome]; (*bedeuten*) σημαίνω [si'meno]; ***das ⁓t*** δηλαδή [δila'δi]

heiter (*Himmel*) καθαρός [kaθa'ros], αίθριος ['eθrios]; (*fröhlich*) χαρούμενος [xa'rumenos]; **⁓keit** *f* ευθυμία [efθi'mia]

heiz|en ζεσταίνω [ze'steno], θερμαίνω [θer'meno]; **⁓er** *m* θερμαστής [θerma'stis]; **⁓kissen** *n* ηλεκτρικό μαξιλάρι [ilektri'ko maksi'lari]; **⁓körper** *m* καλοριφέρ [kalori'fer] *n*; **⁓material** *n* καύσιμα ['kafsima] *n/pl.*; **⁓ung** *f* θέρμανση (-εις) ['θermansi]

Held *m* ήρωας ['iroas]

helf|en *D* βοηθώ (-άς) [voi'θo]; **⁓er** *m* βοηθός [voi'θos]

hell φωτεινός [foti'nos]; (*Farbe*) ανοιχτός [ani'xtos]; **⁓igkeit** *f* φωτεινότητα [foti'notita]

Helm *m* κράνος ['kranos] *n*

Hemd *n* πουκάμισο [pu'kamiso]

hemm|en σταματώ (-άς) [stama'to]; εμποδίζω [embo'δizo]; **⁓nis** *n* εμπόδιο [em'boδio]; **⁓ung** *f* δειλία [δi'lia]

Henkel *m* λαβή [la'vi]

Henker *m* δήμιος ['δimios]

Henne *f* κότα ['kota], όρνιθα ['orniθa]

her εδώ [e'δo]

herab κάτω ['kato]; **⁓kommen** κατεβαίνω [kate'veno]; **⁓lassen** κατεβάζω [kate'vazo]; ***sich ⁓lassen*** καταδέχομαι [kata'δexome]; **⁓lassung** *f* καταδεκτικότητα [kataδekti'kotita]; **⁓setzen**

(*Preis*) κατεβάζω [kate'vazo]; *fig.* (*j-n*) υποβιβάζω [ipovi'vazo]; **~steigen** κατεβαίνω [kate'veno]; **~ziehen** χαμηλώνω [xami'lono]
heran κοντά [kon'da], προς τα εδώ [pros ta e'ðo]; **~treten** πλησιάζω [plisi'azo]; **~wachsen** μεγαλώνω [meɣa'lono]
herauf (ε)πάνω [(e)'pano], προς τα πάνω [pros ta 'pano]; **~beschwören** προκαλώ [proka'lo]; **~kommen, ~steigen** ανεβαίνω [ane'veno]; **~ziehen** ανασύρω [ana'siro]
heraus έξω ['ekso], προς τα έξω [pros ta 'ekso]; **~fordern** προκαλώ [proka'lo]; **~geben** παραδίνω [para'ðino]; (*Geld*) δίνω τα ρέστα ['ðino ta 'resta]; (*Buch*) εκδίδω [eg'ðiðo]; **2geber** *m* εκδότης [eg'ðotis]; **~kommen** βγαίνω ['vjeno]; εξέρχομαι [e'kserxome]; **~lassen** αφήνω να βγει [a'fino na 'vji]; **~reden:** ***sich ~reden*** δικαιολογούμαι [ðikjeolo'ɣume]
herb μπρούσκος ['bruskos], στυφός [sti'fos]
herbei κοντά [kon'da], προς τα εδώ [pros ta e'ðo]; **~bringen** φέρνω ['ferno]; **~eilen** προστρέχω [pros'trexo]; **~holen** προσκομίζω [prosko'mizo]; **~rufen** φωνάζω να έλθει [fo'nazo na 'elθi]; **~schaffen** προσκομίζω [prosko'mizo]
Herberge *f* ξενώνας [kse'nonas], πανδοχείο [panðo'çio]
Herbst *m* φθινόπωρο [fθi'noporo]; **2lich** φθινοπωρινός [fθinopori'nos]
Herd *m* τζάκι ['dzaki], εστία [e'stia]
Herde *f* κοπάδι [ko'paði], ποίμνιο ['pimnio]
herein μέσα ['mesa], εντός [en'dos]; **~!** εμπρός [em'bros]; **~fallen** την παθαίνω [timba'θeno]; **~kommen** μπαίνω ['beno], εισέρχομαι [i'serxome]
her|führen φέρνω ['ferno]; **~geben** δίνω ['ðino]; **~gebracht** πατροπαράδοτος [patropa'raðotos]
Hering *m* ρέγγα ['reŋga]
her|kommen προσέρχομαι [pro'serxome]; **2kunft** *f* καταγωγή [kataɣo'ji]; **~leiten** παράγω [pa'raɣo]
Herr *m* κύριος ['kirios]; (*Anrede*) κύριε ['kirie]; **~enanzug** *m* κουστούμι [ku'stumi]; **2enlos** αδέσποτος [a'ðespotos]
herrichten προετοιμάζω [proeti'mazo]
Herr|in *f* κυρία [ki'ria]; **2isch** δεσποτικός [ðespoti'kos]; **2lich** λαμπρός [lam'bros]; **2schen** κυριαρχώ [kiriar'xo]; **~scher** *m* κυρίαρχος [ki'riarxos]
her|rühren προέρχομαι

[pro'erxome]; **~stammen** κατάγομαι [ka'taγome]; **~stellen** κατασκευάζω [kataskje'vazo]; **2stellung** *f* κατασκευή [kataskje'vi]
herüber προς τα εδώ [pros ta e'ðo]
herum (τρι)γύρω [(tri)'jiro]; *um (etw.)* ~ γύρω από ['jiro a'po] *A*; **~drehen** στριφογυρίζω [strifoji'rizo], περιστρέφω [peri'strefo]; **~führen** γυρίζω [ji'rizo]; **~schlendern** σεριανίζω [serja'nizo]
herunter κάτω ['kato], προς τα κάτω [pros ta 'kato]; **~bringen** φέρνω κάτω ['ferno 'kato]; **~nehmen** κατεβάζω [kate'vazo]; **~schlucken** καταπίνω [kata'pino]
hervor από μέσα [a'po 'mesa]; **~brechen** εξορμώ (-άς) [eksor'mo]; **~bringen** παράγω [pa'raγo]; **~gehen** *fig.* προκύπτω [pro'kipto]; **~heben** τονίζω [to'nizo], εξαίρω [e'ksero]; **~kommen** βγαίνω ['vjeno], προβάλλω [pro'valo]; **~ragen** εξέχω [e'ksexo]; **~ragend** *fig.* έξοχος ['eksoxos]; **~tun:** *sich* **~tun** διαπρέπω [ðia'prepo]
Herz *n* καρδιά [kar'ðja]; **~enslust:** *nach* **~enslust** με την καρδιά (μου) [me tiŋ gar'ðja (mu)]; **~fehler** *m* καρδιακή πάθηση [karðia'ki 'paθisi]; **~infarkt** *m* καρδιακό έμφραγμα [karðia'ko 'emfraγma]; **~klopfen** *n* καρδιοχτύπι [karðjo'xtipi], παλμοί *m/pl.* της καρδιάς [pal'mi tis kar'ðjas]; **2lich** εγκάρδιος [eŋ'garðios]; **~lichkeit** *f* εγκαρδιότητα [eŋgarði'otita]; **2los** άκαρδος ['akarðos]
Herzog *m* δούκας ['ðukas]; **~in** *f* δούκισσα ['ðukisa]; **~tum** *n* δουκάτο [ðu'kato]
Herzschlag *m Med.* αποπληξία [apopli'ksia]
hetzen κυνηγώ (-άς) [kini'γo]
Heu *n* σανός [sa'nos]; **~boden** *m* αχυρώνας [açi'ronas]
Heuchel|ei *f* υποκρισία [ipokri'sia]; **2n** υποκρίνομαι [ipo'krinome]
Heuernte *f* συγκομιδή χόρτου [siŋgomi'ði 'xortu]
heulen ουρλιάζω [ur'ljazo]; (*Wind*) σφυρίζει [sfi'rizi]; (*weinen*) κλαίω ['kleo]
Heuschrecke *f* ακρίδα [a'kriða]
heut|e σήμερα ['simera]; **~e** ***morgen*** σήμερα το πρωί ['simera to pro'i]; **~ig** σημερινός [simeri'nos]; **~zutage** σήμερα 'simera], την σήμερον [tin 'simeron]
Hexe *f* στρίγγλα ['stri(ŋ)gla]
Hieb *m* χτύπημα ['xtipima] *n*
hier εδώ [e'ðo]; (*auf Briefen*) ενταύθα [en'dafta]; **~auf** εδώ επάνω [e'ðo e'pano], ύστερα ['istera]; **~aus** από τούτο [a'po 'tuto], εκ τούτου [ek

'tutu]; **~durch** με τούτο [me 'tuto], δια τούτου [ðja 'tutu]; **~her** εδώ [e'ðo]; **~mit** με τούτο [me 'tuto]; **~von** απ' αυτό [apa'fto]; **~zu** προς τούτο [pros 'tuto]

hiesig ο εδώ [o e'ðo], εγχώριος [eŋ'xorios]

Hilf|e *f* βοήθεια [vo'iθia]; **~eruf** *m* κραυγή βοήθειας [kra'vji vo'iθias]; **≈los** χωρίς βοήθεια [xo'ris vo'iθia], αβοήθητος [avo'iθitos]; **≈reich** βοηθητικός [voiθiti'kos]; εξυπηρετικός [eksipireti'kos]; **~smittel** *n* βοήθημα [vo'iθima] *n*

Himbeere *f* σμέουρο ['zmeuro]

Himm|el *m* ουρανός [ura'nos]; ***unter freiem ~el*** στο ύπαιθρο [sto 'ipeθro]; **≈elblau** γαλανός [ɣala'nos]; **~elfahrt** *f* Ανάληψη [a'nalipsi]; **~elsrichtung** *f* σημείο του ορίζοντα [si'mio tu o'rizonda]; **≈lisch** ουράνιος [u'ranios]

hin προς τα εκεί [pros ta e'ki]; ***~ und her*** εδώ κι εκεί [e'ðo kje'ki]; ***~ und wieder*** κάποτε ['kapote]; ***~ und zurück*** με επιστροφή [me epistro'fi]

hinab προς τα κάτω [pros ta 'kato]; **~fahren, ~gehen, ~steigen** κατεβαίνω [kate'veno]

hinauf προς τα (ε)πάνω [pros ta (e)'pano]; **~fahren, ~gehen, ~steigen** ανεβαίνω [ane'veno]

hinaus έξω ['ekso]; **~beugen: *sich ~beugen*** σκύβω έξω ['skivo 'ekso]; **~gehen** βγαίνω ['vjeno]; **~schieben** αναβάλλω [ana'valo]; **~ziehen** παρατείνω [para'tino]

hinder|lich ενοχλητικός [enoxliti'kos]; **~n** εμποδίζω [embo'ðizo] (***ihn an***/ τον να ... [ton na]); **≈nis** *n* εμπόδιο [em'boðio]

hindurch διά μέσου [ðia 'mesu]

hinein μέσα ['mesa], εντός [en'dos]; **~gehen** μπαίνω ['beno]; εισέρχομαι [i'serxome]; **~geraten** πέφτω μέσα ['pefto 'mesa]; **~tun** βάζω μέσα ['vazo 'mesa]

Hinfahrt *f* μετάβαση (-εις) [me'tavasi]; (*Hin- und Rückfahrt*) ταξίδι με επιστροφή [ta'ksiði me epistro'fi]

hin|fallen πέφτω κάτω ['pefto 'kato]; **~fällig** αδύνατος [a'ðinatos]; άκυρος ['akiros]; **~geben: *sich ~geben*** παραδίνομαι [para'ðinome]; **≈gebung** *f* αφοσίωση [afo'siosi]; **~gegen** απεναντίας [apenan'dias]

hin- und hergehen πηγαινοέρχομαι [pijeno'erxome]

hinken κουτσαίνω [ku'tseno], χωλαίνω [xo'leno]; **~d** κουτσός [ku'tsos]

hin|legen βάζω ['vazo], καταθέτω [kata'θeto]; ***sich ~legen*** ξαπλώνομαι [ksa'plo-

nome]; **~nehmen** δέχομαι ['ðexome]; *fig.* υποφέρω [ipo'fero]; **2reise** *f* μετάβαση (-εις) [me'tavasi]; **~reißen** ενθουσιάζω [enθusi'azo]; **~richten** εκτελώ [ekte'lo]; **2richtung** *f* εκτέλεση (-εις) [e'ktelesi]; **~setzen:** ***sich ~setzen*** κάθομαι ['kaθome]; **~sichtlich** όσο για ['oso ja], ως προς [os pros]; **~stehlen** τοποθετώ [topoθe'to]
hinten πίσω ['piso], όπισθεν ['opisθen]
Hinter- πισινός [pisi'nos]
hinter από πίσω [a'po 'piso]; **2bliebene(r)** *m* επιζών [epi'zon] *m*; **~einander** ο ένας μετά τον άλλον [o 'enas me'ta ton 'alon]; **2grund** *m* φόντο ['fondo], βάθος ['vaθos] *n*; **2halt** *m* καρτέρι [kar'teri], ενέδρα [e'neðra]; **~her** ύστερα ['istera], κατόπιν [ka'topin]; **~lassen** αφήνω [a'fino]; **~legen** καταθέτω [kata'θeto]; **2list** *f* υπουλότητα [ipu'lotita]; **~listig** ύπουλος ['ipulos]; **~rücks** από πίσω [a'po 'piso]
hinüber εκεί πέρα [e'kji 'pera], απέναντι [a'penandi]; **~fahren, ~gehen, ~steigen** περνώ (-άς) [per'no]
hinunter κάτω ['kato], προς τα κάτω [pros ta 'kato]
Hin|weis *m* υπόδειξη (-εις) [i'poðiksi]; **2weisen** υποδεικνύω [ipoði'knio]; **2zu** επιπλέον [epi'pleon]; **2zufügen** προσθέτω [pros'θeto]; **2zukommen** προσέρχομαι [pro'serxome]; **2zuziehen** προσλαμβάνω [prozlam'vano]; (*Arzt*) συμβουλεύομαι [simvu'levome]
Hirn *n* μυαλό [mja'lo], εγκέφαλος [eŋ'gjefalos]
Hirsch *m* ελάφι [e'lafi]
Hirt *m* τσομπάνος [tso'banos], βοσκός [vo'skos]
hissen σηκώνω [si'kono], υψώνω [i'psono]
Hitz|e *f* ζέστη ['zesti]; **2ig** οξύθυμος [o'ksiθimos]; **~schlag** *m* ηλίαση [i'liasi]
Hobby *n* χόμπυ ['xobi] *n*
Hobel *m* ροκάνι [ro'kani]; **2n** ροκανίζω [roka'nizo]
hoch (υ)ψηλός [(i)psi'los]; **2achtung** *f* υπόληψη [i'polipsi]; εκτίμηση [ek'timisi]; **~achtungsvoll** με τιμή [me ti'mi]; **2bau** *m* υπέργειες κατασκευές [i'perjies kataskje'ves]; **2druck** *m* υψηλή πίεση [ipsi'li 'piesi]; **2ebene** *f* οροπέδιο [oro'peðio]; **2haus** *n* υψηλό κτίριο [ipsi'lo 'ktirio]; **2mut** *m* αλαζονεία [alazo'nia]; **~mütig** αλαζονικός [alazoni'kos]; **2ofen** *m* υψικάμινος [ipsi'kaminos]; **~rot** κατακόκκινος [kata'kokinos]; **2schule** *f*: ***Technische 2schule*** πολυτεχνείο [polite'xnio]; **2spannung** *f* υψηλή ένταση [ipsi'li 'endasi]; **2stapler** *m* απατεώνας [apate'onas]

höchst|ens το πολύ πολύ [to po'li po'li]; **≈geschwindigkeit** *f* μέγιστη ταχύτητα ['mejisti ta'çitita]
Hoch|verrat *m* εσχάτη προδοσία [e'sxati proðo'sia]; **~wasser** *n* πλημμύρα [pli'mira]; **~zeit** *f* γάμος ['γamos]; **~zeitsreise** *f* γαμήλιο ταξίδι [γa'milio ta'ksiði]
Hof *m* αυλή [a'vli]
hoff|en ελπίζω [el'pizo]; **≈nung** *f* ελπίδα [el'piða]; **~nungslos** απελπισμένος [apelpi'zmenos]
höflich ευγενικός [evjeni'kos]; **≈keit** *f* ευγένεια [e'vjenia]
Höhe *f* ύψος ['ipsos] *n*; **~punkt** *m* αποκορύφωμα [apoko'rifoma] *n*; ακμή [ak'mi]
hohl κούφιος ['kufjos], κοίλος ['kilos]; *fig.* κλούβιος ['kluvjos]
Höhle *f* σπηλιά [spi'lja]
Hohlraum *m* κενός χώρος [kje'nos 'xoros]
Hohn *m* κοροϊδία [koroi'ðia], χλευασμός [xleva'zmos]
höhnisch χλευαστικός [xlevasti'kos]
holen πηγαίνω να πάρω [pi'jeno na 'paro]; **~ *lassen*** στέλνω να φέρει ['stelno na 'feri]
Höll|e *f* κόλαση ['kolasi]; **≈isch** διαβολικός [ðjavoli'kos]
Holz *n* ξύλο ['ksilo]; **~scheit** *n* σχίζα ['sçiza]; **~schnitt** *m* ξυλογραφία [ksiloγra'fia]
Honig *m* μέλι ['meli]; **~kuchen** *m* μελόπι(τ)τα [me'lopita]
Honor|ar *n* μισθός [mi'sθos]; **≈ieren** αμείβω [a'mivo]
Hopfen *m* χούμελη ['xumeli]
horchen αφουγκράζομαι [afuŋ'grazome]
Horde *f* ορδή [or'ði]
hör|en ακούω [a'kuo] (**von** *D*, **über** *A*/ για [ja]); **≈er** *m* ακροατής [akroa'tis]; *Tel.* ακουστικό [akusti'ko]; **≈erschaft** *f* ακροατήριο [akroa'tirio]
Horizont *m* ορίζοντας [o'rizondas]
Horn *n* κέρατο ['kjerato], κέρας ['kjeras] *n*; *Mus.* κορνέτο [kor'neto]
Hörspiel *n* σκετς [skjets] *n*
Hose *f* παντελόνι [panda'loni]; **~nträger** *m* τιράντα [ti'randa]
Hotel *n* ξενοδοχείο [ksenoðo'çio]
hübsch όμορφος ['omorfos]; χαριτωμένος [xarito'menos]
Hubschrauber *m* ελικόπτερο [eli'koptero]
Huf *m* νύχι ['niçi], οπλή [o'pli]; **~eisen** *n* πέταλο ['petalo]; **~schmied** *m* πεταλάς [peta'las]
Hüft|e *f* γοφός [γo'fos], ισχίο [i'sçio]; **~halter** *m* κορσές [kor'ses]

Hügel *m* λόφος ['lofos]
Huhn *n* κότα ['kota], όρνιθα ['orniθa]
Hühnchen *n* κοτόπουλο [ko'topulo]
Hühner|auge *n* κάλος ['kalos]; **~stall** *m* κοτέτσι [ko'tetsi]
Hülle *f* περίβλημα [pe'rivlima] *n*; ***in ~ und Fülle*** μπόλικα ['bolika], άφθονα ['afθona]; **2n** περιβάλλω [peri'valo]
Hülse *f* λουβί [lu'vi]; **~nfrucht** *f* όσπριο ['osprio]
Hummel *f* άγρια μέλισσα ['aγria 'melisa]
Hummer *m* αστακός [asta'kos]
Humor *m* χιούμορ ['çumor] *n*
Hund *m* σκυλί [ski'li], σκύλος ['skilos]; **~ehütte** *f* σκυλόσπιτο [ski'lospito]
hundert εκατό(ν) [eka'to(n)]
Hung|er *m* πείνα ['pina]; **2ern** πεινώ (-άς) [pi'no]; **~ersnot** *f* λιμός [li'mos]; **2rig** πεινασμένος [pina'zmenos]; ***2rig sein*** πεινώ [pi'no], έχω πείνα ['exo 'pina]
Hupe *f* σειρήνα [si'rina]; κλάξον ['klakson]; **2n** κορνάρω [kor'naro]
hüpfen πηδώ (-άς) [pi'ðo]
Hürde *f* μάντρα ['mandra]; (*Sport*) εμπόδιο [em'boðio]
hüsteln ξεροβήχω [ksero'vixo]
husten βήχω ['vixo]; **2** *m* βήχας ['vixas]
Hut *m* καπέλο [ka'pelo]
hüte|n φυλά(γ)ω [fi'la(γ)o]; ***sich ~n*** προφυλάγομαι [profi'laγome]; **2r** *m* φύλακας ['filakas]
Hutkrempe *f* γείσο ['jiso]
Hütte *f* καλύβα [ka'liva]; **~nwerk** *n* μεταλλουργείο [metalur'jio]
Hydrant *m* υδραυλικό επιστόμιο [iðravli'ko epi'stomio]
Hygien|e *f* υγιεινή [ij(i)i'ni]; **2isch** υγιεινός [ij(i)i'nos]

I

ich εγώ [e'γo]
Ideal *n* ιδανικό [iðani'ko]
ident|ifizieren ταυτίζω [ta'ftizo]; **~isch** ταυτόσημος [ta'ftosimos]; **2ität** *f* ταυτότητα [ta'ftotita]
Igel *m* αχινός [açi'nos]
ihnen τους [tus], σ'αυτούς [sa'ftus]
Ihr ο ... σας [o ... sas]; ***~ Buch*** το βιβλίο σας [to vi'vlio sas]
ihr ο ... της (*pl.* τους) [o ...tis (tus)]
Imbiß *m* μεζές [me'zes]
Imker *m* μελισσοκόμος [meliso'komos]
immer πάντα ['panda], πάντοτε ['pantote]; **~hin** πάντως ['pantos]
impf|en μπολιάζω [bo'ljazo],

εμβολιάζω [emvoli'azo]; **2ung** *f* εμβολιασμός [emvolia'zmos]
imponieren κάνω εντύπωση ['kano en'diposi]
Import *m* εισαγωγή [isaγo'ji]
Impuls *m* ώθηση (-εις) ['oθisi]
imstande σε θέση [se 'θesi]
in σε [se], εις [is]
Inbegriff *m* ουσία [u'sia]; **2en** συμπεριλαμβανομένου [simberilamvano'menu]
indes, ~sen ωστόσο [os'toso], εντούτοις [en'dutis]; ενώ [e'no]
Individuum *n* άτομο ['atomo]
Industrie *f* βιομηχανία [viomixa'nia]; **2ll** βιομηχανικός [viomixani'kos]
ineinander|fügen συναρμολογώ [sinarmolo'γo]; **~greifen** συναρμολογούμαι [sinarmolo'γume]
Infektion *f* μόλυνση (-εις) ['molinsi]
infizieren μολύνω [mo'lino]
infolge *G* κατά συνέπεια [ka'ta si'nepia] *G*
Information *f* πληροφορία [plirofo'ria]
Ingenieur *m* μηχανικός [mixani'kos]
Inhaber *m* ιδιοκτήτης [iδio'ktitis]
Inhalt *m* περιεχόμενο [perie'xomeno]; **~sverzeichnis** *n* κατάλογος περιεχομένων [ka'taloγos periexo'menon]
Inkrafttreten *n* έναρξη (-εις) ισχύος ['enarksi i'sçios]
Inland *n* εσωτερικό [esoteri'ko]
in|liegend συνημμένος [sini'menos]; **~mitten** ανάμεσα σε [a'namesa se]
inne|haben κατέχω [ka'texo]; **~halten** σταματώ (-άς) [stama'to]; **~n** μέσα ['mesa], εντός [en'dos]; **~re** εσωτερικός [esoteri'kos]; **~rhalb** (*von od. G*) μέσα (σε) ['mesa (se)]
innig οικείος [i'kios]; εγκάρδιος [eŋ'garδios]
Insasse *m* ένοικος ['enikos]
insbesondere ιδίως [i'δios]
Inschrift *f* επιγραφή [epiγra'fi]
Insekt *n* έντομο ['endomo]
Insel *f* νησί [ni'si], νήσος ['nisos] *f*
Inserat *n* αγγελία [aŋgje'lia]
insofern καθ' όσον [ka'θoson]
Installateur *m* υδραυλικός [iδravli'kos]
instand halten διατηρώ [δiati'ro]
Institut *n* ινστιτούτο [insti'tuto]
Instrument *n* εργαλείο [erγa'lio]; όργανο ['orγano]
Inszenierung *f* σκηνοθεσία [skinoθe'sia]
Interess|e *n* ενδιαφέρον [enδia'feron]; **2ieren** ενδιαφέρω [enδia'fero]; ***sich* 2ieren für** ενδιαφέρομαι για [enδia'ferome ja]
international διεθνής [δie'θnis] 2

Interview *n* συνέντευξη [si'nendefksi]
Invalide *m* ανάπηρος [a'napiros]
inzwischen εν τω μεταξύ [endometa'ksi]
irdisch επίγειος [e'pijios]
irgend|einer κάποιος ['kapjos]; **~einmal** καμιά φορά [ka'mja fo'ra]; **~etwas** κάτι τι ['katiti]; **~jemand, ~wer** κάποιος ['kapjos]; **~wie** κάπως ['kapos]; **~wo** κάπου ['kapu]; **~woher** από κάπου [a'po 'kapu]; **~wohin** κάπου ['kapu]
irr(e) τρελός [tre'los]; συγχυσμένος [siŋçi'zmenos]
irre|führen παραπλανώ [parapla'no]; **~gehen** παραπλανιέμαι [parapla'njeme]; **~machen** σαστίζω [sa'stizo], συγχύζω [siŋ'çizo]
irren: ***sich*** ~ κάνω λάθος ['kano 'laθos] (***in*** *D*/ σε [se]);
℞anstalt *f* φρενοκομείο [frenoko'mio]
Irr|sinn *m* παραφροσύνη [parafro'sini], ανοησία [anoi'sia]; **℞sinnig** παράφρονας [pa'rafronas]; **~tum** *m* πλάνη ['plani]; **℞tümlich** κατά λάθος [kata'laθos]
Isolierung *f* μόνωση (-εις) ['monosi]

J

ja ναι [ne]; ***~wohl*** μάλιστα ['malista]
Jacht *f* γιότ [jot] *n*
Jackett *n* σακ(κ)άκι [sa'kaki], ζακέτα [za'kjeta]
Jagd *f* κυνήγι [ki'niji]; **~flugzeug** *n* καταδιωκτικό αεροπλάνο [kataδiokti'ko] aero'plano]
jagen κυνηγώ (-άς) [kini'γo]
Jäger *m* κυνηγός [kini'γos]
Jahr *n* χρόνος ['xronos], έτος ['etos] *n*; **~eszeit** *f* εποχή [epo'çi]; **~hundert** *n* αιώνας [e'onas]
jährlich ετήσιος [e'tisios]; *Adv.* κάθε χρόνο ['kaθe 'xrono]
jähzornig οξύθυμος [o'ksiθimos]
Jammer *m* θρήνος ['θrinos]; συμφορά [simfo'ra]
jämmerlich ελεεινός [elei'nos]
jammern θρηνώ [θri'no], οδύρομαι [o'δirome]
Januar *m* Ιανουάριος [ianu'arios]
je ποτέ [po'te]; από [a'po]; ~ ***nach*** αναλόγως [ana'loγos]; ~ ***nachdem*** εξαρτάται [eksar'tate]; ~ ***... desto*** όσο ... τόσο ['oso ... 'toso]
Jeans *pl.* τζην [dzin] *n/pl.*
jed|enfalls εν πάση περιπτώσει [em'basi peri'ptosi]; **~er** κάθε ['kaθe], ο καθένας [o ka'θenas]; **~ermann** ο

καθένας [o ka'θenas]; **~esmal** κάθε φορά ['kaθe fo'ra]
jedoch όμως ['omos], εντούτοις [en'dutis]
Jeep *m* τζιπ [dzip] *n*
jemals ποτέ [po'te]
jemand κάποιος ['kapjos], κανένας [ka'nenas]
jen|er εκείνος [e'kinos]; **~seits** (εκεί) πέρα [(e'ki) 'pera]
jetz|ig τωρινός [tori'nos]; **~t** τώρα ['tora]
Joghurt *m* γιαούρτι [ja'urti]
Journalist *m* δημοσιογράφος [ðimosio'γrafos]
Jub|el *m* αγαλλίαση [aγa'liasi]; **2eln** αγαλλιάζω [aγali'azo]; **~iläum** *n* επέτειος [e'petios] *f*
juck|en: *es ~t mich* έχω φαγούρα ['exo fa'γura]
Jude *m* Εβραίος [e'vreos]
Jugend *f* νιάτα ['njata] *n/pl.*; νεολαία [neo'lea]; **2lich** νεανικός [neani'kos]; **~liche(r)** έφηβος ['efivos]
Juli *m* Ιούλιος [i'ulios]
jung νέος ['neos]; **2e** *m* αγόρι [a'γori] *n*; **2frau** *f* παρθένα [par'θena]; **2geselle** *m* εργένης [er'jenis]
Jüngling *m* νέος ['neos], νεαρίας [nea'nias]
Juni *m* Ιούνιος [i'unios]
Jury *f* κριτική επιτροπή [kriti'ki epitro'pi]
Justiz *f* δικαιοσύνη [ðikjeo'sini]
Juwel *n* πετράδι [pe'traði]; **~ier** *m* κοσμηματοπώλης [kozmimato'polis]

K

Kabel *n* καλώδιο [ka'loðio]
Kabine *f* καμπίνα [ka'bina]
Kachel *f* πλακάκι [pla'kaki]
Käfer *m* σκαθάρι [ska'θari]
Kaffee *m* καφές [ka'fes]; **~kanne** *f* καφετιέρα [kafe'tjera]; **~tasse** *f* φλιτζάνι [fli'dzani]
Käfig *m* κλουβί [klu'vi]
kahl (*Bäume*) γυμνός [ji'mnos]; (*Kopf*) φαλακρός [fala'kros]
Kahn *m* βάρκα ['varka]
Kai *m* προκυμαία [proki'mea]
Kaiser *m* αυτοκράτορας [af'to'kratoras]; **~reich** *n* αυτοκρατορία [aftokrato'ria]
Kajüte *f* καμπίνα [ka'bina]
Kakao *m* κακάο [ka'kao]
Kalb(fleisch) *n* μοσχάρι [mo'sxari]
Kalender *m* ημερολόγιο [imero'lojio]
Kalk *m* ασβέστης [a'zvestis]
kalt κρύος ['krios], ψυχρός [psi'xros]; ***es ist ~*** κάνει κρύο ['kani 'krio]; ***mir ist ~, ~ werden*** κρυώνω [kri'ono]; **~blütig** ψύχραιμος ['psixremos]
Kälte *f* κρύο ['krio], ψύχος ['psixos] *n*

Kamel *n* καμήλα [ka'mila]
Kamera *f Fot.* φωτογραφική μηχανή [fotoɣrafi'ki mixa'ni]
Kamerad *m* σύντροφος ['sindrofos]
Kamille *f* χαμομήλι [xamo'mili]
Kamin *m* τζάκι ['dzaki], καμινάδα [kami'naða], φουγάρο [fu'ɣaro]
Kamm *m* χτένα ['xtena]
kämmen χτενίζω [xte'nizo]
Kammer *f* κάμαρα ['kamara]; θάλαμος ['θalamos]; **~musik** *f* μουσική δωματίου [musi'ki ðoma'tiu]
Kampf *m* αγώνας [a'ɣonas]; μάχη ['maçi]
kämpf|en αγωνίζομαι [aɣo'nizome], παλεύω [pa'levo] (**um, für** *A*/ για [ja]); **2er** *m* αγωνιστής [aɣoni'stis]
Kanal *m* κανάλι [ka'nali], διώρυγα [ði'oriɣa]
Kanarienvogel *m* καναρίνι [kana'rini]
Kaninchen *n* κουνέλι [ku'neli]
Kanister *m* δοχείο [ðo'çio]
Kanne *f* κανάτα [ka'nata]
Kanone *f* κανόνι [ka'noni], πυροβόλο [piro'volo]
Kante *f* άκρη ['akri]; κόρα ['kora]
Kanzel *f* άμβωνας ['amvonas]
Kanzl|ei *f* γραμματεία [ɣrama'tia]; **~er** *m* καγκελλάριος [kaŋgje'larios]
Kapell|e *f* παρεκκλήσι [pare'klisi]; *Mus.* μπάντα ['banda]; **~meister** *m* μαέστρος [ma'estros]
Kapital *n* κεφάλαιο [kje'faleo]; **~anlage** *f* τοποθέτηση κεφαλαίων [topo'θetisi kjefa'leon]
Kapitän *m* πλοίαρχος ['pliarxos]; καπετάνιος [kape'tanjos]
Kapitel *n* κεφάλαιο [kje'faleo]
Kapitell *n* κιονόκρανο [kio'nokrano]
Kappe *f* σκούφια ['skufja]
Kapsel *f* κάψουλα ['kapsula]
kaputt *fam.* χαλασμένος [xala'zmenos]
Kapuze *f* κουκούλα [ku'kula]
Karaffe *f* καράφα [ka'rafa], φιάλη [fi'ali]
Karbonade *f* μπριζόλα [bri'zola]
Karfreitag *m* Μεγάλη Παρασκευή [me'ɣali paraskje'vi]
kariert καρό [ka'ro]
Karneval *m* αποκριές [apokri'es] *f/pl.*, καρναβάλι [karna'vali]
Karotte *f* καρότο [ka'roto]
Karpfen *m* κυπρίνος [ki'prinos]
Karren *m* κάρο ['karo], καροτσάκι [karo'tsaki]
Karte *f* κάρτα ['karta], χάρτης ['xartis]; (*Eintritts*2) εισιτήριο [isi'tirio]
Kartei *f* δελτιοθήκη [ðeltio'θiki]

Kartenspiel *n* χαρτοπαίγνιο [xarto'peγnio]
Kartoffel *f* πατάτα [pa'tata]
Karussell *n* αλογάκια [alo'γakja] *n/pl.*
Käse *m* τυρί [ti'ri]
Kasse *f* ταμείο [ta'mio]
Kassierer *m* ταμίας [ta'mias]
Kastanie *f* κάστανο ['kastano]; **~nbaum** *m* καστανιά [kasta'nja]
Kasten *m* κιβώτιο [ki'votio]
Katalog *m* λίστα ['lista], κατάλογος [ka'taloγos]
Katarrh *m* καταρροή [kataro'i]
Katastrophe *f* καταστροφή [katastro'fi]
Kategorie *f* κατηγορία [katiγo'ria]
Kater *m* γάτος ['γatos]
Katholi|k *m*, **2sch** καθολικός [kaθoli'kos], δυτικός [δiti'kos]
Katze *f* γάτα ['γata]
kauen μασώ (-άς) [ma'so]
Kauf *m* ψώνια ['psonja] *n/pl.*, αγορά [aγo'ra]; **2en** αγοράζω [aγo'razo] (***bei** D*/ από [a'po])
Käufer *m* αγοραστής [aγora'stis]
Kaufhaus *n* πολυκατάστημα [polika'tastima] *n*
Kauf|mann *m* έμπορος ['emboros]; **2männisch** εμπορικός [embori'kos]
kaum μόλις ['molis]
Kaution *f* εγγύηση (-εις) [eŋ'giisi]
Kautschuk *m* καουτσούκ [kau'tsuk] *n*
Kegel *m* κώνος ['konos]; (*Spiel*) τσούνι ['tsuni]; **2n** παίζω μπόουλιγκ ['pezo 'bouliŋg]
Kehl|e *f*, **~kopf** *m* λαρύγγι [la'riŋgi]
Keil *m* σφήνα ['sfina]
Keim *m* βλαστάρι [vla'stari], σπέρμα ['sperma] *n*; **2en** βλαστάνω [vla'stano]; **2frei** αποστειρωμένος [apostiro'menos]
kein κανένας [ka'nenas], ουδείς [u'δis]; **~erlei** τίποτε ['tipote]; **~esfalls, ~eswegs** καθόλου [ka'θolu], διόλου [δi'olu]
Keks *m* μπισκότο [bis'koto]
Kelch *m* κύπελλο ['kipelo], κάλυκας ['kalikas]
Kelle *f* μυστρί [mi'stri]; (*Schöpf2*) χουλιάρα [xu'ljara]
Keller *m* υπόγειο [i'pojio], αποθήκη [apo'θiki]
Kellner *m* γκαρσόν(ι) [gar'son(i)]
kenn|en ξέρω ['ksero], γνωρίζω [γno'rizo]; **~enlernen** γνωρίζω [γno'rizo]; **2er** *m* γνώστης ['γnostis], ειδικός [iδi'kos]; **2tnis** *f* γνώση (-εις) ['γnosi]; **2zeichen** *n* γνώρισμα ['γnorizma] *n*
kentern ναυαγώ [nava'γo]
Keramik *f* κεραμικά [kjerami'ka] *n/pl.*

Kerbe *f* χάραγμα ['xaraγma] *n*
Kerl *m*: **gemeiner** ~ παλιάνθρωπος [pa'ljanθropos]
Kern *m* κουκούτσι [ku'kutsi], πυρήνας [pi'rinas]
Kern|- ατομικός [atomi'kos], πυρηνικός [pirini'kos]; **~kraftwerk** *n* θερμοπυρηνικός σταθμός [θermopiri'kos staθ'mos]
Kerze *f* κερί [kje'ri]
Kessel *m* καζάνι [ka'zani], λέβητας ['levitas]
Kette *f* αλυσίδα [ali'siða]
keuch|en αγκομαχώ [aŋgoma'xo], ασθμαίνω [as'θmeno]; **ℒhusten** *m* κοκκύτης [ko'kitis]
Keule *f* μαγκούρα [maŋ'gura], ρόπαλο ['ropalo]; (*Fleisch*) μπούτι ['buti]
keusch αγνός [a'γnos]
kichern χαζογελώ (-άς) [xazoje'lo]
Kiefer *m* σαγόνι [sa'γoni]
Kiefer *f* πεύκο ['pefko]
Kiel *m Mar.* καρίνα [ka'rina]
Kieme *f* σπάραχνο ['sparaxno]
Kies *m* χαλίκι [xa'liki]
Kilo|gramm *n* χιλιόγραμμο [çi'ljoγramo]; **~meter** *m* χιλιόμετρο [çi'ljometro]; **~watt** *n* κιλοβάτ [kilo'vat] *n*
Kind *n* παιδί [pe'ði]
Kinder|garten *m* νηπιαγωγείο [nipiaγo'jio]; **~gärtnerin** *f* νηπιαγωγός [nipiaγo'γos] *f*; **~wagen** *m* αμαξάκι [ama'ksaki]
Kind|heit *f* παιδική ηλικία [peði'ki ili'kia]; **ℒisch** παιδιάστικος [pe'ðjastikos]; **ℒlich** παιδικός [peði'kos]
Kinn *n* πιγούνι [pi'γuni]
Kino *n* σινεμά [sine'ma] *n*, κινηματογράφος [kinimato'γrafos]
Kiosk *m* κιόσκι ['kjoski], περίπτερο [pe'riptero]
kippen γέρνω ['jerno], κλονίζω [klo'nizo]
Kirch|e *f* εκκλησία [ekli'sia]; **~hof** *m* νεκροταφείο [nekrota'fio]; **ℒlich** εκκλησιαστικός [eklisiasti'kos]; **~turm** *m* καμπαναριό [kambanar'jo]
Kirsch|baum *m* κερασιά [kjera'sja]; **~e** *f* κεράσι [kje'rasi]
Kissen *n* μαξιλάρι [maksi'lari]
Kiste *f* κάσα ['kasa], κιβώτιο [ki'votio]
Kitt *m* στόκος ['stokos]
Kittel *m* ποδιά [po'ðja]
kitzeln γαργαλεύω [γarγa'levo]
klaffen χάσκω ['xasko]
Klage *f* παράπονο [pa'rapono]; **ℒn** παραπονιέμαι [parapo'njeme]; *jur.* κάνω αγωγή ['kano aγo'ji]
Kläg|er *m* κατήγορος [ka'tiγoros]; **ℒlich** ελεεινός [elei'nos], άθλιος ['aθlios]
Klammer *f* γάντζος ['γandzos]; (*runde*) παρένθεση (-εις) [pa'renθesi]; (*eckige*) αγκύλη [aŋ'gili]

Klang *m* ήχος ['ixos]; **≈voll** εύηχος ['evixos]
Klappe *f* βαλβίδα [val'viða]
klappern κροταλίζω [krota'lizo]
klar διαφανής [ðiafa'nis] 2, καθαρός [kaθa'ros]
klären ξεκαθαρίζω [ksekaθa'rizo]; *sich* ~ καταστα-λάζω [katasta'lazo]
Klar|heit *f* διαύγεια [ði'avjia]; σαφήνεια [sa'finia]; **≈machen** εξηγώ [eksi'γo]; **≈stellen** διασαφηνίζω [ðiasafi'nizo]
Klass|e *f* τάξη (-εις) ['taksi]; **≈ifizieren** ταξινομώ [taksino'mo]; **≈isch** κλασ(σ)ικός [klasi'kos]
Klatsch *m* κουτσομπολιό [kutsobo'ljo]; **≈en** χειροκροτώ [çirokro'to]; *fig.* κουτσομπολεύω [kutsobo'levo]
Klausel *f* ρήτρα ['ritra]
Klavier *n* πιάνο ['pjano]; **~spieler** *m* πιανίστας [pja'nistas]
kleb|en κολλώ (-άς) [ko'lo]; **~rig** γλοιώδης [γli'oðis]; **≈stoff** *m* κόλλα ['kola]
Klecks *m* λεκές [le'kjes], μελανιά [mela'nja]
Klee *m* τριφύλλι [tri'fili]
Kleid *n* φόρεμα ['forema] *n*; (*Frau*) φουστάνι [fu'stani]; **≈en** ντύνω ['dino]
Kleider|bügel *m* κρεμαστάρι [krema'stari]; **~haken** *m* κρεμαστάρι [krema'stari]; **~schrank** *m* ντουλάπα [du'lapa]
kleid|sam ταιριαστός [terja'stos]; **≈ung** *f* φορεσιά [fore'sja], ενδυμασία [enðima'sia]
klein μικρός [mi'kros]; **≈geld** *n* ψιλά [psi'la] *n/pl.*; **≈heit** *f* μικρότητα [mi'krotita]; **≈igkeit** *f* μικροδουλειά [mikroðu'lja]; **~lich** μικροπρεπής [mikropre'pis] 2
Kleinod *n* κειμήλιο [ki'milio]
Kleister *m* αλευρόκολλα [ale'vrokola]
Klemme *f* στενοχώρια [steno'xorja]; ανάγκη [a'naŋgi]; **≈n** σφίγγω ['sfiŋgo]
Klempner *m* τενεκετζής [tenekje'dzis]
Klette *f* κολλητσίδα [koli'tsiða]
klettern σκαρφαλώνω [skarfa'lono], αναρριχώμαι [anari'xome]
Klima *n* κλίμα ['klima] *n*
Klinge *f* λάμα ['lama], λεπίδα [le'piða]
Klingel *f* κουδούνι [ku'ðuni]; **≈n** κουδουνίζω [kuðu'nizo]
klingen ηχώ [i'xo]
Klini|k *f* κλινική [klini'ki]; **≈sch** κλινικός [klini'kos]
Klinke *f* λαβή [la'vi]
klipp: ~ ***und klar*** ορθά κοφτά [or'θa ko'fta]
Klippe *f* βράχος ['vraxos], σκόπελος ['skopelos]
klirren κροταλίζω [krota'lizo], ηχώ [i'xo]
klopfen χτυπώ (-άς) [xti'po]
Klosett *n* απόπατος [a'popa-

tos], αποχωρητήριο [apoxori'tirio]
Kloster *n* μοναστήρι [mona'stiri]
Klotz *m* κούτσουρο ['kutsuro]
Kluft *f* χαράδρα [xa'raðra], βάραθρο ['varaθro]
klug έξυπνος ['eksipnos]; **2heit** *f* εξυπνάδα [eksi'pnaða]
Klumpen *m* όγκος ['oŋgos], βώλος ['volos]
knabbern τραγανίζω [traɣa'nizo]
Knabe *m* αγόρι [a'ɣori]
knacken σπάζω ['spazo]
Knall *m* κρότος ['krotos]; **2en** βροντώ (-άς) [vron'do]
knapp στενός [ste'nos]; *Adv.* μόλις ['molis]; *(Stil)* σύντομος ['sindomos]
knarren τρίζω ['trizo]
Knäuel *n, m* κουβάρι [ku'vari]
knauserig τσιγγούνης [tsiŋ'gunis]
Knebel *m* φίμωτρο ['fimotro]; **2n** φιμώνω [fi'mono]; *fig.* υποδουλώνω [ipoðu'lono]
Knecht *m* δούλος ['ðulos]; **~schaft** *f* δουλεία [ðu'lia]
kneif|en τσιμπώ (-άς) [tsi'mbo]; **2zange** *f* τανάλια [ta'nalja], λαβίδα [la'viða]
Kneipe *f* ταβέρνα [ta'verna]
kneten ζυμώνω [zi'mono]; μαλάζω [ma'lazo]
Knick *m* δίπλα ['ðipla], ρήγμα ['riɣma] *n*; **2en** διπλώνω [ði'plono]
Knie *n* γόνατο ['ɣonato]; **2n** γονατίζω [ɣona'tizo]; **~scheibe** *f* επιγονατίδα [epiɣona'tiða]
Kniff *m* δίπλα ['ðipla]; *fig.* τέχνασμα ['texnazma] *n*
knipsen *(Fahrkarten)* τρυπώ (-άς) [tri'po]; *Fot.* φωτογραφίζω [fotoɣra'fizo]
knirschen τρίζω ['trizo]
knistern τσιτσιρίζω [tsitsi'rizo]
knittern τσαλακώνω [tsala'kono]
Knoblauch *m* σκόρδο ['skorðo]
Knöchel *m* κότσι ['kotsi], αστράγαλος [a'straɣalos]
Knoch|en *m* κόκαλο ['kokalo], οστό [o'sto]; **~enbruch** *m* σπάσιμο οστού ['spasimo o'stu]; **2ig** κοκαλιάρης [koka'ljaris], οστεώδης [oste'oðis] 2
Knolle *f* βολβός [vol'vos]
Knopf *m* κουμπί [ku(m)'bi]; **~loch** *n* κουμπότρυπα [ku(m)'botripa]
Knospe *f* μπουμπούκι [bu'buki]; **2n** μπουμπουκιάζω [bubu'kjazo]
Knoten *m* κόμπος ['kombos], κόμβος ['komvos]
knüpfen συμπλέκω [sim'bleko]
Knüppel *m* μαγκούρα [maŋ'gura]
knurren *(Hund)* ουρλιάζω

[ur'ljazo]; (*Magen*) γουργουρίζει [γurγu'rizi]
knusprig ξεροψημένος [kseropsi'menos]
Koch *m* μάγειρας ['majiras]; **2en** μαγειρεύω [maji'revo]; βράζω ['vrazo]; **~er** *m* μπρίκι ['briki]; **~herd** *m* κουζίνα [ku'zina]
Köchin *f* μαγείρισσα [ma'jirisa]
Kochtopf *m* τέντζερες ['tendzeres], χύτρα ['çitra]
Köder *m* δόλωμα ['ðoloma] *n*; **2n** δελεάζω [ðele'azo]
Koffer *m* βαλίτσα [va'litsa]; **~radio** *n* φορητό ραδιόφωνο [fori'to ra'ðjofono]
Kognak *m* κονιάκ [ko'njak] *n*
Kohl *m* λάχανο ['laxano]
Kohle *f* κάρβουνο ['karvuno], άνθρακας ['anθrakas]; (*Stein2*) γαιάνθρακας [je'anθrakas]
Kohlen|bergwerk *n* ανθρακωρυχείο [anθrakori'çio]; **~hydrat** *n* υδατάνθρακας [iða'tanθrakas]; **~säure** *f* ανθρακικό οξύ [anθraki'ko o'ksi] *n*; **~stoff** *m* άνθρακας ['anθrakas]
Kohlepapier *n* καρμπόν [kar'bon]
Koje *f* καμπίνα [ka'bina], θάλαμος ['θalamos]
Kokos|nuß *f* ινδοκάρυδο [inðo'kariðo]; **~palme** *f* κοκκοφοίνικας [koko'finikas]
Kolben *m* *Tech.* έμβολο ['emvolo]; (*Gewehr2*) κόπανος ['kopanos]; **~ring** *m* δακτύλιος εμβόλου [ða'ktilios em'volu]
Kolik *f* κολικός [koli'kos]
Kolleg|e *m* συνάδελφος [si'naðelfos]; **~ium** *n* συνέδριο [si'neðrio]
Kolonie *f* αποικία [api'kia]
Kombination *f* συνδυασμός [sinðia'zmos]
komisch κωμικός [komi'kos]; παράξενος [pa'raksenos]
Komma *n* κόμμα ['koma] *n*
Kommando *n* διοίκηση (-εις) [ði'ikisi]; **~brücke** *f* γέφυρα του πλοίου ['jefira tu 'pliu]
kommen έρχομαι ['erxome]
Komödie *f* κωμωδία [komo'ðia]
Kompaß *m* μπούσουλας ['busulas], πυξίδα [pi'ksiða]
Komponist *m* συνθέτης [sin'θetis]
Kompott *n* κομπόστα [kom'bosta]
kommunal κοινοτικός [kinoti'kos]
Konditor *m* ζαχαροπλάστης [zaxaro'plastis]
Konditorei *f* ζαχαροπλαστείο [zaxaropla'stio]
Kondom *n* προφυλακτικό [profilakti'ko]
Konferenz *f* διάσκεψη [ði'askjepsi]
Konflikt *m* διαφωνία [ðiafo'nia], σύγκρουση (-εις) ['siŋgrusi]

Kongreß *m* συνέδριο [si'neðrio]
König *m* βασιλιάς [vasi'ljas], βασιλεύς [vasi'lefs]; **~in** *f* βασίλισσα [va'silisa]; **2lich** βασιλικός [vasili'kos]
Konkurr|enz *f* συναγωνισμός [sinaɣoni'zmos]; **2ieren** (*mit*) ανταγωνίζομαι [andaɣo'nizome] *A*
Konkurs *m* πτώχευση (-εις) ['ptoçefsi], χρεωκοπία [xreoko'pia]
können μπορώ [bo'ro], ξέρω ['ksero]
konservativ συντηρητικός [sindiriti'kos]
Konsonant *m* σύμφωνο ['simfono]
Konsul *m* πρόξενος ['proksenos]; **~at** *n* προξενείο [prokse'nio]
Kontakt *m* επαφή [epa'fi]
Konto *n* λογαριασμός [loɣarja'zmos]; **~auszug** *m* απόσπασμα *n* λογαριασμού [a'pospazma loɣarja'zmu]
Kontroll|e *f* έλεγχος ['eleŋxos]; **2ieren** ελέγχω [e'leŋxo]
Konzern *m* τραστ [trast] *n*
Konzert *n* συναυλία [sina'vlia]
Kopf *m* κεφάλι [kje'fali], κεφαλή [kjefa'li]; **~hörer** *m* (*Radio*) ακουστικό [akusti'ko]; **~kissen** *n* μαξιλάρι [maksi'lari]; **~salat** *m* μαρούλι [ma'ruli]; **~schmerz** *m* πονοκέφαλος [pono'kjefalos]; **~sprung** *m* βουτιά με το κεφάλι [vu'tja me to kje'fali]; **2über** με το κεφάλι μπροστά [me to kje'fali bro'sta]
Kopie *f* κόπια ['kopja], αντίγραφο [an'diɣrafo]
koppeln συνδυάζω [sinði'azo]
Korb *m* καλάθι [ka'laθi]
Korinthe *f* σταφίδα [sta'fiða]
Kork *m* φελλός [fe'los]; **~en** *m* τάπα ['tapa]; **~enzieher** *m* τιρμπουσόν [tirbu'son]
Korn *n* σπυρί [spi'ri]; (*Getreide*) σιτάρι [si'tari]
Körper *m* κορμί [kor'mi], σώμα ['soma] *n*; **~bau** *m* κορμοστασιά [kormosta'sja]; **2lich** σωματικός [somati'kos]
korrekt ακριβής [akri'vis] 2
Korrektur *f* διόρθωση (-εις) [ði'orθosi]
Korrespond|ent *m* (*Zeitung*) απεσταλμένος [apestal'menos]; **~enz** *f* αλληλογραφία [aliloɣra'fia]; **2ieren** αλληλογραφώ [aliloɣra'fo]
Korridor *m* διάδρομος [ði'aðromos]
korrigieren διορθώνω [ðior'θono]
korrupt διεφθαρμένος [ðiefθar'menos]
Kost *f* τροφή [tro'fi]; **2bar** πολύτιμος [po'litimos]; **2en** κοστίζω [ko'stizo]; (*Speisen*) δοκιμάζω [ðoki'mazo]
Kosten *pl.* έξοδα ['eksoða]

n/pl.; **~anschlag** *m* προϋπολογισμός [proipoloji'zmos]; **2frei** δωρεάν [ðore'an]
köstlich εξαίσιος [e'ksesios]
kostspielig πολυέξοδος [poli'eksoðos]
Kot *m* κοπριά [kopri'a]; *Med.* περιττώματα [peri'tomata] *n/pl.*
Kotelett *n* κοτολέτα [koto'leta]
Kotflügel *m* φτερό [fte'ro]
kotzen *fam.* ξερνώ (-άς) [kser'no]
Krach *m* κρότος ['krotos]; καβγάς [ka'vγas]; **2en** θορυβώ [θori'vo]
Kraft *f* δύναμη (-εις) ['ðinami]; 2 *prp.* (*G*) δυνάμει [ði'nami] *G*; **~brühe** *f* ζουμί [zu'mi], ζωμός [zo'mos]; **~fahrer** *m* αυτοκινητιστής [aftokiniti'stis]; **~fahrzeug** *n* αυτοκίνητο [afto'kinito]
kräftig γερός [je'ros], δυνατός [ðina'tos]; **~en** δυναμώνω [ðina'mono], ενισχύω [eni'sçio]
kraft|los ανίσχυρος [a'nisçiros]; **2wagen** *m* αυτοκίνητο [afto'kinito]; **2werk** *n* ηλεκτρικό εργοστάσιο [ilektri'ko erγo'stasio]
Kragen *m* (*Hemd2*) κολάρο [ko'laro]; (*Mantel2*) γιακάς [ja'kas]
Krähe *f* καρακάξα [kara'kaksa]; **2n** λαλώ [la'lo]
Kralle *f* νύχι ['niçi]
Krampf *m* σπασμός [spa'zmos]; (*Muskel2*) κράμπα ['kramba]
Kran *m* γερανός [jera'nos]
krank άρρωστος ['arostos], ασθενής [asθe'nis] 2; **~ werden** αρρωσταίνω [aro'steno]
kränken προσβάλλω [pro'zvalo]
Kranken|haus *n* νοσοκομείο [nosoko'mio]; **~schwester** *f* νοσοκόμα [noso'koma]; **~wagen** *m* ασθενοφόρο [asθeno'foro]
krank|haft νοσηρός [nosi'ros]; **2heit** *f* αρρώστια [a'rostja]
kränklich αρρωστιάρικος [aro'stjarikos], φιλάσθενος [fi'lasθenos]
Kranz *m* στεφάνι [ste'fani]
Krater *m* κρατήρας [kra'tiras]
kratzen γρατσουνίζω [γratsu'nizo]
kraus σγουρός [zγu'ros], κατσαρός [katsa'ros]
Kraut *n* χόρτο ['xorto], βοτάνι [vo'tani]
Krawall *m* καβγάς [ka'vγas], οχλοβοή [oxlovo'i]
Krawatte *f* γραβάτα [γra'vata], λαιμοδέτης [lemo'ðetis]
Krebs *m* κάβουρας ['kavuras]; *Med.* καρκίνος [kar'kinos]
Kredit *m* πίστωση (-εις) ['pistosi]
Kreide *f* κιμωλία [kimo'lia]
Kreis *m* κύκλος ['kiklos]

kreischen στριγγλίζω [striŋ'glizo]
kreis|en περιστρέφομαι [peri'strefome]; **~förmig** κυκλικός [kikli'kos]; **≗lauf** *m* κυκλοφορία [kiklofo'ria]
Krem *f* κρέμα ['krema]
Kreuz *n* σταυρός [sta'vros]; **≗en** διασταυρώνω [ðiasta'vrono]; *Mar.* περιπλέω [peri'pleo]; **~er** *m Mar.* καταδρομικό [kataðromi'ko]; **~fahrt** *f* κρουαζιέρα [krua'zjera]; **≗igen** σταυρώνω [sta'vrono]; **~otter** *f* όχεντρα ['oçendra], έχιδνα ['eçiðna]; **~ung** *f* διασταύρωση (-εις) [ðia'stavrosi]; **~worträtsel** *n* σταυρόλεξο [sta'vrolekso]
kriechen σέρνομαι ['sernome], έρπω ['erpo]
Krieg *m* πόλεμος ['polemos]; **~er** *m* πολεμιστής [polemi'stis]; **≗erisch** πολεμικός [polemi'kos]
Kriegs|beschädigte(r) *m* ανάπηρος [a'napiros]; **~dienst** *m* στρατιωτική υπηρεσία [stratioti'ki ipire'sia]; **~erklärung** *f* κήρυξη πολέμου ['kiriksi po'lemu]; **~gefangene(r)** *m* αιχμάλωτος [ex'malotos]; **~gefangenschaft** *f* αιχμαλωσία [exmalo'sia]; **~schiff** *n* πολεμικό [polemi'ko]; **~verbrecher** *m* εγκληματίας πολέμου [eŋglima'tias po'lemu]
Kriminal|ität *f* εγκληματικότητα [eŋglimati'kotita]; **~polizei** *f* Ασφάλεια [a'sfalia]
Krippe *f* φάτνη ['fatni]
Krise *f* κρίση (-εις) ['krisi]
Kriti|ker *m*, **≗sch** κριτικός [kriti'kos]; **≗sieren** επικρίνω [epi'krino]
Krone *f* κορώνα [ko'rona] (*a. Zahn≗*); στέμμα ['stema] *n*
krönen στέφω ['stefo]; βραβεύω [vra'vevo]
Kröte *f* φρύνος ['frinos]
Krücke *f* δεκανίκι [ðeka'niki]
Krug *m* στάμνα ['stamna]
Krume *f* ψίχα ['psixa], ψίχουλο ['psixulo]
krumm κυρτός [ki'rtos], καμπύλος [kam'bilos]
krümmen καμπουριάζω [kambur'jazo], κυρτώνω [kir'tono]
Krüppel *m* σακάτης [sa'katis], ανάπηρος [a'napiros]
Kruste *f* κόρα ['kora], φλούδα ['fluða]
Kübel *m* κουβάς [ku'vas], κάδος ['kaðos]
Kubikmeter *m* κυβικό μέτρο [kivi'ko 'metro]
Küche *f* κουζίνα [ku'zina], μαγειρείο [maji'rio]
Kuchen *m* πάστα ['pasta], γλυκό [γli'ko]; **~bäcker** *m* ζαχαροπλάστης [zaxaro'plastis]
Küchengeschirr *n* μαγειρικά σκεύη [majiri'ka 'skjevi] *n/pl.*
Kuckuck *m* κούκος ['kukos]

Kugel *f* σφαίρα ['sfera]; (*Billard*≗) μπίλια ['bilja]; (*Gewehr*≗) βόλι ['voli]; (*Kanonen*≗) βλήμα ['vlima] *n*; **≗förmig** σφαιροειδής [sferoi'ðis] 2; **~schreiber** *m* μολύβι διαρκείας [mo'livi ðiar'kias]

Kuh *f* αγελάδα [aje'laða]

kühl δροσερός [ðrose'ros]; **≗anlage** *f* ψυκτική εγκατάσταση [psikti'ki eŋga'tastasi]; **≗e** *f* δροσιά [ðro'sja], ψύχρα ['psixra]; **~en** δροσίζω [ðro'sizo]; **≗er** *m* (*Auto*) ψυγείο [psi'jio]; **≗schrank** *m* ψυγείο [psi'jio]

kühn τολμηρός [tolmi'ros]; **≗heit** *f* τόλμη ['tolmi]

Küken *n* κλωσσοπούλι [klo-so'puli]

Kultur *f* πολιτισμός [politi'zmos], καλλιέργεια [kali'erjia]

Kummer *m* έγνοια ['eγnja]

kümmer|lich φτωχικός [ftoçi'kos]; **~n: *sich* ~*n um*** φροντίζω για [fron'dizo ja]

Kund|e *m* πελάτης [pe'latis]; **≗ig** έμπειρος ['embiros]

kündig|en διαλύω (συμφωνία) [ðia'lio (simfo'nia)]; **≗ung** *f* αναγγελία [anaŋgje'lia], απόλυση (-εις) [a'polisi]

Kundschaft *f* πελατεία [pela'tia]

künftig μελλοντικός [melondi'kos]

Kunst *f* τέχνη ['texni], καλλιτεχνία [kalite'xnia]; **~dünger** *m* χημικό λίπασμα [çimi'ko 'lipazma] *n*; **~gewerbe** *n* βιοτεχνία λαϊκής τέχνης [viote'xnia lai'kis 'texnis]

Künst|ler *m* καλλιτέχνης [kali'texnis]; **~lerin** *f* καλλιτέχνιδα [kali'texniða]; **≗lerisch** καλλιτεχνικός [kalitexni'kos]; **≗lich** τεχνητός [texni'tos]; ψεύτικος ['pseftikos], συνθετικός [sinθeti'kos]

Kunst|seide *f* τεχνητό μετάξι [texni'to me'taksi]; **~stück** *n* τέχνασμα ['texnazma] *n*; **≗voll** καλλιτεχνικός [kalitexni'kos]; **~werk** *n* καλλιτέχνημα [kali'texnima] *n*

Kupfer *n* μπακίρι [ba'kiri], χαλκός [xal'kos]; **~schmied** *m* χαλκωματάς (-άδες) [xalkoma'tas]; **~stich** *m* χαλκογραφία [xalkoγra'fia]

Kuppel *f* θόλος ['θolos] *f*

Kupplung *f* (*Auto*) συμπλέκτης [sim'blektis]

Kur *f* θεραπεία [θera'pia]

Kurbel *f* μανιβέλα [mani'vela], λοστός [lo'stos]; **~welle** *f* στροφαλοφόρος άξονας [strofalo'foros 'aksonas]

Kürbis *m* κολοκύθι [kolo'kiθi]

Kurort *m* λουτρόπολη (-εις) [lu'tropoli]

Kurs *m* (*Geld*) τρέχουσα τιμή ['trexusa ti'mi]; (*Richtung*) κατεύθυνση (-εις) [ka'tef-

θinsi]; (*Kursus*) μάθημα ['maθima] *n*; **~buch** *n* δρομολόγιο [ðromo'lojio]; **~wagen** *m* κατ' ευθείαν (βαγόνι) [kate'fθian (va'γoni)]
Kurve *f* στροφή [stro'fi]
kurz κοντός [kon'dos], βραχύς [vra'çis], σύντομος ['sindomos]; **in ~em** σε λίγο [se 'liγo]; **vor ~em** προ ολίγου [pro o'liγu], μόλις ['molis]
Kürz|e *f* βραχύτητα [vra'çitita]; συντομία [sindo'mia]; **2en** κονταίνω [ko'ndeno]; συντομεύω [sindo'mevo]; **2lich** προ ολίγου [pro o'liγu]
Kurz|schluß *m* βραχυκύκλωμα [vraçi'kikloma] *n*; **~schrift** *f* στενογραφία [stenoγra'fia]; **2sichtig** κοντόφθαλμος [kon'dofθalmos], μύωπας ['miopas]; **~welle** *f* βραχύ κύμα [vra'çi 'kima] *n*
Kuß *m* φιλί [fi'li], φίλημα ['filima] *n*
küssen φιλώ (-άς) [fi'lo]
Küste *f* ακρογιαλιά [akroja'lja], ακτή [a'kti]
Kutsche *f* καρότσα [ka'rotsa], άμαξα ['amaksa]; **~r** *m* αμαξάς (-άδες) [ama'ksas]

L

labil ασταθής [asta'θis] 2
Labor *n*, **Laboratorium** *n* εργαστήριο [erγa'stirio]
lächeln χαμογελώ (-άς) [xamoje'lo], μειδιώ (-άς) [miði'o]; **2** *n* χαμόγελο [xa'mojelo], μειδίαμα [mi'ðiama] *n*
lachen γελώ (-άς) [je'lo]
lächerlich γελοίος [je'lios]; **~ machen** γελοιοποιώ [jeliopi'o]
Lachs *m* σολομός [solo'mos]
Lack *m* βερνίκι [ver'niki]; **2ieren** λουστράρω [lu'straro], βερνικώνω [verni'kono]
laden φορτώνω [for'tono]; καλώ [ka'lo]
Laden *m* μαγαζί [maγa'zi], κατάστημα [ka'tastima] *n*; **~tisch** *m* πάγκος ['paŋgos]
Ladung *f* φόρτωμα ['fortoma] *n*
Lage *f* θέση (-εις) ['θesi]; τοποθεσία [topoθe'sia]; κατάσταση (-εις) [ka'tastasi]; (*Schicht*) στοίβα ['stiva], στρώμα ['stroma] *n*; ***in der ~ sein*** είμαι σε θέση ['ime se 'θesi]
Lager *n* στρώμα ['stroma] *n*, κρεβάτι [kre'vati]; *Mil.* στρατόπεδο [stra'topeðo]; (*Waren2*) αποθήκη [apo'θiki]
lahm παράλυτος [pa'ralitos], χωλός [xo'los]
lähm|en παραλύω [para'lio]; **2ung** *f* παράλυση [pa'ralisi]

Laie *m* μη ειδικός [mi iði'kos]; λαϊκός [lai'kos]
Laken *n* σεντόνι [sen'doni]
Lamm *n* αρνί [ar'ni]; (*Fleisch*) αρνάκι [ar'naki]
Lampe *f* λάμπα ['lamba]
Lampen|fieber *n* τρακ [trak] *n*; **~schirm** *m* αμπαζούρ [aba'zur] *n*
Land *n* χώρα ['xora], εξοχή [ekso'çi], στεριά [ster'ja]; **~arbeiter** *m* αγροτοεργάτης [aγrotoer'γatis]; **2en** αράζω [a'razo], προσορμίζομαι [prosor'mizome]; *Flgw.* προσγειώνομαι [prozji'onome]; **~enge** *f* ισθμός [isθ'mos]; **~flucht** *f* αστυφιλία [astifi'lia]; **~karte** *f* χάρτης ['xartis]
ländlich αγροτικός [aγroti'kos]; εξοχικός [eksoçi'kos]
Land|schaft *f* τοπίο [to'pio]; **~smann** *m* (συμ)πατριώτης [simbatri'otis]; **~ung** *f Mar.* προσόρμιση (-εις) [pro'sormisi]; *Flgw.* προσγείωση (-εις) [proz'jiosi]; **~ungsplatz** *m* σκάλα ['skala], αποβάθρα [apo'vaθra]
Landwirt *m* αγρότης [a'γrotis]; **~schaft** *f* γεωργία [jeor'jia]; **2schaftlich** γεωργικός [jeorji'kos]
lang μακρύς [ma'kris]; **~e** πολύν καιρό [po'liŋgje'ro]; **wie ~e?** πόσον καιρό ['posoŋgje'ro]
Länge *f* μάκρος ['makros] *n*, μήκος ['mikos] *n*
Langeweile *f* πλήξη ['pliksi]
läng|lich μακρουλός [makru'los], επιμήκης [epi'mikis] 2; **~s** κατά μήκος [kata 'mikos]
langsam αργός [ar'γos], βραδύς [vra'ðis]
längst προ πολλού [pro po'lu]
langweil|en: sich ~en βαριέμαι [var'jeme]; **~ig** πληκτικός [plikti'kos]
Lanze *f* κοντάρι [kon'dari], λόγχη ['loŋçi]
Lappen *m* κουρέλι [ku'reli]
Lärm *m* θόρυβος ['θorivos]; **2en** θορυβώ [θori'vo]; **2end** θορυβώδης [θori'voðis] 2
lassen αφήνω [a'fino]
lässig αδρανής [aðra'nis] 2, νωθρός [no'θros]; **2keit** *f* αμέλεια [a'melia]
Last *f* βάρος ['varos] *n*, φορτίο [for'tio]; **~auto** *n* καμιόνι [ka'mjoni], φορτηγό αυτοκίνητο [forti'γo afto'kinito]; **2en** βαραίνω [va'reno]
Laster *n* βίτσιο ['vitsjo]; **2haft** κακοήθης [kako'iθis] 2
läst|ern βλασφημώ [vlasfi'mo]; **~ig** ενοχλητικός [enoxliti'kos]
Lastkraftwagen *m* καμιόνι [ka'mjoni], φορτηγό [forti'γo]
Latein *n* λατινικά [latini'ka] *n/pl.*
Laterne *f* φανάρι [fa'nari], φανός [fa'nos]; **~npfahl** *m* φανοστάτης [fano'statis]
Latte *f* δοκάρι [ðo'kari]

lau, ~warm χλιαρός [xlia'ros]; *fig.* αδιάφορος [a'ðjaforos]
Laub *n* φύλλωμα ['filoma] *n*; **~e** *f* κρεβατίνα [kreva'tina]
lauern παραμονεύω [paramo'nevo]
Lauf *m* τρέξιμο ['treksimo], δρόμος ['ðromos]; (*Gewehr*≗) κάννη ['kani]; **~bahn** *f* πίστα ['pista], στίβος ['stivos]; *fig.* σταδιοδρομία [staðioðro'mia]; **≗en** τρέχω ['trexo]
Läufer *m* δρομέας [ðro'meas]
Laufmasche *f* πόντος ['pondos]
Laune *f* κέφι ['kjefi], διάθεση (-εις) [ði'aθesi]; **≗nhaft** καπριτσιόζος [kapri'tsjozos]
Laus *f* ψείρα ['psira]
lausch|en κρυφακούω [krifa'kuo]; **≗er** *m* ωτακουστής [otaku'stis]
Laut *m* ήχος ['ixos]; φθόγγος ['fθoŋgos]
laut δυνατός [ðina'tos]; *prp.* (*G*) κατά [ka'ta] *A*, σύμφωνα με ['simfona me] *A*; **~en** λέγομαι ['leɣome]
läuten κουδουνίζω [kuðu'nizo]
lauter ακέραιος [a'kjereos]; **≗keit** *f* ακεραιότητα [akjere'otita]
läutern εξαγνίζω [eksa'ɣnizo]
laut|los άφωνος ['afonos]; **≗sprecher** *m* μεγάφωνο [me'ɣafono]; **≗stärke** *f* ένταση (-εις) ['endasi]
Lavendel *m* λεβάντα [le'vanda]
Lawine *f* χιονοστιβάδα [çonosti'vaða]
Lazarett *n* στρατιωτικό νοσοκομείο [stratjoti'ko nosoko'mio]
leben ζω [zo] (**von**/ με [me], από [a'po]); **≗** *n* ζωή [zo'i]; βίος ['vios]; **~dig** ζωντανός [zonda'nos]; *fig.* ζωηρός [zoi'ros]; **≗digkeit** *f* ζωηρότητα [zoi'rotita]
Lebens|alter *n* ηλικία [ili'kia]; **~beschreibung** *f* βιογραφία [vioɣra'fia]; **~fähigkeit** *f* ζωτικότητα [zoti'kotita]; **~gefahr** *f* κίνδυνος ζωής ['kinðinos zo'is]; **≗länglich** ισόβιος [i'sovios]; **~lauf** *m* βιογραφία [vioɣra'fia]; **~mittel** *n/pl.* τρόφιμα ['trofima] *n/pl.*; **~standard** *m* βιωτικό επίπεδο [vioti'ko e'pipeðo]; **~unterhalt** *m* πόροι *m/pl.* ζωής ['pori zo'is]; **~versicherung** *f* ασφάλεια ζωής [a'sfalia zo'is]; **~wandel** *m* συμπεριφορά [simberifo'ra]
Leber *f* συκώτι [si'koti], ήπαρ ['ipar] *n*
Leb|ewesen *n* ζωντανό ον [zonda'no on]; **≗haft** ζωηρός [zoi'ros]; **~haftigkeit** *f* ζωηρότητα [zoi'rotita]
Lebkuchen *m* μελόπι(τ)τα [me'lopita]
leblos άψυχος ['apsixos]

Leck *n* ρήγμα (πλοίου) ['riγma ('pliu)] *n*
lecke|n γλείφω ['γlifo]; **~r** νόστιμος ['nostimos], ορεκτικός [orekti'kos]; **≈rmaul** *n* λιχουδιάρης [lixu'ðjaris]
Leder *n* πετσί [pe'tsi], δέρμα ['ðerma] *n*; **~waren** *f/pl.* δερμάτινα [ðer'matina] *n/pl.*
ledig ελεύθερος [e'lefθeros]; (*unverheiratet*) άγαμος ['aγamos]
leer άδειος ['aðjos], κενός [kje'nos]; **≈e** *f* κενό [kje'no]; **~en** αδειάζω [a'ðjazo], εκκενώνω [ekje'nono]
legen βάζω ['vazo], θέτω ['θeto]; (*Eier*) γεννώ (-άς) [je'no]; ***sich*** **~** πλαγιάζω [pla'jazo], ξαπλώνομαι [ksa'plonome]; (*Wind*) πέφτω ['pefto], κοπάζω [ko'pazo]
Legierung *f* κράμα ['krama] *n*
Lehm *m* λάσπη ['laspi], πηλός [pi'los]; **≈ig** λασπώδης [la'spoðis] 2
Lehn|e *f* ακουμπιστήρι [akumbi'stiri], πλάτη ['plati]; **≈en:** ***sich*** **≈en** ακουμπώ (-άς) [akum'bo] (***an*** *A*/ σε [se]), στηρίζομαι [sti'rizome]; **~stuhl** *m* πολυθρόνα [poli'θrona]
Lehr|buch *n* διδακτικό βιβλίο [ðiðakti'ko vi'vlio]; **~e** *f* διδασκαλία [ðiðaska'lia]; **≈en** μαθαίνω [ma'θeno], διδάσκω [ði'ðasko]; **~er** *m* (δι)δάσκαλος [(ði)'ðaskalos]; (*Volksschul-*) δημοδιδάσκαλος [ðimoði'ðaskalos]; **~erin** *f* δασκάλα [ða'skala], διδασκάλισσα [ðiða'skalisa]; **~gang** *m* κύκλος μαθημάτων ['kiklos maθi'maton]; **~ling** *m* μαθητευόμενος [maθite'vomenos]; **≈reich** διδακτικός [ðiðakti'kos]; **~satz** *m* θεώρημα [θe'orima] *n*; **~stelle** *f* θέση μαθητείας ['θesi maθi'tias]; **~zeit** *f* μαθητεία [maθi'tia]
Leib *m* κορμί [kor'mi], σώμα ['soma] *n*; (*Bauch*) κοιλιά [ki'lja]; **~esübungen** *f/pl.* γυμναστική [jimnasti'ki], σπορ [spor] *n*; **≈lich** σωματικός [somati'kos]; **~schmerzen** *m/pl.* κοιλόπονος [ki'loponos], κόψιμο ['kopsimo]; **~wäsche** *f* ασπρόρουχα [a'sproruxa] *n/pl.*
Leiche *f* λείψανο ['lipsano], πτώμα ['ptoma] *n*
Leichen|begängnis *n* κηδεία [ki'ðia]; **~halle** *f* νεκροτομείο [nekroto'mio]; **~wagen** *m* νεκροφόρα [nekro'fora]
leicht ελαφρός [ela'fros]; εύκολος ['efkolos]; **≈athletik** *f* αθλητισμός [aθliti'zmos]; **≈igkeit** *f* ευκολία [efko'lia]; **≈sinn** *m* απερισκεψία [aperiskje'psia]; **~sinnig** ελαφρόμυαλος [ela'fromjalos]
Leid *n* πόνος ['ponos], δυστυχία [ðisti'çia]; ***es tut mir*** **≈**

λυπάμαι [li'pame]; **2en** πάσχω ['pasxo]; υποφέρω [ipo'fero] (**an, unter** *D*/ από [a'po]); **~en** *n* πάθηση (-εις) ['paθisi], πάθη ['paθi] *n/pl.*; **~enschaft** *f* πάθος ['paθos] *n*; **2enschaftlich** εμπαθής [emba'θis] 2; ενθουσιώδης [enθusi'oδis] 2; **2er** δυστυχώς [δisti'xos]

Leih|bibliothek *f* δανειστική βιβλιοθήκη [δanisti'ki vivlio'θiki]; **2en** δανείζω [δa'nizo]; **2weise** δανεικά [δani'ka]

Leim *m* κόλλα ['kola]; **2en** κολλώ (-άς) [ko'lo]

Leine *f* σχοινί [sçi'ni]

Lein|en *n* λινό [li'no]; **~wand** *f* (*Film-*) οθόνη [o'θoni]

leise σιγανός [siγa'nos]; *Adv.* σιγά [si'γa]

leisten παρέχω [pa'rexo]; κατορθώνω [kator'θono]

Leisten *m* καλαπόδι [kala'poδi]; **~bruch** *m Med.* κήλη ['kili]

Leistung *f* απόδοση [a'poδosi]; **~sfähigkeit** *f* αποδοτικότητα [apoδoti'kotita]

Leit|artikel *m* κύριο άρθρο ['kirio 'arθro]; **2en** οδηγώ [oδi'γo], διευθύνω [δief'θino]; **~er** *m* διευθυντής [δiefθin'dis]; *Elektr.* αγωγός [aγo'γos]; **~er** *f* σκάλα ['skala], κλίμακα ['klimaka]; **~ersprosse** *f* σκαλοπάτι [skalo'pati], βαθμίδα [vaθ'miδa]; **~ung** *f* διεύθυνση (-εις) [δi'efθinsi]; (*Wasserleitung, Elektr.*) αγωγός [aγo'γos]

Lek|tion *f* μάθημα ['maθima] *n*; **~tor** *m* λέκτορας ['lektoras]; **~türe** *f* ανάγνωσμα [a'naγnozma] *n*

Lende *f* ισχίο [i'sçio]

lenk|en διευθύνω [δief'θino]; (*Auto*) οδηγώ [oδi'γo]; (*Staat*) διοικώ [δii'ko]; **2rad** *n* βολάν [vo'lan] *n*; **2stange** *f* τιμόνι [ti'moni]

Lerche *f* κορυδαλός [koriδa'los]

lernen μαθαίνω [ma'θeno]

les|bar ευανάγνωστος [eva'naγnostos]; **2ebuch** *n* αναγνωστικό [anaγnosti'ko]; **~en** διαβάζω [δja'vazo]; **2er** *m* αναγνώστης [ana'γnostis]

letzte τελευταίος [tele'fteos]

leucht|en φέγγω ['fengo], λάμπω ['lambo]; **~end** λαμπερός [lambe'ros]; **2er** *m* πολυέλαιος [poli'eleos]; **2feuer** *n* φωτεινό σινιάλο [foti'no si'njalo]; **2röhre** *f* στήλη φωτισμού ['stili foti'zmu]; **2turm** *m* φάρος ['faros]

leugnen αρνιέμαι [ar'njeme]

Leute *pl.* άνθρωποι ['anθropi] *m/pl.*, κόσμος ['kozmos]

Lexikon *n* λεξικό [leksi'ko]

Licht *n* φως [fos]; **2** φωτεινός [foti'nos]; **~bild** *n* φωτογραφία [fotoγra'fia]; **2en** (*Anker*) σηκώνω [si'kono]; ***sich* 2en** αιθριάζω [eθri'azo];

~maschine *f* δυναμό [ðina'mo]; **~schalter** *m* διακόπτης [ðia'koptis]; **~strahl** *m* (φωτεινή) αχτίδα [(foti'ni) a'xtiða], ακτίνα [a'ktina]; **~ung** *f* ξέφωτο ['ksefoto]

Lid *n* βλέφαρο ['vlefaro]

lieb αγαπητός [aγapi'tos]; **2e** *f* αγάπη [a'γapi], έρωτας ['erotas]; έρως ['eros]; **~en** αγαπώ (-άς) [aγa'po]; **~enswürdig** αξιαγάπητος [aksia'γapitos]; **2enswürdigkeit** *f* ευγένεια [ev'jenia]; **~er** καλύτερα [ka'litera], μάλλον ['malon]; **2esbrief** *m* ραβασάκι [rava'saki], ερωτικό γράμμα [eroti'ko 'γrama] *n*; **~espaar** *n* ζευγαράκι [zevγa'raki]; **~evoll** φιλόστοργος [fi'lostorγos]; **2haber** *m* εραστής [era'stis]; *fig.* ερασιτέχνης [erasi'texnis]; **~kosen** χαϊδεύω [xai'ðevo]; **~lich** χαριτωμένος [xarito'menos]; **2ling** *m* μονάκριβος [mo'nakrivos], ευνοούμενος [evno'umenos]; **~los** άστοργος ['astorγos]; **2ste(r)** *m* αγαπημένος [aγapi'menos]; **2ste** *f* αγαπημένη [aγapi'meni]

Lied *n* τραγούδι [tra'γudi]

liederlich ακατάστατος [aka'tastatos]

Liefer|ant *m* προμηθευτής [promiθe'ftis]; **2n** προμηθεύω [promi'θevo]

Liege *f* ξαπλωτούρα [ksaplo'tura]; **2n** είμαι ξαπλωμένος ['ime ksaplo'menos]; **2nlassen** αφήνω [a'fino]; ξεχνώ (-άς) [kse'xno]; **~stuhl** *m* ξαπλωτούρα [ksaplo'tura]; **~wagen** *m* κουκέτα [ku'kjeta]

Lift *m* ασανσέρ [asan'ser] *n*

Likör *m* λικέρ [li'kjer] *n*

Limonade *f* λεμονάδα [lemo'naða]

Linde *f* φλαμουριά [flamu'rja], φιλύρα [fi'lira]

linder|n ανακουφίζω [anaku'fizo]; **2ung** *f* ανακούφιση [ana'kufisi]

Lin|eal *n* χαράκι [xa'raki]; **~ie** *f* γραμμή [γra'mi]; **2iieren** χαρακώνω [xara'kono]

link|e(r) αριστερός [ariste'ros]; **~isch** αδέξιος [a'ðeksios]; **~s** αριστερά [ariste'ra]

Linse *f* φακή [fa'ki]; φακός [fa'kos]

Lippe *f* χείλος ['çilos] *n*

Lippenstift *m* κραγιόν(ι) [kra'jon(i)]

List *f* πονηριά [poni'rja]

Liste *f* λίστα ['lista], κατάλογος [ka'taloγos]

listig πονηρός [poni'ros]

Liter *m* λίτρο ['litro]

litera|risch λογοτεχνικός [loγotexni'kos]; **2tur** *f* λογοτεχνία [loγote'xnia]

Lizenz *f* άδεια ['aðia]

Lob *n* έπαινος ['epenos]; **2en** επαινώ [epe'no]; **2enswert** αξιέπαινος [aksi'epenos]

Loch *n* τρύπα ['tripa]; **2en**

τρυπώ (-άς) [tri'po]; **~er** *m* τρυπητήρι [tripi'tiri]
Locke *f* μπούκλα ['bukla]
locken δελεάζω [ðele'azo]
locker χαλαρός [xala'ros]; **~n** χαλαρώνω [xala'rono]
lockig κατσαρός [katsa'ros]
lodern φλέγομαι ['fleγome]
Löffel *m* κουτάλι [ku'tali], κοχλιάριο [koxli'ario]; **~voll** *m* κουταλιά [kuta'lja]
Log|ik *f* λογική [loji'ki]; **2isch** λογικός [loji'kos]
Lohn *m* αμοιβή [ami'vi], μισθός [mi'sθos]; **2en** ανταμείβω [anda'mivo]; ***sich* 2en** αξίζω [a'ksizo]
Lokal *n* κέντρο ['kjendro]; **2** τοπικός [topi'kos]
Lokomotive *f* ατμομηχανή [atmomixa'ni]
Lorbeer *m* δάφνη ['ðafni]
Los *n* λαχείο [la'çio]; ***das Große*** **~** πρώτος λαχνός ['protos la'xnos]
los|(e) χαλαρός [xala'ros]; *Adv.* χύμα ['çima]; ***was ist ~?*** τι τρέχει [ti 'treçi]; **~binden** ξεδένω [kse'ðeno]
Lösch|blatt *n* στουπόχαρτο [stu'poxarto]; **2en** (*a. Durst*) σβήνω ['zvino]; (*Schiff*) ξεφορτώνω [ksefor'tono]
losen κληρώνω [kli'rono]
lösen λύνω ['lino], διαλύω [ðia'lio]; (*Rätsel*) μαντεύω [man'devo]; (*Fahrkarte*) βγάζω ['vγazo]
los|gehen αρχίζω [ar'çizo]; ξεκολλώ (-άς) [kseko'lo]; **~lassen** αφήνω [a'fino]; **~reißen** αποσχίζω [apo'sçizo]; **~schrauben** ξεβιδώνω [ksevi'ðono]; **~trennen** αποχωρίζω [apoxo'rizo]
Lösung *f* λύση (-εις) ['lisi]; (*Chemie*) διάλυμα [ði'alima] *n*
loswerden *A* ξεφορτώνομαι [ksefor'tonome] *A*
Lot *n* στάθμη ['staθmi]; **2en** βολιδοσκοπώ [voliðosko'po]
löt|en κολλώ (-άς) [ko'lo]; **2kolben** *m* κολλητήρι [koli'tiri]
lotrecht κάθετος ['kaθetos]
Lotterie *f* λαχείο [la'çio]
Lotto *n* λότος ['lotos]
Löw|e *m* λιοντάρι [ljon'dari]; **~in** *f* λέαινα ['leena]
Luchs *m* λύγκας ['liŋgas]
Lücke *f* χάσμα ['xazma] *n*, κενό [kje'no]
Luft *f* αέρας [a'eras]; **2dicht** αεροστεγής [aeroste'jis] 2; **~druck** *m* ατμοσφαιρική πίεση [atmosferi'ki 'piesi]
lüften αερίζω [ae'rizo]
Luft|fahrt *f* αεροπορία [aeropo'ria]; **2ig** ελαφρός [ela'fros]; δροσερός [ðrose'ros]; **2leer** κενός αέρος [kje'nos a'eros]; **~linie** *f* ευθεία γραμμή [e'fθia γra'mi]; αεροπορική γραμμή [aeropori'ki γra'mi]; **~matratze** *f* φουσκωτό στρώμα [fusko'to 'stroma] *n*; **~post** *f* αεροπορικό ταχυδρομείο [aeropo-

ri'ko taçiðro'mio]; ***per ~post*** αεροπορικώς [aeropori'kos]; **~pumpe** *f* τρόμπα ['tromba]; **~röhre** *f* τραχεία [tra'çia]; **~schutz** *m* αεροπορική άμυνα [aeropori'ki 'amina]

Lüftung *f* αερισμός [aeri'zmos]

Luft|verschmutzung *f* ατμοσφαιρική ρύπανση [atmosferi'ki 'ripansi]; **~waffe** *f* πολεμική αεροπορία [polemi'ki aeropo'ria]; **~weg** *m*: ***auf dem ~weg*** αεροπορικώς [aeropori'kos]

Lüg|e *f* ψέμα ['psema] *n*, ψεύδος ['psevðos] *n*; **2en** λέω ψέματα ['leo 'psemata], ψεύδομαι ['psevðome]; **~ner** *m* ψεύτης ['pseftis]; **2nerisch** ψευδής [psev'ðis] 2

Luke *f* φεγγίτης [feŋ'gitis]

Lump *m* παλιάνθρωπος [pa'ljanθropos]

Lumpen *m* κουρέλι [ku'reli]; ράκος ['rakos] *n*

Lunge *f* πλεμόνι [ple'moni], πνεύμονας ['pnevmonas]

Lungenentzündung *f* πνευμονία [pnevmo'nia]

lungern χασομερώ (-άς) [xasome'ro]

Lunte *f* φιτίλι [fi'tili]

Lupe *f* φακός [fa'kos]

Lust *f* όρεξη (-εις) ['oreksi]; **2ig** χαρούμενος [xa'rumenos]; εύθυμος ['efθimos]; ***sich 2ig machen*** (***über***) κοροϊδεύω [koroi'ðevo] *A*, γελώ (με) [je'lo (me)]; **~igkeit** *f* ευθυμία [efθi'mia]; **~mord** *m* σεξουαλικός φόνος [seksuali'kos 'fonos]; **~spiel** *n* κωμωδία [komo'ðia]

luxu|riös πολυτελής [polite'lis] 2; **2s** *m* πολυτέλεια [poli'telia]

Lyrik *f* λυρική ποίηση [liri'ki 'piisi]

M

machen κάνω ['kano]; ***das macht nichts*** δεν πειράζει [ðen bi'razi]

Macht *f* δύναμη (-εις) ['ðinami]; εξουσία [eksu'sia]

mächtig δυνατός [ðina'tos], ισχυρός [isçi'ros]

machtlos αδύναμος [a'ðinamos], ανίσχυρος [a'nisçiros]

Mädchen *n* κορίτσι [ko'ritsi], κοπέλα [ko'pela]; (*Dienst2*) υπηρέτρια [ipi'retria]

Made *f* σκουλήκι [sku'liki]

Magen *m* στομάχι [sto'maçi]; **~schmerzen** *m/pl.* στομαχόπονος [stoma'xoponos]

mager λιγνός [li'γnos], ισχνός [is'xnos]; ψαχνός [psa'xnos]; **2keit** *f* ισχνότητα [is'xnotita]

Magistrat *m* δημοτικό συμβούλιο [ðimoti'ko sim'vulio]

Magnet *m* μαγνήτης

[ma'ɣnitis]; **∼isch** μαγνητικός [maɣniti'kos]
mähen θερίζω [θe'rizo]
Mahl(zeit *f*) *n* γεύμα ['jevma] *n*
mahlen αλέθω [a'leθo]
Mähmaschine *f* θεριστική μηχανή [θeristi'ki mixa'ni]
Mähne *f* χαίτη ['çeti]
mahn|en νουθετώ [nuθe'to]; υπενθυμίζω [ipenθi'mizo]; **∼ung** *f* υπενθύμιση (-εις) [ipen'θimisi]
Mai *m* Μάιος ['maios]; **∼feier** *f* πρωτομαγιά [protoma'ja]; **∼glöckchen** *n* άγριος κρίνος ['aɣrios 'krinos]
Mais *m* καλαμπόκι [kalam'boki], αραβόσιτος [ara'vositos]
Majestät *f* μεγαλειότητα [meɣali'otita]; **∼isch** μεγαλοπρεπής [meɣalopre'pis] 2
Makel *m* ψεγάδι [pse'ɣaði]
Makler *m* μεσίτης [me'sitis]
Makrele *f* σκουμπρί [skum'bri]
Mal¹ *n* (*Zeichen, Fleck*) σημείο [si'mio], στίγμα ['stiɣma] *n*
Mal² *n* φορά [fo'ra]
mal (*Math.*) επί [e'pi]
male|n ζωγραφίζω [zoɣra'fizo]; **∼r** *m* ζωγράφος [zo'ɣrafos]; **∼risch** γραφικός [ɣrafi'kos]
Malz *n* κριθάρι [kri'θari]
Mama *f* μάνα ['mana], μαμά [ma'ma]
man κανείς [ka'nis]; **∼ *muß*** πρέπει κανείς να ... ['prepi ka'nis na]
manch|(er) μερικοί [meri'ki] *pl.*; **∼erlei** λογής λογής [lo'jis lo'jis]; **∼mal** κάποτε ['kapote]
Mandel *f* αμύγδαλο [a'miɣðalo]; *Anat.* αμυγδαλή [amiɣða'li]; **∼baum** *m* αμυγδαλιά [amiɣða'lja]; **∼entzündung** *f* αμυγδαλίτιδα [amiɣða'litiða]
Mangel *m* έλλειψη (-εις) ['elipsi]; ***aus*** **∼ (*an*)**, **∼s** ελλείψει [e'lipsi] *G*; **∼haft** ελλειπής [eli'pis] 2, ελαττωματικός [elatomati'kos]; **∼n** **(*an*)** λείπω ['lipo] *N*; στερούμαι [ste'rume] *G*
Mann *m* άντρας ['andras], άνδρας ['anðras]; (*Ehe∼*) σύζυγος ['siziɣos]
Männ|chen *n* (*Tier*) αρσενικό [arseni'ko]; **∼lich** αρσενικός [arseni'kos]; **∼lichkeit** *f* ανδρισμός [anðri'zmos]
mannigfach ποικίλος [pi'kilos]
Mannschaft *f* *Mar.* πλήρωμα ['pliroma] *n*; (*Sport*) ομάδα [o'maða]
Manöver *n* *Mil.* γυμνάσια [ji'mnasia] *n/pl.*
Mantel *m* πανωφόρι [pano'fori], παλτό [pal'to]
Manuskript *n* χειρόγραφο [çi'roɣrafo]
Mappe *f* χαρτοφύλακας [xarto'filakas]

Märchen *n* παραμύθι [para'miθi]
Margarine *f* μαργαρίνη [marɣa'rini]
Marine *f* ναυτικό [nafti'ko]
Mark¹ *n* μεδούλι [me'ðuli]
Mark² *f* (*Münze*) μάρκο ['marko]; **~e** *f* μάρκα ['marka]; (*Brief-*) γραμματόσημο [ɣrama'tosimo]; **≈ieren** σημαδεύω [sima'ðevo]
Markt *m* αγορά [aɣo'ra], παζάρι [pa'zari]; **~halle** *f* σκεπαστή αγορά [skjepa'sti aɣo'ra]
Marmelade *f* μαρμελάδα [marme'laða]
Marmor *m* μάρμαρο ['marmaro]
Marsch *m* πορεία [po'ria]; *Mus.* εμβατήριο [emva'tirio]; **≈ieren** βαδίζω [va'ðizo], πορεύομαι [po'revome]
Marter *f* βάσανο ['vasano], μαρτύριο [mar'tirio]; **≈n** βασανίζω [vasa'nizo]
Märtyrer *m* μάρτυρας ['martiras], ιερομάρτυς [iero'martis]
März *m* Μάρτιος ['martios]
Masche *f* θηλειά [θi'lja], βρόχος ['vroxos]
Maschin|e *f* μηχανή [mixa'ni]; **~enbau** *m* μηχανουργεία [mixanur'jia]; **~engewehr** *n* πολυβόλο [poli'volo]; **~ist** *m* μηχανικός [mixani'kos]
Masern *f/pl.* ιλαρά [ila'ra]
Maske *f* μάσκα ['maska], προσωπίδα [proso'piða]
Maß *n* μέτρο ['metro]
Masse *f* μάζα ['maza], πλήθος ['pliθos] *n*
maßgebend αυθεντικός [afθendi'kos]
massieren κάνω μασάζ ['kano ma'saz], μαλάζω [ma'lazo]
mäßig μέτριος ['metrios]; **~en** μετριάζω [metri'azo]; **≈keit** *f* μετριοπάθεια [metrio'paθia]; **≈ung** *f* μετριασμός [metria'zmos]
massiv συμπαγής [simba'jis] 2; ογκώδης [oŋ'goðis] 2
maß|los υπερβολικός [ipervoli'kos]; **~nehmen** παίρνω μέτρο ['perno 'metro]; **≈stab** *m* κανόνας [ka'nonas]; **~voll** μετρημένος [metri'menos]; εγκρατής [eŋgra'tis] 2
Mast *m* κατάρτι [ka'tarti], ιστός [i'stos]
mästen τρέφω ['trefo]; παχαίνω [pa'çeno]
Mastvieh *n* θρεφτάρια [θre'ftarja] *n/pl.*
Materi|al *n* υλικό [ili'ko]; **~alismus** *m* υλισμός [ili'zmos]; **~e** *f* ύλη ['ili]
Mathematik *f* μαθηματικά [maθimati'ka] *n/pl.*; **~er** *m* μαθηματικός [maθimati'kos]
Matratze *f* στρώμα ['stroma] *n*
Matrose *m* ναύτης ['naftis]

matt κουρασμένος [kura'zmenos], κατάκοπος [ka'takopos]; (*trübe*) θαμπός [θam'bos]; (*Schach*) ματ [mat]
Matte *f* ψάθα ['psaθa]; λιβάδι [li'vaði]
Mau|er *f* τείχος ['tixos] *n*; **2ern** χτίζω ['xtizo]
Maul *n* στόμα (ζώου) ['stoma ('zou)]; **~beere** *f* μούρο ['muro]; **~esel** *m* μουλάρι [mu'lari]; **~korb** *m* φίμωτρο ['fimotro]; **~schelle** *f* μπάτσος ['batsos]; **~wurf** *m* τυφλοπόντικας [tiflo'pondikas]
Maurer *m* χτίστης ['xtistis]
Maus *f* ποντικός [pondi'kos]; **~efalle** *f* ποντικοπαγίδα [pondikopa'jiða]
Mechani|k *f* μηχανική [mixani'ki]; **~ker** *m*, **2sch** μηχανικός [mixani'kos]; **~smus** *m* μηχανισμός [mixani'zmos]
meckern γρινιάζω [γri'njazo]
Medikament *n* φάρμακο ['farmako]
Medizin *f* ιατρική [iatri'ki]; (*Arznei*) φάρμακο ['farmako]
Meer *n* θάλασσα ['θalasa]; **~busen** *m* κόλπος ['kolpos]; **~esspiegel** *m* επιφάνεια της θάλασσας [epi'fania tis 'θalasas]
Mehl *n* αλεύρι [a'levri]
mehr περισσότερος [peri'soteros]; *Adv.* πιο [pjo], πλέον ['pleon]; **~deutig** πολυσήμαντος [poli'simandos]; **~en** αυξάνω [af'ksano], πληθαίνω [pli'θeno]; **~ere** κάμποσοι ['kambosi]; **~fach** πολλαπλάσιος [pola'plasios]; *Adv.* επανειλημμένως [epanili'menos]; **2heit** *f* πλειοψηφία [pliopsi'fia]; **~mals** πολλές φορές [po'les fo'res], συχνά [si'xna]; **2zahl** *f* περισσότεροι [peri'soteri] *m/pl.*; *Gr.* πληθυντικός [pliθindi'kos]
meiden αποφεύγω [apo'fevγo]
Meile *f* μίλι ['mili]
mein ο ... μου [o ... mu]
Meineid *m* ψευδορκία [psevðor'kia]
meinen νομίζω [no'mizo]
meinetwegen! ας είναι [as 'ine]
Meinung *f* γνώμη ['γnomi]; ***meiner ~ nach*** κατά τη γνώμη μου [kata ti 'γnomi mu]
Meißel *m* σμίλη ['zmili]; **2n** σκαλίζω [ska'lizo], σμιλεύω [zmi'levo]
meist|- περισσότερος [peri'soteros]; **~ens** ως επί το πλείστον [os epi to 'pliston]
Meister *m* μάστορας ['mastoras], αρχιτεχνίτης [arçite'xnitis]; **~schaft** *f* μαστοριά [mastor'ja], αριστοτεχνία [aristotex'nia]; (*Sport*) πρωτάθλημα [pro'taθlima] *n*

melancholisch μελαγχολικός [melaŋxoli'kos]
Meld|eamt *n* γραφείο απογραφής [γra'fio apoγra'fis]; **2en** δηλώνω [ði'lono], ανακοινώνω [anaki'nono]; ***sich* 2en** παρουσιάζομαι [parusi'azome]; **~ung** *f* δήλωση (-εις) ['ðilosi], αγγελία [aŋgje'lia]
melken αρμέγω [ar'meγo]
Melodie *f* μελωδία [melo'ðia]
Melone *f* πεπόνι [pe'poni]; (*Wassser2*) καρπούζι [kar'puzi]
Menge *f* πλήθος ['pliθos] *n*; ποσότητα [po'sotita]
Mensch *m* άνθρωπος ['anθropos]; **2enleer** παντέρημος [pan'derimos]; **~heit** *f* ανθρωπότητα [anθro'potita]; **2lich** ανθρώπινος [an'θropinos]; φιλάνθρωπος [fi'lanθropos]; **~lichkeit** *f* ανθρωπισμός [anθropi'zmos]
merk|en καταλαβαίνω [katala'veno]; ***sich* ~en** θυμάμαι [θi'mame]; **2mal** *n* γνώρισμα ['γnorizma] *n*; **~würdig** περίεργος [pe'rierγos]
Messe *f* (*Religion*) λειτουργία [litur'jia]; *Hdl.* (εμπορική) έκθεση [(embori'ki) 'ekθesi]
messen μετρώ (-άς) [me'tro]
Messer *n* μαχαίρι [ma'çeri]
Messing *n* μπρούντζος ['brundzos], ορείχαλκος [o'rixalkos]
Metall *n* μέταλλο ['metalo]; **2isch** μεταλλικός [metali'kos]
Meter, ~maß *n* μέτρο ['metro]
Methode *f* μέθοδος ['meθoðos] *f*
Metzger *m* χασάπης [xa'sapis]; **~ei** *f* χασάπικο [xa'sapiko]
Meuter|ei *f* ανταρσία [andar'sia]; **~er** *m* αντάρτης [an'dartis]; **2n** στασιάζω [stasi'azo]
Miene *f* φυσιογνωμία [fisioγno'mia]
Miet|e *f* νοίκι ['niki], ενοίκιο [e'nikio]; **2en** (ε)νοικιάζω [(e)ni'kjazo]; **~er** *m* νοικάτορας [ni'katoras]; **~shaus** *n* πολυκατοικία [polikati'kia]; **~vertrag** *m* ενοικιαστήριο [enikia'stirio]
Milch *f* γάλα ['γala] *n*; **~geschäft** *n* γαλατάδικο [γala'taðiko]; **~kanne** *f* γαλατιέρα [γala'tjera]
mild ήμερος ['imeros]; (*Strafe*) ελαφρός [ela'fros]; **~ern** μετριάζω [metri'azo]; **2erung** *f* μετριασμός [metria'zmos]; **2tätigkeit** *f* ευεργεσία [everje'sia]
Militär *n* στρατός [stra'tos]; **~dienstpflicht** *f* στρατιωτική υποχρεωτική υπηρεσία [stratioti'ki ipoxreoti'ki ipire'sia]; **2isch** στρατιωτικός [stratioti'kos]
Milli|arde *f* δισεκατομμύριο

[ðisekato'mirio]; **~on** *f* εκατομμύριο [ekato'mirio]
minder λιγότερος [li'ɣoteros]; **2heit** *f* μειονότητα [mio'notita]; **~jährig** ανήλικος [a'nilikos]; **~n** ελαττώνω [ela'tono], μειώνω [mi'ono]; **~wertig** μειονεκτικός [mionekti'kos]; κατώτερος [ka'toteros]; **2wertigkeit** *f* κατωτερότητα [katote'rotita]
mindest ελάχιστος [e'laçistos]; ***nicht im*** **~en** καθόλου [ka'θolu], διόλου [ði'olu]; **~ens** τουλάχιστον [tu'laçiston]
Mine *f* ορυχείο [ori'çio], νάρκη ['narki]
Mineral *n* ορυκτό [ori'kto]; **~wasser** *n* μεταλλικό νερό [metali'ko ne'ro]
Minister *m* υπουργός [ipur'ɣos]; **~ium** *n* υπουργείο [ipur'jio]
Minute *f* λεπτό [le'pto]; **~nzeiger** *m* λεπτοδείκτης [lepto'ðiktis]
mir μου [mu], (ε)μένα [(e)'mena]
misch|en ανακατώνω [anaka'tono], αναμιγνύω [anami'ɣnio]; **2ung** *f* μείγμα ['miɣma] *n*, ανάμιξη (-εις) [a'namiksi]
miß|achten περιφρονώ [perifro'no]; **2achtung** *f* περιφρόνηση [peri'fronisi]; **2bildung** *f* παραμόρφωση (-εις) [para'morfosi]; **~billigen** αποδοκιμάζω [apoðoki'mazo]; **2brauch** *m* κατάχρηση (-εις) [ka'taxrisi]; **2erfolg** *m* αποτυχία [apoti'çia]; **2ernte** *f* κακή σοδειά [ka'ki so'ðja]; **~fallen** δεν αρέσω [ðen a'reso]; **2geburt** *f* έκτρωμα ['ektroma] *n*; **2geschick** *n* δυστυχία [ðisti'çia]; **~gestimmt** δύσθυμος ['ðisθimos]; **~glücken** αποτυχαίνω [apoti'çeno]; **~gönnen** ζηλεύω [zi'levo], φθονώ [fθo'no]; **2gunst** *f* ζήλεια ['zilja], φθόνος ['fθonos]; **~handeln** κακομεταχειρίζομαι [kakometaçi'rizome]; **2handlung** *f* κακοποίηση (-εις) [kako'piisi]; **2mut** *m* δυσθυμία [ðisθi'mia]; **2stimmung** *f* δυσαρέσκεια [ðisa'reskia]; **2ton** *m* παραφωνία [parafo'nia]; **~trauen** δυσπιστώ [ðispi'sto]; **2trauen** *n* δυσπιστία [ðispi'stia]; **~trauisch** δύσπιστος ['ðispistos]; **2verhältnis** *n* δυσαναλογία [ðisanalo'jia]; **2verständnis** *n* παρεξήγηση (-εις) [pare'ksijisi]; **~verstehen** παρεξηγώ [pareksi'ɣo]
Mist *m* κοπριά [kopri'a], κόπρος ['ķopros]
mit (*D*) με [me] *A*; **2arbeit** *f* συνεργασία [sinerɣa'sia]; **2arbeiter** *m* συνεργάτης [siner'ɣatis]; **~bringen** φέρνω μαζί ['ferno ma'zi];

2bürger *m* συμπολίτης [simbo'litis]; **~einander** ο ένας με τον άλλον [o 'enas me ton 'alon]; **~fahren, ~gehen** συνοδεύω [sino'ðevo]; **2gefühl** *n* συμπάθεια [sim'baθia]; **2gift** *f* προίκα ['prika]; **2glied** *n* μέλος ['melos] *n*; **2inhaber** *m* συγκάτοχος [siŋ'gatoxos]; **2leid** *n* συμπόνια [sim'bonja]; **~machen** συμμετέχω [sime'texo]; **2mensch** *m* συνάνθρωπος [si'nanθropos]; **~nehmen** παίρνω μαζί ['perno ma'zi]; **2reisende(r)** *m* συνταξιδιώτης [sindaksi'ðjotis]; **2schuldige(r)** *m* συνένοχος [si'nenoxos]; **2schüler** *m* συμμαθητής [simaθi'tis]

Mittag *m* μεσημέρι [mesi'meri]; **~essen** *n* μεσημεριανό [mesimerja'no], γεύμα ['jevma] *n*

Mitte *f* μέση ['mesi]

mitteil|en πληροφορώ [pliro-fo'ro]; **2ung** *f* πληροφορία [plirofo'ria]; ανακοίνωση (-εις) [ana'kinosi]

Mittel *n* μέσο(ν) ['meso(n)]; **~alter** *n* μεσαίωνας [me'seonas]; **2alterlich** μεσαιωνικός [meseoni'kos]; **~finger** *m* μεσιανό δάχτυλο [mesja'no 'ðaxtilo]; **2los** άπορος ['aporos]; **2mäßig** μέτριος ['metrios]; **~mäßigkeit** *f* μετριότητα [metri'otita]; **~meer** *n* Μεσόγειος [me'sojios] *f*; **~punkt** *m* κέντρο ['kjendro]; **2s** διά μέσου [ði'a 'mesu]; **~welle** *f* μεσαίο κύμα [me'seo 'kima]

mitten: ~ **in** μέσα σε ['mesa se]; **~durch** διά μέσου [ðia'mesu]

Mitternacht *f* μεσάνυχτα [me'sanixta] *n/pl.*

mittlerweile εν τω μεταξύ [en do meta'ksi]

Mittwoch *m* Τετάρτη [te'tarti]

mitwirk|en συνεργάζομαι [siner'γazome]; **2ung** *f* συνεργασία [sinerγa'sia]

Möbel *n* έπιπλο ['epiplo]

mobil ευκίνητος [ef'kinitos]; **2machung** *f* κινητοποίηση (-εις) [kinito'piisi]

möblier|en επιπλώνω [epi'plono]; **~t** επιπλωμένος [epiplo'menos]

Mode *f* μόδα ['moða], συρμός [sir'mos]

Modell *n* μακέτα [ma'kjeta]; (*Kunst*) μοντέλο [mo'delo]

Modenschau *f* επίδειξη μόδας [e'piðiksi 'moðas]

mög|en θέλω ['θelo], μου αρέσει [mu a'resi], αγαπώ [aγa'po]; ***ich möchte*** (***gern***) (θα) ήθελα [(θa) 'iθela]; **~lich** δυνατός [ðina'tos]; **2lichkeit** *f* δυνατότητα [ðina'totita]

Mohn *m* παπαρούνα [papa'runa]

Mohrrübe *f* καρότο [ka'roto]

Molkerei *f* γαλακτοκομείο [γalaktoko'mio]

Moment *m* στιγμή [sti'γmi];

2an *Adv.* προς στιγμήν [pros sti'ɣmin]
Monat *m* μήνας ['minas]; **2lich** μηνιαίος [mini'eos]
Mönch *m* καλόγερος [ka'lojeros]
Mond *m* φεγγάρι [feŋ'gari], σελήνη [se'lini]; **~schein** *m* φεγγάρι [feŋ'gari], φεγγαρόφωτο [feŋga'rofoto]
Montag *m* Δευτέρα [ðe'ftera]
montieren μοντάρω [mon'taro], συναρμολογώ [sinarmolo'ɣo]
Moor *n* βάλτος ['valtos], έλος ['elos] *n*
Moos *n* βρύο ['vrio]
Moral *f* ηθική [iθi'ki]
Morast *m* βούρκος ['vurkos], τέλμα ['telma] *n*
Mord *m* φονικό [foni'ko], φόνος ['fonos]; **2en** φονεύω [fo'nevo]
Mörder *m* φονιάς [fo'njas]; δολοφόνος [ðolo'fonos]
morgen αύριο ['avrio]; **~ *früh*** αύριο το πρωί ['avrio to pro'i]
Morgen *m* πρωί [pro'i]; (*Akkermaß*) στρέμμα ['strema] *n*; ***guten ~!*** καλημέρα! [kali'mera]; **~dämmerung** *f* χάραμα ['xarama] *n*, αυγή [a'vji]; **~rock** *m* ρόμπα ['roba]; **~röte** *f* χαραυγή [xara'vji]
Morphium *n* μορφίνη [mor'fini]
morsch σάπιος ['sapjos], σαθρός [sa'θros]
Mörtel *m* σουβάς [su'vas]
Moschee *f* τζαμί [dza'mi]
Most *m* μούστος ['mustos]
Motor *m* κινητήρας [kini'tiras]; **~boot** *n* βενζινάκατος [venzi'nakatos]; **~haube** *f* καπό [ka'po]; **~rad** *n* μοτοσυκλέτα [motosi'kleta]; **~roller** *m* μηχανάκι [mixa'naki]
Motte *f* σκόρος ['skoros]
Motto *n* γνωμικό [ɣnomi'ko]
Möwe *f* γλάρος ['ɣlaros]
Mücke *f* κουνούπι [ku'nupi]
müd|e κουρασμένος [kura'zmenos]; **2igkeit** *f* κούραση ['kurasi]
muffig μουχλιασμένος [muxlja'zmenos]; *fig.* κατσουφιασμένος [katsufja'zmenos]
Müh|e *f* κόπος ['kopos]; **2elos** άκοπος ['akopos]; **2evoll, 2sam** κοπιαστικός [kopjasti'kos], επίπονος [e'piponos]
Mühle *f* μύλος ['milos]
Müll *m* σκουπίδια [sku'piðja] *n/pl.*, απορρίμματα [apo'rimata] *n/pl.*; **~abfuhr** *f* μεταφορά απορριμμάτων [metafo'ra apori'maton]
Müller *m* μυλωνάς (-άδες) [milo'nas]
Müllkasten *m* δοχείο απορριμμάτων [ðo'çio apori'maton]
Multipli|kation *f* πολλαπλασιασμός [polaplasia'zmos]; **2zieren** πολλαπλασιάζω [polaplasi'azo]

Mund *m* στόμα ['stoma] *n*; **~art** *f* διάλεκτος [ði'alektos], ιδίωμα [i'ðioma] *n*
münden χύνομαι ['çinome]
mündig ενήλικος [e'nilikos]; **≈keit** *f* ενηλικίωση [enili'kiosi]
münd|lich προφορικός [profori'kos]; **≈ung** *f* εκβολή [ekvo'li]
munter ζωηρός [zoi'ros], χαρούμενος [xa'rumenos]; **≈keit** *f* ζωηρότητα [zoi'rotita]
Münz|e *f* νόμισμα ['nomizma] *n*; **~fernsprecher** *m* δημόσιο τηλέφωνο [ði'mosio ti'lefono]
mürbe μαλακός [mala'kos]
murmeln μουρμουρίζω [murmu'rizo]
murren γκρινιάζω [gri'njazo]
mürrisch γκρινιάρης [gri'njaris]; (*Gesicht*) κατσουφιασμένος [katsufja'zmenos]
Mus *n* πελτές [pel'tes], πολτός [pol'tos]
Muschel *f* κοχύλι [ko'çili], όστρακο ['ostrako]; (*eßbar*) μύδι ['miði]
Museum *n* μουσείο [mu'sio]
Musi|k *f* μουσική [musi'ki]; **≈kalisch, ~ker** *m* μουσικός [musi'kos]
Muskel *m* μυς (μυός) [mis]
Muße *f* ησυχία [isi'çia], ανάπαυση [a'napafsi]
müssen πρέπει να ['prepi na]
müßig αργόσχολος [ar'γosxolos]; **≈gang** *m* αργία [ar'jia]
Muster *n* δείγμα ['ðiγma] *n*; *fig.* πρότυπο ['protipo]; **≈gültig** παραδειγματικός [paraðiγmati'kos]; **~ung** *f* εξέταση (-εις) [e'ksetasi]; επιθεώρηση (-εις) [epiθe'orisi]
Mut *m* θάρρος ['θaros] *n*; **≈los** άτολμος ['atolmos]; **≈maßlich** πιθανός [piθa'nos]
Mutter *f* μητέρα [mi'tera]; (*Schrauben≈*) θηλυκό [θili'ko]; **~sprache** *f* μητρική γλώσσα [mitri'ki 'γlosa]
mutwillig παράτολμος [pa'ratolmos], θρασύς [θra'sis]
Mütze *f* σκούφος ['skufos], κασκέτο [ka'skjeto], πηλήκιο [pi'likio]
mythisch μυθικός [miθi'kos]

N

Nabel *m* αφαλός [afa'los]
nach *D* (*örtlich*) σε [se], για [ja], προς [pros]; (*zeitlich*) ύστερα από ['istera a'po], μετά [me'ta] *A*; (*gemäß*) σύμφωνα με ['simfona me], κατά [ka'ta] *A*; **~ und ~** σιγά σιγά [si'γa siγa]; **~ahmen** μιμούμαι [mi'mume]; **≈ahmung** *f* μίμηση (-εις) ['mimisi]
Nachbar *m* γείτονας ['jito-

nas]; **~in** *f* γειτόνισσα [ji'tonisa]; **℘lich** γειτονικός [jitoni'kos]
nach|bilden αντιγράφω [andi'γrafo]; **~blättern** ξεφυλλίζω [ksefi'lizo]
nachdem αφού [a'fu]; *je* ~ εξαρτάται [eksar'tate]
nach|denken συλλογίζομαι [silo'jizome]; **~denklich** σκεπτικός [skjepti'kos]; **℘druck** *m* ανατύπωση (-εις) [ana'tiposi], έμφαση ['emfasi]; ***mit ℘druck*** έντονα ['endona]; **~drücklich** έντονος ['endonos]; **~eifern** συναγωνίζομαι [sinaγo'nizome]; **~einander** ο ένας μετά τον άλλον [o'enas me'taton 'alon]
Nachfolg|e *f* διαδοχή [ðiaðo'çi]; **℘en** διαδέχομαι [ðia'ðexome]; **~er** *m* διάδοχος [ði'aðoxos]
nach|forschen ερευνώ [ere'vno]; **℘forschung** *f* έρευνα ['erevna]; **℘frage** *f* *Hdl.* ζήτηση (-εις) ['zitisi]; **~fragen** πληροφορούμαι [pliro-fo'rume]; **~geben** υποχωρώ [ipoxo'ro], ενδίδω [en'ðiðo]; **~gehen** ακολουθώ [akolu'θo]; (*Uhr*) πηγαίνει πίσω [pi'jeni 'piso]; **~giebig** υποχωρητικός [ipoxoriti'kos]; **℘giebigkeit** *f* υποχωρητικότητα [ipoxoriti'kotita]; **~hallen** αντηχώ [andi'xo]; **~helfen** παραστέκομαι [para'stekome]
nachher ύστερα ['istera], κατόπιν [ka'topin]
nach|holen συμπληρώνω [simbli'rono]; **℘komme** *m* απόγονος [a'poγonos]; **℘kommenschaft** *f* απόγονοι [a'poγoni] *m/pl.*; **℘laß** *m* *Hdl.* έκπτωση (-εις) ['ekptosi]; *jur.* κληρονομιά [kliro-no'mja]; **~lassen** χαλαρώνω [xala'rono]; (*Strafe*) αφήνω [a'fino]; (*vom Preis*) κατεβάζω [kate'vazo]; (*Wind*) πέφτω ['pefto], κοπάζω [ko'pazo]; **~lässig** αμελής [ame'lis] 2; **℘lässigkeit** *f* αμέλεια [a'melia]; **~machen** μιμούμαι [mi'mume]; **℘mittag** *m* απόγευμα [a'pojevma] *n*; **℘nahme** *f* αντικαταβολή [andikatavo'li]; **℘name** *m* επώνυμο [e'ponimo]; **℘porto** *n* πρόσθετα τέλη ['prosθeta 'teli] *n/pl.*; **~prüfen** επανεξετάζω [epanekse'tazo]
Nachricht *f* είδηση (-εις) ['iðisi]; **~endienst** *m* υπηρεσία πληροφοριών [ipire'sia plirofori'on]
Nachruf *m* νεκρολογία [nekrolo'jia]
nach|schicken στέλνω κατόπιν ['stelno ka'topin]; **~schlagen** (*Stelle*) αναζητώ (-άς) [anazi'to]; **℘schlüssel** *m* αντικλείδι [andi'kliði]; **℘schrift** *f* υστερόγραφο [iste'roγrafo]; **~sehen** κοιτάζω [ki'tazo]; ακολουθώ

με το βλέμμα [akolu'θo me to 'vlema]; *fig.* παραβλέπω [para'vlepo]; **⁓sicht** *f* επιείκεια [epi'ikia]; **⁓sichtig** επιεικής [epii'kis] 2

nächste(r) (*zeitlich*) επόμενος [e'pomenos]; (*örtlich*) πλησιέστερος [plisi'esteros]

nachstell|en (*j-m*) καταδιώκω [kata'trexo]; **⁓ung** *f* κατατρεγμός [katatre'ymos]

Nächst|enliebe *f* αλτρουισμός [altrui'zmos]; **⁓ens** προσεχώς [prose'xos]

nachsuchen ψάχνω ['psaxno]; ζητώ την άδεια [zi'to tin 'aδia]

Nacht *f* νύχτα ['nixta]; *gute* **⁓!** καληνύχτα [kali'nixta]

Nachteil *m* μειονέκτημα [mio'nektima] *n*

Nachthemd *n* νυχτικό [nixti'ko]

Nachtigall *f* αηδόνι [ai'δoni]

Nachtisch *m* επιδόρπιο [epi'δorpio]

Nachtlokal *n* νυκτερινό κέντρο [nikteri'no 'kjendro]

Nach|trag *m* συμπλήρωμα [sim'bliroma] *n*; **⁓tragen** (*ergänzen*) συμπληρώνω [simbli'rono]; *fig.* μνησικακώ [mnisika'ko]; **⁓träglich** κατόπιν [ka'topin]

nacht|s την νύχτα [ti'nixta]; **⁓tisch** *m* κομοδίνο [komo'δino]; **⁓wächter** *m* νυχτοφύλακας [nixto'filakas]

Nach|weis *m* απόδειξη (-εις) [a'poδiksi]; **⁓weisen** αποδεικνύω [apoδi'knio]; **⁓wirken** βαστώ (-άς) [va'sto], επενεργώ [epener'γo]; **⁓wirkung** *f* επενέργεια [epe'nerjia]; **⁓wort** *n* επίλογος [e'piloγos]; **⁓wuchs** *m* νέα γενεά ['nea jene'a]; **⁓zählen** ξαναμετρώ (-άς) [ksaname'tro]; **⁓zahlung** *f* πρόσθετη πληρωμή ['prosθeti pliro'mi]

Nacken *m* σβέρκος ['zverkos], αυχένας [af'çenas]

nackt γυμνός [ji'mnos]; **⁓heit** *f* γύμνια ['jimnja], γυμνότητα [ji'mnotita]

Nadel *f* βελόνα [ve'lona]; **⁓holz** *n* βελονοφόρα δέντρα [velono'fora 'δendra] *n/pl.*

Nagel *m* καρφί [kar'fi]; (*Finger⁓*) νύχι ['niçi]; **⁓n** καρφώνω [kar'fono]

nagen τραγανίζω [traγa'nizo]

nahe (*D*) κοντά (σε) [kon'da se]; **⁓kommen** πλησιάζω [plisi'azo]; **⁓legen** συνιστώ (-άς) [sini'sto]

Nähe *f* γειτνίαση [jit'niasi]

nahen πλησιάζω [plisi'azo]

näh|en ράβω ['ravo]; **⁓erin** *f* ράφτρα ['raftra]

nähern: *sich* **⁓** (*D*) πλησιάζω [plisi'azo] *A*

Näh|garn *n* κλωστή [klo'sti]; **⁓maschine** *f* ραπτομηχανή [raptomixa'ni]; **⁓nadel** *f* βελόνα [ve'lona]

nähren τρέφω ['trefo]; (*Kind*) βυζαίνω [vi'zeno]

nahr|haft θρεπτικός [θrepti-

'kos]; **≈ung** *f* τροφή [tro'fi]; **≈ungsmittel** *n/pl.* τρόφιμα ['trofima] *n/pl.*
Naht *f* ραφή [ra'fi]
naiv απλοϊκός [aploi'kos], αφελής [afe'lis] 2, αθώος [a'θoos]; **≈ität** *f* αφέλεια [a'felia], απλοϊκότητα [aploi'kotita]
Name *m* όνομα ['onoma] *n*; **≈ns** ονόματι [o'nomati]; **~nsfest** *n* ονομαστική γιορτή [onomasti'ki jor'ti]; **≈ntlich** ονομαστικός [onomasti'kos]; κυρίως [ki'rios]
nämlich δηλαδή [ðila'ði]
Napf *m* γαβάθα [γa'vaθa]
Narbe *f* σημάδι [si'maði], ουλή [u'li]
Narkose *f* νάρκωση ['narkosi]
Narr *m* παλαβός [pala'vos]; **~heit** *f* τρέλα ['trela]
närrisch τρελός [tre'los] (**vor**/ από [a'po])
nasch|en τρώω γλυκά ['troo γli'ka]; **~haft** λειχουδιάρης [lixu'ðjaris]
Nase *f* μύτη ['miti]
Nasen|bluten *n* αιμορραγία της μύτης [emora'jia tiz 'mitis]; **~loch** *n* ρουθούνι [ru'θuni]
naß βρεγμένος [vre'γmenos], υγρός [i'γros]; **~ werden** βρέχομαι ['vrexome]
Nässe *f* υγρασία [iγra'sia]
Nation *f* έθνος ['eθnos] *n*
national εθνικός [eθni'kos]; **≈hymne** *f* εθνικός ύμνος [eθni'kos 'imnos]
Natron *n* σόδα ['soða]
Natter *f* οχιά [o'ça]
Natur *f* φύση ['fisi]; **~forscher** *m* φυσιοδίφης [fisio'ðifis]; **~katastrophe** *f* θεομηνία [θeomi'nia]
natürlich φυσικός [fisi'kos]
Nebel *m* ομίχλη [o'miçli], καταχνιά [kata'xnja]; **≈ig** ομιχλώδης [omi'xloðis] 2
neben, ~an δίπλα ['ðipla], παραπλεύρως [para'plevros]; **~bei** εν παρόδω [emba'roðo]; **≈buhler** *m* ανταγωνιστής [andaγoni'stis]; **~einander** ο ένας δίπλα στον άλλον [o'enas 'ðipla ston 'alon]; **≈einkünfte** *f/pl.* έκτακτα έσοδα ['ektakta 'esoða] *n/pl.*; **≈fluß** *m* παραπόταμος [para'potamos]; **≈gebäude** *n* παράρτημα [pa'rartima] *n*; **≈geräusch** *n* (*Radio*) παράσιτα [pa'rasita] *n/pl.*; **≈produkt** *n* υποπροϊόν [ipoproi'on]; **~sächlich** ασήμαντος [a'simandos]; **~stehend** πλαϊνός [plai'nos]; **≈straße** *f* πάροδος ['paroðos] *f*; **≈wirkung** *f* παρενέργεια [pare'nerjia]; **≈zimmer** *n* πλαϊνή κάμαρα [plai'ni 'kamara]
neck|en πειράζω [pi'razo]; **≈erei** *f* πείραγμα ['piraγma] *n*
Neffe *m* ανιψιός [ani'psjos]
negativ αρνητικός [arniti'kos]

Negativ *n* αρνητικό [arni-ti'ko]
Neger *m* αράπης [a'rapis], μαύρος ['mavros]; **~in** *f* αράπισσα [a'rapisa], μαύρη ['mavri]
nehmen παίρνω ['perno], λαμβάνω [lam'vano]; (**an~**) δέχομαι ['ðexome]; (**weg~**) αφαιρώ [afe'ro], αρπάζω [ar'pazo]
Neid *m* ζήλεια ['zilja], φθόνος ['fθonos]; **2isch** ζηλιάρης [zi'ljaris], φθονερός [fθone-'ros]
neig|en γέρνω ['jerno], κλίνω ['klino]; ***sich* ~en** κατηφορίζω [katifo'rizo]; **2ung** *f* κλίση (-εις) ['klisi], κατωφέρεια [kato'feria]
nein όχι ['oçi]
Nelke *f* γαρύφαλο [ɣa'rifalo]
nenn|en ονομάζω [ono-'mazo]; **2er** *m* ονομαστής [onoma'stis]; **2wert** *m* ονομαστική αξία [onomasti'ki a'ksia]
Nerv *m* νεύρο ['nevro]
Nerven|arzt *m* νευρολόγος [nevro'loɣos]; **~heilanstalt** *f* νευρολογική κλινική [nevroloji'ki klini'ki]; **~leiden** *n* νευροπάθεια [nevro-'paθia]; **~zusammenbruch** *m* νευρική κρίση [nevri'ki 'krisi]
nervös νευρικός [nevri'kos]
Nessel *f* τσουκνίδα [tsu-'kniða]
Nest *n* φωλιά [fo'lja]
nett ευχάριστος [ef'xaristos], ευγενικός [evjeni'kos]
netto σκέτος ['skjetos], καθαρός [kaθa'ros]
Netz *n* δίχτυ ['ðixti], δίκτυο ['ðiktio]; **~haut** *f* αμφιβληστροειδής [amfivlistroi'ðis]
neu καινούργιος [kje'nurjos], νέος ['neos]; **~erdings** τελευταία [telef'tea]; **2gier** *f* περιέργεια [peri'erjia]; **~gierig** περίεργος [pe'rierɣos]; **~griechisch** νεοελληνικός [neoelini'kos]; **2heit** *f* νεωτερισμός [neoteri'zmos]; **2igkeit** *f* νέο ['neo]; **2jahr** *n* πρωτοχρονιά [proto-xro'nja]; **~lich** πρόσφατα ['prosfata]; **2ling** *m* πρωτόπειρος [pro'topiros]; **2mond** *m* νέα σελήνη ['nea se'lini]
neun εννιά [e'nja], εννέα [e'nea]; **~te(r)** ένατος ['ena-tos]; **~zehn** δεκαεννέα [ðe-kae'nea]; **~zig** ενενή(κο)ντα [ene'ni(ko)nda]
Neuralgie *f* νευραλγία [nevral'jia]
neutral ουδέτερος [u'ðete-ros]; **2ität** *f* ουδετερότητα [uðete'rotita]
Neuzeit *f* νεώτεροι χρόνοι [ne'oteri 'xroni] *m/pl.*
nicht δεν [ðen]; όχι ['oçi]; ***gar* ~** καθόλου [ka'θolu], διόλου [ðí'olu]; **2angriffspakt** *m* συνθήκη μη επιθέσεως [sin-'θiki mi epi'θeseos]
Nichte *f* ανιψιά [ani'psja]
nicht|ig τιποτένιος [tipo'te-

njos]; άκυρος ['akiros]; **≈igkeitserklärung** *f* ακύρωση (-εις) [a'kirosi]; **≈raucher** *m* μη καπνιστής [mi kapni'stis]
nichts τίποτε ['tipote], τίποτα ['tipota]; **≈tuer** *m* ακαμάτης [aka'matis], φυγόπονος [fi'γoponos]; **~würdig** αχρείος [a'xrios]
Nickel *n* νικέλιο [ni'kjelio]
nicken γνέφω ['γnefo]
nie, ~mals ποτέ [po'te]; **~ *mehr*** ποτέ πια [po'te pja]
nieder κάτω ['kato]; **~drükken** καταπιέζω [katapi'ezo]; **≈gang** *m* κατάπτωση (-εις) [ka'taptosi]; **~knien** γονατίζω [γona'tizo]; **≈lage** *f* *Hdl.* αποθήκη [apo'θiki]; *Mil.* ήττα ['ita]; **~lassen:** ***sich ~lassen*** εγκαθίσταμαι [eŋga'θistame]; **≈lassung** *f* εγκατάσταση (-εις) [eŋga'tastasi]; **~legen** καταθέτω [kata'θeto]; (*Amt*) παραιτούμαι [pare'tume]; ***sich ~legen*** πλαγιάζω [pla'jazo]; **~machen** κατασφάζω [kata'sfazo]; **~reißen** γκρεμίζω [gre'mizo]; **~schießen** τουφεκίζω [tufe'kizo]; **≈schlag** *m* (*Regen*) βροχόπτωση (-εις) [vro'xoptosi]; **~schlagen** ρίχνω κάτω ['rixno 'kato]; (*Augen*) χαμηλώνω [xami'lono]; **~setzen** καταθέτω [kata'θeto]; ***sich ~setzen*** κάθομαι ['kaθome]; **~trächtig** αχρείος [a'xrios]; **≈trächtigkeit** *f* αχρειότητα [axri'otita]
niedlich χαριτωμένος [xari-to'menos]
niedrig χαμηλός [xami'los]; *fig.* πρόστυχος ['prostixos]; **≈keit** *f* προστυχιά [prosti'ça]
niemand κανείς [ka'nis]
Niere *f* νεφρό [ne'fro]
niesen φτερνίζομαι [fter'nizome]
Niete *f* πρόκα ['proka]; **≈n** βάζω πρόκες ['vazo 'prokjes]
nirgends πουθενά [puθe'na]
Nische *f* κόχη ['koçi], κοίλωμα *n* τοίχου ['kiloma 'tixu]
nisten φωλιάζω [fo'ljazo]
Niveau *n* επίπεδο [e'pipeðo]
noch ακόμα [a'koma], ακόμη [a'komi]; ***weder ... ~*** ούτε ... ούτε ['ute ... 'ute]; **~mals** άλλη μία φορά ['ali 'mia fo'ra]
Nonne *f* καλόγρια [ka'loγria], μοναχή [mona'çi]
Nord(en) *m* βορράς [vo'ras]
nördlich βορεινός [vori'nos], βόρειος ['vorios]
nord|östlich βορειοανατολικός [virioanatoli'kos]; **≈pol** *m* βόρειος πόλος ['vorios 'polos]; **~westlich** βορειοδυτικός [vorioðiti'kos]; **≈wind** *m* βοριάς [vor'jas]
Norm *f* κανόνας [ka'nonas]
normal κανονικός [kanoni'kos]; *Med.* φυσιολογικός [fisioloji'kos]
Not *f* ανάγκη [a'naŋgi]

Notar *m* συμβολαιογράφος [simvoleo'ɣrafos]
Not|ausgang *m* έξοδος *f* κινδύνου ['eksoðos kin'ðinu]; **~bremse** *f* φρένο κινδύνου ['freno kin'ðinu]
Not|e *f* (*Zensur*) βαθμός [vaθ'mos]; (*Geld*) χαρτονόμισμα [xarto'nomizma] *n*; *Mus.* νότα ['nota]; **2ieren** σημειώνω [simi'ono]
nötig αναγκαίος [anaŋ'gjeos]; *~ haben* έχω ανάγκη ['exo a'naŋgi]; **~en** αναγκάζω [anaŋ'gazo]
Notiz *f* σημείωμα [si'mioma] *n*
not|gedrungen εξ ανάγκης [eks a'naŋgis]; **2landung** *f* αναγκαστική προσγείωση [anaŋgasti'ki proz'jiosi]; **~leidend** άπορος ['aporos]; **2lüge** *f* αναγκαστικό ψέμα [anaŋgasti'ko 'psema] *n*; **2signal** *n* σήμα κινδύνου ['sima kin'ðinu]; **2verband** *m* πρόχειρος επίδεσμος ['proçiros e'piðezmos]; **~wendig** αναγκαίος [anaŋ'gjeos]; **2wendigkeit** *f* ανάγκη [a'naŋgi], αναγκαιότητα [anaŋgje'otita]
Novelle *f* νουβέλα [nu'vela], διήγημα [ði'ijima] *n*
November *m* Νοέμβριος [no'emvrios]
nüchtern νηστικός [nisti'kos]; νηφάλιος [ni'falios]; **2heit** *f* νηφαλιότητα [nifali'otita]
Nudeln *f/pl.* μακαρόνια [maka'ronja] *n/pl.*, ζυμαρικά [zimari'ka] *n/pl.*
Null(punkt *m*) *f* μηδενικό [miðeni'ko], μηδέν [mi'ðen]
num|erieren αριθμώ [ariθ'mo]; **2mer** *f* νούμερο ['numero], αριθμός [ariθ'mos]
nun τώρα ['tora]
nur μονάχα [mo'naxa], μόνο(ν) ['mono(n)]
Nuß *f* καρύδι [ka'riði]; **~knakker** *m* καρυοθραύστης [kario'θrafstis]
nutz|bar χρήσιμος ['xrisimos]; **~bringend** επωφελής [epofe'lis] 2; **2en** *m* όφελος ['ofelos] *n*, κέρδος ['kjerðos] *n*; *2en ziehen aus* ωφελούμαι από [ofe'lume a'po]
nütz|en (*D*) ωφελώ [ofe'lo] *A*; **~lich** ωφέλιμος [o'felimos]; **2lichkeit** *f* ωφελιμότητα [ofeli'motita]
nutzlos ανώφελος [a'nofelos]; **2igkeit** *f* αχρηστία [axri'stia]

O

Oase *f* όαση (-εις) ['oasi]
ob (ε)άν [(e)'an]; *als ~* σαν να [san na]; *und ~* και βέβαια [kje 'vevea]
Obacht *f*: *~ geben* προσέχω [pro'sexo]
Obdach *n* άσυλο ['asilo]
oben επάνω [e'pano]; *nach ~*

προς τα επάνω [pros ta e'pano]; *von ~ herab* από πάνω [apo 'pano], αφ' υψηλού [afipsi'lu]
Ober *m*: *Herr Ober!* γκαρσόν! [gar'son]
ober ανώτερος [a'noteros]; **2arzt** *m* αρχίατρος [ar'çiatros]; **2befehlshaber** *m* αρχιστράτηγος [arçi'stratiγos]; **2bett** *n* πάπλωμα ['paploma] *n*; **2bürgermeister** *m* (πρώτος) δήμαρχος [('protos) 'δimarxos]; **2deck** *n* κατάστρωμα [ka'tastroma] *n*; **2fläche** *f* επιφάνεια [epi'fania]; **~flächlich** επιπόλαιος [epi'poleos]; **~halb** πάνω από ['pano a'po]; **2hemd** *n* πουκάμισο [pu'kamiso]; **2kiefer** *m* πάνω σιαγώνα ['pano sia'γona]; **2körper** *m* πάνω μέρος *n* του σώματος ['pano 'meros tu 'somatos]; **2leutnant** *m* υπολοχαγός [ipoloxa'γos]; **2lippe** *f* πάνω χείλος ['pano 'çilos] *n*; **2schenkel** *m* μηρός [mi'ros]; **2schule** *f* γυμνάσιο [jim'nasio]; **2schüler** *m* γυμνασιόπαιδο [jimna'sjopeδo]; **2st** *m* συνταγματάρχης [sindaγma'tarçis]; **~ste(r)** ανώτερος [a'noteros], ύψιστος ['ipsistos]
obgleich αν και [aŋ 'kje]
Obhut *f* προστασία [prosta'sia]
Objekt *n* αντικείμενο [andi'kimeno]; **2iv** αντικειμενικός [andikimeni'kos]
Obst *n* φρούτα ['fruta] *n/pl.*; **~baum** *m* καρποφόρο δέντρο [karpo'foro 'δendro]; **~händler** *m* μανάβης [ma'navis], οπωροπώλης [oporo'polis]; **~wein** *m* μηλίτης [mi'litis]
Ochse *m* βόδι ['voδi]
öde έρημος ['erimos]
oder ή [i]
Ofen *m* σόμπα ['soba], θερμάστρα [θer'mastra]; **~rohr** *n* μπουρί [bu'ri]
offen ανοιχτός [ani'xtos]; **~baren** φανερώνω [fane'rono]; **2barung** *f* αποκάλυψη (-εις) [apo'kalipsi]; **2heit** *f* ειλικρίνεια [ili'krinia]; **~herzig** ανοιχτόκαρδος [ani'xtokarδos]; **~sichtlich** (ολο)φάνερος [(olo)'faneros]
öffentlich δημόσιος [δi'mosios]; **2keit** *f* δημοσιότητα [δimosi'otita], κοινό [ki'no]
offiziell επίσημος [e'pisimos]
Offizier *m* αξιωματικός [aksiomati'kos]
öffnen ανοίγω [a'niγo]
oft πολλές φορές [po'les fo'res], συχνά [si'xna]
ohne (*A*) χωρίς [xo'ris] *A*
Ohn|macht *f* λιποθυμία [lipoθi'mia]; *in ~macht fallen* λιποθυμώ (-άς) [lipoθi'mo]; **2mächtig** λιπόθυμος [li'poθimos]
Ohr *n* αυτί [a'fti]; **~enent-**

zündung *f* ωτίτιδα [o'titiða]; **~feige** *f* μπάτσος ['batsos]; **°feigen** μπατσίζω [ba'tsizo]; **~ring** *m* σκουλαρίκι [skula'riki]
Ökologie *f* οικολογία [ikolo'jia]
Oktober *m* Οκτώβριος [o'ktovrios]
Öl *n* λάδι ['laði]; **°en** λαδώνω [la'ðono]; **~gemälde** *n* ελαιογραφία [eleoγra'fia]; **~farbe** *f* λαδομπογιά [laðobo'ja]; **~heizung** *f* θέρμανση πετρελαίου ['θermansi petre'leu]
Olive(nbaum *m*) *f* ελιά [e'lja]
Olivenöl *n* ελαιόλαδο [ele'olaðo]
Öl|kanne *f* λαδερό [laðe'ro]; **~presse** *f* ελαιοτριβείο [eleotri'vio]; **~pumpe** *f* αντλία λαδιού [an'dlia la'ðju]; **~sardine** *f* σαρδέλα λαδιού [sar'ðela la'ðju]
Omnibus *m s.* **Autobus**
Onkel *m* θείος ['θios]
Oper *f* όπερα ['opera]
Oper|ation *f* εγχείρηση (-εις) [eŋ'çirisi]; **°ieren** εγχειρίζω [eŋçi'rizo]
Opfer *n* θύμα ['θima] *n*; θυσία [θi'sia]; **°n** θυσιάζω [θisi'azo]
Opposition *f* αντιπολίτευση [andipo'litefsi]
Optiker *m* οπτικός [opti'kos]
Orakel *n* μαντείο [ma'ndio]
Orange *f* πορτοκάλι [porto'kali]; **~ade** *f* πορτοκαλάδα [portoka'laða]
Orchester *n* ορχήστρα [or'çistra]
Orden *m* παράσημο [pa'rasimo]
ord|entlich τακτικός [takti'kos]; **~nen** τακτοποιώ [taktopi'o]; **°nung** *f* τάξη (-εις) ['taksi]; ***in* °nung** εν τάξει [en'daksi]
Organ *n* όργανο ['orγano]; **~isation** *f* οργάνωση (-εις) [or'γanosi]; **°isieren** οργανώνω [orγa'nono]
Orient *m* Ανατολή [anato'li]; **°ieren** κατατοπίζω [katato'pizo]; ***sich* °ieren** προσανατολίζομαι [prosanato'lizome]; **~ierung** *f* προσανατολισμός [prosanatoli'zmos]
Original *n* πρωτότυπο [pro'totipo]
Orkan *m* τυφώνας [ti'fonas]
Ort *m* μέρος ['meros] *n*, τόπος ['topos]
örtlich τοπικός [topi'kos]
Ortsgespräch *n Tel.* αστική συνδιάλεξη [asti'ki sin'ðjaleksi]
Ost(en) *m* ανατολή [anato'li]
Ostern *pl.* Λαμπρή [lam'bri], Πάσχα ['pasxa] *n*
Österreich *n* Αυστρία [af'stria]; **~er** *m* Αυστριακός [afstria'kos]
östlich ανατολικός [anatoli'kos]
Ozean *m* ωκεανός [okjea'nos]

P

Paar *n* ζευγάρι [ze'vɣari]; **~ung** *f* ζευγάρωμα [ze'vɣaroma] *n*; **&weise** δυο δυο [ðjo ðjo], κατά ζεύγη [ka'ta 'zevji]
Pacht *f* μίσθωμα ['misθoma] *n*; **&en** μισθώνω [mi'sθono]
Pächter *m* μισθωτής [misθo'tis]
Päckchen *n* (*Post*) δεματάκι [ðema'taki]; (*Zigaretten*) κουτί [ku'ti]
pack|en τσακώνω [tsa'kono], συλλαμβάνω [silam'vano]; συσκευάζω [siskje'vazo]; **&ung** *f* συσκευασία [siskjeva'sia]
Paket *n* πακέτο [pa'kjeto], δέμα ['ðema] *n*; **~annahme** *f* παραλαβή δεμάτων [paralavi ðe'maton]; **~ausgabe** *f* παράδοση δεμάτων [pa'raðosi ðe'maton]; **~karte** *f* δελτίο αποστολής δεμάτων [ðel'tio aposto'lis ðe'maton]
Pakt *m* συνθήκη [sin'θiki]
Palast *m* παλάτι [pa'lati]
Palme *f* χουρμαδιά [xurma'ðja], φοινικιά [fini'kja]
panier|en αλευρώνω [alev'rono]; **~t** πανέ [pa'ne]
Pan|ik *f*, **&isch** πανικός [pani'kos]
Panne *f* (*Auto*) ατύχημα [a'tiçima] *n*
Pantoffel *m* παντούφλα [pan'dufla]
Panzer *m* θώρακας ['θorakas]; τανκ [taŋk] *n*; **~wagen** *m* άρμα (μάχης) ['arma ('maçis)] *n*
Papa *m* μπαμπάς [ba'bas]
Papagei *m* παπαγάλος [papa'ɣalos]
Papier *n* χαρτί [xar'ti]; **~geld** *n* χαρτονομίσματα [xartono'mizmata] *n/pl.*; **~geschäft** *n* χαρτοπωλείο [xartopo'lio]; **~korb** *m* καλάθι αχρήστων [ka'laθi a'xriston]
Pappe *f* χαρτόνι [xar'toni]
Pappel *f* λεύκα ['lefka]
Paprika *f* πιπεριά [pipe'rja]
Papst *m* πάπας ['papas]
päpstlich παπικός [papi'kos]
Parade *f* παρέλαση (-εις) [pa'relasi]
parallel παράλληλος [pa'ralilos]
Parfüm *n* άρωμα ['aroma] *n*, μυρωδικό [miroði'ko]
Park *m* πάρκο ['parko]; **&en** (*Auto*) σταθμεύω [staθ'mevo], παρκάρω [par'karo]
Parkett *n* παρκέτο [par'kjeto]; *Thea.* πλατεία [pla'tia]
Park|platz *m* πάρκιγκ ['parkiŋg], χώρος σταθμεύσεως ['xoros staθ'mefseos]; **~uhr** *f* παρκόμετρο [par'kometro]; **~verbot** *n* απαγόρευση σταθμεύσεως [apa'ɣorefsi staθ'mefseos]
Parlament *n* βουλή [vu'li]

Partei *f* κόμμα ['koma] *n*; **≈isch** μεροληπτικός [merolipti'kos]; **~lichkeit** *f* μεροληψία [meroli'psia]
Partisan *m* αντάρτης [an'dartis]
Partner *m* ταίρι ['teri]
Party *f* πάρτυ ['parti] *n*
Paß *m* κλεισούρα [kli'sura], στενό [ste'no]; *(Reise≈)* διαβατήριο [ðiava'tirio]
Passagier *m* επιβάτης [epi'vatis]
passen ταιριάζω [te'rjazo]; **~d** ταιριαστός [terja'stos] (**zu** *D*/ με [me]), κατάλληλος [ka'talilos]
passier|en περνώ (-άς) [per'no], διαβαίνω [ðja'veno]; *(sich ereignen)* συμβαίνει [sim'veni]; **≈schein** *m* άδεια διαβάσεως ['aðia ðia'vaseos]
passiv παθητικός [paθiti'kos]
Paßkontrolle *f* έλεγχος διαβατηρίων ['eleŋxos ðiavati'rion]
Paste *f* πάστα ['pasta]; **~te** *f* ζύμη ['zimi]
Pate *m* κουμπάρος [ku(m)'baros], νουνός [nu'nos]; **~nkind** *n* βαφτισίμι [vafti'simi]
Patent *n* δίπλωμα *n* ευρεσιτεχνίας ['ðiploma evresite'xnias]
Patient *m* άρρωστος ['arostos], πελάτης [pe'latis]; **~in** *f* πελάτισσα [pe'latisa]
Patras *n* Πάτρα ['patra]
Patrone *f* φυσίγγιο [fi'siŋgio]
Pauke *f* τύμπανο ['timbano]
Pauschalpreis *m* αποκοπή [apoko'pi]
Pause *f* διακοπή [ðiako'pi], διάλειμμα [ði'alima] *n*
Pech *n fig.* ατυχία [ati'çia]
pein|igen βασανίζω [vasa'nizo]; **~lich** δυσάρεστος [ði'sarestos]
Peitsche *f* καμουτσίκι [kamu'tsiki], μαστίγιο [ma'stijio]
Peloponnes *m* Πελοπόννησος [pelo'ponisos] *f*
Pelz *m* γούνα ['ɣuna], δέρμα ['ðerma] *n*; **~mantel** *m* γούνα ['ɣuna]
Pendel *n* *(Uhr≈)* εκκρεμές [ekre'mes] *n*; **≈n** ταλαντεύομαι [talan'devome]
Pension *f* οικοτροφείο [ikotro'fio], πανσιόν [pan'sjon]; *(Ruhegehalt)* σύνταξη (-εις) ['sindaksi]; **≈ieren** δίνω σύνταξη ['ðino 'sindaksi]
perfekt τέλειος ['telios]
Pergament *n* περγαμηνή [perɣami'ni]
Periode *f* περίοδος [pe'rioðos] *f*
Perl|e *f* μαργαριτάρι [marɣari'tari]; **≈en** αφρίζω [a'frizo]
Person *f* πρόσωπο ['prosopo], άτομο ['atomo]
Personal *n* προσωπικό [prosopi'ko]; **~ausweis** *m* δελτίο ταυτότητας [ðel'tio ta'ftotitas]; **~ien** *pl.* προ-

σωπικά στοιχεία [prosopi'ka sti'çia]

Personenzug *m* επιβατική αμαξοστοιχία [epivati'ki amaksosti'çia]

persönlich προσωπικός [prosopi'kos]; **⁓keit** *f* προσωπικότητα [prosopi'kotita]

Perücke *f* περούκα [pe'ruka]

Pessimist *m*, **⁓isch** απαισιόδοξος [apesi'oðoksos]

Pest *f* πανούκλα [pa'nukla]

Petersilie *f* μαϊντανός [maida'nos]

Petroleum *n* πετρέλαιο [pe'treleo]

Pfad *m* μονοπάτι [mono'pati]; **⁓finder** *m* πρόσκοπος ['proskopos]

Pfahl *m* παλούκι [pa'luki]

Pfand *n* ενέχυρο [e'neçiro]; **⁓brief** *m* χρεώγραφο υποθήκης [xre'oγrafo ipo'θikis]

pfänd|en κατάσχω [ka'tasxo]; **⁓ung** *f* κατάσχεση (-εις) [ka'tasçesi]

Pfann|e *f* τηγάνι [ti'γani]; **⁓kuchen** *m* τηγανίτα [tiγa'nita]

Pfarrer *m* παππάς [pa'pas], ιερέας [ie'reas]

Pfau *m* παγόνι [pa'γoni]

Pfeffer *m* πιπέρι [pi'peri]; **⁓minze** *f* μέντα ['menda]

Pfeife *f* σφυρίχτρα [sfi'rixtra]; (*Tabaks⁓*) πίπα ['pipa]; **⁓n** σφυρίζω [sfi'rizo]

Pfeil *m* σαΐτα [sa'ita], βέλος ['velos] *n*; **⁓er** *m* στύλος ['stilos]

Pfennig *m fig.* δεκάρα [ðe'kara]

Pferd *n* άλογο ['aloγo]

Pferde|kraft *f* δύναμη ίππου ['ðinami 'ipu]; **⁓rennen** *n* ιπποδρομία [ipoðro'mia]

Pfiff *m* σφύριγμα ['sfiriγma] *n*

Pfingsten *n* Πεντηκοστή [pendiko'sti]

Pfirsich *m* ροδάκινο [ro'ðakino]

Pflanz|e *f* φυτό [fi'to]; **⁓en** φυτεύω [fi'tevo]; **⁓ung** *f* φυτεία [fi'tia]

Pflaster *n* λιθόστρωτο [li'θostroto]; *Med.* έμπλαστρο ['emblastro]; **⁓n** λιθοστρώνω [liθo'strono]

Pflaume *f* δαμάσκηνο [ða'maskino]; **⁓nbaum** *m* δαμασκηνιά [ðamaski'nja]

Pflege *f* περιποίηση (-εις) [peri'piisi]; **⁓kind** *n* ψυχοπαίδι [psixo'peði]; **⁓n** περιποιούμαι [peripi'ume]; **⁓r** *m* νοσοκόμος [noso'komos]; **⁓rin** *f* νοσοκόμα [noso'koma]

Pflicht *f* καθήκον [ka'θikon]

pflücken κόβω ['kovo]

Pflug *m* αλέτρι [a'letri], άροτρο ['arotro]

pflügen οργώνω [or'γono]

Pforte *f* πόρτα ['porta], πύλη ['pili]

Pförtner *m* θυρωρός [θiro'ros]

Pfosten *m* παραστάτης [para'statis]

Pfote *f* ποδάρι (ζώου) [po'ðari ('zou)]
pfropfen στουπώνω [stu'pono]
pfui! ουστ! [ust], ντροπή! [dro'pi]
Pfund *n* μισό κιλό [mi'so ki'lo], λίρα ['lira]
pfusch|en ψευτοδουλεύω [pseftoðu'levo]; **-er** *m* κακοδουλευτής [kakoðule'ftis]
Pfütze *f* τέλμα ['telma] *n*
Phantasie *f* φαντασία [fanda'sia]; **-ren** φαντασιοκοπώ [fandasioko'po]; παραμιλώ (-άς) [parami'lo]
Physi|k *f* φυσική [fisi'ki]; **-kalisch, -sch** φυσικός [fisi'kos]
Picke|l *m* τσάπα ['tsapa]; *Med.* σπυρί [spi'ri]; **-n** τσιμπώ (-άς) [tsim'bo]
Pilger *m* προσκυνητής [proskini'tis]; **~fahrt** *f* προσκύνημα [pro'skinima] *n*
Pille *f* χάπι ['xapi]
Pilot *m* πιλότος [pi'lotos]
Pilz *m* μανιτάρι [mani'tari]
Pinie *f* κουκουναριά [kukuna'rja], πεύκο ['pefko]
Pinsel *m* πινέλο [pi'nelo]
Pinzette *f* τσιμπίδα [tsim'biða], λαβίδα [la'viða]
Pirat *m* πειρατής [pira'tis]
pissen *fam.* κατουρώ (-άς) [katu'ro]
Pistole *f* πιστόλι [pi'stoli]
Plage *f* βάσανο ['vasano]
Plakat *n* τοιχοκόλλημα [tixo'kolima] *n*
Plakette *f* έμβλημα ['emvlima] *n*
Plan *m* σχέδιο ['sçeðio]; **-en** σχεδιάζω [sçeði'azo]; **-los** αμέθοδος [a'meθoðos]; **-mäßig** συστηματικός [sistimati'kos]
Planet *m* πλανήτης [pla'nitis]
Planke *f* σανίδα [sa'niða]
Plantage *f* φυτεία [fi'tia]
plätschern πλαταγίζω [plata'jizo]
platt ίσιος ['isjos], ομαλός [oma'los]; **-e** *f* πλάκα ['plaka]; *Mus.* δίσκος ['ðiskos]
Plätt|eisen *n* σίδερο ['siðero]; **-en** σιδερώνω [siðe'rono]
Plattenspieler *m* πικάπ [pik'ap] *n*
Platz *m* θέση (-εις) ['θesi], πλατεία [pla'tia]; **-en** σκάζω ['skazo]; εκρήγνυμαι [e'kriγnime]; **~karte** *f* αριθμημένη θέση [ariθmi'meni 'θesi]; **~regen** *m* μπόρα ['bora]
Plauder|ei *f* κουβέντα [ku'venda]; **-n** κουβεντιάζω [kuven'djazo]
Pleite *f* χρεωκοπία [xreoko'pia]
Plomb|e *f* σφράγισμα ['sfrajizma] *n*; **-ieren** σφραγίζω [sfra'jizo]
plötzlich ξαφνικός [ksafni'kos], αιφνίδιος [e'fniðios]; *Adv.* έξαφνα ['eksafna]
plump χοντροκαμωμένος [xondrokamo'menos]

Plunder *m* παλιόπανα [pa'ljopana] *n/pl.*
plünder|n λεηλατώ [leila'to]; **2ung** *f* λεηλασία [leila'sia]
Pöbel *m* όχλος ['oxlos]
Pocken *f/pl.* ευλογιά [evlo'ja]
Podium *n* εξέδρα [e'kseðra]
Pokal *m* κύπελλο ['kipelo]
Pol *m* πόλος ['polos]
polieren γυαλίζω [ja'lizo], στιλβώνω [stil'vono]
Politi|k *f* πολιτική [politi'ki]; **~ker** *m*, **2sch** πολιτικός [politi'kos]
Politur *f* βερνίκι [ver'niki]
Polizei *f* αστυνομία [astino'mia]; **~wache** *f* τμήμα ['tmima] *n*
Polizist *m* αστυνομικός [astinomi'kos]; χωροφύλακας [xoro'filakas]
Polster *n* μαξιλάρι καρέκλας [maksi'lari ka'reklas]
poltern θορυβώ [θori'vo]
Pommes frites *pl.* πατάτες τηγανιτές [pa'tates tiɣani'tes] *f/pl.*
Por|e *f* πόρος [''poros]; **2ös** πορώδης [po'roðis] 2
Portal *n* πύλη ['pili]
Portemonnaie *n* πορτοφόλι [porto'foli]
Portier *m* πορτιέρης [por'tjeris], θυρωρός [θiro'ros]
Portion *f* μερίδα [me'riða]
Porto *n* ταχυδρομικά (τέλη) [taçiðromi'ka ('teli)] *n/pl.*
Porträt *n* πορτραίτο [por'treto]
Porzellan *n* πορσελάνη [porse'lani]
Position *f* θέση ['θesi], στάση ['stasi]
positiv θετικός [θeti'kos]
Posse *f* φάρσα ['farsa]
Post|-, **2alisch** ταχυδρομικός [taçiðromi'kos]
Post *f*, **~amt** *n* ταχυδρομείο [taçiðro'mio]; **~anweisung** *f* ταχυδρομική επιταγή [taçiðromi'ki epita'ji]; **~bote** *m* ταχυδρόμος [taçi'ðromos]; **~einlieferungsschein** *m* απόδειξη παραδόσεως [a'poðiksi para'ðoseos]
Posten *m* θέση (-εις) ['θesi]; *Mil.* σκοπός [sko'pos]; *Hdl.* ποσότητα εμπορευμάτων [po'sotita emborev'maton]
Post|fach *n* θυρίδα [θi'riða]; **~gebühr** *f* ταχυδρομικά τέλη [taçiðromi'ka 'teli] *n/pl.*; **~karte** *f* καρτ-ποστάλ [kartpo'stal] *n*; **2lagernd** ποστ-ρεστάντ [post re'stant]; **~leitzahl** *f* κωδικός αριθμός [koði'kos ariθ'mos]; **~schalter** *m* ταχυδρομική θυρίδα [taçiðromi'ki θi'riða]; **~scheck** *m* ταχυδρομική επιταγή [taçiðromi'ki epita'ji]; **~stempel** *m* ταχυδρομική σφραγίδα [taçiðromi'ki sfra'jiða]; **2wendend** επιστρεφόμενο [epistre'fomeno]
Pracht *f* μεγαλοπρέπεια [meɣalo'prepia]
prächtig μεγαλοπρεπής [meɣalopre'pis] 2

prahl|en καυχιέμαι [ka'fçeme] (**mit** *D*/ για [ja]); **≗er** *m* καυχησιάρης [kafçi'sjaris]; **≗erei** *f* καυχησιολογία [kafçisiolo'jia]

Prakti|ker *m*, **≗sch** πρακτικός [prakti'kos]

Präm|ie *f* επιδότηση (-εις) [epi'ðotisi]; (*Versicherungs-*) ασφάλιστρα [a'sfalistra] *n/pl.*; **≗iieren** βραβεύω [vra'vevo]

Präparat *n* παρασκεύασμα [para'skjevazma] *n*

Präservativ *n* προφυλακτικό [profilakti'ko]

Präsident *m* πρόεδρος ['proeðros]

prasseln τσιτσιρίζω [sitsi'rizo]

Praxis *f* πρακτική [prakti'ki]; (*Arzt≗*) ιατρείο [ia'trio]

predig|en κηρύσσω [ki'riso]; **≗t** *f* κήρυγμα ['kiriγma] *n*

Preis *m* τιμή [ti'mi]; ***um jeden*** **~** πάση θυσία ['pasi θi'sia]; **≗en** δοξάζω [ðo'ksazo]; **≗geben** εγκαταλείπω [eŋgata'lipo]; **≗gekrönt** βραβευμένος [vravev'menos]; **~liste** *f* τιμολόγιο [timo'lojio]; **~richter** *m* διαιτητής [ðieti'tis]; **≗wert** φτηνός [fti'nos]

prellen *fig.* γελώ (-άς) [je'lo]

Press|e *f* τύπος ['tipos]; (*Frucht-*) στραγγιστήρι [straŋgi'stiri]; *Typ.* πιεστήριο [pie'stirio]; **≗en** στριμώχνω [stri'moxno], πιέζω [pi'ezo]

Preßluft *f* πιεσμένος αέρας [pie'zmenos a'eras]

Priester *m* παππάς [pa'pas], ιερέας [ie'reas]

primitiv πρωτόγονος [pro'toγonos]

Prinz *m* πρίγκιπας ['priŋgipas]; **~essin** *f* πριγκίπισσα [priŋ'gipisa]

privat ιδιωτικός [iðioti'kos]

Prob|e *f* δοκιμή [ðoki'mi]; *Thea.* πρόβα ['prova]; *Hdl.* δείγμα ['ðiγma] *n*; **≗en** *Thea.* κάνω πρόβα ['kano 'prova]; **≗ieren** δοκιμάζω [ðoki'mazo]

Problem *n* πρόβλημα ['provlima] *n*

Produ|kt *n* προϊόν [proi'on]; **~ktion** *f* παραγωγή [paraγo'ji]; **≗zieren** παράγω [pa'raγo]

Professor *m* καθηγητής [kaθiji'tis]

profitieren επωφελούμαι [epofe'lume] (***von***/ από [a'po])

Programm *n* πρόγραμμα ['proγrama] *n*

Propaganda *f* προπαγάνδα [propa'γanða]

Propeller *m* προπέλα [pro'pela], έλικας ['elikas]

prophezei|en προφητεύω [profi'tevo]; **≗ung** *f* προφητεία [profi'tia]

Prosa *f* πεζογραφία [pezoγra'fia]

Prosit! γεια σας ['jasas]

Prospekt *m* διαφημιστικό [ðiafimisti'ko]
Protest *m* διαμαρτυρία [ðiamarti'ria]; **~ieren** διαμαρτύρομαι [ðiamar'tirome]
Prothese *f* τεχνητό μέλος [texni'to 'melos]; (*Zahn~*) μασέλα [ma'sela]
Protokoll *n* πρωτόκολλο [pro'tokolo]
Proviant *m* προμήθειες [pro-'miθies] *f/pl.*, τρόφιμα ['trofima] *n/pl.*
Provinz *f* επαρχία [epar'çia]
Provision *f* προμήθεια [pro-'miθia]
provisorisch προσωρινός [prosori'nos]
Prozent *n* τοις εκατόν [tis eka'ton]; **~satz** *m* ποσοστό [poso'sto]
Prozeß *m* δίκη ['ðiki]
prüf|en εξετάζω [ekse'tazo]; **~ung** *f* εξέταση (-εις) [e'ksetasi]
prügeln δέρνω ['ðerno], ξυλοκοπώ (-άς) [ksiloko'po]
Psyche *f* ψυχή [psi'çi]
Publikum *n* κοινό [ki'no]
Pudding *m* πουτίγγα [pu-'tiŋga]
Puder *m* πούδρα ['puðra]; **~n** πουδράρω [pu'ðraro]
Pulli *m* πουλόβερ [pu'lover] *n*
Puls|(schlag) *m* σφυγμός [sfiɣ'mos]; **~ader** *f* αρτηρία [arti'ria]
Pulver *n* σκόνη ['skoni]; (*Schieß~*) μπαρούτι [ba'ruti]
Pumpe *f* τρόμπα ['tromba], αντλία [an'dlia]; **~n** τρομπάρω [trom'baro], αντλώ [an'dlo]
Punkt *m* σημάδι [si'maði], σημείο [si'mio]; *Gr.* τελεία [te'lia]; **~ieren** στίζω ['stizo]
pünktlich ακριβής [akri'vis] 2; **~keit** *f* ακρίβεια [a'krivia]
Pupille *f* μαυράδι [ma'vraði], κόρη ['kori]
Puppe *f* κούκλα ['kukla]
Purpur *m* πορφύρα [por'fira]
Purzelbaum *m* τούμπα ['tu(m)ba]
Puter *m* γάλος ['ɣalos]
Putsch *m* πραξικόπημα [praksi'kopima] *n*
Putz *m* στολίδια [sto'liðja] *n/pl.*; *Arch.* ασβέστωμα [a'zvestoma] *n*; **~en** στολίζω [sto'lizo]; καθαρίζω [kaθa-'rizo]; (*Schuhe*) γυαλίζω [ja'lizo]; **~frau** *f* καθαρίστρια [kaθa'ristria]

Q

Quadrat *n* τετράγωνο [te'traɣono]; **~meter** *m* τετραγωνικό μέτρο [tetraɣoni'ko 'metro]
Qual *f* βάσανο ['vasano]
quäl|en βασανίζω [vasa-'nizo]; **~geist** *m* βασανιστής [vasani'stis]
Qualität *f* ποιότητα [pi'otita]

Qualle *f* τσούχτρα ['tsuxtra], μέδουσα ['meðusa]
Qualm *m* πυκνός καπνός [pi'knos ka'pnos]
Quantität *f* ποσότητα [po'sotita]
Quarantäne *f* καραντίνα [kara'ntina]
Quark *m* μυζήθρα [mi'ziθra]
Quartal *n* τριμηνία [trimi'nia]
Quartier *n* κατάλυμα [ka'talima] *n*
Quarz *m* χαλαζίας [xala'zias]
Quatsch *m* κολοκύθια [kolo'kiθja] *n/pl.*
Quecksilber *n* υδράργυρος [i'ðrarjiros]
Quelle *f* βρύση ['vrisi], πηγή [pi'ji]; **2n** πηγάζω [pi'γazo]
quer πλάγιος ['plajios], λοξός [lo'ksos]; **2schnitt** *m* διατομή [ðiato'mi]; **2straße** *f* πλάγιος δρόμος ['plajios 'ðromos]
quetsch|en ζουλώ (-άς) [zu'lo], πιέζω [pi'ezo]; **2ung** *f* ζούλιγμα ['zuliγma] *n*; *Med.* μωλώπισμα [mo'lopizma] *n*
Quitte *f* κυδώνι [ki'ðoni]
quitt|ieren εξοφλώ [ekso'flo]; υπογράφω λογαριασμό [ipo'γrafo loγarja'zmo]; **2ung** *f* απόδειξη (-εις) [a'poðiksi]
Quote *f* ποσοστό [poso'sto]
Quotient *m* πηλίκο [pi'liko]

R

Rabatt *m* έκπτωση (-εις) ['ekptosi]
Rabe *m* κόρακας ['korakas]
Rache *f* εκδίκηση (-εις) [eg'ðikisi]
Rachen *m* στόμα *n* (άγριου ζώου) ['stoma ('aγriu 'zou)]
rächen εκδικιέμαι [egði'kjeme]; ***sich ~ an*** παίρνω εκδίκηση ['perno eg'ðikisi]
Rad *n* ρόδα ['roða], τροχός [tro'xos]; (*Fahr2*) ποδήλατο [po'ðilato]
Radar *n od. m* ραντάρ [ra'dar] *n*; **~schirm** *m* οθόνη ραντάρ [o'θoni ra'dar]
radfahr|en ποδηλατώ [poði-la'to]; **2er** *m* ποδηλατιστής [poðilati'stis]
radier|en σβήνω ['zvino], εγχαράσσω [eŋxa'raso]; **2gummi** *m* σβηστήρα [zvi'stira]; **2ung** *f* χαλκογραφία [xalkoγra'fia]
Radieschen *n* ραπανάκι [rapa'naki]
Radio *n* ραδιόφωνο [ra'ðjofono]; **2aktiv** ραδιενεργός [raðiener'γos]; **~aktivität** *f* ραδιενέργεια [raðie'nerjia]
Rahmen *m* πλαίσιο ['plesio]
Rakete *f* πύραυλος ['piravlos]
rammen μπήγω ['biγo]
Rand *m* άκρη ['akri], περιθώριο [peri'θorio]
Rang *m* τάξη (-εις) [taksi], βαθμός [vaθ'mos]; *Thea.* εξώστης [e'ksostis]

Ranke *f* περιπλοκάδα [periplo'kaða]; **⁓n:** ***sich ⁓n*** περιπλέκομαι [peri'plekome]
Ranzen *m* ταγάρι [ta'γari], μαθητική τσάντα [maθiti'ki 'tsanda]
ranzig ταγγός [taŋ'gos]
rasch γοργός [γor'γos], ταχύς [ta'çis]
rascheln θροΐζω [θro'izo]
rasen λυσσ(ι)άζω [li's(j)azo], μαίνομαι ['menome]; τρέχω ιλιγγιωδώς ['trexo iliŋgio'ðos]; **⁓d** λυσσασμένος [lisa'zmenos]
Rasen(platz) *m* γκαζόν [ga'zon], χλόη ['xloi]
Rasier|apparat *m* ξυριστική μηχανή [ksiristi'ki mixa'ni]; **⁓en** ξυρίζω [ksi'rizo]; **⁓klinge** *f* λάμα ['lama]
Rasse *f* ράτσα ['ratsa], φυλή [fi'li]
Rast *f* ανάπαυση (-εις) [a'napafsi]; **⁓en** αναπαύομαι [ana'pavome]
Rat *m* συμβουλή [simvu'li]; ***um ⁓ fragen*** συμβουλεύομαι [simvu'levome]
Rate *f* δόση (-εις) ['ðosi]
raten (*erraten*) μαντεύω [man'devo]
Ratenzahlung *f* πληρωμή με δόσεις [pliro'mi me 'ðosis]
Rat|geber *m* σύμβουλος ['simvulos]; **⁓haus** *n* δημαρχείο [ðimar'çio]; **⁓schlag** *m* συμβουλή [simvu'li]
Rätsel *n* αίνιγμα ['eniγma] *n*; **⁓haft** αινιγματικός [eniγmati'kos]
Ratte *f* (μεγάλος) ποντικός [(me'γalos) pondi'kos]
Raub *m* αρπαγή [arpa'ji]; ληστεία [li'stia]; **⁓en** ληστεύω [li'stevo]
Räuber *m* ληστής [li'stis]
Raub|mord *m* φόνος με ληστεία ['fonoz me li'stia]; **⁓tier** *n* θηρίο [θi'rio], αρπακτικό ζώο [arpakti'ko 'zoo]
Rauch *m* καπνός [ka'pnos]; **⁓en** καπνίζω [ka'pnizo]; **⁓er** *m* καπνιστής [kapni'stis]; **⁓erabteil** *n* διαμέρισμα καπνιστών [ðia'merizma kapni'ston]
räucher|n λιβανίζω [liva'nizo]; καπνίζω [ka'pnizo]; **⁓waren** *f/pl.* καπνιστά [kapni'sta] *n/pl.*
rauf|en: ***sich ⁓en*** τσακώνομαι [tsa'konome]; **⁓erei** *f* καβγάς [ka'vγas]
rauh τραχύς [tra'çis]; (*Stimme*) βραχνός [vra'xnos]
Raum *m* χώρος ['xoros]
räumen αδειάζω [a'ðjazo], εκκενώνω [ekje'nono]
Raumschiff *n* διαστημόπλοιο [ðiasti'moplio]
Räumung *f* εκκένωση (-εις) [e'kjenosi]
Raupe *f* κάμπια ['kambja]
Rausch *m* μεθύσι [me'θisi]; *fig.* έκσταση (-εις) ['ekstasi]; **⁓en** βουΐζω [vu'izo], τρίζω ['trizo]; **⁓gift** *n* χασίς [xa'sis] *n*

räuspern: *sich* ~ ξεροβήχω [ksero'vixo]
Razzia *f* αιφνιδιασμός [efniðia'zmos]
Reaktion *f* αντίδραση (-εις) [an'diðrasi]
Reaktor *m* αντιδραστήρας [andiðra'stiras]
realistisch ρεαλιστικός [realisti'kos]
Reb|e *f*, **~stock** *m* κλήμα ['klima] *n*
Rechen|aufgabe *f* αριθμητικό πρόβλημα [ariθmiti'ko 'provlima] *n*; **~maschine** *f* υπολογιστής [ipoloji'stis]
Rechenschaft *f* λογοδοσία [loɣoðo'sia]
Rech|enschieber *m* αριθμολόγιο [ariθmo'lojio]; **℞nen** λογαριάζω [loɣar'jazo], υπολογίζω [ipolo'jizo]; **~nung** *f* λογαριασμός [loɣarja'zmos]
recht σωστός [so'stos]; δίκαιος ['ðikjeos]; ~ **haben** έχω δίκιο ['exo 'ðikjo]; **℞** *n* δίκαιο ['ðikjeo]; δικαίωμα [ði'kjeoma] *n* (**auf** *A*/ σε [se]); **℞eck** *n* τετράγωνο [te'traɣono]; **℞fertigung** *f* δικαιολογία [ðikjeolo'jia]; **~mäßig** νόμιμος ['nomimos]; **~los** χωρίς δικαιώματα [xo'ris ðikje'omata] *n/pl.*; **~s** δεξιά [ðeksi'a]; **℞sanwalt** *m* δικηγόρος [ðiki'ɣoros]; **℞schaffenheit** *f* εντιμότητα [endi'motita]; **℞schreibung** *f* ορθογραφία [orθoɣra'fia]; **~skräftig** έγκυρος ['eŋgiros];
~swidrig παράνομος [pa'ranomos]; **℞swissenschaft** *f* νομική [nomi'ki]; **~winklig** ορθογώνιος [orθo'ɣonios]; **~zeitig** έγκαιρος ['eŋgjeros]
Redaktion *f* σύνταξη ['sindaksi]
Red|e *f* λόγος ['loɣos], ομιλία [omi'lia]; **℞en** μιλώ (-άς) [mi'lo]; **~ensart** *f* ιδιωματισμός [iðiomati'zmos]; **~ner** *m* ρήτορας ['ritoras]
Reede *f* όρμος ['ormos]; **~r** *m* εφοπλιστής [efopli'stis]
Referat *n* εισήγηση (-εις) [i'sijisi]
reflektieren αντανακλώ (-άς) [andana'klo]
Reform *f* μεταρρύθμιση (-εις) [meta'riθmisi]
Regal *n* ράφι ['rafi]
rege ζωηρός [zoi'ros]
Regel *f* κανόνας [ka'nonas]; (*Monats℞*) περίοδος [pe'rioðos] *f*; **℞mäßig** κανονικός [kanoni'kos], τακτικός [takti'kos]; **~mäßigkeit** *f* κανονικότητα [kanoni'kotita]; **℞n** κανονίζω [kano'nizo], ρυθμίζω [riθ'mizo]; **~ung** *f* ρύθμιση (-εις) ['riθmisi]
regen: *sich* ~ σαλεύω [sa'levo]
Regen *m* βροχή [vro'çi]; **~bogen** *m* ουράνιο τόξο [u'ranio 'tokso]; **~mantel** *m* αδιάβροχο [a'ðjavroxo]; **~schauer** *m* μπόρα ['bora]; **~schirm** *m* ομπρέλα [om'brela]

Regie *f* σκηνοθεσία [skino-θe'sia]
regier|en κυβερνώ (-άς) [ki-ver'no]; **2ung** *f* κυβέρνηση (-εις) [ki'vernisi]
Regisseur *m* σκηνοθέτης [skino'θetis]
Regist|er *n* κατάλογος [ka'taloγos]; (*Buch*) κατάστιχο [ka'tastixo]; **2rieren** καταχωρίζω [kataxo'rizo]
regne|n βρέχω ['vrexo]; **~risch** βροχερός [vroçe-'ros]
regungslos ακίνητος [a'kinitos]
Reh *n* ζαρκάδι [zar'kaði]
reib|en τρίβω ['trivo]; **2ung** *f* τρίψιμο ['tripsimo]
Reich *n* κράτος ['kratos] *n*; (*König2*) βασίλειο [va'silio]; (*Kaiser2*) αυτοκρατορία [af-tokrato'ria]
reich πλούσιος ['plusios] (***an** D*/ σε [se]); **~en** (*Hand*) τείνω ['tino]; (*ausreichen*) φτάνω ['ftano]; (*sich erstrekken*) εκτείνομαι [e'ktinome]; **~haltig** άφθονος ['afθonos]; **~lich** μπόλικος ['bolikos]; **2tum** *m* πλούτος ['plutos]; **2weite** *f* (*Radio*) απόδοση [a'poðosi]
Reif *m* πάχνη ['paxni]
reif ώριμος ['orimos]; **~ werden** ωριμάζω [ori'mazo]; **2e** *f* ωριμότητα [ori'motita]
Reifen *m* (*Auto*) λάστιχο ['lastixo]
Reihe *f* αράδα [a'raða], σειρά [si'ra]; ***der ~ nach*** με τη σειρά [me ti si'ra]; **~nfolge** *f* διαδοχή [ðiaðo'çi]
Reim *m* ρίμα ['rima]; **2en:** ***sich* 2en** ομοιοκαταληκτώ [omiokatali'kto]
rein καθαρός [kaθa'ros]; **2heit** *f* καθαριότητα [kaθa-ri'otita]; **~igen** καθαρίζω [kaθa'rizo]; **2igung** *f* καθαρισμός [kaθari'zmos]; **~lich** *s.* **rein**
Reis *m* ρίζι ['rizi]
Reise *f* ταξίδι [ta'ksiði]; **~büro** *n* ταξιδιωτικό γραφείο [taksiðjoti'ko γra'fio]; **~führer** *m*, **~leiter** *m* οδηγός [oði'γos], ξεναγός [ksena-'γos]; **2n** ταξιδεύω [taksi-'ðevo]; **~nde(r)** *m* ταξιδιώτης [taksi'ðjotis]; επιβάτης [epi'vatis]; *Hdl.* πλασιέ [pla'sje]; **~paß** *m* διαβατήριο [ðiava'tirio]
reiß|en σχίζω ['sçizo]; **2en** *n* ρευματισμός [revmati-'zmos]; **~end** ορμητικός [ormiti'kos], άγριος ['aγrios]; **2nagel** *m* πινέζα [pi'neza]; **2verschluß** *m* φερμουάρ [fermu'ar] *n*
Reit|bahn *f* ιππόδρομος [i'poðromos]; **2en** καβαλικεύω [kavali'kjevo]; **~er** *m* ιππέας [i'peas]; **~sport** *m* ιππασία [ipa'sia]
Reiz *m* θέλγητρο ['θeljitro]; **2en** ερεθίζω [ere'θizo]; **2end** χαριτωμένος [xarito'menos], θελκτικός [θelkti'kos]

Reklame *f* διαφήμιση (-εις) [ðia'fimisi]
reklamieren απαιτώ [ape'to]
Rekord *m* ρεκόρ [re'kor] *n*
Rekrut *m* νεοσύλλεκτος [neo'silektos]
relativ σχετικός [sçeti'kos]
Religion *f* θρησκεία [θri'skia]
Renn|bahn *f* πίστα ['pista]; **2en** τρέχω ['trexo]; **~en** *n* δρόμος ['ðromos]; **~fahrer** *m* αυτοκινητιστής αγώνων [aftokiniti'stis a'γonon]; **~pferd** *n* άλογο αγώνων ['aloγo a'γonon]; **~wagen** *m* κούρσα ['kursa]
renovieren ανακαινίζω [anakje'nizo]
Rent|e *f* σύνταξη (-εις) ['sindaksi]; **~ner** *m* συνταξιούχος [sindaksi'uxos]
Reparatur *f* επιδιόρθωση (-εις) [epiði'orθosi]; **~werkstatt** *f* εργαστήριο επιδιορθώσεων [erγa'stirio epiðior'θoseon]
reparieren επιδιορθώνω [epiðior'θono]
Reporter *m* ρεπόρτερ [re'porter] *m*
Republik *f* δημοκρατία [ðimokra'tia]
Reserve(rad *n) f* ρεζέρβα [re'zerva]
reservieren φυλά(γ)ω [fi'la(γo)]; (*Platz*) πιάνω ['pjano]; (*Zimmer*) κρατώ [kra'to]
Respekt *m* σεβασμός [seva'zmos]
Rest *m* ρέστα ['resta] *n/pl.*, υπόλοιπο [i'polipo]
Restaurant *n* εστιατόριο [estia'torio]
rett|en σώζω ['sozo]; **2er** *m* σωτήρας [so'tiras]; **2ung** *f* σωτηρία [soti'ria]
Rettungs|boot *n* ναυαγοσωστική λέμβος [navaγososti'ki 'lemvos] *f*; **~ring** *m* σωσίβιο [so'sivio]; **~stelle** *f* σταθμός διασώσεως [staθ'mos ðia'soseos]
Reue *f* μετάνοια [me'tanja]
Revier *n* περιοχή [perio'çi]
Revolution *f* επανάσταση [epa'nastasi]
Revue *f* επιθεώρηση (-εις) [epiθe'orisi]
Rezension *f* κριτική [kriti'ki]
Rezept *n* συνταγή [sinda'ji]
Rezeption *f* υποδοχή [ipoðo'çi]
rheumati|sch ρευματικός [revmati'kos]; **2smus** *m* ρευματισμός [revmati'zmos]
Rhythmus *m* ρυθμός [riθ'mos]
richt|en (*Frage*) απευθύνω [ape'fθino]; ***sich ~en* (*nach*)** συμμορφώνομαι (με) [simor'fonome (me)]; **2er** *m* δικαστής [ðika'stis]; **~erlich** δικαστικός [ðikasti'kos]; **~ig** σωστός [so'stos]; ορθός [or'θos]; **2igkeit** *f* ορθότητα [or'θotita]; **~igstellen** σιάζω ['sjazo], διορθώνω [ðior'θono]; **2linie** *f* κατευθυντήρια γραμμή [katefθin'di-

ria ɣra'mi]; **≈ung** *f* διεύθυνση (-εις) [ði'efθinsi]
riechen μυρίζω [mi'rizo]; οσφραίνομαι [o'sfrenome] (*A od.* **an** *D*| κάτι ['kati])
Riegel *m* μάνταλος ['mandalos]
Riemen *m* λουρί [lu'ri], ιμάντας [i'mandas]
Riese *m* γίγαντας ['jiɣandas]; **≈nhaft** γιγάντειος [ji'ɣandios]
Riff *n* ξέρα ['ksera], ύφαλος ['ifalos] *m/f*
Rille *f* χαραμάδα [xara'maða]
Rind *n* βόδι ['voði]
Rinde *f* φλούδα ['fluða]; (*Brot≈*) κόρα ['kora]
Rindfleisch *n* βοδινό κρέας [voði'no 'kreas]
Ring *m* δαχτυλίδι [ðaxti'liði]
ring|en παλεύω [pa'levo]; **≈kampf** *m* πάλη ['pali]
ringsumher γύρω (-γύρω) ['jiro (-'jiro)]
Rinn|e *f* (*Dach-*) υδρορρόη [iðro'roi]; **≈en** τρέχω ['trexo]; **~stein** *m* νεροχύτης [nero'çitis]
Rippe *f* παγίδι [pa'jiði], πλευρό [ple'vro]
Risiko *n* κίνδυνος ['kinðinos]
Riß *m* σχίσιμο ['sçisimo], ρήγμα ['riɣma] *n*
Ritze *f* σχισμάδα [sçi'zmaða]; **≈n** χαράζω [xa'razo]
Rival|e *m* αντίπαλος [an'dipalos]; **~ität** *f* αντιζηλία [andizi'lia]
Rizinusöl *n* ρετσινόλαδο [retsi'nolaðo]
röcheln αγκομαχώ [aŋgoma'xo]
Rock *m* φουστάνι [fu'stani]
roden ξεχερσώνω [ksecer'sono]
Rogen *m* ταραμάς [tara'mas]
Roggen *m* σίκαλη ['sikali], βρίζα ['vriza]
roh ωμός [o'mos], ακατέργαστος [aka'terɣastos]; *fig.* άγριος ['aɣrios]; **≈kost** *f* ωμή τροφή [o'mi tro'fi]
Rohr *n* καλάμι [ka'lami]; *Tech.* σωλήνας [so'linas]
Röhre *f* σωλήνας [so'linas]; (*Radio≈*) λυχνία [li'xnia]
Rohrleitung *f* αγωγός [aɣo'ɣos]
Rohstoffe *m/pl.* πρώτες ύλες ['protes 'iles] *f/pl.*
Roll|e *f* καρούλι [ka'ruli]; (*Wäsche-*) μάγγανο ['maŋgano]; *fig.* ρόλος ['rolos]; **≈en** κυλώ (-άς) [ki'lo]; **~stuhl** *m* αναπηρική καρέκλα [anapiri'ki ka'rekla]; **~treppe** *f* κυλιόμενη σκάλα [kili'omeni 'skala]
Roman *m* μυθιστόρημα [miθi'storima] *n*
röntgen ακτινογραφώ [aktinoɣra'fo]; **≈bild** *n* ακτινογραφία [aktinoɣra'fia]
rosa ρόδινος ['roðinos]
Rose *f* τριαντάφυλλο [trian'dafilo]
Rosine *f* σταφίδα [sta'fiða]
Rost *m* σκουριά [sku'rja];

(*Brat*~) σκάρα ['skara]; **~en** σκουριάζω [sku'rjazo]
rösten τηγανίζω [tiγa'nizo]; (*Kaffee*) καβουρντίζω [kavur'dizo]
rostig σκουριασμένος [skurja'zmenos]
rot κόκκινος ['kokinos]
Röteln *f/pl.* κοκκινίτσα [koki'nitsa]
Rotwein *m* μαύρο κρασί ['mavro kra'si]
Rübe *f* (*rote* ~) κοκκινογούλι [kokino'γuli]; (*Zucker*~) ζαχαρότευτλο [zaxa'roteftlo]
Ruck *m* κούνημα ['kunima] *n*
Rück|antwort *f* απάντηση [anda'pandisi]; **~blick** *m* ανασκόπηση (-εις) [ana'skopisi]; **~en** *m* ράχη ['raçi]; **~en** παραμερίζω [parame'rizo]; κινώ [ki'no]; **~fahrkarte** *f* εισιτήριο με επιστροφή [isi'tirio me epistro'fi]; **~fahrt** *f* επιστροφή [epistro'fi]; **~fall** *m Med.* υποτροπή [ipotro'pi]; **~flug** *m* επιστροφή [epistro'fi]; **~gabe** *f* απόδοση (-εις) [a'poδosi]; **~gängig machen** ακυρώνω [aki'rono]; **~grat** *n* σπονδυλική στήλη [sponδili'ki 'stili]; **~halt** *m* στήριγμα ['stiriγma] *n*; **~kehr** *f*, **~reise** *f* επιστροφή [epistro'fi]
Rucksack *m* σα(κ)κίδιο [sa'kiδio]
Rück|schritt *m* οπισθοδρόμηση [opisθo'δromisi]; **~seite** *f* πίσω μέρος ['piso 'meros] *n*; **~sendung** *f* επιστροφή [epistro'fi]; **~sicht** *f* προσοχή [proso'çi]; **~sichtslos** αδιάφορος [a'δjaforos]; **~spiegel** *m* οπισθοοπτικός καθρέφτης [opisθoopti'kos ka'θreftis]; **~stand** *m* κατακάθι [kata'kaθi], υπόλοιπο [i'polipo]; **~ständig** οπισθοδρομικός [opisθoδromi'kos]; **~stoß** *m* απώθηση (-εις) [a'poθisi]; **~tritt** *m* παραίτηση (-εις) [pa'retisi]; **~wärts** πίσω ['piso]; **~weg** *m* επιστροφή [epistro'fi]; **~wirkung** *f* αντίκτυπος [an'diktipos]; **~zahlung** *f* επιστροφή χρημάτων [epistro'fi xri'maton]; **~zug** *m* υποχώρηση (-εις) [ipo'xorisi]
Ruder *n* κουπί [ku'pi]; **~boot** *n* βάρκα ['varka], λέμβος ['lemvos] *f*; **~er** *m* κωπηλάτης [kopi'latis]; **~klub** *m* ναυτικός όμιλος [nafti'kos 'omilos]; **~n** κωπηλατώ [kopila'to]
Ruf *m* φωνή [fo'ni], κραυγή [kra'vji]; *fig.* φήμη ['fimi]; **~en** φωνάζω [fo'nazo]; **~nummer** *f* αριθμός κλήσεως [ariθ'mos 'kliseos]
Rüge *f* μομφή [mom'fi]; **~n** μέμφομαι ['memfome], επιπλήττω [epi'plito]
Ruh|e *f* ησυχία [isi'çia]; ανάπαυση [a'napafsi]; **~en** αναπαύομαι [ana'pavome]; **~ig** ήσυχος ['isixos]

Ruhm *m* δόξα ['ðoksa]
rühmen δοξάζω [ðo'ksazo]; επαινώ [epe'no]; ***sich*** ~ (*G*) καυχιέμαι για [kaf'çeme ja]
ruhmvoll ένδοξος ['enðoksos]
Rühr|eier *n/pl.* αυγά *n/pl.* χτυπητά [a'vγa xtipi'ta]; **2en** ανακατώνω [anaka'tono]; συγκινώ [siŋgi'no]; **2end** συγκινητικός [siŋginiti'kos]; **2ig** δραστήριος [ðra'stirios]; **~ung** *f* συγκίνηση (-εις) [siŋ'ginisi]
ruinieren καταστρέφω [kata'strefo]
Rumpf *m* κορμός [kor'mos]; (*Schiffs2*) σκελετός [skjele'tos]
rund στρογγυλός [stroŋgi'los]; **2blick** *m* πανόραμα [pa'norama] *n*; **2e** *f* (*Sport*) γύρος ['jiros], κύκλος ['kiklos]; **2fahrt** *f* περιοδεία [perio'ðia]
Rundfunk *m* ραδιοφωνία [raðiofo'nia]; **~meldung** *f* ραδιοφωνική είδηση [raðjofoni'ki 'iðisi]; **~übertragung** *f* ραδιοφωνική αναμετάδοση [raðiofoni'ki ana-me'taðosi]
Runzel *f* ζαρωματιά [zaroma'tja]; **2n** (*Stirn*) κατσουφιάζω [katsu'fjazo]
rupfen μαδώ (-άς) [ma'ðo]
Ruß *m* καπνιά [ka'pnja]
Rüssel *m* ρύγχος ['riŋxos] *n*
rüsten προετοιμάζω [proeti'mazo]; (*bewaffnen*) εξοπλίζω [ekso'plizo]
rüstig γερός [je'ros], εύρωστος ['evrostos]; **2keit** *f* ευρωστία [evro'stia]
Rüstung *f* εξοπλισμός [eksopli'zmos]
Rute *f* βέργα ['verγa]
rutschen γλιστρώ (-άς) [γli'stro]
rütteln τινάζω [ti'nazo], σείω ['sio]

S

Saal *m* αίθουσα ['eθusa]
Saat *f* σπορά [spo'ra]; **~korn** *n* σπόρος ['sporos]
Säbel *m* σπαθί [spa'θi], ξίφος ['ksifos] *n*
Sach|e *f* πρά(γ)μα ['pra(γ)ma] *n*; **~kenntnis** *f* εμπειρία [embi'ria]; **2kundig** έμπειρος ['embiros], ειδήμων [i'ðimon] 2; **2lich** αντικειμενικός [andikimeni'kos]
sächlich *Gr.* ουδέτερος [u'ðeteros]
Sach|lichkeit *f* αντικειμενικότητα [andikimeni'kotita]; **~register** *n* πίνακας πραγμάτων ['pinakas praγ'maton]; **~schaden** *m* υλική ζημία [ili'ki zi'mia]; **~verständige(r)** *m* εμπειρογνώμονας [embiro'γnomonas]

Sack *m* σά(κ)κος ['sakos]; **~gasse** *f* αδιέξοδο [aði'eksoðo]
säen σπέρνω ['sperno]
Saft *m* χυμός [çi'mos], ζουμί [zu'mi]; **2ig** ζουμερός [zume'ros]
Sage *f* μύθος ['miθos]
Säge *f* πριόνι [pri'oni]; **~fisch** *m* ξιφίας [ksi'fias]; **~mühle** *f* νεροπρίονο [nero'priono]
sagen λέ(γ)ω ['le(γ)o]
sägen πριονίζω [prio'nizo]
Sahne *f* καϊμάκι [kai'maki]
Saison *f* σαιζόν [se'zon] *f*
Saite *f* χορδή [xor'ði]
Salat *m* σαλάτα [sa'lata]
Salb|e *f* αλοιφή [ali'fi]; **2en** αλείφω [a'lifo]
Saldo *m* υπόλοιπο λογαριασμού [i'polipo loγarja'zmu]
Salmiakgeist *m* αμμωνία [amo'nia]
Salon *m* σαλόνι [sa'loni]
Salz *n* αλάτι [a'lati]; **2en** αλατίζω [ala'tizo]; **2ig** αλμυρός [almi'ros]; **~kartoffeln** *f/pl.* πατάτες βραστές [pa'tates vra'stes] *f/pl.*; **~säure** *f* υδροχλωρικό οξύ [iðroxlori'ko o'ksi] *n*; **~wasser** *n* άλμη ['almi]
Samen *m* σπέρμα ['sperma] *n*; **~korn** *n* σπόρος ['sporos]
samm|eln μαζεύω [ma'zevo], συλλέγω [si'leγo], **2lung** *f* συλλογή [silo'ji]
Samstag *m* Σάββατο ['savato]
samt *D* μαζί με [ma'zi me]
Samt *m* βελούδο [ve'luðo]
Sand *m* άμμος ['amos] *f*
Sandale *f* πέδιλο ['peðilo]
sandig αμμώδης [a'moðis] 2
sanft, ~mütig πράος ['praos], ήπιος ['ipios]
Sänger *m* τραγουδιστής [traγuði'stis]; **~in** *f* τραγουδίστρια [traγu'ðistria]
Sanitäter *m* νοσοκόμος [noso'komos]
Sankt ... Άγιος ... ['aj(i)os], Αγία ... [a'jia]
Sard|elle *f* σαρδέλα [sar'ðela]; **~ine** *f* σαρδέλα (του κουτιού) [sar'ðela (tu ku'tju)]
Sarg *m* φέρετρο ['feretro]
satt χορτάτος [xor'tatos], φαγωμένος [faγo'menos]
Sattel *m* σέλα ['sela]; **2eln** σελώνω [se'lono]
sättigen χορταίνω [xor'teno], χορτάζω [xor'tazo]
Satz *m* (*Sprung*) πήδημα ['piðima] *n*; (*Kaffee2*) κατακάθι [kata'kaθi]; *Gr.* πρόταση (-εις) ['protasi], φράση (-εις) ['frasi]; (*Lehr2*) θεώρημα [θe'orima] *n*; **~ung** *f* καταστατικό [katastati'ko]
Sau *f* γουρούνα [γu'runa]
sauber παστρικός [pastri'kos], καθαρός [kaθa'ros]; **2keit** *f* καθαριότητα [kaθari'otita]; **~machen, säubern** καθαρίζω [kaθa'rizo]
sauer ξινός [ksi'nos], οξύς

[o'ksis]; **2kraut** *n* λάχανο τουρσί ['laxano tur'si]
säuerlich ξινούτσικος [ksi'nutsikos]
Sauerstoff *m* οξυγόνο [oksi'γono]
saufen *fam.* το τσούζω [to 'tsuzo]; *Tier*: πίνω ['pino]
Säufer *m* μπεκρής [be'kris]
saugen πιπιλίζω [pipi'lizo], ρουφώ (-άς) [ru'fo]
säug|en βυζαίνω [vi'zeno], θηλάζω [θi'lazo]; **2etier** *n* θηλαστικό ζώο [θilasti'ko 'zoo]; **2ling** *m* βρέφος ['vrefos] *n*
Säule *f* κολώνα [ko'lona], στήλη ['stili]; **~ngang** *m* περιστύλιο [peri'stilio]
Saum *m* άκρη ['akri], ποδόγυρος [po'ðojiros]
säum|en στριφώνω [stri'fono]; *fig.* αργοπορώ [arγopo'ro]; **~ig** καθυστερημένος [kaθisteri'menos]
saumselig αμελής [ame'lis] 2
Sauna *f* σάουνα ['sauna]
Säure *f* οξύ [o'ksi] *n*, ξινίλα [ksi'nila]
sausen βουΐζω [vu'izo], τρέχω γρήγορα ['trexo 'γriγora]
schaben ξύνω ['ksino]
Schablone *f* καλούπι [ka'lupi], υπόδειγμα [i'poðiγma] *n*
Schach *n* σκάκι ['skaki]; **~brett** *n* σκακιέρα [ska'kjera]; **~figur** *f* πιόνι ['pjoni]
Schacht *m* σήραγγα ['siraŋga]; (*Licht2*) φωταγωγός [fotaγo'γos]
Schachtel *f* κουτί [ku'ti]
schade: *es ist* ~ είναι κρίμα ['ine 'krima]
Schädel *m* κρανίο [kra'nio]
schaden (*D*) βλάφτω ['vlafto] *A*, ζημιώνω [zi'mjono]; **2** *m* βλάβη ['vlavi], ζημία [zi'mia]; **2** ***erleiden*** ζημιώνομαι [zi'mjonome] (***durch*** *A*/ από [a'po]); **2ersatz** *m* αποζημίωση (-εις) [apozi'miosi]; **2freude** *f* χαιρεκακία [çereka'kia]; **~froh** χαιρέκακος [çe'rekakos]
schadhaft ελαττωματικός [elatomati'kos]
schäd|igen ζημιώνω [zi'mjono]; **~lich** βλαβερός [vlave'ros]
Schaf *n* πρόβατο ['provato]; **~käse** *m* πρόβειο τυρί ['provjo ti'ri]
Schäfer *m* τσομπάνης [tso'banis]
schaffen δημιουργώ [ðimiur'γo]
Schaffner *m* (*Bus2*) εισπράκτορας [i'spraktoras]
Schaft *m* κοτσάνι [ko'tsani], κοντάκι [kon'daki]
schal άνοστος ['anostos]; μπαγιάτικος [ba'jatikos]
Schal *m* σάλι ['sali]
Schale *f* φλούδι ['fluði]; (*Eier2*) τσόφλι ['tsofli]; (*Gefäß*) πιατέλα [pja'tela]
schälen ξεφλουδίζω [ksefluð'izo]
schalkhaft αστείος [a'stios]

Schall *m* ήχος ['ixos]; **~dämpfer** *m* σιγαστήρας [siγa'stiras]; **2en** ηχώ [i'xo]; **~platte** *f* δίσκος ['ðiskos]
Schalt|brett *n* πίνακας διανομής ['pinakas ðiano'mis]; **2en** διακόπτω [ðia'kopto]; **~er** *m* θυρίδα [θi'riða]; *Elektr.* διακόπτης [ðia'koptis]; **~jahr** *n* δίσεκτο έτος ['ðisekto 'etos] *n*; **~ung** *f* ζεύξη ['zefksi]
schämen: ***sich*** **~** ντρέπομαι ['drepome]
schamhaft ντροπαλός [dropa'los]; **2igkeit** *f* ντροπή [dro'pi]
Schande *f* αίσχος ['esxos] *n*; ντροπή [dro'pi]
schänd|en ατιμάζω [ati'mazo], διαφθείρω [ðia'fθiro]; **~lich** άτιμος ['atimos]; **2lichkeit** *f* ατιμία [ati'mia]
Schandtat *f* κακούργημα [ka'kurjima] *n*
Schändung *f* ατίμωση (-εις) [a'timosi]
Schar *f* ομάδα [o'maða]
scharf κοφτερός [kofte'ros]; οξύς [o'ksis]; **~** ***sein auf*** ψοφώ για [pso'fo ja]; **2blick** *m* οξυδέρκεια [oksi'ðerkia]
Schärf|e *f* οξύτητα [o'ksitita]; αυστηρότητα [afsti'rotita]; **2en** ακονίζω [ako'nizo]
Scharfsinn *m* οξύνοια [o'ksinia]; **2ig** οξύνους [o'ksinus]
Scharlach *m* οστρακιά [ostra'kja]
Scharnier *n* ρεζές [re'zes]
Schärpe *f* (ε)σάρπα [(e)'sarpa]
scharren σκαλίζω [ska'lizo]
Schatt|en *m* ίσκιος ['iskjos], σκιά [ski'a]; **2ieren** σκιάζω [ski'azo]; **2ig** σκιερός [skie'ros]
Schatz *m* θησαυρός [θisa'vros]
schätz|en εκτιμώ (-άς) [ekti'mo]; υπολογίζω [ipolo'jizo]; **2ung** *f* υπολογισμός [ipoloji'zmos]
Schau *f* θέα ['θea]; έκθεση (-εις) ['ekθesi]
Schauder *m* φρίκη ['friki]; **2haft** φρικτός [fri'ktos]; **2n** ανατριχιάζω [anatri'çazo]
schauen κοιτάζω [ki'tazo]
Schauer *m* (*Regen*) μπόρα ['bora]; **2lich** τρομακτικός [tromakti'kos]
Schaufel *f* φτυάρι ['ftjari]
Schaufenster *n* βιτρίνα [vi'trina]
Schaukel *f* κούνια ['kunja]; **2n** κουνιέμαι [ku'njeme], κουνώ [ku'no]; ταλαντεύομαι [talan'devome]
Schaum *m* αφρός [a'fros]
schäumen αφρίζω [a'frizo]
Schaumwein *m* σαμπάνια [sam'banja], καμπανίτης [kamba'nitis]
Schau|spiel *n* δράμα ['ðrama] *n*; **~spieler(in** *f*) *m* ηθοποιός [iθopi'os] *m/f*
Scheck *m* τσεκ [tsek] *n*, επιταγή [epita'ji]; **~buch** *n* βι-

βλιάριο επιταγών [vivli'ario epita'γon]; **~karte** *f* κάρτα τσεκ ['karta tsek]

Scheibe *f* φέτα ['feta]; (*Fenster*∼) τζάμι ['dzami]; **~nwischer** *m* υαλοκαθαριστήρας [ialokaθari'stiras]

Scheid|e *f* θήκη ['θiki]; (*Grenze*) όριο ['orio]; **∼en** χωρίζω [xo'rizo]; **sich ∼en lassen** παίρνω διαζύγιο ['perno δia'zijio]; **~ung** *f* (*Ehe-*) διαζύγιο [δia'zijio]

Schein *m* (*Bescheinigung*) πιστοποιητικό [pistopiiti'ko]; (*Licht*) λάμψη (-εις) ['lampsi]; **∼bar** κατά τα φαινόμενα [kata ta fe'nomena]; **∼en** λάμπω ['lambo], φέγγω ['feŋgo]; φαίνομαι ['fenome]; **~werfer** *m* προβολέας [provo'leas]

Scheit *n* σχίζα ['sçiza]

Scheitel *m* (*Haar*∼) χωρίστρα [xo'ristra]

scheitern ναυαγώ [nava'γo]

Schelm *m* κατεργάρης [kater'γaris]

schelten μαλώνω [ma'lono]

Schema *n* σχήμα ['sçima] *n*; πρότυπο ['protipo]

Schemel *m* σκαμνί [ska'mni]

Schenke *f* ταβέρνα [ta'verna]

Schenkel *m* σκέλος ['skjelos] *n*

schenken χαρίζω [xa'rizo], δωρίζω [δo'rizo]

Scherbe *f* θρύψαλο ['θripsalo]

Schere *f* ψαλίδι [psa'liδi]; **~nschleifer** *m* ακονιστής [akoni'stis]

Schererei *f* σκοτούρα [sko'tura]

Scherz *m* χωρατό [xora'to], αστείο [a'stio]; **∼en** αστειεύομαι [asti'evome] (*mit D*/ με [me], μαζί [ma'zi])

scheu δειλός [δi'los], ντροπαλός [dropa'los]; **∼** *f* δειλία [δi'lia]

scheuchen διώχνω ['δjoxno]

scheuen φοβάμαι [fo'vame]

Scheuer|lappen *m* σφουγγαρόπανο [sfuŋga'ropano]; **∼n** σφουγγαρίζω [sfuŋga'rizo]

Scheune *f* αχυρώνας [açi'ronas]

scheußlich φρικτός [fri'ktos]

Schi *m* σκι [ski] *n*; **~ *laufen*** κάνω σκι ['kano ski]

Schicht *f* στρώμα ['stroma] *n*, στοίβα ['stiva]; **∼en** στοιβάζω [sti'vazo]

schick κομψός [kom'psos]

schick|en (απο)στέλνω [(apo)'stelno]; **sich ~en** ταιριάζει [te'rjazi] (**für** *A*/ μου [mu]); **~lich** ευπρεπής [efpre'pis] 2

Schicksal *n* τύχη ['tiçi], μοίρα ['mira]

schieben σπρώχνω ['sproxno], ωθώ [o'θo]

Schieds|gericht *n* διαιτητικό δικαστήριο [δietiti'ko δika'stirio]; **~richter** *m* διαιτητής [δieti'tis]; **~spruch** *m* διαιτησία [δieti'sia]

schief στραβός [stra'vos], λοξός [lo'ksos]
Schiefer *m* σχιστόλιθος [sçi'stoliθos]; **~tafel** *f* μαυροπίνακας [mavro'pinakas]
schielen αλληθωρίζω [aliθo'rizo]
Schienbein *n* καλάμι [ka'lami]
Schiene *f* σιδηροτροχιά [siðirotro'ça]; *Med.* νάρθηκας ['narθikas]
schieß|en πυροβολώ [pirovo'lo]; **2pulver** *n* μπαρούτι [ba'ruti]; **2scheibe** *f* σημάδι [si'maði], σκοπός [sko'pos]; **2stand** *m* σκοπευτήριο [skope'ftirio]
Schiff *n* καράβι [ka'ravi], πλοίο ['plio]
Schiffahrt *f* ναυτιλία [nafti'lia]
Schiff|bruch *m* ναυάγιο [na'vajio]; **2brüchig** ναυαγός [nava'γos]; **~er** *m* ναύτης ['naftis]
Schiffs|ladung *f* φορτίο πλοίου [for'tio 'pliu]; **~mannschaft** *f* πλήρωμα ['pliroma] *n*; **~schraube** *f* έλικα ['elika]; **~werft** *f* ναυπηγείο [nafpi'jio]
Schiläufer *m* χιονοδρόμος [çiono'ðromos]
Schild *m* ασπίδα [a'spiða]
Schild *n* πινακίδα [pina'kiða]
schilder|n περιγράφω [peri'γrafo]; **2ung** *f* περιγραφή [periγra'fi]
Schildkröte *f* χελώνα [çe'lona]
Schilf *n* καλάμι [ka'lami]
Schilling *m* σελίνιο [se'linio]
Schimmel *m* (*Pferd*) άσπρο άλογο ['aspro 'aloγo]; μούχλα ['muxla]; **2ig** μουχλιασμένος [muxlja'zmenos]; **2n** μουχλιάζω [mu'xljazo]
Schimmer *m* λάμψη (-εις) ['lampsi]; **2n** λαμπυρίζω [lambi'rizo]
Schimpf *m* ντροπή [dro'pi]; **2en** βρίζω ['vrizo]
Schinken *m* ζαμπόνι [zam'boni]
Schirm *m* ομπρέλα [om'brela]; (*Sonnen2*) ομπρέλα ήλιου [om'brela 'ilju]; *fig.* προστασία [prosta'sia]
Schlacht *f* μάχη ['maçi]; **2en** σφάζω ['sfazo]
Schlächter *m* χασάπης [xa'sapis]; **~ei** *f* χασάπικο [xa'sapiko], κρεοπωλείο [kreopo'lio]
Schlachtfeld *n* πεδίο μάχης [pe'ðio 'maçis]
Schlacke *f* απόβλητα [a'povlita] *n/pl.*
Schlaf *m* ύπνος ['ipnos]; **~anzug** *m* πυτζάμα [pi'dzama]; **2en** κοιμάμαι [ki'mame]; ***sich 2en legen*** πλαγιάζω [pla'jazo]; **~losigkeit** *f* αϋπνία [aip'nia]; **~mittel** *n* υπνωτικό [ipnoti'ko]
schläfrig νυσταγμένος [nista'γmenos]
Schlaf|wagen *m* κλινάμαξα

[kli'namaksa], βαγκόν-λι [va'gon 'li] *n*; **~zimmer** *n* κρεβατοκάμαρα [krevato'kamara]
Schlag *m* χτύπημα ['xtipima] *n*; **~ader** *f* αρτηρία [arti'ria]; **~anfall** *m* αποπληξία [apopli'ksia]; **2en** χτυπώ (-άς) [xti'po]
Schlager *m* μεγάλη επιτυχία [me'γali epiti'çia]
Schlägerei *f* γροθοκοπήματα [γronθoko'pimata] *n/pl.*
schlag|fertig ετοιμόλογος [eti'moloγos]; **2sahne** *f* χτυπητό ανθόγαλα [xtipi'to an'θoγala]; **2zeile** *f* χτυπητός τίτλος εφημερίδας [xtipi'tos 'titlos efime'riδas]
Schlamm *m* λάσπη ['laspi], πηλός [pi'los]; **2ig** λασπωμένος [laspo'menos]
Schlange *f* φίδι ['fiδi]; *fig.* ουρά [u'ra]
schlängeln: sich ~ ελίσσομαι [e'lisome]
schlank λυγερός [lije'ros], λιγνός [li'γnos]; λεπτός [le'ptos]
Schlappe *f* ήττα ['ita]
schlau πονηρός [poni'ros]
Schlauch *m* ασκί [a'ski]; (*Auto*) σαμπρέλα [sam'brela]
Schlauheit *f* πονηριά [poni'rja]
schlecht κακός [ka'kos]; **2igkeit** *f* κακία [ka'kia]
schleichen κρυφοπατώ (-άς) [krifopa'to], σέρνομαι ['sernome]
Schleier *m* βέλο ['velo], πέπλος ['peplos]; **2haft** μυστηριώδης [mistiri'oδis] 2
Schleife *f* φιόγγος ['fjoŋgos]; (*Krümmung*) στροφή [stro'fi]
schleif|en ακονίζω [ako'nizo]; **2stein** *m* ακόνι [a'koni]
Schleim *m* φλέμα ['flema] *n*; **2ig** βλεννώδης [vle'noδis] 2
schlemm|en καλοτρώω [kalo'troo]; **2er** *m* κοιλιόδουλος [kili'oδulos]; **2erei** *f* καλοφαγία [kalofa'jia]
schlend|ern σεριανίζω [serja'nizo]; **2rian** *m* ρουτίνα [ru'tina]
Schleppe *f* ουρά [u'ra]
schlepp|en σέρνω ['serno], κουβαλώ (-άς) [kuva'lo]; *Mar.* ρυμουλκώ [rimul'ko]; **2er** *m* ρυμουλκό [rimul'ko]
Schleuder *f* σφεντόνα [sfen'dona]; **2n** εκσφενδονίζω [eksfenδo'nizo]; κατρακυλώ (-άς) [katraki'lo]
schleunigst πολύ γρήγορα [po'li 'γriγora]
Schleuse *f* υδροφράκτης [iδro'fraktis]
Schliche *m/pl.* τερτίπια [ter'tipja] *n/pl.*, τεχνάσματα [te'xnazmata] *n/pl.*
schlicht απλός [a'plos], λιτός [li'tos]; **~en** εξομαλύνω [eksoma'lino]; **2ung** *f* διαιτησία [δieti'sia]
schließ|en κλείνω ['klino];

(*endigen*) τελειώνω [te'ljono]; (*folgern*) συμπεραίνω [simbe'reno]; (*Vertrag*) συνομολογώ [sinomolo'ɣo]; (*Freundschaft*) κάνω ['kano], συνάπτω [si'napto]; **2fach** *n* ταχυδρομική θυρίδα [taçiðromi'ki θi'riða]; **~lich** επιτέλους [epi'telus]

Schliff *m* ακόνισμα [a'konizma] *n*

schlimm κακός [ka'kos], άσχημος ['asçimos]

Schling|e *f* θηλειά [θi'lja]; παγίδα [pa'jiða]; **2en** περιπλέκω [peri'pleko]

schlingern παρακουνώ (-άς) [paraku'no]

Schlips *m* γραβάτα [ɣra'vata]

Schlitt|en *m* έλκυθρο ['elkiθro]; **2ern** γλιστρώ (-άς) [ɣli'stro]; **~schuh** *m* παγοπέδιλο [paɣo'peðilo]; **~schuhlaufen** *n* παγοδρομία [paɣoðro'mia]; **~schuhläufer** *m* παγοδρόμος [paɣo'ðromos]

Schlitz *m* σχισμάδα [sçi'zmaða]; **2en** σχίζω ['sçizo]

Schloß *n* ανάκτορο [a'naktoro]; (*Tür*) κλειδαριά [kliða'rja]

Schlosser *m* κλειδαράς [kliða'ras]; **~ei** *f* κλειδαράδικο [kliða'raðiko]

Schlucht *f* χαράδρα [xa'raðra], γκρεμός [gre'mos]

schluchzen κλαίω ['kleo], οδύρομαι [o'ðirome]

Schluck *m* ρουφηξιά [rufi'ksja]; **2en** καταπίνω [kata'pino]; **~en** *m* λόξυγγας ['loksiŋgas]

Schlummer *m* γλυκοκοίμισμα [ɣliko'kimizma] *n*; **2n** γλυκοκοιμάμαι [ɣlikoki'mame]

Schlund *m* λάρυγγας ['lariŋgas]

schlüpf|en τρυπώνω [tri'pono], χώνομαι ['xonome]; **2er** *m* κυλότα [ki'lota]; **~rig** γλιστερός [ɣliste'ros], άσεμνος ['asemnos]

Schluß *m* τέλος ['telos] *n*; (*Folgerung*) συμπέρασμα [sim'berazma] *n*

Schlüssel *m* κλειδί [kli'ði]; **~bein** *n* κλειδοκόκκαλο [kliðo'kokalo]; **~bund** *n* κρίκος κλειδιών ['krikos kli'ðjon]; **~loch** *n* κλειδαρότρυπα [kliða'rotripa]

Schlußlicht *n* οπίσθιο φως [o'pisθio fos]

Schmach *f* ντροπή [dro'pi], αίσχος ['esxos] *n*

schmachten λαχταρώ (-άς) [laxta'ro]

schmächtig λεπτός [le'ptos], αδύνατος [a'ðinatos]

schmachvoll επονείδιστος [epo'niðistos]

schmackhaft νόστιμος ['nostimos]

schmäh|en βρίζω ['vrizo]; **~lich** ντροπιαστικός [dropjasti'kos]; **2ung** *f* βρισιά [vri'sja]

schmal στενός [ste'nos]

schmälern ελαττώνω [ela'tono]
Schmalz *n* ξύγγι ['ksiŋgi]
Schmarotzer *m* παράσιτος [pa'rasitos]
schmeck|en γεύομαι ['jevome]; **es ~t gut** είναι νόστιμο ['ine 'nostimo]; **es ~t mir** μου αρέσει [mu a'resi]
Schmeichel|ei *f* κολακεία [kola'kia]; **2haft** κολακευτικός [kolakjefti'kos]; **2n** κολακεύω [kola'kjevo]
schmeißen *fam.* πετώ (-άς) [pe'to]
schmelzen λειώνω ['ljono]
Schmerz *m* πόνος ['ponos]; **2en** πονώ (-άς) [po'no]; λυπώ [li'po]; **2haft** οδυνηρός [oðini'ros]; **~mittel** *n* παυσίπονο [paf'sipono]
Schmetterling *m* πεταλούδα [peta'luða]
Schmied *m* σιδηρουργός [siðirur'γos]; **~e** *f* σιδηρουργείο [siðirur'jio]
schmiegen: ***sich ~ (an*** *A)* σφίγγομαι (πάνω σε) ['sfiŋgome ('pano se)]; προσαρμόζομαι (σε) [prosar'mozome (se)]
Schmier|e *f* αλοιφή [ali'fi]; **2en** αλείφω [a'lifo]; **2ig** λιγδιασμένος [liγðja'zmenos]; **~öl** *n* λιπαντικό λάδι [lipandi'ko 'laði]
Schminke *f* φτιασίδι [ftja'siði]; **2n** φτιασιδώνω [ftjasi'ðono], βάφω ['vafo]
Schmor|braten *m* καπαμάς [kapa'mas]; **2en** ψήνω ['psino], βράζω ['vrazo]
Schmuck *m* στολίδι [sto'liði], χρυσαφικά [xrisafi'ka] *n/pl.*
schmücken στολίζω [sto'lizo]
Schmugg|el *m* λαθρεμπόριο [laθrem'borio]; **2eln** κάνω λαθρεμπόριο ['kano laθrem'borio]; **~ler** *m* λαθρέμπορος [la'θremboros]
Schmutz *m* βρωμιά [vro'mja]; **2ig** βρώμικος ['vromikos], λερωμένος [lero'menos]
Schnabel *m* μύτη ['miti], ράμφος ['ramfos] *n*
Schnalle *f* πόρπη ['porpi]
schnappen χάφτω ['xafto], αρπάζω [ar'pazo]
Schnaps *m* ρακί [ra'ki]
schnarchen ροχαλίζω [roxa'lizo]
schnattern φαφλατίζω [fafla'tizo], φλυαρώ [flia'ro]
schnauben φυσώ (-άς) [fi'so]; ***sich*** *D (die Nase)* **~** ξεμυξίζομαι [ksemi'ksizome]
Schnauze *f* ρύγχος ['riŋxos] *n*
Schnecke *f* σάλιαγκας ['saljaŋgas]; *(ohne Haus)* κοχλίας [ko'xlias]
Schnee *m* χιόνι ['çoni]; **~ball** *m* χιονόσφαιρα [ço'nosfera]; **~flocke** *f* νιφάδα [ni'faða]; **~gestöber** *n* χιονιά [ço'nja]
Schneide *f* κόψη (-εις) ['ko-

psi]; **⁓n** κόβω ['kovo]; **⁓nd** κοφτερός [kofte'ros]; *fig.* διαπεραστικός [ðiaperasti'kos], δριμύς [ðri'mis]; **⁓r** *m* ράφτης ['raftis]; **⁓rin** *f* ράφτρια ['raftria]
schneien χιονίζω [ço'nizo]
Schneise *f* άδεντρη λωρίδα ['aðendri lo'riða]
schnell γρήγορος ['γriγoros], ταχύς [ta'çis]; **⁓igkeit** *f* γρηγοράδα [γriγo'raða], ταχύτητα [ta'çitita]; **⁓zug** *m* ταχεία [ta'çia]
schneuzen: sich ⁓ ξεμυξίζομαι [ksemi'ksizome]
Schnitt *m* κοπή [ko'pi]; τομή [to'mi]; (*Kleid*) κόψιμο ['kopsimo]; **⁓e** *f* φέτα ['feta]; **⁓muster** *n* πατρόν [pa'tron]
Schnitzel *n* σνίτσελ ['znitsel] *n*
schnitzen γλύφω ['ylifo], σμιλεύω [zmi'levo]
schnüffeln μουσουνίζω [musu'nizo]; *fig.* κατασκοπεύω [katasko'pevo]
Schnupfen *m* συνάχι [si'naçi]
Schnur *f* κορδέλα [kor'ðela], ταινία [te'nia]
schnüren δένω ['ðeno]
Schnurr|bart *m* μουστάκι [mu'staki]; **⁓en** χουρχουρίζω [xurxu'rizo]
Schnürsenkel *m* κορδόνι [kor'ðoni]
Schock *m* τρομάρα [tro'mara]; *Med.* νευρικός κλονισμός [nevri'kos kloni'zmos]
Schokolade *f* σοκολάτα [soko'lata]
Scholle *f* (*Eis⁓*) κομμάτι πάγου [ko'mati 'paγu]; (*Fisch*) γλώσσα ['γlosa]
schon πια [pja], ήδη ['iði], κιόλας ['kjolas]
schön όμορφος ['omorfos], ωραίος [o'reos]
schonen φείδομαι ['fiðome]; (*Sachen*) προσέχω [pro'sexo]
Schönheit *f* ομορφιά [omor'fja]
Schonung *f* επιείκεια [epi'ikia]; προφύλαξη (-εις) [pro'filaksi]; (*Wald*) φυτώριο [fi'torio]
schöpf|en αντλώ [an'dlo]; **⁓er** *m* δημιουργός [ðimiur'γos]; **⁓ung** *f* δημιουργία [ðimiur'jia]
Schornstein *m* καμινάδα [kami'naða]; **⁓feger** *m* καπνοδοχοκαθαριστής [kapnoðoxokaθari'stis]
Schoß *m* αγκαλιά [aŋga'lja]
schräg πλάγιος ['plajios], λοξός [lo'ksos]
Schramme *f* αμυχή [ami'çi]
Schrank *m* ντουλάπι [du'lapi]
Schranke *f* φραγμός [fraγ'mos]; **⁓nlos** *fig.* αχαλίνωτος [axa'linotos]
Schraube *f* βίδα ['viða]; έλικα ['elika]; **⁓n** βιδώνω [vi'ðono]
Schrauben|schlüssel *m* στριφτάρι [stri'ftari]; **⁓zie-**

her *m* κατσαβίδι [katsa'viði]
Schreck|en *m* τρομάρα [tro'mara]; **2en** τρομάζω [tro'mazo]; **2lich** (*a. fig.*) τρομερός [trome'ros]
Schrei *m* κραυγή [kra'vji]
Schreib|en *n* έγγραφο ['eŋγrafo]; **2en** γράφω ['γrafo]; **~heft** *n* τετράδιο [te'traðio]; **~mappe** *f* χαρτοφύλακας [xarto'filakas]; **~maschine** *f* γραφομηχανή [γrafomixa'ni]; **~tisch** *m* γραφείο [γra'fio]; **~warenhandlung** *f* χαρτοπωλείο [xartopo'lio]
schreien κραυγάζω [kra'vγazo], ξεφωνίζω [ksefo'nizo]
Schrift *f* γραφή [γra'fi]; (*Schriftstück*) έγγραφο ['eŋγrafo]; **~führer** *m* γραμματέας [γrama'teas]; **2lich** γραπτός [γra'ptos]; **~steller** *m* συγγραφέας [siŋγra'feas]; **~wechsel** *m* αλληλογραφία [aliloγra'fia]
schrill διαπεραστικός [ðiaperasti'kos]
Schritt *m* βήμα ['vima] *n*; διάβημα [ði'avima] *n*
schroff απόκρημνος [a'pokrimnos]; *fig.* απότομος [a'potomos], αψύς [a'psis]
Schrott *m* παλιοσίδερα [paljo'siðera] *n/pl.*
schrubb|en σφουγγαρίζω [sfuŋga'rizo]; **2er** *m* σφουγγαρόσκουπα [sfuŋga'roskupa]
schrumpfen ζαρώνω [za'rono], *a. fig.* ελαττώνομαι [ela'tonome]
Schub|karren *m* καροτσάκι [karo'tsaki]; **~lade** *f* συρτάρι [sir'tari]
schüchtern ντροπαλός [dropa'los], δειλός [ði'los]; **2heit** *f* ντροπαλότητα [dropa'lotita]
Schuft *m* παλιάνθρωπος [pa'ljanθropos]
Schuh *m* παπούτσι [pa'putsi]; **~creme** *f* βερνίκι (παπουτσιών) [ver'niki (papu'tsjon)]; **~geschäft** *n* υποδηματοπωλείο [ipoðimatopo'lio]; **~macher** *m* παπουτσής [papu'tsis]; **~putzer** *m* λούστρος ['lustros]; **~sohle** *f* σόλα ['sola]
Schul|bildung *f* σχολική μόρφωση [sxoli'ki 'morfosi]; **~buch** *n* διδακτικό βιβλίο [ðiðakti'ko vi'vlio]
Schuld *f* χρέος ['xreos] *n*; φταίξιμο ['fteksimo], ενοχή [eno'çi]; **2 *sein*** φταίω ['fteo]; **2en** χρωστώ [xro'sto]; **2ig** (**an** *D*) ένοχος ['enoxos] *G*
Schule *f* σχολείο [sxo'lio], σχολή [sxo'li]
Schüler *m* μαθητής [maθi'tis]; **~in** *f* μαθήτρια [ma'θitria]
Schul|ferien *pl.* διακοπές [ðjako'pes] *f/pl.*; **~pflicht** *f* υποχρεωτική εκπαίδευση [ipoxreoti'ki ek'peðefsi]; **~stunde** *f* μάθημα ['maθima] *n*

Schulter *f* ώμος ['omos]
Schulzeugnis *n* ενδεικτικό [enðikti'ko]
Schund *m* σαβούρα [sa'vura]
Schuppe *f* λέπι ['lepi], **~n** *pl.* πιτυρίδα [piti'riða]
Schuppen *m* αποθήκη [apo'θiki]
schüren σκαλίζω [ska'lizo]; *fig.* υποθάλπω [ipo'θalpo]
Schürze *f* ποδιά [po'ðja]
Schuß *m* τουφεκιά [tufe'kja], βολή [vo'li]
Schüssel *f* γαβάθα [γa'vaθa], λεκάνη [le'kani]
Schußwaffe *f* πυροβόλο όπλο [piro'volo 'oplo]
Schuster *m* παπουτσής [papu'tsis], τσαγκάρης [tsa'garis]
Schutt *m* απορρίμματα [apo'rimata] *n/pl.*
Schüttel|frost *m* ρίγος ['riγos] *n*; **2n** τινάζω [ti'nazo]
schütten χύνω ['çino]
Schutz- προστατευτικός [prostatefti'kos]
Schutz *m* προστασία [prosta'sia]; **~blech** *n* φτερό αυτοκινήτου [fte'ro aftoki'nitu]; **~brille** *f* προστατευτικά γυαλιά [prostatefti'ka ja'lja] *n/pl.*
Schütz|e *m* σκοπευτής [skope'ftis]; **2en** προστατεύω [prosta'tevo] (*vor D/* από [a'po])
Schutz|haft *f* προφυλάκιση [profi'lakisi]; **~heilige(r)** *m* προστάτης άγιος [pro'statis 'ajios]; **~mann** *m* αστυφύλακας [asti'filakas]
schwach αδύνατος [a'ðinatos]
Schwäche *f* αδυναμία [aðina'mia]; **2n** αδυνατίζω [aðina'tizo]
schwachsinnig ηλίθιος [i'liθios]
Schwager *m* κουνιάδος [ku'njaðos]
Schwägerin *f* κουνιάδα [ku'njaða]
Schwalbe *f* χελιδόνι [çeli'ðoni]
Schwamm *m* σφουγγάρι [sfuŋ'gari], σπόγγος ['spoŋgos]
Schwan *m* κύκνος ['kiknos]
schwanger έγκυος ['eŋgios]; **2schaft** *f* εγκυμοσύνη [eŋgimo'sini]
schwanken σαλεύω [sa'levo], ταλαντεύομαι [talan'devome]; *fig.* διστάζω [ði'stazo]
Schwanz *m* ουρά [u'ra]
Schwarm *m* σμήνος ['zminos] *n*, σμάρι ['zmari]
schwärm|en *fig.* ενθουσιάζομαι [enθusi'azome], πεθαίνω [pe'θeno] (**für** *A/* για [ja]); **~erisch** ενθουσιαστικός [enθusiasti'kos]
schwarz μαύρος ['mavros], μελανός [mela'nos]; **2brot** *n* μαύρο ψωμί ['mavro pso'mi]
schwärzen μαυρίζω [ma'vrizo]
schwatzen φλυαρώ [flia'ro]

Schwätzer *m* πολυλογάς [polilo'ɣas]
schwatzhaft φλύαρος ['fliaros]
schweben αιωρούμαι [eo'rume]
Schwefel *m* θειάφι ['θjafi], θείο ['θio]; **~säure** *f* θειικό οξύ [θii'ko o'ksi] *n*
schweig|en σωπαίνω [so'peno], σιωπώ [sjo'po]; **2en** *n* σιωπή [sio'pi]; **~sam** σιωπηλός [siopi'los]
Schwein *n* γουρούνι [ɣu'runi]; **~efleisch** *n* χοιρινό κρέας [çiri'no 'kreas] *n*; **~erei** *f* βρωμοδουλειά [vromoðu'lja]
Schweiß *m* ιδρώτας [i'ðrotas]
schweißen συγκολλώ (-άς) [siŋgo'lo]
Schweiz *f* Ελβετία [elve'tia]; **~er** *m* Ελβετός [elve'tos]
Schwell|e *f* κατώφλι [ka'tofli]; **2en** πρήζομαι ['prizome], φουσκώνω [fu'skono], εξογκώνω [eksoŋ'gono]; **~ung** *f* φούσκωμα ['fuskoma] *n*; πρήξιμο ['priksimo]
schwenk|en κουνώ [ku'no]; (*intransitiv*) στρέφομαι ['strefome]; **2ung** *f* στροφή [stro'fi]
schwer βαρύς [va'ris]; *fig.* δύσκολος ['ðiskolos]; **2beschädigte(r)** *m* ανάπηρος [a'napiros]; **~fällig** δυσκίνητος [ði'skinitos], βραδύς [vra'ðis]; **~hörig** βαρήκοος [va'rikoos]; **2kraft** *f* βαρύτητα [va'ritita]; **2punkt** *m* κέντρο του βάρους ['kjendro tu 'varus]
Schwert *n* σπαθί [spa'θi], ξίφος ['ksifos] *n*
Schwester *f* αδελφή [aðel'fi]
Schwieger|eltern *pl.* πεθερικά [peθeri'ka] *n/pl.*; **~mutter** *f* πεθερά [peθe'ra]; **~sohn** *m* γαμπρός [ɣam'bros]; **~tochter** *f* νύφη ['nifi]; **~vater** *m* πεθερός [peθe'ros]
Schwiele *f* κάλος ['kalos]
schwierig δύσκολος ['ðiskolos]; **2keit** *f* δυσκολία [ðisko'lia]
Schwimm|bad *n* πισίνα [pi'sina]; **2en** κολυμπώ [kolim'bo]; **~er** *m* κολυμβητής [kolimvi'tis]; **~gürtel** *m* κολυμβητική ζώνη [kolimviti'ki 'zoni], **~sport** *m* κολύμπι [ko'limbi]; **~weste** *f* σωσίβιο [so'sivio]
Schwindel *m* ζάλη ['zali]; (*Betrug*) απάτη [a'pati]; **2ig** ζαλισμένος [zali'zmenos]; **2n** λέ(γ)ω ψέματα ['le(ɣ)o 'psemata]
schwind|en αφανίζομαι [afa'nizome]; **2sucht** *f* φθίση ['fθisi]
schwing|en κινώ [ki'no], σείω ['sio]; **2ung** *f* κραδασμός [kraða'zmos]
Schwitz|bad *n* ατμόλουτρο [a'tmolutro]; **2en** ιδρώνω [i'ðrono]
schwören ορκίζομαι [or'kizome]

schwül πνιγερός [pnije'ros]
Schwung *m* φόρα ['fora]
Schwur *m* όρκος ['orkos]
sech|s έξι ['eksi]; **~zehn** δεκαέξι [ðeka'eksi]; **~zig** εξή(κο)ντα [e'ksi(ko)nda]
See **1.** *m* λίμνη ['limni]; **2.** *f* θάλασσα ['θalasa]; **~bad** *n* θαλάσσιο λουτρό [θa'lasio lu'tro]; **~gang** *m* (*hoher*) φουσκοθαλασσιά [fuskoθala'sja]; **~hund** *m* φώκια ['fokja]; **~krankheit** *f* ναυτίαση [na'ftiasi]
Seel|e *f* ψυχή [psi'çi]; **&isch** ψυχικός [psiçi'kos]
See|mann *m* ναυτικός [nafti'kos]; **~meile** *f* ναυτικό μίλι [nafti'ko 'mili]; **~reise** *f* θαλασσινό ταξίδι [θalasi'no ta'ksiði]; **~weg** *m* θαλασσινός δρόμος [θalasi'noz 'ðromos]
Segel *n* πανί [pa'ni], ιστίο [i'stio]; **~boot** *n* βάρκα με πανί ['varka me pa'ni], ιστιοφόρο [istio'foro]; **~flugzeug** *n* ανεμόπτερο [ane'moptero]; **&n** αρμενίζω [arme'nizo]; ιστιοδρομώ [istioðro'mo]; **~schiff** *n* ιστιόπλοιο [isti'oplio]; **~tuch** *n* καραβόπανο [kara'vopano]
Seg|en *m* ευλογία [evlo'jia]; **&nen** ευλογώ [evlo'γo]
sehen βλέπω ['vlepo]; **&swürdigkeiten** *f/pl.* αξιοθέατα [aksio'θeata] *n/pl.*
Sehne *f* νεύρο ['nevro], τένων ['tenon] *m*; χορδή [xor'ði]
sehnen: *sich* ~ λαχταρώ (-άς) [laxta'ro]
sehn|lich, ~süchtig λαχταριστός [laxtari'stos], διακαής 2 [ðiaka'is]; **&sucht** *f* λαχτάρα [la'xtara], πόθος ['poθos]
sehr πολύ [po'li]; *zu* ~ πάρα πολύ ['para po'li]
seicht ρηχός [ri'xos]; *fig.* άνοστος ['anostos]
Seide *f* μετάξι [me'taksi]
Seiden|papier *n* λεπτό χαρτί [le'pto xar'ti]; **~raupe** *f* μεταξοσκώληκας [metakso'skolikas]
Seife *f* σαπούνι [sa'puni]
Seil *n* σχοινί [sçi'ni]
sein είμαι ['ime]; (*Pronomen*) ... του [... tu]; & *n* ύπαρξη (-εις) ['iparksi], το είναι [to 'ine]
seit από [a'po], εδώ και [e'ðo kje]; **~dem** από τότε [a'po 'tote], αφότου [a'fotu]
Seit|e *f* πλευρά [ple'vra]; **&ens** (*G*) εκ μέρους [ek 'merus]; **~enstraße** *f* πάροδος ['paroðos] *f*; **&lich** πλάγιος ['plajios]
Sekretär *m* γραμματέας [γrama'teas]
Sekt *m* σαμπάνια [sam'panja], καμπανίτης [kamba'nitis]
Sekte *f* αίρεση (-εις) ['eresi]
Sekunde *f* δευτερόλεπτο [ðefte'rolepto]

selbst ο ίδιος [o 'idjos], αυτός [a'ftos]
selbst|ändig ανεξάρτητος [ane'ksartitos]; **2bestimmungsrecht** *n* δικαίωμα *n* αυτοδιαθέσεως [ði'kjeoma aftoðia'θeseos]; **~bewußt** σίγουρος ['siɣuros], περήφανος [pe'rifanos]; **~los** αλτρουιστικός [altruisti'kos]; **2mord** *m* αυτοκτονία [aftokto'nia]; **2mörder** *m* αυτόχειρας [a'ftoçiras]; **~süchtig** εγωιστικός [eɣoisti'kos]; **~tätig** αυτόματος [a'ftomatos]; **~verständlich** αυτονόητος [afto'noitos]; *Adv.* φυσικά [fisi'ka], εννοείται [eno'ite]
selig μακάριος [ma'karios]; **2keit** *f* μακαριότητα [makari'otita]
selt|en σπάνιος ['spanjos]; **2enheit** *f* σπανιότητα [spa'njotita]; **~sam** παράξενος [pa'raksenos]
Semester *n* εξάμηνο [e'ksamino]
Seminar *n* φροντιστήριο [frondi'stirio]; (*Priester2*) ιερατική σχολή [ierati'ki sxo'li]
send|en (απο)στέλλω [(apo)'stelo]; (*Radio*) εκπέμπω [ek'pembo]; **2er** *m* πομπός [pom'bos]; **2ung** *f* αποστολή [aposto'li]; (*Radio*) εκπομπή [ekpom'bi]
Senf *m* μουστάρδα [mu'starða]
senk|en κατεβάζω [kate'vazo]; *fig.* ελαττώνω [ela'tono]; **~recht** κάθετος ['kaθetos]; **2ung** *f* κατέβασμα [ka'tevazma] *n*, μείωση (-εις) ['miosi]
Sensation *f* πάταγος ['pataɣos]
Sense *f* δρεπάνι [ðre'pani]
September *m* Σεπτέμβριος [se'ptemvrios]
Serie *f* σειρά [si'ra]
servieren σερβίρω [ser'viro]
Serviette *f* πετσέτα [pe'tseta]
Sessel *m* πολυθρόνα [poli'θrona]
Setz|eier *n/pl.* αυγά μάτια [a'vɣa 'matja]; **2en** βάζω ['vazo], τοποθετώ [topoθe'to]; ***sich*** **2en** κάθομαι ['kaθome]; **~er** *m* στοιχειοθέτης [stiçio'θetis]
Seuche *f* επιδημία [epiði'mia]
seufz|en αναστενάζω [anaste'nazo]; **2er** *m* αναστεναγμός [anastenaɣ'mos]
Sichel *f* δρεπάνι [ðre'pani]
sicher βέβαιος ['veveos]; σίγουρος ['siɣuros]; **2heit** *f* βεβαιότητα [veve'otita]; ασφάλεια [a'sfalia]; **2heitsgurt** *m* ζώνη ασφαλείας ['zoni asfa'lias]; **2heitsnadel** *f* παραμάνα [para'mana]; **~n** (εξ)ασφαλίζω [(eks)asfa'lizo]; **2ung** *f* *Elektr.* ασφάλεια [a'sfalia]
Sicht *f* θέα ['θea]; **2bar** ορατός [ora'tos]; **2en** ξεδιαλέγω

[kseðja'leɣo]; ανακαλύπτω [anaka'lipto]
sie (*3. Person Einzahl, N*) αυτή [a'fti]; (*A*) τη(ν); αυτή(ν); (*3. Person pl., N*) αυτοί, αυτές, αυτά [a'fti, a'ftes, a'fta]; (*A*) τους [tus], αυτούς [a'ftus]; τις [tis]; αυτές [a'ftes]; τα [ta], αυτά [a'fta]; **Ꙩ** (*N*) εσείς [e'sis]; (*A*) σας [sas], εσάς [e'sas]
Sieb *n* κόσκινο ['koskino]
sieb|en εφτά [e'fta], επτά [e'pta]; **~zehn** δεκαεφτά [ðekae'fta]; **~zig** εβδομήντα [evðo'minda]
sieden βράζω ['vrazo]
Siedlung *f* οικισμός [iki'zmos]
Sieg *m* νίκη ['niki]
Siegel *n* βούλα ['vula], σφραγίδα [sfra'jiða]
sieg|en νικώ (-άς) [ni'ko]; **Ꙩer** *m* νικητής [niki'tis]; **~reich** νικηφόρος [niki'foros]
Silbe *f* συλλαβή [sila'vi]; **~nrätsel** *n* συλλαβόγριφος [sila'voɣrifos]
Silber *n* ασήμι [a'simi], άργυρος ['arjiros]
Sinfonie *f* συμφωνία [simfo'nia]
singen τραγουδώ (-άς) [traɣu'ðo]
sinken κατεβαίνω [kate'veno]; πέφτω ['pefto]; (*Schiff*) βουλιάζω [vu'ljazo], βυθίζομαι [vi'θizome]
Sinn *m* νους [nus]; αίσθηση (-εις) ['esθisi]; **Ꙩen** σκέφτομαι ['skjeftome]; **Ꙩlich** αισθησιακός [esθisia'kos]; **~lichkeit** *f* αισθησιασμός [esθisia'zmos]; **Ꙩlos** παράλογος [pa'raloɣos]; **Ꙩreich** πνευματώδης [pnevma'toðis] 2
Sirup *m* σιρόπι [si'ropi]
Sitt|e *f* έθιμο ['eθimo]; **Ꙩlich** ηθικός [iθi'kos]; **~lichkeit** *f* ηθική [iθi'ki]; **~lichkeitsverbrechen** *n* σεξουαλικό έγκλημα [seksuali'ko 'eŋglima]
Sitz *m* έδρα ['eðra]; **Ꙩen** κάθομαι ['kaθome]; (*Kleider*) πάω ['pao]; **~platz** *m* θέση (-εις) ['θesi]; **~ung** *f* συνεδρίαση (-εις) [sine'ðriasi]
Skala *f* σκάλα ['skala], κλίμακα ['klimaka]
Skandal *m* σκάνταλο ['skandalo]
Skelett *n* σκελετός [skjele'tos]
Skizze *f* σκίτσο ['skitso], σχέδιο ['sçeðio]
Sklave *m* σκλάβος ['sklavos], δούλος ['ðulos]; **~rei** *f* σκλαβιά [skla'vja], δουλεία [ðu'lia]
Smog *m* νέφος ['nefos] *n*
so έτσι ['etsi]; **~ *daß*** ώστε ['oste]; **~bald** μόλις ['molis], ευθύς ως [e'fθis os]
Socke *f* (κοντή) κάλτσα [(kon'di) 'kaltsa]
Sockel *m* υπόβαθρο [i'povaθro]

Soda *f* σόδα ['soða]
so|eben μόλις ['molis]; **~fern** εφόσον [e'foson]; **~fort** αμέσως [a'mesos]; **~gar** ακόμα και [a'koma kje], και μάλιστα [kje 'malista]; **~genannt** λεγόμενος [le'γomenos]
Sohle *f* σόλα ['sola]; (*Fuß*≈) πατούσα [pa'tusa]
Sohn *m* γιος [jos]
solange όσον (καιρό) ['oson (gje'ro)]
solch τέτοιος ['tetjos]
Soldat *m* στρατιώτης [strati'otis]
sollen οφείλω [o'filo]; πρέπει ['prepi]
Sommer *m* καλοκαίρι [kalo'kjeri]; **≈lich** καλοκαιρινός [kalokjeri'nos]; **~sprossen** *f/pl.* φακίδες [fa'kiðes] *f/pl.*
Sonder|- ειδικός [iði'kos]; **≈bar** παράξενος [pa'raksenos]; **≈n** χωρίζω [xo'rizo]; *cj.* αλλά [a'la]
Sonnabend *m* Σάββατο ['savato]
Sonne *f* ήλιος ['iljos]
sonnen: ***sich*** **~** ηλιάζομαι [i'ljazome]; **≈aufgang** *m* ανατολή [anato'li]; **≈brand** *m* ηλιακό έγκαυμα [ilia'ko 'eŋgavma]; **≈brille** *f* γιαλιά *n/pl.* ηλίου [ja'lja i'liu]; **≈krem** *f* κρέμα ηλίου ['krema i'liu]; **≈öl** *n* λάδι ηλίου ['laði i'liu]; **≈schirm** *m* ομπρέλα ηλίου [om'brela i'liu]; **≈stich** *m* ηλίαση [i'liasi]; **≈untergang** *m* ηλιοβασίλεμα [iljova'silema] *n*; **~verbrannt** (η)λιοκαμμένος [(i)ljoka'menos]
Sonntag *m* Κυριακή [kirja'ki]
sonst αλλιώς [a'ljos]; άλλοτε ['alote]
Sorg|e *f* φροντίδα [fron'diða]; **≈en** φροντίζω [fron'dizo] (***für*** *A*/ για [ja]); ***sich*** **≈*en*** ανησυχώ [anisi'xo]; **~falt** *f* προσοχή [proso'çi]; **≈fältig** προσεκτικός [prosekti'kos]; **≈los** ξέγνοιαστος ['kseγnjastos], αδιάφορος [a'ðjaforos]
Sort|e *f* είδος ['iðos] *n*; **≈ieren** κατατάσσω [kata'taso]
Soße *f* σάλτσα ['saltsa]
soundso τάδε ['taðe]
so|viel καθόσον [ka'θoson]; **~wohl ... als auch** και ... και [kje ... kje]
sozial κοινωνικός [kinoni'kos]; **≈versicherung** *f* κοινωνικές ασφαλίσεις [kinoni'kjes asfa'lisis] *f/pl.*
sozusagen σα να λέμε [sa na 'leme]
Spalt *m*, **~e** *f* σχισμάδα [sçi'zmaða], σχισμή [sçi'zmi]; *Typ.* στήλη ['stili]; **≈en** σχίζω ['sçizo], κόβω ['kovo]; ***sich*** **≈*en*** διαχωρίζομαι [ðiaxo'rizome]; **~ung** *f* διαίρεση (-εις) [ði'eresi]; σχίσμα ['sçizma] *n*
Spange *f* κόπιτσα ['kopitsa]

spann|en τεντώνω [ten'dono]; **~end** συναρπαστικός [sinarpasti'kos]; **2ung** *f* ένταση ['endasi], αγωνία [aɣo'nia]; **2weite** *f* άνοιγμα σε πλάτος ['aniɣma se 'platos]
Spar|buch *n* βιβλιάριο ταμιευτηρίου [vivli'ario tamiefti'riu]; **~büchse** *f* κουμπαράς [kumba'ras]; **2en** (εξ)οικονομώ [(eks)ikono'mo]; φείδομαι ['fiðome]; **~kasse** *f* ταμιευτήριο [tamie'ftirio]; **2sam** οικονόμος [iko'nomos]; **~samkeit** *f* οικονομία [ikono'mia]
Spaß *m* αστείο [a'stio]
spät αργά [ar'ɣa]
Spaten *m* φτυάρι ['ftjari]
Spatz *m* σπουργίτης [spur'jitis]
spazier|engehen πηγαίνω περίπατο [pi'jeno pe'ripato], κάνω βόλτα ['kano 'volta]; **2fahrt** *f* περίπατος με αμάξι [pe'ripatos me a'maksi]; **2gang** *m* περίπατος [pe'ripatos], βόλτα ['volta]; **2gänger** *m* περιπατητής [peripati'tis]; **2stock** *m* μπαστούνι [ba'stuni]
Specht *m* δρυοκολάπτης [ðrioko'laptis]
Speck *m* λαρδί [lar'ði]
Spedition *f* γραφείο μεταφορών [ɣra'fion metafo'ron]
Speer *m* κοντάρι [kon'dari], ακόντιο [a'kondio]
Speiche *f* ακτίνα [a'ktina]
Speichel *m* σάλια ['salja] *n/pl.*
Speicher *m* αποθήκη [apo'θiki]
Speise *f* φαγητό [faji'to]; **~karte** *f* κατάλογος φαγητών [ka'taloɣos faji'ton]; **2n** γευματίζω [jevma'tizo]; δειπνώ [ði'pno]; **~saal** *m* τραπεζαρία [trapeza'ria]; **~wagen** *m* βαγόνι-εστιατόριο [va'ɣoni estia'torio]
Spend|e *f* δωρεά [ðore'a]; **2ieren** κερνώ (-άς) [kjer'no]
Sperre *f* αποκλεισμός [apokli'zmos]; *Esb.* έλεγχος ['elenxos]; **2n** αποκλείω [apo'klio], φράζω ['frazo]
Spesen *pl.* έξοδα ['eksoða] *n/pl.*
Spezialist *m* ειδικός [iði'kos]
Spezialität *f* ειδικότητα [iði'kotita], σπεσιαλιτέ [spesiali'te] *n*
speziell ειδικός [iði'kos]
Spiegel *m* καθρέφτης [ka'θreftis]; **~eier** *n/pl.* αυγά μάτια [a'vɣa 'matja]; **2n** καθρεφτίζω [kaθre'ftizo]; ***sich* 2*n*** αντανακλώ (-άς) [andana'klo]; **~ung** *f* αντανάκλαση (-εις) [anda'naklasi]
Spiel *n* παιχνίδι [pe'xniði]; **2en** παίζω ['pezo]; **~er** *m* παίχτης ['pextis]; **~karte** *f* χαρτί [xar'ti]; **~plan** *m* δραματολόγιο [ðramato'lojio]; **~platz** *m* παιδότοπος [pe'ðotopos]; **~raum** *m fig.* περιθώριο [peri'θorio]; **~zeug**

n παιχνίδια [pe'xniðja] *n/pl.*
Spieß *m* κοντάρι [kon'dari]; (*Brat*∼) σούβλα ['suvla]
Spinat *m* σπανάκι [spa'naki]
Spindel *f* αδράχτι [a'ðraxti]
Spinn|e *f* αράχνη [a'raxni]; **∼en** γνέθω ['ɣneθo]; **∼erei** *f* υφαντουργείο [ifandur'jio]; **∼gewebe** *n* ιστός αράχνης [i'stos a'raxnis]; **∼rad** *n* ροδάνι [ro'ðani]
Spion *m* σπιούνος [spi'unos], κατάσκοπος [ka'taskopos]; **∼age** *f* κατασκοπεία [katasko'pia]
Spirit|uosen *pl.* οινοπνευματώδη ποτά [inopnevma'toði po'ta] *n/pl.*; **∼us** *m* σπίρτο ['spirto], οινόπνευμα [i'nopnevma] *n*; **∼uskocher** *m* καμινέτο [kami'neto]
spitz μυτερός [mite'ros]; **∼e** *f* μύτη ['miti], αιχμή [e'xmi]; (*Gewebe*) δαντέλα [ðan'tela]
Spitzel *m* χαφιές [xa'fjes]
spitz|en (*Ohren*) τεντώνω [ten'dono]; (*Bleistift*) ξύνω ['ksino]; **∼findig** ψιλολόγος [psilo'loɣos]; **∼name** *m* παρατσούκλι [para'tsukli]
Splitter *m* αγκίδα [aŋ'giða]
Sport *m* σπορ [spor] *n*, αθλητισμός [aθliti'zmos]; **∼ler** *m* αθλητής [aθli'tis]; **∼lerin** *f* αθλήτρια [aθ'litria]; **∼lich** αθλητικός [aθliti'kos]; **∼platz** *m* στάδιο ['staðio], γήπεδο ['jipeðo]; **∼verein** *m* αθλητικός σύλλογος [aθliti'kos 'siloɣos]
Spott *m* κοροϊδία [koroi'ðia]; **∼en** κοροϊδεύω [koroi'ðevo], περιπαίζω [peri'pezo]
spöttisch κοροϊδευτικός [koroiðefti'kos]
Sprach|e *f* γλώσσα ['ɣlosa]; **∼führer** *m* γλωσσικός οδηγός [ɣlosi'kos oði'ɣos]; **∼lich** γλωσσικός [ɣlosi'kos]; **∼los** βουβός [vu'vos]
Spray *n* σπρέι ['sprei] *n*
sprech|en μιλώ (-άς) [mi'lo], λέ(γ)ω ['le(ɣ)o] (**über** *A*/ για [ja]); **∼er** *m* (*Radio*) εκφωνητής [ekfoni'tis]; **∼stunde** *f* ώρα επισκέψεων ['ora epi'skjepseon]
spreng|en ανατινάζω [anati'nazo]; (*Rasen*) καταβρέχω [kata'vrexo]; **∼ladung** *f* εκρηκτική γέμιση [ekrikti'ki 'jemisi]; **∼stoff** *m* εκρηκτική ύλη [ekrikti'ki 'ili]
Sprichwort *n* παροιμία [pari'mia]
sprießen βλασταίνω [vla'steno]
Spring|brunnen *m* σιντριβάνι [si(n)dri'vani]; **∼en** πηδώ (-άς) [pi'ðo]; **∼er** *m* (*Sport*) άλτης ['altis]
Spritze *f Med.* σύριγγα ['siriŋga]; (*Injektion*) ένεση (-εις) ['enesi]; **∼n** καταβρέχω [kata'vrexo], κάνω ένεση ['kano 'enesi]
spröde ξερός [kse'ros], σκληρός [skli'ros], ευκολόσπαστος [efko'lospastos];

fig. σεμνότυφος [se'mnotifos]
Sprosse *f* σκαλοπάτι [skalo'pati]
Spruch *m* ρητό [ri'to]
sprüh|en σπινθηροβολώ [spinθirovo'lo]; **2regen** *m* ψιχάλα [psi'xala]
Sprung *m* πήδημα ['piðima] *n*; (*Spalt*) σχισμάδα [sçi'zmaða]; (*im Glas*) ράγισμα ['rajizma] *n*; **~brett** *n* βατήρας [va'tiras]
spucken φτύνω ['ftino]
Spule *f* μασούρι [ma'suri], άτρακτος ['atraktos] *f*
Spüle *f* νεροχύτης [nero'çitis]; **2n** ξεπλένω [kse'pleno]
Spur *f* αχνάρι [a'xnari], ίχνος ['ixnos] *n*
spüren νιώθω ['njoθo], αισθάνομαι [e'sθanome]
Staat *m* κράτος ['kratos] *n*, πολιτεία [poli'tia]; **2lich** κρατικός [krati'kos]
Staats|angehörigkeit *f* ιθαγένεια [iθa'jenia]; **~anwalt** *m* εισαγγελέας [isaŋgje'leas]; **~bürger** *m* πολίτης [po'litis]; **~mann** *m* πολιτικός [politi'kos]; **~streich** *m* πραξικόπημα [praksi'kopima] *n*
Stab *m* ραβδί [rav'ði]; *Mil.* επιτελείο [epite'lio]
stabil σταθερός [staθe'ros]
Stachel *m* κεντρί [kjen'dri], αγκάθι [aŋ'gaθi]; **~draht** *m* συρματόπλεγμα [sirma'topleymal] *n*; **2ig** αγκαθωτός [aŋgaθo'tos]
Stadion *n* στάδιο ['staðio]
Stadium *n* φάση (-εις) ['fasi]
Stadt *f* πόλη (-εις) ['poli]
Städt|er *m* πολίτης [po'litis], αστός [a'stos]; **2isch** δημοτικός [ðimoti'kos], αστικός [asti'kos]
Stadt|plan *m* χάρτης της πόλεως ['xartis tis 'poleos]; **~rundfahrt** *f* γύρος της πόλεως ['jiros tis 'poleos]; **~teil** *m* συνοικία [sini'kia]
Staffel *f* (*Sport*) σκυταλοδρομία [skitaloðro'mia]; *Flgw.* σμήνος ['zminos] *n*; **~ei** *f* καβαλέτο [kava'leto]; **2n** διαβαθμίζω [ðiavaθ'mizo]
Stahl *m* ατσάλι [a'tsali], χάλυβας ['xalivas]; **~werk** *n* χαλυβουργείο [xalivur'jio]
Stall *m* σταύλος ['stavlos]
Stamm *m* κορμός [kor'mos]; σόι ['soi], γένος ['jenos] *n*; **~baum** *m* γενεαλογία [jenealo'jia]; **~buch** *n* λεύκωμα ['lefkoma] *n*; **2en** κατάγομαι [ka'tayome]
stampfen κοπανίζω [kopa'nizo], ποδοπατώ (-άς) [poðopa'to]; *Mar.* σκαμπανεβάζω [skambane'vazo]
Stand *m* τάξη (-εις) ['taksi], κατάσταση (-εις) [ka'tastasi], επάγγελμα [e'paŋgjelma] *n*; (*Wasser*2) στάθμη ['staθmi]; **~bild** *n* ανδριάντας [anθri'andas]; **~esamt** *n* ληξιαρχείο [liksjar'çio]; **2haft**

σταθερός [staθe'ros]; **≈halten** αντέχω [an'dexo]
ständig διαρκής [ðiar'kis] 2
Standort *m* σταθμός [staθ'mos], θέση ['θesi]
Stange *f* ραβδί [ra'vði]
stanzen εκτυπώνω [ekti'pono]
Stapel *m* σκαρί [ska'ri]; στοίβα ['stiva]; **~lauf** *m* καθέλκυση (-εις) [ka'θelkisi]; **≈n** στοιβάζω [sti'vazo]
Star *m* ψαρόνι [psa'roni]; (*Film*) αστέρας [a'steras]
stark γερός [je'ros], δυνατός [ðina'tos]
Stärk|e *f* δύναμη (-εις) ['ðinami]; **≈en** δυναμώνω [ðina'mono]; κολαρίζω [kola'rizo]
Starkstrom *m* ρεύμα *n* υψηλής τάσεως ['revma ipsi'lis 'taseos]
Stärkung *f* δυνάμωμα [ði'namoma] *n*, ενίσχυση (-εις) [e'nisçisi]
starr άκαμπτος ['akamptos]; (*Blick*) απλανής [apla'nis] 2; **~en** ατενίζω [ate'nizo]; **~köpfig** πεισματάρης [pizma'taris]; **≈sinn** *m* ισχυρογνωμοσύνη [isçiroγnomo'sini]
Start *m* (*Sport*) εκκίνηση (-εις) [e'kinisi]; *Flgw.* απογείωση (-εις) [apo'jiosi]; **≈en** ξεκινώ (-άς) [kseki'no]; απογειώνομαι [apoji'onome]
Station *f* σταθμός [staθ'mos]
Statistik *f* στατιστική [statisti'ki]
Stativ *n* τρίποδο ['tripoðo]
statt αντί [an'di]
Stätte *f* τόπος ['topos]
statt|finden λαμβάνω χώρα [lam'vano 'xora]; **~lich** αξιόλογος [aksi'oloγos]
Statue *f* άγαλμα ['aγalma] *n*
Stau *m* μποτιλιάρισμα [boti'ljarizma] *n*
Staub *m* σκόνη ['skoni]; **≈ig** σκονισμένος [skoni'zmenos]; **~sauger** *m* ηλεκτρική σκούπα [ilektri'ki 'skupa]
Stau|damm *m* φράγμα ['fraγma] *n*; **≈en: sich ≈en** μαζεύομαι [ma'zevome]
staunen εκπλήττομαι [ek'plitome], απορώ [apo'ro]; **≈** *n* έκπληξη ['ekpliksi]
Steak *n* στέικ ['steik] *n*
stech|en κεντώ (-άς) [kjen'do]; τρυπώ (-άς) [tri'po]; (*Sonne*) καίω ['kjeo]; **≈mücke** *f* κουνούπι [ku'nupi]
Steck|brief *m* περιγραφή καταζητουμένου [periγra'fi katazitu'menu]; **~dose** *f* πρίζα ['priza]; **≈en** χώνω ['xono]; **≈enbleiben** κομπιάζω [kom'bjazo]; **~enpferd** *n* χόμπυ ['xobi] *n*; **~nadel** *f* καρφίτσα [kar'fitsa]
Steg *m* μονοπάτι [mono'pati], γεφυράκι [jefi'raki]
steh|en στέκομαι ['stekome]; **~enbleiben** σταματώ (-άς) [stama'to]; **~end** (*Wasser*) στεκάμενος [ste'kamenos]; **~enlassen** αφήνω [a'fino];

2lampe *f* λαμπατέρ [lamba'ter] *n*
stehlen κλέβω ['klevo]
steif αλύγιστος [a'lijistos]
Steig|bügel *m* αναβολέας [anavo'leas]; **2en** ανεβαίνω [ane'veno]; **2ern** ανεβάζω [ane'vazo], αυξάνω [af'ksano]; **~erung** *f* ανέβασμα [a'nevazma] *n*, αύξηση (-εις) ['afksisi]; **~ung** *f* ανωφέρεια [ano'feria]
steil απότομος [a'potomos]
Stein *m* πέτρα ['petra]; **~bruch** *m* λατομείο [lato'mio]; **~butt** *m* καλκάνι [kal'kani]; **~kohle** *f* λιθάνθρακας [li'θanθrakas]
Stell|e *f* θέση (-εις) ['θesi], τόπος ['topos]; (*Buch*) χωρίο [xo'rio]; **2en** θέτω ['θeto], τοποθετώ [topoθe'to]; (*Uhr*) κανονίζω [kano'nizo]; ***sich*** **2en** (*als ob*) προσποιούμαι [prospi'ume]; **~ung** *f* θέση (-εις) ['θesi]; **~ungnahme** *f* γνώμη ['γnomi]; **~vertreter** *m* αντιπρόσωπος [andi'prosopos]
stemmen: ***sich*** **~** εναντιώνομαι [enandi'onome]
Stempel *m* σφραγίδα [sfra'jiδa]; **2n** σφραγίζω [sfra'jizo]
Stengel *m* κοτσάνι [ko'tsani]
steno|graphieren στενογραφώ [stenoγra'fo]; **2typistin** *f* δακτυλογράφος [δaktilo'γrafos] *f*
Steppe *f* στέππα ['stepa]
sterb|enskrank ετοιμοθάνατος [etimo'θanatos]; **~en** πεθαίνω [pe'θeno] (***an*** *D*, ***vor*** *D*/ από [a'po]); ***im*** **2en liegen** ψυχομαχώ [psixoma'xo], πνέω τα λοίσθια ['pneo ta 'lisθia]; **~lich** θνητός [θni'tos]
Stereo- στερεοφωνικός [stereofoni'kos]
Stern *m* αστέρι [a'steri], άστρο ['astro]; **~schnuppe** *f* διάττοντας [δi'atondas]; **~warte** *f* αστεροσκοπείο [asterosko'pio]
stet|ig αδιάκοπος [a'δjakopos], διαρκής [δiar'kis] 2; **2igkeit** *f* σταθερότητα [staθe'rotita]; **~s** πάντοτε ['pandote]
Steuer **1.** *f* φόρος ['foros]; **2.** *n* τιμόνι [ti'moni]; **2frei** αφορολόγητος [aforo'lojitos]; **~hinterziehung** *f* φοροδιαφυγή [foroδiafi'ji]; **~karte** *f* δελτίο φορολογίας [δel'tio forolo'jias]; **~mann** *m* τιμονιέρης [timo'njeris]; **2n** διευθύνω [δie'fθino]; **2pflichtig** φορολογήσιμος [forolo'jisimos]; **~rad** *n* τιμόνι [ti'moni], βολάν [vo'lan] *n*; **~zahler** *m* φορολογούμενος [forolo'γumenos]
Steward *m*, **~ess** *f* καμαρότος [kama'rotos]; *Flgw.* αεροσυνοδός [aerosino'δos]
Stich *m* κεντιά [kjen'dja]; *Med.* σουβλιά [su'vlja]; ***im*** **~** ***lassen*** εγκαταλείπω [eŋga-

ta'lipo]; **⁀haltig** βάσιμος ['vasimos]; **~probe** *f* μερική δοκιμή [meri'ki ðoki'mi]

sticke|n κεντώ (-άς) [kjen'do]; **⁀rei** *f* κέντημα ['kjendima] *n*

Stickstoff *m* άζωτο ['azoto]

Stiefel *m* μπότα ['bota]; **~putzer** *m* λούστρος ['lustros]

Stief|mutter *f* μητριά [mitri'a]; **~mütterchen** *n* *Bot.* πανσές [pan'ses]

Stiel *m* κοτσάνι [ko'tsani], στέλεχος ['stelexos] *n*; λαβή [la'vi]

Stier *m* ταύρος ['tavros]

Stift *m* πρόκα ['proka], μολύβι [mo'livi]

stift|en ιδρύω [i'ðrio]; χορηγώ [xori'γo]; **⁀er** *m* ιδρυτής [iðri'tis]; **⁀ung** *f* ίδρυμα ['iðrima] *n*; χορήγηση (-εις) [xo'rijisi]

Stil *m* ύφος ['ifos] *n*; *Arch.* ρυθμός [riθ'mos]

still σιγανός [siγa'nos], ήσυχος ['isixos]; **⁀e** *f* ησυχία [isi'çia]; **~en** καθησυχάζω [kaθisi'xazo]; (*Durst*) σβήνω ['zvino]; (*Hunger*) καταπαύω [kata'pavo]; (*Kind*) βυζαίνω [vi'zeno]; **~schweigen** σωπαίνω [so'peno]; **⁀stand** *m* στασιμότητα [stasi'motita]; **~stehen** σταματώ (-άς) [stama'to]

Stimm|e *f* φωνή [fo'ni]; (*Wahl-*) ψήφος ['psifos] *f*; **⁀en** είναι σωστό ['ine so'sto]; *Mus.* κουρδίζω [kur'ðizo]; (**für, gegen** *A*) ψηφίζω [psi'fizo]

Stimmung *f* κέφι ['kjefi], διάθεση [ði'aθesi]; **⁀svoll** ρομαντικός [romandi'kos]

stinken βρωμώ (-άς) [vro'mo]

Stipendium *n* υποτροφία [ipotro'fia]

Stock *m* μπαστούνι [ba'stuni], ραβδί [rav'ði]; *Arch.* όροφος ['orofos]

stock|en σταματώ (-άς) [stama'to], κομπιάζω [kom'bjazo]; **⁀fisch** *m* μπακαλιάρος [baka'ljaros]; **⁀werk** *n* πάτωμα ['patoma] *n*, όροφος ['orofos]

Stoff *m* ύφασμα ['ifazma] *n*; *fig.* ύλη ['ili], θέμα ['θema] *n*

stöhnen αναστενάζω [anaste'nazo]

stolpern σκοντάφτω [skon'dafto]

stolz (υ)περήφανος [(i)pe'rifanos] (**auf** *A*/ για [ja]); ~ **sein auf** καμαρώνω με [kama'rono me]

Stolz *m* (υ)περηφάνεια [(i)peri'fanja]

stopfen γεμίζω [je'mizo]; (*Strumpf*) μπαλώνω [ba'lono]

Stoppel *f* καλάμι [ka'lami]

stopp|en εμποδίζω [embo'ðizo], σταματώ (-άς) [stama'to]; **⁀uhr** *f* χρονόμετρο [xro'nometro]

Stöpsel *m* τάπα ['tapa], πώμα ['poma] *n*

Storch *m* λελέκι [le'leki], πελαργός [pelar'γos]

stören ενοχλώ [eno'xlo]
stornieren ακυρώνω [aki'rono]
störrisch πεισματάρης [pizma'taris]
Störung *f* ενόχληση (-εις) [e'noxlisi], διατάραξη (-εις) [ðia'taraksi]
Stoß *m* σπρωξιά [spro'ksja], ώθηση (-εις) ['oθisi]; (*Haufen*) στοίβα ['stiva]; **~dämpfer** *m* αμορτισέρ [amorti'ser] *n*; **2en** σπρώχνω ['sproxno], ωθώ [o'θo]
stottern τραυλίζω [tra'vlizo], ψελλίζω [pse'lizo]
straf|bar αξιόποινος [aksi'opinos]; **2e** *f* τιμωρία [timo'ria]; *jur.* ποινή [pi'ni]; (*Geld-*) πρόστιμο ['prostimo]; **~en** τιμωρώ [timo'ro]
straff τεντωμένος [tendo'menos]; αυστηρός [afsti'ros]
straf|frei ατιμώρητος [ati'moritos]; **2gesetzbuch** *n* ποινικός κώδικας [pini'kos 'koðikas]; **2porto** *n* εισπρακτέα τέλη [ispra'ktea 'teli] *n/pl.*; **2prozeß** *m* ποινική δίκη [pini'ki 'ðiki]; **2recht** *n* ποινικό δίκαιο [pini'ko 'ðikjeo]; **2verfahren** *n* ποινική διαδικασία [pini'ki ðiaðika'sia]
Strahl *m* αχτίδα [a'xtiða], ακτίνα [a'ktina]; **2en** ακτινοβολώ [aktinovo'lo]; *fig.* λάμπω ['lambo] (*vor/* από [a'po])
stramm τεντωμένος [tendo'menos]; γερός [je'ros]
Strand *m* αμμουδιά [amu'ðja], ακτή [ak'ti], γιαλός [ja'los], παραλία [para'lia]; **2en** εξωκέλω [ekso'kjelo]; **~korb** *m* κάθισμα *n* παραλίας ['kaθizma para'lias]
Strang *m* σκοινί [ski'ni]
Strapaze *f* ταλαιπωρία [talepo'ria]
Straße *f* δρόμος ['ðromos], οδός [o'ðos] *f*
Straßen|bahn *f* τραμ [tram] *n*; **~graben** *m* τάφρος ['tafros] *f*; **~händler** *m* πλανόδιος πωλητής [pla'noðios poli'tis]; **~kreuzung** *f* διασταύρωση (-εις) [ðia'stavrosi]; **~laterne** *f* φανάρι δρόμου [fa'nari 'ðromu]; **~verkehr** *m* κυκλοφορία [kiklofo'ria]; **~verkehrsordnung** *f* κανονισμός κυκλοφορίας [kanoni'zmos kiklofo'rias]
sträuben: *sich* **~** εναντιώνομαι [enandi'onome]; (*Haare*) σηκώνομαι [si'konome]
Strauch *m* θάμνος ['θamnos]
Strauß *m* *Zo.* στρουθοκάμηλος [struθo'kamilos] *f*; (*Blumen2*) μπουκέτο [bu'kjeto] *n*, ανθοδέσμη [anθo'ðezmi]
streb|en προσπαθώ [prospa'θo]; **~en nach** επιδιώκω [epiði'oko] *A*; **~sam** δραστήριος [ðra'stirios]
Streck|e *f* διάστημα [ði'astima] *n*; *Esb.* γραμμή [γra-

'mi]; **Ձen** τεντώνω [ten'dono]

Streich *m* χτύπημα ['xtipima] *n*; *fig.* φάρσα ['farsa]; **Ձeln** χαϊδεύω [xai'ðevo]; **Ձen** (**über** *A*) περνώ (-άς) [per'no]; (*bemalen*) βάφω ['vafo]; (*tilgen*) σβήνω ['zvino]; (*Segel*) μαζεύω [ma'zevo]; **~holz** *n* σπίρτο ['spirto]; **~holzschachtel** *f* κουτί σπίρτα [ku'ti 'spirta]; **~instrument** *n* έγχορδο όργανο ['eŋxorðo 'orγano]

Streif|e *f* περίπολος [pe'ripolos] *f*; **~en** *m* λουρίδα [lu'riða]; (*im Stoff*) ρίγα ['riγa]; **Ձen** αγγίζω [aŋ'gizo]; (*umher-*) γυρίζω [ji'rizo]

Streik *m* απεργία [aper'jia]; **Ձen** απεργώ [aper'γo]; **~ende(r)** *m* απεργός [aper'γos]

Streit *m* καβγάς [ka'vγas]; **Ձen** μαλώνω [ma'lono], φιλονεικώ [filoni'ko] (**über** *A*/για [ja]); **~er** *m* υπέρμαχος [i'permaxos]; **Ձig: Ձig machen** αμφισβητώ [amfizvi'to]; **~kräfte** *f/pl.* ένοπλες δυνάμεις ['enoples ði'namis]; **Ձsüchtig** φιλόνεικος [fi'lonikos]

streng αυστηρός [afsti'ros]; **Ձe** *f* αυστηρότητα [afsti'rotita]

Streß *m* άγχος ['aŋxos], ένταση ['endasi]

Streu *f* άχυρο ['açiro]; **Ձen** σκορπίζω [skor'pizo]

Strich *m* αράδα [a'raða], γραμμή [γra'mi]

Strick- πλεκτός [ple'ktos]

Strick *m* σχοινί [sçi'ni]; **Ձen** πλέκω ['pleko]

strittig αμφισβητήσιμος [amfizvi'tisimos]

Stroh *n* άχυρο ['açiro]; **~halm** *m* στάχυ ['staçi] *n*; **~hut** *m* ψάθα ['psaθa]

Strolch *m* αλήτης [a'litis]

Strom *m* ποταμός [pota'mos]; χείμαρος ['çimaros]; *Elektr.* ρεύμα ['revma] *n*; **Ձabwärts** με το ρεύμα [me to 'revma]; **Ձaufwärts** αντίθετα στο ρεύμα [an'diθeta sto 'revma]

strömen ρέω ['reo]

strom|linienförmig αεροδυναμικός [aeroðinami'kos]; **Ձstärke** *f* ένταση ρεύματος ['endasi 'revmatos]

Strömung *f* ρεύμα ['revma] *n*; *fig.* τάση (-εις) ['tasi]

Strudel *m* στρόβιλος ['strovilos]

Strumpf *m* κάλτσα ['kaltsa]

struppig αναμαλλιάρης [anama'ljaris]

Stube *f* δωμάτιο [ðo'matio]; **~nmädchen** *n* καμαριέρα [kama'rjera]

Stück *n* κομμάτι [ko'mati], τεμάχιο [te'maçio]; **~gut** *n* δέμα εμπορεύματος ['ðema embo'revmatos]

Stud|ent *m* φοιτητής [fiti'tis]; **~entin** *f* φοιτήτρια [fi'titria]; **~ie** *f* μελέτη [me'leti], σπουδές [spu'ðes] *f/pl.*; **Ձieren** σπουδάζω [spu'ðazo], με-

λετώ (-άς) [mele'to]; **~io** *n* στούντιο ['studio]; **~ium** *n* μελέτη [me'leti], σπουδή [spu'ði]
Stufe *f* σκαλοπάτι [skalo'pati], βαθμίδα [vaθ'miða]
Stuhl *m* καρέκλα [ka'rekla], κάθισμα ['kaθizma] *n*; **~gang** *m* κένωση (-εις) ['kjenosi]
stumm βουβός [vu'vos], άλαλος ['alalos]
Stümper *m* κακοτέχνης [ka-ko'texnis]
Stumpf *m* κούτσουρο ['kutsuro], κορμός [kor'mos]
stumpf αμβλύς [am'vlis]; αναίσθητος [a'nesθitos]; **⁀sinn** *m* ηλιθιότητα [iliθi'otita]; **~sinnig** ηλίθιος [i'liθios]
Stund|e *f* ώρα ['ora]; (*Lehr-*) μάθημα ['maθima] *n*; **⁀en** παρέχω αναβολή πληρωμής [pa'rexo anavo'li pliro'mis]; **~enlohn** *m* ωρομίσθιο [oro'misθio]
stündlich κάθε ώρα ['kaθe 'ora]
Sturm *m* καταιγίδα [kate'jiða], τρικυμία [triki'mia]; *Mil.* έφοδος ['efoðos] *f*
stürm|en *Mil.* κυριεύω με έφοδο [kiri'evo me 'efoðo]; **es ~t** έχει φουρτούνα ['eçi fur'tuna]
Sturmflut *f* θαλασσοπλημμύρα [θalasopli'mira]
stürmisch τρικυμισμένος [trikimi'zmenos]
Sturz *m* πτώση (-εις) ['ptosi]
stürzen γκρεμίζω [gre'mizo], πέφτω ['pefto]; **sich ~** (**auf** *A*) ρίχνομαι ['rixnome] (σε [se])
Stute *f* φοράδα [fo'raða]
Stütz|e *f* στήριγμα ['stiriγma] *n*; **⁀en** στηρίζω [sti'rizo]
stutzen κόβω ['kovo], κουτσουρεύω [kutsu'revo]; *fig.* ξαφνιάζομαι [ksa'fnjazome]
Stützpunkt *m* *Mil.* (στρατιωτική) βάση [stratioti'ki 'vasi]
subtrahieren αφαιρώ [afe'ro]
Such|e *f* αναζήτηση (-εις) [ana'zitisi]; **⁀en** γυρεύω [ji'revo], ζητώ (-άς) [zi'to]; προσπαθώ [prospa'θo]
Sucht *f* μανία [ma'nia]
süchtig τοξικομανής [toksikoma'nis]
Süd|en *m* νότος ['notos]; **⁀lich** νότιος ['notios]; **⁀östlich** νοτιοανατολικός [notioanatoli'kos]; **⁀westlich** νοτιοδυτικός [notioðiti'kos]; **~wind** *m* νοτιάς [no'tjas]
Sühn|e *f* εξιλασμός [eksila'zmos], ανταμοιβή [andami'vi]; **⁀en** εξιλεώνω [eksile'ono]
Sülze *f* πηχτή [pi'xti]
Summ|e *f* ποσό(ν) [po'so(n)]; **⁀en** βουΐζω [vu'izo]; **⁀ieren** αθροίζω [a'θrizo]
Sumpf *m* βάλτος ['valtos]; **⁀ig** ελώδης [e'loðis] 2
Sünd|e *f* αμαρτία [amar'tia];

~er *m*, **2ig** αμαρτωλός [amarto'los]; **2igen** αμαρτάνω [amar'tano]
Supermarkt *m* σούπερ-μάρκετ ['super-'market] *n*
Suppe *f* σούπα ['supa]
Suppen|löffel *m* κουτάλα [ku'tala]; **~schüssel** *f* σουπιέρα [su'pjera]; **~teller** *m* βαθύ πιάτο [va'θi 'pjato]
surfen κάνω σέρφιγκ ['kano 'serfiŋ]
süß γλυκός [γli'kos], γλυκύς [γli'kis]; **~en** γλυκαίνω [γli'kjeno]; **2stoff** *m* ζαχαρίνη [zaxa'rini]
Swimmingpool *m* πισίνα [pi'sina]
Symbol *n* σύμβολο ['simvolo]
symmetrisch συμμετρικός [simetri'kos]
sympathisch συμπαθητικός [simbaθiti'kos]
synchronisieren συγχρονίζω [siŋxro'nizo]
System *n* σύστημα ['sistima] *n*; **2atisch** συστηματικός [sistimati'kos]
Szene *f* σκηνή [ski'ni]

T

Tabak *m* καπνός [ka'pnos]; **~spfeife** *f* πίπα ['pipa]
Tabelle *f* πίνακας ['pinakas]
Tablett *n* δίσκος ['ðiskos]; **~e** *f* χάπι ['xapi], δισκίο [ði'skio]
Tachometer *n* ταχύμετρο [ta'çimetro]
Tadel *m* μομφή [mom'fi]; **2los** άμεμπτος ['amemptos]; **2n** μέμφομαι ['memfome]
Tafel *f* πλάκα ['plaka], πίνακας ['pinakas]; τραπέζι [tra'pezi]
Tag *m* (η)μέρα [(i)'mera]; ***guten ~!*** καλημέρα (σας)! [kali'mera (sas)]; **~ebuch** *n* ημερολόγιο [imero'lojio]; **~elohn** *m* ημερομίσθιο [imero'misθio]; **2en** συνεδριάζω [sineðri'azo]; **es 2t** ξημερώνει [ksime'roni]
Tages|ausflug *m* ημερησία εκδρομή [imeri'sia ekðro'mi]; **~ordnung** *f* ημερησία διάταξη [imeri'sia ði'ataksi]
täglich καθημερινός [kaθimeri'nos], ημερήσιος [ime'risios]
Tagung *f* συνεδρίαση (-εις) [sine'ðriasi]
Takt *m* ρυθμός [riθ'mos]; *fig.* διάκριση [ði'akrisi]; **2los** αδιάκριτος [aði'akritos]; **2voll** διακριτικός [ðiakriti'kos]
Tal *n* κοιλάδα [ki'laða]
Talent *n* ταλέντο [ta'lendo]
Talg *m* ξύγγι ['ksiŋgi]
Talsperre *f* φράγμα ['fraγma] *n*
Tank *m* ντεπόζιτο [de'pozito], δεξαμενή [ðeksame'ni]; **2en** παίρνω βενζίνη

['perno ven'zini]; **~er** *m* δεξαμενόπλοιο [ðeksame'noplio]; **~stelle** *f* πρατήριο βενζίνης [pra'tirio ven'zinis]
Tanne *f* έλατο ['elato]
Tante *f* θεία ['θia]
Tanz *m* χορός [xo'ros]; **≗en** χορεύω [xo'revo]
Tänzer *m* χορευτής [xore'ftis]; **~in** *f* χορεύτρια [xo'reftria]
Tanzsaal *m* αίθουσα χορού ['eθusa xo'ru]
Tape|te *f* ταπέτο [ta'peto]; **≗zieren** ταπετσάρω [tape'tsaro]
tapfer αντρειωμένος [andrio'menos], ανδρείος [an'ðrios]; **≗keit** *f* ανδρεία [an'ðria]
Tarif *m* ταρίφα [ta'rifa]; **~vertrag** *m* συλλογική σύμβαση [siloji'ki 'simvasi]
tarn|en καμουφλάρω [kamu'flaro]; **≗ung** *f* καμουφλάρισμα [kamu'flarizma] *n*
Tasche *f* (*Kleidung*) τσέπη ['tsepi]; (*Akten≗*) τσάντα ['tsanda]
Taschen|buch *n* βιβλίο τσέπης [vi'vlio 'tsepis]; **~dieb** *m* πορτοφολάς [portofo'las]; **~geld** *n* χαρτζιλίκι [xardzi'liki]; **~lampe** *f* φακός [fa'kos]; **~messer** *n* σουγιάς [su'jas]; **~rechner** *m* υπολογιστής τσέπης [ipoloji'stis 'tsepis]; **~tuch** *n* μαντήλι [man'dili]
Tasse *f* φλιτζάνι [fli'dzani]
Tast|e *f* πλήκτρο ['pliktro]; **≗en** πασπατεύω [paspa'tevo], ψηλαφώ [psila'fo]; **~sinn** *m* αφή [a'fi]
Tat *f* πράξη (-εις) ['praksi]; ενέργεια [e'nerjia]; ***in der ~*** πράγματι ['praγmati]; **≗enlos** αδρανής [aðra'nis] 2
Tät|er *m* δράστης ['ðrastis]; **≗ig** δραστήριος [ðra'stirios]; ***≗ig sein*** εργάζομαι [er'γazome]; **~igkeit** *f* δραστηρότητα [ðrastiri'otita]
Tat|kraft *f* δραστηριότητα [ðrastiri'otita]; **≗kräftig** δραστήριος [ðra'stirios]; **~sache** *f* γεγονός [jeγo'nos] *n*; **≗sächlich** πραγματικός [praγmati'kos]
Tatze *f* χερούκλα [çe'rukla]
Tau **1.** *n* σχοινί [sçi'ni]; **2.** *m* δροσιά [ðro'sja]
taub κουφός [ku'fos]
tauch|en βουτώ (-άς) [vu'to], βυθίζω [vi'θizo]; **≗er** *m* βουτηχτής [vuti'xtis]; δύτης ['ðitis]
tau|en: ***es ~t*** λειώνει το χιόνι ['ljoni to 'çoni]
Tauf|e *f* βάφτισμα ['vaftizma] *n*; **≗en** βαφτίζω [va'ftizo]
taug|en αξίζω [a'ksizo]; **~lich** κατάλληλος [ka'talilos]; ικανός [ika'nos]
Taumel *m* ζάλη ['zali], ίλιγγος ['iliŋgos]; **≗n** τρικλίζω [tri'klizo]
Tausch *m* (αντ)αλλαγή [(and)ala'ji]; **≗en** αλλάζω [a'lazo]

täuschen απατώ (-άς) [apa'to]; ***sich*** ~ γελιέμαι [je-'ljeme] (***in*** *D*/ από [a'po])
tausend χίλιοι ['çilii]; **℘** *n* χιλιάδα [çi'ljaδa]
Tax|e *f*, **~i** *n* ταξί [ta'ksi]; **℘ieren** διατιμώ [δiati'mo], εκτιμώ (-άς) [ekti'mo]
Techni|k *f* τεχνική [texni'ki]; **~ker** *m*, **℘sch** τεχνικός [te-xni'kos]
Tee *m* τσάι ['tsai]; **~kanne** *f* τσαγιέρα [tsa'jera]; **~löffel** *m* κουταλάκι [kuta'laki]
Teer *m* κατράμι [ka'trami], πίσσα ['pisa]
Teig *m* προζύμι [pro'zimi], ζύμη ['zimi]
Teil- μερικός [meri'kos]
Teil *m*, *n* μέρος ['meros] *n*, κομμάτι [ko'mati]; (*An*℘) μερίδιο [me'riδio]; ***zum*** ~ ενμέρει [en'meri]; **℘en** μοιράζω [mi'razo]; διαιρώ [δie'ro] (***in*** *A*/ σε [se]); **℘haben** συμμετέχω [sime'texo], συμμερίζομαι [sime'rizome]; **~haber** *m* μέτοχος ['metoxos]; **~nahme** *f* συμμετοχή [simeto'çi]; **℘nahmslos** απαθής [apa'θis] 2; **℘nehmen** λαμβάνω μέρος [lam-'vano 'meros] (***an*** *D*/ σε [se]); **~nehmer** *m* συμμετέχοντας [sime'texondas]; **~ung** *f* χωρισμός [xori'zmos], διαίρεση (-εις) [δi'eresi]; **~zahlung** *f* πληρωμή με δόσεις [pliro'mi me 'δosis]
Telefon- τηλεφωνικός [tilefoni'kos]
Telefon *n* τηλέφωνο [ti'lefono]; **~anruf** *m* τηλεφώνημα [tile'fonima] *n*; **~buch** *n* τηλεφωνικός κατάλογος [tilefoni'kos ka'taloγos]; **℘ieren** τηλεφωνώ [tilefo-'no]; **℘isch** τηλεφωνικός [tilefoni'kos]; **~nummer** *f* αριθμός τηλεφώνου [ariθ-'mos tile'fonu]; **~zelle** *f* τηλεφωνικός θάλαμος [tilefoni'kos 'θalamos]
Telegra|fenamt *n* τηλεγραφείο [tileγra'fio]; **℘fieren** τηλεγραφώ [tileγra'fo]
Telegramm *n* τηλεγράφημα [tile'γrafima] *n*
Teller *m* πιάτο ['pjato]
Tempel *m* ναός [na'os]
Tempera|ment *n* κράση (-εις) ['krasi], ιδιοσυγκρασία [iδiosiŋgra'sia]; **~tur** *f* θερμοκρασία [θermokra'sia]
Tempo *n* ρυθμός [riθ'mos]
Tendenz *f* τάση (-εις) ['tasi]
Tennis *n* τέννις ['tenis] *n*; **~schläger** *m* ρακέτα [ra-'kjeta]
Teppich *m* χαλί [xa'li]
Termin *m* προθεσμία [proθe'zmia]
Terpentin *n* νέφτι ['nefti]
Terrasse *f* ταράτσα [ta'ratsa]
Terror|(ismus) *m* τρομοκρατία [tromokra'tia]; **~ist** *m* τρομοκράτης [tromo'kratis]
Testament *n* διαθήκη [δia'θiki]
teuer ακριβός [akri'vos]

Teuf|el *m* διάβολος ['ðjavolos]; **≈lisch** διαβολικός [ðjavoli'kos]
Text *m* κείμενο ['kimeno]
Textilien *pl.* είδη *n/pl.* υφάσματος ['iði i'fazmatos]
Theater *n* θέατρο ['θeatro]; **~kasse** *f* ταμείο θεάτρου [ta'mio θe'atru]
Thema *n* θέμα ['θema]; υπόθεση (-εις) [i'poθesi]
theoretisch θεωρητικός [θeoriti'kos]
Thermo|meter *n* θερμόμετρο [θer'mometro]; **~sflasche** *f* θερμός [θer'mos] *n*
Thron *m* θρόνος ['θronos]; **~besteigung** *f* ενθρόνιση (-εις) [en'θronisi]
Thunfisch *m* τόννος ['tonos]
tief βαθύς [va'θis]; **≈** *n* (*Wetter*) χαμηλό βαρομετρικό [xami'lo varometri'ko]; **≈bau** *m* οδοποιία [oðopi'ia]; **≈e** *f* βάθος ['vaθos] *n*; **≈ebene** *f* κάμπος ['kambos], πεδιάδα [peði'aða]
Tier *n* ζώο ['zoo]; (*wildes*) θηρίο [θi'rio]; **~arzt** *m* κτηνίατρος [kti'niatros]; **≈isch** κτηνώδης [kti'noðis] 2
Tiger *m* τίγρη (-εις) ['tiγri]
tilg|en σβήνω ['zvino], εξαλείφω [eksa'lifo]; (*Schuld*) εξοφλώ [ekso'flo]; **≈ung** *f* εξόφληση (-εις) [e'ksoflisi]
Tinte *f* μελάνι [me'lani]; **~nfisch** *m* (ο)χταπόδι [(o)xta'poði]
Tisch *m* τραπέζι [tra'pezi]; **~ler** *m* ξυλουργός [ksilur'γos]; **~lerei** *f* ξυλουργείο [ksilur'jio]; **~tennis** *n* πιγκ-πογκ [piŋ poŋ]; **~tuch** *n* τραπεζομάντηλο [trapezo'mandilo]
Titel *m* τίτλος ['titlos]
toben θορυβώ [θori'vo], μαίνομαι ['menome]
Tochter *f* κόρη ['kori], θυγατέρα [θiγa'tera]
Tod *m* θάνατος ['θanatos]
Todes|angst *f* αγωνία [aγo'nia]; **~kampf** *m* ψυχομάχημα [psixo'maçima] *n*; **~strafe** *f* θανατική ποινή [θanati'ki pi'ni]; **~urteil** *n* καταδίκη σε θάνατο [kata'ðiki se 'θanato]
todkrank ετοιμοθάνατος [etimo'θanatos]
tödlich θανάσιμος [θa'nasimos]
Toilette *f* τουαλέτα [tua'leta]; αποχωρητήριο [apoxori'tirio]; **~npapier** *n* χαρτί υγείας [xar'ti i'jias]
toll θαυμάσιος [θav'masios]; **≈heit** *f* τρέλα ['trela], παραφροσύνη [parafro'sini]
Tölpel *m* αγροίκος [a'γrikos]
Tomate *f* ντομάτα [do'mata]; **~nsuppe** *f* ντοματόσουπα [doma'tosupa]
Ton *m* τόνος ['tonos], ήχος ['ixos]; (*Lehm*) πηλός [pi'los]; **~band** *n* μαγνητοταινία [maγnitote'nia]; **~bandaufnahme** *f* ηχογράφηση (-εις) [ixo'γrafisi]

tönen ηχώ [i'xo]
Ton|film *m* ομιλούσα ταινία [omi'lusa te'nia]; **~leiter** *f* διαπασών [ðiapa'son] *f*
Tonne *f* βαρέλι [va'reli], βυτίο [vi'tio]; (*Maß*) τόννος ['tonos]
Topf *m* τέντζερες ['tendzeres], χύτρα ['çitra]
Töpfer *m* αγγειοπλάστης [aŋgio'plastis]; **~ei** *f* κεραμοποιία [kjeramopi'ia]
Tor 1. *n* εξώπορτα [e'ksoporta], πύλη ['pili]; (*Sport*) τέρμα ['terma] *n*, γκολ [gol] *n*; **2.** *m* ανόητος [a'noitos]
töricht κουτός [ku'tos], ανόητος [a'noitos]
Torte *f* τούρτα ['turta], πάστα ['pasta]
Torwart *m* τερματοφύλακας [termato'filakas]
tosen βροντώ (-άς) [vron'do]
tot πεθαμένος [peθa'menos], νεκρός [ne'kros]
töten σκοτώνω [sko'tono], θανατώνω [θana'tono]
Tote(r) *m* νεκρός [ne'kros]
Totschlag *m* φόνος εξ αμελείας ['fonos eksame'lias]; **≗en** σκοτώνω [sko'tono], φονεύω [fo'nevo]
Tour *f* γύρος ['jiros], εκδρομή [ekðro'mi]; **~ismus** *m* τουρισμός [turi'zmos]; **~ist** *m* τουρίστας [tu'ristas], περιηγητής [periiji'tis]
Trab *m* τριποδισμός [tripoði'zmos]; **≗en** τριποδίζω [tripo'ðizo]
Tracht *f* φορεσιά [fore'sja], ενδυμασία [enðima'sia]; **≗en** σκοπεύω [sko'pevo], προσπαθώ [prospa'θo], επιζητώ [epizi'to]
Tradition *f* παράδοση (-εις) [pa'raðosi]
Trag|bahre *f* φορείο [fo'rio]; **≗bar** φορητός [fori'tos]; *fig.* υποφερτός [ipofer'tos]
träge τεμπέλης [tem'belis], οκνηρός [okni'ros]
tragen φέρνω ['ferno], φορώ [fo'ro]
Träger *m* φορέας [fo'reas]
Trägheit *f* τεμπελιά [tembe'lja], οκνηρία [okni'ria]
Tragödie *f* τραγωδία [traγo'ðia]
Train|er *m* προπονητής [proponi'tis]; **≗ieren** προπονιέμαι [propo'njeme]; προπονώ [propo'no]; **~ing** *n* προπόνηση (-εις) [pro'ponisi]
Traktor *m* τρακτέρ [tra'kter] *n*
trampeln ποδοπατώ (-άς) [poðopa'to]
Träne *f* δάκρυ ['ðakri] *n*
Transit *m* διαμετακόμιση [ðiameta'komisi], τράνζιτο ['tranzito]
Transport *m* μεταφορά [metafo'ra]; **≗ieren** μεταφέρω [meta'fero]; μετακομίζω [metako'mizo]
Traube *f* σταφύλι [sta'fili]
trauen εμπιστεύομαι [embi'stevome], πιστεύω [pi'stevo]; (*Brautpaar*) στεφανώνω [stefa'nono]

Trauer *f* πένθος ['penθos] *n*; **≈n** πενθώ [pen'θo]; **~spiel** *n* τραγωδία [traγo'ðia]
Traum *m* όνειρο ['oniro]
träumen (**von**) ονειρεύομαι [oni'revome] *A*; *fig.* ονειροπολώ [oniropo'lo]
traurig λυπημένος [lipi'menos]; **≈keit** *f* λύπη ['lipi]
Trau|ring *m* βέρα ['vera]; **~ung** *f* στεφάνωμα [ste'fanoma] *n*
treff|en (*begegnen*) συναντώ (-άς) [sinan'do], ανταμώνω [anda'mono]; (*Ziel*) πετυχαίνω [peti'çeno]; (*Vorbereitungen*) κάνω ['kano]; (*Maßregeln*) λαμβάνω [lam'vano]; **≈punkt** *m* εντευκτήριο [endef'ktirio]
treib|en κινώ [ki'no]; παρορμώ (-άς) [paror'mo]; (*Beruf*) εξασκώ [eksa'sko]; **≈haus** *n* θερμοκήπιο [θermo'kipio]; **≈riemen** *m* ιμάντας [i'mandas]; **≈stoff** *m* καύσιμα ['kafsima] *n/pl.*
trennen χωρίζω [xo'rizo]; ***sich*** **~** (απο)χωρίζομαι (***von***/ από [a'po]); (*Naht*) ξηλώνω [ksi'lono]
Treppe *f* σκάλα ['skala]
Treppen|absatz *m* κεφαλόσκαλο [kjefa'loskalo]; **~geländer** *n* κιγκλίδωμα [kiŋ'gliðoma] *n*; **~stufe** *f* σκαλοπάτι [skalo'pati]
Tresor *m* θησαυροφυλάκιο [θisavrofi'lakio]
Tretboot *n* ποδήλατο θαλάσσης [po'ðilato θa'lasis]
treten πατώ (-άς) [pa'to]; ***in Verbindung*** **~** επικοινωνώ [epikino'no]; ***mit Füßen*** **~** τσαλαπατώ (-άς) [tsalapa'to]
treu πιστός [pi'stos]; **≈e** *f* πίστη ['pisti]; **~herzig** άδολος ['aðolos]; **~los** άπιστος ['apistos]; **≈losigkeit** *f* απιστία [api'stia]
Tribüne *f* βήμα ['vima] *n*
Trichter *m* χωνί [xo'ni]
Trick *m* τέχνασμα ['texnazma] *n*; **~film** *m* ταινία με κινούμενα σχέδια [te'nia me ki'numena 'sçeðia]
Trieb *m* ορμή [or'mi], ροπή [ro'pi]; **~feder** *f* ελατήριο [ela'tirio]; *fig.* αφορμή [afor'mi]; **~kraft** *f* κινητήρια δύναμη [kini'tiria 'ðinami]; **~wagen** *m* ωτομοτρίς [otomo'tris] *n*; **~werk** *n* σύστημα *n* προωθήσεως ['sistima proo'θiseos]
Trikot *n* πλεχτό [ple'xto]
trink|bar πόσιμος ['posimos]; **≈becher** *m* κούπα ['kupa], ποτήρι [po'tiri]; **~en** πίνω ['pino]; **≈er** *m* μπεκρής [be'kris], κρασοπατέρας [krasopa'teras]; **≈geld** *n* πουρμπουάρ [purbu'ar] *n*, φιλοδώρημα [filo'ðorima] *n*; **≈spruch** *m* πρόποση (-εις) ['proposi]; **≈wasser** *n* πόσιμο νερό ['posimo ne'ro]
Tritt *m* βήμα ['vima] *n*; (*Fuß≈*) κλωτσιά [klo'tsja]; **~brett** *n*

σκαλοπάτι [skalo'pati], βαθμίδα [vaθ'miδa]

Triumph *m* θρίαμβος ['θriamvos]; **≈ieren** θριαμβεύω [θriam'vevo]

trock|en ξερός [kse'ros], ξηρός [ksi'ros]; στεγνός [ste'γnos]; **≈enheit** *f* ξηρασία [ksira'sia]; **≈enrasierer** *m* ηλεκτρική μηχανή ξυρίσματος [ilektri'ki mixa'ni ksi'rizmatos]; **~nen** ξεραίνω [kse'reno]; στεγνώνω [ste'γnono]

tröd|eln αργοπορώ [arγopo'ro]; **≈ler** *m* παλαιοπώλης [paleo'polis]

Trog *m* σκάφη ['skafi]

Trommel *f* τύμπανο ['timbano]; **≈n** τυμπανίζω [timba'nizo]

Trompete *f* τρουμπέτα [trum'beta]

Tropen *pl.* τροπικές χώρες [tropi'kjes 'xores] *f/pl.*

tropfen στάζω ['stazo]; **≈** *m* στάλα ['stala]

Trost *m* παρηγοριά [pariγo'rja]

trösten παρηγορώ [pariγo'ro]

trostlos απελπιστικός [apelpisti'kos]

trotz *G* παρόλη [pa'roli], παρόλο [pa'rolo], παρά [pa'ra] *A*; **≈** *m* πείσμα ['pizma] *n*; **~dem** μολαταύτα [mola'tafta], και όμως [kje 'omos]; **~en** πεισματώνω [pizma'tono]; **~ig** πεισματάρης [pizma'taris]

trüb|e θολός [θo'los]; (*Himmel*) σκεπασμένος [skjepa'zmenos]; (*Stimmung*) λυπημένος [lipi'menos]; **~en** θολώνω [θo'lono]

trüge|n εξαπατώ (-άς) [eksapa'to]; **~risch** απατηλός [apati'los]

Trugschluß *m* σόφισμα ['sofizma] *n*

Truhe *f* σεντούκι [sen'duki]

Trümmer *pl.* χαλάσματα [xa'lazmata] *n/pl.*, ερείπια [e'ripia] *n/pl.*; **~haufen** *m* σωρός ερειπίων [so'ros eri'pion]

Trumpf *m* κόζι ['kozi], ατού [a'tu] *n*

Trunk|enheit *f* μεθύσι [me'θisi]; **~sucht** *f* αλκοολισμός [alkooli'zmos]

Trupp *m* στίφος ['stifos] *n*; **~e** *f* (στρατιωτικό) σώμα [(stratjoti'ko) 'soma] *n*

Tube *f* σωληνάριο [soli'nario]

Tuch *n* πανί [pa'ni], ύφασμα ['ifazma] *n*

tüchtig άξιος ['aksios]; **≈keit** *f* αξιοσύνη [aksio'sini]

Tück|e *f* κακοήθεια [kako'iθia]; **≈isch** κακοήθης [ka-ko'iθis] 2

Tugend *f* αρετή [are'ti]

Tulpe *f* τουλίπα [tu'lipa]

Tümpel *m* βάλτος ['valtos], τέλμα ['telma] *n*

Tumult *m* σαματάς [sama'tas], θόρυβος ['θorivos]

tun κά(μ)νω ['ka(m)no]; ***zu ~ haben*** έχω δουλειά ['exo ðu'lja], είμαι απασχολημένος ['ime apasxoli'menos]

Tünche *f* ασβέστης [az'vestis]; **2n** ασπρίζω [a'sprizo], ασβεστώνω [azve'stono]

Tunnel *m* τούνελ ['tunel] *n*, σήραγγα ['siraŋga]

tupfen εγγίζω ελαφρά [eŋ'gizo ela'fra]

Tür *f* πόρτα ['porta], θύρα ['θira]; **~angel** *f* ρεζές [re'zes]; **~flügel** *m* θυρόφυλλο [θi'rofilo]; **~hüter** *m* θυρωρός [θiro'ros]

Türk|e *m* Τούρκος ['turkos]; **~ei** *f* Τουρκία [tur'kia]; **2isch** τουρκικός [turki'kos]

Tür|klinke *f* πόμολο ['pomolo]; **~schwelle** *f* κατώφλι [ka'tofli]

Turm *m* πύργος ['piryos]

turn|en κάνω γυμναστική ['kano jimnasti'ki]; **2er** *m* γυμναστής [jimna'stis]; **2halle** *f* γυμναστήριο [jimna'stirio]

Tusche *f* σινική μελάνη [sini'ki me'lani]

tuscheln ψιθυρίζω [psiθi'rizo]

Tüte *f* σακ(κ)ούλα [sa'kula]

Typhus *m* τύφος ['tifos]

typisch τυπικός [tipi'kos]

Tyrann *m* τύραννος ['tiranos]; **2isieren** τυραννώ (-άς) [tira'no]

U

U-Bahn *f* μετρό [me'tro]

übel άσχημος ['asçimos], κακός [ka'kos]; **2** *n* κακό [ka'ko]; **2keit** *f* αναγούλα [ana'yula]; **~nehmen** κρατώ κακία [kra'to ka'kia]

üben γυμνάζω [ji'mnazo], ασκώ [a'sko]

über πάνω από ['pano a'po], υπεράνω [ipe'rano]; **~all** παντού [pan'du]; **~anstrengen** παρακουράζω [paraku'razo]; **~arbeiten** επεξεργάζομαι [epekser'yazome]; ***sich ~arbeiten*** παρακουράζομαι [paraku'razome]; **~aus** πάρα πολύ ['para po'li]; **~bieten** υπερθεματίζω [iperθema'tizo]; **2bleibsel** *n* απομεινάρι [apomi'nari]; **2blick** *m* επισκόπηση (-εις) [epi'skopisi]; **~blicken** συνοψίζω [sino'psizo]; **~bringen** φέρνω ['ferno]; **~dauern** επιζώ [epi'zo]; **~dies** εκτός τούτου [e'ktos 'tutu]

Über|druß *m* βαρεμάρα [vare'mara], κόρος ['koros]; **~drüssig sein** *G* βαριέμαι [var'jeme] *A*

über|eilen επιταχύνω πάρα πολύ [epita'çino 'para po'li]; **~eilt** πάρα πολύ βιαστικός ['para po'li vjasti'kos]; **~einander** ο ένας πάνω από τον άλλον [o 'enas 'pano a'po ton 'alon]; **~einkommen** συμφωνώ [simfo'no]; **≈einkommen** *n* συμφωνία [simfo'nia]; **~fahren** παρασύρω [para'siro]; **≈fahrt** *f* διαπεραίωση (-εις) [ðiape'reosi]; **≈fall** *m* αιφνιδιαστική επίθεση [efniðiasti'ki e'piθesi]; **~fallen** αιφνιδιάζω [efniði'azo]; **~fließen** ξεχειλίζω [kseçi'lizo]; **~flügeln** ξεπερνώ [kseper'no]; **≈fluß** *m* αφθονία [afθo'nia]; **~flüssig** περιττός [peri'tos]; **~fluten** πλημμυρίζω [plimi'rizo]; **~führen** μετακομίζω [meta-ko'mizo]; αποδεικνύω την ενοχή [apoði'knio tin eno'çi]; **~füllt** παραγεμισμένος [parajemi'zmenos], υπερπλήρης [iper'pliris] 2; **≈gabe** *f* παράδοση (-εις) [pa'raðosi]; **≈gang** *m* πέρασμα ['perazma] *n*; **~geben** παραδίνω [para'ðino]; ***sich*** ***~geben*** κάνω εμετό ['kano eme'to]; **~gehen** περνώ (-άς) [per'no]; παραλείπω [para'lipo]; **~haupt** γενικά [jeni'ka], καθόλου [ka'θolu]; **~holen** προσπερνώ (-άς) [prosper'no]; (*reparieren*) διορθώνω [ðior'θono]; **~lassen** αφήνω [a'fino], παραχωρώ [paraxo'ro]; **~lasten** παραφορτώνω [para-for'tono]; **~laufen** ξεχειλίζω [kseçi'lizo]; *Mil.* λιποτακτώ [lipota'kto]; **~leben** επιζώ [epi'zo]; **~legen** σκέφτομαι ['skjeftome], αναλογίζομαι [analo'jizome]; *Adj.* ανώτερος [a'noteros]; **≈legung** *f* περίσκεψη [pe'riskjepsi], σκέψη (-εις) ['skjepsi]; **≈macht** *f* υπεροχή [ipero'çi]; **≈maß** *n* υπερβολή [ipervo'li]; **~mäßig** υπερβολικός [ipervoli'kos]; **~mitteln** διαβιβάζω [ðiavi'vazo]; **~morgen** μεθαύριο [me'θavrio]; **≈mut** *m* έπαρση ['eparsi]; **~mütig** ξιπασμένος [ksipa'zmenos]; **~nachten** διανυκτερεύω [ðianikte'revo]; **≈nachtung** *f* διανυκτέρευση [ðianik'terefsi]; **≈nahme** *f* παραλαβή [parala'vi]; **~natürlich** υπερφυσικός [iperfisi'kos]; **~nehmen** παραλαμβάνω [paralam'vano]; **≈prüfung** *f* αναθεώρηση [anaθe'orisi]; **~queren** περνώ (-άς) [per'no]; **~ragen** προεξέχω [proe'ksexo], υπερέχω [ipe'rexo]; **~raschen** ξαφνιάζω [ksa'fnjazo], εκπλήττω [ek'plito]; **≈raschung** *f* έκπληξη (-εις) ['ekpliksi]; **~reden** καταφέρνω [kata'ferno], πείθω ['piθo]; **~reichen** προσφέρω [pro'sfero]; **≈schall-** υπερηχητικός [iperiçiti'kos]; **~schätzen** υπερτιμώ (-άς) [iperti'mo]; **≈schlag** *m* προσωρινός υπολογισμός [prosori'nos ipoloji'zmos]

überschlagen: ***sich*** ~ ανατρέπομαι [ana'trepome]

überschneiden: **sich ~** διασταυρώνομαι [ðiastav'ronome]
über|schreiten περνώ (-άς) [per'no], διαβαίνω [ðja'veno]; παραβαίνω [para'veno]; **2schrift** *f* επιγραφή [epiɣra'fi]; **2schuß** *m* περίσσευμα [pe'risevma] *n*; **~schüssig** περίσσιος [pe'risjos]; **~schütten** περεχύνω [pere'çino]; *fig.* παραγεμίζω [paraje'mizo], κατακλύζω [kata'klizo]; **~schwemmen** πλημμυρίζω [plimi'rizo]; **2schwemmung** *f* πλημμύρα [pli'mira]; **~seeisch** υπερπόντιος [iper'pondios]; **~sehen** παραβλέπω [para'vlepo]; **~senden** αποστέλνω [apo'stelno]
über|setzen περνώ (-άς) [per'no]; μεταφράζω [meta'frazo]; **2setzer** *m* μεταφραστής [metafra'stis]; **2setzung** *f* μετάφραση (-εις) [me'tafrasi]; *Tech.* πολλαπλασιασμός [polaplasia'zmos]
Über|sicht *f* περίληψη (-εις) [pe'rilipsi]; **2siedeln** μετοικώ [meti'ko]; **2springen** *fig.* παραλείπω [para'lipo]; **2stehen** ξεπερνώ (-άς) [kseper'no]; **~stunden** *f/pl.* υπερωρίες [ipero'ries] *f/pl.*; **2stürzen** βιάζομαι πάρα πολύ ['vjazome 'para po'li]
Übertrag *m* μεταφορά [meta-fo'ra]; **2bar** μεταδοτικός [metaðoti'kos]; **2en** μεταφέρω [meta'fero]; μεταφράζω [meta'frazo]; (*Aufgabe*) αναθέτω [ana'θeto]; **~ung** *f* μεταφορά [meta-fo'ra]; μετάφραση (-εις) [me'tafrasi]
über|treffen ξεπερνώ (-άς) [kseper'no] (**an** *D*/ σε [se]); **~treiben** παρακάνω [para'kano]; **2treibung** *f* υπερβολή [ipervo'li]; **~treten** *Pol.* αποσκιρτώ (-άς) [aposkir'to]; (*Gesetz*) παραβαίνω [para'veno]; **2tretung** *f* παράβαση (-εις) [pa'ravasi]; **2völkerung** *f* υπερπληθυσμός [iperpliθi'zmos]; **~wachen** επιτηρώ [epiti'ro]; **2wachung** *f* επιτήρηση (-εις) [epi'tirisi]; **~wältigen** καταβάλλω [kata'valo], υπερνικώ (-άς) [iperni'ko]; **~weisen** μεταβιβάζω [metavi'vazo]; (*Geld*) εμβάζω [em'vazo]; **2weisung** *f* έμβασμα ['emvazma] *n*; **~wiegen** υπερισχύω [iperi'sçio]; **~winden** καταβάλλω [kata'valo], υπερνικώ (-άς) [iperni'ko]; **~zeugen** πείθω ['piθo]; **2zeugung** *f* πεποίθηση (-εις) [pe'piθisi]; **~ziehen** σκεπάζω [skje'pazo], υπερβαίνω [iper'veno]
üblich συνηθισμένος [siniθi'zmenos]
U-Boot *n* υποβρύχιο [ipo'vriçio]
übrig υπόλοιπος [i'polipos];

~bleiben υπολείπομαι [ipo'lipome]; **~ens** άλλωστε [a'loste]; **~lassen** αφήνω [a'fino]

Übung *f* άσκηση (-εις) ['askisi]

Ufer *n* όχθη ['oxθi], ακτή [a'kti]

Uhr *f* ρολόι [ro'loi]; **~macher** *m* ωρολογοποιός [orologopi'os]

Ultimatum *n* τελεσίγραφο [tele'siγrafo]

ultra|- υπέρ- [i'per]; **~rot** υπέρυθρος [i'periθros]

um (*Uhrzeit*) στις [stis]; γύρω σε ['jiro se], περί [pe'ri]; **~ zu** για να [ja na]; **~ so besser** τόσο το καλύτερο ['toso to ka'litero]

um|ändern αλλάζω [a'lazo], μεταλλάζω [meta'lazo]; **~arbeiten** μεταποιώ [metapi'o]; **~armen** αγκαλιάζω [aŋga'ljazo]; **Ձarmung** *f* αγκάλιασμα [aŋ'galjazma] *n*

Umbau *m* μετασκευή οικοδομής [metaskje'vi ikoδo'mis]; **Ձen** μετασκευάζω [metaskje'vazo]

umbiegen λυγίζω [li'jizo], κάμπτω ['kampto]

umbinden περιδένω [peri'δeno]

umblicken: *sich* ~ κοιτάζω γύρω [ki'tazo 'jiro]

um|bringen σκοτώνω [sko'tono]; **~buchen** αλλάζω [a'lazo]

umdreh|en γυρίζω [ji'rizo]; **Ձung** *f* περιστροφή [peristro'fi]

umfallen πέφτω ['pefto]; (*Wagen*) ανατρέπομαι [ana'trepome]

Umfang *m* περιφέρεια [peri'feria]; **Ձreich** ογκώδης [oŋ'goδis] 2

umfassen (συμ)περιλαμβάνω [(sim)berilam'vano]; περιβάλλω [peri'valo]

umformen μετασχηματίζω [metasçima'tizo]

Umfrage *f* έρευνα ['erevna], δημοσκόπηση (-εις) [δimo'skopisi]

umfüllen αδειάζω από ... σε [a'δjazo a'po ... se]

Umgang *m* συναναστροφή [sinanastro'fi]; **~ssprache** *f* καθομιλουμένη [kaθomilu'meni]

umgeben τριγυρίζω [triji'rizo], περικυκλώνω [periki'klono]

Umgegend *f* περίχωρα [pe'rixora] *n/pl.*

umgehen γυρίζω [ji'rizo], παρακάμπτω [para'kampto]; (***mit j-m***) συναναστρέφομαι [sinana'strefome]

umgekehrt αντίθετος [an'diθetos], αντίστροφος [an'distrofos]

umgestalten μετασχηματίζω [metasçima'tizo]

umgießen μεταγγίζω [metaŋ'gizo]

Umhang *m* μπέρτα ['berta]

umhängen περιβάλλω [peri-

'valo], φορώ (-άς) [fo'ro]
umher (τρι)γύρω [(tri)'jiro]; **~streifen** τριγυρίζω [triji'rizo]
umhin: *nicht ~ können zu* δεν μπορώ παρά να [ðem bo'ro pa'ra na]
umkehren γυρίζω [ji'rizo], επιστρέφω [epi'strefo]
umkippen ανατρέπομαι [ana'trepome], ανατρέπω [ana'trepo]
umkleiden: *sich ~* αλλάζω φόρεμα [a'lazo 'forema]
Umkreis *m* περιφέρεια [peri'feria]; *im ~* τριγύρω [tri'jiro]
Umlauf *m* κυκλοφορία [kiklofo'ria]
umleit|en παρακάμπτω [para'kampto]; **2ung** *f* παρακαμπτήριος [parakamp'tirios] *f*
umrahmen κορνιζάρω [korni'zaro], πλαισιώνω [plesi'ono]
umrechn|en μετατρέπω [meta'trepo]; **2ungskurs** *m* τιμή συναλλάγματος [ti'mi sina'laγmatos]
umreißen ρίχνω κάτω ['rixno 'kato]
umringen περικυκλώνω [periki'klono]
Umriß *m* περίγραμμα [pe'riγrama] *n*
umrühren ανακατώνω [anaka'tono]
Umsatz *m* τζίρος ['dziros]
Umschlag *m* περίβλημα [pe'rivlima] *n*; (*Brief2*) φάκελ(λ)ος ['fakjelos]; (*Buch2*) περικάλυμμα [peri'kalima] *n*; *Med.* κατάπλασμα [ka'taplazma] *n*; **2en** (*Seite*) γυρίζω [ji'rizo]; (*Wetter*) αλλάζω [a'lazo]
um|schlingen περιπλέκω [peri'pleko]; αγκαλιάζω [aŋga'ljazo]; **~schnallen** περιζώνω [peri'zono], περισφίγγω [peri'sfiŋgo]; **~schreiben** περιφράζω [peri'frazo]; **2schulung** *f* μετεκπαίδευση (-εις) [metek'peðefsi]; **2schwung** *m* μεταβολή [metavo'li]
umsehen: *sich ~* κοιτάζω γύρω [ki'tazo 'jiro]
Umsicht *f* περίσκεψη [pe'riskjepsi]; **2ig** προσεκτικός [prosekti'kos]
um so mehr τόσο το περισσότερο ['toso to peri'sotero]
umsonst (*gratis*) δωρεάν [ðore'an]; του κάκου [tu 'kaku], μάταια ['matea]
Um|stand *m* περίσταση (-εις) [pe'ristasi]; αναστάτωση (-εις) [ana'statosi]; **2ständlich** αργός [ar'γos]
Umsteigefahrschein *m* εισιτήριο συνεχείας [isi'tirio sine'çias]
um|steigen αλλάζω τρένο [a'lazo 'treno]; **~stellen** μεταθέτω [meta'θeto]; **2stellung** *f* μετάθεση [meta'θesi]; **~stoßen** ρίχνω κάτω ['rixno 'kato], ανατρέπω [ana'trepo]
Um|sturz *m* ανατροπή [a-

natro'pi]; **≈stürzen** ανατρέπω [ana'trepo]

Umtausch *m* ανταλλαγή [andala'ji]; **≈en** ανταλλάσσω [anda'laso]

umwälz|en αναστατώνω [anasta'tono], ανατρέπω [ana'trepo]; **~end** επαναστατικός [epanastati'kos]

umwandeln μεταμορφώνω [metamor'fono]

Umweg *m* γύρος ['jiros]

Umweltverschmutzung *f* ρύπανση του περιβάλλοντος ['ripansi tu peri'valondos]

umwerfen καταρρίπτω [ka-ta'ripto]

umwickeln περιτυλίγω [peri-ti'liγo]

umzäun|en περιφράσσω [peri'fraso]; **≈ung** *f* περίφραξη (-εις) [pe'rifraksi]

umziehen αλλάζω σπίτι [a'lazo 'spiti]; μετακομίζω [metako'mizo]; ***sich*** ~ αλλάζω (φόρεμα) [a'lazo ('forema)]

umzingeln περικυκλώνω [periki'klono]

Umzug *m* πομπή [pom'bi], μετακόμιση (-εις) [meta'komisi]

unabhängig ανεξάρτητος [ane'ksartitos]; **≈keit** *f* ανεξαρτησία [aneksarti'sia]

unab|lässig διαρκής [ðiar'kis] 2; **~sichtlich** απρομελέτητος [aprome'letitos]

unachtsam απρόσεκτος [a'prosektos]; **≈keit** *f* απροσεξία [aprose'ksia]

unähnlich ανόμοιος [a'nomios]

unan|gebracht αταίριαστος [a'terjastos]; **~genehm** δυσάρεστος [ði'sarestos]; **~nehmbar** απαράδεκτος [apa'raðektos]; **~ständig** απρεπής [apre'pis] 2

unappetitlich αποκρουστικός [apokrusti'kos]

Unart *f* αταξία [ata'ksia]; **≈ig** άτακτος ['ataktos]

unauf|findbar ανεύρετος [a'nevretos]; **~hörlich** αδιάκοπος [a'ðjakopos]; **~merksam** απρόσεκτος [a'prosektos]

unausbleiblich αναπόφευκτος [ana'pofefktos]

unbarmherzig άσπλαχνος ['asplaxnos]; **≈keit** *f* ασπλαχνία [aspla'xnia]

unbe|achtet απαρατήρητος [apara'tiritos]; **~dacht** απερίσκεπτος [ape'riskjeptos]; **~deckt** ξεσκέπαστος [kse'skjepastos]; **~deutend** ασήμαντος [a'simandos]; **~dingt** *Adv.* χωρίς άλλο [xo'ris 'alo], οπωσδήποτε [opoz'ðipote]; **~friedigt** ανικανοποίητος [anikano'piitos]; **~fugt** αναρμόδιος [anar'moðios]; **~greiflich** ακατάληπτος [aka'taliptos]; **~grenzt** απεριόριστος [aperi'oristos]; **~gründet** αδικαιολόγητος [aðikjeo'lojitos]

Unbehag|en *n* αδιαθεσία [aδjaθe'sia]; **2lich** δυσάρεστος [δi'sarestos]

unbe|holfen αδέξιος [a'δeksios]; **~kannt** άγνωστος ['aγnostos]; **~liebt** αντιδημοτικός [andiδimoti'kos]; **~merkt** απαρατήρητος [apara'tiritos]; **~quem** άβολος ['avolos], ενοχλητικός [enoxliti'kos]; **~rechtigt** αδικαιολόγητος [aδikjeo'lojitos], αβάσιμος [a'vasimos]; **~schränkt** απεριόριστος [aperi'oristos]; **~siegbar** ακατανίκητος [akata'nikitos]; **~sonnen** απερίσκεπτος [ape'riskjeptos]; **~sorgt** ξέγνοιαστος ['kseγnjastos]

unbeständig άστατος ['astatos]; **2keit** *f* αστάθεια [a'staθia]

unbestimmt αόριστος [a'oristos]

unbeugsam αλύγιστος [a'lijistos]

unbe|weglich ακίνητος [a'kinitos]; **~wohnt** ακατοίκητος [aka'tikitos]; **~wußt** ασυναίσθητος [asi'nesθitos]

unbrauchbar άχρηστος ['axristos]

und και [kje]; **~ *so weiter*** (***usw.***) και τα λοιπά (κτλ.) [kje ta li'pa]

undankbar αχάριστος [a'xaristos]

undeutlich ασαφής [asa'fis] 2

undurchdringlich αδιαπέραστος [aδia'perastos]

uneben ανώμαλος [a'nomalos]

unecht ψεύτικος ['pseftikos]; κάλπικος ['kalpikos]

unehelich νόθος ['noθos]

uneigennützig αφιλοκερδής [afilokjer'δis] 2

Uneinigkeit *f* διαφωνία [δiafo'nia]

unempfindlich αναίσθητος [a'nesθitos]; **2keit** *f* αναισθησία [anesθi'sia]

unendlich ατελείωτος [ate'liotos]; **2keit** *f* άπειρο ['apiro]

unent|behrlich απαραίτητος [apa'retitos]; **~geltlich** άμισθος ['amisθos]; *Adv.* δωρεάν [δore'an]; **~schieden** αμφίβολος [am'fivolos]; (*Sport*) ισόπαλος [i'sopalos]; **~schlossen** αναποφάσιστος [anapo'fasistos]

uner|bittlich άκαμπτος ['akamptos]; **~fahren** άπειρος ['apiros]; **~freulich** δυσάρεστος [δi'sarestos]; **~füllbar** ανεκπλήρωτος [anek'plirotos]; **~giebig** άκαρπος ['akarpos], ασύμφορος [a'simforos]; **~heblich** ασήμαντος [a'simandos]; **~klärlich** ανεξήγητος [ane'ksijitos]; **~läßlich** απαραίτητος [apa'retitos]; **~laubt** αθέμιτος [a'θemitos], απαγορευμένος [apaγorev'menos]; **~meßlich** αμέτρητος [a'metritos]; **~müdlich** ακούραστος [a'kurastos]; **~reichbar** ακα-

τόρθωτος [aka'torθotos]; ανέφικτος [a'nefiktos]; **~schöpflich** ανεξάντλητος [ane'ksandlitos]
unerschrocken ατρόμητος [a'tromitos]; **2heit** *f* τόλμη ['tolmi]
uner|schütterlich ακλόνητος [a'klonitos]; **~setzlich** αναντικατάστατος [anandika'tastatos]; **~träglich** ανυπόφορος [ani'poforos]; **~wartet** αναπάντεχος [ana'pandexos]
unfähig ανίκανος [a'nikanos]; **2keit** *f* ανικανότητα [anika'notita]
Unfall *m* ατύχημα [a'tiçima] *n*; **~station** *f* σταθμός πρώτων βοηθειών [staθ'mos 'proton voiθi'on]
un|freiwillig αθέλητος [a'θelitos]; **~freundlich** αγενής [aje'nis] 2; **~fruchtbar** άγονος ['aγonos]
Unfug *m* αταξία [ata'ksia]
unge|bildet αγράμματος [a'γramatos], αμόρφωτος [a'morfotos]; **~bräuchlich** ασυνήθιστος [asi'niθistos]; **~braucht** αμεταχείριστος [ameta'çiristos]
Ungeduld *f* ανυπομονησία [anipomoni'sia]; **2ig** ανυπόμονος [ani'pomonos]
ungeeignet ακατάλληλος [aka'talilos]
ungefähr περίπου [pe'ripu]; **~lich** ακίνδυνος [a'kinδinos]
ungefällig απρόθυμος [a'proθimos]
ungeheuer θεόρατος [θe'oratos], τεράστιος [te'rastios]; **2** *n* τέρας ['teras] *n*
ungehindert ανεμπόδιστος [anem'boδistos]
ungehorsam ανυπάκουος [ani'pakuos], ανυπότακτος [ani'potaktos]; **2** *m* απείθεια [a'piθia]
ungekocht ωμός [o'mos]
ungelegen άκαιρος ['akjeros]
ungemütlich δυσάρεστος [δi'sarestos]
ungenau ανακριβής [anakri'vis] 2; **2igkeit** *f* ανακρίβεια [ana'krivia]
ungenießbar: das ist ~ δεν τρώγεται [δen'drojete]; *fig.* αχώνευτος [a'xoneftos]
ungenügend ανεπαρκής [anepar'kis] 2
ungerade (*Zahl*) μονός [mo'nos]
ungerecht άδικος ['aδikos]; **2igkeit** *f* αδικία [aδi'kia]
ungern όχι ευχαρίστως ['oçi efxa'ristos]
unge|schickt αδέξιος [a'δeksios]; **~setzlich** παράνομος [pa'ranomos]; **~stüm** ορμητικός [ormiti'kos]; **~sund** ανθυγιεινός [anθij(i)i'nos]
ungewiß αβέβαιος [a'veveos]; **2heit** *f* αβεβαιότητα [aveve'otita]
unge|wohnt ασυνήθιστος [asi'niθistos]; **2ziefer** *n* ζωύφια [zo'ifia] *n/pl.*; **~zogen**

άτακτος ['ataktos]; **~zwungen** απροσποίητος [apro'spiitos]
un|gläubig άπιστος ['apistos]; **~glaublich** απίστευτος [a'pisteftos], απίθανος [a'piθanos]; **~gleich(mäßig)** άνισος ['anisos]
Unglück *n* δυστυχία [ðisti'çia]; **²lich** δυστυχισμένος [ðistiçi'zmenos]; **~sfall** *m* δυστύχημα [ði'stiçima] *n*
ungültig άκυρος ['akiros]
ungünstig δυσμενής [ðizme'nis] 2
Unheil *n* κακό [ka'ko], συμφορά [simfo'ra]; **²bar** αγιάτρευτος [a'jatreftos], αθεράπευτος [aθe'rapeftos]; **²voll** ολέθριος [o'leθrios]
unheimlich φοβερός [fove'ros]; *Adv.* πάρα πολύ ['para po'li]
unhöflich αγενής [aje'nis] 2; **²keit** *f* αγένεια [a'jenia]
Uniform *f* στολή [sto'li]
Universität *f* πανεπιστήμιο [panepi'stimio]
unkennt|lich αγνώριστος [a'ɣnoristos]; **²nis** *f* άγνοια ['aɣnia]
unkontrolliert ανεξέλεγκτος [ane'kseleŋktos]
Unkosten *pl.* έξοδα ['eksoða] *n/pl.*
Unkraut *n* ζιζάνιο [zi'zanio]
un|leserlich δυσανάγνωστος [ðisa'naɣnostos]; **~lösbar** αδιάλυτος [aði'alitos]; **~mäßig** υπερβολικός [ipervoli'kos]; **~merklich** ανεπαίσθητος [ane'pesθitos]; **~mittelbar** άμεσος ['amesos]; **~modern** απαρχαιωμένος [aparçeo'menos]; **~nachgiebig** ανένδοτος [a'nenðotos]; **~natürlich** αφύσικος [a'fisikos]; **~nötig** περιττός [peri'tos]; **~nütz** ανώφελος [a'nofelos]
unord|entlich (*Mensch*) ακατάστατος [aka'tastatos]; (*Sachen*) ατακτοποίητος [atakto'piitos]; **²nung** *f* ακαταστασία [akatasta'sia]
unparteiisch αμερόληπτος [ame'roliptos]
un|passend ακατάλληλος [aka'talilos]; **~päßlich** αδιάθετος [a'ðjaθetos]; **~pünktlich** ανακριβής [anakri'vis] 2
Unrat *m* σκουπίδια [sku'piðja] *n/pl.*
Unrecht *n* άδικο ['aðiko]; **²mäßig** παράνομος [pa'ranomos]
un|regelmäßig ανώμαλος [a'nomalos]; **~reif** άγουρος ['aɣuros]; **~rein** ακάθαρτος [a'kaθartos]
Unruh|e *f* ανησυχία [anisi'çia]; **²ig** ανήσυχος [a'nisixos]
uns μας [mas], εμάς [e'mas]
un|sauber ακάθαρτος [a'kaθartos]; **~schädlich** αβλαβής [avla'vis] 2; **~schätzbar** ανεκτίμητος [ane'ktimitos]; **~scheinbar** ασήμαντος [a'simandos]

Unschuld *f* αθωότητα [aθo'otita]; **≈ig** αθώος [a'θoos], αγνός [a'ɣnos]
unser ο ... μας [o ... mas]
un|sicher αβέβαιος [a'veveos]; **~sichtbar** αόρατος [a'oratos]
Unsinn *m* ανοησία [anoi'sia], κολοκύθια [kolo'kiθja] *n/pl.*; **≈ig** παράλογος [pa'raloɣos]
Unsitt|e *f* κακή συνήθεια [ka'ki si'niθja]; **≈lich** ανήθικος [a'niθikos]
unsterblich αθάνατος [a'θanatos]; **≈keit** *f* αθανασία [aθana'sia]
un|stillbar αχόρταγος [a'xortaɣos]; **~sympathisch** αντιπαθητικός [andipaθiti'kos]; **~tätig** αδρανής [aðra'nis] 2; **~tauglich** ακατάλληλος [aka'talilos]; *Mil.* ανίκανος [a'nikanos]; **~teilbar** αδιαίρετος [aði'eretos]
unten κάτω ['kato]
unter (*D*) κάτω από ['kato a'po], υπό [i'po] *A*; (*zwischen*) ανάμεσα σε [a'namesa se], μεταξύ [meta'ksi] *G*; **~belichtet** υποφωτισμένος [ipofoti'zmenos]; **≈bewußtsein** *n* υποσυνείδητο [iposi'niðito]; **~brechen** διακόπτω [ðia'kopto]; **≈brechung** *f* διακοπή [ðiako'pi]; **~breiten** υποβάλλω [ipo'valo]; **~bringen** τοποθετώ [topoθe'to]; **~dessen** εν τω μεταξύ [en do meta'ksi]; **~drücken** καταπιέζω [katapi'ezo]; **≈drückung** *f* καταπίεση (-εις) [kata'piesi]; **~einander** αμοιβαία [ami'vea]; **≈führung** *f* τούνελ ['tunel] *n*
Unter|gang *m* πτώση (-εις) ['ptosi], καταστροφή [katastro'fi]; (*Schiff*) ναυάγιο [na'vajio]; (*Sonne*) ηλιοβασίλεμμα [iljova'silema] *n*; **≈gehen** χάνομαι ['xanome], καταστρέφομαι [kata'strefome]; (*Schiff*) βουλιάζω [vu'ljazo]; (*Sonne*) βασιλεύω [vasi'levo]
unter|geordnet κατώτερος [ka'toteros]; **≈grundbahn** *f* υπόγειος σιδηρόδρομος [i'pojios siði'roðromos]; **~halb** (*G*) κάτω από ['kato a'po] *A*, υπό [i'po] *A*
Unterhalt *m* διατροφή [ðiatro'fi]; **≈en** διατηρώ [ðiati'ro]; διασκεδάζω [ðiaskje'ðazo]; ***sich* ≈en** κουβεντιάζω [kuven'djazo], συνομιλώ [sinomi'lo]; **≈end** διασκεδαστικός [ðiaskjeðasti'kos]; **~ung** *f* συνομιλία [sinomi'lia], διασκέδαση (-εις) [ðia'skjeðasi]
unter|handeln διαπραγματεύομαι [ðiapraɣma'tevome]; **≈händler** *m* μεσίτης [me'sitis]; **≈hemd** *n* φανέλα [fa'nela]; **≈hose** *f* σώβρακο ['sovrako]; **~irdisch** υπόγειος [i'pojios]; **~jochen** υποδουλώνω [ipoðu'lono]; **≈kiefer** *m* κάτω σιαγόνα

['kato sia'ɣona]; **⁓kunft** *f* κατάλυμα [ka'talima] *n*; **⁓lassen** παραλείπω [para'lipo]; **⁓liegen** ηττώμαι [i'tome], υποκύπτω [ipo'kipto]; **⁓lippe** *f* κάτω χείλος ['kato 'çilos] *n*; **⁓mieter** *m* υπομισθωτής [ipomisθo'tis]

unternehm|en επιχειρώ [epiçi'ro]; **⁓en** *n* επιχείρηση (-εις) [epi'çirisi]; **⁓er** *m* επιχειρηματίας [epiçirima'tias]; **⁓ungslustig** δραστήριος [ðra'stirios]

unter|ordnen υποτάσσω [ipo'taso]; **⁓redung** *f* συνομιλία [sinomi'lia]; **⁓richt** *m* διδασκαλία [ðiðaska'lia], μάθημα ['maθima] *n*; **⁓richten** διδάσκω [ði'ðasko]; πληροφορώ [plirofo'ro] (**von**/ για [ja]); **⁓rock** *m* μεσοφόρι [meso'fori]; **⁓schätzen** υποτιμώ (-άς) [ipoti'mo]; **⁓scheiden** διακρίνω [ðia'krino]; **⁓scheidung** *f* διάκριση (-εις) [ði'akrisi]; **⁓schied** *m* διαφορά [ðiafo'ra]; **⁓schlagen** υπεξαιρώ [ipekse'ro]; **⁓schlagung** *f* υπεξαίρεση (-εις) [ipe'ksere-si]; **⁓schlupf** *m* καταφύγιο [kata'fijio]; **⁓schreiben** υπογράφω [ipo'ɣrafo]; **⁓schrift** *f* υπογραφή [ipoɣra'fi]; **⁓seeboot** *n* υποβρύχιο [ipo'vriçio]; **⁓st** κατώτατος [ka'totatos]; **⁓streichen** υπογραμμίζω [ipoɣra'mizo]; **⁓stützen** υποστηρίζω [iposti'rizo]; **⁓stützung** *f* υποστήριξη (-εις) [ipo'stiriksi]

untersuch|en εξετάζω [ekse'tazo]; (*Gepäck*) ερευνώ (-άς) [ere'vno]; **⁓ung** *f* εξέταση [e'ksetasi], έρευνα ['erevna]

Unter|tan *m* υπήκοος [i'pikoos]; **⁓tasse** *f* πιατάκι (φλιτζανιού) [pja'taki (flidza'nju)]; **⁓tauchen** βουτώ (-άς) [vu'to], βυθίζω [vi'θizo]; **⁓wegs** στο δρόμο [sto 'ðromo]; **⁓werfen** υποτάσσω [ipo'taso]; **⁓würfig** δουλοπρεπής [ðulopre'pis] 2; **⁓ziehen:** ***sich ⁓ziehen*** (*D*) υποβάλλομαι σε [ipo'valome se]

un|trennbar αχώριστος [a'xoristos]; **⁓treu** άπιστος ['apistos]; **⁓tröstlich** απαρηγόρητος [apari'ɣoritos]

unüber|legt απερίσκεπτος [ape'riskjeptos]; **⁓trefflich** ανυπέρβλητος [ani'pervlitos]

ununterbrochen αδιάκοπος [a'ðjakopos]

unver|änderlich αμετάβλητος [ame'tavlitos]; **⁓antwortlich** ανεύθυνος [a'nefθinos]; **⁓besserlich** αδιόρθωτος [aði'orθotos]; **⁓daulich** αχώνευτος [a'xoneftos]; **⁓einbar** ασυμβίβαστος [asim'vivastos]; **⁓geßlich** αξέχαστος [a'ksexastos]; **⁓gleichlich** ασύγκριτος [a'siŋgritos]; **⁓heiratet** άγαμος ['aɣamos]; **⁓käuflich**

ανεκποίητος [anek'piitos]; **~letzt** ατραυμάτιστος [atrav'matistos]; **~meidlich** αναπόφευκτος [ana'pofefktos]; **~nünftig** ασύνετος [a'sinetos]; **~schämt** αδιάντροπος [a'ðjandropos], αυθάδης [a'fθaðis] 2; **2schämtheit** *f* αδιαντροπιά [aðjandro'pja], αυθάδεια [a'fθaðia]; **~sehrt** σώος ['soos]; **~ständlich** ακατάληπτος [aka'taliptos]; **~wundbar** άτρωτος ['atrotos]; **~zeihlich** ασυγχώρητος [asiŋ'xoritos]

unvollendet ατελείωτος [ate'liotos]

unvollkommen λειψός [li'psos], ατελής [ate'lis] 2; **2heit** *f* ατέλεια [a'telia]

unvollständig ασυμπλήρωτος [asim'blirotos]

unvorbereitet απροετοίμαστος [aproe'timastos]

unvorsichtig απρόσεκτος [a'prosektos]; **2keit** *f* απροσεξία [aprose'ksia]

unvorstellbar αδιανόητος [aðia'noitos]

unwahr αναληθής [anali'θis] 2; **2heit** *f* αναλήθεια [ana'liθia]; **~scheinlich** απίθανος [a'piθanos]

unwegsam δύσβατος ['ðizvatos]

Unwetter *n* κακοκαιρία [kakokje'ria], μπόρα ['bora]

Unwill|e *m* αγανάκτηση [aγa'naktisi]; **2kürlich** αθέλητος [a'θelitos]

unwirksam ατελέσφορος [ate'lesforos]

unwissen|d ανήξερος [a'nikseros], αμαθής [ama'θis] 2; **2heit** *f* αμάθεια [a'maθia]

unwürdig ανάξιος [a'naksios]

unzählig αναρίθμητος [ana'riθmitos]

unzer|brechlich άθραυστος ['aθrafstos]; **~reißbar** άρρηκτος ['ariktos]; **~trennlich** αχώριστος [a'xoristos]

unzufrieden δυσαρεστημένος [ðisaresti'menos]; **2heit** *f* δυσαρέσκεια [ðisa'reskia]

un|zulässig απαράδεκτος [apa'raðektos]; **~zusammenhängend** ασυνάρτητος [asi'nartitos]; **~zutreffend** ανακριβής [anakri'vis] 2; **~zuverlässig** αναξιόπιστος [ana'ksjopistos]; **~zweckmäßig** άσκοπος ['askopos]

Urin *m* ούρο ['uro]

Ur|kunde *f* έγγραφο ['eŋγrafo]; **~laub** *m* άδεια ['aðia], διακοπές [ðiako'pes] *f/pl.*; **~sache** *f* αιτία [e'tia]; ***keine ~sache!*** τίποτε ['tipote]; **~sprung** *m* αρχή [ar'çi], πηγή [pi'ji]; **2sprünglich** αρχικός [arçi'kos], πρωτότυπος [pro'totipos]; **~teil** *n* κρίση (-εις) ['krisi], γνώμη ['γnomi]; *jur.* απόφαση (-εις) [a'pofasi]; **2teilen** κρίνω ['krino]; **~wald** *m* παρθένο δάσος [par'θeno 'ðasos] *n*

V

Valuta *f* χρηματική αξία [xrimati'ki a'ksia]
Vanille *f* βανίλλια [va'nilja]
Vase *f* βάζο ['vazo], αγγείο [aŋ'gio]
Vater *m* πατέρας [pa'teras]; **~land** *n* πατρίδα [pa'triða]
väterlich πατρικός [patri'kos]
Vaterunser *n* Πάτερ ημών ['pater i'mon]
vegetarisch χορτοφάγος [xorto'fayos]
Vene *f* φλέβα ['fleva]
Ventil *n* βαλβίδα [val'viða]
Ventilator *m* ανεμιστήρας [anemi'stiras]
verabred|en: ***sich ~en*** κλείνω ραντεβού ['klino rande'vu], συνεννοούμαι [sineno'ume]; **≈ung** *f* ραντεβού [rande'vu] *n*, συνάντηση (-εις) [si'nandisi]
verabscheuen απεχθάνομαι [apex'θanome]
verabschieden: ***sich ~ von*** (*D*) αποχαιρετώ (-άς) [apoçere'to] *A*
verachtlen περιφρονώ [perifro'no]; **≈ung** *f* περιφρόνηση [peri'fronisi]
verallgemeinern γενικεύω [jeni'kjevo]
veraltet απαρχαιωμένος [aparçeo'menos]
veränder|lich μεταβλητός [metavli'tos]; **~n** αλλάζω [a'lazo], μεταβάλλω [meta'valo]; **≈ung** *f* μεταβολή [metavo'li]
Veran|lagung *f* φυσική προδιάθεση [fisi'ki proði'aθesi]; **≈lassen** παρακινώ [paraki'no]; **~lassung** *f* αφορμή [afor'mi]; **≈schlagen** υπολογίζω [ipolo'jizo]; **≈stalten** διοργανώνω [ðiorya'nono]; **~staltung** *f* εκδήλωση (-εις) [eg'ðilosi]
verantwort|en ευθύνομαι [e'fθinome]; ***sich ~en*** δικαιολογούμαι [ðikjeolo'yume]; **~lich** υπεύθυνος [i'pefθinos] (***für*** *A*/ για [ja] *od. G*); **≈ung** *f* ευθύνη [e'fθini]
verarm|en φτωχαίνω [fto'çeno]; **≈ung** *f* πτώχευση ['ptoçefsi]
Verband *m* σύνδεσμος ['sinðezmos]; *Med.* επίδεσμος [e'piðezmos]; **~kasten** *m* φορητό φαρμακείο [fori'to farma'kio]; **~stoff** *m* γάζα (φαρμακευτική) ['yaza (farmakjefti'ki)]; **~zeug** *n* υλικό πρώτων βοηθειών [ili'ko 'proton voiθi'on]
verbann|en εξορίζω [ekso'rizo]; **≈te(r)** *m* εξόριστος [e'ksoristos]; **≈ung** *f* εξορία [ekso'ria]
verbergen κρύβω ['krivo]
verbesser|n βελτιώνω [vel-

ti'ono], καλυτερεύω [kalite'revo]; **≈ung** *f* βελτίωση (-εις) [vel'tiosi]
verbeugen: sich ~ υποκλίνομαι [ipo'klinome]
ver|biegen στραβώνω [stra'vono], κυρτώνω [kir'tono]; **~bieten** απαγορεύω [apaγo'revo]
verbind|en συνδέω [sin'ðeo]; επιδένω [epi'ðeno]; **~lich** υποχρεωτικός [ipoxreoti'kos]; ευγενικός [evjeni'kos]; **≈ung** *f* (*Beziehung*) σχέση (-εις) ['sçesi]; *Esb.* συγκοινωνία [siŋgino'nia]; *Tel.* σύνδεση (-εις) ['sinðesi]
ver|blüffen καταπλήσσω [kata'pliso]; **~blühen** μαραίνομαι [ma'renome]; **~bluten** αιμορραγώ [emora'γo]
Verbot *n* απαγόρευση (-εις) [apa'γorefsi]
Verbrauch *m* κατανάλωση (-εις) [kata'nalosi]; **≈en** καταναλώνω [katana'lono]; **~er** *m* καταναλωτής [katanalo'tis]
Verbrech|en *n* έγκλημα ['eŋglima] *n*; **~er** *m* εγκληματίας [eŋglima'tias]; **≈erisch** εγκληματικός [eŋglimati'kos]
verbreit|en διαδίδω [ðia'ðiðo]; **~ern** διευρύνω [ðie'vrino]; **≈ung** *f* διάδοση (-εις) [ði'aðosi]; έκταση (-εις) ['ektasi]
verbrenn|en καίω ['kjeo]; **≈ung** *f* κάψιμο ['kapsimo]
ver|bringen περνώ (-άς) [per'no]; **~brühen** ζεματίζω [zema'tizo]; **~bünden: sich ~bünden** συμμαχώ [sima'xo]; **≈dacht** *m* υποψία [ipo'psia]; **~dächtig** (*G*) ύποπτος ['ipoptos] *G*; **~dammen** καταριέμαι [kata'rjeme], αναθεματίζω [anaθema'tizo]; **~dammt** καταραμένος [katara'menos]
verdampf|en εξατμίζομαι [eksat'mizome]; **≈ung** *f* εξάτμιση (-εις) [e'ksatmisi]
verdanken οφείλω [o'filo]
verdau|en χωνεύω [xo'nevo]; **≈ung** *f* χώνεψη ['xonepsi]
Verdeck *n* (*Wagen*) στέγη ['steji]; (*Schiff*) κατάστρωμα [ka'tastroma] *n*; **≈en** σκεπάζω [skje'pazo]
Verderb *m* φθορά [fθo'ra]; **≈en** χαλ(ν)ώ (-άς) [xal'(n)o], σαπίζω [sa'pizo]; φθείρω ['fθiro]; **≈lich** καταστρεπτικός [katastrepti'kos]
verdien|en κερδίζω [kjer'ðizo]; αξίζω [a'ksizo]; **≈st 1.** *m* κέρδος ['kjerðos] *n*; **2.** *n* αξία [a'ksia]
verdoppeln διπλασιάζω [ðiplasi'azo]
verdorben χαλασμένος [xala'zmenos]; διεφθαρμένος [ðiefθar'menos]; σάπιος ['sapjos]
verdrängen παραμερίζω [parame'rizo], παραγκωνίζω [paraŋgo'nizo]
verdrehen στραβώνω [stra-

'vono], διαστρεβλώνω [ðia-stre'vlono]; (*Augen*) στραβογυρίζω [stravoji'rizo]
Verdruß *m* μπελάς [be'las], σκασίλα [ska'sila]
verdunkel|n συσκοτίζω [sisko'tizo]; **≗ung** *f* συσκοτισμός [siskoti'zmos]
ver|dünnen νερώνω [ne-'rono], αραιώνω [are'ono]; **~dunsten** εξατμίζω [eksa-'tmizo]; **~dursten** πεθαίνω από τη δίψα [pe'θeno a'po ti 'ðipsa]; **~edeln** εξευγενίζω [eksevje'nizo]
verehr|en λατρεύω [la-'trevo]; σέβομαι ['sevome]; **≗er** *m* θαυμαστής [θavma-'stis]; **≗ung** *f* λατρεία [la'tria]; σεβασμός [seva-'zmos]
Verein *m* σύλλογος ['siloγos]; **≗baren** συμφωνώ [simfo'no]; **~barung** *f* συμφωνία [simfo'nia]; **≗fachen** απλοποιώ [aplopi'o]; **≗heitlichen** ενοποιώ [enopi'o]; **≗igen** ενώνω [e'nono]; **~igung** *f* ένωση (-εις) ['enosi]
vereiteln ματαιώνω [mate'o-no]
vereng|en στενεύω [ste-'nevo]; **≗ung** *f* στένωση (-εις) ['stenosi], στένεμα ['stenema] *n*
vererb|en κληροδοτώ [kliroðo'to]; **≗ung** *f* κληρονομικότητα [klironomi'kotita]
Verfahren *n jur.* διαδικασία [ðiaðika'sia]
Verfall *m* κατάπτωση [ka-'taptosi], παρακμή [parak-'mi]; (*Termin*) λήξη (-εις) ['liksi]; **≗en** καταρρέω [kata'reo]; λήγω ['liγo]
verfass|en συντάσσω [sin-'daso]; **≗er** *m* συγγραφέας [siŋgra'feas]; **≗ung** *f* κατάσταση (-εις) [ka'tastasi]; *Pol.* σύνταγμα ['sindaγma] *n*; **~ungswidrig** αντισυνταγματικός [andisindaγ-mati'kos]
verfaulen σαπίζω [sa'pizo]
verfehlen αποτυχαίνω [apoti'çeno], αστοχώ [asto'xo]; (*Weg*) χάνω ['xano]
verfluchen καταριέμαι [ka-ta'rjeme]
verfolg|en καταδιώκω [kata-ði'oko]; *fig.* επιδιώκω [epi-ði'oko]; **≗er** *m* διώκτης [ði'oktis]; **≗ung** *f* καταδίωξη (-εις) [kata'ðioksi]
verfüg|bar διαθέσιμος [ðia-'θesimos]; **~en** διαθέτω [ðia-'θeto]; **≗ung** *f* διάθεση (-εις) [ði'aθesi]
verführ|en αποπλανώ [apo-pla'no]; **≗er** *m* διαφθορέας [ðiafθo'reas]; **~erisch** γοητευτικός [γoitefti'kos]; **≗ung** *f* αποπλάνηση (-εις) [apo-'planisi]
vergangen περασμένος [pe-ra'zmenos], παρελθών [pa-rel'θon]; **≗heit** *f* παρελθόν [parel'θon]
vergänglich περαστικός [pe-rasti'kos]

Vergaser *m* καρμπυρατέρ [karbira'ter] *n*
vergeb|ens του κάκου [tu 'kaku], μάταια ['matea]; **~lich** μάταιος ['mateos]
vergehen (*Zeit*) περνώ (-άς) [per'no]; **≈** *n* αμάρτημα [a'martima] *n*; *jur.* πλημμέλημα [pli'melima] *n*
vergelt|en ανταποδίδω [andapo'ðiðo]; **≈ung** *f* ανταπόδοση (-εις) [anda'poðosi], εκδίκηση (-εις) [eg'ðikisi]
verge|ssen ξεχνώ (-άς) [kse'xno], λησμονώ [lizmo'no]; **≈ssenheit** *f* λήθη ['liθi]; **~ßlich** ξεχασιάρης [ksexa'sjaris]; **≈ßlichkeit** *f* ξεχασιά [ksexa'sja]
vergewaltig|en βιάζω [vi'azo]; **≈ung** *f* βιασμός [via'zmos]
vergewissern: *sich* **~** βεβαιώνομαι [veve'onome]
vergießen χύνω ['çino]
vergift|en φαρμακώνω [farma'kono], δηλητηριάζω [ðilitiri'azo]; **≈ung** *f* φαρμάκωμα [far'makoma] *n*, δηλητηρίαση (-εις) [ðiliti'riasi]
Vergleich *m* σύγκριση (-εις) ['siŋgrisi], συμβιβασμός [simviva'zmos]; **≈bar** συγκρίσιμος [siŋ'grisimos]; **≈en** συγκρίνω [siŋ'grino]
Vergnüg|en *n* διασκέδαση (-εις) [ðia'skjeðasi]; **≈en**: *sich* **≈en** διασκεδάζω [ðiaskje'ðazo]; **≈t** χαρούμενος [xa'rumenos], εύθυμος ['efθimos]
vergolden επιχρυσώνω [epixri'sono]
vergraben καταχώνω [kata'xono]
vergreifen: *sich* **~** βάζω χέρι ['vazo 'çeri] (*an D*/ σε [se])
vergrößer|n μεγεθύνω [meje'θino]; **≈ung** *f* μεγέθυνση (-εις) [me'jeθinsi]; **≈ungsglas** *n* μεγεθυντικός φακός [mejeθindi'kos fa'kos]
Vergünstigung *f* προνόμιο [pro'nomjo]
vergüt|en αποζημιώνω [apozimi'ono]; ανταμοίβω [anda'mivo]; **≈ung** *f* αποζημίωση (-εις) [apozi'miosi]; ανταμοιβή [andami'vi]
verhaft|en συλλαμβάνω [silam'vano]; **≈ung** *f* σύλληψη (-εις) ['silipsi]
verhalt|en: *sich* **~en** συμπεριφέρομαι [simberi'ferome]; **≈en** *n* συμπεριφορά [simberifo'ra]
Verhältnis *n* σχέση (-εις) ['sçesi]; (*Größen≈*) αναλογία [analo'jia]; **≈mäßig** σχετικός [sçeti'kos]
verhand|eln διαπραγματεύομαι [ðiapraγma'tevome]; **≈lung** *f* διαπραγμάτευση (-εις) [ðiapraγ'matefsi]
Verhängnis *n* μοίρα ['mira]; πεπρωμένο [pepro'meno]; **≈voll** μοιραίος [mi'reos]; ολέθριος [o'leθrios]

ver|haßt μισητός [misi'tos]; **~heerend** καταστρεπτικός [katastrepti'kos]; **~hehlen, ~heimlichen** κρύβω ['krivo], αποκρύπτω [apo'kripto]
verheirat|en παντρεύω [pan'drevo]; **2ung** *f* παντρειά [pandri'a]
verherrlichen δοξάζω [ðo'ksazo]
verhinder|n εμποδίζω [embo'ðizo]; **2ung** *f* παρακώλυση (-εις) [para'kolisi]
verhöhnen κοροϊδεύω [koroi'ðevo], περιπαίζω [peri'pezo]
Verhör *n* ανάκριση (-εις) [a'nakrisi]; **2en** ανακρίνω [ana'krino]; ***sich* 2en** παρακούω [para'kuo]
verhüllen σκεπάζω [skje'pazo], καλύπτω [ka'lipto]
verhungern πεθαίνω από την πείνα [pe'θeno apo tim'bina]
verhüt|en αποτρέπω [apo'trepo], προλαβαίνω [prola'veno]; **2ungsmittel** *n* προφυλακτικό [profilakti'ko]
verirren: *sich* ~ χάνω το δρόμο ['xano to 'ðromo], περιπλανιέμαι [peripla'njeme]
ver|jagen διώχνω ['ðjoxno]; **~jähren** παραγράφω [para'ɣrafo]; **~jüngen** ξανανιώνω [ksana'njono]
verkannt παραγνωρισμένος [paraɣnori'zmenos]
Verkauf *m* πούλημα ['pulima] *n*, πώληση (-εις) ['polisi]; **2en** πουλώ (-άς) [pu'lo]
Verkäuf|er *m* πωλητής [poli'tis]; **~erin** *f* πωλήτρια [po'litria]; **2lich** για πούλημα [ja 'pulima]
Verkehr *m* συγκοινωνία [siŋgino'nia], επικοινωνία [epikino'nia]; **2en** συναναστρέφομαι [sinana'strefome], κυκλοφορώ [kiklofo'ro]
Verkehrs|- κυκλοφοριακός [kikloforia'kos]; **~ampel** *f* φανάρι [fa'nari]; **~büro** *n* τουριστικό γραφείο [turisti'ko ɣra'fio]; **~mittel** *n* συγκοινωνιακό μέσο [siŋginonia'ko 'meso]; **~polizei** *f* τροχαία [tro'çea]; **~unfall** *m* τροχαίο ατύχημα [tro'çeo a'tiçima] *n*; **~zeichen** *n* σήμα κυκλοφορίας (*od.* τροχαίας) ['sima kiklofo'rias (tro'çeas)]
ver|kehrt ανάποδος [a'napoðos], αντίστροφος [an'distrofos]; **~kennen** παραγνωρίζω [paraɣno'rizo]; **~klagen** ενάγω [e'naɣo]
verkleid|en μασκαρεύω [maska'revo]; **2ung** *f* μεταμφίεση (-εις) [metam'fiesi]
verkleiner|n μικραίνω [mi'kreno]; **2ung** *f* σμίκρυνση (-εις) ['zmikrinsi]
ver|knüpfen συνδέω [sin'ðeo]; **~körpern** προσωποποιώ [prosopopi'o]; **~krüppelt** σακάτης [sa'katis];

~kümmern μαραίνομαι [ma'renome]
verkünd(ig)|en διακηρύσσω [δiaki'riso]; **~ung** *f* διακήρυξη (-εις) [δia'kiriksi]
verkürzen κονταίνω [kon-'deno]
verlad|en φορτώνω [for-'tono]; **~ung** *f* φόρτωμα ['fortoma] *n*
Verlag *m* εκδοτικός οίκος [ekδoti'kos 'ikos]
verlangen ζητώ (-άς) [zi'to], απαιτώ [ape'to]; **~** *n* επιθυμία [epiθi'mia]
verlänger|n μακραίνω [ma-'kreno]; παρατείνω [para-'tino]; **~ung** *f* προέκταση (-εις) [pro'ektasi], παράταση (-εις) [pa'ratasi]
verlangsamen βραδύνω [vra'δino]
verlassen αφήνω [a'fino], εγκαταλείπω [eŋgata'lipo]; ***sich* ~ *auf*** *(A)* στηρίζομαι [sti'rizome], βασίζομαι σε [va'sizome se]
Verlauf *m* πορεία [po'ria], εξέλιξη (-εις) [e'kseliksi]; **~en** περνώ (-άς) [per'no]; λήγω ['liγo]; ***sich* ~en** χάνω το δρόμο ['xano to 'δromo]
verleben περνώ (-άς) [per-'no]
verleg|en μεταθέτω [meta-'θeto]; *(Buch)* εκδίδω [eg-'δiδo]; *Adj.* αμήχανος [a'mixanos]; **~enheit** *f* αμηχανία [amixa'nia]; **~er** *m* εκδότης [eg'δotis]
verleihen δανείζω [δa'nizo]; απονέμω [apo'nemo]
verleiten παρασύρω [para-'siro]
verlernen ξεχνώ (-άς) [kse-'xno]
verletz|en πληγώνω [pli'γo-no], τραυματίζω [travma-'tizo]; *fig.* προσβάλλω [pro-'zvalo]; *(Gesetz)* παραβαίνω [para'veno]; **~ung** *f* τραυματισμός [travmati'zmos], παράβαση (-εις) [pa'ravasi]
verleumd|en συκοφαντώ [si-kofan'do] **(*bei*** *D*/ σε [se]); **~ung** *f* συκοφαντία [siko-fan'dia]
verlieb|en: ***sich* ~en** ερωτεύομαι [ero'tevome]; **~t** ερωτευμένος [erotev'menos]
verlier|en χάνω ['xano]; **~er** *m* χαμένος [xa'menos]
verlob|en αρραβωνιάζω [aravo'njazo]; **~te** *f* αρραβωνιαστικιά [aravo-njasti'kja]; **~te(r)** *m* αρραβωνιαστικός [aravonjasti'kos]; **~ung** *f* αρραβώνες [ara'vo-nes] *m/pl.*
ver|locken δελεάζω [δele-'azo]; **~logen** ψεύτης ['psef-tis]; **~lorengehen** χάνομαι ['xanome]; **~löschen** σβήνω ['zvino]; **~losen** κληρώνω [kli'rono]; **~lust** *m* απώλεια [a'polia]; **~machen** κληροδοτώ [kliroδo'to]; **~mächtnis** *n* κληροδότημα [kliro-'δotima] *n*
vermähl|en παντρεύω [pan-

'drevo]; **≈ung** *f* γάμοι ['γami] *m/pl.*

vermehr|en αυξάνω [af'ksano]; **≈ung** *f* αύξηση (-εις) ['afksisi]

ver|meiden αποφεύγω [apo'fevγo]; **~mengen** ανακατώνω [anaka'tono]

Vermerk *m* σημείωση (-εις) [si'miosi]

vermiet|en (ε)νοικιάζω [(e)ni'kjazo]; ***zu ~en!*** ενοικιάζεται [eni'kjazete]; **≈er** *m* ενοικιαστής [enikja'stis]; **≈ung** *f* ενοικίαση [eni'kiasi]

verminder|n μειώνω [mi'ono]; **≈ung** *f* μείωση (-εις) ['miosi]

ver|mischen αναμιγνύω [anami'γnio]; **~missen** δεν βρίσκω [ðem'vrisko], μου λείπει [mu 'lipi]

vermitt|eln μεσιτεύω [mesi'tevo], μεσολαβώ [mesola'vo]; **≈ler** *m* μεσίτης [me'sitis]; **≈lung** *f* μεσολάβηση (-εις) [meso'lavisi]

vermögen δύναμαι ['ðiname]; **≈** *n* περιουσία [periu'sia]

vermut|en υποθέτω [ipo'θeto]; **~lich** πιθανόν [piθa'non]; **≈ung** *f* υπόθεση (-εις) [i'poθesi], εικασία [ika'sia]

vernachlässigen παραμελώ [parame'lo]

vernehm|en ακούω [a'kuo], μαθαίνω [ma'θeno]; *jur.* ανακρίνω [ana'krino]; **≈ung** *f* ανάκριση [a'nakrisi]

verneigen: ***sich ~*** υποκλίνομαι [ipo'klinome]

vernein|en αρνιέμαι [ar'njeme]; **≈ung** *f* άρνηση (-εις) ['arnisi]

vernicht|en καταστρέφω [kata'strefo], εξολοθρεύω [eksolo'θrevo]; **≈ung** *f* καταστροφή [katastro'fi], εξόντωση (-εις) [e'ksondosi]

Ver|nunft *f* λογικό [loji'ko], νόηση ['noisi], νους [nus]; **≈nünftig** λογικός [loji'kos], γνωστικός [γnosti'kos]

veröffentlich|en δημοσιεύω [ðimosi'evo]; **≈ung** *f* δημοσίευση (-εις) [ðimo'siefsi]

verordn|en διατάζω [ðia'tazo]; **≈ung** *f* διάταγμα [ði'ataγma] *n*

verpachten μισθώνω [mi'sθono]

verpack|en αμπαλάρω [amba'laro], συσκευάζω [siskje'vazo]; **≈ung** *f* αμπαλάρισμα [amba'larizma] *n*, συσκευασία [siskjeva'sia]

verpassen (*Zug*) χάνω ['xano]

verpfänden δίνω ενέχυρο ['ðino e'neçiro]

verpflanzen μεταφυτεύω [metafi'tevo]

verpfleg|en τρέφω ['trefo]; **≈ung** *f* τροφή [tro'fi]; συντήρηση (-εις) [sin'dirisi]

verpflicht|en υποχρεώνω [ipoxre'ono]; **≈ung** *f* υποχρέωση (-εις) [ipo'xreosi]

Verrat *m* προδοσία [proðo-

'sia]; **~en** προδίδω [pro'ðiðo], προδίνω [pro'ðino]
Verräter *m* προδότης [pro'ðotis]
verrechnen συμψηφίζω [simbzi'fizo] (**mit** *D*/ σε [se])
verreisen ταξιδεύω [taksi'ðevo]
verrenk|en στραμπουλίζω [strambu'lizo]; **~ung** *f* στραμπούλισμα [stram'bulizma] *n*
verricht|en εκτελώ [ekte'lo]; **~ung** *f* εκτέλεση (-εις) [e'ktelesi], ασχολία [asxo'lia]
verriegeln μανταλώνω [manda'lono]
verringer|n ελαττώνω [ela'tono], μειώνω [mi'ono]; **~ung** *f* ελάττωση (-εις) [e'latosi], μείωση (-εις) ['miosi]
verrosten σκουριάζω [sku'rjazo]
verrückt τρελός [tre'los]; **~heit** *f* τρέλα ['trela]
Vers *m* στίχος ['stixos]
versamm|eln μαζεύω [ma'zevo], συναθροίζω [sina'θrizo]; **~lung** *f* συνάθροιση (-εις) [si'naθrisi], συνέλευση (-εις) [si'nelefsi], συγκέντρωση (-εις) [siŋ'gjendrosi]
Versand *m* αποστολή [aposto'li]
versäum|en (*Zug*) χάνω ['xano]; (*Schule*) λείπω από ['lipo a'po]; **~nis** *n* παράλειψη (-εις) [pa'ralipsi]
ver|schaffen προμηθεύω [promi'θevo]; **~schärfen** επιδεινώνω [epiði'nono]; **~schenken** χαρίζω [xa'rizo]; **~schicken** αποστέλλω [apo'stelo]
verschieben (*örtlich*) μετακινώ [metaki'no]; (*zeitlich*) αναβάλλω [ana'valo]
verschieden διαφορετικός [ðiaforeti'kos]; **~heit** *f* διαφορά [ðiafo'ra]
verschimmeln μουχλιάζω [mu'xljazo]
verschlafen δεν ξυπνώ έγκαιρως [ðeŋgzi'pno 'eŋgjeros]
verschlechter|n χειροτερεύω [çirote'revo]; **~ung** *f* χειροτέρευση (-εις) [çiro'terefsi]
verschleiern σκεπάζω (με βέλο) [skje'pazo (me 'velo)]; *fig.* καμουφλάρω [kamu'flaro]
verschlepp|en (*Zeit*) επιβραδύνω [epivra'ðino]; (*Person*) απάγω [a'paγo]; **~ung** *f* επιβράδυνση (-εις) [epi'vraðinsi]; απαγωγή [apaγo'ji]
ver|schließen κλειδώνω [kli'ðono]; **~schlingen** χάφτω ['xafto]; **~schlucken** καταπίνω [kata'pino]
Verschluß *m* κλειδαριά [kliða'rja]
verschmähen αψηφώ [apsi'fo]
verschmelz|en συγχωνεύω [siŋxo'nevo]; **~ung** *f* συγχώνευση (-εις) [siŋ'xonefsi]

verschnupft συναχωμένος [sinaxo'menos]

ver|schnüren δένω (με σπάγκο) ['ðeno (me 'spaŋgo)]; **~schonen** φείδομαι ['fiðome]; **~schönern** εξωραΐζω [eksora'izo]

verschreiben (*Arznei*) γράφω ['ɣrafo]; **sich ~** παραδίδομαι σε [para'ðiðome se]

verschulden (*A*) φταίω (για) ['fteo (ja)]; **♀** *n* φταίξιμο ['fteksimo]

verschütten χύνω ['çino]; καταχώνω [kata'xono]

verschweigen αποσιωπώ (-άς) [aposjo'po]

verschwend|en σπαταλώ (-άς) [spata'lo]; **♀er** *m*, **~erisch** σπάταλος ['spatalos]; **♀ung** *f* σπατάλη [spa'tali]

verschwiegen εχέμυθος [e'çemiθos]

verschwinden χάνομαι ['xanome], εξαφανίζομαι [eksafa'nizome]

verschwommen αμυδρός [ami'ðros]

verschwör|en: **sich ~en** συνωμοτώ [sinomo'to]; **♀er** *m* συνωμότης [sino'motis]; **♀ung** *f* συνωμοσία [sinomo'sia]

versehen (*Amt*) εξασκώ [eksa'sko]; εφοδιάζω [efoði'azo] (**mit** *D*/ με [me]); **sich ~** κάνω λάθος ['kano 'laθos]; **♀** *n* λάθος ['laθos] *n*; σφάλμα ['sfalma] *n*; **aus ♀** κατά λάθος [kata 'laθos]

versenden αποστέλλω [apo'stelo]

versenken βουλιάζω [vu'ljazo], βυθίζω [vi'θizo]; *fig.* **sich ~** βυθίζομαι [vi'θizome]

versetzen μεταθέτω [meta'θeto]; (*verpfänden*) δίνω ενέχυρο ['ðino e'neçiro]; (*Schüler*) προβιβάζω [provi'vazo]; (*Schlag*) δίνω ['ðino], καταφέρω [kata'fero]

versicher|n (*D*) βεβαιώνω [veve'ono] *A*; ασφαλίζω [asfa'lizo] (**mit** *D*/ για [ja]); **sich ~n lassen** ασφαλίζομαι [asfa'lizome]; **♀ung** *f* βεβαίωση (-εις) [ve'veosi]; ασφάλεια [a'sfalia]

ver|siegeln βουλώνω [vu'lono], σφραγίζω [sfra'jizo]; **~siegen** στερεύω [ste'revo]; **~sinken** βουλιάζω [vu'ljazo]

versöhn|en συμφιλιώνω [simfili'ono]; **♀ung** *f* συμφιλίωση (-εις) [simfi'liosi]

versorg|en εφοδιάζω [efoði'azo]; φροντίζω [fron'dizo]; **♀ung** *f* εφοδιασμός [efoðia'zmos]

verspät|en: **sich ~en** αργώ [ar'ɣo], καθυστερώ [kaθiste'ro]; **♀ung** *f* καθυστέρηση [kaθi'sterisi]

versperren φράζω ['frazo], εμποδίζω [embo'ðizo]

verspott|en κοροϊδεύω [koroi'ðevo], περιπαίζω [peri'pezo]; **♀ung** *f* κοροϊδία [koroi'ðia]

versprechen υπόσχομαι [i'posxome]; ***sich*** ~ κάνω λάθος μιλώντας ['kano 'laθos mi'londas]; ≗ *n* υπόσχεση (-εις) [i'posçesi]
verstaatlich|en κρατικοποιώ [kratikopi'o]; ≗**ung** *f* κρατικοποίηση [kratiko'piisi]
Verstand *m* νους [nus]
verständ|ig φρόνιμος ['fronimos]; ~**igen** ειδοποιώ [iδopi'o]; ***sich*** ~***igen*** συνεννοούμαι [sineno'ume]; ~**lich** ευκατάληπτος [efka'taliptos]; ≗**nis** *n* κατανόηση [kata'noisi]
verstärk|en (εν)δυναμώνω [(en)δina'mono]; ≗**er** *m* (*Radio*) ενισχυτής [enisçi'tis]; ≗**ung** *f* ενίσχυση (-εις) [e'nisçisi]
verstauchen στραμπουλίζω [strambu'lizo]
Versteck *n* κρυψώνας [kri'psonas]; ≗**en** κρύβω ['krivo]
verstehen καταλαβαίνω [katala'veno]; ***etwas*** ~ ***von*** ξέρω από ['ksero a'po]
versteiger|n βγάζω στον πλειστηριασμό ['vγazo stomblistiria'zmo]; ≗**ung** *f* πλειστηριασμός [plistirja'zmos]
verstell|bar μετακινητός [metakini'tos]; ~**en** μετακινώ [metaki'no]; ***sich*** ~***en*** καμώνομαι [ka'monome], υποκρίνομαι [ipo'krinome]
verstimmt δύσθυμος ['δisθimos]
verstopf|en βουλώνω [vu'lono]; (*Straße*) μποτιλιαρίζω [botilja'rizo]; ≗**ung** *f Med.* δυσκοιλιότητα [δiskili'otita]
verstorben πεθαμένος [peθa'menos]; ~**e(r)** *m* μακαρίτης [maka'ritis]
Verstoß *m* παράβαση (-εις) [pa'ravasi]; ≗**en** (***gegen***) παραβαίνω [para'veno] *A*
ver|streichen κυλώ (-άς) [ki'lo]; ~**stümmeln** ακρωτηριάζω [akrotiri'azo]; ~**stummen** βουβαίνω [vu'veno]
Versuch *m* προσπάθεια [pro'spaθia], δοκιμή [δoki'mi], πείραμα ['pirama] *n*; ≗**en** δοκιμάζω [δoki'mazo]; προσπαθώ [prospa'θo]; ~**ung** *f* πειρασμός [pira'zmos]
ver|tagen αναβάλλω [ana'valo]; ~**tauschen** ανταλλάσσω [anda'laso]
verteidig|en υπερασπίζω [ipera'spizo]; *jur.* συνηγορώ [siniγo'ro]; ≗**er** *m* υπερασπιστής [iperaspi'stis]; συνήγορος [si'niγoros]; ≗**ung** *f* υπεράσπιση (-εις) [ipe'raspisi]; άμυνα ['amina]; συνηγορία [siniγo'ria]
verteil|en μοιράζω [mi'razo], διανέμω [δia'nemo]; ≗**ung** *f* μοιρασιά [mira'sja], διανομή [δiano'mi]
verteuern ακριβαίνω [akri'veno]
vertief|en βαθαίνω [va'θeno];

sich ~en βυθίζομαι [vi'θizome]; **2ung** *f* εμβάθυνση (-εις) [em'vaθinsi]; κοίλωμα ['kiloma] *n*
Vertrag *m* συμβόλαιο [sim'voleo], συνθήκη [sin'θiki]; **2en** αντέχω [an'dexo]; ***sich* 2en** μονοιάζω [mo'njazo]
vertrau|en εμπιστεύομαι [embi'stevome]; **2en** *n* εμπιστοσύνη [embisto'sini] (***zu*** *D*/ σε [se]); ***im* 2en** εμπιστευτικά [embistefti'ka]; **~lich** εμπιστευτικός [embistefti'kos]
vertreib|en διώχνω ['ðjoxno]; **2ung** *f* διώξιμο ['ðjoksimo], διωγμός [ðjoɣ'mos]
vertret|en αντιπροσωπεύω [andiproso'pevo]; **2er** *m* αντιπρόσωπος [andi'prosopos]; **2ung** *f* αντιπροσωπεία [andiproso'pia]
vertrocknen ξεραίνομαι [kse'renome]
verun|glücken παθαίνω ατύχημα [pa'θeno a'tiçima]; **~reinigen** λερώνω [le'rono], ρυπαίνω [ri'peno]; **~treuen** υπεξαιρώ [ipekse'ro]
verur|sachen προξενώ [prokse'no], προκαλώ [proka'lo]; **~teilen** καταδικάζω [kataði'kazo]; **2teilung** *f* καταδίκη [kata'ðiki]
vervielfältigen πολλαπλασιάζω [polaplasi'azo]
vervoll|kommnen τελειοποιώ [teliopi'o]; **2kommnung** *f* τελειοποίηση (-εις) [telio'piisi]; **~ständigen** συμπληρώνω [simbli'rono]
verwahr|en φυλά(γ)ω [fi'la(ɣ)o]; **~lost** παραμελημένος [parameli'menos]
verwalt|en διοικώ [ðii'ko], διαχειρίζομαι [ðiaçi'rizome]; **2er** *m* διαχειριστής [ðiaçiri'stis]; **2ung** *f* διοίκηση (-εις) [ði'ikisi]; διαχείριση (-εις) [ðia'çirisi]
verwand|eln μεταβάλλω [meta'valo], μεταμορφώνω [metamor'fono]; **2lung** *f* μεταβολή [metavo'li], μεταμόρφωση (-εις) [meta'morfosi]
verwandt συγγενής [siŋgje'nis] 2; **2schaft** *f* συγγένεια [siŋ'gjenia]
verwarn|en προειδοποιώ [proiðopi'o]; **2ung** *f* προειδοποίηση [proiðo'piisi]
verwechs|eln μπερδεύω [ber'ðevo]; **2lung** *f* μπέρδεμα ['berðema] *n*
verwegen τολμηρός [tolmi'ros]; **2heit** *f* τόλμη ['tolmi]
verweiger|n αρνιέμαι [ar'njeme], αποκρούω [apo'kruo]; **2ung** *f* άρνηση (-εις) ['arnisi]
verweilen διαμένω [ðia'meno]
verwelken μαραίνομαι [ma'renome]
verwend|en χρησιμοποιώ [xrisimopi'o], μεταχειρίζο-

μαι [metaçi'rizome]; **≈ung** *f* χρήση (-εις) ['xrisi]
verwert|en αξιοποιώ [aksiopi'o]; **≈ung** *f* αξιοποίηση (-εις) [aksio'piisi]
verwesen λειώνω ['ljono], σαπίζω [sa'pizo]
verwick|eln μπερδεύω [ber'ðevo], περιπλέκω [peri'pleko]; **≈lung** *f* περιπλοκή [periplo'ki]
verwirklich|en πραγματοποιώ [praɣmatopi'o]; **≈ung** *f* πραγματοποίηση (-εις) [praɣmato'piisi]
verwirr|en μπερδεύω [ber'ðevo]; **≈ung** *f* σύγχυση (-εις) ['siŋçisi], μπέρδεμα ['berðema] *n*
verwöhnen καλομαθαίνω [kaloma'θeno]
verworren μπερδεμένος [berðe'menos]
verwund|en τραυματίζω [travma'tizo]; **≈ete(r)** *m* τραυματίας [travma'tias]; **≈ung** *f* τραυματισμός [travmati'zmos]
verwüst|en ερημώνω [eri'mono], καταστρέφω [kata'strefo]; **≈ung** *f* ερήμωση [e'rimosi]
verzählen: ***sich*** ~ μετρώ λάθος [me'tro 'laθos]
verzaubern μαγεύω [ma'jevo]
Verzeichnis *n* κατάλογος [ka'taloɣos]
verzeih|en συγχωρώ [siŋxo'ro]; **≈ung** *f* συ(γ)γνώμη [si(ŋ)'ɣnomi]; ***um ≈ung bitten*** ζητώ συ(γ)γνώμη [zi'to si(ŋ)'ɣnomi]
Verzicht *m* παραίτηση (-εις) [pa'retisi]; **≈en** παραιτούμαι [pare'tume]
verzier|en στολίζω [sto'lizo], διακοσμώ [ðiako'zmo]; **≈ung** *f* στόλισμα ['stolizma] *n*
verzinsen πληρώνω τόκους [pli'rono 'tokus]
verzöger|n επιβραδύνω [epivra'ðino]; **≈ung** *f* καθυστέρηση (-εις) kaθi'sterisi]
verzollen εκτελωνίζω [ekte-lo'nizo]
verzweif|eln απελπίζομαι [apel'pizome]; **≈lung** *f* απελπισία [apelpi'sia]
verzweigen: ***sich*** ~ διακλαδώνομαι [ðiakla'ðonome]
Videorecorder *m* συσκευή βίντεο [siskje'vi 'video]
Vieh *n* ζώα ['zoa] *n/pl.*; (*a. fig.*) κτήνος ['ktinos]
viel πολύς [po'lis]; *Adv.* πολύ [po'li]; ***so*** ~ τόσος ['tosos]; ***zu*** ~ πάρα πολύ ['para po'li]; **~fach** πολλαπλάσιος [pola'plasios]
viel|leicht ίσως ['isos]; (*Frage*) μήπως ['mipos]; **~mehr** μάλλον ['malon]
vier τέσσερις ['teseris], τέσσερα ['tesera]; **≈eck** *n* τετράγωνο [te'traɣono]; **~fach** τετραπλάσιος [tetra'plasios]; **~hundert** τετρακόσιοι [tetra'kosii]; **≈tel** *n* τέταρτο

['tetarto]; **≈telstunde** *f* τέταρτο ['tetarto]; **~zehn** δεκατέσσερις [ðeka'teseris], δεκατέσσερα [ðeka'tesera]; **~zig** σαράντα [sa'randa]
Villa *f* έπαυλη ['epavli]
violett μενεξεδένιος [menekse'ðenjos], ιώδης [i'oðis] 2
Violine *f* βιολί [vjo'li]
Virus *n* ιός [i'os]
Visum *n* θεώρηση (-εις) [θe'orisi]
Vitamin *n* βιταμίνη [vita'mini]
Vogel *m* πουλί [pu'li]; **~bauer** *n* κλουβί [klu'vi]; **~scheuche** *f* σκιάχτρο ['skjaxtro]
Vokabel *f* λέξη ['leksi]
Vokal *m* φωνήεν [fo'nien] *n*
Volk *n* λαός [la'os]
Völkerrecht *n* διεθνές δίκαιο [ðie'θnes 'ðikjeo]
Volks|- λαϊκός [lai'kos], δημοτικός [ðimoti'kos]; **~abstimmung** *f* δημοψήφισμα [ðimo'psifizma] *n*; **~hochschule** *f* λαϊκό πανεπιστήμιο [lai'ko panepi'stimio]; **~schule** *f* δημοτικό (σχολείο) [ðimoti'ko (sxo'lio)]; **~sprache** *f* δημοτική [ðimoti'ki]; **≈tümlich** δημοτικός [ðimoti'kos]; δημοφιλής [ðimofi'lis]; **~wirtschaft** *f* εθνική οικονομία [eθni'ki ikono'mia]; **~zählung** *f* απογραφή [apoγra'fi]
voll γεμάτος [je'matos], πλήρης ['pliris] 2; **~bringen** καταφέρνω [kata'ferno]; **~enden** τελειοποιώ [teliopi'o]; **≈endung** *f* αποπεράτωση [apope'ratosi]; τελειότητα [teli'otita]
völlig εντελώς [ende'los]
voll|jährig ενήλικος [e'nilikos]; **~kommen** τέλειος ['telios]; **≈kommenheit** *f* τελειότητα [teli'otita]; **≈macht** *f* πληρεξουσιότητα [plireksusi'otita]; **≈mond** *m* πανσέληνος [pan'selinos] *f*; **~ständig** ακέραιος [a'kjereos]; πλήρης ['pliris] 2; **≈ständigkeit** *f* ακεραιότητα [akjere'otita]; **~stopfen** γεμίζω [je'mizo]; **~strecken** εκτελώ [ekte'lo]; **≈streckung** *f* εκτέλεση (-εις) [e'ktelesi]; **≈versammlung** *f* ολομέλεια [olo'melia]
Volt *n* βολτ [volt] *n*
von (*D*) από [a'po] *A*, εκ [ek] *G*; για [ja] *A* (= *über*)
vor (*zeitlich*) *D* πριν (από) [prina'po], εδώ και [e'ðo kje] *A*; (*örtlich*) *D*, *A* μπροστά (από *od.* σε) [bro'sta (apo, se)]
Vorabend *m* παραμονή [paramo'ni]
Vorahnung *f* προαίσθηση (-εις) [pro'esθisi]
voran μπροστά [bro'sta]; **~gehen** προηγούμαι [proi'γume]; **≈meldung** *f* προεγγραφή [proeŋγra'fi]; **≈schlag** *m* προϋπολογισμός [proipoloji'zmos]

voraus μπροστά [bro'sta]; *im* ~ εκ των προτέρων [ek tom-bro'teron]; **~sagen** προλέγω [pro'leγo]; **~sehen** προβλέπω [pro'vlepo]; **~setzen** προϋποθέτω [proipo-'θeto]; **Ձsetzung** *f* προϋπόθεση (-εις) [proi'poθesi]; **Ձsicht** *f* πρόβλεψη (-εις) ['provlepsi]; **~sichtlich** πιθανόν [piθa'non]

Vorbehalt *m* επιφύλαξη (-εις) [epi'filaksi]; **Ձen:** ***sich*** **Ձ*en*** επιφυλάσσομαι [epifi-'lasome]

vorbei (*zeitlich*) περασμένος [pera'zmenos]; **~fahren**, **~gehen**, **~kommen** περνώ (-άς) [per'no]; **~lassen** αφήνω να περάσει [a'fino na pe'rasi]

vorbereit|en προετοιμάζω [proeti'mazo]; **Ձung** *f* προετοιμασία [proetima'sia]

vorbestellen προπαραγγέλνω [proparaŋ'gjelno]

vorbeugen (*D*) προλαμβάνω [prolam'vano] *A*; ***sich*** ~ σκύβω μπροστά ['skivo bro'sta]

Vorbild *n* πρότυπο ['protipo]; **Ձlich** υποδειγματικός [ipoδiγmati'kos]

vorder|e, Vorder- μπροστινός [brosti'nos]; **Ձdeck** *n* πλώρη ['plori]; **Ձfront** *f* πρόσοψη (-εις) ['prosopsi]; **Ձgrund** *m* προσκήνιο [pro-'skinio]; **Ձseite** *f* μέτωπο ['metopo]

vordrängen: ***sich*** ~ επιζητώ τα πρωτεία [epizi'to ta pro-'tia]

vordringen προχωρώ [pro-xo'ro]

voreilig απερίσκεπτος [ape-'riskjeptos]

voreingenommen προκατειλημμένος [prokatili'menos]

vorenthalten κατακρατώ [katakra'to]

vorerst (κατά) πρώτον [(kata) 'proton]

Vorfahren *m/pl.* πρόγονοι ['proγoni] *m/pl.*

Vorfahrt *f* προτεραιότητα [protere'otita]

Vorfall *m* συμβάν [sim'van] *n*, γεγονός [jeγo'nos] *n*

vorführ|en παρουσιάζω [parusi'azo]; (*Film*) προβάλλω [pro'valo]; **Ձung** *f* παρουσίαση (-εις) [paru'siasi]; προβολή [provo'li]

Vorgänger *m* προκάτοχος [pro'katoxos]

vorgehen προχωρώ [pro-xo'ro]; *fig.* προβαίνω [pro-'veno]

Vorgesetzte(r) *m* προϊστάμενος [proi'stamenos]

vorgestern προχθές [pro-'xθes]

vorgreifen προλαμβάνω [prolam'vano]

vorhaben σκοπεύω [sko-'pevo]; Ձ *n* σκοπός [sko-'pos], πρόθεση (-εις) ['pro-θesi]

Vorhalle *f* προθάλαμος [pro'θalamos]
vorhanden sein υπάρχω [i'parxo]
Vorhang *m Thea.* αυλαία [a'vlea], παραπέτασμα [para'petazma] *n*
Vorhängeschloß *n* λουκέτο [lu'kjeto]
vorher πρωτύτερα [pro'titera], πριν [prin]; προηγουμένως [proiγu'menos]; **~ig** προηγούμενος [proi'γumenos]; **~bestimmen** προορίζω [proo'rizo]
Vorherrsch|aft *f* επικράτηση [epi'kratisi]; **≈en** επικρατώ [epikra'to]
vorhin προ ολίγου [pro o'liγu]
vorig|- περασμένος [pera'zmenos]; **~es Jahr** πέρ(υ)σι ['per(i)si]
vorkomm|en συμβαίνω [sim'veno]; υπάρχω [i'parxo]; **≈nis** *n* συμβάν [sim'van] *n*
vorladen καλώ [ka'lo]
vorläufig προσωρινός [prosori'nos]
vorlegen υποβάλλω [ipo'valo], παρουσιάζω [parusi'azo]
vorlesen διαβάζω [ðja'vazo] (***aus** D*/ από [a'po])
Vorlieb|e *f* προτίμηση (-εις) [pro'timisi]; **≈nehmen** αρκούμαι [ar'kume] (***mit** D*/ σε [se])
vorliegen υπάρχω [i'parxo]
vormals άλλοτε ['alote]
Vormittag *m* πρωί [pro'i]; ***am ~*** το πρωί [to pro'i]
Vormund *m* κηδεμόνας [kiðe'monas]; **~schaft** *f* κηδεμονία [kiðemo'nia]
vorn μπροστά [bro'sta], εμπρός [em'bros]; ***von ~*** από μπροστά [apo bro'sta]
Vorname *m* μικρό όνομα [mi'kro 'onoma] *n*
vornehm αρχοντικός [arxondi'kos], ευγενής [evje'nis] 2
vornherein: *von ~* απ' αρχής [apar'çis]
Vorort *m* προάστιο [pro'astio]
Vorposten *m* προφυλακή [profila'ki]
Vorrang *m* προτεραιότητα [protere'otita]
Vor|rat *m* προμήθεια [pro'miθia]; **≈rätig** πρόχειρος ['proçiros]
Vorrecht *n* προνόμιο [pro'nomio]
Vorrede *f* πρόλογος ['proloγos]
Vorrichtung *f* μηχανισμός [mixani'zmos]
vorrücken προχωρώ [proxo'ro]
Vor|satz *m* πρόθεση (-εις) ['proθesi]; **≈sätzlich** προμελετημένος [promeleti'menos]; *Adv.* εκ προμελέτης [ek prome'letis]
Vorschein *m*: ***zum ~ kommen*** φανερώνομαι [fane'ronome]

vorschießen (*Geld*) προκαταβάλλω [prokata'valo]
Vorschlag *m* πρόταση (-εις) ['protasi]; **2en** προτείνω [pro'tino] (*als*/ για [ja])
vorschreiben διατάζω [δja'tazo]
Vorschrift *f* εντολή [endo'li], οδηγία [oδi'jia]
Vorschub *m*: ~ *leisten* υποστηρίζω [iposti'rizo], ευνοώ [evno'o]
Vorschuß *m* προκαταβολή [prokatavo'li]
vorseh|en: *sich* ~*en* προσέχω [pro'sexo]; **2ung** *f* πρόνοια ['pronia]
vorsetzen προτάσσω [pro'taso]; (*Speise*) προσφέρω [pro'sfero], παραθέτω [para'θeto]
Vorsicht *f* προσοχή [proso'çi]; **2ig** προσεκτικός [prosekti'kos]
Vorsitz *m* προεδρεία [proe'δria]; ~**ende(r)** *m* πρόεδρος ['proeδros]
Vorsorge *f* φροντίδα [fron'diδa]; ~ *treffen* λαμβάνω τα μέτρα μου [lam'vano ta 'metra mu]; **2n** φροντίζω εγκαίρως [fron'dizo eŋ'gjeros]
Vor|speise *f* ορεκτικό [orekti'ko]; ~**spiel** *n Mus.* προοίμιο [pro'imio]; *fig.* προϊστορία [proisto'ria]; ~**sprung** *m* πλεονέκτημα [pleo'nektima] *n*; ~**stadt** *f* προάστιο [pro'astio]; ~**stand** *m* προεδρεία [proe'δria]
vorsteh|en προΐσταμαι [pro'istame]; **2er** *m* προϊστάμενος [proi'stamenos]
vorstell|en παρουσιάζω [parusi'azo], συστήνω [si'stino]; (*Uhr*) βάζω μπροστά ['vazo bro'sta]; *sich* (*etw.*) ~*en* φαντάζομαι [fan'dazome] *A*; **2ung** *f* παρουσίαση (-εις) [paru'siasi]; παράσταση (-εις) [pa'rastasi]; ιδέα [i'δea]
Vorteil *m* πλεονέκτημα [pleo'nektima] *n*; **2haft** επικερδής [epikjer'δis] 2; επωφελής [epofe'lis] 2
Vortrag *m* διάλεξη (-εις) [δi'aleksi]; **2en** (*Gedicht*) απαγγέλλω [apaŋ'gjelo]; εκθέτω [ek'θeto]
vortreten προχωρώ [proxo'ro]; εξέχω [e'ksexo]
vorüber περασμένος [pera'zmenos]; ~**gehen** περνώ (-άς) [per'no]; ~**gehend** προσωρινός [prosori'nos]
Vor|urteil *n* προκατάληψη (-εις) [proka'talipsi]; ~**verkauf** *m* προπώληση (-εις) [pro'polisi]; ~**wählnummer** *f* κωδικός *n* (της πόλεως) [koδi'kos (tis 'poleos)]; ~**wand** *m* πρόφαση (-εις) ['profasi]
vorwärts εμπρός [em'bros]
vorwegnehmen προλαμβάνω [prolam'vano]
vorweisen δείχνω ['δixno], παρουσιάζω [parusi'azo]

Vorwort *n* πρόλογος ['proloγos]
Vor|wurf *m* κατηγορία [katiγo'ria]; **~zeichen** *n* οιωνός [io'nos]; **²zeigen** δείχνω ['ðixno], παρουσιάζω [parusi'azo]; **²zeitig** πρόωρος ['prooros]
vorziehen προτιμώ (-άς) [proti'mo]
Vorzimmer *n* προθάλαμος [pro'θalamos]
Vor|zug *m* προτέρημα [pro'terima] *n*; **²züglich** έξοχος ['eksoxos]
Vulkan *m* ηφαίστιο [i'festio]; **²isieren** βουλκανίζω [vulka'nizo]

W

Waag|e *f* ζυγαριά [ziγa'rja]; **²erecht** οριζόντιος [ori'zondios]; **~schale** *f* δίσκος ζυγαριάς ['ðiskos ziγa'rjas]
wach ξύπνιος ['ksipnjos], άγρυπνος ['aγripnos]; **~ *werden*** ξυπνώ [ksi'pno]; **²e** *f* φρουρά [fru'ra], φρουρός [fru'ros]; **~en, ~ *sein*** αγρυπνώ [aγri'pno]
Wachs *n* κερί [kje'ri]
wachsam προσεκτικός [prosekti'kos]
wachsen¹ (*Schi*) κερώνω [kje'rono]
wachs|en² φυτρώνω [fi'trono]; μεγαλώνω [meγa'lono], αυξάνω [af'ksano]; **²tum** *n* ανάπτυξη (-εις) [a'naptiksi], αύξηση (-εις) ['afksisi]
Wächter *m* φύλακας ['filakas]
Wachtmeister *m*: ***Herr ~!*** κύριε αστυνόμε! ['kirie asti'nome]
wackeln κουνιέμαι [ku'njeme]
Wade *f* κνήμη ['knimi]
Waffe *f* όπλο ['oplo]; **~nstillstand** *m* ανακωχή [anako'çi]
wagen τολμώ (-άς) [tol'mo]
Wagen *m Esb.* άμαξα ['amaksa], βαγόνι [va'γoni]; αμάξι [a'maksi]; **~heber** *m* ανυψωτήρας [anipso'tiras]
Wahl- εκλογικός [ekloji'kos]
Wahl *f* εκλογή [eklo'ji]; ψηφοφορία [psifofo'ria]
wählbar εκλέξιμος [e'kleksimos]
Wahlberechtigung *f* δικαίωμα *n* ψήφου [ði'kjeoma 'psifu]
wähl|en διαλέγω [ðja'leγo], εκλέγω [e'kleγo]; ψηφίζω [psi'fizo]; **²er** *m* εκλογέας [eklo'jeas]; **~erisch** εκλεκτικός [eklekti'kos]
Wahlurne *f* κάλπη ['kalpi]
Wahnsinn *m* παραφροσύνη [parafro'sini]; **²ig** παράφρονας [pa'rafronas]
wahr αληθινός [aliθi'nos], αληθής [ali'θis] 2; ***nicht ~?*** δεν είναι έτσι; ['ðenine 'etsi]

währ|en διαρκώ [ðiar'ko]; **~end** (*G*) κατά [ka'ta] *A*
Wahr|heit *f* αλήθεια [a'liθja]; **2nehmen** παρατηρώ [parati'ro]; *fig.* προσέχω [pro'sexo]; **~nehmung** *f* παρατήρηση (-εις) [para'tirisi]; **2sagen** προφητεύω [profi'tevo]; **2scheinlich** πιθανός [piθa'nos]; **~scheinlichkeit** *f* πιθανότητα [piθa'notita]
Währung *f* νόμισμα ['nomizma] *n*
Wahrzeichen *n* σύμβολο ['simvolo]
Waise *f* ορφανός [orfa'nos], ορφανή [orfa'ni]
Wal *m* φάλαινα ['falena]
Wald *m* δάσος ['ðasos] *n*; **~brand** *m* δασοπυρκαγιά [ðasopirka'ja]; **2ig** δασωμένος [ðaso'menos]
Wall *m* περιτείχισμα [peri'tiçizma] *n*, πρόχωμα ['proxoma] *n*
Wall|fahrer *m* προσκυνητής [proskini'tis]; **~fahrt** *f* προσκύνημα [pro'skinima] *n*
Walnuß *f* καρύδι [ka'riði]
Walz|e *f* κύλινδρος ['kilinðros]; **2en** επιστρώνω [epi'strono], εξομαλύνω [eksoma'lino]
wälzen κυλώ (-άς) [ki'lo]
Walzer *m* βαλς [vals] *n*
Walzwerk *n* ελασματουργείο [elazmatur'jio]
Wand *f* τοίχος ['tixos]; (*Berg2*) πλευρά βουνού [ple'vra vu'nu]
Wandel *m* μεταβολή [meta-vo'li]; **2bar** μεταβλητός [metavli'tos]; **~gang** *m* στοά [sto'a]; **2n**: *sich* **2n** μεταβάλλομαι [meta'valome]
Wander|er *m* οδοιπόρος [oði'poros]; **~karte** *f* περιηγητικός χάρτης [periiji-ti'kos 'xartis]; **2n** οδοιπορώ [oðipo'ro]; **~ung** *f* οδοιπορία [oðipo'ria]
Wandtafel *f* μαυροπίνακας [mavro'pinakas]
Wange *f* μάγουλο ['maɣulo], παρειά [pari'a]
wanke|lmütig άστατος ['astatos]; **~n** τρικλίζω [tri'klizo], ταλαντεύομαι [talan'devome]
wann πότε ['pote]; ***dann und*** **~** πότε πότε ['pote 'pote]
Wanne *f* σκάφη ['skafi]; μπανιέρα [ban'jera]
Wanze *f* κοριός [ko'rjos]
Wappen *n* οικόσημο [i'kosimo], έμβλημα ['emvlima] *n*
Ware *f* εμπόρευμα [em'borevma] *n*; **~nhaus** *n* πολυκατάστημα [polika'tastima] *n*
warm ζεστός [ze'stos]; θερμός [θer'mos]; ***es ist*** **~** κάνει ζέστη ['kani 'zesti]; ***mir ist*** **~** ζεσταίνομαι [ze'stenome]
Wärm|e *f* ζέστη ['zesti]; θερμότητα [θer'motita]; **2en** ζεσταίνω [ze'steno], θερμαίνω [θer'meno]
Warmwasser|heizung *f* θέρμανση με ζεστό νερό ['θer-

mansi me ze'sto ne'ro]; **~speicher** *m* θερμοσίφωνας [θermo'sifonas]
warn|en προειδοποιώ [proiðopi'o]; **~ung** *f* προειδοποίηση (-εις) [proiðo'piisi]
warten περιμένω [peri'meno], αναμένω [ana'meno]
Wärter *m* φύλακας ['filakas]
Wartesaal *m* αίθουσα αναμονής ['eθusa anamo'nis]
warum γιατί [ja'ti]
Warze *f* κρεατοελιά [kreatoe'lja]
was τι [ti]; ό, τι ['oti]; **~ für ein** τι είδους [ti 'iðus]; **das, ~** αυτό που [a'fto pu]
Wasch|automat *m* πλυντήριο [plin'dirio]; **~becken** *n* λεκάνη [le'kani], νεροχύτης [nero'çitis]
Wäsche *f* μπουγάδα [bu'γaða]; (*Leib~*) ασπρόρουχα [a'sproruxa] *n/pl.*
waschen πλένω ['pleno]
Wäscherei *f* καθαριστήριο [kaθari'stirio]
Wasch|lappen *m* σφουγγαρόπανο [sfuŋga'ropano]; **~maschine** *f* πλυντήριο [plin'dirio]; **~pulver** *n* σκόνη πλυσίματος ['skoni pli'simatos]; **~raum** *m* τουαλέτα [tua'leta]
Wasser *n* νερό [ne'ro]; **~dicht** αδιάβροχος [a'ðjavroxos]; **~fall** *m* καταρράκτης [kata'raktis]; **~flasche** *f* καράφα [ka'rafa]; **~glas** *n* ποτήρι νερού [po'tiri ne'ru]; **~hahn** *m* βρύση ['vrisi]; **~kraftwerk** *n* υδροηλεκτρικός σταθμός [iðroilektri'kos staθ'mos]; **~leitung** *f* υδραγωγός [iðraγo'γos]; **~melone** *f* καρπούζι [kar'puzi]; **~spiegel** *m* επιφάνεια νερού [epi'fania ne'ru]; **~sport** *m* ναυτικό σπορ [nafti'ko spor] *n*; **~stoff** *m* υδρογόνο [iðro'γono]; **~welle** *f* (*Frisur*) μιζαμ-πλί [mizam'bli] *n*
waten τσαλαβουτώ (-άς) [tsalavu'to]
Watt *n Elektr.* βατ [vat] *n*
Watte *f* βαμβάκι [vam'vaki]
web|en υφαίνω [i'feno]; **~er** *m* υφαντής [ifan'dis]; **~stuhl** *m* αργαλειός [arγa'ljos]
Wechsel *m* αλλαγή [ala'ji], μεταβολή [metavo'li], συνάλλαγμα [si'nalaγma] *n*; **~geld** *n* ψιλά [psi'la] *n/pl.*; **~haft** άστατος ['astatos]; **~kurs** *m* τιμή συναλλάγματος [ti'mi sina'laγmatos]; **~n** αλλάζω [a'lazo]; (*in kleineres Geld*) χαλνώ (-άς) [xal'no]; **~strom** *m* εναλλασσόμενο ρεύμα [enala'someno 'revma]
wecke|n ξυπνώ [ksi'pno]; **~r** *m* ξυπνητήρι [ksipni'tiri]
weder ... noch ούτε ... ούτε ['ute ... 'ute]
Weg *m* δρόμος ['ðromos]; *fig.* τρόπος ['tropos]
weg φευγάτος [fe'vγatos]; χαμένος [xa'menos]
wegen (*G*) για [ja] *A*, λόγω ['loγo] *G*

weg|fahren φεύγω ['fevγo]; **~fallen** παραλείπομαι [para'lipome]; **~führen** απάγω [a'paγo]; **~gehen** φεύγω ['fevγo]; **~legen** βάζω κατά μέρος ['vazo kata'meros]; **~nehmen** αφαιρώ [afe'ro]; **~reißen** αποσπώ (-άς) [apo'spo]; **~schicken** αποστέλλω [apo'stelo]; **~schmeißen** *fam.* πετώ (-άς) [pe'to]; **~schütten** χύνω ['çino]; **~sehen** αποστρέφω το βλέμμα [apo'strefo to 'vlema]

Wegweiser *m* δείκτης ['ðiktis], οδηγός [oði'γos]

weg|wenden αποστρέφω [apo'strefo]; **~werfen** πετώ (-άς) [pe'to]; **~wischen** σκουπίζω [sku'pizo]

weh tun πονώ (-άς) *s.* ***schmerzen***

wehen φυσώ (-άς) [fi'so]

Wehen *pl.* ωδίνες [o'ðines] *f/pl.*

Wehrdienst *m* θητεία [θi'tia]; **~verweigerer** *m* ανυπότακτος [ani'potaxtos]

wehr|en: ***sich ~en*** αμύνομαι [a'minome]; **~fähig** στρατεύσιμος [stra'tefsimos]; **~los** ανίσχυρος [a'nisçiros]; **Ձpflicht** *f* υποχρεωτική θητεία [ipoxreoti'ki θi'tia]

Weib *n* γυναίκα [ji'neka]; **Ձisch** θηλυπρεπής [θilipre'pis] 2; **Ձlich** γυναικείος [jine'kios], θηλυκός [θili'kos]

weich μαλακός [mala'kos]

Weiche *f* κλειδί [kli'ði]

weichen υποχωρώ [ipoxo'ro]

weichgekocht (*Ei*) μελάτο [me'lato]

Weichheit *f* μαλακότητα [mala'kotita], πραότητα [pra'otita]

Weide *f* (*Baum*) ιτιά [i'tja]; (*Vieh*Ձ) βοσκή [vo'ski]; **Ձn** βόσκω ['vosko]

weiger|n: ***sich ~n*** αρνιέμαι [ar'njeme]; **Ձung** *f* άρνηση (-εις) ['arnisi]

Weih|e *f* αγιασμός [aja'zmos]; **Ձen** αγιάζω [a'jazo]

Weihnachten *n* Χριστούγεννα [xri'stujena] *n/pl.*

Weihnachts|abend *m* Παραμονή χριστουγέννων [paramo'ni xristu'jenon]; **~baum** *m* χριστουγεννιάτικο δέντρο [xristuje'njatiko 'ðendro]; **~geschenk** *n* μποναμάς [bona'mas], χριστουγεννιάτικο δώρο [xristuje'njatiko 'ðoro]; **~mann** *m* Άγιος Βασίλης ['ajos va'silis]

Weihrauch *m* λιβάνι [li'vani]

weil γιατί [ja'ti], διότι [ði'oti], επειδή [epi'ði]

Wein *m* κρασί [kra'si], οίνος ['inos]; **~bau** *m* αμπελουργία [ambelur'jia]; **~berg** *m* αμπελώνας [ambe'lonas]

weinen κλαίω ['kleo] (***vor*** / από [a'po])

Wein|faß *n* βαρέλι κρασιού [va'reli kra'sju]; **~flasche** *f* μπουκάλι κρασιού [bu'kali kra'sju]; **~händler** *m* οινοπώλης [ino'polis]; **~keller** *m* αποθήκη οίνων [apo'θiki 'inon]; **~laube** *f* κληματαριά [klimata'rja]; **~lese** *f* τρύγος ['triγos]; **~stock** *m* αμπέλι [am'beli]; **~stube** *f* ταβέρνα [ta'verna]; **~traube** *f* σταφύλι [sta'fili]

Weise *f* τρόπος ['tropos]; *Mus.* σκοπός [sko'pos]

weis|e σοφός [so'fos]; **ˆheit** *f* σοφία [so'fia]

weiß άσπρος ['aspros], λευκός [lef'kos]

Weiß|brot *n* άσπρο ψωμί ['aspro pso'mi]; **~kohl** *m* (άσπρο) λάχανο [('aspro) 'laxano]; **~wein** *m* άσπρο κρασί ['aspro kra'si]

Weisung *f* οδηγία [oδi'jia]; διαταγή [δiata'ji]

weit μακρινός [makri'nos], μακρύς [ma'kris]; πλατύς [pla'tis]; φαρδύς [far'δis]; *Adv.* μακριά [makri'a]; **ˆe** *f* έκταση (-εις) ['ektasi]; πλάτος ['platos] *n*; **~en** φαρδαίνω [far'δeno]; πλαταίνω [pla'teno]; **~er** μακρύτερος [ma'kriteros]; φαρδύτερος [far'δiteros]; ***und so ~er*** και τα λοιπά [kje ta li'pa]; ***ohne ~eres*** χωρίς άλλο [xo'ris 'alo]; **~schweifig** μακρολόγος [makro'loγos]; **~sichtig** πρεσβύωψ [pre'zviops] *m, f*; *fig.* διορατικός [δiorati'kos]

Weizen *m* σιτάρι [si'tari], σίτος ['sitos]

welch ...! τι [ti] ...!; **~er** που [pu], ο οποίος [o o'pios]

welk μαραμένος [mara'menos]; **~en** μαραίνομαι [ma'renome]

Well|blech *n* κυματιστή λαμαρίνα [kimati'sti lama'rina]; **~e** *f* κύμα ['kima] *n*; *Tech.* άτρακτος ['atraktos] *f*

Wellen|brecher *m* κυματοθραύστης [kimato'θrafstis]; **~länge** *f* μήκος *n* κύματος ['mikos 'kimatos]

Welt- παγκόσμιος [paŋ'gozmios]

Welt *f* κόσμος ['kozmos]; **~all** *n* σύμπαν ['simban] *n*; **~anschauung** *f* κοσμοθεωρία [kozmoθeo'ria]; **~herrschaft** *f* κοσμοκρατορία [kozmokrato'ria]; **~krieg** *m* παγκόσμιος πόλεμος [paŋ'gozmios 'polemos]; **~kugel** *f* υδρόγειος σφαίρα [i'δrojios 'sfera]; **ˆlich** κοσμικός [kozmi'kos]; **~raum** *m* διάστημα [δi'astima] *n*; **~raumflug** *m* διαστημική πτήση [δiastimi'ki 'ptisi]

wend|en γυρίζω [ji'rizo], στρέφω ['strefo]; ***sich ~en*** απευθύνομαι [ape'fθinome] (***an*** *A*/ σε [se]); **ˆung** *f* στροφή [stro'fi]; *fig.* μεταβολή [metavo'li]

wenig λίγος ['liγos]; **~er** *Math.* πλην [plin]; λιγότερος [li'γoteros]; **~stens** τουλάχιστον [tu'laçiston]

wenn (*falls*) αν [an], εάν

[e'an]; (*zeitlich*) όταν ['otan]; ~ **auch** αν και [aŋ 'gje]; **selbst** ~ και αν ακόμη [kje an a'komi]
wer ποιος [pjos]; (*Relativpronomen*) όποιος ['opjos], αυτός που [a'ftos pu]; ~ **auch immer** οποιοσδήποτε [opjos'ðipote]
werb|en επιζητώ [epizi'to]; *Hdl.* προπαγανδίζω [propaγan'ðizo], διαφημίζω [ðiafi'mizo]; **2ung** *f* διαφήμιση (-εις) [ðia'fimisi]
werden γίνομαι ['jinome]
werfen ρίχνω ['rixno]
Werft *f* ναυπηγείο [nafpi'jio]
Werk *n* έργο ['erγo]; (*Fabrik*) εργοστάσιο [erγo'stasio]; **~statt** *f* εργαστήριο [erγa'stirio]; **~tag** *m* εργάσιμη ημέρα [er'γasimi i'mera]; **~zeug** *n* εργαλείο [erγa'lio]
wert άξιος ['aksios]; αξιότιμος [aksi'otimos]; ~ **sein** αξίζω [a'ksizo]; **2** *m* αξία [a'ksia]; **2angabe** *f* δήλωση αξίας ['ðilosi a'ksias]; **2brief** *m* συστημένο γράμμα [sisti'meno 'γrama] *n*; **~los** χωρίς αξία [xo'ris a'ksia], άνευ αξίας ['anef a'ksias]; **2papier** *n* χρεώγραφο [xre'oγrafo]; **2sachen** *f/pl.* πολύτιμα αντικείμενα [po'litima andi'kimena] *n/pl.*; **~voll** πολύτιμος [po'litimos]
Wesen *n* ουσία [u'sia], ον [on]; φύση (-εις) ['fisi]; **2tlich** ουσιώδης [usi'oðis] 2, σημαντικός [simandi'kos]; **im 2tlichen** κυρίως [ki'rios]
weshalb γιατί [ja'ti]
Wespe *f* σφήκα ['sfika]
Weste *f* γιλέκο [ji'leko]
West|en *m* δύση ['ðisi]; **2lich** δυτικός [ðiti'kos]; **~wind** *m* πονέντες [po'nendes], ζέφυρος ['zefiros]
Wett|bewerb *m* συναγωνισμός [sinaγoni'zmos]; **~e** *f* στοίχημα ['stiçima] *n*; **2en** βάζω στοίχημα ['vazo 'stiçima]
Wetter *n* καιρός [kje'ros]; **~bericht** *m* μετεωρολογικό δελτίο [meteoroloji'ko ðel'tio]
Wettkampf *m* αγώνας [a'γonas]
wetzen ακονίζω [ako'nizo], τροχίζω [tro'çizo]
wichtig σπουδαίος [spu'ðeos]; **2keit** *f* σπουδαιότητα [spuðe'otita]
Wickel|kind *n* μωρό [mo'ro], βρέφος ['vrefos] *n*; **2n** φασκιώνω [fas'kjono]; (*Garn*) κουβαριάζω [kuva'rjazo]
wider (*A*) εναντίον [enan'dion] *G*, κατά [ka'ta] *G*; **~fahren** συμβαίνει [sim'veni], τυχαίνει [ti'çeni]; **2hall** *m* αντίλαλος [an'dilalos], αντήχηση [an'diçisi]; **~hallen** αντηχώ [andi'xo]; **~legen** αναιρώ [ane'ro]; **2legung** *f* αναίρεση (-εις)

[a'neresi]; **~lich** σιχαμερός [sixame'ros], αηδιαστικός [aiðiasti'kos]; **~rechtlich** παράνομος [pa'ranomos]; **2rede** *f* αντίρρηση (-εις) [an'dirisi]; **2ruf** *m* ανάκληση (-εις) [a'naklisi], διάψευση (-εις) [ði'apsefsi]; **~rufen** ανακαλώ [anaka'lo], διαψεύδω [ðia'psevðo]; **~setzen: *sich ~setzen*** αντιτάσσομαι [andi'tasome]; **~sinnig** παράλογος [pa'raloγos]; **~spenstig** ανυπότακτος [ani'potaktos]; **~spiegeln** αντανακλώ (-άς) [andana'klo]; **~sprechen** αντιλέγω [andi'leγo]; **2spruch** *m* αντίρρηση (-εις) [an'dirisi], αντίφαση (-εις) [an'difasi]; **2stand** *m* αντίσταση (-εις) [an'distasi]; **2wärtigkeit** *f* αηδία [ai'ðia]; **2wille** *m* αντιπάθεια [andi'paθia], αποστροφή [apostro'fi]; **~willig** απρόθυμος [a'proθimos]

widm|en (*D*) αφιερώνω [afie'rono]; **2ung** *f* αφιέρωση (-εις) [afi'erosi]

widrig ενάντιος [e'nandios]

wie (*Frage*) πώς [pos]; (*Vergleich*) σαν [san], όπως ['opos]; (*Ausruf*) πόσο ['poso]; **~viel** πόσος ['posos]

wieder- ξαν(α)- [ksan(a)-]

wieder πάλι ['pali], ξανά [ksa'na]; **2aufbau** *m* επανοικοδόμηση (-εις) [epaniko'ðomisi]; **~aufleben** ξαναζώ [ksana'zo]; **2aufnahme** *f* επανάληψη (-εις) [epa'nalipsi]; *jur.* αναθεώρηση (-εις) [anaθe'orisi]; **~aufnehmen** ξαναρχίζω [ksanar'çizo]; **~bekommen** παίρνω πίσω ['perno 'piso]; **~beleben** αναζωογονώ [anazooγo'no]; **~eröffnen** ξανανοίγω [ksana'niγo]; **2gabe** *f* απόδοση (-εις) [a'poðosi]; **~geben** επιστρέφω [epi'strefo]; **~gutmachen** επανορθώνω [epanor'θono]; **2gutmachung** *f* επανόρθωση (-εις) [epa'norθosi]; **~herstellen** επιδιορθώνω [epiðior'θono]; **2herstellung** *f* επιδιόρθωση (-εις) [epiði'orθosi]; **~holen** επαναλαμβάνω [epanalam'vano]; **2holung** *f* επανάληψη (-εις) [epa'nalipsi]; **2kehr** *f* επάνοδος [e'panoðos] *f*; **~kommen** επιστρέφω [epi'strefo]; **~sehen: auf 2sehen!** καλή(ν) αντάμωση [ka'li(n) an'damosi]; γεια (σας, σου)! ['ja (sas, su)], χαίρετε! ['çerete]

Wiege *f* κούνια ['kunja]; **2n** ζυγίζω [zi'jizo], κουνώ (-άς) [ku'no]; (*Kind*) νανουρίζω [nanu'rizo]

Wiese *f* λιβάδι [li'vaði]

wieso πώς [pos]

wieviel πόσος ['posos]

wild άγριος ['aγrios]; **2** *n* αγρίμι [a'γrimi], κυνήγι [ki-

'niji]; **~leder** *n* καστόρ(ι) [ka'stor(i)]; **~nis** *f* ερημιά [eri'mja]; **~schwein** *n* αγριογούρουνο [aγrio'γuruno]
Will|e *m* θέλημα ['θelima] *n*, θέληση (-εις) ['θelisi]; ***aus freiem ~en*** εκούσιος [e'kusios]; ***um Gottes ~en!*** για όνομα του θεού! [ja 'onoma tu θe'lu]; **~ig** πρόθυμος ['proθimos]; **~kommen!** καλώς ορίσατε [ka'los o'risate]; **~kür** *f* αυθαιρεσία [afθere'sia]; **~kürlich** αυθαίρετος [a'fθeretos]
wimmern κλαψουρίζω [klapsu'rizo]
Wimper *f* βλεφαρίδα [vlefa'riδa]
Wind *m* αέρας [a'eras], άνεμος ['anemos]
Winde *f* βίντσι ['vintsi], τροχαλία [troxa'lia]
Windel *f* φασκιά [fa'skja], σπάργανο ['sparγano]
winden τυλίγω [ti'liγo]
wind|ig: *es ist ~ig* έχει αέρα ['eçi a'era]; **~mühle** *f* ανεμόμυλος [ane'momilos]; **~pokken** *f/pl.* ανεμοβλογιά [anemovlo'ja]; **~schutzscheibe** *f* παρμπρίζ [par'briz] *n*; **~stille** *f* γαλήνη [γa'lini]; **~stoß** *m* μπουρίνι [bu'rini]; **~zug** *m* ρεύμα ['revma] *n*
Wink *m* γνέψιμο ['γnepsimo]; νόημα ['noima] *n*
Winkel *m* γωνιά [γo'nja]
winken γνέφω ['γnefo]
Winter *m* χειμώνας [çi'monas]; **~lich** χειμωνιάτικος [çimo'njatikos], χειμερινός [çimeri'nos]; **~sport** *m* χειμερινό σπορ [çimeri'no spor] *n*
Winzer *m* αμπελουργός [ambelur'γos]
winzig μικρούτσικος [mi'krutsikos]
Wipfel *m* κορ(υ)φή [kor(i)'fi]
wir εμείς [e'mis]
Wirbel *m* στρόβιλος ['strovilos], δίνη ['δini]; *Anat.* ραχοκόκαλο [raxo'kokalo], σπόνδυλος ['sponδilos]; **~säule** *f* σπονδυλική στήλη [sponδili'ki 'stili]; **~sturm** *m* κυκλώνας [ki'klonas]
wirk|en ενεργώ [ener'γo]; *fig.* επηρεάζω [epire'azo], επιδρώ (-άς) [epi'δro]; **~lich** πραγματικός [praγmati'kos]; **~lichkeit** *f* πραγματικότητα [praγmati'kotita]; **~sam** αποτελεσματικός [apotelezmati'kos]; **~samkeit** *f* αποτελεσματικότητα [apotelezmati'kotita]; **~ung** *f* επίδραση (-εις) [e'piδrasi]; συνέπεια [si'nepia]
wirr συγχυσμένος [siŋçi'zmenos]; **~warr** *m* ανακατωσούρα [anakato'sura], σύγχυση ['siŋçisi]
Wirt *m* (*Haus~*) νοικοκύρης [niko'kiris]; (*Gast~*) ξενοδόχος [kseno'δoxos]; **~schaft** *f* οικονομία [ikono'mia]; (*Haushalt*) νοικοκυριό [nikoki'rjo]; **~schaften** διαχει-

ρίζομαι [ðiaçi'rizome]; **~schaftlich** οικονομικός [ikonomi'kos]

wisch|en σφουγγίζω [sfuŋ-'gizo]; **~lappen** *m* σφουγγαρόπανο [sfuŋga'ropano]

wissen ξέρω ['ksero], γνωρίζω [γno'rizo]; **~** *n* γνώση (-εις) ['γnosi]; **~schaft** *f* επιστήμη [epi'stimi]; **~schaftlich** επιστημονικός [epistimoni'kos]

witter|n μυρίζω [mi'rizo], οσφραίνομαι [o'sfrenome]; **~ung** *f* όσφρηση ['osfrisi]; (*Wetter*) καιρός [kje'ros]

Witwe *f* χήρα ['çira]; **~r** *m* χήρος ['çiros]

Witz *m* αστείο [a'stio]; **~ig** αστείος [a'stios]

wo πού [pu]; όπου ['opu]

Woche *f* (ε)βδομάδα [(e)vðo'maða]

Wochen|ende *n* σαββατοκύριακο [savato'kirjako]; **~markt** *m* λαϊκή αγορά [lai-'ki aγo'ra]; **~schau** *f* επίκαιρα [e'pikjera] *n/pl.*; **~tag** *m* καθημερινή [kaθimeri'ni]

wöch|entlich εβδομαδιαίος [evðomaði'eos]; **~nerin** *f* λεχώνα [le'xona]

wo|durch πώς [pos], με τι [me ti]; με το οποίο [me to o'pio]; **~für** για τι [ja 'ti]; για το οποίο [ja to o'pio]; **~gegen** κατά τίνος [kata 'tinos]; κατά του οποίου [ka'ta tu o'piu]; **~her** από πού [apo 'pu]; **~hin** (για) πού [(ja) 'pu], όπου ['opu]

wohl καλά [ka'la], καλώς [ka'los]; μάλλον ['malon]; **~** *n* καλό [ka'lo], ευημερία [evime'ria]; ***auf Ihr ~!*** εις υγείαν σας [is i'jian sas]; **~befinden** *n* ευεξία [eve-'ksia]; **~behalten** σώος και αβλαβής ['soos kje avla'vis]; **~habend** εύπορος ['efporos]; **~klang** *m* ευφωνία [efo'nia]; **~meinend** καλόβουλος [ka'lovulos]; **~riechend** μυρωδάτος [miro'ðatos], εύοσμος ['evozmos]; **~schmeckend** νόστιμος ['nostimos]; **~stand** *m* ευημερία [evime'ria]; **~tat** *f* ευεργεσία [everje'sia]; **~tuend** ευχάριστος [ef'xaristos]; **~wollen** *n* εύνοια ['evnia]; **~wollend** ευνοϊκός [evnoi'kos]

wohn|en κάθομαι ['kaθome], κατοικώ [kati'ko]; **~haus** *n* σπίτι ['spiti]; **~lich** αναπαυτικός [anapafti'kos]; **~ort** *m* τόπος διαμονής ['topos ðiamo'nis]; **~sitz** *m* κατοικία [kati'kia]; **~ung** *f* κατοικία [kati'kia]; διαμέρισμα [ðia-'merizma] *n*; **~wagen** *m* τροχόσπιτο [tro'xospito]; **~zimmer** *n* σάλα ['sala]

Wölbung *f* καμάρα [ka-'mara], θόλος ['θolos]

Wolf *m* λύκος ['likos]

Wolk|e *f* σύννεφο ['sinefo]; **~enbruch** *m* καταρρακτώδης βροχή [katara-

'ktoðis vro'çi]; **~enkratzer** *m* ουρανοξύστης [urano'ksistis]; **2enlos** ανέφελος [a'nefelos]; **2ig** συννεφιασμένος [sinefja'zmenos]
Wolle *f* μαλλί [ma'li]
wollen θέλω ['θelo]; ***lieber*** ~ προτιμώ (-άς) [proti'mo]
Wollust *f* ηδονή [iðo'ni]
womit με τι [me ti]; με το οποίο [me to o'pio]
Wonne *f* τέρψη (-εις) ['terpsi]
woraus από τι [apo ti]; από το οποίο [apo to o'pio]
Wort *n* λέξη (-εις) ['leksi], λόγος ['loγos]
Wörterbuch *n* λεξικό [leksi'ko]
wort|getreu κυριολεκτικός [kiriolekti'kos]; **2laut** *m* διατύπωση (-εις) [ðia'tiposi]
wörtlich κατά λέξη [kata 'leksi]
Wort|schatz *m* λεξιλόγιο [leksi'lojio]; **~wechsel** *m* λογομαχία [loγoma'çia]
wo|rüber για τι (πράγμα) [ja'ti ('praγma)]; **~runter** κάτω από τι ['kato apo 'ti]; ... το οποίο [to o'pio]; **~von** από τι [apo ti]; *relativ*: από το οποίο [apo to o'pio]; **~vor** μπροστά από τι [bro'sta apo 'ti]; ... το οποίο [to o'pio]; **~zu** προς τι [pros 'ti]; γιατί [ja'ti]
Wrack *n* ναυάγιο [na'vajio]
Wucher *m* τοκογλυφία [tokoγli'fia]; **2n** (*Pflanze*) φουντώνω [fun'dono]; **~ung** *f Med.* απόφυση (-εις) [a'pofisi]
Wuchs *m* ανάστημα [a'nastima] *n*
Wucht *f* ορμή [or'mi]; **2ig** ογκώδης [oŋ'goðis] 2; ορμητικός [ormiti'kos]
wühlen σκαλίζω [ska'lizo]
Wulst *m* κότσος ['kotsos], όγκος ['oŋgos]
wund πληγωμένος [pliγo'menos]; **2e** *f* πληγή [pli'ji]
Wunder *n* θαύμα ['θavma] *n*; **2bar** θαυμάσιος [θa'vmasios]; **2lich** παράξενος [pa'raksenos]; **2n:** ***sich*** **2n** απορώ [apo'ro], παραξενεύομαι [parakse'nevome]
Wunsch *m* επιθυμία [epiθi'mia]
wünschen επιθυμώ [epiθi'mo]; εύχομαι ['efxome]; **~swert** ποθητός [poθi'tos]
Würd|e *f* αξιοπρέπεια [aksio'prepia]; **2evoll** αξιοπρεπής [aksiopre'pis] 2; **2ig** άξιος ['aksios]
Wurf *m* ρίξιμο ['riksimo], βολή [vo'li]
Würfel *m* ζάρι ['zari], κύβος ['kivos]; **2n** ρίχνω το ζάρι ['rixno to 'zari]; **~zucker** *m* κύβος ζάχαρης ['kivos 'zaxaris]
würgen στραγγαλίζω [straŋga'lizo], πνίγω ['pniγo]
Wurm *m* σκουλήκι [sku'liki]
Wurst *f* λουκάνικο [lu'kaniko]; **~waren** *f/pl.* αλλαντικά [alandi'ka] *n/pl.*

Würze *f* μπαχαρικό [baxari'ko], άρτυμα ['artima] *n*
Wurzel *f* ρίζα ['riza]; **2n** ριζώνω [ri'zono]
würz|en αρωματίζω [aroma'tizo]; **~ig** αρωματικός [aromati'kos]
Wüste *f* ερημιά [eri'mja], έρημος ['erimos]
Wut *f* φούρκα ['furka], οργή [or'ji]
wüt|en καταστρέφω [kata'strefo], μαίνομαι ['menome]; **~end** φουρκισμένος [furki'zmenos], οργισμένος [orji'zmenos]

X

X-Beine *n/pl.* πόδια γυρισμένα προς τα έξω ['poδja jiri'zmena pros ta 'ekso]
x-beliebig οποιοσδήποτε [opjoz'δipote]
x-mal χίλιες φορές ['çiljes fo'res]
X-Strahlen *m/pl.* ακτίνες Χ [a'ktines 'çi] *f/pl.*
Xylophon *n* ξυλόφωνο [ksi'lofono]

Y

Yoga *n* γιόγκα ['joga] *n*; **~übung** *f* αζανά [aza'na] *n*
Ypsilon *n* ύψιλον ['ipsilon]

Z

Zack|e *f*, **~en** *m* μύτη ['miti], αιχμή [ex'mi]
zaghaft διστακτικός [δista-kti'kos]; δειλός [δi'los]
zäh σκληρός [skli'ros]; επίμονος [e'pimonos]; **2igkeit** *f* σκληρότητα [skli'rotita]; επιμονή [epimo'ni]
Zahl *f* αριθμός [ariθ'mos]; **2en** πληρώνω [pli'rono]; ***Kellner, 2en!*** γκαρσόν, το λογαριασμό, παρακαλώ [gar'son, to loγarja'zmo, paraka'lo]
zähl|en μετρώ (-άς) [me'tro]; αριθμώ [ariθ'mo]; **2er** *m* αριθμητής [ariθmi'tis]; *Elektr.* μετρητής ρεύματος [metri'tis 'revmatos]
Zahl|karte *f* δελτίο πληρωμής [δel'tio pliro'mis]; **2los** αναρίθμητος [ana'riθmitos]; **2reich** πολυάριθμος [poli'ariθmos]; **~ung** *f* πληρωμή [pliro'mi]
Zählung *f* αρίθμηση [a'riθmisi]; (*Volks2*) απογραφή [apoγra'fi]
Zahlungs|anweisung *f* επιταγή πληρωμής [epita'ji pli-

ro'mis]; **~mittel** *n* χρηματικό μέσο [xrimati'ko 'meso]
zahm ήμερος ['imeros]
zähmen εξημερώνω [eksime'rono], δαμάζω [ða'mazo]
Zahn *m* δόντι ['ðondi]; **~arzt** *m* οδοντίατρος [oðon'diatros]; **~bürste** *f* οδοντόβουρτσα [oðon'dovurtsa]; **~fleisch** *n* ούλα ['ula] *n/pl.*; **~pasta** *f* οδοντόπαστα [o-ðon'dopasta]; **~plombe** *f* σφράγισμα ['sfrajizma] *n*; **~rad** *n* οδοντωτός τροχός [oðondo'tos tro'xos]; **~schmerzen** *m/pl.* πονόδοντος [po'noðondos]; **~stocher** *m* οδοντογλυφίδα [oðondoɣli'fiða]
Zange *f* τανάλια [ta'nalja]
Zank *m* καβγάς [ka'vɣas], φιλονεικία [filoni'kia]; **Ωen** μαλώνω [ma'lono], φιλονεικώ [filoni'ko]
zänkisch καυγατζίδικος [kavɣa'dziðikos]
Zäpfchen *n Med.* υπόθετο [i'poθeto]
Zapfen *m* κάνουλα ['kanula], επιστόμιο [epi'stomio]
zart τρυφερός [trife'ros]; **Ωgefühl** *n* αβρότητα [a'vrotita]
zärtlich χαϊδευτικός [xaiðefti'kos], τρυφερός [trife'ros]; **Ωkeit** *f* τρυφερότητα [trife'rotita]
Zauber *m* μάγια ['maja] *n/pl.*, γοητεία [ɣoi'tia]; **~ei** *f* μαγεία [ma'jia]; **~er** *m* μάγος ['maɣos]; **Ωn** μαγεύω [ma'jevo]
zaudern διστάζω [ði'stazo]
Zaum *m* χαλινάρι [xali'nari], χαλινός [xali'nos]
Zaun *m* φράχτης ['fraxtis]
Zech|e *f Bgb.* μεταλλουργείο [metalur'jio], μεταλλείο [meta'lio]; **Ωen** μεθοκοπώ (-άς) [meθoko'po]; **~gelage** *n* μεθοκόπι [meθo'kopi], γλέντι ['ɣlendi]
Zehe *f* δάχτυλο (του ποδιού) ['ðaxtilo (tu po'ðju)]
zehn δέκα ['ðeka]; **Ωtel** *n* δέκατο ['ðekato]
Zeichen *n* σημάδι [si'maði], σημείο [si'mio]
zeichn|en σχεδιάζω [sçeði'azo]; **Ωer** *m* σχεδιαστής [sçeðia'stis]; **Ωung** *f* σχέδιο ['sçeðio]
Zeige|finger *m* δείκτης ['ðiktis]; **Ωn** δείχνω ['ðixno]; **~r** *m* δείκτης ['ðiktis]
Zeile *f* αράδα [a'raða]; γραμμή [ɣra'mi]
Zeit *f* καιρός [kje'ros]; **~alter** *n* εποχή [epo'çi]; **Ωgemäß** επίκαιρος [e'pikjeros]; **Ωig** νωρίς [no'ris]; εγκαίρως [eŋ'gjeros]; **Ωlos** άχρονος ['axronos]; **~raum** *m* χρονικό διάστημα [xroni'ko ði'astima] *n*; **~schrift** *f* περιοδικό [perioði'ko]; **~ung** *f* εφημερίδα [efime'riða]; **~ungskiosk** *m* περίπτερο [pe'riptero]; **~verlust** *m* χασομέρι [xaso'meri], απώλεια

χρόνου [a'polia 'xronu]; **~vertreib** *m*: ***zum ~vertreib*** για να περνά η ώρα [ja na per'na i 'ora]; **≈weise** κατά καιρούς [kata kje'rus]; **~wort** *n* ρήμα ['rima] *n*

Zelle *f* κελλί [kje'li]; κύτταρο ['kitaro]

Zelt *n* σκηνή [ski'ni]; **~bahn** *f* τέντα ['tenda]; **≈en** κατασκηνώνω [kataski'nono]; **~lager** *n* κατασκήνωση (-εις) [kata'skinosi]

Zement *m* τσιμέντο [tsi'mendo]

Zensur *f* βαθμός [vaθ'mos]; *Pol.* λογοκρισία [loγokri'sia]

Zentimeter *m* εκατοστόμετρο [ekato'stometro]

Zentner *m* καντάρι [kan'dari]

Zentral|-, zentral κεντρικός [kjendri'kos]; **~heizung** *f* κεντρική θέρμανση [kjendri'ki 'θermansi]

Zentrum *n* κέντρο ['kjendro]

zerbrech|en σπάζω ['spazo], κομματιάζω [koma'tjazo]; **~lich** εύθραυστος ['efθrafstos]

zerdrücken ζουλώ (-άς) [zu'lo], συνθλίβω [sin'θlivo]

Zeremonie *f* τελετή [tele'ti]

Zerfall *m* αποσύνθεση (-εις) [apo'sinθesi]; **≈en** διαλύομαι [δia'liome]

zer|fetzen σχίζω ['sçizo], κουρελιάζω [kure'ljazo]; **~fleischen** πετσοκόβω [petso'kovo], κατακρεουργώ [katakreur'γo]; **~fließen** λειώνω ['ljono], διαλύομαι [δia'liome]; **~fressen** κατατρύχω [kata'trixo]; **~gliedern** ανατέμνω [ana'temno]; *fig.* αναλύω [ana'lio]; **~hacken, ~kleinern** λιανοίζω [lja'nizo], κομματιάζω [koma'tjazo]; **~knittern** τσαλακώνω [tsala'kono]; **~kratzen** καταγρατσουνώ (-άς) [kataγratsu'no]; **~legen** αποσυνθέτω [aposin'θeto]; **~lumpt** κουρελιασμένος [kurelja'zmenos]; **~platzen** σκάζω ['skazo]; **~reißen** σχίζω ['sçizo]

zerren τραβώ (-άς) [tra'vo], σέρνω ['serno]

zer|rinnen διαλύομαι [δia'liome]; **~schlagen** κατακομματιάζω [katakoma'tjazo]; **~schmettern** κατασυντρίβω [katasin'drivo]; **~schneiden** κόβω ['kovo]; **~setzen** αποσυνθέτω [aposin'θeto], διαλύω [δia'lio]; (*durch Fäulnis*) σαπίζω [sa'pizo]; **~splittern** κατακομματιάζω [katakoma'tjazo]; (*Kräfte*) σκορπίζω [skor'pizo]; **~springen** σπάζω ['spazo]; ραγίζω [ra'jizo]

zerstör|en καταστρέφω [kata'strefo]; **≈er** *m Mar.* αντιτορπιλικό [anditorpili'ko]; **≈ung** *f* καταστροφή [katastro'fi]

zerstreu|en διασκορπίζω [δiaskor'pizo]; *fig.* διασκεδάζω [ðiaskje'ðazo]; **⁓ung** *f* διασκέδαση (-εις) [ðia'skje-ðasi]

zer|stückeln κομματιάζω [koma'tjazo]; **⁓teilen** διαιρώ [ðie'ro]; **⁓treten** τσαλαπατώ (-άς) [tsalapa'to]

zertrümmer|n κατασυντρίβω [katasin'drivo]; **⁓ung** *f* διάσπαση (-εις) [ði'aspasi]

Zettel *m* χαρτάκι [xar'taki], δελτίο [ðel'tio]

Zeug *n* (*Kleidung*) ρούχα ['ruxa] *n/pl.*; (*Sachen*) πρά(γ)ματα ['pra(γ)mata] *n/pl.*

Zeug|e *m* μάρτυρας ['martiras]; **⁓en** γεννώ (-άς) [je'no]; *jur.* μαρτυρώ (-άς) [marti'ro]; **⁓enaussage** *f* μαρτυρία [marti'ria]; **⁓ung** *f* τεκνοποιία [teknopi'ia]

Zeus *m* Δίας ['ðias], Ζευς [zefs]

Ziege *f* κατσίκα [ka'tsika]

Ziegel *m* τούβλο ['tuvlo]; (*Dach⁓*) κεραμίδι [kjera'miði]; **⁓ei** *f* πλινθοποιία [plinθopi'ia]

Zieh|brunnen *m* μαγγανοπήγαδο [maŋgano'piγaðo]; **⁓en** τραβώ (-άς) [tra'vo] (**an** *D*/ από [a'po]); σέρνω ['serno]; (*Bilanz*) συνοψίζω [sino'psizo]; (*Pflanzen*) καλλιεργώ [kalier'γo]; (*Zahn*) βγάζω ['vγazo]; **⁓harmonika** *f* φυσαρμόνικα [fisar'monika]; **⁓ung** *f* κλήρωση (-εις) ['klirosi]

Ziel *n* τέρμα ['terma] *n*; σκοπός [sko'pos], σημάδι [si'maði]; **⁓en** σημαδεύω [sima'ðevo]

ziemlich αρκετά [arkje'ta]

Zier|at *m*, **⁓de** *f* στόλισμα ['stolizma] *n*; **⁓en** στολίζω [sto'lizo]; **⁓lich** κομψός [kom'psos]

Ziffer *f* αριθμός [ariθ'mos]; **⁓blatt** *n* πλάκα ρολογιού ['plaka rolo'ju]

Zigar|ette *f* τσιγάρο [tsi'γaro]; **⁓re** *f* πούρο ['puro]

Zikade *f* τζίτζικας ['dzidzikas]

Zimmer *n* δωμάτιο [ðo'matio]; **⁓mädchen** *n* καμαριέρα [kama'rjera]; **⁓mann** *m* ξυλουργός [ksilur'γos], μαραγκός [maraŋ'gos]; **⁓vermittlung** *f* γραφείο ευρέσεως δωματίων [γra'fio ev'reseos ðoma'tion]

Zimt *m* κανέλα [ka'nela]

Zink *n* τσίγκος ['tsiŋgos], ψευδάργυρος [pse'vðarjiros]

Zinn *n* κασσίτερος [ka'siteros]

Zins|en *m/pl.* τόκοι ['toki]; **⁓satz** *m* επιτόκιο [epi'tokio]

Zipfel *m* άκρη ['akri], φούντα ['funda]

zirka περίπου [pe'ripu]

Zirkel *m* διαβήτης [ðia'vitis]; κύκλος ['kiklos]

Zirkus *m* τσίρκο ['tsirko]

zischen σφυρίζω [sfi'rizo]
Zit|at *n* παράθεμα [pa'raθema] *n*; **≈ieren** παραθέτω [para'θeto]
Zitrone *f* λεμόνι [le'moni]
Zitronen|limonade *f* λεμονάδα [lemo'naða]; **~saft** *m* λεμονόζουμο [lemo'nozumo]
zittern τρέμω ['tremo] (**vor** *D*/ από [a'po], **um** *A*/ για [ja])
zivil πολιτικός [politi'kos]
zögern διστάζω [ði'stazo]
Zoll *m* δασμός [ða'zmos]; **~abfertigung** *f* τελωνιακός έλεγχος [telonia'kos 'eleŋxos]; **~amt** *n* τελωνείο [telo'nio]; **~beamte(r)** *m* τελωνιακός [telonia'kos]; **≈frei** αδασμολόγητος [aðazmo'lojitos]; **≈pflichtig** δασμολογούμενος [ðazmolo'γumenos]
Zone *f* ζώνη ['zoni]
Zoo *m* ζωολογικός κήπος [zooloji'kos 'kipos]
Zopf *m* πλεξούδα [ple'ksuða]
Zorn *m* θυμός [θi'mos]; **≈ig** θυμωμένος [θimo'menos]
Zote *f* αισχρολογία [esxrolo'jia]
zu σε [se], για [ja], προς [pros]; **~ *sehr*** πάρα πολύ ['para po'li]
Zubehör *n* εξαρτήματα [eksar'timata] *n/pl.*
zubereit|en ετοιμάζω [eti'mazo]; **≈ung** *f* ετοιμασία [etima'sia]
zubinden δένω ['ðeno]
zubringen περνώ (-άς) [per'no]
Zucht *f* πειθαρχία [piθar'çia]; (*Pflanzen*) καλλιέργεια [kali'erjia]; (*Tiere*) κτηνοτροφία [ktinotro'fia]; **~haus** *n* ειρκτή [ir'kti]
zucken σπαρταρώ (-άς) [sparta'ro]; (*Achsel*) σηκώνω [si'kono]
Zucker *m* ζάχαρη ['zaxari]; **~dose** *f* ζαχαριέρα [zaxa'rjera]; **~krankheit** *f* ζάχαρο ['zaxaro], διαβήτης [ðia'vitis]; **~rübe** *f* κοκκινογούλι [kokino'γuli], ζαχαρότευτλο [zaxa'roteftlo]; **≈n** ζαχαρώνω [zaxa'rono]
Zuckung *f* σπασμός [spa'zmos]
zudecken σκεπάζω [skje'pazo]
zudringlich ενοχλητικός [enoxliti'kos]
zuerst πρώτα ['prota]
Zufall *m* σύμπτωση (-εις) ['simptosi], τύχη ['tiçi]
zufällig τυχαίος [ti'çeos], κατά τύχη [kata 'tiçi]
Zuflucht *f* προσφυγή [prosfi'ji]; **~sort** *m* καταφύγιο [ka-ta'fjio]
zufolge σύμφωνα με ['simfona me]
zufrieden ευχαριστημένος [efxaristi'menos] (**mit** *D*/ από [a'po], με [me]); **≈heit** *f* ευχαρίστηση (-εις) [efxa'ristisi]; **~stellen** ικανοποιώ [ikanopi'o]

zufügen προξενώ [prokse'no]; προσθέτω [pros'θeto]
Zufuhr *f* εφοδιασμός [efoðia'zmos]
Zug *m* (*Luft*2) ρεύμα ['revma] *n*; (*Fest*2) πομπή [pom'bi], παρέλαση (-εις) [pa'relasi]; (*Charakter*2) χαρακτηριστικό [xaraktiristi'ko]; (*Schach*2) κίνηση (-εις) ['kinisi]; *Esb.* τρένο ['treno]
zugänglich προσιτός [prosi'tos]
zugeben *fig.* παραδέχομαι [para'ðexome]
zugehen (*Tür*) κλείνω ['klino]; (**auf** *A*) πλησιάζω [plisi'azo] *A*
Zügel *m* χαλινάρι [xali'nari]; **2los** αχαλίνωτος [axa'linotos]; **2n** χαλινώνω [xali'nono]
Zuge|ständnis *n* παραχώρηση (-εις) [para'xorisi]; **2stehen** παραχωρώ [paraxo'ro]
zugleich συγχρόνως [siŋ'xronos]
zugrunde: ~ **gehen** χάνομαι ['xanome], καταστρέφομαι [kata'strefome]; ~ **richten** χαλνώ (-άς) [xal'no], καταστρέφω [kata'strefo]
zugunsten (*G*) για χάρη [ja 'xari] *G*, υπέρ [i'per] *G*
zuhalten κρατώ κλειστό [kra'to kli'sto]; (*Ohren*) σφαλνώ (-άς) [sfal'no], κλείνω ['klino]
zuhör|en ακούω [a'kuo]; **2er** *m* ακροατής [akroa'tis]
zujubeln ζητωκραυγάζω [zitokra'vγazo]
zukleben συγκολλώ (-άς) [siŋgo'lo], κολλώ [ko'lo]
zuknöpfen κουμπώνω [ku(m)'bono]
zukommen (**auf** *A*) πλησιάζω [plisi'azo] *A*
Zukunft *f* μέλλον ['melon]
zukünftig μελλοντικός [melondi'kos]
Zulage *f* επίδομα [e'piðoma] *n*
zulassen επιτρέπω [epi'trepo]
zulässig: ~ **sein** επιτρέπεται [epi'trepete]
Zulassung *f* άδεια ['aðia]
zuletzt στο τέλος [sto 'telos]
zuliebe *D* για χάρη [ja 'xari] *G*
zumut|en απαιτώ [ape'to]; **2ung** *f* απαίτηση (-εις) [a'petisi]
zunächst πρώτα πρώτα ['prota 'prota]
Zunahme *f* αύξηση (-εις) ['afksisi]
Zuname *m* επίθετο [e'piθeto]
zünd|en ανάβω [a'navo]; *fig.* ηλεκτρίζω [ile'ktrizo]; **2holz** *n* σπίρτο ['spirto]; **2kerze** *f* μπουζί [bu'zi]; **2ung** *f* (*Auto*) ανάφλεξη [a'nafleksi]
zunehmen αυξάνω [af'ksano], μεγαλώνω [meγa'lono]; (*an Gewicht*) παχαίνω [pa'çeno]
Zuneigung *f* συμπάθεια [sim'baθia]

Zunge *f* γλώσσα ['ɣlosa]
zunichte machen εκμηδενίζω [ekmiðe'nizo]
zunutze: ***sich*** **(*etw.*)** ~ ***machen*** εκμεταλλεύομαι ...

zunutze: *sich* (*etw.*) ~ *machen* επωφελούμαι (από *od.* G) [epofe'lume (a'po)]
zurecht|finden: *sich* ~*finden* προσανατολίζομαι [prosanato'lizome]; **~machen** ετοιμάζω [eti'mazo]; **~weisen** επιπλήττω [epi'plito]
zureden παροτρύνω [paro'trino]
zurichten παρασκευάζω [paraskje'vazo]
zürnen θυμώνω [θi'mono], οργίζομαι [or'jizome]
zurück- ... πίσω ['piso]
zurück πίσω ['piso]; **~(be)halten** κατακρατώ [katakra'to]; **~bekommen** παίρνω πίσω ['perno 'piso]; **~(be)rufen** ανακαλώ [ana'ka'lo]; **~(be)zahlen, ~bringen** επιστρέφω [epi'strefo]; **~drängen** απωθώ [apo'θo]; **~erobern** ανακτώ (-άς) [ana'kto]; **2eroberung** *f* ανάκτηση (-εις) [a'naktisi]; **~erstatten** επιστρέφω [epi'strefo]; **2erstattung** *f* επιστροφή [epistro'fi]; **~geben** επιστρέφω [epi'strefo]; **~gehen** επιστρέφω [epi'strefo]; **~gezogen** απομονωμένος [apomono'menos]; **~haltend** επιφυλακτικός [epifilakti'kos]; **~lassen** εγκαταλείπω [eŋgata'lipo]; **~legen** βάζω κατά μέρος ['vazo kata 'meros]; (*Weg*) διατρέχω [ðia'trexo], διανύω [ðia'nio]; **~stoßen** απωθώ [apo'θo]; **~strahlen** αντανακλώ (-άς) [andana'klo]; **~treten** παραμερίζω [parame'rizo]; *fig.* παραιτούμαι [pare'tume]; **~weichen** υποχωρώ [ipoxo'ro]; **~weisen** αποκρούω [apo'kruo]; **~ziehen** αποσύρω [apo'siro]
Zuruf *m* επίκληση (-εις) [e'piklisi]; **2en** φωνάζω [fo'nazo]
Zusage *f* υπόσχεση (-εις) [i'posçesi]; **2n** υπόσχομαι [i'posxome]
zusammen μαζί [ma'zi]; **2arbeit** *f* συνεργασία [sinerɣa'sia]; **~brechen** γκρεμίζομαι [gre'mizome], σωριάζομαι [so'rjazome]; **2bruch** *m* γκρέμισμα ['gremizma] *n*; **~drücken** στριμώχνω [stri'moxno], συσφίγγω [si'sfiŋgo]; **~fallen** καταρρέω [kata'reo]; (*zeitlich*) συμπίπτω [sim'bipto]; **~falten** διπλώνω [ði'plono]; **~fassen** συγκεφαλαιώνω [siŋgjefale'ono]; **2fassung** *f* περίληψη (-εις) [pe'rilipsi]; **~fließen** συρρέω [si'reo]; **~fügen** συναρμολογώ [sinarmolo'ɣo]; **2halt** *m* συνοχή [sino'çi]; **~halten** συνδέομαι [sin'ðeome]; **2hang** *m* συνάφεια [si'nafia], σχέση (-εις) ['sçesi]; **~kleben** συγκολλώ (-άς) [siŋgo'lo]; **~kommen**

συνέρχομαι [si'nerxome]; **&kunft** *f* συνέλευση (-εις) [si'nelefsi]; **~rollen** κουλουριάζω [kulu'rjazo]; **~rücken** πλησιάζω [plisi'azo]; **~rufen** συγκαλώ [siŋga'lo]; **~setzen, ~stellen** συνθέτω [sin'θeto]; **&setzung** *f*, **&stellung** *f* σύνθεση (-εις) ['sinθesi]; **&stoß** *m* σύγκρουση (-εις) ['siŋgrusi]; **~stoßen** συγκρούομαι [siŋ'gruome]; **~suchen** μαζεύω [ma'zevo]; **~treffen** συναντιέμαι [sinan'djeme]; (*zeitlich*) συμπίπτω [sim'bipto]; **&treffen** *n* συνάντηση (-εις) [si'nandisi]; **~wirken** συμπράττω [sim'brato]; **~zählen** αθροίζω [a'θrizo]; **~ziehen** συγκεντρώνω [siŋgjen'drono]

Zusatz *m* προσθήκη [pros'θiki], συμπλήρωμα [sim'bliroma] *n*

zuschaue|n κοιτάζω [ki'tazo]; **&r** *m* θεατής [θea'tis]

Zuschlag *m* συμπλήρωμα [sim'bliroma] *n*

zuschnüren δένω σφιχτά ['δeno sfi'xta]

Zuschuß *m* επιμίσθιο [epi'misθio], επίδομα [e'piδoma] *n*

zu|sehen κοιτάζω [ki'tazo], φροντίζω να [fron'dizo na]; **~senden** αποστέλλω [apo'stelo]; **~setzen** προσθέτω [pros'θeto]; (*Geld*) χάνω ['xano]; (*j-m*) ενοχλώ [eno'xlo]

zusicher|n διαβεβαιώνω [δiaveve'ono]; **&ung** *f* διαβεβαίωση (-εις) [δiave'veosi]

zuspitzen: ***sich*** ~ οξύνομαι [o'ksinome], επιτείνομαι [epi'tinome]

Zustand *m* κατάσταση (-εις) [ka'tastasi]

zustande: ~ ***bringen*** καταφέρνω [kata'ferno]

zuständig αρμόδιος [ar'moδios] (***für*** *A*/ για [ja]); **&keit** *f* αρμοδιότητα [armoδi'otita]

zustehen ανήκω [a'niko]

zustell|en (*Post*) διανέμω [δia'nemo]; **&ung** *f* διανομή [δiano'mi]

zustimm|en (*D*) συμφωνώ [simfo'no]; **&ung** *f* συγκατάθεση (-εις) [siŋga'taθesi]

zustopfen φράζω ['frazo]

zutage: ~ ***fördern*** εμφανίζω [emfa'nizo]

Zutaten *f/pl.* υλικά [ili'ka] *n/pl.*

zutragen: ***sich*** ~ συμβαίνω [sim'veno]

zutrauen νομίζω ικανό(ν) [no'mizo ika'no(n)]; **&** *n* εμπιστοσύνη [embisto'sini]

zutreffen αληθεύω [ali'θevo]

Zutritt *m* είσοδος ['isoδos] *f*

Zutun *n* σύμπραξη (-εις) ['simbraksi]

zuungunsten εις βάρος [iz'varos]

zuverlässig αξιόπιστος [aksi'opistos]

Zuversicht *f* αισιοδοξία

[esioðo'ksia]; **≈lich** σίγουρος ['siγuros]
zuviel πάρα πολύ ['para po'li]
zuvor πριν [prin], προτού [pro'tu]; **~kommen** προλαβαίνω [prola'veno]
Zuwachs *m* αύξηση (-εις) ['afksisi]
zuweilen κάποτε ['kapote]
zuwider: ***das ist mir ~*** αυτό μου είναι αντιπαθητικό [a'fto mu 'ine andipaθiti'ko]; **~handeln** αντιπράττω [andi'prato]; **≈handlung** *f* αντίπραξη (-εις) [an'dipraksi], παράβαση (-εις) [pa'ravasi]
zuziehen κλείνω ['klino], τραβώ (-άς) [tra'vo]
zuzüglich (*G*) συμπεριλαμβανομένου [simberilamvano'menu] *G*
Zwang *m* ανάγκη [a'naŋgi], εξαναγκασμός [eksanaŋga'zmos]; **≈los** χωρίς τύπους [xo'ris 'tipus]; **~sarbeit** *f* καταναγκαστική εργασία [katanaŋgasti'ki erγa'sia]; **≈sweise** κατ' ανάγκη [kata'naŋgi]
zwanzig είκοσι ['ikosi]
zwar μεν [men]
Zweck *m* σκοπός [sko'pos]; **≈dienlich** σκόπιμος ['skopimos]; **≈los** άσκοπος ['askopos]; **≈s** (*G*) για το σκοπό [ja to sko'po]
zwei δυο [ðjo], δύο ['ðio]; **~deutig** διφορούμενος [ðifo'rumenos]; **~fach** διπλάσιος [ði'plasios]
Zweifel *m* αμφιβολία [amfivo'lia]; **≈haft** αμφίβολος [am'fivolos]; **≈los** αναμφίβολος [anam'fivolos]; **≈n** αμφιβάλλω [amfi'valo] (***an*** *D*/ για [ja])
Zweig *m* κλάδος ['klaðos]; κλαρί [kla'ri]; **~stelle** *f* υποκατάστημα [ipoka'tastima] *n*
Zweikampf *m* μονομαχία [monoma'çia]
Zwerg *m* νάνος ['nanos]
zwicken τσιμπώ (-άς) [tsim'bo]
Zwieback *m* παξιμάδι [paksi'maði]
Zwiebel *f* κρεμμύδι [kre'miði]
Zwie|gespräch *n* διάλογος [ði'aloγos]; **~licht** *n* λυκόφως [li'kofos] *n*; **~spalt** *m* διαφωνία [ðiafo'nia]; **~tracht** *f* διχόνοια [ði'xonja]
Zwilling *m* δίδυμος ['ðiðimos]
zwingen αναγκάζω [anaŋ'gazo]; **~nd** υποχρεωτικός [ipoxreoti'kos]
zwinkern γνέφω ['γnefo]
Zwirn *m* κλωστή [klo'sti], νήμα ['nima] *n*
Zwischen- ενδιάμεσος [enði'amesos]; μεσο- [meso-]
zwischen (*D*, *A*) μεταξύ [meta'ksi] *G*; ανάμεσα σε [a'namesa se] *A*; **≈deck** *n* μεσαίο κατάστρωμα [me'seo ka'tastroma]; **≈fall** *m* επεισόδιο [epi'soðio]; **≈raum** *m* διάστημα [ði'astima] *n*;

Ձwand *f* μεσότοιχος [me'sotixos]; **Ձzeit** *f*: ***in der*** **Ձ*zeit*** στο (ανα)μεταξύ [sto (ana)meta'ksi]

Zwist *m* φιλονεικία [filoni'kia]

zwitschern τερετίζω [tere'tizo]

zwölf δώδεκα ['ðoðeka]; **~** ***Uhr*** μεσημέρι [mesi'meri]; (*nachts*) μεσάνυχτα [me'sanixta]

Zylind|er *m* κύλινδρος ['kilinðros]; (*Hut*) ψηλό καπέλο [psi'lo ka'pelo]; **Ձrisch** κυλινδρικός [kilinðri'kos]

Zypern *n* Κύπρος ['kipros] *f*

Zypresse *f* κυπαρίσσι [kipa'risi]

Zahlwörter – Αριθμητικά

Grundzahlen – Απόλυτα αριθμητικά

0 null μηδέν [mi'ðen]
1 eins ένας ['enas] *m*, μια, μία [mja, 'mia] *f*, ένα ['ena] *n*
2 zwei δυο, δύο [ðjo, 'ðio]
3 drei τρεις [tris] *m u. f*, τρία ['tria] *n*
4 vier τέσσερις ['teseris] *m u. f*, τέσσερα ['tesera] *n*
5 fünf πέντε ['pende]
6 sechs έξι ['eksi]
7 sieben εφτά [e'fta], επτά [e'pta]
8 acht οχτώ [o'xto], οκτώ [o'kto]
9 neun εννιά [e'nja], εννέα [e'nea]
10 zehn δέκα ['ðeka]
11 elf ένδεκα ['enðeka]
12 zwölf δώδεκα ['ðoðeka]
13 dreizehn δεκατρείς [ðeka'tris] *m u. f*, δεκατρία [ðeka'tria] *n*
14 vierzehn δεκατέσσερις [ðeka'teseris] *m u. f*, δεκατέσσερα [ðeka'tesera] *n*
15 fünfzehn δεκαπέντε [ðeka'pende]
16 sechzehn δεκαέξι [ðeka'eksi], δεκάξι [ðe'kaksi]
17 siebzehn δεκαεφτά [ðekae'fta]
18 achtzehn δεκαοχτώ [ðekao'xto]
19 neunzehn δεκαεννιά [ðekae'nja]
20 zwanzig είκοσι ['ikosi]
21 einundzwanzig είκοσι ένας ['ikosi 'enas] *m*, μια [mja] *f*, ένα ['ena] *n*
22 zweiundzwanzig είκοσι δυο ['ikosi ðjo]
30 dreißig τριάντα [tri'anda]
40 vierzig σαράντα [sa'randa]
50 fünfzig πενήντα [pe'ninda]
60 sechzig εξήντα [e'ksinda]
70 siebzig εβδομήντα [evðo'minda]
80 achtzig ογδόντα [o'γðonda]
90 neunzig ενενήντα [ene'ninda]
100 hundert εκατό(ν) [eka'to(n)]
101 hundert(und)eins εκατόν ένας [eka'ton 'enas] *m*, εκατόν μία [eka'ton 'mia] *f*, εκατόν ένα [eka'ton 'ena] *n*
124 hundertvierundzwanzig εκατόν είκοσι τέσσερις [eka'ton 'ikosi 'teseris] *m u. f*, -ρα [-ra] *n*
200 zweihundert διακόσιοι [ðia'kosji] *m*, διακόσιες [ðia'kosjes] *f*, διακόσια [ðia'kosja] *n*

300 dreihundert τριακόσιοι, -ες, -α [tria'kosji, -es, -a]
400 vierhundert τετρακόσιοι, -ες, -α [tetra'kosji, -es, -a]
500 fünfhundert πεντακόσιοι, -ες, -α [penda'kosji, -es, -a]
600 sechshundert εξακόσιοι, -ες, -α [eksa'kosji, -es, -a]
700 siebenhundert εφτακόσιοι, -ες, -α [efta'kosji, -es, -a]
800 achthundert οχτακόσιοι, -ες, -α [oxta'kosji, -es, -a]
900 neunhundert εννιακόσιοι, -ες, -α [enja'kosji, -es, -a]
1000 tausend χίλιοι ['çilji] *m*, χίλιες ['çiljes] *f*, χίλια ['çilja] *n*
1961 neunzehnhunderteinundsechzig χίλια εννιακόσια εξήντα ένα ['çilja enja'kosja e'ksinda 'ena]
2000 zweitausend δύο χιλιάδες ['ðio çi'ljaðes]
10 000 zehntausend δέκα χιλιάδες ['ðeka çi'ljaðes]
100 000 hunderttausend εκατό χιλιάδες [eka'to çi'ljaðes]
1 000 000 eine Million ένα εκατομμύριο ['ena ekato'mirio]
1 000 000 000 eine Milliarde ένα δισεκατομμύριο ['ena ðisekato'mirio]

Ordnungszahlen – Τακτικά αριθμητικά

1. erste πρώτος, -η, -ο(ν) ['protos, -i, -o(n)]
2. zweite δεύτερος ['ðefteros]
3. dritte τρίτος ['tritos]
4. vierte τέταρτος ['tetartos]
5. fünfte πέμπτος ['pemptos]
6. sechste έκτος ['ektos]
7. siebente έβδομος ['evðomos]
8. achte όγδοος ['oγðoos]
9. neunte ένατος ['enatos]
10. zehnte δέκατος ['ðekatos]
11. elfte ενδέκατος [en'ðekatos]
12. zwölfte δωδέκατος [ðo'ðekatos]
13. dreizehnte δέκατος τρίτος ['ðekatos 'tritos]
14. vierzehnte δέκατος τέταρτος ['ðekatos 'tetartos]
15. fünfzehnte δέκατος πέμπτος ['ðekatos 'pemptos]

16. sechzehnte δέκατος έκτος ['ðekatos 'ektos]
17. siebzehnte δέκατος έβδομος ['ðekatos 'evðomos]
18. achtzehnte δέκατος όγδοος ['ðekatos 'oγðoos]
19. neunzehnte δέκατος ένατος ['ðekatos 'enatos]
20. zwanzigste εικοστός, -ή, -ό(ν) [iko'stos, -'i, -'o(n)]
21. einundzwanzigste εικοστός πρώτος [iko'stos 'protos]
30. dreißigste τριακοστός [triako'stos]
40. vierzigste τεσσαρακοστός [tesarako'stos]
50. fünfzigste πεντηκοστός [pendiko'stos]
60. sechzigste εξηκοστός [eksiko'stos]
70. siebzigste εβδομηκοστός [evðomiko'stos]
80. achtzigste ογδοηκοστός [oγðoiko'stos]
90. neunzigste ενενηκοστός [eneniko'stos]
100. hundertste εκατοστός [ekato'stos]
101. hundert(und)erste εκατοστός πρώτος [ekato'stos 'protos]
124. hundertvierundzwanzigste εκατοστός εικοστός τέταρτος [ekato'stos iko'stos 'tetartos]
200. zweihundertste διακοσιοστός [ðiakosio'stos]
300. dreihundertste τριακοσιοστός [triakosio'stos]
400. vierhundertste τετρακοσιοστός [tetrakosio'stos]
500. fünfhundertste πεντακοσιοστός [pendakosio'stos]
600. sechshundertste εξακοσιοστός [eksakosio'stos]
700. siebenhundertste εφτακοσιοστός [eftakosio'stos]
800. achthundertste οχτακοσιοστός [oxtakosio'stos]
900. neunhundertste εννιακοσιοστός [enjakosio'stos]
1000. tausendste χιλιοστός [çilio'stos]
2000. zweitausendste δισχιλιοστός [ðisçilio'stos]
10 000. zehntausendste δεκακισχιλιοστός [ðekakisçilio'stos]
100 000. hunderttausendste εκατοντακισχιλιοστός [ekatondakisçilio'stos]
1 000 000. millionste εκατομμυριοστός [ekatomirio'stos]